LE MONDE FRANCOPHONE

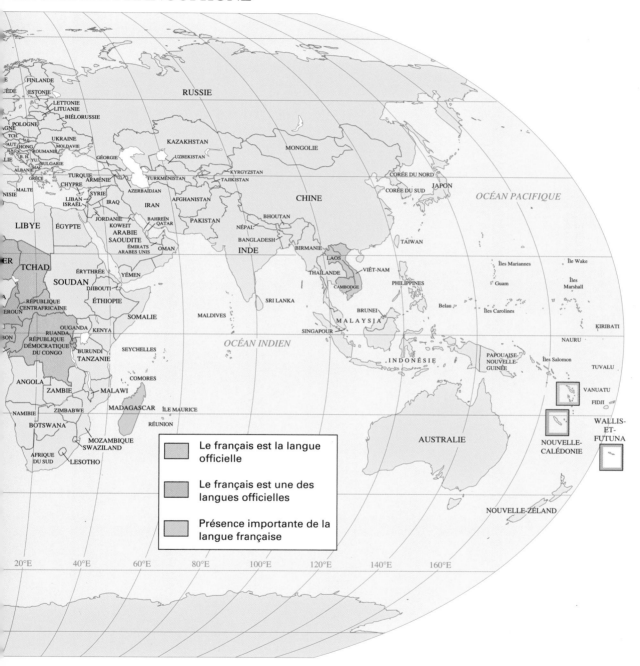

Légende :
- Le français est la langue officielle
- Le français est une des langues officielles
- Présence importante de la langue française

Instructor's Annotated Edition

Seventh Edition

Contacts

Langue et culture françaises

Jean-Paul Valette

Rebecca M. Valette
Boston College

Houghton Mifflin Company   Boston   New York

Director, World Languages: New Media and Modern Language Publishing: Beth Kramer
Senior Development Editor: Cécile Strugnell
Senior Project Editor: Rosemary R. Jaffe
Senior Production/Design Coordinator: Carol Merrigan
Senior Manufacturing Coordinator: Marie Barnes
Marketing Manager: José Mercado

Cover design by Minko T. Dimov, MinkoImages
Cover image: Rue St. Jean, Old Quarter, Lyon, France © Superstock

Credits for texts, illustrations, and photographs are found following the index
at the back of the book.

Houghton Mifflin Company has provided this book free of charge to instructors
considering it for classroom use. Selling free examination copies contributes to rising
textbook prices for students and denies textbook authors fair royalties for their work.

Printed in the U.S.A.

Student Text ISBN: 0-618-00748-2

Instructor's Annotated Edition ISBN: 0-618-00749-0

Library of Congress Catalog Card Number: 00-133906

3456789-DOW-08 07 06 05 04

To the Instructor, *Bonjour!*

Contacts is back and it is better than ever with a new Euro Edition for the dawning millennium! Now in its seventh edition, *Contacts* continues to be an innovative approach to introductory French at the college level. It is a comprehensive program, appropriate for true beginners as well as those with some previous study of French. *Contacts* has enjoyed an unprecedented history of success—over half a million students at two-year and four-year colleges and universities have used it. Through six editions, the program has earned a reputation for being easy to learn from and easy to teach.

Characteristics that continue to make *Contacts* successful . . .

- **A fast-paced, contextualized approach:** *Contacts* provides students with everything they need to build a solid foundation as they move toward linguistic competence in the language.

- **Practice of all four basic skills:** Listening, speaking, reading, and writing are emphasized in keeping with the ACTFL Proficiency Guidelines. Students are given many opportunities for self-expression and interaction throughout the text with activities that focus on topics of interest to college-age students.

- **Facilitation of oral proficiency:** *Contacts* helps students to develop a solid base for the acquisition of the global skills necessary for communication.

- **Teaching of structures in manageable, logical steps:** Students master language elements and use them in meaningful communication. *Contacts* offers a systematic development of grammar, with frequent recycling of previously learned material.

- **Effective and complete coverage of French grammar:** As an elementary French textbook, *Contacts* begins at the beginning, introducing students to accents, pronunciation, and the differences between formal and informal language. Present tense verbs are incorporated gradually. Students begin to use another time frame early on, with the *futur proche*. Across thirty-three manageable lessons, students become familiar with all major time frames, as well as with the subjunctive mood. Grammar presentations are always clear, concise, and consistent.

- **Pedagogically sound activities:** Each and every activity in *Contacts* works. Students are never faced with activities that call upon structures and vocabulary not yet covered. The activities and exercises provided are always contextualized and always make sense. There is no second-guessing or need to scrutinize activities for the hidden flaw. Moreover, exercises can easily be "taken out of the book" and adapted to your students.

- **Comprehensive vocabulary development:**   Students are given all the vocabulary they need to talk and write about themselves and their lives, as well as those of their francophone counterparts in the context of the lesson's theme.

- **Communicative activities:**   The **Communication** sections at the end of each lesson present students with task-oriented, paired communicative activities with directions in English. These activities allow instructors to assess their students' self-expression globally because they integrate each lesson's structures and vocabulary into focused and authentic contexts. In the **Vivre en France** sections, the activities furnish the opportunity to rehearse everyday survival situations that one would encounter in a French-speaking country.

- **Introduction to French and francophone culture and civilization:**   The **Aperçus culturels** and the **Notes culturelles** enable students to develop a working knowledge of French culture and civilization and to experience the francophone world, with its diverse characteristics, problems, and achievements, through readings, photographs, and abundant realia.

- **Maximum flexibility:**   Instructors are offered "an embarrassment of riches" from which to choose according to their own course goal. Print, audio, and video ancillaries enable instructors to select the elements that meet the needs of the class, as well as of individuals with specialized interests.

- **Color-coded design:**   Color is used to its fullest pedagogical advantage. Yellow boxes highlight grammar and verb charts; pink boxes highlight grammar rules; green boxes highlight key vocabulary.

Yellow boxes highlight grammar and verb charts.

Pink boxes highlight grammar rules.

Green boxes highlight key vocabulary.

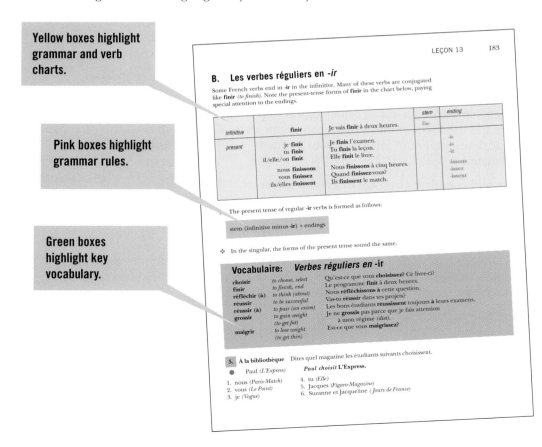

New to this edition . . .

We wish to emphasize that *Contacts* is not simply a textbook, but an integrated program with ancillaries that reinforce and enhance the communicative skills and cultural and linguistic awareness emphasized in the text. Following is a list of new features in the components of the program.

In the Text

- **Introduction of the euro:**   This is the new euro edition. The switch to the euro in France and in much of Europe is a monumental event. In this seventh edition, all monetary amounts are given in euros. The **Vivre en France** section following Lesson 12 provides information on the new currency and its appearance so that students will be well-prepared for travel in France, Europe, and the *Départements d'outre-mer.* For more information on the euro, see page IAE 8 of this introduction and also the special section in the Instructor's Resource Manual.

- **Focus on the current state of the European Union (Aperçu culturel: La France et les Français)** keeps students abreast of the psychological, political, and economic aspects of a unified Europe.

- **Focus on the use of new technologies in France:**   New technological products and their widespread uses in France are introduced in both the vocabulary and the activities. Technological advances created in France are also featured in the **Notes culturelles.**

- **Updated Aperçus culturels:**   The **Aperçus culturels** have been revised to reflect changes that have occurred in France over the past four years. In particular, the information on francophone Africa **(Le français en Afrique)** has been expanded so that separate spreads introduce the development of cultures in French-speaking countries north and south of the Sahara.

- **Updated cultural notes:**   Most of the topics are the same as in the sixth edition, but the content reflects modern France. The **Note culturelle** on "Le budget des étudiants" (Lesson 10) introduces online banking. The **Note culturelle** in Lesson 11 on "Le shopping" supplies information on online shopping, and provides several web addresses for students to explore. "Les Français et la technologie" in Lesson 33 showcases France as a technological front-runner, when it comes to planes (the Concorde), trains (the T.G.V.), the Minitel, and use of the Internet.

- **Web site icons:**   Icons refer students to *Contacts'* new web site. The icons appear following the **Notes culturelles,** prompting further exploration of cultural elements discussed; and at the end of the **Vivre en France** sections, where they refer students to web search activities relevant to the unit content.

- **New activities following cultural notes:**   At the end of each **Note culturelle,** a new activity encourages students to use their critical thinking skills and make cultural comparisons that follow the guidelines of the Standards for Cultures and Comparisons. Students examine the cultural information given about France, then think about how it compares with attitudes and customs in their own communities.

- **New activities in the Communication sections:**   Each **Communication** section has a new final activity. Entitled **Et vous?** it emphasizes communication between students about their own personal experiences and includes pair and small group work with respect to everyday contexts.

- **Icons referring to the five C's:**   In 1999, the Standards for Foreign Language Learning ushered in a new era in foreign language education. New icons in the Teacher's Annotated Edition indicate when an activity or reading corresponds to some goals of the Standards and show which goals are involved (C1, C2, C3, C4, or C5). For more on the Standards, see page IAE 7 in this introduction.

In the Ancillaries

The *Cahier*

The Workbook/Lab Manual has been revised. Additions to the Workbook include

- New activities to correspond to the **Vivre en France** sections of the textbook

- New activities to check students' understanding of francophone culture as described in the three French **Aperçus culturels** on regions, culture, and art

- New lists of active vocabulary for each lesson and **Vivre en France** section

The Video Manual with activities for the *Pas de problème!* video has been eliminated and replaced by worksheets in the Instructor's Resource Manual.

Instructor's Resource Manual

This component includes

- New syllabi and suggestions for teaching a unit and for making the course more enriching and enjoyable

- New tests, both oral and written, with suggestions and an Answer Key in the Instructor's Guide

- New video worksheets with class activities for pre-viewing, viewing, and post-viewing. (These replace the Video Manual that has been removed from the *Cahier*.)

New Computerized Ancillaries

- **New Computerized Test Bank (CTB)** available in Windows® and Macintosh® formats, allows instructors to modify or create their own tests, or select questions at random.

- **New Computerized Study Modules Lab Disk** allows networking of the Computer Study Modules and features an authoring tool and a monitoring capability for instructors to track students' progress.

Expanded Video

The *Pas de problème!* video now includes a new series of authentic **Impressions** related by native speakers on topics central to the textbook and the video.

New *Contacts* Web Site

Houghton Mifflin now has a text-specific web site dedicated to *Contacts* that includes

- **Self-tests (ACE)** for vocabulary and grammar that provide immediate feedback, allowing students to monitor their own progress. These can also be printed or emailed upon completion.

- **Informative links** to other sites that allow students to deepen their knowledge of topics introduced in the **Notes culturelles**. An icon in the text refers students to this feature of the web site.

- **Web-search activities** that require students to search for answers on the Web to questions related to the unit topic. These can also be printed or emailed. An icon in the text refers students to this feature of the web site.

Standards for Foreign Language Learning

Prepared by an eleven-member task force, this document represents a consensus among educators, business leaders, government, and the community on the definition and role of foreign language instruction in American education. The task force identified five goal areas common to all the purposes and uses of foreign languages.

1. **Communication (C1):**   Students engage in interpersonal, interpretive, and presentational communication.
2. **Cultures (C2):**   Students gain knowledge and understanding of other cultures.
3. **Connections to other disciplines and viewpoints (C3):**   Students reinforce or acquire knowledge of other disciplines through the foreign language.
4. **Cultural and linguistic comparisons (C4):**   Students demonstrate understanding of the concept of culture through comparisons of the culture that they are studying and their own.
5. **Communities (C5):**   Students participate in multilingual communities at home and around the world.

To facilitate the promotion of the five C's in the classroom, the seventh edition of *Contacts* provides instructors with icons, indicating which of the five C's applies to a given activity or text. For example, here is the beginning of a **Note culturelle** with an icon showing C2 and C4.

Note culturelle: **Le shopping**

En France, comme[1] aux États-Unis[2], le shopping n'est pas seulement[3] une nécessité, c'est aussi une forme de récréation. Pour les vêtements[4], les Français ont le choix[5] entre[6] un grand nombre de magasins: la «boutique», le «grand magasin», la «grande surface» et les sites marchands sur le Net.

La boutique est un magasin spécialisé dans une catégorie de vêtements: chemises[7], vêtements masculins, vêtements féminins, chaussures[8], par exemple. Généralement les boutiques vendent[9] des vêtements qui sont de bonne qualité (les «grandes marques[10]») mais relativement chers.

Le grand magasin est un magasin qui[11] vend toutes sortes[12] de vêtements. La qualité de ces vêtements et par conséquent le prix sont variables. En général, les grands magasins sont situés dans le centre des grandes villes[13]: les Galeries Lafayette, le Printemps, Le Bon Marché à Paris; les Nouvelles Galeries en province.

The Euro Currency

When?   The euro has been adopted as the French currency in two stages:

1. On January 1, 1999, the euro became the financial market currency for stocks and bonds, and the optional currency for people paying by check. For everyday transactions, the franc continued to be used. During this transition period, however, all prices were posted in both euros and francs.
2. On January 1, 2002, the euro became the offical currency for all transactions. New euro bills and coins were issued that replaced the old franc currency. However, for six months, from January 1 until July 2, both the franc and the euro could be used. After July 2, 2002, the old franc currency was withdrawn from circulation.

What?   The euro is the currency common to the euro zone (see below). Its value was defined for each country in the euro zone on January 1, 1999. In France the euro was defined as equivalent to 6.56 francs. Its value related to countries outside the euro zone fluctuates. On January 1, 2000, the value of the euro was about $1.10. It has fluctuated since then.

Where?   The euro is the common currency for countries in the euro zone. As we go to press, there are twelve countries using the euro currency; more may be participating by the time you read this text. For a map showing the countries that are currently members of the euro zone, see page 71.

What does the euro look like?   There are seven bills of different colors and sizes and eight coins. A color transparency showing the bills and coins can be found in your Instructor's Resource Manual as well as more specific details about the euro.

- The larger bills are used for the higher values. On the front (recto) of the bill there are doors, windows, and archways to symbolize economic opportunity and the opening to new ideas. On the back (verso) side of the bill, the main motif is a bridge that evokes the strong ties between the European countries represented on the right. These architectural and engineering features are not real buildings or bridges but examples of the different historic styles, from the oldest (on the 5 euro bill) to the most modern (on the 500 euro bill) associated with the various periods of European history.

- The coins represent 1, 2, 5, 10, 20, and 50 centimes and 1 and 2 euros. The coins all have the same image on the "head" (recto) side in all the countries of the euro zone. The "tail" (verso) side of the coins, however, features national symbols typical of the country in which they are minted. For the French coins, the 1, 2, and 5 centime coins represent the head of *"Marianne,"* symbol of the French Republic. The 10, 20, and 50 centime coins bear the letters "RF" (for *République française*) and an effigy of a *Semeuse* (a woman sowing seeds) who has traditionally been another symbol of France. The 1 and 2 euro coins feature a tree of life together with the letters "RF" and the French motto *"Liberté, Égalité, Fraternité."*

Organization of *Contacts*

The student text contains

- Eleven units comprised of three lessons each

- Eleven survival skills sections called **Vivre en France**

- Nine cultural sections called **Aperçus culturels**

- **Appendices**

The Basic Units

The eleven basic units are each organized around a central theme chosen as a key area in which students should familiarize themselves with the French, their customs, surroundings, and ideas.

Leçons

There are thirty-three lessons in all. Each lesson consists of the following elements, with some variation.

- A **lesson opener** in the form of a conversation incorporates the lesson's target structures and vocabulary in a cohesive whole.

- A **Note culturelle** (beginning in Lesson 7) introduces students to essential aspects of French culture. In Lessons 7 through 9, these **Notes** are in English. Subsequent **Notes** are in French.

- **Structure et vocabulaire** presents verbs, grammatical structures, and target vocabulary with English translations. Here students will begin to get a feel for the nuances of the French language and quickly broaden their working lexicon.

- **Questions personnelles** allow students to use the grammar and vocabulary of a given lesson to express personal information about themselves, their friends, and their environment.

- **Communication** sections include pair activities and role-plays that integrate the lesson's grammar and vocabulary into authentic contexts. The last activity in the section, **Et vous?** focuses on activities in the students' daily lives.

Vivre en France

The **Vivre en France** sections at the end of every unit develop the students' oral proficiency and broaden their awareness of the French-speaking world. The **Vocabulaire pratique** components of each section teach the vocabulary that students will need to function in a section's stated context (for example, using a French telephone, reserving hotel rooms, or shopping for clothes with metric sizes). Each **Vocabulaire pratique** is followed by task-oriented activities that give students hands-on experience in realistic situations. These enrichment sections provide students with the skills needed for living or traveling in France.

Aperçus culturels

There are nine **Aperçus culturels** that introduce students to *"la France dans tous ses états"* and to the evolution of the French-speaking world. In Units 1 and 2, the **Aperçus culturels** take the place of the **Note culturelle** and, for these first six lessons, they are in English. These focus on the French-speaking world. The titles of the first six **Aperçus culturels** are

1. **La France et les Français**
2. **La France d'outre-mer**
3. **La France multi-ethnique**
4. **Le français en Amérique du Nord**
5. **Le français en Afrique**
6. **Le français dans le monde**

Three other **Aperçus culturels,** written in French, focus on the *Hexagone.*

7. **La France et ses régions,** following Unit 5
8. **Culture et loisirs,** following Unit 7
9. **France, mère des arts,** following Unit 9

Appendices

The final part of the text is a reference section. It contains a list of useful expressions for the class, technology terms, the International Phonetic Alphabet with sound-symbol correspondences, verb charts, French-English and English-French end vocabularies, and an index.

....

The Ancillaries

Cahier d'activités: Workbook and Lab Manual

- **The Workbook** contains exercises that reinforce reading and writing skills and supplement vocabulary practice. For easy review, the exercises are keyed to correspond to the **Structure et vocabulaire** sections of the student text. The Workbook also contains four self-tests or **Révisions** that appear after lessons 9, 18, 27, and 33. These self-tests help students prepare for midterm and final examinations.

    In this edition, activities have been added corresponding to the end-of-unit **Vivre en France** and to the three **Aperçus culturels** in French. After each lesson and after the **Vivre en France,** lists of active vocabulary for these sections have been included.

- **The Lab Manual** provides written activities keyed to the audio program. Many art-based activities are included to increase students' ability to link visual stimuli with pronunciation and comprehension. Phonetic exercises are also included; the phonetic explanations are highlighted for easy reference. A **Vivre en France** section, corresponding to the one in the student text, helps students build proficiency in listening comprehension. Activities require them to complete the corresponding practical tasks.

- **The Answer Keys** include the Workbook Answer Key and the answers to the **Dictées** in the Lab Manual. The answer keys allow students to self-correct immediately as they progress through the semester and avoid reinforcement of wrong answers.

Audio Program

Available on either cassettes or CDs, this package enables students to develop aural/oral skills. There are approximately thirty minutes of recorded material for each lesson, plus thirty minutes for each **Vivre en France** section. Material recorded includes the initial dialogues of each lesson from the student textbook and so provides an opportunity for practicing spoken French and listening outside class time. Exercises focus on key vocabulary items and basic grammar patterns taught in the lesson. The **Notes culturelles** are also recorded at the end of each lesson, followed by comprehension questions.

The Instructor's Resource Manual

This ancillary comes packaged with an Instructor's Test Cassette and includes

- An Instructor's Guide with suggestions for teaching with the *Contacts* program

- A new Test Bank, with a script for oral testing, and an answer key. Two versions are given for each of the eleven unit tests and for each of the two end-of-semester tests.

- The audio script for the audio program

- The script for the *Pas de problème!* video

- An Instructor's Test Cassette containing recordings of the oral sections of the tests. The cassette is packaged with the Instructor's Resource Manual.

Pas de problème! Video

The video consists of twelve modules that correspond to the units in the student text. A table showing how to match video modules to appropriate units is included before the videoscript in the Instructor's Resource Manual.

The video has a problem-solving format. Students learn about daily life in France and experience vicariously realistic situations that they might encounter in this setting. The video was shot on location in France.

For this edition, five new sections called **Impressions** are inserted between the existing modules. The **Impressions** include visuals and voice-over commentaries describing different aspects of French life and culture that are the focus in the text.

Pas de problème! CD-ROM Version 2.0

The *Pas de problème!* CD-ROM Version 2.0 is a custom-designed interactive multimedia program based on the *Pas de problème!* video. Through a variety of comprehension, interpretation, and creative, free-form activities, this exciting CD-ROM gives students the opportunity to develop listening comprehension and awareness of francophone culture within the context of interactive computer activities. The *Pas de problème!* CD-ROM Version 2.0 is dual-platform and can be used in both Macintosh® and Windows® formats.

The *Contacts* Web Site

The *Contacts* Web Site is part of the Houghton Mifflin College Web Site (URL http://college.hmco.com). When you have reached this site, select *French* from among the disciplines, and you will arrive at the Houghton Mifflin Web Site for French (this is the French Home Page). This site includes a Web Resources Center that provides links to general information, maps of the French-speaking world, and transparencies. It also includes text-specific web sites where you will find *Contacts*.

The materials on the *Contacts* Web Site include

- **Links** to web sites that provide additional cultural information on the topic of the **Notes culturelles** for each lesson (referenced by a web icon at the end of the **Note culturelle** in the student's text)

- **Web search activities** focusing on the topics of each unit (referenced by a web icon at the end of each **Vivre en France** section in the student's text)

- **ACE self-tests** allow you to monitor students' progress by having students respond to interactive questions relating to the vocabulary and grammar of each lesson. The program provides feedback on the number of correct answers and on why a specific answer is incorrect, and refers students to the relevant rule in the text. Students can print out their work or email their work to you.

Computerized Test Bank

The Computerized Test Bank (CTB), available in Windows® and Macintosh® versions, contains the same lesson tests as the printed testing program. Instructors can either print out the tests as they are *or* modify them by adding, deleting, or re-arranging items and their point values. The CTB also allows instructors to create their own tests and gives them the option of randomly selecting questions from a bank of items. The CTB also permits instructors to post tests on the Web or local area network (LAN) so that students can take tests from any computer with WWW access. The CTB includes a program CD, data disks with the test files, and a comprehensive User's Manual.

Computer Study Modules 2.0

Available on a multi-platform CD-ROM, the software program offers additional, computer-aided practice using structures and vocabulary from the textbook. Cue-response and fill-in exercises focus on lesson vocabulary and grammar. Multiple-choice completion of mini-conversations and fill-in paragraphs and conversations provide reading comprehension practice. Help boxes with verb conjugations or word lists offer immediate assistance to students as they work.

The Computer Study Modules 2.0 Lab Disk allows networking of the Computer Study Modules 2.0 and contains an authoring tool and a monitoring feature for instructors to track students' progress.

Overall, through the *Contacts* program students will gain access to a mastery of French and an understanding of French and francophone cultures that will enable them, not only to become citizens of the world in a more vital way, but to understand themselves, their native language, and their own history more completely. French is one of the official languages of the European Union, and knowledge of French allows one to participate more fully in this burgeoning economy. American history is intertwined with that of the French-speaking world, be it the exploration of the New World, the Acadian exodus, the Cajuns, Impressionist art, or the World Wars. By exploring francophone culture, and making comparisons with their own world, students will discover that common traits emerge as a manifestation of a shared humanity. All in all, it is truly an exciting time to be teaching French!

Suggested Syllabi

These syllabi are for a class lasting two semesters and meeting three times a week. The first semester has five unit tests, five oral exams, and one final exam. The second semester has four unit tests, four oral exams, two culture tests (**Aperçus culturels**) and one final exam. Tests for Units 1, 2, and 3 must be limited to one-half hour each. By omitting the test on **Aperçus culturels** 5 and 7, classes meeting three days per week could complete through **Aperçu culturel** 9. Classes meeting four or five days per week could complete through Leçon 33. Syllabi for classes meeting four and five days per week are included in the Instructor's Resource Manual. Unit tests, **Vivre en France** oral exams, tests on the **Aperçus culturels,** and video worksheets appear in the Instructor's Resource Manual.

	Semester 1		
Week	**Day 1**	**Day 2**	**Day 3**
1	*Unit 1:* Leçon 1	Leçon 1	Leçon 2
2	Leçon 2	Leçon 3	Leçon 3
3	**Unit 1 Test** & Vivre en France 1	**Vivre en France 1 Oral Exam**	*Unit 2:* Leçon 4
4	Leçon 4	Leçon 5	Leçon 5
5	Leçon 6	Leçon 6	**Unit 2 Test** & Vivre en France 2
6	**Vivre en France 2 Oral Exam**	*Unit 3:* Leçon 7	Leçon 7
7	Leçon 8	Leçon 8	Leçon 9
8	Leçon 9	**Unit 3 Test** & Vivre en France 3	**Vivre en France 3 Oral Exam**
9	*Unit 4:* Leçon 10	Leçon 10	Leçon 11
10	Leçon 11	Leçon 12	Leçon 12
11	**Unit 4 Test**	Vivre en France 4	**Vivre en France 4 Oral Exam**
12	*Unit 5:* Leçon 13	Leçon 13	Leçon 14
13	Leçon 14	Leçon 15	Leçon 15
14	**Unit 5 Test**	Vivre en France 5	**Vivre en France 5 Oral Exam**
15	REVIEW	REVIEW	**FINAL EXAM**

Semester 2

Week	Day 1	Day 2	Day 3
1	Aperçu culturel 5	Aperçu culturel 5	**Test Aperçu culturel 5**
2	*Unit 6:* Leçon 16	Leçon 16	Leçon 17
3	Leçon 17	Leçon 18	Leçon 18
4	**Unit 6 Test**	Vivre en France 6	**Vivre en France 6 Oral Exam**
5	*Unit 7:* Leçon 19	Leçon 19	Leçon 20
6	Leçon 20	Leçon 21	Leçon 21
7	**Unit 7 Test**	Vivre en France 7	**Vivre en France 7 Oral Exam**
8	Aperçu culturel 7	Aperçu culturel 7	**Test Aperçu culturel 7**
9	*Unit 8:* Leçon 22	Leçon 22	Leçon 23
10	Leçon 23	Leçon 24	Leçon 24
11	**Unit 8 Test**	Vivre en France 8	**Vivre en France 8 Oral Exam**
12	*Unit 9:* Leçon 25	Leçon 25	Leçon 26
13	Leçon 26	Leçon 27	Leçon 27
14	**Unit 9 Test**	Vivre en France 9	**Vivre en France 9 Oral Exam**
15	REVIEW	REVIEW	**FINAL EXAM**

Contacts

Seventh Edition

Contacts

Langue et culture françaises

Jean-Paul Valette

Rebecca M. Valette

Boston College

Houghton Mifflin Company   Boston   New York

Director, World Languages: New Media and Modern Language Publishing: Beth Kramer
Senior Development Editor: Cécile Strugnell
Senior Project Editor: Rosemary R. Jaffe
Senior Production/Design Coordinator: Carol Merrigan
Senior Manufacturing Coordinator: Marie Barnes
Marketing Manager: José Mercado

Cover design by Minko T. Dimov, MinkoImages
Cover image: Rue St. Jean, Old Quarter, Lyon, France © Superstock

Credits for texts, illustrations, and photographs are found following the index at the back of the book.

Printed in the U.S.A.

Student Text ISBN: 0-618-00748-2

Instructor's Annotated Edition ISBN: 0-618-00749-0

Library of Congress Catalog Card Number: 00-133906

6789-DOW-08 07 06 05 04

Contents

To the Student, *Bonjour!*

Whether you chose to learn French because you are charmed by the accent, because you know it will lead to greater educational and professional opportunities, or because you love French cinema or impressionist art, you will find that this is truly an exciting time to begin your study of French! With the advent of the Internet and the global marketplace, the French language's role is expanding. Historically, the United States' links to France are countless. Just consider the French role in the colonization of the New World or the American role in the World Wars. French is also a passport to the many French-speaking countries around the world. These countries have been united in a growing cultural movement known as "la Francophonie." Look at the world map at the beginning of your text and identify these countries on all five continents where French is one of the official languages. By learning French, you will be able to connect with these countries. Even your knowledge of English will improve as learning French grammar and vocabulary gives you a new understanding of your native language's grammar and broadens your vocabulary.

What Does *Contacts* Offer You?

- ***Contacts* introduces pronunciation, grammar, and vocabulary in a very gradual and visual way.**   These elements are presented in color-coded tables: green for vocabulary (with masculine nouns to the left and feminine nouns to the right); yellow for grammar and verb charts; and pink for grammar rules.

- **The focus is on listening and speaking practice.**   Grammar explanations, verb charts, and vocabulary are given in English, facilitating self-study so that class time can be spent on practicing French. (See the sample on the next page.)

- **Each and every activity in *Contacts* works.**   You are never faced with activities that call upon structures and vocabulary not yet covered. The activities and exercises are provided in context and always make sense.

- **The activities in *Contacts* focus on you and your classmates and encourage you to communicate.**   You will share your background, likes, dislikes, and opinions. In the **Vivre en France** sections at the end of each unit, you have the opportunity to rehearse everyday survival situations you would encounter in a French-speaking country. As you improve your ability to express yourself in French, you will also get to know the other students in your class.

- ***Contacts* will engage you intellectually from the outset as you learn about French-speaking cultures throughout the world.**   Francophone culture and civilization are presented early on through texts written in English. Later in the program you will read more about the history, geography, culture, and art of France and how it has been affected by other French-speaking cultures. This information will enrich what you are being taught in courses such as European history, art, literature, and cinema. It will also help you reflect on and understand your own culture.

- *Contacts* **is up-to-date.**   The text will inform you of recent developments in the European Union and the adoption of the euro currency in France and other European countries. It also covers the year 2000 and technology in its vocabulary and activities.

- *Contacts* **makes innovative use of the latest technology.**   On its own web site it offers links that provide more information on the cultural topics of the **Notes culturelles.** It also includes web search activities and interactive self-tests that help you keep track of your own progress.

Here is a sample page showing grammar explanations, a verb chart, and vocabulary.

Yellow boxes highlight grammar and verb charts.

Pink boxes highlight grammar rules.

Green boxes highlight key vocabulary.

LEÇON 13   183

B.   Les verbes réguliers en *-ir*

Some French verbs end in **-ir** in the infinitive. Many of these verbs are conjugated like **finir** *(to finish)*. Note the present-tense forms of **finir** in the chart below, paying special attention to the endings.

			stem	ending
infinitive	**finir**	Je vais **finir** à deux heures.	fin-	
present	je **finis** tu **finis** il/elle/on **finit**	Je **finis** l'examen. Tu **finis** la leçon. Elle **finit** le livre.		-is -is -it
	nous **finissons** vous **finissez** ils/elles **finissent**	Nous **finissons** à cinq heures. Quand **finissez**-vous? Ils **finissent** le match.		-issons -issez -issent

The present tense of regular **-ir** verbs is formed as follows:

stem (infinitive minus **-ir**) + endings

❖   In the singular, the forms of the present tense sound the same.

Vocabulaire: *Verbes réguliers en -ir*

choisir	*to choose, select*	Qu'est-ce que vous **choisissez**? Ce livre-ci?
finir	*to finish, end*	Le programme **finit** à deux heures.
réfléchir (à)	*to think (about)*	Nous **réfléchissons à** cette question.
réussir	*to be successful*	Vas-tu **réussir** dans tes projets?
réussir (à)	*to pass (an exam)*	Les bons étudiants **réussissent** toujours à leurs examens.
grossir	*to gain weight (to get fat)*	Je ne **grossis** pas parce que je fais attention à mon régime *(diet).*
maigrir	*to lose weight (to get thin)*	Est-ce que vous **maigrissez**?

5.   À la bibliothèque   Dites quel magazine les étudiants suivants choisissent.

● Paul *(L'Express)*   *Paul choisit L'Express.*

1. nous *(Paris-Match)*
2. vous *(Le Point)*
3. je *(Vogue)*

4. tu *(Elle)*
5. Jacques *(Figaro-Magazine)*
6. Suzanne et Jacqueline *(Jours de France)*

Organization of the *Contacts* Program

Did you know that *Contacts* is not just a textbook, but an integrated program that gives you all the tools you need to move toward proficiency in the language? The student text contains

- Eleven units comprised of three lessons each

- Eleven survival skills sections called **Vivre en France**

- Nine cultural sections called **Aperçus culturels**

- **Appendices**

The Basic Units

The eleven basic units are each organized around a central theme chosen as a key area in which you will familiarize yourself with the French, their customs, surroundings, and ideas.

Leçons

There are thirty-three lessons in all. Each lesson consists of the following elements, with some variation.

- A **lesson opener** in the form of a conversation incorporates the lesson's target structures and vocabulary in a cohesive whole.

- A **Note culturelle** (beginning in Lesson 7) introduces you to essential aspects of French culture. In Lessons 7 through 9, these **Notes** are in English. Subsequent **Notes** are in French.

- **Structure et vocabulaire** presents verbs, grammatical structures, and target vocabulary with English translations. Here you will begin to get a feel for the nuances of the French language and quickly broaden your working lexicon.

- **Questions personnelles** allow you to use the grammar and vocabulary of a given lesson to express personal information about yourself, your friends, and your environment.

- **Communication** sections include pair activities and role-plays that integrate the lesson's grammar and vocabulary into authentic contexts. The last activity in the section, **Et vous?** focuses on activities in your daily life.

Vivre en France

These sections at the end of every unit provide you with the skills needed for living or traveling in France. The **Vocabulaire pratique** component teaches you the French vocabulary that you need to function in specific situations such as using a French telephone, reserving a hotel room, or shopping for clothes with metric sizes. The activities that follow give you hands-on experience for these realistic situations.

Aperçus culturels

There are nine **Aperçus culturels** that introduce you to *"la France dans tous ses états"* and to the evolution of the French-speaking world. In Units 1 and 2, the **Aperçus culturels** take the place of the **Note culturelle.** For these first six lessons, they are written in English, and they focus on the French-speaking world. The titles of the first six **Aperçus culturels** are

1. **La France et les Français**
2. **La France d'outre-mer**
3. **La France multi-ethnique**
4. **Le français en Amérique du Nord**
5. **Le français en Afrique**
6. **Le français dans le monde**

Three other **Aperçus culturels,** written in French, focus on France.

7. **La France et ses régions,** following Unit 5
8. **Culture et loisirs,** following Unit 7
9. **France, mère des arts,** following Unit 9

Appendices

The final part of the text is a reference section. It contains a list of useful expressions for the class, technology terms, the International Phonetic Alphabet with sound-symbol correspondences, verb charts, French-English and English-French end vocabularies, and an index.

....

The Ancillaries

Cahier d'activités: Workbook and Lab Manual

- **The Workbook** contains exercises that reinforce reading and writing skills and supplement vocabulary practice. For easy review, the exercises are keyed to correspond to the **Structure et vocabulaire** sections of the text. Other activities correspond to the end-of-unit **Vivre en France** and to the three **Aperçus culturels** written in French. At the end of each Workbook unit, there are lists of active vocabulary for each lesson and for **Vivre en France.**

   The Workbook also contains four self-tests or **Révisions** that appear after lessons 9, 18, 27, and 33. These self-tests help you prepare for midterm and final examinations.

- **The Lab Manual** provides written activities keyed to the audio program. Many art-based activities are included to increase your ability to link visual stimuli with pronunciation and comprehension. Phonetic exercises are also included; the phonetic explanations are highlighted for easy reference. A **Vivre en France** section, corresponding to the one in the student text, helps you build proficiency in listening comprehension. Activities require you to complete the corresponding practical tasks.

- **The Answer Keys** include the Workbook Answer Key and the answers to the **Dictées** in the Lab Manual. The answer keys allow you to self-correct immediately as you progress through the semester and avoid reinforcement of wrong answers.

The Audio Program

Available on either cassettes or CDs, this package enables you to develop aural/oral skills. There are approximately thirty minutes of recorded material for each lesson, plus thirty minutes for each **Vivre en France** section. Material recorded includes the initial dialogues of each lesson from the student textbook and so provides an opportunity for practicing spoken French and listening outside class time. Exercises focus on key vocabulary items and basic grammar patterns taught in the lesson. The **Notes culturelles** are also recorded at the end of each lesson, followed by comprehension questions.

Pas de problème! Video

The video consists of twelve modules to be used with the guidance of your instructor in conjunction with specific units. The video has a problem-solving format. You will learn about daily life in France and experience vicariously realistic situations that you might encounter in this setting. **Impressions** sections inserted between the modules include visuals and voice-over commentaries describing different aspects of French life and culture that are the focus in the text.

Pas de problème! CD-ROM Version 2.0

The *Pas de problème!* CD-ROM Version 2.0 is a custom-designed interactive multimedia program based on the *Pas de problème!* video. Through a variety of comprehension, interpretation, and creative, free-form activities, this exciting CD-ROM gives you the opportunity to develop listening comprehension and awareness of francophone culture within the context of interactive computer activities. The *Pas de problème!* CD-ROM Version 2.0 is dual-platform and can be used in both Macintosh® and Windows® formats.

The *Contacts* Web Site

The *Contacts* Web Site is part of the Houghton Mifflin College Web Site (URL http://college.hmco.com). When you have reached this site, select *French* from among the disciplines, and you will arrive at the Houghton Mifflin Web Site for French (this is the French Home Page). This site includes a Web Resources Center that provides links to general information, maps of the French-speaking world, and transparencies. It also includes text-specific web sites where you will find *Contacts*.

The materials on the *Contacts* Web Site include

- **Links** to web sites that provide additional cultural information on the topic of the **Notes culturelles** for each lesson (referenced by a web icon at the end of the **Note culturelle** in your text)

- **Web search activities** focusing on the topics of each unit (referenced by a web icon at the end of each **Vivre en France** section in your text)

- **ACE self-tests** that provide you with interactive questions and answers to review the vocabulary and grammar of each lesson

Computer Study Modules Version 2.0

Keyed to the text, these are computerized exercises that enable you to check your understanding of the main grammar and vocabulary items learned in each lesson. A monitoring tool enables your instructor to track your progress.

How to Succeed with *Contacts*

To get the most benefit from *Contacts,* be prepared! Fluency in a foreign language requires not just coming to class and listening to the teacher, but also being an active participant in your own learning.

Acquire Oral Skills

The first essential step is to develop a feel for the "music of French" at the beginning of the program. If you observe the following simple steps from day one, you will develop a feel for what "sounds right" in French, as well as a beautiful accent.

- Listen to each lesson's opening text or dialogue (recorded on each lesson's audio program that you can acquire on tape or audio CD). They include examples of the lesson's key grammar and vocabulary, usually in the form of an authentic conversation. To begin, listen to the recording several times, reading along silently. Then, close your book and listen to the recording over and over until you can make out the words and understand what is being said. Next, lip-synch along with the speaker.

- Do the activities in your Lab Manual, using the audio program that goes with it to practice your listening and speaking skills.

- Take an active part in class discussions and in communicative activities with your peers.

- If you can gain access to it, work with the *Pas de problème!* CD-ROM where indicated in your textbook. Activities based on video clips will reinforce the vocabulary and grammar that you need to understand the video.

- Watch the *Pas de problème!* video as often as you can (in class or in the language lab) to enhance your listening and speaking skills.

Study the Grammar and Vocabulary

- Prepare for class by studying the vocabulary and grammar sections assigned. The explanations for the grammar are in English to facilitate self-study. You will then be able to devote class time to using the language creatively in many different authentic situations. You will also be able to ask pertinent questions when an expression, an aspect of culture, or a grammatical structure is especially challenging for you. This means reading and taking notes on the day's lesson before coming to class.

- Outside of class, complete the Workbook activities carefully. These will provide additional practice for the grammar and the vocabulary of the lesson. Then check your answers against the answer key so that you will learn what your individual difficulties are. This understanding of your strong and weak points will allow you to do well on quizzes and exams.

As you see, *Contacts* offers you a very full program. With so much to do, let's get started! *Bonne chance et bon voyage!*

Acknowledgments

The authors and publisher would like to thank the following reviewers of the seventh edition of *Contacts:*

Catherine Jolivet, *George Washington University*
Deborah Gaensbauer, *Regis University*
Gina L. Greco, *Portland State University*
Elizabeth M. Guthrie, *University of California at Irvine*
Richard Durán, *Baylor University*
Catherine Daniélou, *University of Alabama at Birmingham*
Marianne Beauvilain, *Mount Royal College*
Brigitte Callay, *Bloomsberg University of Pennsylvania*

The Authors

Jean-Paul Valette and Rebecca M. Valette are well-known modern language authors for college as well as high school programs. Jean-Paul Valette is a native of France and a full-time writer. Rebecca Valette is currently professor of Romance Languages at Boston College and past-president of the American Association of Teachers of French. She was honored in 1996 by the French government and named *Officier dans l'Ordre des Palmes Académiques* for her outstanding contributions to the instruction of French in the United States.

Bonjour, les Français!

Leçon 1   Bonjour!

It is the first day of classes at the Université François Rabelais, located in the city of Tours in Touraine, a region of central France known for its beautiful countryside and its picturesque châteaux. Émilie, Jean-Paul, and Sophie are greeting old friends and meeting new ones.

Adults usually shake hands when meeting one another. Among young men and women who know one another well, a kiss on the cheek **(une bise)** is more common.

Point out to students the difference between **enchanté** and **enchantée**.

ÉMILIE:	Ah, salut, Jean-Paul! Ça va?
JEAN-PAUL:	Oui, ça va bien, et toi?
ÉMILIE:	Pas mal.

ÉMILIE:	Jean-Paul, je te présente mon amie Sophie. Sophie, Jean-Paul.
JEAN-PAUL:	Enchanté.
SOPHIE:	Enchantée.

ÉMILIE:	Au revoir, Jean-Paul.
JEAN-PAUL:	Oui, à bientôt. Au revoir, Sophie.
SOPHIE:	Au revoir.

SOPHIE:	Bonjour. Je m'appelle Sophie. Et toi, comment t'appelles-tu?
CLARA:	Je m'appelle Clara.
SOPHIE:	Enchantée.
CLARA:	Enchantée.

TRANSLATIONS

E: *Oh, hi, Jean-Paul!*
How are you?

J-P: *I'm fine, and you?*

E: *Not bad.*

E: *Jean-Paul, this is my*
friend Sophie.
Sophie, Jean-Paul.

J-P: *Pleased to meet you.*

S: *Pleased to meet you.*

E: *Good-by, Jean-Paul.*

J-P: *Yes, see you soon.*
Good-by, Sophie.

S: *Good-by.*

S: *Hello.*
My name is Sophie.
And you, what's
your name?

C: *My name is Clara.*

S: *Pleased to meet you.*

C: *Pleased to meet you.*

La France

France is a country of fifty-eight million people located on the western flank of the European continent. Although small when compared to the United States (somewhat smaller than Texas), France nevertheless is the largest country in Western Europe. It enjoys a generally moderate climate and has a diversified to-

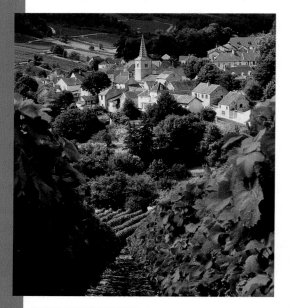

Vineyards in Burgundy

pography, with coastal areas and plains as well as hilly regions and high mountains. To the west, France meets the Atlantic Ocean, and to the south, it borders the Mediterranean Sea. Because the outline of France on a map seems to be formed by six roughly equal sides, the French people frequently refer to their country as **l'Hexagone.**

Because of its long history and its brilliant cultural heritage, France is often viewed as a country deeply rooted in its past and its traditions. While this image may be true, it should not obscure the fact that France also is a modern, prosperous, and technologically advanced nation, well positioned to play an important role in the twenty-first century. France is the world's fourth largest producer of cars, and developed such technological innovations as the Concorde supersonic jet, the TGV and the Eurostar (high-speed trains), and the Ariane rocket. Long before the World Wide Web entered common vocabulary, France was on-line with its Minitel system, commercialized in 1982 by the French telephone system to allow all French homes access to on-line telephone, shopping, and other services.

A founding member of the United Nations, France is one of the five permanent members of the Security Council, with the United States, Great Britain, Russia, and China. Over the past forty years, the political importance and economic prosperity of France have been greatly enhanced by its leadership in the creation and development of a unified Europe, **l'Union européenne.**

The European Union is a group of fifteen countries that have decided to partially integrate their economies, notably by eliminating most of the trade barriers between them. This means that French students, like all citizens of the European Union, can study, visit, live, and work in any member country without a special visa. Furthermore, twelve of these countries, including France have adopted the *euro* as their common currency, thus making European travel even easier.

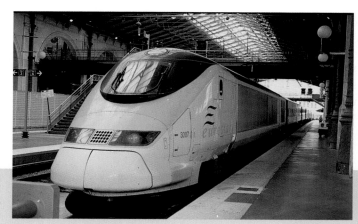

The Eurostar

Les Français

French people share many traits and values with the citizens of other Western countries: they strongly believe in democratic ideals and in the principles of justice, freedom, and equal opportunity for all. The French are very attached to their land and take great pride in their history and their culture. On the whole, they view themselves as individualistic and unconventional. They cherish their independence and their way of life.

Yet, to many outsiders, French people are sometimes puzzling. Some have found them to be inefficient and illogical, as well as arrogant, rude, and difficult to deal with. Others have fallen in love with the French way of life and its slower pace, or with the quaintness of the French countryside. It is important, however, to look beyond the stereotypes. The man wearing a beret and carrying a baguette under his arm is no longer the norm. The French people of today are well-educated, resourceful, and independent people who still know how to enjoy life. It is not surprising that 95 percent of the French respondents in a recent poll consider themselves happy to be French.

Le Trocadéro, across from the Eiffel Tower, is a popular skating area.

Les jeunes Français

Overall, French young people are very much like young people around the world. What they value most is the friendship of others.

French young people are fascinated by the American way of life and have adopted many of its features, sometimes to the dismay of their parents. American music is heard on most radio stations, and rap has been taken up by French musical artists. Jeans, tee shirts, and baseball caps now constitute the uniform of most teenagers. Basketball is increasingly popular, and Michael Jordan is a sports icon. Fast-food places such as McDonald's (le «Macdo») are found everywhere, and hamburgers have become a favorite menu item. As for American action movies, they are released to eager audiences in Paris at about the same time they are released in New York.

What do French young people talk about?		
	male	*female*
• young people of the opposite sex	65%	69%
• music	37%	58%
• clothes	31%	62%
• love	34%	43%
• studies	28%	45%
• sports	54%	19%
• television	33%	24%

Over the years, French students have become increasingly cosmopolitan. Most of them speak English and have studied one or two other foreign languages. They are well traveled, and usually have participated in summer internships abroad, in Europe and also in the United States. Computer literate and familiar with the Internet, they are well prepared to enter the global economy of the twenty-first century.

Structure et vocabulaire

A.   Salutations

As you may have noticed in the dialogues at the beginning of this unit, there are different ways of greeting people and saying good-by in French, just as there are in English. Here are some useful expressions to know when meeting French people:

Point out that the English equivalents in the **Structure et vocabulaire** sections give the approximate meaning of each word or phrase in the context in which it appears in the lesson.

Bonjour!	*Hello!*
Salut!	*Hi!*
Ça va?	*How are you?*
Oui, ça va bien.	*I'm well. (I'm fine.)*
Pas mal.	*Not bad.*
Comme ci, comme ça.	*Okay; not too bad; so-so.*
Mal.	*Not good; bad.*
Au revoir.	*Good-by.*
À bientôt.	*See you soon.*
À tout à l'heure.	*See you in a bit. See you later.*
À demain.	*See you tomorrow.*

You can use the following expressions to introduce yourself and others:

Je m'appelle...	*My name is . . .*
Comment vous appelez-vous?	*What's your name?*
(Comment t'appelles-tu?)	
Je vous présente...	*This is . . .*
(Je te présente...)	
Enchanté(e).	*Pleased to meet you.*

1.   Présentations *(Introductions)*   Introduce yourself to the students next to you.

- —*Bonjour. Je m'appelle..., et toi?*
  —*Je m'appelle...*
  —*Enchanté(e).*
  —*Enchanté(e).*

 Pas de problème! CD-ROM: Module 1, Activités: *Moteur!* 1–4

You may want to practice the French pronunciation of students' names. Point out that shortened forms usually are not used. For example, Rich→**Richard,** Sue→**Suzanne,** Bob→**Robert,** Chris→**Christine,** Mike→**Michel,** Liz→**Élisabeth.** If you wish, you may assign French names to students whose names have no French equivalent.

The distinction between **Comment vous appelez-vous?** and **Comment t'appelles-tu?,** and between **Je te présente...** and **Je vous présente...,** will be taught in Lesson 2. For now, just point out to students that they will use different forms depending on how well they know the person they are introducing.

2. **Salut!**   Imagine that you are studying at the Université François-Rabelais. It's the first day of class, and you are greeting old friends and saying hello to new students. Choose an appropriate response for each of the following situations.

1. a. Enchanté.
   b. Ah, bonjour!
   c. Alain, je te présente Monique.

2. a. Je m'appelle Jean-François.
   b. Pas mal.
   c. À bientôt, Marc.

3. a. Bonjour.
   b. Comment vous appelez-vous?
   c. À bientôt!

NOTE LINGUISTIQUE: *Comprendre une langue*
                        (Understanding a language)

The languages of French and English are not parallel "codes" in which words are interchangeable at will. As you have seen, to introduce themselves, the French say **Je m'appelle...,** which corresponds to the English phrase *My name is . . . ,* but which literally means *I call myself . . . .* **Comme ci, comme ça** corresponds to the English response *Okay* or *Not too bad,* but translates literally as *Like this, like that.*

   To take another example, in the illustration on page 2 you see a sign that says **Université.** Although this word is roughly equivalent to the English *university,* the linguistic fit between the two words is not absolutely perfect. When French students talk about their **université,** they have essentially the academic buildings in mind. To American students, the word *university* also encompasses bookstores, sports facilities, dormitories, dining halls, and student activity centers.

   Languages reflect the ways in which different people express the "reality" they perceive. Thus, when reading and listening to French, you should try to understand the idea that is expressed and avoid making word-for-word correspondences that are often awkward and sometimes meaningless.

B. Introduction à la phonétique française

While French and English show many similarities in their written forms, they are very different in their spoken forms. If you have ever heard French spoken, you will have noticed that not only are the words pronounced differently, but the overall impression of the language is not the same.

Be sure students distinguish between *sounds* and *letters*. In French, **Paris** ends in the letter **s** (which is a consonant), but on the vowel sound /i/. Conversely, **Anne** ends in the letter **e** (a vowel), but on the consonant sound /n/.

Spoken French differs from English.		
tenseness	ENGLISH is a very RELAXED language. Vowels are often glided. Some consonants may also be prolonged. *Madam, Michele, café.*	FRENCH is a very TENSE language. Vowels are short and clipped: they do not glide. Consonants are short and distinctly pronounced. **Madame, Michèle, café.**
rhythm	ENGLISH rhythm is SING-SONGY. Some syllables are short and others are long. *Good **morning**. Good **morning**, **Emily**. My **name** is **Paul**.*	FRENCH rhythm is VERY EVEN. Only the LAST syllable of a group of words is longer than the others. **Bonjour. Bonjour, Émilie. Je m'appelle Paul.**
linking	In spoken ENGLISH, words are usually SEPARATED. Your vocal cords may even stop vibrating an instant between words. *Good-by / Eric. Paul / arrives / at the / hotel.*	In spoken FRENCH, words are NOT SEPARATED. In fact, within a group of words, all syllables are LINKED or CONNECTED together. **Au revoir‿Éric. Paul‿arrive‿à‿l'hôtel.**
syllables	In spoken ENGLISH, many words and syllables end on a CONSONANT SOUND. *This is Paris.*	In spoken FRENCH, syllables end on a VOWEL SOUND wherever possible. **Voi-ci Pa-ris.**

Silent letters (indicated by a slash) are presented on page 17.

3. Bonjour! Imagine that you are studying at the Alliance française in Paris. Say hello to the following people.

Model each name carefully. Be sure students pronounce distinctly and accentuate the last syllable.

● Anne **Bonjour, Anne!**

1. Paul	5. Patrick	9. Mélanie
2. Sylvie	6. Pascal	10. Isabelle
3. Philippe	7. Michel	11. Émilie
4. Annie	8. Monique	12. Dominique

Model the French pronunciation of each word or phrase. Point out that **conférence** is a false cognate (a concept that will be introduced in Lesson 2), meaning *lecture*, rather than *conference* in English.
sortie = excursion
l'enceinte = city walls

4. **Compréhension**   You are going to spend a semester studying French at the Université du Maine in Le Mans, a city north of Tours, and you are looking over some of the documents you have received. Although you cannot understand much of the information, there are some familiar words. Read them out loud, paying attention to what you just learned about French pronunciation.

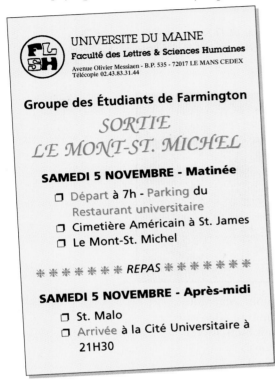

UNIVERSITE DU MAINE
Faculté des Lettres & Sciences Humaines
Avenue Olivier Messiaen - B.P. 535 - 72017 LE MANS CEDEX
Télécopie 02.43.83.31.44

Groupe des Étudiants de Farmington

SORTIE
LE MONT-ST. MICHEL

SAMEDI 5 NOVEMBRE - Matinée

☐ Départ à 7h - Parking du
   Restaurant universitaire
☐ Cimetière Américain à St. James
☐ Le Mont-St. Michel

✱✱✱✱✱✱✱ *REPAS* ✱✱✱✱✱✱✱

SAMEDI 5 NOVEMBRE - Après-midi

☐ St. Malo
☐ Arrivée à la Cité Universitaire à
   21H30

QUELQUES SPECTACLES ET CONFÉRENCES

Jeudi 3 novembre:
LE MANS GALLO-ROMAIN
Conférence par M. Joseph Guilleux -- correspondant des Antiquités Historiques des Pays de la Loire
Chambre de Commerce, Salle du 1°étage

Vendredi 4 novembre:
Groupe Rock Anglais -- DEF LEPPARD
21h à La Rotonde

Samedi 5 novembre:
Visite de l'enceinte Gallo-Romaine par M. Guilleux
Rendez-vous à 14h30, Place St. Michel

Mardi 22 novembre:
Amnesty International organise un récital CHOPIN
Théâtre Municipal à 21h

Vendredi 25 novembre:
Le mime MARCEAU au Palais des Congrès et de la Culture à 21h

Communication

Contacts *Cahier d'activités:*
Workbook, Leçon 1
Lab Manual, Leçon 1

1. While staying at a youth hostel in Angers, a city near Tours in the Loire region, you are meeting young people from around the world.

With two partners . . .
• say hello
• ask each other's names
• introduce a third person
• say you'll see one another later

Et vous?

2. It's the first day of classes and you're getting acquainted with your fellow students.

Turn to the person sitting next to you . . .
• say hello
• ask how he/she is
• exchange names

Carmen and Josée, two young Martiniquaise women, meet for drinks at Ti Sable, a restaurant in Fort-de-France, Martinique. At the next table are Félix Beauregard and Claire Marie-Sainte, colleagues at a local real estate agency, Immobilier Caraïbe.

CARMEN:	Salut, Josée. Comment vas-tu?
JOSÉE:	Ça va très bien, et toi?
CARMEN:	Assez bien.

FÉLIX B:	Bonjour, Madame. Comment allez-vous?
CLAIRE M-S:	Je vais bien, merci. Et vous?
FÉLIX B:	Pas mal.

CLAIRE M-S:	S'il vous plaît, Monsieur!
SERVEUR:	Oui, Madame, ... vous désirez?
CLAIRE M-S:	Un café noir, s'il vous plaît.
FÉLIX B:	Et moi, je prends un café-crème.

SERVEUR:	Et pour vous, Mesdemoiselles?
CARMEN:	Moi, je prends une limonade.
JOSÉE:	Et pour moi, un Coca.

Note that the rules governing formality differ from one francophone area to another, and are changing in France as well, with today's French adopting a more informal tone than in years past. Until students are more familiar with the distinctions, however, it is best to suggest that they use a formal level of language with everyone except classmates, close friends, and young children.

10

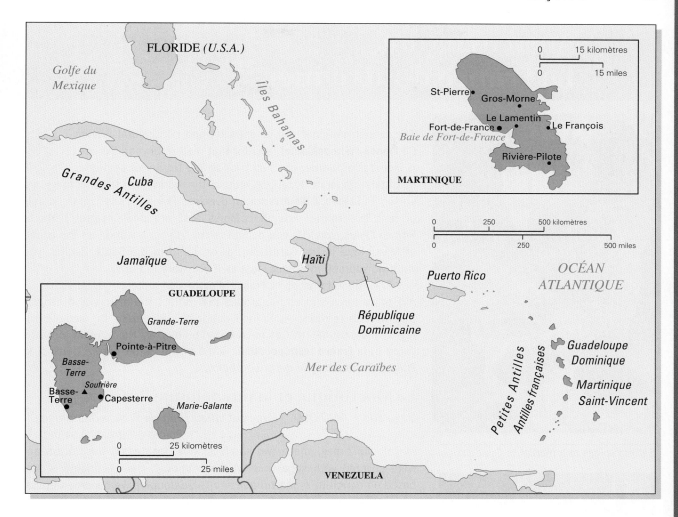

TRANSLATIONS

C: *Hi, Josée. How are you?*

J: *I'm very well, and you?*

C: *Okay.*

F: *Hello, Madame. How are you?*

C. M-S: *I'm well, thank you. And you?*

F: *Not bad.*

C. M-S: *Excuse me, Sir!*

S: *Yes, Ma'am . . . what would you like?*

C. M-S: *A black coffee, please.*

F: *And I'll take a coffee with cream.*

S: *And for you, young ladies?*

C: *I'll take a lemon soda.*

J: *And for me, a Coke.*

Aperçu culturel
La France d'outre-mer

Selling spices at a market in Guadeloupe

The French national soil extends beyond continental France **(la France métropolitaine),** and for that matter, beyond Europe. It includes a number of small islands and territories scattered in widely disparate locations around the world, which collectively are known as **la France d'outre-mer,** or overseas France. These small parcels of land are former French colonies that are now integral parts of France. Thus, whether you decide to spend your vacation on the island of Martinique in the Caribbean, or on Tahiti in the South Pacific, you will find yourself in France, just as if you were in Paris.

The inhabitants of **la France d'outre-mer** represent a very diverse mix of cultures and ethnic groups that reflect the history and geography of each territory. As French nationals, they enjoy the same privileges and assume the same responsibilities as their fellow citizens living in **la France métropolitaine.** Some of the better known parts of **la France d'outre-mer** are described below.

La Martinique et la Guadeloupe

Population: 800,000   Principal cities: Fort-de-France (Martinique)
Pointe-à-Pitre (Guadeloupe)

In colonial times, these two small islands, located in the Caribbean, were covered with sugar plantations. Although their economy is still based on agriculture, Martinique and Guadeloupe have become tropical havens for European and American tourists in search of sun and surf.

Most **Martiniquais** and **Guadeloupéens** are of African origin. They are the descendants of slaves who were uprooted from their continent and forced into hard labor on the sugar plantations. Slavery was abolished in 1848.

The majority of the inhabitants of these islands speak **créole,** a language that arose from the need of the African slaves to communicate with their French masters. It is an amalgam of French and African dialects, with hints of Caribbean Indian, Spanish, Portuguese, Hindi, and English. A simple, practical language, creole is characterized by the visual quality of its imagery: A **touffé yenyen** designates a dance that is so crowded that even the **yenyen** (tiny flies) are suffocated **(étouffé).**

Saint-Pierre-et-Miquelon

Population: 7,000   Principal city: Saint-Pierre

For several hundred years, codfishing was the main activity of these two tiny islands, located off the Atlantic coast of Canada. During Prohibition times, they were used as bases by rumrunners who were smuggling illicit liquor into the United States. Today, these islands function mainly as a French naval station.

The inhabitants of Saint-Pierre-et-Miquelon are descendants of French fishing families from Normandy and Brittany who settled there in the 18th and 19th centuries.

La Polynésie française

Population: 200,000   Principal city: Papeete

Tahiti, the largest island of French Polynesia in the South Pacific, has been baptized "paradise on earth" by its many visitors. In recent years, this reputation has been marred by the controversial nuclear tests that the French government has conducted in the vicinity, despite protests by the local population and the neighboring country of New Zealand.

Most of the inhabitants of Tahiti are of Polynesian ethnic stock and speak a language related to Hawaiian.

La Guyane française

Population: 140,000   Principal city: Cayenne

This territory, located in South America, was known in the past for its infamous penal colony, **l'île du Diable** (Devil's Island), from which escape was considered impossible. With the advent of modern space technology, French Guyana was selected as the launching site for the European rocket **Ariane.** In fact, the aerospace center at Kourou is the second most active satellite launching site in the world, right behind the United States and well ahead of Russia.

Although small, the population of this French territory represents a great variety of ethnic and cultural groups: native Indian tribes, as well as people who trace their origins to Europe, Africa, China, and the Middle East.

Top: Tahitian women in French Polynesia

Bottom: The launching of an Ariane rocket at Kourou in French Guiana

Vocabulaire: *Salutations (Greetings)*

Formal

Bonjour, Monsieur.	*Hello (Sir).*
Bonjour, Madame.	*Hello (Ma'am).*
Bonjour, Mademoiselle.	*Hello (Miss).*
Comment allez-vous?	*How are you?*
Et vous?	*And you?*
Je vais...	*I am . . .*

Informal

Salut!	*Hi!*
Comment vas-tu?	*How are you?*
Ça va?	*How are things?*
Et toi?	*And you?*
Ça va...	*Things are going . . .*

Point out the examples of formal and informal usage in the opening dialogues: **Comment vas-tu?** versus **Comment allez-vous?**; **Ça va très bien…** versus **Je vais bien, merci**; **Salut** versus **Bonjour.** Literally, **Bonjour** means *Good day* and is used to greet people during daytime hours. In the evening, **Bonsoir** *(Good evening)* is used. **Salut!** also is used informally to say *good-by.*

très bien	bien	pas mal	comme ci, comme ça	mal
very well	*fine*	*not bad*	*okay; not too bad*	*not great; badly*

Expressions de politesse

Here are some additional expressions you will find useful:

S'il vous plaît.	*Please.*
Merci.	*Thanks.*
Merci bien.	*Thank you very much.*
De rien.	*You're welcome. (It's nothing.)*
Il n'y a pas de quoi.	*You're welcome. (It's nothing.)*

NOTE DE VOCABULAIRE

The following abbreviations are often used in writing:

M. for **Monsieur**   **Mlle** for **Mademoiselle**   **Mme** for **Madame**

A period is not used with **Mlle** or **Mme** since the **-lle** and **-me** are the final letters of the corresponding words.

Structure et vocabulaire

A. Formalisme et niveaux de langue (Formality and levels of language)

As you certainly have noticed, we tend to use different levels of language when speaking to people we know well and to those we don't know as well. For example, when greeting your friends, you might say, "Hi, how's it going?," whereas when greeting your teacher, you probably would say, more formally, "Hello, how are you?"

In French, this distinction between formal and informal language is more marked than in English. When speaking French, you choose between two distinctly different forms of address, depending on the degree of formality or informality existing between you and the person(s) to whom you are talking. There are two different words for the singular *you* in French: Use **tu** (as in **Comment vas-*tu?***) when speaking to close friends, family members, and people you know well; use **vous** (as in **Comment allez-*vous?***) when speaking to older people, people you don't know well, or people to whom you owe respect.

1. **Dans la rue** *(On the street)*   As Hélène walks down the street, she meets the following people. Play the role of Hélène, greeting them formally or informally as appropriate.

Variation (V): Treat as a dialogue. Second response would be **Oui, ça va!** or **Très bien, merci,** as appropriate.

● Jacques, a classmate   *Salut, Jacques! Ça va?*
  Monsieur Adam, a professor   *Bonjour, Monsieur! Comment allez-vous?*

1. Sylvie, her cousin
2. Madame Bouvier, the pharmacist
3. Paul, another classmate
4. Cécile, a neighbor's young daughter
5. Monsieur Bellamy, a neighbor
6. Mademoiselle Lucas, a neighbor
7. Monsieur Dumas, the mailman
8. Philippe, the young son of the grocer

2. **Dialogues**   The following people meet each other in the street and stop to talk. Act out short dialogues for each encounter.

● (a) Éric (16 years old/has just found a summer job)
  (b) Mélanie (17 years old/is on her way to the dentist with a bad toothache)

    ÉRIC: *Salut, Mélanie!*
    MÉLANIE: *Salut, Éric! Ça va?*
    ÉRIC: *Ça va très bien. Et toi?*
    MÉLANIE: *Ça va mal!*

1. (a) Jean-Pierre (17 years old/just got a "C" on his English exam)
   (b) Caroline (a classmate/16 years old/just got an "A")
2. (a) Pauline (18 years old/has just won 1,000 euros in a photo contest)
   (b) Robert (her cousin/19 years old/has just broken up with his girlfriend)
3. (a) Mademoiselle Durand (a salesperson/has just gotten a raise)
   (b) Madame Dupont (a neighbor/is recovering from the flu)
4. (a) Monsieur Moreau (a bank teller/is returning from a week's vacation)
   (b) Madame Dumoulin (Monsieur Moreau's boss/is leaving on vacation)

3. **Que dire?** *(What to say?)*   You are on vacation in Guadeloupe. What would you say in the following situations?

1. At the pool you run into your friend Ingrid. How do you greet her?
   a. Bonjour, Mademoiselle.
   b. Comment allez-vous?
   c. Salut! Ça va?
2. You are at the bus stop and you see the woman who owns the café next to your hotel. She asks you how you are. How do you respond?
   a. Ça va bien, et toi?
   b. De rien.
   c. Très bien, merci. Et vous?
3. Once on the bus, you give up your seat to an elderly passenger. She thanks you. How do you respond?
   a. Merci bien.
   b. Il n'y a pas de quoi.
   c. Et vous?

Tout l'accueil en un seul mot

Ministère de l'Equipement,
des Transports et du Tourisme

B.   Les lettres muettes (Silent letters)

Some letters in French are not pronounced, especially when they come at the end of a word. The following letters are usually silent:

final **-e**	Philippe̸ Sylvie̸ Annie̸
final **-s**	Louis̸ Nicolas̸ Charles̸
other final consonants EXCEPT **-c, -f, -l, -k** *and usually* **-r**	Richard̸ Robert̸ Mar**c** che**f** Pau**l** Patric**k** Victo**r** BUT: Roge̸r Olivie̸r
h *in all positions*	H̸enri Th̸omas Nath̸alie

4.   Photos   You're showing photos of the students you met in Québec last year. Tell your friend who they are.

1. Éric
2. Yves
3. Nathalie
4. Louis
5. Louise
6. Nicolas Robert
7. Hélène Denis
8. Jean LaBrie
9. Édith Hamel
10. Anne-Marie Ledoux
11. Marthe Thibaud
12. Albert Lecas
13. Thomas Castel
14. Michel Leduc
15. Isabelle Lebas

C.   Les marques orthographiques (Spelling marks)

Accents and spelling marks are part of the spelling of a word and cannot be left out.

Accents and spelling marks	With the letters	Examples
´ l'accent aigu *(acute accent)*	é	Cécile, Frédéric, café
` l'accent grave *(grave accent)*	è, à, ù	Michèle, voilà, où
^ l'accent circonflexe *(circumflex)*	â, ê, î, ô, û	mâle, forêt, dîner, hôtel, sûr
¨ le tréma *(dieresis)*	ë, ï	Noël, naïf
¸ la cédille *(cedilla)*	ç	François, français, garçon

NOTES DE PRONONCIATION

1. **é** is pronounced /e/*
   è and **ê** are pronounced /ɛ/
   ô is pronounced /o/
   ç is pronounced /s/
2. The circumflex accent usually does not indicate a change in pronunciation of **a, i,** or **u.**
3. The **tréma** is used on the second of two consecutive vowels to indicate that the vowels are pronounced separately.

5.   Salut!   Greet the following students according to the model.

● François   *Salut, François! Ça va?*

1. Mélanie
2. Michèle
3. Cécile
4. Léon
5. Noëlle
6. Joël
7. Hélène
8. Thérèse
9. Jérôme

You may want to point out that the circumflex frequently indicates that the corresponding Old French word was spelled with an **s**. The **s** is often retained in the English equivalent: **forêt** *(forest),* **château** *(castle),* **hôtel** *(hostel),* **hôpital** *(hospital).*

Have students give a response from the Structure et Vocabulaire section: **Ça va bien!, Ça va mal,** etc.

---

* A letter between slash lines, such as /e/ or /ɛ/, is a symbol of the International Phonetic Alphabet (IPA). These IPA symbols are used to identify the specific sounds of a language. They are listed, together with the French system of sound-symbol correspondence, in Appendix III.

D.   L'alphabet français

A /a/	**E** /ə/	**I** /i/	**M** /ɛm/	**Q** /ky/	**U** /y/	**Y** /i grɛk/
B /be/	**F** /ɛf/	**J** /ʒi/	**N** /ɛn/	**R** /ɛr/	**V** /ve/	**Z** /zɛd/
C /se/	**G** /ʒe/	**K** /ka/	**O** /o/	**S** /ɛs/	**W** /dublə ve/	
D /de/	**H** /aʃ/	**L** /ɛl/	**P** /pe/	**T** /te/	**X** /iks/	

❖ Note how the following letters are spelled aloud:

A A majuscule   **ç** C cédille   **é** E accent aigu   **ss** deux S
a A minuscule   **ê** E accent circonflexe   **è** E accent grave

6. **À l'auberge de jeunesse** *(At the youth hostel)*   The following students are registering at the youth hostel. Each one spells his or her last name.

●   Philippe Vallée
      Je m'appelle Philippe Vallée: V • A • deux L • E accent aigu • E

1. Jacques Dubost   3. Sylvie Camus   5. Thomas Smith   7. André Lefèvre
2. Henri Maréchal   4. Anne Azziza   6. Jennifer Kelley   8. Ahmed Khalès

Communication

Contacts *Cahier d'activités:*
Workbook, Leçon 2
Lab Manual, Leçon 2

1. You are in Québec visiting a friend who is studying at the Université de Montréal. He/she introduces you to his/her professor.

Act out a dialogue in which . . .

- you greet your friend and ask how he/she is
- your friend responds
- your friend then introduces you to his/her professor
- you and the professor greet each other

2. You are signing up for classes at the Alliance française and are talking to someone at the registration office.

Act out a dialogue in which . . .

- you greet each other
- the person asks your name
- you respond, spelling it out for him/her

Et vous?

3. Your professor greets you and asks your name.

Respond appropriately by . . .

- telling him/her your name
- spelling out your name for him/her

 *Ourida, Joëlle, and Alain are at **la Fête de la musique** in Paris, listening to a concert of Algerian **raï** music. They are joined by Tran, a friend of Joëlle's.*

JOËLLE:	Oh, j'adore le raï!
OURIDA:	Moi aussi. J'aime bien la musique algérienne.
ALAIN:	Est-ce que tu joues de la musique, Ourida?
OURIDA:	Non, mais j'ai un frère qui joue très bien de la guitare, et mes deux sœurs aiment bien danser. Dans ma famille, on est assez musicien.
JOËLLE:	Tiens! Voilà Tran.
OURIDA:	Qui est-ce?
JOËLLE:	C'est un copain vietnamien. Il est étudiant avec moi à l'université. Tran!
TRAN:	Ah, salut, Joëlle! Ça va?
JOËLLE:	Oui, ça va bien, et toi?
TRAN:	Pas mal. Je viens de passer un examen très difficile, alors je suis un peu fatigué!
JOËLLE:	Tran, je te présente mon copain Alain et ma copine Ourida.
TRAN:	Bonjour.
OURIDA:	Bonjour.
ALAIN:	Bonjour.
TRAN:	Tu viens d'où, Ourida?
OURIDA:	Je suis française, mais ma famille est d'origine algérienne.

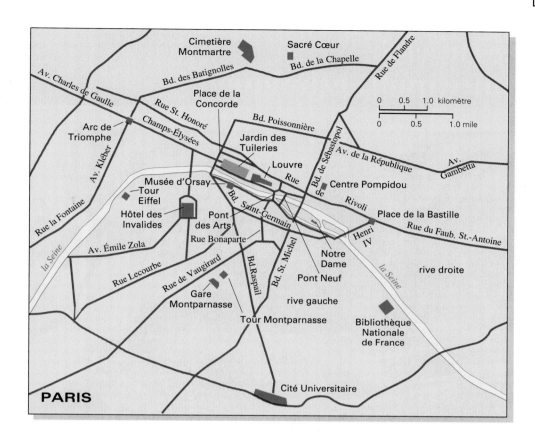

PARIS

TRANSLATION

JOËLLE: *Oh, I love raï!*

OURIDA: *Me too. I like Algerian music.*

ALAIN: *Do you play music, Ourida?*

OURIDA: *No, but I have a brother who plays the guitar very well, and my two sisters love to dance. My family is pretty musical.*

JOËLLE: *Hey! There's Tran.*

OURIDA: *Who's that?*

JOËLLE: *He's a Vietnamese friend. He's a student with me at the university. Tran!*

TRAN: *Oh, hi, Joëlle! How are you?*

JOËLLE: *I'm well, and you?*

TRAN: *Not bad. I just took a really difficult exam, so I'm a little tired!*

JOËLLE: *Tran, this is my friend Alain and my friend Ourida.*

TRAN: *Hello.*

OURIDA: *Hello.*

ALAIN: *Hello.*

TRAN: *Where are you from, Ourida?*

OURIDA: *I'm French, but my family is originally from Algeria.*

Aperçu culturel
La France multi-ethnique

A market scene in Strasbourg

Some recent immigrants to France	
Country of origin	Number
North Africa	
Algeria	1,000,000
Morocco	570,000
Tunisia	200,000
West Africa	
Senegal	45,000
Mali	40,000
Asia	
Cambodia	45,000
Vietnam	35,000
Laos	30,000

France has always considered itself to be **une terre d'accueil,** a haven for people of other countries seeking refuge from persecution for their political activities or religious beliefs. Like the United States, France is also a land of immigration. Over the past hundred years, millions of foreigners have settled in France in search of a better future for themselves and their families. Today, people of foreign origin represent 9 percent of the population of France.

Before 1960, most immigrants were Catholics of European origin who came mainly from Italy, Spain, Belgium, and Poland. On the whole, they integrated very well into their new country, with few major problems other than the challenge of learning a new language.

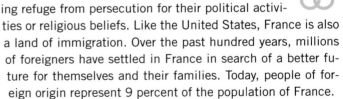

Les petits plats étrangers bien de chez nous

France is known throughout the world for its cooking, and yet it is with eagerness that the French welcome new gastronomic experiences. Many traditional dishes from the countries of origin of immigrant groups now are very common in France. For example, Italy gave France **pasta** and **pizza,** Spain is responsible for the popularity of **paella,** Vietnam stimulated the successful growth of Oriental restaurants, and North Africa brought **couscous** (steamed semolina served with meat and vegetables) and **tajines** (meat and vegetable stews prepared in a deep earthenware dish). As for French **croissants,** which are known around the world, their origin is not French at all. The first ones were created in Vienna in 1689 to celebrate the end of the siege of the city by the Turks, whose symbol was the Islamic crescent.

French views on racial diversity

According to a public opinion survey, 57 percent of the French consider themselves not very racist or not racist at all, while 64 percent of immigrants think that the French are not racist and 92 percent of them feel good about living in France. Moreover, 42 percent of the French consider immigrants to be a source of cultural and intellectual enrichment. After all, there are many artists, writers, researchers, and political figures whose parents were immigrants.

Students demonstrating for racial tolerance in a rally organized by the group *SOS Racisme*

The immigrants of today are very different. On the whole, they are of non-European origin. Most recent immigrants come from the former colonies and territories which France controlled in North Africa (Algeria, Tunisia, Morocco), West Africa (Senegal, Mali), and Asia (Vietnam, Cambodia, Laos). They speak different languages, practice different religions, and try to maintain their own traditional ways of life, as reflected in their cuisines, their dress, and their music.

By introducing diversity, these recent immigrants have changed the traditional image of France and have given it a strong multicultural and multiethnic flavor. The French citizens of today not only are called Dupont and Martin, but also Martinez, Nguyen, and Khaled. Immigration has enriched the daily life and culture of the French people in many ways, notably in cuisine, music, and language. However, immigration has also created problems endemic to many Western countries. Faced with a culture and language which they do not understand, many immigrants find themselves forced to accept low-paying, menial jobs that no one else wants. They often live in poverty in ethnic ghettos, with little hope of improving their condition.

When the newer immigrants do manage to get better jobs, they are considered as a menace to the job security of other French workers, themselves threatened by rising unemployment. (France has an employment rate of over 10 percent.) Because immigrants are "different," some conservative French people consider them as a threat to the traditional French way of life. In fact, a new political party, **le Front national,** has emerged in recent years with the explicit objective of curtailing immigration and ultimately repatriating foreigners to their countries of origin. Fortunately, this fringe party, which in some elections has garnered fifteen percent of the vote, is repudiated by most French people. At the same time, organizations like **SOS Racisme** have emerged, which are dedicated to protecting immigrant rights and fighting discrimination in all of its forms. Every year, SOS Racisme rallies hundreds of thousands of young people in huge demonstrations against racism and in favor of a multiethnic society at peace with itself.

La musique métisse

Paris is one of the music capitals of the world, not because of traditional French music, but because of new forms of music that integrate elements from abroad. **Afro-rock,** born in the 1960s in francophone Africa, became known in France thanks to the saxophone player **Manu Dibango. Raï,** reminiscent of American protest songs, is a type of Algerian music with traditional instruments and Arabic lyrics that has been adopted as a way for the **Beurs** (young French people whose parents were born in North Africa) to voice their rejection of racism and their hope for a better future. **Zouk,** an increasingly popular style of festive music from the islands of Martinique and Guadeloupe, combines musical elements from Africa, the West Indies, France, and Spain. As for **rap,** which comes from the United States, it has been popularized in France by a young African musician from Chad who performs under the stage name of **M. C. Solaar, le roi du rap français.**

Algerian raï singer, Khaled

Structure et vocabulaire

A. Le genre des noms et des adjectifs

> In French, all nouns have gender: they are either MASCULINE or FEMININE.

❖ Masculine nouns can be introduced by **un: un copain**   a (male) friend

❖ Feminine nouns can be introduced by **une: une copine**   a (female) friend

❖ The gender of a noun is also reflected in the form of the adjectives used to describe it:

un copain **français**   une copine **française**

Students will learn more about gender in Unit 3. For now, they will be practicing the masculine and feminine forms of some adjectives of nationality.

Vocabulaire: *Quelques adjectifs de nationalité*

Masculine	*Feminine*	
algérien	algérienne	*Algerian*
anglais	anglaise	*English*
américain	américaine	*American*
canadien	canadienne	*Canadian*
français	française	*French*
marocain	marocaine	*Moroccan*
martiniquais	martiniquaise	*from Martinique*
mexicain	mexicaine	*Mexican*
québécois	québécoise	*from Québec*
sénégalais	sénégalaise	*Senegalese*
suisse	suisse	*Swiss*
vietnamien	vietnamienne	*Vietnamese*

NOTE DE VOCABULAIRE

Note that in French, adjectives of nationality are not capitalized.

Here are some expressions that you will find useful in talking about others:

Qui est-ce?	*Who's that? Who is it?*
C'est...	*That's . . . ; It's . . .*
Voici...	*Here is . . . ; Here comes . . .*
	Here are . . . ; Here come . . .
	This is . . . ; These are . . .
Voilà...	*There is . . . ; There comes . . .*
	There are . . . ; There come . . .
	That is . . . ; Those are . . .

NOTE DE VOCABULAIRE

Voici and **voilà** may be used interchangeably to introduce or point out people or things.

Voici Philippe.	**Voilà** Monique et Alice.
Voici le taxi.	**Voilà** l'hôtel Novotel.

1. **Qui est-ce?**   You are at a meeting of SOS Racisme, a group dedicated to halting racism in France. Your friend points out various people in the crowd, and you react. Follow the model.

● Hamid / un copain sénégalais

—*Ah, voilà Hamid!*
—*Qui est-ce?*
—*C'est un copain sénégalais.*

● Jamila / une copine marocaine

—*Ah, voilà Jamila.*
—*Qui est-ce?*
—*C'est une copine marocaine.*

1. Nicole / une copine suisse
2. Marie-Noëlle / une copine française
3. Ali / un copain algérien
4. Françoise / une copine canadienne
5. Gustavo / un copain mexicain
6. Leila / une copine marocaine
7. Jean / un copain québécois
8. Rebecca / une copine américaine
9. Florence / une copine anglaise
10. Nicolas / un copain français

2. **Des nationalités**   What nationality are the following people? Follow the model, being sure to use the correct masculine or feminine form.

● Clint Eastwood   *Il est américain.*
  Meryl Streep   *Elle est américaine.*

1. Paul McCartney
2. Gérard Depardieu
3. Bruce Springsteen
4. Jesse Jackson
5. Catherine Deneuve
6. la princesse Diana
7. Céline Dion
8. Oprah Winfrey
9. le roi *(King)* Hassan

1. anglais   2. français
3., 4. américain   5. française
6. anglaise   7. canadienne
8. américaine   9. marocain

B. Les mots apparentés

Can you understand the following sentences?

> Le train arrive à Paris à 3 heures.
> Mélanie dîne au restaurant.
> Philippe visite le musée d'Art moderne.
> Madame Masson est professeur à l'Université de Grenoble.
> Le professeur est intelligent et dynamique.

Even if you have not had any French before, it is quite likely that you were able to guess the meanings of the above sentences.

> Words that look alike in French and English and have similar meanings are called COGNATES, or **mots apparentés.** Paying attention to these words will help you understand French.

Here are some cognates that you saw in the dialogue on page 20. Note that although they are spelled differently in French, they are easy to recognize.

la musique	vietnamien	la famille	un examen
la guitare	l'université	danser	algérienne

Here are some additional cognates you will recognize:

le cinéma	le sport	la violence	les spaghetti	le chocolat
la télévision	l'effort	l'ordre	le brocoli	les oranges
la politique	la discipline	le désordre	le café	les abricots

❖ Cognates are never pronounced the same way in French and English. Chances are that if you had never heard French before, you might not have been able to understand the meanings of the preceding examples when spoken by a French person.

LES FAUX AMIS

❖ Some words that look alike in French and English actually have very different meanings. Note these two common examples:

le collège   *junior high school (**not** college)*

la librairie   *bookstore (**not** library)*

As you study French, you will learn to watch out for these false cognates, or **faux amis** (literally, *false friends!*).

3. **En ville** *(In town)*   You are showing your city to a group of exchange students from Belgium.

● l'hôtel   *Voici l'hôtel.*

1. le café
2. la poste *(post office)*
3. le parc
4. le garage
5. le cinéma
6. le musée
7. la pharmacie
8. l'hôpital
9. l'université

You may wish to bring to class realia (newspaper or magazine articles and advertisements, radio or TV excerpts, for example) that contain French-English cognates. Ask students to identify these cognates.

The definite articles (**le, la, les**) are formally presented in Lesson 8. However, since the text offers many examples of their use before that lesson, you may want to point out that **le** (or **l'**) is used before masculine nouns, and that **la** (or **l'**) is used before feminine nouns.

Model these cognates several times so that students can pronounce them correctly.

Vocabulaire: *Préférences*

Here are some expressions that will allow you to talk about your likes and dislikes:

J'adore...	*I love . . .*
J'aime bien...	*I like . . .*
Je n'aime pas tellement...	*I don't really like . . .*
Je déteste...	*I hate . . .*

4. Au cinéma   You are in Paris and want to go see a movie. With a partner, choose from the films listed in *Pariscope,* a guide to Parisian events.* React to each other's suggestions by expressing your preferences.

●   —*Tu veux aller voir (Do you want to go see)* **Jeanne d'Arc?**
             —*Oui, j'adore les films d'aventure!*
  ou *(or):*   —*Oh, non. Je déteste les films d'aventure!*

www.pariscope.fr
151 rue Anatole
France
LEVALLOIS-PERRET
01 41 34 73 47

AV   aventures

ANNA ET LE ROI. 1999 américain en couleurs de Andy Tennant avec Jodie Foster, Chow Yun-Fat, Bai Ling, Tom Felton. ◆ **UGC Orient Express 3** v.o. ◆ **UGC Normandie 54** v.o. ◆ **Gaumont Opéra Français 58** v.f. ◆ **Les Montparnos 88** v.f. ◆ **Gaumont Aquaboulevard 91 bis** v.f. ◆ **UGC Convention 97** v.f.

LA GENESE. 1999 franco-malien en couleurs de Cheick Oumar Sissoko avec Sotigui Kouyate, Salif Keïta, Balla Moussa Keïta. ◆ **Images d'ailleurs 19** v.o.

JEANNE D'ARC. 1999 américain en couleurs de Luc Besson avec Milla Jovovich, John Malkovich, Vincent Cassel, Faye Dunaway, Dustin Hoffman. ◆ **Le Grand Pavois 94** v.o. ◆ **Saint Lambert 96** v.o. ◆ **Gaumont Opéra Premier 6.** ◆ **Gaumont Marignan 49.** ◆ **Gaumont grand écran Italie 79 bis**

SATYRICON. 1969 italien en couleurs de Federico Fellini avec Martin Potter, Hiram Keller, Max Born. int -12 ans. ◆ **Accattone 14** v.o.

CO   comédies

ADIEU, PLANCHER DES VACHES! 1999 française en couleurs de Otar Iosseliani avec Nico Tarielashvili, Lily Lavina, Otar Iosseliani, Philippe Bas, Stéphanie Hainque. ◆ **L'Epée de bois 17.** ◆ **Le République 74**

BARBECUE-PEJO. 1999 franco-béninoise en couleurs de Jean Odoutan avec Jean Odoutan, Laurentine Milebo, Adama Kouyate, Didier Dorlipo. ◆ **Images d'ailleurs 19.** ◆ **Lucernaire forum 29**

LA BUCHE. 1999 française en couleurs de Danièle Thompson avec Sabine Azema, Emmanuelle Béart, Charlotte Gainsbourg, Claude Rich, Francoise Fabian, Christopher Thompson, Jean-Pierre Darroussin. ◆ **UGC Triomphe 55.** ◆ **Les Montparnos 88.** ◆ **Le Grand Pavois 94.** ◆ **Saint Lambert 96**

LA DILETTANTE. 1998 française en couleurs de Pascal Thomas avec Catherine Frot, Barbara Schulz, Marie-Christine Barrault, Didier Bezace, Sébastien Cotterot, Odette Laure. ◆ **Lucernaire forum 29**

LA FAUSSE SUIVANTE. 1999 française en couleurs de Benoît Jacquot avec Isabelle Huppert, Sandrine Kiberlain, Mathieu Amalric, Pierre Arditi. ◆ **Grand Action 18 ter.** ◆ **Publicis Elysées 50**

PO   policiers

FOLLOWING (LE SUIVEUR). 1999 anglais en noir et blanc de Christopher Nolan avec Jeremy Theobald, Alex Haw, Lucy Russell, John Nolan. ◆ **Reflet Medicis Logos 20** v.o.

CD   comédies dramatiques

COTTON MARY. 1999 anglaise en couleurs de Ismaïl Merchant avec Greta Scacchi, Madhur Jaffrey, James Wilby. ◆ **UGC Orient Express 3** v.o. ◆ **Reflet Medicis Logos 20** v.o. ◆ **Elysées Lincoln 46** v.o. ◆ **Les 5 Caumartin 57** v.o. ◆ **Les 7 Parnassiens 90** v.o.

LES IDIOTS. Idioterne. 1998 danoise en couleurs de Lars von Trier avec Bodil Jorgensen, Jens Albinus, Anne Louise Hassing, Troels Lyby, Nikolaj Lie Kaas, Henrik Prip. int -12 ans. ◆ **Images d'ailleurs 19** v.o. ◆ **Studio Galande 21** v.o. ◆ **Denfert 82** v.o.

KIEMAS. La cour. 1999 lituano-française en couleurs de Valdas Navasaitis avec Donatas Banionis, Ricarsas Vitkaitis, Albinas Keleris, Tatjana Liutajeva. ◆ **MK2 Beaubourg 11** v.o. ◆ **Quartier Latin 19 bis** v.o.

PASSEURS DE REVES. 1999 française (en langue kurde) en couleurs de Hiner Saleem avec Olivier Sitruk, Rosanna Vite Mesropian, Romen Avinian, Edik Bagdassarian. ◆ **MK2 Beaubourg 11** v.o. ◆ **MK2 Hautefeuille 31** v.o.

RIEN A FAIRE. 1999 française en couleurs de Marion Vernoux avec Valeria Bruni Tedeschi, Patrick Dell'Isola, Sergi Lopez, Florence Thomassin. ◆ **L'Arlequin 25**

DR   drames

C'EST QUOI LA VIE? 1999 française en couleurs de François Dupeyron avec Eric Caravaca, Jacques Dufilho, Isabelle Renauld, Jean-Pierre Darroussin. ◆ **Le Grand Pavois 94**

EST-OUEST. 1999 français en couleurs de Régis Wargnier avec Sandrine Bonnaire, Oleg Menchikov, Sergueï Bodrov Jr, Catherine Deneuve. ◆ **UGC Triomphe 55.** ◆ **Denfert 82.** ◆ **Le Grand Pavois 94**

ROSETTA. 1998 belge en couleurs de Luc et Jean-Pierre Dardenne avec Emilie Dequenne, Fabrizio Rongione, Anne Yernaux, Olivier Gourmet. ◆ **Lucernaire forum 29**

SF   science-fiction

MATRIX. 1998 américain en couleurs de Andy et Larry Wachowski avec Keanu Reeves, Laurence Fishburne, Carrie-Anne Moss, Hugo Weaving, Joe Pantoliano. ◆ **Studio Galande 21** v.o. ◆ **Le Grand Pavois 94** v.o. ◆ **Saint Lambert 96** v.f.

STAR WARS EPISODE 1: LA MENACE FANTOME. 1999 américain en couleurs de George Lucas avec Liam Neeson, Ewan Mac Gregor, Natalie Portman, Jake Lloyd, Pernilla August, Samuel L. Jackson, Terence Stamp. ◆ **Studio Galande 21** v.o. ◆ **Le Grand Pavois 94** v.f. ◆ **Saint Lambert 96** v.f.

---

* You may also consult the current Paris listings on the Internet at http://pariscope.fr/

5. **Mes préférences personnelles**   Indicate your preferences in the following areas. Then compare your answers with those of another classmate.

1. Comme *(in terms of)* musique, je préfère...
   ☐ le rock
   ☐ le jazz
   ☐ le rap
   ☐ la musique classique
   ☐ la musique folklorique
   ☐ ???

2. Comme sport individuel, je préfère...
   ☐ le jogging
   ☐ le ski
   ☐ la bicyclette
   ☐ le tennis
   ☐ la marche *(hiking)*
   ☐ ???

3. Comme sport d'équipe *(team)*, je préfère...
   ☐ le football *(soccer)*
   ☐ le football américain
   ☐ le baseball
   ☐ le volleyball
   ☐ le basketball
   ☐ ???

4. Comme loisir culturel, je préfère...
   ☐ le cinéma
   ☐ le théâtre
   ☐ la musique
   ☐ la lecture *(reading)*
   ☐ la visite des musées
   ☐ ???

5. À la télévision, je préfère regarder...
   ☐ le sport
   ☐ les comédies
   ☐ les films romantiques
   ☐ les documentaires
   ☐ les nouvelles *(news)*
   ☐ ???

6. Au cinéma, je préfère...
   ☐ les comédies
   ☐ les drames psychologiques
   ☐ les films d'aventure
   ☐ les films de science-fiction
   ☐ les films d'horreur
   ☐ ???

7. Au restaurant, je préfère manger *(to eat)*...
   ☐ des spaghetti
   ☐ un steak
   ☐ une pizza
   ☐ un plat *(dish)* végétarien
   ☐ une soupe
   ☐ ???

8. Je préfère étudier...
   ☐ le français
   ☐ les maths
   ☐ la littérature
   ☐ la physique
   ☐ les sciences sociales
   ☐ ???

C.   Intonation

As you speak, your voice rises and falls; this is called INTONATION. In French, as in English, your voice falls at the end of a declarative sentence. However, in French the voice rises after each group of words within a longer sentence, whereas in English it either falls or stays on the same pitch.

Voici.
Voici Annette.
Voici Annette Vidal.

Voilà.
Voilà l'auto.
Voilà l'automobile.

Voilà.
Voilà Michel.
Voilà Michel et Dominique.

Voilà l'automobile de Paul.
Voilà l'automobile de Pauline.
Voilà l'automobile de Pauline Duval.

6. À Paris   You are working as a tour guide in Paris. Point out the following places to the tourists in your group.

● l'hôtel Napoléon   *Voilà l'hôtel Napoléon.*

1. l'Opéra
2. Notre Dame
3. la Sorbonne
4. le musée d'Orsay
5. la pyramide du Louvre
6. le parc de la Villette
7. la Tour Eiffel
8. le café Bonaparte
9. la place de la Bastille
10. l'avenue Victor-Hugo
11. le boulevard Saint Michel
12. le boulevard Raspail

Communication

Contacts *Cahier d'activités:* Workbook, Leçon 3 Lab Manual, Leçon 3

1. You are in Tours with a friend, and are deciding what you want to do this weekend.

Pick two or three of the following items and discuss your preferences.

- **les expositions d'art**
- **les comédies musicales**
- **les matches de football**
- **les concerts**
- **la télévision**
- **le cinéma**
- **le théâtre**
- **la danse**

—**Est-ce que tu aimes les matches de football?**
—**Non, je n'aime pas tellement les matches de football.**

Et vous?

2. You would like to get acquainted with your fellow students.

Turn to the person sitting next to you and exchange information.

- Tell him/her what nationality you are.
- Tell him/her what leisure activities, sports, food, and academic subjects you like and dislike.

Vocabulaire pratique: *Expressions pour le cours*

Le Professeur   *The Teacher*
Écoutez.   *Listen.*
Répétez.   *Repeat.*
Encore une fois.   *Again.*
Répondez.   *Answer.*
Regardez.   *Look.*
Lisez.   *Read.*
Écrivez.   *Write.*

Faites l'exercice.   *Do the exercise.*
Faites attention.   *Pay attention.*
Ouvrez vos livres.   *Open your books.*
Fermez vos livres.   *Close your books.*
Prenez une feuille de papier.   *Take a sheet of paper.*

Très bien.   *Very good.*
Bien.   *Good.*
Oui, c'est ça.   *Yes, that's it.*
Non, ce n'est pas ça.   *No, that's not it.*

Attention!   *Careful!*
Savez-vous... ?   *Do you know . . . ?*
Comprenez-vous... ?   *Do you understand . . . ?*

Les Étudiants   *The Students*
Je sais.   *I know.*
Je ne sais pas.   *I don't know.*

Oui, je comprends.   *Yes, I understand.*
Non, je ne comprends pas.   *No, I don't understand.*

Répétez, s'il vous plaît.   *Repeat, please.*
Pouvez-vous répéter?   *Can you repeat?*

Comment dit-on... ?   *How do you say . . . ?*
Que signifie... ?   *What is the meaning of . . . ?*
    What does . . . mean?

S'il vous plaît.   *Please (to the teacher).*
S'il te plaît.   *Please (to a classmate).*

Situations: *En France*

Contacts *Cahier d'activités:* Workbook and Lab Manual, Vivre en France 1

Although you have just begun learning French, you already know several expressions that will allow you to express yourself in many different situations. Imagine that you are in Paris. How would you respond in the following circumstances?

1. A child is about to cross the street. You notice a car approaching quickly. What would you tell the child?
   a. **Lisez!**
   b. **Attention!**
   c. **Voilà!**
2. You are in a café with a French friend. You want to order ice with your drink but don't know the French expression. What would you say to your friend?
   a. **Que signifie** *with ice?*
   b. **Comment dit-on** *with ice?*
   c. *With ice,* **s'il vous plaît!**
3. As you are walking down the street, a Belgian tourist mistakes you for a Parisian and asks you where the nearest post office is. You understand the question but have no idea where the post office is located. What would you say?
   a. **Je ne sais pas.**
   b. **Répétez, s'il vous plaît!**
   c. **Je ne comprends pas.**
4. You are in the métro. You arrive at your station and you can't open the door. What do you say to the person next to you?
   a. **Ouvrez, s'il vous plaît!**
   b. **Fermez la porte** *(door)!*
   c. **Faites attention!**
5. You are in a restaurant. The waiter brings you a cup of coffee. What do you say?
   a. **Très bien!**
   b. **Merci bien!**
   c. **Excusez-moi!**

Cafetiers de père en fils depuis 1905
Sousse - Paris le Marais

HAMMAM CAFE

4 rue des Rosiers - 75004 PARIS
Tél.: 01 42 78 04 45 Fax.: 01 48 87 84 24

Leçon 4 Au Canada

Leçon 5 À Dakar

Leçon 6 À Bruxelles, à l'Alliance française

Communication skills:
Telling time
Giving the date
Giving phone numbers
Asking and answering questions about one's activities
Using language in real-life situations

Lexical base:
Numbers 0–99
Time, days of the week, months
Activities

Grammar base:
Present of **-er** verbs, **être**
Negative and interrogative sentences
Subject pronouns and stress pronouns

Cultural focus:
The French-speaking world: North America, Africa, Europe

Qui parle français?

2

Leçon 4   Au Canada

COMPRÉHENSION DU TEXTE
Read the following statements and have the students decide if they are true or false. If the statement is true, they should say **C'est vrai!** and repeat it. If the statement is not true, they should say **C'est faux!** and correct it.
- **Anne habite à Paris.**
  C'est faux! Anne habite à Québec.
1. **John parle français.**
2. **John parle uniquement anglais.**
3. **Anne et Michel parlent français.**

 Anne is with her friend John when she meets Michel. All three are students at Laval University in Québec.

ANNE:	Salut! Je m'appelle Anne Dumont.
MICHEL:	Bonjour. Moi, je m'appelle Michel Lavoie. Tu es de Québec?
ANNE:	Non, je suis de Montréal. J'habite à Québec pour mes études.
MICHEL:	Qu'est-ce que tu étudies?
ANNE:	L'architecture. Et toi?
MICHEL:	Moi, j'étudie l'anglais.
ANNE:	Ah, justement, je te présente mon ami John. Il est américain, mais il parle très bien le français.
MICHEL:	Tu es bilingue! Quelle chance!

Be sure students do not pronounce the **t** in **Montréal**.

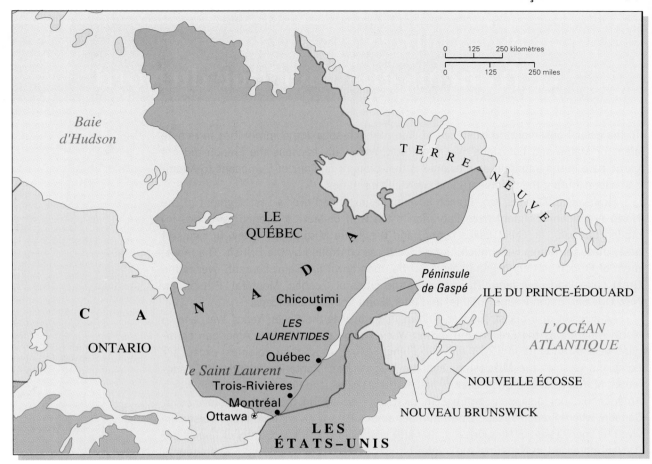

TRANSLATION

ANNE: *Hi! My name is Anne Dumont.*

MICHEL: *Hello. My name is Michel Lavoie. Are you from Québec (City)?*

ANNE: *No, I'm from Montréal. I live in Québec (City) while I go to school [lit. for my studies].*

MICHEL: *What are you studying?*

ANNE: *Architecture. And you?*

MICHEL: *I'm studying English.*

ANNE: *Oh, as a matter of fact, let me introduce [to you] my friend John. He's American, but he speaks French very well.*

MICHEL: *You're bilingual! What luck!*

Aperçu culturel
Le français en Amérique du Nord

To the casual observer, the existence of small French-speaking communities in remote areas of Maine and Louisiana may seem odd, especially because the French did not participate in the immigration movements that brought millions of Europeans to American shores during the nineteenth and twentieth centuries.

However, 250 years ago, French sovereignty extended over a vast segment of the North American continent from Labrador to the Gulf of Mexico. French territories included Canada, the Great Lakes region, and the entire Mississippi valley. In terms of area, these territories were much larger than those controlled by the British. The movement of French settlers began in Nova Scotia, then down the Saint Laurent, over to the Great Lakes and Louisiana. They founded the cities of Québec, Montréal, Pittsburgh, New Orleans, Baton Rouge, Mobile, and later, Saint Louis and Chicago.

As a result of a disastrous war (known in Europe as the Seven Years' War, and in North America as the French and Indian War), French claims on the American continent were terminated in 1763 with the French giving up all their colonies, except for Louisiana west of the Mississippi and the West Indian plantation islands of Guadeloupe, Martinique, and Saint Domingue (Haïti). However, the French presence in North America did not disappear entirely. In fact, it prospered in the Québec province of Canada, where French speakers now number approximately six million. French also survived for many years in New Orleans, and still is alive in the Cajun country of Louisiana. It even increased in New England as the Industrial Revolution attracted French-speaking Canadians, who came there by the hundreds of thousands until the 1930s.

Strolling in the historic section of Vieux Montréal

Le Canada francophone

On July 24, 1534, a French navigator named Jacques Cartier landed in a small cove of the Gaspé peninsula **(la Gaspésie)** after a long voyage across the Atlantic. There he planted a 30-foot cross and took possession of the surrounding lands in the name of his sponsor, the king of France. Told by the natives about great deposits of gold and precious stones to be found inland, he undertook a second journey to Canada the following year. During this expedition, he discovered the Saint Lawrence River **(le Saint Laurent)** and sailed upstream as far as the Indian village of Hochelaga, the future site of Montréal. The trip did not bring the promised wealth, but it marked the beginning of the French presence in Canada, which was renamed **la Nouvelle France.** Actually, the first French settlers arrived seventy years after Cartier's historic journey, establishing themselves first in **l'Acadie** (Acadia, or what is now Nova Scotia and New Brunswick), and then in Québec. They were farmers, fur trappers, soldiers, and priests. Above all, they were explorers. Samuel Champlain founded the city of Québec in 1608. Louis Jolliet and Jacques Marquette explored the region of the Great Lakes and reached the Mississippi in 1672. In 1682, Robert Cavelier de La Salle became the first European man to sail down the Mississippi to the Gulf of Mexico. During this perilous expedition, he claimed possession for France of the territories he was discovering, and gave them the name of **Louisiane** in honor of his king, Louis XIV.

French sovereignty over Canada ended in 1763 when the area became a British colony. Under British rule, the French-speaking Canadians struggled to maintain their language, their Catholic faith, and their traditions. For a long time they were considered second-class citizens and participated little in Canadian economic and political life. They became, however, an important force to contend with as their numbers increased from ninety thousand in 1763 to around 6,000,000 today. In the province of Québec,

La province de Québec

Population: circa 7 000 000

Population francophone: circa 6 000 000

Capitale: Québec

Devise: «Je me souviens»

Drapeau: bleu, à croix blanche et fleur de lis

Fête nationale: 24 juin, fête de Saint Jean-Baptiste

Les Canadiens francophones

Province	Population francophone
Québec	5 620 000
Ontario	475 000
Nouveau Brunswick	245 000

LE DEVOIR

LE QUÉBEC DIVISÉ

Moins de 50 000 électeurs
ont fait la différence

OUI 49.5   NON 50.5

where French speakers represent approximately eighty percent of the population, they have achieved special political status based on the recognition of their distinct cultural identity, and French is the only official language of the province. Nevertheless, for some Québécois this is not enough. The **Séparatistes** believe that true national identity requires independence and, therefore, secession from Canada. The controversial question of an independent Québec was brought to a popular vote in 1995 and secession was defeated by a very narrow margin.

La Louisiane

In 1755, shortly after the British seized that part of Canada known as **l'Acadie,** they forcibly expelled the French settlers, **les Acadiens,** burning their farms and separating families. After wandering for many months and years, many of the victims of this brutal deportation (called **le Grand Dérangement,** or "great dispersal") arrived in small groups in the remote bayou region of Louisiana. There they began a new life in an environment totally different from the one they had known in Canada with its pine forests, rocky coasts, and snowy winters.

Today the descendants of these exiles are known as **Cajuns** (a term derived from **Acadien**) and live in the same part of Louisiana where their ancestors settled two hundred years ago. Unfortunately, with the development of the petroleum industry and the introduction of television in the bayou region, the use of French has been disappearing among the Cajuns. Although 73 percent of those over sixty-five years old still speak and understand the language, only a minority of the younger people do.

However, still very much alive and appreciated across the United States is Cajun culture, especially its cuisine and its music. Cajun cuisine relies on spicy treatments of rice, pork, and seafood. Cajun songs are very similar to the French and French-Canadian folksongs, but their rhythm has been colored by African-American and Native American influences. Today French songs are still sung at Cajun weddings and social gatherings, and Cajun music is celebrated at the annual festival in Lafayette, Louisiana.

Creoles are African-Americans who have come into contact with Cajun culture and the French language. In recent years, they

The Jambalaya Cajun Band in Lafayette, Louisiana

have fought for recognition of their own unique culture. Creole music, called Zydeco, has become very popular, with its blend of French and African influence.

La Nouvelle Angleterre

Some of the Acadians who were driven from their homes by the British in 1755 moved south of the border into Maine and established communities in the St. John Valley. During the industrial revolution, a new group of French-speaking Canadians moved to New England, drawn to milltowns such as Lewiston, Maine; Manchester, New Hampshire; and Lawrence, Massachusetts. Although few Franco-Americans now speak French, their culture is celebrated in festivals such as the annual Kermesse in Biddeford, Maine, which features clog dancing and French culinary specialties, such as **boudin** (blood sausage). The buckwheat pancakes called **ployes,** consumed primarily in the northern Maine Franco-American communities, have become so popular that they are currently distributed by L. L. Bean.

The Kermesse

Haïti

Open-air market in Haïti

French is the official language of Haïti, although in daily exchanges the great majority of its inhabitants speak **créole,** a language which combines French, African, and Spanish elements. Two hundred years ago, Haïti, then known as **Saint Domingue,** was the most prosperous of the French colonies. This prosperity, however, exacted a terrible human toll on the African slaves who labored in the sugarcane plantations. Eventually these slaves rebelled against their French masters and, under the brilliant leadership of **Toussaint Louverture** and **Jean-Jacques Dessalines,** fought victoriously for their independence, which finally was granted in 1804. Thus Haïti, which took back its former Native American name, became the first self-governed state in North America for people of African origin.

Unfortunately, a long series of autocratic military governments has enriched only Haïti's leaders while keeping the majority of the population in a state of dire poverty. The situation has led large numbers of Haitians to immigrate to the United States, where they constitute sizable French- and Creole-speaking minorities in cities such as Miami, New York, and Boston. It is hoped that with a democratically elected government in place, the economy of the country will improve for the benefit of all segments of society.

Structure et vocabulaire

NOTE LINGUISTIQUE: *L'accord du sujet et du verbe*

Read the following sentences, paying attention to the underlined subjects and the forms of the verb **parler** *(to speak)*.

<u>Je</u> **parle** français.	*I **speak** French.*
<u>Nous</u> **parlons** français en classe.	*We **speak** French in class.*
<u>Éric et Alice</u> **parlent** anglais.	*Éric and Alice **speak** English.*

In French, verbs (like **parler**) have different forms. In a sentence the form of the verb **(parle, parlons, parlent)** is determined by the subject **(je, nous, Éric et Alice).** Verbs are said to AGREE with the subject. This is called SUBJECT-VERB AGREEMENT.

A CONJUGATION chart shows the various verb forms that correspond to the different subjects.

A. Le présent des verbes en *-er* et les pronoms sujets

LE PRÉSENT DES VERBES EN **-ER**

French verbs can be classified according to their infinitive endings. Many French verbs end in **-er** in the infinitive. Most of these verbs are conjugated like **visiter** *(to visit)* and **parler** *(to speak)*. Such verbs are called REGULAR **-er** verbs because their conjugation patterns are predictable.

infinitive	**visiter**	**parler**	
stem	visit-	parl-	*endings*
present tense	Je **visite** Paris.	Je **parle** français.	-e
	Tu **visites** Montréal.	Tu **parles** français.	-es
	Marc **visite** New York.	Il **parle** anglais.	} -e
	Hélène **visite** Boston.	Elle **parle** anglais.	
	Nous **visitons** Mexico.	Nous **parlons** espagnol.	-ons
	Vous **visitez** Moscou.	Vous **parlez** russe.	-ez
	Paul et Jacques **visitent** Québec.	Ils **parlent** français.	} -ent
	Anne et Sylvie **visitent** Toronto.	Elles **parlent** anglais.	

❖ The present tense of regular **-er** verbs is formed as follows:

> stem + ending

❖ The STEM remains the same for all verb forms. It is the infinitive minus **-er.**

Infinitive	*Stem*
visiter	**visit-**
parler	**parl-**

To make sure that students understand the concept of the stem, you may write on the board infinitives such as **danser, dîner, skier,** and ask students to give their stems.

❖ The ENDING changes to agree with the subject.

je	-e	nous	-ons
tu	-es	vous	-ez
il/elle	-e	ils/elles	-ent

The endings **-e, -es,** and **-ent** are silent.

❖ The French present tense corresponds to three English forms:

Paul **parle** français. { *Paul speaks French.*
Paul is speaking French.
Paul does speak French.

LES PRONOMS SUJETS

In French there are eight personal SUBJECT PRONOUNS.

Singular		Plural	
je	*I*	**nous**	*we*
tu	*you*	**vous**	*you*
il	*he*	**ils**	*they* (masculine)
elle	*she*	**elles**	*they* (feminine)

You may wish to introduce the concepts of person: **je** (first-person singular), etc.

❖ **Tu** vs. **vous**

When talking to ONE person, use:

- **tu** (the familiar form) to address a close friend, a child, or a member of the family.

  Tu parles anglais, Sylvie?

- **vous** (the formal form) to address an older person or a person who is not a close friend.

  Vous parlez anglais, Madame?

When talking to TWO or more people, use:

- **vous** (both familiar and formal)

  Vous parlez anglais, Anne et Philippe?

NOTE: **Vous** always requires a plural verb, even when it refers to one person.

❖ **Ils** vs. **elles**

When talking about two or more people, use:

- **ils** when at least one member of the group is MALE.
- **elles** when the ENTIRE group is FEMALE.

Voici Paul et Philippe.	**Ils** parlent français.
Et Monique et Suzanne?	**Elles** parlent français.
Et Marc et Christine?	**Ils** parlent français et anglais.

1. Français ou anglais?   Say which cities the following people are visiting and whether they are speaking French (**français**) or English (**anglais**). Use subject pronouns and the appropriate forms of the verbs **visiter** and **parler.**

PRACTICE: third-person pronouns

● Paul (Paris)   *Il visite Paris. Il parle français.*

1. Louis (San Francisco)
2. Hélène et Sylvie (Québec)
3. Jacqueline (Chicago)
4. Jacques et Albert (Genève)
5. Louis et Thomas (Dallas)
6. M. et Mme Dupont (Los Angeles)
7. Charles et Louise (Bordeaux)
8. Nathalie (Paris)

V: Indicates exercise variations.

V: Turn to map in front of book. Have students pick out various French cities. **Je visite (Orléans). Je parle français. Nous visitons (Nice). Nous parlons français.**

2. Qui parle français?   Ask the following people whether they speak French. Use **tu** or **vous,** as appropriate.

PRACTICE: **tu** vs. **vous**

● Annette Tremblay (a student from Montréal)   *Tu parles français?*

● Monsieur Tremblay (Annette's father)   *Vous parlez français?*

V: Ask if these people speak English. **Tu parles anglais? Vous parlez anglais?**

1. Hélène Duval (a student from Paris)
2. Alain Duval (Hélène's younger brother)
3. Madame Duval (Hélène's mother)
4. Monsieur Lacroix (your English teacher)
5. Pierre et André (Monsieur Lacroix's young children)
6. Sylvie Leblanc (an employee at the reservation desk of Air Canada)
7. Paul Bouchard (a student on the hockey team)
8. Albert Lafleur et Jacques Boudreau (Paul's roommates)
9. Lucien Lambert (the coach of the hockey team)

Vocabulaire: *Quelques activités (Some activities)*

Verbes en **-er**

détester	*to dislike, to hate*	Paul **déteste** Paris.
dîner	*to have dinner*	Roger **dîne** avec Nicole.
jouer (au tennis)	*to play (tennis)*	Nous **jouons au tennis.**
parler	*to speak, to talk*	Jacques **parle** français.
regarder	*to look at, to look*	Nous **regardons** Suzanne.
	to watch	Tu **regardes** la télévision.
rentrer	*to return, to go back*	Je **rentre** à Montréal.
téléphoner (à)	*to phone, to call*	Vous **téléphonez à** Sylvie.
travailler	*to work*	Pierre **travaille à** Montréal.
visiter	*to visit (a place)*	Nous **visitons** Québec.

Visiter is used for places only; for people, **rendre visite (à)** is used. (Taught in Lesson 13.)

Expressions

à	*to*	Jacques parle **à** Henri.
	at	Tu travailles **à** l'hôtel Méridien.
	in (+ city)	Ils travaillent **à** Montréal.
de	*from*	Vous téléphonez **de** New York.
	of, about	Nous parlons **de** Michèle.
avec	*with*	Tu joues au tennis **avec** Monique.
pour	*for*	Elle travaille **pour** Monsieur Thomas.
et	*and*	Voici Guy **et** Hélène.
ou	*or*	Jean parle français **ou** anglais.
mais	*but*	Je joue au tennis, **mais** vous jouez au golf.

NOTE DE VOCABULAIRE

In English, certain verbs are followed by prepositions *(to look at)*. This is also the case in French **(téléphoner à).** However, French and English do not always follow the same patterns. Contrast:

Je	**regarde**	–	Monique.	Tu	**téléphones**	**à**	Paul.
I	*am looking*	*at*	*Monique.*	*You*	*are phoning*	*–*	*Paul.*

3. **Au téléphone** The participants at an international convention are calling home. Tell which city they call and which language they are speaking. Use the verbs **téléphoner à** and **parler**.

PRACTICE: -er verbs

● Henri (Paris / français)   *Henri téléphone à Paris. Il parle français.*

1. nous (New York / anglais)
2. vous (Mexico / espagnol)
3. Marc (Québec / français)

4. Christine (Port-au-Prince / créole)
5. je (Tokyo / japonais)
6. tu (Moscou / russe)

4. **Activités** Say what the following people are doing.

● Cécile / jouer au tennis   *Cécile joue au tennis.*

1. nous / jouer au volleyball
2. vous / travailler
3. Philippe / téléphoner à Sylvie
4. Pierre et Paul / dîner

5. tu / regarder la télévision
6. Louise et Jacqueline / rentrer à l'hôtel
7. Anne / dîner avec Éric
8. je / téléphoner à Monique

NOTE LINGUISTIQUE: *Élision et liaison*

Elision The final **-e** of a few short words, like **je** and **de,** is dropped when the next word begins with a vowel sound, that is, with a mute **h** or a VOWEL. This is called ELISION. In written French, elision is marked by an apostrophe.

Je travaille à Paris. *(no elision)*   **J'**habite à Paris. *(elision)*
Nous parlons **de** Jacques. *(no elision)*   Nous parlons **d'**Albert. *(elision)*

Liaison When a French word ends in a consonant, this consonant is almost always silent. In certain words, however, the final consonant is pronounced when the next word begins with a vowel sound. This is called LIAISON and occurs between words that are closely linked in meaning, such as a subject pronoun and its verb. Note the examples of liaison after **nous, vous, ils,** and **elles.**

Nous invitons Marie.   Ils invitent Philippe.
Vous habitez à New York.   Elles habitent à Montréal.

● The liaison consonant (in the above examples, the final **-s,** which represents the sound /z/) is always pronounced as if it were the first sound of the following word.

When a word beginning with an **h** is treated as if it began with a vowel, it is said to begin with a mute **h**. There is always elision and liaison with a mute **h**. When a word beginning with **h** is treated as if it began with a consonant sound, it is said to begin with an aspirate **h: le héros, la harpe**. There is no elision or liaison with an aspirate **h**.

In special cases, the liaison consonant will be indicated in small type above the line of text: cinq/k/ étudiants.

Vocabulaire: *Quelques verbes en* -er

aimer	*to like, to love*	Paul **aime** Paris.
arriver	*to arrive*	Nous **arrivons** de Bordeaux.
écouter	*to listen to*	Vous **écoutez** la radio.
étudier	*to study*	Ils **étudient** avec Sophie.
habiter (à)	*to live (in)*	Barbara **habite à** Boston.
inviter	*to invite*	Elle **invite** Robert.

Verbs in this section all begin with a vowel sound.

Be sure students note that **écouter** means *to listen to,* and is NEVER followed by **à**.

Note the two pronunciations of the **i** in **étudier**: /i/ in **étudie, études, étudient;** /j/ in **étudions, étudiez.**

5. **Au Canada** The following people are Canadians. Say where they live and that they like their hometowns. Use subject pronouns and the appropriate forms of **habiter à** and **aimer.**

PRACTICE: verb forms with elision and liaison

● Jacqueline (Québec)   *Elle habite à Québec. Elle aime Québec.*

1. nous (Montréal)
2. je (Toronto)
3. vous (Ottawa)
4. tu (Moncton)
5. Monsieur et Madame Lafleur (Halifax)
6. Monique et Nicole (Québec)
7. Paul et Robert (Baie Comeau)
8. Roger (Montréal)

6. **Non!** Émilie wants to know what Thomas and his friends do. Play both roles according to the model.

ROLE PLAY: talking about activities

● habiter à Montréal (Québec)

> ÉMILIE: *Vous habitez à Montréal?*
> THOMAS: *Non, nous habitons à Québec.*

May be done with half-class choral response; one side is Émilie and the other side is Thomas.

1. arriver de la classe de français (de la cafétéria)
2. étudier la physique (l'économie)
3. inviter Christine (Annette)
4. écouter le zouk (le rap)
5. aimer le ballet (le rock)

B. La négation

Compare the affirmative and negative sentences below.

Other negative constructions are presented in Lessons 15, 22, and 23.

In rapid informal conversation, **ne** is sometimes dropped. It is maintained in written French. Although students should use the full form **ne ... pas,** they should realize that the strong negative element is **pas.**

Je parle français.	Je **ne** parle **pas** anglais.	*I **don't** speak English.*
Nous jouons au volleyball.	Nous **ne** jouons **pas** au tennis.	*We are **not** playing tennis.*
Paul habite à Montréal.	Il **n'**habite **pas** à Québec.	*He **doesn't** live in Québec.*

Negative sentences are formed as follows:

subject + **ne (n')** + verb + **pas...**	Marc **ne** visite **pas** Paris. Anne **n'**invite **pas** Éric.

Note the elision: **ne** → **n'** before a vowel sound.

7. Vive la différence! Jacques does not do what Pierre does. Play the two roles according to the model.

ROLE PLAY: stating the contrary

●   jouer au tennis   PIERRE: *Je joue au tennis.*
                            JACQUES: *Je ne joue pas au tennis.*

V: Ask individual students if they do these things. **Barbara, vous jouez au tennis?**

1. parler italien
2. habiter à Bordeaux
3. étudier l'anglais
4. regarder la télévision
5. aimer les westerns
6. travailler dans *(in)* un hôpital

8. Oui et non Read what the following people do, then say what they do not do. Use the expression in parentheses in the negative sentence.

PRACTICE: negation

●   Je parle français. (italien)   *Je ne parle pas italien.*

1. Nous parlons français. (espagnol)
2. Vous habitez à Paris. (à Montréal)
3. Je joue au tennis. (au football)
4. Éric téléphone à Jacqueline. (à Nicole)
5. Tu invites Monique. (Albert)
6. Vous travaillez pour Air Canada. (pour Air France)
7. Thomas étudie la physique. (la biologie)
8. Je dîne avec Sylvie. (Christine)

le football = *soccer*

9. Conversation Get acquainted with your classmates. Talk to the person next to you and ask if he/she does the following.

COMMUNICATION: getting to know people

●   parler italien?
          —*Tu parles italien?*
          —*Oui, je parle italien.*
      ou: —*Non, je ne parle pas italien.*

1. parler russe?
2. étudier la physique?
3. travailler le week-end *(on weekends)?*
4. jouer au basket?
5. aimer le jazz?
6. aimer la musique classique?
7. regarder la télé?
8. habiter à Boston?

le basket: a shortened form of le basketball

la télé: a shortened form of la télévision

C.　Les nombres de 0 à 12

Numbers are often used alone, for instance, in counting. When they introduce nouns, numbers may be pronounced somewhat differently.

Numbers from **0** to **12**, used alone and with nouns:		
Alone	**Before a consonant sound**	**Before a vowel sound**
0　zéro		
1　un	{ dans/z/un moment (*in a moment*) { dans/z/une minute	dans/z/un/n/instant dans/z/une heure (*hour*)
2　deux	dans deux minutes	dans deux/z/heures
3　trois	dans trois minutes	dans trois/z/heures
4　quatre	dans quatre minutes	dans quatre heures
5　cinq	dans cinq minutes	dans cinq/k/heures
6　six	dans six minutes	dans six/z/heures
7　sept	dans sept minutes	dans sept heures
8　huit	dans huit minutes	dans huit heures
9　neuf	dans neuf minutes	dans neuf/v/heures
10　dix	dans dix minutes	dans dix/z/heures
11　onze	dans onze minutes	dans onze heures
12　douze	dans douze minutes	dans douze heures

The concept of gender (**un moment, une minute**) is presented in Lesson 7. You may wish to explain the difference between **un** and **une** briefly here.

Model the pronunciation of these numbers and have students repeat them after you. Be sure students drop the **e** in **quatre heures**: /katrœr/.

Point out that final consonants without slash marks are pronounced: **sept** /sɛt/, **neuf** /nœf/, etc.

10.　**L'ordinateur** (*The computer*)　The following numbers are listed on a computer printout. Read each series aloud.

PRACTICE: reading numbers

1.　1, 3, 5, 7, 9, 11	4.　3, 2, 0, 4, 8, 2, 5
2.　0, 2, 4, 6, 8, 10, 12	5.　0, 12, 4, 11, 8, 5, 7
3.　1, 5, 2, 7, 9, 11, 12	

11.　**Au café** (*At the café*)　You are working as a server in a French café. Relay the following orders to the bar.

Be sure to model the pronunciation of the new cognates.

PRACTICE: oral forms of numbers

●　6 cafés (*coffees*)　　　***Six cafés ... six!***

1.　3 cafés	5.　10 thés	9.　6 orangeades
2.　6 thés (*teas*)	6.　2 sandwichs	10.　10 orangeades
3.　8 Coca-Colas	7.　12 sandwichs	11.　2 express (*espressos*)
4.　9 cafés	8.　2 orangeades	12.　7 express

Note that the first number occurs before another noun. The second number in the response stands alone. Thus: /si/cafés ... /sis/.

Vocabulaire: *L'heure (Time)*

Quelle heure est-il?   *What time is it?*

Il est une heure.   **Il est dix heures.**   **Il est midi.**   **Il est minuit.**

À quelle heure?	*At what time?*	**À quelle heure** est le concert?	
À...	*At . . .*	**À** huit heures.	
Dans...	*In . . .*	**Dans** dix minutes.	
J'ai rendez-vous.	*I have a date (an appointment).*	**J'ai rendez-vous** avec Nadine à deux heures.	

NOTE DE VOCABULAIRE

In English, the expression *o'clock* may be left out when giving the time. In French, the word **heure** or **heures** (abbreviated as **h**) may NEVER be omitted.

---

12. **Quand il est midi à Paris...** *(When it is noon in Paris . . .)*   Give the time in other cities when it is noon in Paris.

PRACTICE: telling time

● New York: 6 h   *À New York, il est six heures.*

You may want to model the cues.

1. Boston: 6 h	5. Québec: 6 h	9. Mexico: 5 h
2. Chicago: 5 h	6. Madrid: 12 h	10. Beijing: 7 h
3. Denver: 4 h	7. Moscou: 2 h	11. Tokyo: 8 h
4. Los Angeles: 3 h	8. Tel Aviv: 1 h	12. Honolulu: 1 h

13. **À quelle heure?**   Say at what time you do the following things.

COMMUNICATION: talking about one's daily schedule

● arriver à l'université

> *J'arrive à l'université à huit heures (à neuf heures...).*

Exercise may be done in pairs.

1. écouter la radio
2. étudier
3. dîner
4. travailler
5. regarder la télévision

These communication activities can either be done extemporaneously or they can be assigned for outside preparation, with each student writing out the appropriate questions (and responses, if desired).

In class, students can practice the conversations in pairs.

If desired, random pairs of students can act out their conversation in front of the class.

Contacts *Cahier d'activités:*
Workbook, Leçon 4
Lab Manual, Leçon 4

Et vous?

You may wish to have a student from each group report back to the class about their interviews.

Communication

1. At the International Club, you meet a French student whom you would like to invite out. But first you want to know what he/she is interested in.

Ask your partner . . .

- if he/she plays tennis
- if he/she plays basketball (**au basket**)
- if he/she likes music (**la musique**)
- if he/she likes movies (**le cinéma**)

—**Tu joues au tennis?**
—**Oui, je joue au tennis.**
   (**Non, je ne joue pas au tennis.**)

2. On a trip, you meet a person from Québec and start up a conversation. (Use the polite **vous** form.)

Ask your partner . . .

- if he/she speaks French
- if he/she speaks English
- if he/she lives in Montréal

3. This is an opportunity to get to know some of your fellow students.

In a group of three or four students, interview your partners to find out . . .

- if they live in . . . *(your town)*
- if they work in . . . *(your town)*
- if they speak French or English
- if they like classical music or jazz
- if they play tennis or volleyball

Leçon 5   À Dakar

COMPRÉHENSION DU TEXTE
Have students answer
affirmatively or negatively.
- **Lamine habite à Dakar?**
  Oui, elle habite à Dakar.
- **Lamine habite à Paris?**
  Non, elle n'habite pas à Paris.

1. **Lamine est étudiante?**
2. **Elle aime aller danser?**
3. **Elle aime la musique?**
4. **Elle aime les sports?**
5. **Hamadi est étudiant?**
6. **Hamadi aime les sports?**

French speakers often
abbreviate the names of sports:
e.g., **le volley, le foot, le basket**
for **le volleyball, le football, le basketball.**

 Lamine and Hamadi, two students from Sénégal, introduce themselves.

LAMINE: Bonjour! Je m'appelle Lamine.

HAMADI: Et moi, Hamadi. Nous sommes sénégalais.

LAMINE: Moi, j'étudie la biologie à l'Université de Dakar. Et Hamadi est étudiant en informatique. Il passe tout son temps sur des ordinateurs!

HAMADI: Tu exagères! J'aime aussi le cinéma, le sport... J'aime bien nager, par exemple.

LAMINE: D'accord, mais tu ne nages pas très souvent. Moi, je joue beaucoup au tennis, au volley... J'aime aussi la musique et j'adore danser. À propos, Hamadi, est-ce que tu veux aller danser samedi soir?

HAMADI: Écoute, je suis assez occupé ce week-end... Je voudrais terminer un devoir...

LAMINE: Il a toujours une bonne excuse! En fait, il déteste aller danser! Tu préfères aller au cinéma?

HAMADI: Au cinéma? Ah oui, d'accord!

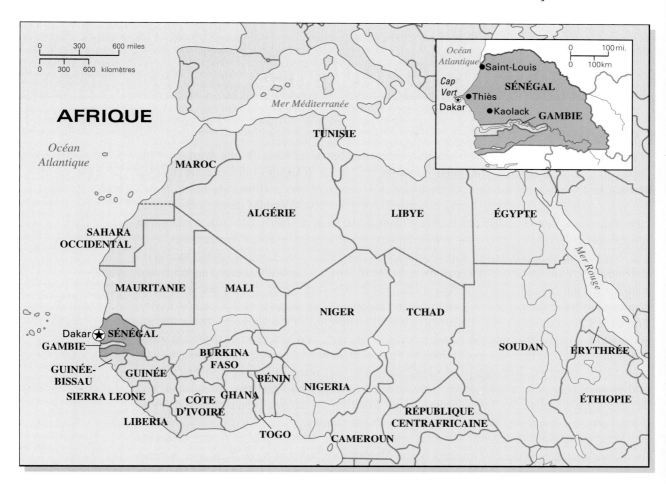

TRANSLATION

LAMINE: *Hello! My name is Lamine.*

HAMADI: *And I'm Hamadi. We are Senegalese.*

LAMINE: *I study biology at the University of Dakar. And Hamadi is a computer science student. He spends all his time on the computers!*

HAMADI: *You're exaggerating! I also like movies, sports . . . I like swimming, for example.*

LAMINE: *OK, but you don't swim very often. Me, I play a lot of tennis, volleyball . . . I also like music and I love dancing. Speaking of which, Hamadi, do you want to go dancing Saturday night?*

HAMADI: *Listen, I'm pretty busy this weekend . . . I would like to finish a paper . . . .*

LAMINE: *He always has a good excuse! In fact, he hates dancing! Would you rather go to the movies?*

HAMADI: *To the movies? Oh yes, OK!*

Aperçu culturel
Le français en Afrique

Le Maghreb

Maghreb is an Arabic word which means "where the sun sets," that is, the West. Today this term designates the three countries of Algeria **(l'Algérie),** Morocco **(le Maroc),** and Tunisia **(la Tunisie),** which historically represent the northwesternmost lands conquered by the Arabs. In the nineteenth century, these countries came under French rule, especially Algeria. Colonization began there in 1830 and Algeria later was declared an official part of French territory when it was divided into three administrative **départements.**

The rise of nationalism and anticolonialism in the 1950s and 1960s inspired strong independence movements and the countries of North Africa ultimately became independent nations. (In the case of Algeria, independence came only after a long, bloody war which cost hundreds of thousands of military and civilian casualties.) Yet, in spite of this painful legacy, France has maintained strong relationships with the countries of the Maghreb. These ties are fostered by intense international trade, cultural exchanges, and programs of technical assistance provided by France to her former territories. It is not surprising that French has remained an important language in the Maghreb countries, where it is taught in the schools and is spoken by a large part of the population. In turn, many Algerians, Moroccans, and Tunisians have settled in France, where they constitute the largest group of recent immigrants, giving a new flavor to the multiethnicity of that country.

Most inhabitants of Algeria, Morocco, and Tunisia are Moslem and of Arabic or Berber (in Morocco) origin. Today the countries of the Maghreb are buffeted by political and religious crosscurrents. On the one hand, Tunisia and Morocco are generally pro-Western, and represent a voice of moderation in the Arab world. In Algeria, however, the forces of democracy and progress are challenged by political instability and a powerful fundamentalist Islamic movement that is opposed to Western influences and especially to the use of the French language.

Open-air market at Ghardaïa, an Algerian oasis in the Sahara

Le Maroc

Area: 710,850 square kilometers (274,461 square miles)
Population: 26 million
Cities: Rabat (Capital), Casablanca, Tangiers, Marrakech
Languages: Arabic, Berber, and French

The country of Morocco is located at the northwestern corner of Africa. Inhabited in prehistoric times by Berbers, the region became a province of the Roman empire in the first century, receiving the Latin name of Mauritania. Toward the end of the seventh century, the area was conquered and occupied by the Arabs who converted its Berber population to Islam. During the eleventh and twelfth centuries, Morocco was the center of a powerful Arab kingdom that included all of North Africa and extended into southern Spain.

Taken over as a French protectorate in 1912, Morocco did not regain its independence until 1956. Under the leadership of King Hassan II (1929–1999), Morocco played a significant role in foreign affairs. The country followed a generally pro-Western line while at the same time affirming its Islamic identity, thus exercising a moderating influence among other Arab nations.

To outsiders, Morocco often evokes romance, adventure and foreign intrigue, as in the classic movie *Casablanca* (1943). French artists like Matisse found inspiration in the country's sunny landscapes and exotic scenery. More recently, Western musicians, such as Jimi Hendrix, have been influenced by Moroccan music. Local craftspeople are renowned for the beauty and quality of their products: heavy silver and brass jewelry, decorative ceramics, and objects in fine leather appropriately named "morocco."

Morocco is also well known for its cuisine. In a Moroccan home, meals are served on low tables, and people eat while comfortably ensconced on fabric-covered sofas that line the room. The owner of the home begins the meal by saying "Bismillah" (Praise be to God). Food is eaten with the right hand. The main meal generally begins with a "bstilla," a meat pastry topped with sugar. This may be followed by a roasted lamb, and then the famous Moroccan tagine, a stew cooked with meat, prunes, or other fruit and spices, and served with couscous, a semolina grain. All meals end with mint tea, brewed with green tea, fresh mint, and an abundance of sugar.

L'Afrique de l'Ouest et l'Afrique centrale

In terms of area, the domain of the French language is most extensive in West and Central Africa, where it has been adopted by about fifteen countries as the official language. This sizable bloc of nations gives credibility and relevance to French as an international language. As in other parts of the French-speaking world, the use of French in this vast area is linked to Europe's colonial past. These francophone African countries are former French and Belgian colonies that won their independence in the 1960s and became members of the United Nations.

Here, French is taught in elementary and secondary schools along with the local native languages, and is the medium of communication for business, administration, and the media. The use of French serves another very practical function: since most African countries are intricate societies, composed of multiple ethnic groups speaking different tribal languages (in the Ivory Coast, for instance, there are about sixty such groups, in Mali twenty-three, and in the République Démocratique du Congo more than two hundred), the knowledge of a common language such as French is crucial in promoting integration and national cohesion.

Children in a village in Cameroun, West Africa

The relations between France and the countries of West and Central Africa, although complex, are generally good. France, appreciative of the political benefits it derives from the maintenance of a large French-speaking zone in Africa, generously dispenses financial, economic, and technical aid. Nevertheless, these countries still bear the burden of an economic and administrative structure that was imposed in colonial times and is not well adapted to the reality of modern African society.

Le français, langue officielle

French, sometimes with other languages, is an official language in the following sub-Saharan African countries.

COUNTRY	POPULATION	PRINCIPAL EXPORTS
Benin	6,000,000	petroleum, cotton
Burkina Faso	11,000,000	cotton, cereals, gold
Burundi	6,000,000	coffee, tea
Cameroon	15,000,000	petroleum, coffee
Central African Republic	3,500,000	coffee, diamonds
Chad	7,000,000	cotton, petroleum
Congo	2,600,000	petroleum, diamonds
Democratic Republic of Congo (formerly Zaire)	45,000,000	coffee, copper, diamonds
Gabon	1,200,000	petroleum, manganese
Ivory Coast	15,000,000	coffee, cocoa, cotton
Mali	10,000,000	cotton, livestock, gold
Niger	9,000,000	uranium, livestock
Rwanda	8,000,000	coffee, tea
Senegal	10,000,000	petroleum, vegetable oil
Togo	5,000,000	coffee, cocoa

NOTE: In addition to the above, two other African countries adopted French as their second official language in 1997: Nigeria (English and French), Equatorial Guinea (Spanish and French).

Léopold Sédar Senghor et la «négritude»

In many respects, Léopold Sédar Senghor epitomizes the special symbiosis that links France and French-speaking Africa. Born in Sénégal in 1906 and educated in French-run schools, this highly gifted young student soon attracted the attention of his teachers, who arranged for him to continue his university studies in Paris. There, in the 1930s, he met other black students from various parts of the French-speaking world. Together they founded a newspaper, **L'Étudiant noir** in which they defined the important concept of **négritude. Négritude** is a political, philosophic, and literary movement which affirms the existence of a specific black identity. It insists that black people have their own culture, their own personality, and their own way of understanding the universe and exhorts them to take pride in and preserve this identity and its links to Africa, land of their common ancestors. In 1945 Senghor decided to enter the political arena and was elected as député from Sénégal to the French **Parlement** where he militated for the independence of his country. When Sénégal was recognized as a nation in 1960, Senghor became its first president and served in that capacity until 1980. In addition to being a highly respected African statesman, Senghor is one of the greatest modern poets: He used French to give voice to the aspirations of the African soul. For his literary achievements, he was honored in 1983 by the most coveted distinction to be granted to a French writer, a seat in the **Académie française.**

Afrique

In his poem "Afrique," the Senegalese writer David Diop denounces the brutality of colonialism and anticipates the dawning of freedom for Africa. Diop died in a plane crash in 1960, the very year in which his country gained its independence. Much of his work was unfortunately destroyed in the crash.

Afrique

... Afrique dis-moi Afrique
Est-ce donc toi ce dos qui se courbe
Et se couche sous le poids de l'humilité
Ce dos tremblant à zébrures rouges
Qui dit oui au fouet sur les routes de midi
Alors gravement une voix me répondit
Fils impétueux cet arbre robuste et jeune
Cet arbre là-bas
Splendidement seul au milieu de fleurs blanches
    et fanées
C'est l'Afrique ton Afrique qui repousse
Qui repousse patiemment obstinément
Et dont les fruits ont peu à peu
L'amère saveur de la liberté.

Africa

. . . Africa tell me Africa
Is this your back that is bent
This back that breaks under the weight of humiliation
This back trembling with red scars
And saying yes to the whip under the midday sun
But a grave voice answers me
Impetuous child that tree young and strong
That tree over there
Splendidly alone amidst white and faded flowers
That is your Africa springing up anew
Springing up patiently obstinately
Whose fruits bit by bit acquire
The bitter taste of liberty.

(David Diop, excerpt from "Afrique," *Coups de Pilon.* Présence Africaine, 1973.)

Structure et vocabulaire

Vocabulaire: *Activités*

Verbes en *-er*

chanter	*to sing*	Jean et Claire **chantent.**
danser	*to dance*	Jeanne et Richard **dansent.**
nager	*to swim*	Vous ne **nagez** pas.
voyager	*to travel*	Paul ne **voyage** pas.

Adverbes

assez	*enough*	Tu ne travailles pas **assez.**
aussi	*also, too*	J'invite Paul. J'invite Sylvie **aussi.**
beaucoup	*a lot, (very) much*	Nous aimons **beaucoup** Dakar.
maintenant	*now*	Il travaille pour Air Afrique **maintenant.**
toujours	*always*	Ils parlent **toujours** français en classe.
souvent	*often*	Michèle ne voyage pas **souvent.**
bien	*well*	Tu chantes **bien.**
mal	*badly, poorly*	Je chante **mal.**
assez	*rather*	Vous dansez **assez** bien!
très	*very*	Anne ne nage pas **très** souvent.

Have students note the two meanings of **assez**: when used alone it means *enough*. When used with another adverb or adjective it means *rather*.

Maintenant often comes at the beginning or the end of the sentence.

Très and **assez** modify other adverbs or adjectives. Point out that **très** is never used with **beaucoup**. J'aime beaucoup la Nouvelle Orléans. *I like New Orleans very much.*

NOTES DE VOCABULAIRE

1. The **nous** form of verbs ending in **-ger,** like **nager** and **voyager,** ends in **-geons.**

   Nous **nageons** bien.   Nous ne **voyageons** pas très souvent.

2. In French, adverbs usually come immediately AFTER the verb, or after **pas** if the verb is in the negative. Adverbs NEVER come between the subject and the verb.

Je joue **souvent** au tennis.	*I often play tennis.*
Vous ne voyagez pas **beaucoup.**	*You don't travel very much.*

This spelling change is needed to maintain the /ʒ/-sound of the stem. Note:
g + e, i = /ʒ/;
g + a, o, u = /g/.

1. Expression personnelle   Say how well or how frequently you do the following things. Use one or two of the following adverbs in affirmative or negative sentences: **bien, mal, beaucoup, souvent, toujours, assez, très.**

COMMUNICATION:
describing one's activities

● jouer au tennis   *Je joue très bien au tennis.*
                ou: *Je joue assez mal au tennis.*
                ou: *Je ne joue pas souvent au tennis.*

May be done in pairs.

1. parler français   4. voyager   7. jouer au ping-pong
2. travailler   5. danser   8. jouer au Frisbee
3. étudier   6. chanter   9. nager

A.   Le verbe *être*

You may point out that since the conjugation pattern of **être** does not follow any general pattern, the verb is said to be *irregular*.

The present tense of **être** *(to be)* is irregular.			
infinitive	**être**	*to be*	
present	je **suis**	*I am*	Je **suis** à Québec.
	tu **es**	*you are*	Tu **es** à l'université.
	il/elle **est**	*he/she/it is*	Il n'**est** pas avec Nathalie.
	nous **sommes**	*we are*	Nous ne **sommes** pas en classe.
	vous **êtes**	*you are*	Vous êtes de New York.
	ils/elles **sont**	*they are*	Elles ne **sont** pas à Paris.

❖ Liaison is required in **vous êtes.**

❖ There is often liaison after **est** and **sont: Il est à Dakar. Elles sont à Montréal.**

2. En voyage (On a trip)   The following people are traveling. Say where they are and which language they are speaking: **français** or **anglais.**

PRACTICE: être

● Philippe (Québec)   *Philippe est à Québec. Il parle français.*

1. nous (Paris)
2. je (Montréal)
3. Nathalie (New York)
4. Louis et Paul (Miami)
5. tu (Bordeaux)
6. vous (Marseille)
7. Jacques et Denise (Dakar)
8. Monsieur et Madame Denis (Strasbourg)

JEUNE AFRIQUE
lire

3. **Où sont-ils?** *(Where are they?)*   What we are doing usually gives a good indication of where we are. For each person in column A, select an activity from column B. Then say where that person is, using a location from column C. Be logical.

COMPREHENSION:
describing activities and
locations

● *Nicole travaille aux Nations Unies. Elle est à New York.*

A	B	C
Jacques	dîner	à Paris
Nicole	danser	à New York
Henri et Hélène	étudier	en Égypte
M. et Mme Duval	écouter *Carmen*	à l'opéra
nous	regarder un film	au cinéma
vous	visiter le Louvre	à la discothèque
je	admirer les Pyramides	à l'université
tu	travailler pour les Nations Unies	à la cafétéria

B.   La construction infinitive

Note the use of the infinitives in the following sentences.

Lamine aime **voyager.**	*Lamine likes **to travel.***	*(Lamine likes **traveling.**)*
Je déteste **chanter.**	*I hate **to sing.***	*(I hate **singing.**)*
Tu n'aimes pas **travailler.**	*You do not like **to work.***	*(You do not like **working.**)*

The INFINITIVE is often used after a main verb like **aimer** and **détester.**

---

subject + **(ne)** + main verb + **(pas)** + infinitive...

Michèle **aime écouter** la radio.	*Michèle **likes to listen** to the radio.*
Elle **n'aime pas regarder** la télévision.	*She **does not like to watch** television.*

❖   In French, the infinitive consists of one word, whereas in English the verb is preceded by the word *to.*

❖   French often uses an infinitive where the equivalent English sentence contains a verb in *-ing.*

4. **Expression personnelle**   Say whether or not you like the following activities.

COMMUNICATION:
expressing preferences

● parler français   *J'aime parler français.* ou: *Je n'aime pas parler français.*

1. parler en public
2. voyager en autobus
3. jouer au baseball
4. nager dans l'océan
5. chanter
6. regarder la télévision après *(after)* minuit
7. organiser des fêtes *(parties)*
8. dîner à la cafétéria

May be done in pairs.

5. Une bonne raison *(A good reason)*   Read what the following people are doing or not doing and explain why. Use the construction **aimer** + *infinitive* in affirmative or negative sentences.

PRACTICE: infinitive constructions

●   Philippe téléphone à Michèle.   ***Philippe aime téléphoner à Michèle.***

●   Marc n'étudie pas.   ***Marc n'aime pas étudier.***

1. Nous travaillons.
2. Vous étudiez.
3. Tu nages.
4. Pierre et Annie dansent.
5. Linda joue au volley.
6. Nous voyageons.
7. Je ne travaille pas le week-end.
8. Je ne regarde pas la télévision.
9. Paul et Marc n'écoutent pas la radio.
10. Tu ne chantes pas.
11. Monsieur Moreau ne voyage pas en bus.
12. Vous ne dînez pas à la cafétéria.

C. Questions à réponse affirmative ou négative

Questions that can be answered affirmatively or negatively are called YES/NO QUESTIONS. Compare the statements and the questions below.

Marc joue au tennis.	**Est-ce que** Marc joue au tennis?	*Does Marc play tennis?*
Vous voyagez souvent.	**Est-ce que** vous voyagez souvent?	*Do you travel often?*
Elle aime chanter.	**Est-ce qu'**elle aime chanter?	*Does she like to sing?*

YES/NO QUESTIONS are commonly formed as follows:

est-ce que + subject + verb...	**Est-ce que** Marc habite à Paris?

❖ Note the elision: **est-ce que** → **est-ce qu'** before a vowel sound.

    Est-ce qu'Alice habite à Paris aussi?

❖ Your voice rises at the end of a yes/no question.

❖ In conversational French, yes/no questions may also be formed:

Questions with inversion are presented for active use in Lesson 9. However, students have already encountered several examples of inverted questions (**Quelle heure est-il?**). You may wish to present inversion for recognition at this time.

by letting your voice rise at the end of the sentence

Marc habite à Paris.   Marc habite à Paris?

by adding the tag expression **n'est-ce pas** and letting your voice rise at the end of the sentence.

Tu habites à Dakar.	Tu habites à Dakar, **n'est-ce pas?**	*You live in Dakar, **don't you?***
Vous êtes français.	Vous êtes français, **n'est-ce pas?**	*You're French, **aren't you?***

NOTE: In questions ending with **n'est-ce pas,** the speaker expects a yes answer.

6. Tennis?   You are looking for a tennis partner. Ask whether the following people play tennis. Begin your questions with **est-ce que (est-ce qu').**

PRACTICE: asking questions

V: Ask questions with intonation and **n'est-ce pas?**

● Anne   *Est-ce qu'Anne joue au tennis?*

1. vous
2. Philippe
3. Alain et Roger
4. Michèle et Marc
5. Isabelle
6. tu

7. Dialogue   Why not get better acquainted with your classmates? Ask them questions based on the following cues.

COMMUNICATION: getting acquainted

May be done in pairs.

● jouer au volleyball?

　　　—Est-ce que tu joues au volleyball?
　　　—Oui. Je joue au volleyball!
　ou:　*—Non. Je ne joue pas au volleyball!*

1. habiter à New York?
2. parler espagnol?
3. être optimiste?
4. être de San Francisco?
5. voyager beaucoup?
6. chanter dans une chorale?
7. danser bien?
8. nager souvent?
9. regarder souvent la télévision?

8. À la Maison des Jeunes *(At the youth center)*   Imagine that you are the director of a French youth center. Ask if the following people do the activities mentioned. Use subject pronouns.

PRACTICE: asking questions about others

V: Form questions using **n'est-ce pas?**

● Michèle: danser bien?
Est-ce qu'elle danse bien?

1. Pierre: jouer au tennis?
2. Sylvie: nager?
3. Hélène: chanter avec la chorale?
4. Marc: parler anglais?
5. Jacques et Antoine: jouer au basketball?
6. Paul et Philippe: nager bien?
7. Claire et Suzanne: jouer au volleyball?
8. Henri et Annie: danser le rock?

9. Conversation   On a separate sheet of paper, make a list of four things you like to do. Then talk to several classmates asking them if they also like to do these things. Try to find someone who likes at least three of your favorite activities.

COMMUNICATION: finding common interests

—*Robert, est-ce que tu aimes danser?*
—*Non, je n'aime pas danser.*
—*Est-ce que tu aimes voyager?*
—*Oui, j'aime voyager.*
  (Etc.)

J'aime	Robert	Jennifer
danser		
voyager		

Expressions pour la conversation

To answer a yes/no question:

Oui!	*Yes!*	**Non!**	*No!*
Mais oui!	*Why yes! Yes of course!*	**Mais non!**	*Why no! Of course not!*
Bien sûr!	*Of course!*	**Pas du tout!**	*Not at all!*
D'accord!	*OK! All right! Agreed!*	**Bien sûr que non!**	*Of course not!*

To ask people if they want to do certain things:

Est-ce que tu veux...
Est-ce que vous voulez... } *Do you want . . .*   **Est-ce que tu veux** jouer au tennis?
Est-ce que vous voulez étudier?

  Je veux...   *I want . . .*   Oui, **je veux** jouer au tennis.
Non, **je ne veux pas** étudier.

  Je voudrais...   *I would like . . .*   **Je voudrais** voyager.

To ask people if they can do certain things:

Est-ce que tu peux...
Est-ce que vous pouvez... } *Can you . . .*   **Est-ce que tu peux** dîner avec nous?
Est-ce que vous pouvez dîner avec Marthe?

  Je peux...   *I can . . .*   Oui, **je peux** dîner avec vous.
Non, **je ne peux pas** dîner avec elle.

  Je dois...   *I must . . .*   **Je dois** étudier.

NOTES DE VOCABULAIRE

The conjugations of **vouloir**, **pouvoir**, and **devoir** are presented in Lesson 19.

1. The verbs in the preceding constructions are followed directly by an infinitive.
2. The expression **être d'accord** means *to agree.*

   Est-ce que **vous êtes d'accord** avec Anne?   *Do **you agree** with Anne?*
   Non, **je ne suis pas d'accord.**   *No, **I don't agree.** (I disagree.)*

10. Interviews   A French international company is recruiting a sales representative in Europe. Play the roles of the head of personnel and the candidates. The candidates may answer in the affirmative or negative, as appropriate.

ROLE PLAY: interviewing for information

● être dynamique   LE DIRECTEUR: *Est-ce que vous êtes dynamique?*
                   LE CANDIDAT: *Bien sûr, je suis dynamique.*

May be done with half-class choral response. One side is **Le directeur** and the other side is **Le candidat.**

1. être optimiste
2. être timide
3. parler anglais
4. parler espagnol
5. aimer voyager
6. aimer travailler en groupe
7. détester parler en public
8. détester travailler le week-end

11. Conversation   Ask a classmate if he/she wants to do certain things. Your classmate will turn down your invitation and give you an excuse.

COMMUNICATION: extending and refusing invitations

INVITATIONS	EXCUSES
• jouer au tennis	• étudier
• nager	• travailler
• regarder la télévision	• préparer l'examen
• jouer au bridge	• dîner
• visiter le musée	• rentrer à la maison *(home)*

● —*Est-ce que tu veux jouer au tennis?*
   —*Je ne peux pas. Je dois rentrer à la maison.*

D.   Les nombres de 13 à 99

NUMBERS from 13 to 99 are formed as follows:

13	treize	30	trente	60	soixante	80	quatre-vingts
14	quatorze	31	trente et un	61	soixante et un	81	quatre-vingt-un
15	quinze	32	trente-deux	62	soixante-deux	82	quatre-vingt-deux
16	seize		...	63	soixante-trois	83	quatre-vingt-trois
17	dix-sept	40	quarante	64	soixante-quatre	84	quatre-vingt-quatre
18	dix-huit	41	quarante et un		...		...
19	dix-neuf	42	quarante-deux	69	soixante-neuf	89	quatre-vingt-neuf
20	vingt		...	70	soixante-dix	90	quatre-vingt-dix
21	vingt et un	50	cinquante	71	soixante et onze	91	quatre-vingt-onze
22	vingt-deux	51	cinquante et un	72	soixante-douze	92	quatre-vingt-douze
23	vingt-trois	52	cinquante-deux	73	soixante-treize	93	quatre-vingt-treize
24	vingt-quatre		...		...		...
	...			79	soixante-dix-neuf	99	quatre-vingt-dix-neuf

❖ Note that **et** is used in the numbers 21, 31, 41, 51, 61, and 71, but not in the numbers 22, 23, etc., and not with 81 and 91. There is no hyphen when **et** is used. (There is never liaison after **et.**)

❖ Note that **quatre-vingts** takes an **-s** when it is used by itself or is followed by a noun. It does not take an **-s** when it is followed by another number.

12. Le Loto   Call out the following numbers at a French lotto game.

PRACTICE: reading numbers

●   28   *vingt-huit*

1. 23	5. 75	9. 14	13. 19
2. 18	6. 83	10. 41	14. 15
3. 68	7. 31	11. 95	15. 71
4. 55	8. 66	12. 17	16. 99

13. Numéros de téléphone   You would like to phone the following people. Ask the operator to connect you with the numbers below. Note: In French, phone numbers are given in groups of two digits.

PRACTICE: giving phone numbers

●   Durant   03 23 41 16 71
     Le zéro trois, vingt-trois, quarante et un, seize, soixante et onze, s'il vous plaît.

1. Doucet	03 21 61 52 13		5. Lévêque	02 38 20 13 66
2. Poly	02 48 22 33 71		6. Simon	04 75 34 96 18
3. Lebel	03 80 58 62 72		7. Vidal	05 59 67 44 86
4. Lassalle	04 42 19 70 91		8. Roche	05 61 14 92 73

V: As a warm-up activity, dictate these numbers to the students. Then have them open their books to check their comprehension as you read the numbers aloud once more.

All French phone numbers consist of ten digits. The first two digits indicate the geographical area:
01 Paris and Île de France
02 Northwest quadrant of France
03 Northeast quadrant
04 Southeast quadrant plus Corsica
05 Southwest quadrant
The next two digits are the department code. Note: If you are calling France from abroad, you do not dial the 0.

Vocabulaire: *Les divisions de l'heure*

Il est huit heures et quart.

Il est neuf heures et demie.

Il est midi moins le quart.

Il est une heure cinq.

Il est deux heures vingt.

**Il est trois heures moins cinq
(deux heures cinquante-cinq).**

**Il est quatre heures moins vingt
(trois heures quarante).**

The masculine form **et demi** is used with **midi** and **minuit:**
Il est midi et demi.

Note that with the growing popularity of digital watches, many people use the construction indicated in parentheses.

NOTES DE VOCABULAIRE

1. When it is necessary to differentiate between A.M. and P.M., the French use the following expressions:

du matin	A.M. *(in the morning)*	Il est dix heures et demie **du matin.**
de l'après-midi	P.M. *(in the afternoon)*	Il est deux heures **de l'après-midi.**
du soir	P.M. *(in the evening)*	Il est neuf heures **du soir.**

2. Official time, which uses a 24-hour clock, is used to give arrival and departure times of planes, buses, and trains; to show times of plays and films; and in public announcements. On the official clock, the hours from 12 to 24 correspond to P.M. Any fraction of the hour is recorded in terms of minutes past the hour.

Official time		*Conversational French*
11 h 00	onze heures	onze heures (du matin)
11 h 50	onze heures cinquante	midi moins dix
20 h 15	vingt heures quinze	huit heures et quart (du soir)
23 h 45	vingt-trois heures quarante-cinq	minuit moins le quart

14. La journée de Françoise   Describe Françoise's day, saying at which time she does certain things.

PRACTICE: telling time

● arriver à l'université   8:45   *Elle arrive à l'université à neuf heures moins le quart.*

1. arriver à la cafétéria   12:30

2. arriver en classe   1:45

3. dîner   6:30

4. arriver au cinéma   8:15

5. rentrer   11:45

15. À la gare *(At the station)*   People are waiting for their friends at the Gare d'Austerlitz in Paris. They are at the information desk asking when certain trains arrive. With a partner, play the roles according to the model.

ROLE PLAY: asking for and telling the time

● Toulouse?   —*S'il vous plaît, à quelle heure arrive le train de Toulouse?*
—*À huit heures quarante, Monsieur (Mademoiselle).*

1. Tours?   3. Bordeaux?   5. Limoges?
2. Orléans?   4. Nantes?   6. La Rochelle?

Have students locate these cities on the map of France in front of book. Note that regular trains for the southwest section of France leave Paris from the Gare d'Austerlitz. The TGV trains leave from the Gare Montparnasse.

State train arrivals in official time: **Le train de Toulouse arrive à 8 heures 40.**

ARRIVÉES			
TOULOUSE	8:40	NANTES	11:50
TOURS	9:23	LIMOGES	13:25
ORLÉANS	10:14	LA ROCHELLE	14:38
BORDEAUX	11:35		

16. Et vous?   Say at what times you do the following things.

1. En général, j'arrive à l'université à...
2. Le professeur arrive à...
3. La classe de français commence à...
4. Je quitte *(leave)* l'université à...
5. Je rentre à la maison à...
6. Je dîne à...

COMMUNICATION: stating when one does things

Have students use the phrases **du matin, de l'après-midi, du soir.**

Communication

COMMUNICATION and REVIEW: using language in real-life situations

These communication activities can either be done extemporaneously or they can be assigned for outside preparation, with each student writing out the appropriate questions (and responses, if desired).

In class, students can practice the conversations in pairs.

If desired, random pairs of students can act out their conversation in front of the class.

Pas de problème! CD-ROM: Module 1, Activités: *Action!* 1–3, *Mise en scène*

Contacts *Cahier d'activités:* Workbook, Leçon 5 Lab Manual, Leçon 5

1. You are at the library with a French friend. It is between 6 and 7 P.M.

Ask your partner . . .
- what time it is
- if he/she is studying
- if he/she wants to have dinner now

2. You are spending your vacation on the French Riviera. On the beach, you meet another student.

Ask your partner . . .
- if he/she speaks French
- if he/she likes to swim
- if he/she likes to play volleyball (**au volley**)
- if he/she wants to play

3. You are at the tennis court looking for a partner. You see someone with a tennis racket sitting on a bench and begin a conversation.

Ask your partner . . .
- if he/she likes to play tennis
- if he/she plays well
- if he/she plays often
- if he/she wants to play now

Your partner will accept or refuse your invitation. In case of refusal, he/she will offer an excuse.

Et vous?

4. The weekend is coming, and you'd like to make some plans with your classmates.

Write down three of your main interests, then interview two or more of your fellow students to find people who share at least one of your interests. Invite them to join you in an activity, and set a time.
- Greet them and ask their name.
- Ask them what activities they like (sports, music, cinema, etc.).
- Invite them to join you in one of these activities.
- Suggest a time.
- Say that you'll see them soon.

COMPRÉHENSION DU TEXTE
1. **Est-ce que Janet est anglaise?**
2. **Est-ce que Claire est française?**
3. **Est-ce que Claire et Janet étudient le français?**
4. **Est-ce que Claire habite à Genève?**
5. **Est-ce que Claire parle allemand?**
6. **Est-ce que Claire et Janet aiment voyager?**

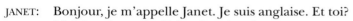

The Université française du Pacifique is located in la Nouvelle-Calédonie. The university is currently part of the French university system. Janet and Claire are both studying French language and literature at the university, with a minor in local languages and culture.

JANET:	Bonjour, je m'appelle Janet. Je suis anglaise. Et toi?
CLAIRE:	Moi, je m'appelle Claire. Je suis suisse.
JANET:	Mais on parle français en Suisse!
CLAIRE:	Ça dépend! On parle français dans la région de Genève et de Lausanne, mais moi, j'habite à Zurich. Là-bas, on parle allemand.
JANET:	Et pourquoi est-ce que tu étudies le français?
CLAIRE:	Parce que, pour nous, c'est une langue importante dans le commerce et l'industrie.
JANET:	Qu'est-ce que tu veux faire plus tard?
CLAIRE:	Je voudrais travailler dans une compagnie internationale.
JANET:	Tu aimes voyager?
CLAIRE:	Oui, j'adore voyager. Et toi?
JANET:	Moi aussi!

The other official languages of Switzerland are German, Italian, and Romansch.

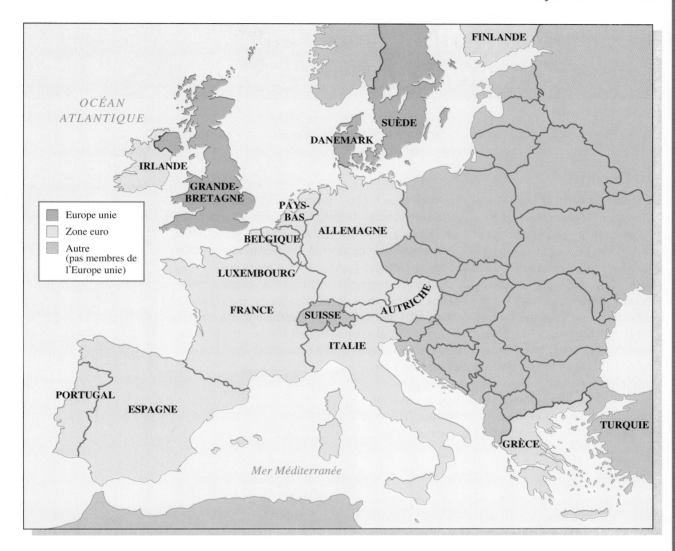

OCÉAN
ATLANTIQUE

FINLANDE

SUÈDE

DANEMARK

IRLANDE

GRANDE-
BRETAGNE

PAYS-
BAS

ALLEMAGNE

BELGIQUE

LUXEMBOURG

FRANCE

SUISSE

AUTRICHE

ITALIE

PORTUGAL

ESPAGNE

Mer Méditerranée

GRÈCE

TURQUIE

■ Europe unie
□ Zone euro
■ Autre
  (pas membres de
  l'Europe unie)

TRANSLATION

JANET: *Hello, my name is Janet. I'm British. And you?*
CLAIRE: *My name is Claire. I'm Swiss.*
JANET: *But they speak French in Switzerland!*
CLAIRE: *That depends. They speak French in the Geneva and Lausanne regions, but I live in
          Zurich. There, we speak German.*
JANET: *And why are you studying French?*
CLAIRE: *Because, for us, it's an important language in business and industry.*
JANET: *What do you want to do later on?*
CLAIRE: *I'd like to work for an international company.*
JANET: *You like traveling?*
CLAIRE: *Yes, I love to travel! And you?*
JANET: *Me too!*

Aperçu culturel
Le français dans le monde

As we have seen, French is spoken outside of France in extensive areas of Canada and Africa. It is also spoken in many smaller parts of the world.

En Europe

French is spoken in several countries bordering France: Switzerland **(la Suisse),** Belgium **(la Belgique),** and Luxembourg **(le Luxembourg).** In Belgium, French is spoken by 50 percent of the population, and in Switzerland by about 22 percent. French is the official language of Luxemburg, and it is understood by most of the people who, in their daily lives, actually speak a German dialect. Although these three countries are not very large, they are important because of the international organizations located there. Geneva **(Genève),** in Switzerland, was the seat of the League of Nations, the organization which preceded the United Nations. It is still the seat of the **Croix Rouge Internationale,** founded by a Swiss, Henri Dunant, and of several United Nations institutions. Brussels **(Bruxelles),** the capital of Belgium, and Luxembourg house the legislative and judicial branches of the **Union européenne** and are becoming important European political centers.

French is also spoken in the Aosta valley of Italy and in the tiny principality of Monaco, known for its elegant Riviera hotels and the annual Grand Prix auto race.

En Asie

In the nineteenth century, the French colonized Indochina **(l'Indochine),** which today consists of Vietnam **(le Viêtnam),** Laos **(le Laos),** and Cambodia **(le Cambodge).** During many decades, French officials administered these countries and French settlers exploited the land, the natural resources, and the people. A nationalist movement, led by Ho Chi Minh, defeated the French army in 1954 and liberated North Vietnam, which became independent. Today in former Indochina, French is still spoken by members of the older generation, including political and military leaders such as **General Vo Nguyen Giap,** who defeated the French at Dien Bien Phu. Many younger Vietnamese, dissatisfied with the political situation in their country, have emigrated to France.

Top: The flag of the European Union

Middle: Geneva, Switzerland

Bottom: Bakery in Vietnam

Au Moyen-Orient (Middle East)

At the time of the Crusades, French knights journeyed to the Middle East and established a short-lived kingdom in Lebanon **(le Liban).** In the nineteenth century, France sent troops there to protect the Christian minorities against the threat of Moslem aggression. French became the language of the cultured Lebanese elite and is still spoken by many professional people. In fact, the Lebanese are said to speak the most correct French in the world.

La Francophonie

As we have seen, the ninety million people who speak French as part of their cultural heritage are not concentrated in one area of the globe, but can be found in places as widespread as Monaco, Tahiti, Port-au-Prince (Haïti), Casablanca (Morocco), and Timbuktu (Mali). Far from being homogeneous, they represent a great many different cultures and ethnic origins. **La francophonie** is a movement that brings together this community of French speakers through a variety of gatherings and venues. The events may be cultural **(le Festival de la Musique francophone),** sports-related **(les Jeux de la Francophonie)** or political, such as the summit meetings **(les sommets francophones)** where leaders of the French-speaking countries gather to discuss and eventually adopt a single international position on issues of common interest.

The historic Marketplace in the Belgian city of Bruges

The French government, which naturally is interested in the maintenance of French as an international language, has created a special **Ministère de la Francophonie.** This official ministry sponsors and finances organizations whose aim is to maintain and support French language and culture outside of France. If you want to continue your study of French once you have left the university, you can attend classes at the **Alliance française** schools found in many large American cities. If you want to hear French music or listen to the news in France, you can tune your radio to **Radio-France Internationale** or watch the international cable channel **TV5.** Over the years, such outreach efforts have proven to be extremely effective. In addition to the people who live in French-speaking

Ils parlent français

Elie Wiesel	USA Citizenship	Recipient, Nobel Prize for peace
Samuel Beckett	Ireland	Recipient, Nobel Prize for literature
Albert II	Belgium	Head of state (king)
Hassan II	Morocco	Head of state (king)
Norodom Sihanouk	Cambodia	Head of state
Mario Lemieux	Canada	Hockey player (NHL)
Jean-Claude Van Damme	Belgium	Movie actor
Jodie Foster	USA	Movie actress
Surya Bonaly	France	Olympic medalist, figure skating
Hercule Poirot	Belgium	Detective (created by Agatha Christie)

countries, there are an estimated 190 million people around the world who can converse in French. By studying French, you are certainly learning a language that will open the doors to a culturally rich and multifaceted world.

Structure et vocabulaire

A.   Le pronom *on*

Note the use of the subject pronoun **on** in the following sentences.

Est-ce qu'**on** étudie beaucoup   *Does **one** work a lot at the university (in college)?*
    à l'université?
Oui, **on** étudie beaucoup.   *Yes, **you** work a lot.*
Est-ce qu'**on** parle allemand   *Do **people** speak German in Geneva?*
    à Genève?
Non, **on** ne parle pas allemand.   *No, **they** do not speak German.*
On parle français.   ***They** speak French.*

	The pronoun **on** is used in GENERAL statements.

on + **il/elle** verb form	**On** aime voyager.	*One* likes to travel. *People* like to travel. *You* like to travel. *They* like to travel.

❖   In conversational style, **on** is often used instead of **nous.**

Est-ce qu'**on** dîne maintenant?   *Are **we** having dinner now?*
Non, **on** dîne à sept heures.   *No, **we** are having dinner at seven.*

❖   Sometimes **on** is used in sentences where in English a passive construction is
    preferred.

Ici, **on parle français.**   ***French is spoken** here.*

PROVERBE: On est comme on est.

We are the way we are.

1.   Quelle langue *(Which language)?*   Of the two languages in parentheses, say
    which one is spoken and which one is not spoken in the following cities.

● à Mexico (anglais / espagnol)
    *À Mexico, **on** ne parle pas anglais. **On** parle espagnol.*

COMPREHENSION:
telling where languages are
spoken

1. à Rome (italien / espagnol)
2. à Genève (français / anglais)
3. à Québec (espagnol / français)
4. à Berlin (allemand / espagnol)
5. à Lausanne (italien / français)
6. à Tokyo (français / japonais)

2. En Amérique   A French student is asking an American if people do the following things in the United States. Act out the dialogues. Note that the American may answer affirmatively or negatively.

ROLE PLAY: making generalizations

● travailler?
　LE(LA) FRANÇAIS(E): ***Est-ce qu'on travaille beaucoup en Amérique?***
　L'AMÉRICAIN(E): ***Bien sûr, on travaille beaucoup.***
　　　ou: ***Non, on ne travaille pas beaucoup.***

1. parler anglais?
2. parler espagnol?
3. jouer au baseball?
4. jouer au hockey?
5. dîner souvent au restaurant?
6. écouter souvent la radio?
7. regarder souvent la télé?
8. être optimiste?
9. être patriote *(patriotic)*?
10. aimer travailler?

B.   Questions d'information

The questions below cannot be answered by yes or no. They request specific information and are therefore called INFORMATION QUESTIONS. Note that the questions begin with interrogative expressions that specify what information the speaker seeks.

	Questions	*Answers*
(where)	**Où** est-ce que tu habites?	J'habite à Fort-de-France en Martinique.
(with whom)	**Avec qui** est-ce que vous voyagez?	Je voyage avec Paul.
(when)	**Quand** est-ce que vous visitez Paris?	Nous visitons Paris en septembre.
(why)	**Pourquoi** est-ce que tu étudies le français?	Parce que je veux travailler en France.
(whom)	**Qui** est-ce que tu invites?	J'invite Jacqueline.
(at what time)	**À quelle heure** est-ce qu'on dîne?	On dîne à huit heures.

INFORMATION QUESTIONS can be formed as follows:

interrogative expression + **est-ce que** + subject + verb... ?

Où (Quand, Pourquoi) est-ce que vous travaillez?

Inversion with pronoun subjects is presented in Lesson 9. Have students note now that **est-ce que** is not used in inverted questions.

In information questions, your voice usually begins on a high pitch and steadily falls until the end of the sentence.

❖ Information questions containing only a noun subject and a verb are sometimes formed by INVERSION, that is, by having the verb come before the subject.

OÙ **HABITE ANNE-MARIE?**　　*Where does Anne-Marie live?*
AVEC QUI **TRAVAILLE CHARLES?**　*With whom does Charles work?*

Où habite Paul?

Vocabulaire: *Expressions interrogatives*

comment?	*how?*	**Comment** est-ce que vous voyagez? En auto ou en bus?
où?	*where?*	**Où** est-ce que tu habites?
quand?	*when?*	**Quand** est-ce que vous écoutez la radio?
à quelle heure?	*at what time?*	**À quelle heure** est-ce qu'il arrive?
pourquoi?	*why?*	**Pourquoi** est-ce que tu étudies les maths?
parce que	*because*	**Parce que** je veux être architecte!

NOTES DE VOCABULAIRE

1. Note the elision: the **que** of **parce que** becomes **qu'** before a vowel sound.

   Jacques invite Anne à la discothèque parce **qu'**elle aime danser.

2. Many of the interrogative expressions are also used in statements.

   J'écoute la radio **quand** je dîne.   *I listen to the radio **when** I have dinner.*
   Voici le village **où** Paul habite.   *Here is the village **where** Paul lives.*

---

3.   Pourquoi?   Ask why the following people do what they are doing. Use subject pronouns.

PRACTICE: asking information questions

● Hélène voyage.   *Pourquoi est-ce qu'elle voyage?*

V: Dialogue format. Have second student respond that the people like or don't like doing those things. **Parce qu'elle aime voyager.**

1. Philippe étudie beaucoup.
2. Monique parle avec Marc.
3. Jean-Claude invite Isabelle.
4. Henri travaille à Genève.
5. Alain et Paul regardent la télévision.
6. Suzanne et Louise téléphonent à Jean.
7. Pierre et Robert ne chantent pas.
8. Thomas et Lucie n'écoutent pas la radio.

4.   Conversation dans le train   Caroline and Annick, two French students, have struck up a conversation in a train. With a partner, recreate their dialogue according to the model.

ROLE PLAY: asking and answering personal questions

● où / habiter (à Lyon)   CAROLINE: *Où est-ce que tu habites?*
                             ANNICK: *J'habite à Lyon.*

1. à quelle heure / arriver à Lausanne (à 9 heures)
2. où / étudier l'anglais (à l'Institut américain)
3. comment / parler anglais (assez bien)
4. pourquoi / étudier l'anglais (parce que je veux travailler à New York)
5. où / jouer au tennis (au Tennis-Club)
6. quand / jouer (le samedi: *on Saturdays*)
7. comment / jouer (bien)

Vocabulaire: *D'autres expressions interrogatives*

qui?	*whom?*	**Qui** est-ce que vous invitez?
à qui?	*to whom?*	**À qui** est-ce que tu parles?
avec qui?	*with whom?*	**Avec qui** est-ce que Jacques joue au tennis?
pour qui?	*for whom?*	**Pour qui** est-ce que vous travaillez?
que (qu')?	*what?*	**Qu'**est-ce que vous étudiez?

Quoi is taught in Lesson 7.

NOTES DE VOCABULAIRE

1. **Qui** *(who)* can also be used as the subject of the sentence. The word order is **qui** + verb + rest of sentence.
   Qui joue au tennis?   *Who plays tennis?*

2. Note the elision of **que** before **est-ce que** in **qu'est-ce que.** Since **que** is often followed by **est-ce que,** it may be easier to think of the entire expression **qu'est-ce que** as meaning *what.*

*The relative pronoun **qui** is formally introduced in Lesson 22. However, students should be able to recognize and understand it in sentences now.*

*When **qui** is the subject, **est-ce que** is not used.*

---

5. Conversation   Get better acquainted with your classmates by asking them a few questions. You may use the suggestions in the box.

● avec qui? (habiter)
   —*Avec qui est-ce que tu habites?*
   —*J'habite avec Sylvie.*

- où? (habiter)
- à quelle heure? (arriver à l'université)
- à quelle heure? (dîner)
- avec qui? (parler français)
- avec qui? (jouer au tennis)
- comment? (chanter)
- à qui? (téléphoner le soir: *in the evening*)
- qu'est-ce que? (regarder à la télé en semaine: *during the week*)
- qu'est-ce que? (regarder à la télé le dimanche: *on Sundays*)

COMMUNICATION:
getting to know people

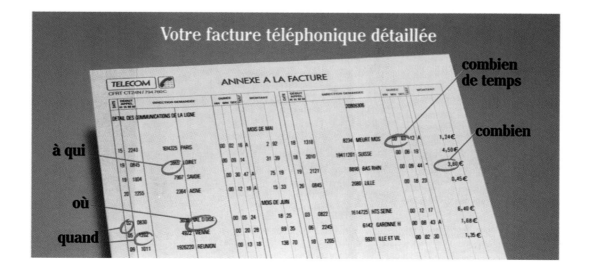

Votre facture téléphonique détaillée

C.   Les pronoms accentués

In the sentences below, the pronouns in bold type are stress pronouns. Compare these pronouns with their corresponding subject pronouns.

Moi, je travaille pour **moi.**   **Nous,** nous travaillons pour **nous.**
Toi, tu travailles pour **toi.**   **Vous,** vous travaillez pour **vous.**
Lui, il travaille pour **lui.**   **Eux,** ils travaillent pour **eux.**
Elle, elle travaille pour **elle.**   **Elles,** elles travaillent pour **elles.**

STRESS PRONOUNS have the following forms:				
singular	**moi**	**toi**	**lui**	**elle**
plural	**nous**	**vous**	**eux**	**elles**

❖   Note the uses of STRESS pronouns.

1. They occur ALONE or in short sentences with no verb.

    —Qui parle français?   *Who speaks French?*
    —**Moi! Toi** aussi, n'est-ce pas?   *Me! You too, don't you?*

2. They are used to EMPHASIZE a noun or another pronoun.

    Moi, j'aime voyager.   Philippe, **lui,** déteste voyager.

3. They are used AFTER PREPOSITIONS (like de, avec, pour).

    Voici Henri.   Nous parlons souvent *de* **lui.**
    Voici Marc et Paul.   Je joue au volleyball *avec* **eux.**
    Voici Monsieur Lucas.   Nous travaillons *pour* **lui.**

4. They are used BEFORE and AFTER et *(and)* and ou *(or)*.

    Qui joue au volley avec nous? **Toi** *ou* **lui?**
    Elle *et* **moi,** nous jouons souvent au tennis.

5. They are used after **c'est** *(it is)* and **ce n'est pas** *(it isn't)*.

    C'est Jacques?   Non, *ce n'est pas* **lui.**

6. **Qui joue au volley?**   Say that the following people all play volleyball. Use the appropriate stress pronoun, according to the model.

    ⬤   Caroline joue au volley. Et Henri?   *Lui aussi!*

1. Et Charles?   5. Et Jean-Louis Dumas?
2. Et Béatrice?   6. Et Mademoiselle Dupont?
3. Et Isabelle et Louise?   7. Et Monique et Patrick?
4. Et Jacques et Daniel?   8. Et Albert et Nicolas?

7. **Bien sûr que non!**   Lucie asks Sylvie if she does the following things. Sylvie answers negatively, using stress pronouns.

ROLE PLAY: talking about people

● étudier avec Patrick?   LUCIE: *Tu étudies avec Patrick?*
 SYLVIE: *Non, je n'étudie pas avec lui.*

1. jouer au tennis avec Charles?
2. jouer au golf avec Hélène?
3. dîner avec Thomas et Denis?
4. rentrer avec Claire et Chantal?
5. travailler pour Madame Duval?
6. travailler avec Jean-Claude?
7. voyager avec Henri et Philippe?
8. regarder la télé avec Isabelle et Sophie?

8. **Invitations**   Ask your classmates if they want to do the following things with you. They will answer affirmatively or negatively.

COMMUNICATION: extending and refusing invitations

● étudier   —*Est-ce que tu veux étudier le français avec moi?*
  —*Mais oui, je veux bien étudier le français avec toi.*
 ou: —*Non, merci. Je ne peux pas étudier le français avec toi.*

Point out that in accepting an invitation one uses the expression: **Je veux bien.**

1. dîner
2. parler français
3. jouer au basket
4. regarder la télé
5. voyager en France
6. visiter Paris
7. préparer l'examen *(test)*
8. écouter la radio

Expressions pour la conversation

To indicate agreement with a positive statement:
Moi aussi.   *Me too, I do too.*   —J'aime voyager.
  —**Moi aussi.**

To indicate agreement with a negative statement:
Moi non plus.   *Me neither, I don't either.*   —Je n'aime pas voyager.
  —**Moi non plus.**

OPTIONAL
This construction may be used with other pronouns. **Et Pierre? Lui aussi.**

---

9. **Dialogues**   Say whether or not you do the following things. Then ask your classmates if they agree with you.

COMMUNICATION: expressing preferences

Exercise may be done in pairs.

● chanter bien
  —*Je chante bien. Et toi?*
  —*Moi aussi, je chante bien.*
 ou: —*Moi, je ne chante pas bien.*

  —*Je ne chante pas bien. Et toi?*
  —*Moi non plus, je ne chante pas bien.*
 ou: —*Moi, je chante bien.*

1. voyager souvent
2. travailler beaucoup
3. jouer au tennis
4. parler espagnol
5. jouer au basket
6. danser très bien

D.   La date

Note how dates are expressed in French.

Nous arrivons à Dakar **le trois (3) septembre.**
Claire arrive à Paris **le premier (1er) avril.**
On ne travaille pas **le vingt-cinq (25) décembre.**

DATES are expressed with cardinal numbers (that is, numbers used in counting). The day always precedes the month.

---

le + number + month	**le cinq (5) octobre**

❖   EXCEPTION: The first of the month is **le premier.**

le premier avril

There is no elision before **8** and **11** in dates: **le huit mai, le onze novembre.**

❖   In writing, dates are abbreviated by giving the day before the month.

7/4 = le 7 avril   5/10 = le 5 octobre

Vocabulaire: *La date*

In French, the days of the week and the names of months are not capitalized.

How to express the year will be taught in Lesson 28.

Les jours de la semaine *(The days of the week)*

lundi	*Monday*	**vendredi**	*Friday*
mardi	*Tuesday*	**samedi**	*Saturday*
mercredi	*Wednesday*	**dimanche**	*Sunday*
jeudi	*Thursday*		

Expressions

Quel jour est-ce?
Quel jour sommes-nous? } *What day is it?*
aujourd'hui   *today*   **Aujourd'hui,** nous sommes lundi.
demain   *tomorrow*   **Demain,** c'est mardi.

Les mois de l'année *(The months of the year)*

janvier	**avril**	**juillet**	**octobre**
février	**mai**	**août**	**novembre**
mars	**juin**	**septembre**	**décembre**

Expressions

Quelle est la date?	*What's the date?*
C'est le premier avril.	*It's April first.*
Mon anniversaire est le 3 mai.	*My birthday is (on) May 3.*
J'ai rendez-vous le 5 juin.	*I have a date/appointment (on) June 5.*

10. Dates   Complete the following sentences with the appropriate dates.

1. Aujourd'hui, nous sommes...
2. Demain, c'est...
3. Mon anniversaire est...
4. Noël est...
5. La fête nationale *(national holiday)* est...
6. L'examen de français est...
7. Les vacances *(vacation)* commencent...
8. J'ai rendez-vous avec le dentiste...

11. Conversation   Ask five different classmates when their birthdays are. Record this information on the chart below.

● —*Paula, quand est-ce ton anniversaire?*
 —*C'est le 21 octobre.*

NOM	Paula				
ANNIVERSAIRE	le 21 octobre				

Communication

Et vous?

1. A French friend has invited you to go to a concert two days from now, but you are a bit confused about dates.

Ask your partner . . .
- what day it is today
- what the date is
- when the concert (**le concert**) is

2. You are at a party and have just been introduced to an exchange student from France who is spending a semester at a nearby university. Continue your conversation with this student.

Ask your partner . . .
- where he/she lives
- where he/she studies
- what he/she is studying (**l'anglais? les maths? l'histoire? les sciences politiques? l'informatique** *[computer science]***?**)
- when he/she is going back to France (**rentrer en France**)
- if he/she wants to have dinner with you Saturday

3. Working in pairs, introduce yourself to your partner, giving your name and nationality. Then, interview your partner to find out more information.

Ask your partner . . .
- why he/she is studying French
- what time he/she arrives at the university in the morning
- where he/she lives
- with whom he/she lives
- when his/her birthday is

Vivre en France   L'identité

Vocabulaire pratique: *L'identité*

Le nom et le prénom *(Last name and first name)*:
Comment vous appelez-vous?
   Je m'appelle Éric Dupont (Sylvie Lacour).

L'adresse:
Où habitez-vous?
   J'habite à Tours.
   J'habite 24, **rue** *(street)* Voltaire.

Le numéro de téléphone:
Quel est votre numéro de téléphone?
   C'est **le 02 47 05 24 12**[*] **(zéro deux, quarante-sept, zéro cinq,
   vingt-quatre, douze)**.

La date de naissance *(Date of birth)*:
Où et quand êtes-vous né(e) *(born)*?
   Je suis né(e) à Paris le 2 juin 1973 **(dix-neuf cent soixante-treize)**.

La nationalité:
Quelle est votre nationalité?
   Je suis français(e).

La profession:
Quelle est votre profession?
Qu'est-ce que vous faites? *(What do you do?)*
   Je suis journaliste.

La situation de famille:
Êtes-vous **marié(e)** ou **célibataire** *(single)*?
   Je suis célibataire.

---

[*] All French phone numbers have ten digits, starting with 0 (not dialed from abroad), followed by a
number from 1 to 5 according to the area (1 = Paris, 2 = NW, 3 = NE, 4 = SE and Corsica,
5 = SW). The next two digits are the department code.

Situation: *Demande d'emploi*

Imagine that you are working in the personnel department of a large French company. A classmate is applying for a job. Ask for the following information:

- nom et prénom
- adresse
- numéro de téléphone
- date de naissance
- lieu de naissance *(place of birth)*
- nationalité
- profession
- situation de famille

Point out to students that they should pay careful attention to the following differences between French and English:
- Note that if you ask for **le nom** in French, it always means the *last name,* whereas if you ask for someone's *name* in English, it could mean either their first or their last name, depending on the context.
- Although their roots are the same, **célibataire** *(single)* should not be confused with the English *celibate.*

Vocabulaire pratique: *Au téléphone*

Allô!	*Hello!*
Bonjour, Paul Dubois à l'appareil.	*Hello, Paul Dubois speaking.*
Qui est à l'appareil?	*Who is calling?*
Ici c'est Paul Dubois.	*This is Paul Dubois.*
Est-ce que je pourrais parler à...	*May I speak to . . .*
C'est de la part de qui?	*Who is calling?*
Un instant, s'il vous plaît.	*Just a moment, please.*
Ne quittez pas, s'il vous plaît.	*Please hold.*
Au revoir!	*Good-by!*
À lundi!	*See you (on) Monday!*
À bientôt!	*See you soon!*

Situations: *Réactions*

Imagine that you are in the following situations. Indicate how you would respond.

1. You are phoning your French friend, Béatrice, and her father, Monsieur Rousseau, answers the phone. What would you say to introduce yourself?

   a. **Allô, c'est moi!**
   b. **Salut, ça va?**
   c. **C'est** (+ *your name*).

2. You answer the phone but you do not recognize the voice of the caller. What would you say?

   a. **Ne quittez pas.**
   b. **Qui est à l'appareil?**
   c. **À bientôt!**

3. You answer the phone in a French home. The call is for your hostess, who is in the kitchen. What do you say to the caller?

   a. **Un instant, s'il vous plaît. Ne quittez pas.**
   b. **Attendez?**
   c. **C'est Madame Dubois.**

4. You have agreed to meet a friend on Sunday. What will you say to confirm the date?

   a. **Il est huit heures.**
   b. **À dimanche.**
   c. **Pardon!**

Note culturelle: La télécarte

In France, most public pay phones work with a **télécarte** rather than with coins. The **télécarte** is a "smart" electronic debit card that can be purchased at any post office, **bureau de tabac, café-tabac,** at newsstands in major train stations, or over the Internet. You can buy a **télécarte** worth 5, 25, 50, or 120 **unités;** as you use the card, the **unités** are automatically deducted from its value.

CONVERSATION: *Au téléphone*

Jean-Paul calls Brigitte to invite her to dinner.

JEAN-PAUL:	Allô!
BRIGITTE:	Allô? Qui est à l'appareil?
JEAN-PAUL:	C'est moi, Jean-Paul.
BRIGITTE:	Ah, c'est toi! Ça va?
JEAN-PAUL:	Oui, ça va. Dis *(Say)*, Brigitte, tu veux dîner avec moi?
BRIGITTE:	Quand?
JEAN-PAUL:	Mercredi.
BRIGITTE:	Mercredi? D'accord! À quelle heure?
JEAN-PAUL:	À huit heures?
BRIGITTE:	Très bien! Alors *(So)*, à mercredi, huit heures.
JEAN-PAUL:	C'est ça *(Agreed)!* Au revoir, Brigitte.
BRIGITTE:	Au revoir, Jean-Paul.

Activité: *Au téléphone*

Imagine that you are the secretary of your choral group **(la chorale).** You are calling one of your new singers to get information. Roleplay the dialogue . . .

- dial the phone and, when your partner answers, identify yourself and ask for him/her by name
- your partner confirms his/her identity
- ask him/her for the following information: address, date of birth, profession, and marital status
- ask if he/she sings well
- say that you will see him/her Wednesday, and say good-by

Contacts *Cahier d'activités:* Lab Manual, Vivre en France 2

www

"Le portable" (the portable phone) is widely used in France, partly due to the fact that all of Europe is on the same phone system.

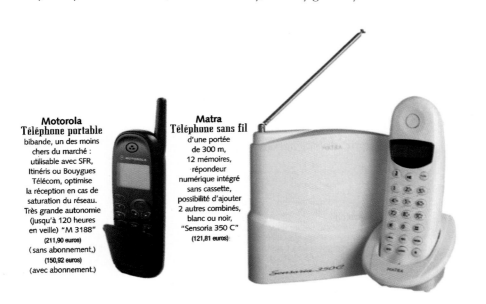

Motorola Téléphone portable bibande, un des moins chers du marché : utilisable avec SFR, Itinéris ou Bouygues Télécom, optimise la réception en cas de saturation du réseau. Très grande autonomie (jusqu'à 120 heures en veille) "M 3188" **(211,90 euros)** (sans abonnement,) **(150,92 euros)** (avec abonnement.)

Matra Téléphone sans fil d'une portée de 300 m, 12 mémoires, répondeur numérique intégré sans cassette, possibilité d'ajouter 2 autres combinés, blanc ou noir, "Sensoria 350 C" **(121,81 euros):**

Communication skills:
Identifying and describing people and possessions
Talking about where one is going and how to get there
Discussing future plans
Using language in real-life situations

Lexical base:
People, places, everyday objects
Leisure activities
Transportation
Descriptive adjectives

Grammar base:
Articles, nouns, and adjectives
Present of **avoir, aller**
Near future with **aller** + *infinitive*
Contractions with **à** and **de**
Il est, c'est; chez

Cultural focus:
Life in France: student lodging and transportation; the café;
the movies

Images de la vie

Leçon 7   La vie est belle!

COMPRÉHENSION DU TEXTE
Le sens général
1. Est-ce que Nicolas et Isabelle sont étudiants?
2. Où est-ce qu'Isabelle habite?
3. Où est-ce que Nicolas habite?
Les détails
4. Est-ce qu'Isabelle a une voiture?
5. Est-ce qu'elle a une mobylette?
6. Est-ce que Nicolas a un appartement?
7. Est-ce que Nicolas a des amis?
8. Pourquoi est-ce que la vie est belle pour Nicolas?

Isabelle et Nicolas étudient à l'Université du Maine, au Mans.

ISABELLE: Alors°, tu es content° de ta chambre° à la Cité Universitaire?

NICOLAS: Oui, très content. Elle n'est pas grande° mais elle est très claire° et j'ai toutes mes affaires°: mes livres°, ma radiocassette°, et même mon ordinateur°. C'est parfait.

ISABELLE: Et tu aimes bien habiter seul°?

NICOLAS: Mais je ne suis pas toujours seul! J'ai beaucoup° de camarades° à la Cité Universitaire. Le soir°, je travaille avec des copains ou bien° on écoute des cassettes, on discute°... C'est sympa°. Et toi, tu es toujours chez tes parents°?

ISABELLE: Non, je partage° un appartement en ville° avec mon amie Elise. On a le téléphone et la télévision... Mais c'est cher°!

NICOLAS: Et pour les transports°? Tu as une voiture°?

ISABELLE: Non, je n'ai pas de voiture. J'ai un scooter, mais il ne marche° pas très bien...

NICOLAS: Ce n'est pas très pratique pour aller à la Fac°! Moi, tu vois°, je n'ai pas de problème de transports, je suis bien installé°... La vie est belle°! Tu devrais prendre° une chambre à la Cité U!

So / happy / room
large / well lit
things / books / cassette radio
computer
alone
a lot / friends
In the evening / or (else)
chat / nice
still living with your parents
share / in town
expensive
transportation / car
run

(Faculté) *university / you see*
I have a comfortable home / Life is beautiful
You should get

Notes culturelles: **Les deux-roues**

Because of the very high cost of gas, few French students can afford the luxury of owning and maintaining a car. Instead, many own **un deux-roues** (literally, a *"two-wheeler"*), such as a motorbike **(un vélomoteur)**, a moped **(une mobylette)**, a motor scooter **(un scooter)**, or a motorcycle **(une moto)**. Another popular bicycle is the **VTT** or **vélo tout terrain** *(mountain bike)*, which can be used recreationally in town as well as in the country.

The **deux-roues** are not unanimously popular, however. Many find them noisy and dangerous, and several French cities and towns have begun to restrict their use at night and on weekends. The town of Le Mans instituted, in 1998, a Saturday afternoon ban on all motorized **deux-roues.**

La Cité Universitaire

For centuries, French universities catered only to the educational needs of the students, and their buildings were exclusively academic ones. As the number of university students increased—more than sevenfold between 1950 and 1989—student residences **(les cités universitaires)** were added. In many parts of France, the new **cités universitaires** were built in the suburbs where land is less expensive, while the academic buildings remained in the center of town. In Paris, for example, the **Cité Universitaire** is located several miles from the academic **Quartier latin.** This creates a serious transportation problem for the students, who must often commute long distances.

Activité   In the United States, where do American students generally live? How do they get to school?

www

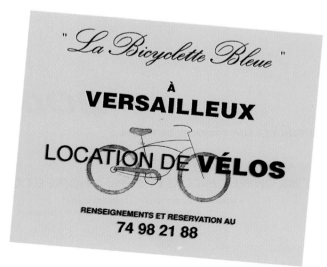

"La Bicyclette Bleue"

À
VERSAILLEUX

LOCATION DE VÉLOS

RENSEIGNEMENTS ET RESERVATION AU
74 98 21 88

Structure et vocabulaire

A.   Le verbe *avoir*

The present tense of **avoir** *(to have)* is irregular.

infinitive	**avoir**	*to have*	
present	j' **ai**	*I have*	J'**ai** une bicyclette.
	tu **as**	*you have*	Est-ce que tu **as** une auto?
	il/elle/on **a**	*he/she/one has*	Philippe **a** une guitare.
	nous **avons**	*we have*	Nous **avons** une Renault.
	vous **avez**	*you have*	Vous **avez** une Fiat.
	ils/elles **ont**	*they have*	Elles **ont** une Toyota.

❖   Liaison is required in **nous avons, vous avez, ils ont,** and **elles ont.**

1.   Autos   Say which types of cars the following people have. Use subject pronouns.

●   Sylvie (une Ford)   *Elle a une Ford.*
       Pierre et moi (une Fiat)   *Nous avons une Fiat.*

1. Paul (une Renault)
2. Jacqueline (une Volvo)
3. je (une Jaguar)
4. M. et Mme Rémi (une Mercédès)
5. Monique et moi (une Saab)
6. tu (une Chevrolet)
7. nous (une Alfa Roméo)
8. vous (une Peugeot)
9. Jean-Luc et François (une Honda)
10. Jacques et toi (une Toyota)

For initial practice, have students conjugate the sample sentences. J'ai une bicyclette. Tu as une bicyclette. Il a une bicyclette, etc.

You may have students contrast: *être:* ils sont
avoir: ils ont.

PRACTICE: avoir

Dites quelles marques de voiture ont les gens suivants. Utilisez les pronoms sujets. Tell students that makes of cars are feminine.

In Units 3 and 4, French direction lines for exercises are given in blue overprint for optional class use. You may wish to refer students to the **Expressions pour la classe** in Appendix I.

B.   Le genre des noms; l'article indéfini *un, une*

NOTE LINGUISTIQUE: *Le genre des noms*

In French, all nouns, whether they designate people, animals, objects, or abstract concepts, have gender. They are either MASCULINE or FEMININE.

Masculine:	J'ai **un copain.**	*I have a (male) friend.*
	J'ai **un téléphone.**	*I have a telephone.*
Feminine:	J'ai **une copine.**	*I have a (female) friend.*
	J'ai **une radio.**	*I have a radio.*

It is important to know the gender of each noun, since the gender determines the forms of the words associated with that noun, such as *articles, adjectives,* and *pronouns.*

A noun referring to a person usually has the same gender as the person it designates. There is, however, no systematic way of predicting the gender of nouns designating *objects* and *concepts.*

Masculine: **un téléphone, un appartement, un problème**
Feminine: **une radio, une auto, une question**

As you learn nouns in French, learn each one with its article: think of **un téléphone** (rather than simply **téléphone**), **une radio** (rather than **radio**).

In the SINGULAR, the INDEFINITE ARTICLE has two forms:		
masculine **un**	**un** professeur	**un** appartement
feminine **une**	**une** dame	**une** auto

❖   There is liaison after **un** when the next word begins with a vowel sound.

When used as SUBJECTS, nouns may be replaced by the following PRONOUNS:				
masculine **il**	Voici **un** sofa.	**Il** est confortable.	*It is comfortable.*	Confortable is used only for things.
feminine **elle**	Voici **une** auto.	**Elle** est confortable.	*It is comfortable.*	

Among young people, the word **copain/copine** is used more frequently than **ami/amie**. Depending on the context, **copain/copine** may mean *friend* or *boyfriend/girlfriend*. In current usage, the terms **petit copain** (*boyfriend*) and **petite copine** (*girlfriend*) are common.

Vocabulaire: *Les gens (people)*

You may want to point out that **copain** comes from **co-pain**, that is, someone with whom you share your bread.

Noms

un ami	*friend (male)*	**une amie**	*friend (female)*
un camarade	*friend (male)*	**une camarade**	*friend (female)*
un camarade de chambre	*roommate (male)*	**une camarade de chambre**	*roommate (female)*
un copain	*friend (male)*	**une copine**	*friend (female)*
un étudiant	*student (male)*	**une étudiante**	*student (female)*
un garçon	*boy, young man*	**une fille**	*girl, young woman*
un jeune homme	*young man*	**une jeune fille**	*young woman*
un homme	*man*	**une femme**	*woman* une jeune femme
un monsieur	*gentleman*	**une dame**	*lady*
un professeur	*professor, teacher*	**une personne**	*person*

Expressions

Qui est-ce?	*Who is it?*	**Qui est-ce?**	
C'est...	*It's ..., That's ...*	**C'est Paul. C'est** Louise.	
	He's ..., She's ...	**C'est** un ami. **C'est** une amie.	

The use of **c'est** vs. **il est** is presented in Lesson 8.

NOTES DE VOCABULAIRE

1. In the vocabulary sections, all nouns are preceded by articles to show their gender. Masculine nouns are usually listed on the left and feminine nouns on the right.
2. Note the pronunciation of **femme:** /fam/.
3. The gender of a noun designating a person usually corresponds to that person's sex. Note the following exceptions:

   Un professeur is masculine, whether it refers to a male or female teacher.
   Une personne is feminine, whether it refers to a man or a woman.

However, **professeur** may be replaced by **il** or **elle**, depending on who the teacher is. The abbreviated form **prof** can be masculine or feminine: **un prof, une prof.**

---

2. Au café   Caroline and Pierre are in a café. As people pass by, Pierre asks who they are. With a partner, play both roles, as in the model. Be sure to use **un** or **une,** as appropriate.

ROLE PLAY: identifying people

● André Masson / artiste

PIERRE: *Qui est-ce?*
CAROLINE: *C'est André Masson.*
    C'est un artiste.

1. Jacques / étudiant
2. Jacqueline / amie
3. Jean-Claude / ami
4. Hélène / étudiante
5. Anne-Marie / copine
6. Jean-Pierre / copain
7. Sylvie Motte / artiste
8. Monsieur Simon / journaliste
9. Madame Lasalle / dentiste
10. Mademoiselle Camus / journaliste
11. Monsieur Abadie / professeur d'anglais
12. Madame Rémi / professeur de français

Caroline et Pierre sont dans un café. Des gens se promènent. Pierre demande à Caroline qui ils sont. Jouez les deux rôles selon le modèle. Utilisez *un* et *une* dans vos phrases.

Vocabulaire: *Les objets*

You may introduce the following cognate nouns: **une guitare, une raquette.** Also **un skateboard (une planche à roulettes).**

Noms

un objet	*object*	une chose	*thing*

pour la classe (*classroom*)

un cahier	*notebook*	une calculatrice	*calculator*
un crayon	*pencil*	une montre	*watch*
un livre	*book*		
un sac à dos	*backpack*		
un stylo	*pen*		

un stylo à bille = *a ball-point pen*
une horloge = *clock (wall clock)*

pour le bureau (*office*)

un ordinateur	*computer*	une disquette	*floppy disk, diskette*
un téléphone	*telephone*	une imprimante	*printer*
		une machine à écrire	*typewriter*

For additional vocabulary related to modern technology, see Appendix II.

pour les transports

un vélo	*bicycle*	une bicyclette	*bicycle*
un vélomoteur	*motorbike*	une mobylette	*moped*
un VTT	*mountain bike*	une moto	*motorcycle*
		une auto	*car*
		une voiture	*car*

Note that there are two words for car (**une auto, une voiture**) and for bicycle (**une bicyclette, un vélo**).

l'équipement audio-visuel

un compact disque	*compact disk*	une cassette	*cassette*
un CD	*CD*	une chaîne-stéréo	*stereo*
un lecteur de cassettes	*cassette player*	une mini-chaîne	*compact stereo*
un lecteur de CD	*CD player*		
un magnétophone	*tape recorder*	une radio	*radio*
un caméscope	*camcorder*	une radiocassette	*cassette radio*
un magnétoscope	*VCR*	une vidéo cassette	*video cassette*
un portable	*portable phone*		
un téléviseur	*TV set*		
un Walkman	*personal stereo*		
un appareil-photo	*camera*	une caméra	*movie camera*
un CD-ROM	*CD-ROM*	une photo	*photograph*
un lecteur de CD-ROM	*CD-ROM player*		

Also: **un disque laser** (*laser disk*), **une chaîne-hifi** (*stereo*), **un baladeur** (*personal stereo*).

Note that **CD** and **CD-ROM** are invariable: **des CD, des CD-ROM.**

Verbes

marcher	*to work, to "run"*	J'ai un téléviseur, mais il ne **marche** pas.
utiliser	*to use*	Mlle Dupont **utilise** un ordinateur.

You may remind students that the expression **qu'est-ce que** (*what?*) consists of **que + est-ce que.** It is followed by a subject and verb.

Expressions interrogatives

Qu'est-ce que c'est?	*What is it? What is that?*	**Qu'est-ce que c'est?** C'est une Renault.
quoi?	*what?*	De **quoi** est-ce que tu parles?

NOTES DE VOCABULAIRE

1. The basic meaning of **marcher** is *to walk:* Moi, je n'aime pas **marcher.**
2. **Quoi** *(what)* is used after prepositions, such as **à, de,** and **avec.** Compare:

Avec qui est-ce que tu travailles?   Je travaille **avec Paul.**
Avec quoi est-ce que tu travailles?   Je travaille **avec un ordinateur.**

Point out that **Qu'est-ce que c'est?** asks for an identification.

3. **Qu'est-ce que c'est?**   Ask your classmates to identify the following objects.

—*Qu'est-ce que c'est?*
—*C'est une montre.*

COMPREHENSION:
identifying objects

Demandez à vos camarades d'identifier les objets suivants.

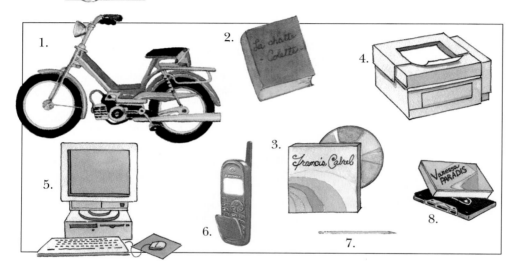

1.
2.
3.
4.
5.
6.
7.
8.

4. **Qu'est-ce qu'ils utilisent?**   In different professions, people use different objects. What are the following people likely to use?

Mlle Marceau est journaliste.
Elle utilise un magnétophone (une machine à écrire, un ordinateur...).

1. Mme Launay est photographe.
2. M. Albert est cinéaste *(moviemaker).*
3. Alice est ingénieur *(engineer).*
4. François est secrétaire.
5. Mlle Minot signe un contrat.
6. M. Lavie est représentant de commerce *(sales representative).*
7. Michèle est étudiante.

COMPREHENSION:
describing professions

Dans des professions différentes, on utilise des objets différents. Dites quel objet les personnes suivantes utilisent probablement dans leur profession.
  You may point out that indefinite articles are not used to introduce names of professions after *person* + **être.**

5. **Conversation**   Make a list of four things that you would like to have for your birthday, ranking them in order of preference. (Price should not be a consideration.) Compare wish lists with your classmates.

—*Pour mon anniversaire, je voudrais un magnétoscope. Et toi?*
—*Moi, pour mon anniversaire je voudrais...*

> *Cadeaux d'anniversaire*
> **1.** *un caméscope*
> **2.**
> **3.**
> **4.**

COMMUNICATION: stating preferences

Faites une liste par ordre de préférence de quatre objets que vous voudriez avoir pour votre anniversaire. Comparez votre liste avec la liste de vos camarades.

6. **Contrôle de qualité**   A supervisor at the consumer bureau is calling to determine whether people are satisfied with the products they buy. The consumers' answers vary. With a partner, play the roles, using the appropriate indefinite articles (**un, une**) and pronouns (**il, elle**).

●   montre / assez bien

LE CONTRÔLEUR: *Est-ce que vous avez une montre?*
LE CLIENT: *Oui, j'ai une montre.*
LE CONTRÔLEUR: *Comment est-ce qu'elle marche?*
LE CLIENT: *Elle marche assez bien.*

1. lecteur de cassettes / bien
2. portable / assez mal
3. chaîne-stéréo / comme ci, comme ça
4. magnétophone / pas très bien
5. mini-chaîne / très mal
6. VTT / pas bien
7. imprimante / mal
8. téléphone / comme ci, comme ça

ROLE PLAY: discussing products

Un contrôleur de l'office de la consommation téléphone pour savoir si les acheteurs sont satisfaits des produits qu'ils achètent. Les réponses des clients varient. Jouez les deux rôles avec un(e) partenaire. Utilisez les articles indéfinis *un* **et** *une* **et les pronoms** *il* **et** *elle.*
You may have half the class play the part of Le contrôleur and the other half the role of Le client.

7. **Dialogue**   For each pair of objects, ask your classmates which one they would prefer to have. Use the appropriate articles.

●   moto ou auto?   —*Est-ce que tu préfères avoir une moto ou une auto?*
—*Je préfère avoir une auto (une moto).*

1. bicyclette ou vélomoteur?
2. radio ou téléviseur?
3. ordinateur ou calculatrice?
4. appareil-photo ou caméscope?
5. téléphone ou portable?
6. magnétophone ou magnétoscope?
7. VTT ou bicyclette?
8. Walkman ou radiocassette?
9. mini-chaîne ou radio?

COMMUNICATION: stating preferences

Pour chaque groupe d'objets, demandez à vos camarades quel est l'objet qu'ils préfèrent. Utilisez les articles qui conviennent.

C.   Le pluriel des noms: l'article indéfini *des*

A noun is either singular or plural. In the first column, the nouns are singular. In the middle column, the nouns are plural. Note these forms as well as the form of the article that introduces each noun.

Voici un ami.	Voici **des amis.**	*Here are (**some**) friends.*
Voici une étudiante.	Voici **des étudiantes.**	*Here are (**some**) students.*
J'ai un livre.	Nous avons **des livres.**	*We have (**some**) books.*
Est-ce que tu as une cassette?	Est-ce que vous avez **des cassettes?**	*Do you have (**any**) cassettes?*

> The PLURAL of the INDEFINITE ARTICLES **un** and **une** is **des.**

❖   The indefinite article **des** may correspond to the English *some* or *any*. However, while *some* may often be omitted in English, the article **des** cannot be omitted in French.

❖   There is liaison after **des** when the next word begins with a vowel sound.

> In written French, the PLURAL of a regular NOUN is formed:
>
> | singular noun + **-s** | un professeur → **des** professeur**s** |
> |---|---|

❖   The final **-s** of a plural noun is silent in spoken French.

❖   A final **-s** is not added to nouns ending in **-s, -x,** or **-z** in the singular.

un Français	**des Français**
un prix *(price)*	**des prix**
un nez *(nose)*	**des nez**

❖   A few nouns have irregular plurals, that is, plurals that do not follow the preceding pattern. Note: **des appareils-photo, des chaînes-stéréo, des CD-ROM.** (In the vocabulary sections, irregular plurals will be given in parentheses.)

❖   Proper nouns are invariable, that is, they do not take endings.

une Renault	**des Renault**
M. et Mme Martin	**les Martin**

the Martins

❖   Certain nouns are used only in the plural.

des gens *(people)*

NOTE LINGUISTIQUE: *Le pluriel*

Because the final **-s** of the plural is silent, the singular and plural forms of regular nouns sound the same. However, you can usually tell whether a noun is singular or plural by listening to the form of the article:

une cassette → **des** cassettes

---

8. **Dans un grand magasin** *(At the department store)*   Philippe is asking the saleswoman in a department store whether she has the following items. She answers yes. With a partner, play the two roles, using plural nouns.

ROLE PLAY: asking for items in a store

- un livre
    - PHILIPPE: *Est-ce que vous avez des livres?*
    - LA VENDEUSE: *Bien sûr, nous avons des livres.*

Philippe demande à la vendeuse d'un grand magasin si elle a les objets suivants. Elle répond affirmativement. Jouez les deux rôles avec un(e) partenaire. Utilisez des noms pluriels.
Have half the class play the part of **Philippe** and the other half the part of **La vendeuse**.

1. une radio
2. une mini-chaîne
3. une bicyclette
4. une montre
5. un stylo
6. une disquette
7. une lampe
8. une table
9. un compact disque
10. une caméra
11. une vidéo cassette
12. un ordinateur

9. **Questions**   Denise asks Nadine with whom or what she does certain activities. Nadine answers using the noun in parentheses and the appropriate indefinite article: **un, une,** or **des.** With a partner, play both roles.

ROLE PLAY: asking and answering questions

- avec qui / dîner (copains)
    - DENISE: *Avec qui est-ce que tu dînes?*
    - NADINE: *Je dîne avec des copains.*

Denise demande à Nadine avec qui ou avec quoi elle fait certaines choses. Nadine répond en utilisant le nom entre parenthèses et l'article indéfini qui convient. Jouez les deux rôles avec un(e) partenaire.

1. avec qui / jouer au tennis (ami)
2. avec qui / voyager (copain)
3. avec qui / habiter (camarades de chambre)
4. avec quoi / étudier le français (cassettes)
5. avec qui / avoir rendez-vous (amis)
6. avec quoi / travailler (ordinateur)

D.   L'article indéfini dans les phrases négatives

Contrast the following sentences:

Philippe a **un** vélomoteur.	Jacques **n'**a **pas de** vélomoteur.
Philippe a **une** montre.	Jacques **n'**a **pas de** montre.
Philippe invite **des** copains.	Jacques **n'**invite **pas de** copains.
Philippe regarde **des** photos.	Jacques **ne** regarde **pas de** photos.

> The indefinite articles **un, une,** and **des** become **de (d')** after a
> NEGATIVE VERB.

$$(pas) + \left\{ \begin{array}{l} \textbf{un} \\ \textbf{une} \\ \textbf{des} \end{array} \right\} \rightarrow \textbf{pas de}$$ J'ai **un** stylo. → Je n'ai pas **de** stylo.

Un, une, and des become **de** in
negative sentences only when
the noun they introduce is a
direct object.
Note that this rule applies also
to infinitive constructions:
Je veux écouter un **disque.**
Je ne veux pas écouter de
disque.
(The concept of the direct object
is formally presented in Lesson
20.)

❖   Note the elision: **pas de** becomes **pas d'** before a vowel sound.

J'ai une amie à Paris.   Je n'ai **pas d'**amie à Genève.

❖   The expression **pas de** has several English equivalents:

Nous **n'avons pas de** cassettes. $\left\{ \begin{array}{l} We \textbf{ have no } cassettes. \\ We \textbf{ do not have any } cassettes. \\ We \textbf{ do not have } cassettes. \end{array} \right.$

❖   **Un, une,** and **des** do not change when the negative verb is **être.**

Paul **est un** ami.	Philippe **n'est pas** un ami.
C'est une Renault?	Non, ce **n'est pas** une Renault!

10.   Vive la différence!   Henri has the first item mentioned, but not the second.
For Hélène it is the opposite. With a partner, play both roles according to the
model.

ROLE PLAY: discussing
possessions and people

●   un vélomoteur / une auto
      HENRI: *J'ai un vélomoteur, mais je n'ai pas d'auto.*
      HÉLÈNE: *Moi, j'ai une auto, mais je n'ai pas de vélomoteur.*

1. une mini-chaîne / une chaîne-stéréo
2. une machine à écrire / un ordinateur
3. une caméra / des vidéo cassettes
4. des compact disques / des CD-ROM
5. un cousin à Paris / un cousin à Québec
6. un ordinateur / une imprimante

Henri a la première chose,
mais pas la seconde. Pour
Hélène c'est le contraire.
Jouez les deux rôles avec
un(e) partenaire selon le
modèle.

11. Dialogue   Ask your partner whether he/she has any of the following.

● un téléviseur?
>   —*Est-ce que tu as un téléviseur?*
>   —*Oui, j'ai un téléviseur.*
>   ou: —*Non, je n'ai pas de téléviseur.*

1. une guitare?
2. un caméscope?
3. une mobylette?
4. un VTT?
5. un lecteur de CD?
6. un dictionnaire anglais-français?
7. un sac à dos?
8. des amis à New York?
9. des copains en France?
10. une amie à Québec?

COMMUNICATION:
discussing possessions

Demandez à votre partenaire
s'il (si elle) a les choses
suivantes.
  This exercise may be done as
a poll. Have students report
their findings.

12. Conversation   Ask your partner about his/her friends and relatives. Select a person from column A and ask questions about what that person does or likes using expressions from column B. Then, on the basis of this information, try to discover two objects that this person may own.

● —*Est-ce que tu as un cousin?*
—*Oui, j'ai un cousin.*
—*Est-ce qu'il aime la musique?*
—*Oui, il aime la musique.*
—*Est-ce qu'il a des compact disques?*
—*Oui, il a des compact disques.*
—*Est-ce qu'il a une mini-chaîne?*
—*Non, il n'a pas de mini-chaîne.* (etc.)

COMMUNICATION: getting
to know your classmates'
friends and relatives

Posez à votre partenaire des
questions sur ses amis et ses
parents. Choisissez une
personne de la colonne A.
Utilisez les expressions de la
colonne B pour poser des
questions sur ce que cette
personne aime ou fait. Utilisez
les renseignements obtenus
pour découvrir deux objets
que cette personne possède.

A. Personnes	B. Caractéristiques	C. Possessions
copain / copine	aimer la musique	???
camarade de chambre	aimer la photo	
cousin / cousine	aimer les ordinateurs	
ami / amie	étudier les maths	
	regarder souvent la télé	
	aimer voyager	

E.   L'expression *il y a*

You may want to introduce the expression **Qu'est-ce qu'il y a... ?** *(What is there . . . ?)*

Note the use of the expression **il y a** in the sentences below.

Il y a un vélo dans le garage.	***There is*** *a bicycle in the garage.*
Il y a 20 étudiants dans la classe.	***There are*** *20 students in the class.*

> The expression **il y a** is used to state the EXISTENCE of people, things, or facts.

❖ The negative form of **il y a** is **il n'y a pas (de/d')**.

Il n'y a pas de cassettes.	***There aren't any*** *cassettes.*
Il n'y a pas d'ordinateur.	***There is no*** *computer.*

❖ The interrogative form of **il y a** is **est-ce qu'il y a**.

Est-ce qu'il y a une chaîne-stéréo?   ***Is there*** *a stereo?*

❖ The expressions **voici** and **voilà** are used only to point out people and things. They are never used in the negative. Compare the use of **voici, voilà,** and **il y a.**

Voici and **voilà** are often interchangeable.

Voici un livre.	***Here is*** *a book.*
Il y a un livre sur la table.	***There is*** *a book on the table.*
Voilà des étudiants.	***Here are*** *(some) students.*
Il y a des étudiants au café.	***There are*** *(some) students in the café.*

13. **Dialogue: Votre chambre**   Ask your partner whether he/she has the following in his/her room. Use the expression **il y a.**

⬤   des cassettes?   —*Est-ce qu'il y a des cassettes?*
                             —*Oui, il y a des cassettes.*
              ou: —*Non, il n'y a pas de cassettes.*

1. un téléviseur?
2. un téléphone?
3. des posters?
4. des photos?
5. des plantes?
6. un réfrigérateur?
7. une chaîne-stéréo?
8. un balcon?
9. un sac à dos?
10. un serpent?
11. un ordinateur?
12. des disquettes?

COMMUNICATION:
describing one's room

Demandez à votre partenaire s'il (si elle) a les choses suivantes dans sa chambre. Employez l'expression *il y a.*
This exercise may be done in pairs.

→ Fond cuir

= 30,34 €

Sac à dos
"JANSPORT"
Cordura 1000 deniers
fond cuir suède
650 x 520 x 335 mm

JANSPORT

Communication

These communication activities can either be done extemporaneously or they can be assigned for outside preparation, with each student writing out the appropriate questions (and responses, if desired).

In class, students can practice the conversations in pairs.

If desired, random pairs of students can act out their conversation in front of the class.

Contacts *Cahier d'activités:* Workbook, Leçon 7 Lab Manual, Leçon 7

Et vous?

1. You are organizing a party for next Saturday, but you need some help with the music.

Ask your partner . . .
- if he/she has cassettes or CDs
- if he/she has a stereo
- if he/she has a tape recorder
- if so, if it works well

2. Next semester you are going to share an apartment with a French student. Right now you are planning ahead.

Ask your partner . . .
- if he/she has a car
- if he/she has a VCR
- if he/she has an answering machine **(un répondeur)**
- if he/she uses a typewriter or a computer
- if there is a TV set in the apartment **(dans l'appartement)**
- if there is a telephone in each room **(dans chaque chambre)**

3. Interview two classmates to find out what kind of possessions they have. Take notes on a chart like the one below as they tell you.

(Name) a...	*(Name)* n'a pas...	Dans sa chambre il y a...

Now report back to the class about your findings. **Voici Paul. Il a des cassettes, mais il n'a pas de CD. Dans sa chambre, il y a des plantes...**

Leçon 8   Dans la rue...

COMPRÉHENSION DU TEXTE
Le sens général
1. Qui est à la terrasse du café?
2. Sophie pense qu'elle est ___ (actrice / architecte).
Les détails
3. Comment est la jeune femme physiquement?
4. Qu'est-ce qu'elle lit, selon Sophie et Vincent?

Sophie et Vincent sont en ville. L'attention de Sophie est attirée° par une jeune femme assise° à la terrasse d'un café.

SOPHIE:	Dis°, la jeune femme blonde, à la terrasse du café, ce n'est pas Valérie Lestrade?
VINCENT:	L'actrice? Mais non, elle est brune°, Valérie Lestrade!
SOPHIE:	Pas du tout°! Elle est blonde, assez grande et très jolie°, comme° cette° jeune femme. C'est Valérie Lestrade, je t'assure°.
VINCENT:	Mais non, regarde: c'est une étudiante... Elle est peut-être° allemande° ... ou anglaise... C'est sans doute° une jeune fille au pair... Je ne sais pas, moi!
SOPHIE:	Je te dis° que c'est Valérie Lestrade. Elle a peut-être rendez-vous avec quelqu'un° ... pour un nouveau° film... Regarde, elle lit° un scénario°!
VINCENT:	Mais non, c'est *Le Nouvel Obs!*

attracted

seated

Say

brunette

Not at all / pretty / like / that
I assure you

maybe
German / undoubtedly

I tell you
someone / new / is reading / script

102

SOPHIE: Mais je suis certaine…
VINCENT: Pourquoi est-ce que tu ne vas pas lui parler, alors?
SOPHIE: Non, je suis timide, moi!
VINCENT: Mais tu as toujours beaucoup d'imagination!

Notes culturelles: **Le café**

The café plays an important role in the daily life of the French people. Students go there at any time of day, not only to have something to eat **(un croissant, un sandwich)** or drink **(un express, un café, un thé, un chocolat, un jus de fruits)**, but also to relax, to read the paper, or to listen to music. Since many students live quite a distance from the university, and since the existing libraries are often overcrowded, the café also offers a place to sit and study. For many young people, the café is the ideal spot to meet one's friends or to strike up a casual conversation with other students.

Most French cafés are divided into two parts: **l'intérieur,** the inside section, and **la terrasse,** which extends onto the sidewalk. In spring and summer most customers prefer **la terrasse,** where they can enjoy the good weather and observe the people walking by.

Le Nouvel Obs

One of the more than three thousand magazines published in France, *Le Nouvel Observateur* is an **hebdomadaire** (published weekly). It is one of the most widely-read French news magazines, with an intellectual orientation.

Activité   Where do American students go to hang out with their friends? Is there an American equivalent to the French café?

Structure et vocabulaire

The use of the definite article in the general sense is presented in Lesson 9.

A.   L'article défini *le, la, les*

The sentences below on the left refer to items that are not specifically identified; the nouns are introduced by INDEFINITE articles *(a, an)*. The sentences on the right refer to specific items; the nouns are introduced by DEFINITE articles *(the)*. Note the forms of these articles.

For practice, you may ask the students to give the nouns in **Vocabulaire: les gens,** page 92, using the definite article.

Voici **un** téléviseur et **un** ordinateur.	Éric regarde **le** téléviseur et **l'**ordinateur.
Voici **une** moto et **une** auto.	Alice regarde **la** moto et **l'**auto.
Voici **des** livres et **des** albums.	Marc regarde **les** livres et **les** albums.

The form of the DEFINITE ARTICLE depends on the noun it introduces.

	Singular	Plural		
masculine *before a consonant sound* *before a vowel sound*	**le** **l'**	**les**	**le** garçon **l'**ami	**les** garçons **les** amis
feminine *before a consonant sound* *before a vowel sound*	**la** **l'**	**les**	**la** fille **l'**amie	**les** filles **les** amies

❖   There is liaison after **les** when the next word begins with a vowel sound.

Remind students that the final **s** of plural nouns is not pronounced. In spoken French, plural nouns are indicated by the use of a plural article: **des, les,** etc.

Expressions pour la conversation

To attract attention:
Dis!	*Say! Hey!*	**Dis,** Michèle! Où habites-tu?
Tiens!	*Look! Hey!*	**Tiens!** Voilà Paul!

Dites and **tenez** are used with people who are addressed as **vous.**

1.   Le catalogue   You are pointing out items from a mail-order catalogue to a friend.

PRACTICE: definite articles

●   une calculatrice   ***Tiens! Regarde la calculatrice!***

1. un caméscope
2. un appareil-photo
3. une imprimante
4. des montres
5. une chaîne-stéréo
6. des raquettes de tennis

Vous regardez un catalogue. Indiquez certaines choses à un ami.
   Regarde is in the imperative. This form is presented here for lexical use only. The imperative is taught in Lesson 13.

2. **Au café**   Paul is at a café watching what is going on in the street. Describe what he sees, according to the model.

PRACTICE: definite articles

● voitures   *Il y a des voitures. Paul regarde les voitures.*

Paul est au café; il regarde ce qui se passe dans la rue. Exprimez cela selon le modèle.

1. étudiante   3. vélo   5. touristes   7. jeunes filles
2. étudiant   4. auto   6. dame   8. motos

B.   La forme des adjectifs de description

Adjectives are used to describe or modify nouns and pronouns. Read the sentences below, paying attention to the forms of the adjectives.

Patient is pronounced /pasjã/

Jean-Paul est **patient** et **optimiste**.   Jacqueline est **patiente** et **optimiste**.
Paul et Marc sont **patients** et **optimistes**.   Louise et Renée sont **patientes** et **optimistes**.

Adjectives agree in GENDER (masculine or feminine) and NUMBER (singular or plural) with the nouns or pronouns they modify.

REGULAR ADJECTIVES take the following written endings.

The pronoun **on** is used with masculine singular adjectives. **Quand on est heureux, on est optimiste.**

	Masculine	Feminine	
singular	—	**-e**	patient patient**e**
plural	**-s**	**-es**	patient**s** patient**es**

❖ In written French, the FEMININE form of a regular adjective is formed by adding **-e** to the masculine. If the masculine form already ends in **-e**, the masculine and feminine forms are identical.

Robert est **intelligent**.   Sophie est **intelligente**.
Jacques est **calme**.   Michèle est **calme**.

❖ Adjectives that do not follow the above pattern are irregular.

Marc est **heureux** *(happy)*.   Marie est **heureuse**.

Irregular adjective forms will be given in the vocabulary sections.

Since adjectives in **-eux** are high frequency adjectives, you may want to introduce their irregular pattern now, at least for recognition: **heureux, heureuse, heureux, heureuses.** Here are some of these adjectives: **sérieux, nerveux, généreux, malheureux, capricieux, superstitieux.** The adjectives in **-eux** are formally presented in Lesson 28.

❖ In written French, the PLURAL form of a regular adjective is formed by adding an **-s** to the singular form. If the masculine singular form ends in **-s** or **-x,** the masculine singular and the plural forms are identical.

Michel et Guy sont **intelligents**.   Anne et Alice sont **intelligentes**.
Philippe est **français**.   Pierre et Louis sont **français**.
Richard est **heureux**.   Alain et Marc sont **heureux**.

NOTES DE PRONONCIATION

❖ In spoken French, if a regular adjective ends in a silent consonant in the masculine, this consonant is pronounced in the feminine.

Paul est intelligent.   Sylvie est intelligente.

❖ In spoken French, regular adjectives that do not end in a silent consonant in the masculine sound the same in the masculine and feminine.

Luis est espagnol.   Luisa est espagnole.
Il est timide et réservé.   Elle est timide et réservée.

❖ Since the final **s** is not pronounced, regular adjectives sound the same in the singular and the plural.

une amie **intelligente**   des amies **intelligentes**
un garçon **espagnol**   des garçons **espagnols**

Extra practice with **indépendant, tolérant, brillant, impatient.**

The pronunciation of a final consonant may modify the pronunciation of the final vowel. This is true of all adjectives ending in **-n**. The masculine adjective ends on a nasal vowel, while in the feminine, this vowel is not nasal.
américain /amerikɛ̃/
américaine /amerikɛn/

There is never liaison after a singular noun. After a plural noun, liaison is optional, but is usually omitted.

Vocabulaire: *Quelques adjectifs réguliers*

Ending in -e
calme	*calm*
conformiste	*conformist*
dynamique	*dynamic, vigorous*
égoïste	*selfish*
énergique	*energetic*
honnête	*honest*
idéaliste	*idealistic*
individualiste	*individualistic*
optimiste	*optimistic*
pessimiste	*pessimistic*
réaliste	*realistic*
riche	*rich*
sociable	*sociable, friendly*
timide	*timid*

Ending in another vowel
poli	*polite*
réservé	*reserved*

Ending in a consonant
brillant	*brilliant*
compétent	*competent*
content	*content*
indépendant	*independent*
patient	*patient*
impatient	*impatient*

You may point out that these adjectives are cognates. Make sure that students pronounce them correctly. You may want to point out the following patterns:
ist, istic ↔ **iste**;
ic ↔ **ique**;
ed ↔ **é**

NOTE DE VOCABULAIRE

Adjectives that end in **-é** in the masculine end in **-ée** in the feminine.

Marc est **réservé.**   Alice est **réservée.**

3.   Les amis   The following people have friends with similar personality traits. Describe these friends.

PRACTICE: adjective forms

- Marc est brillant. Et Anne-Marie?   *Elle est brillante aussi.*

- Nicole est élégante. Et Thomas?   *Il est élégant aussi.*

1. Jacques est idéaliste. Et Monique?
2. Claire est optimiste. Et Olivier?
3. François est timide et réservé. Et Nathalie?
4. Suzanne est individualiste et indépendante. Et Jean-Louis?
5. Albert est riche mais distant. Et Thérèse?
6. Yves et Luc sont polis et patients. Et Anne et Marie?
7. Sylvie et Claudine sont très contentes. Et Robert et Paul?
8. Charles et Denis sont idéalistes. Et Isabelle et Marianne?
9. Colette et Lucie sont intelligentes. Et Philippe et Alain?
10. Jean-Paul et André sont impatients et égoïstes. Et Yvette et Alice?
11. Le président est compétent, dynamique et énergique. Et la secrétaire?

Les personnes suivantes ont des amis qui ont une personnalité semblable. Décrivez ces amis.

4.   Expression personnelle   Describe yourself and other people by completing the following sentences with adjectives from the vocabulary section.

COMMUNICATION: describing people

1. En général, je suis...
2. Je ne suis pas...
3. J'ai une cousine. Elle est...
4. J'ai des amis. Ils sont...
5. J'ai un copain. Il n'est pas...
6. J'ai des professeurs. Ils sont...
7. J'ai une amie. Elle n'est pas...

Décrivez votre personnalité et la personnalité des autres personnes en complétant les phrases suivantes avec des adjectifs du Vocabulaire.

Vocabulaire: *La description*

Some of these adjectives can also be used to describe things.

La description des gens

blond	*blond*	**brun**	*dark-haired*
fort	*strong, stocky*	**faible**	*weak*
grand	*tall*	**petit**	*short*
heureux (heureuse)	*happy*	**triste**	*sad*
intelligent	*intelligent*	**idiot**	*stupid*
intéressant	*interesting* ⎫		
amusant	*amusing* ⎬	**pénible**	*tiresome, boring*
drôle	*funny* ⎭		
sympathique	*nice*	**désagréable**	*unpleasant*
marié	*married*	**célibataire**	*single, unmarried*

roux (rousse) = *redhead*

In casual conversation, **sympathique** is often shortened to **sympa.**

La nationalité

allemand	*German*	**français**	*French*
américain	*American*	**italien (italienne)**	*Italian*
anglais	*English*	**japonais**	*Japanese*
canadien (canadienne)	*Canadian*	**mexicain**	*Mexican*
espagnol	*Spanish*	**suisse**	*Swiss*

Also:
africain   belge
chinois   coréen
russe   vietnamien

La description des choses

lent	*slow*	**rapide**	*fast*
confortable	*comfortable*	**moderne**	*modern*

The adjective **confortable** is used with things, but not with people.

NOTE DE VOCABULAIRE

While adjectives of nationality are not capitalized in French, nouns of nationality are. Compare:

Voici un étudiant **français**.   Voici **un Français** (*a Frenchman*).
Voici des touristes **anglaises**.   Voici **des Anglaises** (*English women*).

Countries are presented in Lesson 16.

---

5. **C'est évident!** (*It's obvious!*)   Read the description of the following people and then say what they are *not* like, using the appropriate forms of the adjectives with opposite meanings.

COMPREHENSION: describing people

●   Charlotte est blonde.   ***Elle n'est pas brune!***

1. Lucie est brune.
2. Charles et Henri sont forts.
3. Catherine est grande.
4. Philippe est pénible.
5. Suzanne et Anne-Marie sont amusantes.
6. Sylvie et Nathalie sont intelligentes.
7. Robert est sympathique.
8. Denise et Claire sont mariées.
9. Michèle et Sophie sont heureuses.
10. Paul et Denis sont tristes.

Lisez la description des gens suivants. Décrivez ces gens avec des phrases négatives. Pour cela, utilisez des adjectifs de sens contraire.
   V: The statements are false.
—Est-ce que Charlotte est blonde?
—Non, elle est brune.

6. **Descriptions**   Describe the following people or characters in two sentences, using adjectives from the vocabulary section. Your sentences may be affirmative or negative.

● King Kong   *Il est fort. Il n'est pas sympathique.*

1. Ann Landers
2. Charlie Brown
3. Bart Simpson
4. Madonna
5. Tom Cruise
6. Jesse Jackson
7. Oprah Winfrey
8. Roseanne Barre
9. le président

COMMUNICATION:
describing people

Décrivez les personnes suivantes en deux phrases (affirmatives ou négatives). Utilisez les adjectifs du Vocabulaire.
  May be done in small groups.
V: Have students describe other people.

C.   La place des adjectifs

Read the sentences below, paying attention to the position of adjectives in relation to the nouns they describe.

Paul est un garçon **sympathique.**	*Paul is a **nice** boy.*
Hélène est une fille **intelligente.**	*Hélène is an **intelligent** girl.*
Voici des CD **français.**	*Here are some **French** CDs.*

> Most DESCRIPTIVE ADJECTIVES come AFTER the noun.
>
> | article + noun + adjective | un CD **anglais** |
> |---|---|

7. **Nationalités**   Give the nationalities of the following people and things. Use complete sentences.

● les Toyota / des voitures   *Les Toyota sont des voitures japonaises.*

1. Meryl Streep / une actrice
2. Picasso / un artiste
3. les IBM / des ordinateurs
4. Bach et Beethoven / des compositeurs
5. les Fiat / des voitures
6. Québec / une ville *(city)*
7. la Normandie / une province
8. le champagne / un vin *(wine)*

COMPREHENSION:
identifying nationalities

Indiquez la nationalité des personnes et des choses suivantes. Utilisez des phrases complètes.
  V: Have students give negative responses.
Les Toyota ne sont pas des voitures françaises.

8. **Ressemblances**   The following people have relatives and acquaintances with similar personality traits. Express this according to the model.

● Jacques est optimiste. (des amis)   *Il a des amis optimistes.*

● Pauline est impatiente. (un cousin)   *Elle a un cousin impatient.*

1. Henri est amusant. (des amies)
2. Philippe est intelligent. (une amie)
3. Catherine est sympathique. (un copain)
4. Paul est blond. (une copine)
5. Nathalie est brune. (une cousine)
6. Robert est intéressant. (des parents)
7. Francine est indépendante. (des amis)
8. Le professeur est brillant. (des étudiants)

PRACTICE: adjective forms and placement

Les gens suivants ont des amis ou des parents avec les mêmes caractéristiques qu'eux. Exprimez cela selon le modèle.
  V: Have students ask one another questions based on this exercise and report their findings to the class:
—(Hélène) Est-ce que tu as des amies amusantes?
—Oui, j'ai des amies amusantes.
—Hélène a des amies amusantes.

A few very common adjectives like **grand** *(big)* and **petit** *(small)* come BEFORE the noun.

ARTICLE + ADJECTIVE + NOUN	une **grande** voiture une **petite** bicyclette

Some of the adjectives may come before or after the noun. When used after the noun, the adjective has a more concrete meaning.
un petit ami = *a boyfriend*
un ami petit = *a small friend*
un grand homme = *a great man*
un homme grand = *a tall man*

Vocabulaire: *Adjectifs qui précèdent le nom*

bon (bonne)	*good*	J'ai un très **bon** appareil-photo.
mauvais	*bad, poor*	Nous n'avons pas de **mauvais** professeurs.
grand	*big, large*	Mélanie a une **grande** voiture.
petit	*small*	Paul et Anne ont un **petit** téléviseur.
joli	*pretty*	Suzanne est une **jolie** fille.
jeune	*young*	Qui est le **jeune** homme avec qui vous parlez?
vrai	*true, real*	Vous êtes de **vrais** amis.

In liaison, the final d of **grand** is pronounced /t/.

NOTES DE VOCABULAIRE

ROLE PLAY: specifying what one wants

1. There is liaison after **bon, mauvais, grand,** and **petit** when the next word begins with a vowel sound.

    un mauvais accident   un bon ami   un grand appartement   un petit appareil-photo

2. In general, the indefinite article **des** becomes **de (d')** when it is followed by an adjective. Compare:

    Vous êtes **des** étudiants brillants.   Vous êtes **de** bons étudiants.
    Vous êtes **des** amies sincères.   Vous êtes **de** vraies amies.

In spoken French, however, **des** is frequently used rather than **de**. **Des** is also used before an adjective when that adjective is considered part of the noun, e.g., **des jeunes filles, des petits pains.**

9. **Au Printemps**   Le Printemps is a well-known department store in Paris. With a partner, play the roles of the salespersons **(les vendeurs/les vendeuses)** and the customers according to the model. In the customers' statements, make sure the adjectives are in the proper position and agree with the nouns they modify. (NOTE: **Je voudrais** = *I would like.*)

Le Printemps est un grand magasin parisien. Jouez les rôles des vendeurs et des clients avec un(e) partenaire selon le modèle. Faites attention à la place et à la forme des adjectifs.
V: Have students practice the negative, responding to the question in the negative.

● une caméra (japonais)
    LE VENDEUR/LA VENDEUSE: *Vous voulez une caméra, Monsieur?*
    LE CLIENT: *Oui, je voudrais une caméra japonaise.*

1. un Walkman (japonais)
2. une machine à écrire (petit)
3. un téléviseur (moderne)
4. une radio-cassette (bon)
5. une chaîne-stéréo (petit)
6. un magnétophone (bon)
7. une bicyclette (anglais)
8. des livres (amusant)
9. un appareil-photo (allemand)
10. une calculatrice (bon)
11. des cassettes (récent)
12. des CD-ROM (intéressant)

10. Madame Hulot a de la chance!   Madame Hulot, a French businesswoman, is a lucky person. Explain why, in complete sentences, using the elements below. Be sure to insert the adjectives in their proper position and to use the correct endings.

PRACTICE: adjective forms and placement

● Mme Hulot / travailler / dans une compagnie (international)
Madame Hulot travaille dans une compagnie internationale.

Mme Hulot, une femme d'affaires française, a de la chance. Expliquez pourquoi. Faites des phrases complètes. Faites attention à la place et à la forme des adjectifs.

1. elle / avoir / une secrétaire (compétent)
2. elle / travailler / avec des collègues (sympathique)
3. elle / avoir / un salaire (bon)
4. elle / avoir / des employés (dynamique)
5. elle / travailler / dans un bureau (grand)
6. elle / habiter / dans un appartement (joli)
7. elle / avoir / des amies (vrai)
8. elle / avoir / une voiture (rapide)

D.   *Il est* ou *c'est?*

The two constructions **il/elle est** and **c'est** both are used to refer to PEOPLE and THINGS. The choice of construction depends on the words that follow.

	People	Things
c'est + NOUN *(the noun may be used alone or with an adjective)*	C'est **Nathalie.** C'est **une amie.** *(She is . . .)* C'est **une fille intelligente.** C'est **une bonne étudiante.**	C'est une **Toyota.** C'est **une auto.** *(It is . . .)* C'est **une auto japonaise.** C'est **une petite auto.**
il/elle est + ADJECTIVE	Elle est **sympathique.** *(She is . . .)*	Elle est **rapide.** *(It is . . .)*

❖ **C'est**

Note the forms of **c'est:**

	Affirmative	Negative
Singular:	**C'est** Jacques.	**Ce n'est pas** Henri.
Plural:	**Ce sont** des motos.	**Ce ne sont pas** des vélomoteurs.

C'est is also used in the following constructions:

• **c'est** + STRESS PRONOUN
    C'est Paul?   Non, ce n'est pas **lui.**
• **c'est** + ADJECTIVE (to refer to a general idea or situation)
    Oh là là! C'est **difficile!**

❖ **Il/elle est**

Il/elle est is used to indicate location.

Où est Christine?   Elle est **ici.**
Où est la disquette?   Elle est **sur la table.**

Bring to class magazine pictures of people or objects that students can describe in French. Have them talk about the pictures using sentences like those shown in the chart.

❖ Names of professions

With names of professions, two constructions are possible:

il/elle est + NOUN   Voici Isabelle.   Elle est **étudiante.**
c'est + un(e) + NOUN   Voici Alice.   C'est **une étudiante.**

11. Descriptions   Complete the descriptions of the following people and things with the appropriate forms of **il est** or **c'est.**

PRACTICE: c'est vs. il est

Complétez les descriptions des personnes et des choses suivantes. Utilisez *il est* ou *c'est*.

1. Voici une fille. _____ Michèle. _____ une amie. _____ sympathique. _____ aussi une étudiante brillante.
2. Voici M. Masson. _____ journaliste. _____ impartial. _____ un journaliste honnête et indépendant.
3. Voici des étudiants. _____ des touristes. _____ américains. _____ à Paris pour les vacances *(vacation).*
4. Voici un ordinateur. _____ américain. _____ un ordinateur IBM. _____ un assez bon ordinateur.
5. Voici une voiture. _____ une voiture française. _____ une Renault. _____ assez lente mais _____ confortable.
6. Voici des cassettes. _____ des cassettes de musique classique. _____ extraordinaires!

12. Opinions personnelles   Express your opinions about the following people and things. Make up at least two sentences using the appropriate forms of **c'est** or **il est.** Your sentences may be affirmative or negative.

COMMUNICATION: expressing opinions

Exprimez vos opinions au sujet des personnes et des choses suivantes. Inventez au moins deux phrases. Utilisez *c'est* ou *il est*. Vos phrases peuvent être affirmatives ou négatives.
  May be done in small groups.

● Paul Newman? (un acteur: bon? jeune?)
  C'est un bon acteur. (Ce n'est pas un bon acteur.) Il n'est pas jeune.

1. Eddie Murphy? (un comédien: anglais? drôle? bon? mauvais?)
2. Demi Moore? (une actrice: français? bon? joli? mauvais? jeune? brillant?)
3. le président? (un homme: sincère? honnête? compétent? intelligent?)
4. *Newsweek?* (un magazine: intelligent? bon? mauvais? libéral?)
5. les Toyota? (des voitures: japonais? bon? petit? confortable? lent?)
6. les Cadillac? (des voitures: canadien? rapide? grand? bon?)
7. Paris? (une ville *(city)*: moderne? joli? intéressant? touristique?)
8. les Américains (des gens: sympathique? timide? réservé? individualiste? égoïste? indépendant?)

13. Conversation   Describe to a partner two or three things that you own. You may mention their brand, their country of origin, their size, or other characteristics.

COMMUNICATION: describing one's possessions

Décrivez à votre partenaire deux ou trois objets que vous possédez. Vous pouvez mentionner la marque, le pays d'origine, les dimensions, etc.

● *J'ai un ordinateur.*
  C'est un Macintosh.
  Il est américain. (C'est un ordinateur américain.)
  Il est petit. (C'est un petit ordinateur.)

COMMUNICATION and REVIEW: using language in real-life situations

These communication activities can either be done extemporaneously or they can be assigned for outside preparation, with each student writing out the appropriate questions (and responses, if desired).

In class, students can practice the conversations in pairs or groups.

If desired, random pairs or groups of students can act out their conversation in front of the class.

Contacts *Cahier d'activités:* Workbook, Leçon 8 Lab Manual, Leçon 8

Et vous?

Communication

1. You have heard that your partner has a (female) cousin studying in Paris. Since you are going to Paris this summer, you would like to know more about this cousin.

Ask your partner . . .
- if his/her cousin (**ta cousine**) is French or American
- if she is an interesting person
- if she is a good student
- if she has French friends
- if she is single or married

2. Two of your friends have bought new cars and you want to know more about them.

Ask each friend . . .
- if it is an American or a Japanese car
- if it is small or big
- if it is a fast car
- if it is comfortable

3. Working with a partner, describe a famous person (or a mutual acquaintance), providing enough information about him/her so that your partner is able to guess his/her identity.

Tell your partner . . .
- what the person does
- how old the person is
- what nationality the person is

Leçon 9   Le temps libre

COMPRÉHENSION DU TEXTE
1. Où va Laurence quand elle a un moment de libre?
2. Qu'est-ce qu'Henri aime faire?
3. Est-ce qu'il navigue sur Internet seulement pour le travail?
4. Avec qui est-ce que Jean-François va au café?
5. Quels sports aime Alexandre?
6. Qu'est-ce qu'il va regarder samedi?
7. Où va Nathalie quand elle a le temps?
8. Quel sport est-ce qu'elle pratique?

*Vous travaillez beaucoup, n'est-ce pas? Mais vous ne travaillez pas tout le temps°...
Où est-ce que vous allez° quand vous avez un moment de libre°? Voici la réponse de
cinq jeunes Français:*

> all the time
> go / free time

LAURENCE *(20 ans, étudiante en sciences politiques)*
J'adore le cinéma. Quand j'ai un moment de libre, je vais° au cinéma. Ce soir°, par
exemple, je vais voir° le nouveau film de Kevin Costner avec mon copain. J'adore
les grands films d'aventure.

> I go / This evening
> I'm going to see

HENRI *(19 ans, étudiant en informatique)*
Moi, je ne vais pas souvent au cinéma. Je passe beaucoup de temps° sur mon ordinateur, pour mes études et pour mon plaisir: naviguer sur Internet°, c'est super,
non? J'aime beaucoup les jeux aussi: les échecs, les jeux de société°... J'ai beaucoup
de jeux sur CD-ROM. Avec mes copains, quand on a du temps libre, on joue ou on
écoute de la musique.

> I spend a lot of time
> surfing the Net
> board games

JEAN-FRANÇOIS *(22 ans, mécanicien)*
La musique? J'adore! Le soir, après° le travail, je joue de la guitare dans un groupe. On fait des concerts le week-end, c'est sympa. Et quand j'ai du temps libre, j'aime bien aller au café avec les copains.

after

ALEXANDRE *(20 ans, étudiant en médecine)*
Moi, je n'ai pas beaucoup de temps libre... Mais j'aime bien le sport, surtout le football et le rugby. Quand il y a un match à la télé, je reste chez moi°. Samedi, c'est le début° de la Coupe de France de foot°. Je ne veux pas manquer ça°!

I stay at home
beginning / French Cup soccer / I don't want to miss that!

NATHALIE *(22 ans, secrétaire)*
Alexandre aime le sport ... à la télé! Moi, je suis une personne très active. Je joue au tennis le samedi et le dimanche, et je vais souvent à la piscine° après le bureau. Mais j'aime bien aussi visiter des musées, quand j'ai du temps libre, et aller au théâtre avec des amis.

pool

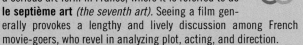
Note culturelle: **Le cinéma en France**

Going to the movies is by far the favorite leisure activity of young French people. Cinema is considered a serious art form in France, where it is referred to as **le septième art** *(the seventh art)*. Seeing a film generally provokes a lengthy and lively discussion among French movie-goers, who revel in analyzing plot, acting, and direction.

France has a large public of serious movie-goers (**les cinéphiles**). Because tickets to newly released movies (**les films en exclusivité**) are relatively expensive, many students go to local theaters (**les cinémas de quartier**) or **ciné-clubs** that specialize in old movies.

The film industry in France is considered so important to the promotion of French culture that it receives state subsidies, through a division of the **Ministère de la culture et de la communication** called the **Centre national de la cinématographie.**

When you look up a film listing in the paper, the time given will include approximately 15 minutes of pre-movie commercials. Movie theaters in France have ushers, who will show you to your seat; a **pourboire** *(tip)* is appreciated, although it is not required. Ushers will also come through the theater with refreshments.

The biggest film event of the year is the **Festival de Cannes,** which takes place in May. At this festival, the best films produced in the world compete for the top award, known as the **Palme d'or** *(Golden Palm).*

Activité   What differences do you see between the French and the American movie industries? Do you think that Americans would show up for a movie at the time listed, to sit through 15 minutes of commercials?

Structure et vocabulaire

A.   L'emploi de l'article défini dans le sens général

Note the use of the definite article in the following sentences.

J'aime **les** sports.	*I like sports (**in general**).*
Le tennis est un sport intéressant.	*Tennis (**in general**) is an interesting sport.*
Les Français aiment **le** cinéma.	*(**Generally speaking**), French people like movies.*
Les étudiants détestent **la** violence.	*(**Generally speaking**), students hate violence.*

> The DEFINITE ARTICLES **(le, la, les)** are used to introduce ABSTRACT nouns and nouns used in a GENERAL or COLLECTIVE sense.

❖   This usage of the definite article is unlike that in English, which uses no article in such cases. Compare:

Nous regardons **la télé.**	*We watch **TV**.*
Paul étudie **l'espagnol.**	*Paul studies **Spanish**.*

1.   Une question d'opinion   Express the opinions of the following people in affirmative or negative sentences.

●   les étudiants: aimer les examens?   ***Les étudiants aiment les examens.***
          ou: ***Les étudiants n'aiment pas les examens.***

1. les écologistes: aimer la nature?
2. les pacifistes: admirer la violence?
3. les femmes: être pour l'égalité des sexes?
4. les Américains: être contre *(against)* la justice sociale?
5. je: être contre l'énergie nucléaire?

2.   Questions personnelles

1. Aimez-vous les sports? le tennis? le baseball? le golf? le hockey? le basketball?
2. Aimez-vous la musique? la musique classique? le jazz? le blues? la musique pop?
3. Aimez-vous l'art? l'art moderne? l'art abstrait? l'art oriental?
4. Admirez-vous les acteurs? les poètes? les inventeurs? les athlètes? les musiciens?
5. Respectez-vous l'autorité? la justice? le gouvernement? les opinions contraires? les intellectuels?
6. Étudiez-vous la biologie? l'anglais? l'histoire? la psychologie? les maths? les sciences? l'informatique *(computer science)*?

Vocabulaire: *Les loisirs (Leisure activities)*

Un sport
Le tennis, le football *(soccer)*, **le volleyball, le basketball, le football américain** sont des sports.

le golf, le hockey
le ping-pong, le Frisbee

Un spectacle *(show)*
Le cinéma *(movies)*, **le théâtre, la télévision** sont des spectacles.

l'opéra, l'opérette

Un passe-temps *(hobby)*
La cuisine *(cooking)*, **la danse, la photo** *(photography)* sont des passe-temps.

l'aérobic

Un art
La musique, la peinture *(painting)* sont des arts.

la sculpture

Un jeu *(game)*
Le bridge, le poker, les dames (f.) *(checkers)*, **les échecs** (m.) *(chess)*, **les cartes** (f.) *(cards)* sont des jeux.

les jeux-vidéo

NOTE DE VOCABULAIRE

In conversational French, the names of sports such as **le football, le volleyball,** and **le basketball** are often shortened to **le foot, le volley, le basket.** Similarly, **la télévision** becomes **la télé.**

les jeux de rôle *(role plays)*,
les jeux sur
CD-ROM *(CD-ROM games)*

3.   Dialogue   Ask your classmates about their preferences.

COMMUNICATION: stating preferences

● cinéma ou théâtre?
  —*Est-ce que tu préfères le cinéma ou le théâtre?*
  —*Je préfère le théâtre. Et toi?*
  —*Moi, je préfère le cinéma.*

1. cinéma ou télévision?
2. volley ou basket?
3. tennis ou football?
4. bridge ou poker?
5. dames ou échecs?
6. photo ou peinture?
7. cuisine française ou cuisine américaine?
8. restaurants français ou restaurants italiens?
9. musique classique ou musique moderne?
10. danse classique ou danse moderne?

Demandez à vos camarades d'exprimer leurs préférences.
  The verb **préférer** is formally introduced in Lesson 11.
  V: Ask your class to describe what Americans prefer: **En Amérique, est-ce qu'on préfère le cinéma ou le théâtre?**

B.   Les contractions de l'article défini avec *à* et *de*

Note the forms of the definite article after the prepositions **à** and **de**.

	parler **à** *(to talk to)*	parler **de** *(to talk about)*
Voici le garçon.	Paul parle **au** garçon.	François parle **du** garçon.
Voici la fille.	Paul parle **à la** fille.	François parle **de la** fille.
Voici l'étudiant.	Paul parle **à l'**étudiant.	François parle **de l'**étudiant.
Voici les étudiants.	Paul parle **aux** étudiants.	François parle **des** étudiants.

> The definite articles **le** and **les** contract with **à** and **de** to form single words.
>
> | à | | de | |
> |---|---|---|---|
> | à + le → **au**
 à + les → **aux** | **au** garçon
 aux filles | de + le → **du**
 de + les → **des** | **du** garçon
 des filles |

❖   The articles **la** and **l'** do not contract.

❖   There is liaison after **aux** and **des** when the next word begins with a vowel sound.

❖   Remember, the prepositions **à** and **de** have several meanings:

à	*at*	Le docteur Mercier arrive **à** l'hôpital.
	to	Il parle **à** l'infirmière *(nurse)*.
de	*of*	Qui est le président **de** l'université?
	from	Tu rentres **de** la pharmacie.
	about	Nous parlons **d'**un projet important.

4.   Oui ou non?   Express your agreement or disagreement with the following by making slogans beginning with **Oui à** or **Non à**.

● les examens   *Oui aux examens!*
ou: *Non aux examens!*

1. la justice
2. l'injustice
3. le racisme
4. le socialisme
5. le féminisme
6. le sexisme
7. le service militaire
8. l'énergie nucléaire
9. les libertés individuelles
10. les inégalités sociales

You may want to point out the difference between **des** (plural indefinite article) and **des** (contracted form of **de** + **les**): J'ai des amis. → Je n'ai pas d'amis. But: Je parle des amis de Paul. → Je ne parle pas des amis de Paul.

The liaison sound with **aux** is /z/: aux*(z)*amis.

Remind students of the construction **téléphoner à**: Je téléphone à la police.

COMMUNICATION: agreeing and disagreeing

Exprimez votre accord ou votre désaccord sur les choses suivantes. Formulez des slogans qui commencent par «Oui à» ou «Non à».

5. Sujets de discussion *(Topics for discussion)*   Say whether or not you talk about the following topics with your friends.

COMMUNICATION: stating discussion topics

● les examens   ***Oui, nous parlons souvent des examens.***
          ou: ***Non, nous ne parlons pas souvent des examens.***

Dites si vous parlez souvent des sujets suivants avec vos amis.
     V: Interview fellow students: Est-ce que vous parlez souvent des examens? Oui/non...

1. les vacances *(vacation)*
2. la situation internationale
3. la classe de français
4. les problèmes métaphysiques
5. les professeurs
6. les autres *(other)* étudiants
7. le problème de l'emploi *(jobs)*
8. l'avenir *(future)*

6. Non!   André asks if certain persons are doing certain things. Yvette tells him no and explains what they are doing. With a partner, play both roles according to the model.

ROLE PLAY: talking about activities

● Suzanne / être à / le musée? (la poste)   ANDRÉ: ***Est-ce que Suzanne est au musée?***
                                             YVETTE: ***Mais non! Elle est à la poste!***

André demande si certaines personnes font certaines choses. Yvette répond que non et explique ce qu'elles font. Jouez les deux rôles avec un(e) partenaire selon le modèle.
     May be done by half-class choral response.
     V: Have students practice using complete negative expressions.

1. Jean-Louis / dîner à / la cafétéria? (le restaurant)
2. Daniel et Vincent / étudier à / la Sorbonne? (l'Université de Tours)
3. Jacqueline / rentrer de / le concert? (le cinéma)
4. le professeur / parler de / la grammaire? (les examens)
5. la secrétaire / parler à / l'étudiante japonaise? (les étudiants mexicains)
6. Maman / arriver de / le restaurant? (la banque)
7. Papa / téléphoner à / les clients américains? (la cliente anglaise)
8. le président / parler de / la situation internationale? (le problème de l'énergie)

Vocabulaire: *Deux verbes en* -er

jouer	*to play*	Je voudrais **jouer** avec vous.
jouer à	*to play* (a sport or game)	Je **joue au** tennis mais je ne **joue** pas **aux** cartes.
jouer de	*to play* (a musical instrument)	Je **joue du** piano mais je ne **joue** pas **de la** guitare.
penser	*to think, to believe*	Je **pense,** donc *(therefore)* je suis. Descartes.
penser à	*to think about* (to direct one's thoughts toward)	Je ne **pense** pas **à l'**examen. **À** qui **penses-**tu? Je **pense à** Michel.

NOTES DE VOCABULAIRE

To ask someone's opinion on a given topic, the French use the following questions:

Qu'est-ce que tu penses de...   *What do you think of . . .*   Qu'est-ce que tu penses du concert?
Qu'est-ce que vous pensez de...   Qu'est-ce que vous pensez du film?

To respond, they use **penser que.**

Je pense qu'il est excellent!   *I think (that) it is excellent!*

Note that unlike English, the conjunction **que** *(that)* cannot be omitted in French.

7. Dialogue Ask your partner whether he or she plays the following games or instruments. Use **jouer à** and **jouer de,** as appropriate.

COMMUNICATION: describing leisure activities

● le golf —*Est-ce que tu joues au golf?*
—*Oui, je joue au golf.*
ou: —*Non, je ne joue pas au golf.*

1. le tennis
2. le piano
3. les échecs
4. le foot
5. la guitare
6. le bridge
7. les dames
8. le violon
9. la clarinette
10. les cartes
11. la batterie *(drums)*
12. le clavier *(keyboard)*

Demandez à votre camarade s'il (si elle) pratique les sports suivants et s'il (si elle) joue des instruments indiqués. Utilisez le verbe «jouer».

8. Interview Imagine that you are asking French exchange students about the following subjects. Your classmates will play the role of the French students, using the suggested adjectives in affirmative or negative sentences.

ROLE PLAY: asking for opinions

● les étudiants américains (intelligents?)
VOUS: *Qu'est-ce que vous pensez des étudiants américains?*
LES FRANÇAIS: *Nous pensons qu'ils sont intelligents.*
ou: *Nous pensons qu'ils ne sont pas très intelligents.*

1. le cinéma américain (intéressant?)
2. les Américains (sympathiques?)
3. les Américaines (sympathiques?)
4. la cuisine américaine (bonne?)
5. l'hospitalité américaine (remarquable?)
6. l'humour américain (amusant?)
7. le football américain (très violent?)
8. les restaurants américains (extraordinaires?)

Imaginez que vous interviewez des Français. Vos camarades vont jouer le rôle des Français. Faites des dialogues selon le modèle.
For the responses, students may want to use other adjectives.
May be done in small groups.
V: Ask a friend what he/she thinks: **Qu'est-ce que tu penses des... ?**
Je pense qu'ils...

C. Le verbe *aller*;
le futur proche avec *aller* + infinitif

The verb **aller** *(to go)* is irregular.

infinitive	**aller**	J'aime **aller** au théâtre.
present	je **vais** tu **vas** il/elle/on **va** nous **allons** vous **allez** ils/elles **vont**	Je **vais** à Paris. Tu **vas** à l'université. Anne **va** à Québec. Nous **allons** à Nice. Vous **allez** au restaurant. Elles **vont** au musée.

❖ The verb **aller** (unlike the verb *to go* in English) cannot be used alone.

- It can be used with an adverb: **Comment** allez-vous? Je vais **bien.**
- It can be used with an expression of location: Nous allons **au théâtre.**

The future tense is presented in Lesson 29.

To refer to events or actions that are going to take place in the NEAR FUTURE, the construction is:

aller + infinitive	Nous **allons inviter** des amis. Paul **va voyager.**	*We **are going to invite** some friends.* *Paul **is going to travel.***

❖ Note that in negative sentences, the negative expression **ne ... pas** goes around the verb **aller.**

Je **ne vais pas** travailler.   *I am not going to work.*

Point out that **aller** + *infinitive* parallels the English "to be going" to do something.

PRACTICE: **aller**

9. Bon voyage!   This summer the following students are going to travel. Say to which city they are going and what they are going to visit there.

● Paul (Paris / le musée d'Orsay)   ***Paul va à Paris.***
Il va visiter le musée d'Orsay.

Les étudiants suivants vont voyager cet été. Dites où ils vont aller et ce qu'ils vont visiter.

1. Jacques et Henri (Londres / la cathédrale de Westminster)
2. nous (Rome / le Colisée)
3. tu (New York / le musée d'Art moderne)
4. je (Paris / Notre Dame)
5. vous (Moscou / le Kremlin)
6. Isabelle (New York / les Nations Unies)
7. Albert et Nicolas (Québec / la Citadelle)
8. Marc et moi (Munich / le zoo)

/zo/

Vocabulaire: *Où* et *comment*

Noms

un aéroport	*airport*	une bibliothèque	*library*
un bureau	*office*	une école	*school*
un café	*café*	une église	*church*
un cinéma	*movie theater*	une fête	*party*
un hôpital	*hospital*	une gare	*(train) station*
un laboratoire	*laboratory*	une maison	*house*
un magasin	*store*	une piscine	*swimming pool*
un musée	*museum*	une plage	*beach*
un restaurant	*restaurant*	une poste	*post office*
un stade	*stadium*	une université	*university*
un supermarché	*supermarket*		
un théâtre	*theater*		

Other words for "party": **une boum** *(teenagers)*, **une soirée** *(more formal).*

Supplementary vocabulary: **la mairie** *(city hall)*, **une salle** *(hall, large room).*

Verbes

entrer (dans)	*to enter*	Nous **entrons dans** le magasin.
passer (par)	*to pass, to go (through)*	Est-ce que vous **passez par** Paris?
passer	*to spend (time)*	Je **passe** une heure au café.
rester	*to stay*	Paul et Suzanne **restent** à Cannes.

Expressions

ici	*here*	On travaille beaucoup **ici**.
là	*there, here*	Paul n'est pas **là**. Il est à la plage.
là-bas	*over there*	Qui est la fille **là-bas**?
à pied	*on foot*	Nous allons à l'université **à pied**.
à vélo	*by bicycle*	Je vais à la plage **à vélo**.
en voiture	*by car*	Henri va à Chicago **en voiture**.
en avion (un avion)	*by plane*	Nous allons en France **en avion**.
en train	*by train*	On va à Nice **en train**.
en bus (un bus)	*by bus*	J'aime voyager **en bus**.
en métro (un métro)	*by subway*	Je vais aller au musée d'Orsay **en métro**.

En is used with means of transportation when the passenger is inside the vehicle.

---

10. **Lieux de travail** *(Places of work)*   Say where each of the following people goes to work. Use place names from the vocabulary section.

● le professeur   ***Le professeur va à l'école (à l'université).***

1. l'athlète
2. l'actrice
3. les étudiants
4. le pilote
5. la serveuse *(waitress)*
6. la chimiste *(chemist)*
7. les secrétaires
8. les infirmières *(nurses)*
9. le facteur *(mailman)*

COMPREHENSION: naming work places

Dites où les gens suivants vont pour travailler. Utilisez les noms du Vocabulaire.
  Be sure students use **vont** in #3, 7, 8.
  V: Have students practice the negative using these expressions.

Expressions pour la conversation

To react to new information:

Ah bon?   *Really?*   —Je vais aller au cinéma.
                           —**Ah bon?** Avec qui?
Ah bon!   *Okay!*   —Le film est à neuf heures!
                           —**Ah bon!**

11. Dialogue   You meet a friend. Ask your friend where he/she is going and what he/she is going to do there. (NOTE: **comme ça** = *like that;* **faire** = *to do.*)

ROLE PLAY: discussing destinations

● piscine / nager
   —*Où est-ce que tu vas comme ça?*
   —*Je vais à la piscine.*
   —*Ah bon? Et qu'est-ce que tu vas faire là-bas?*
   —*Je vais nager!*

Vous rencontrez un(e) ami(e). Demandez-lui où il (elle) va et ce qu'il (elle) va faire.

1. restaurant / dîner avec une copine
2. discothèque / danser avec des amis
3. bibliothèque / regarder des magazines français
4. gare / réserver des places (*tickets*) de train
5. bureau / travailler
6. musée / regarder les peintures
7. café / jouer aux cartes
8. supermarché / acheter (*to buy*) des fruits

D. La préposition *chez*

Note the use of **chez** in the following sentences, and compare it with the English equivalents.

Je suis **chez moi**.	*I am (at) home.*
Philippe n'est pas **chez lui**.	*Philippe is not home (at his house, at his place).*
Tu vas **chez toi?**	*Are you going home?*
Je vais **chez Louise**.	*I am going to Louise's (house, room, apartment).*
Michèle va **chez le docteur**.	*Michèle is going to the doctor's (office).*
Elle habite **chez des cousins**.	*She lives at her cousins' (house).*
On mange bien **chez les Renaud**.	*You eat well at the Renauds'.*

To indicate someone's home, residence, or place of work, the French use the expression:

chez + {	noun stress pronoun	**chez** Marie, **chez** une amie **chez** elle

Liaison is required in chez⌣elle(s), chez⌣eux.

❖ Note the use of the interrogative expression **chez qui.**

Chez qui est Paul?   *At whose place is Paul?*
Chez qui est-ce que vous allez?   *To whose place are you going?*

❖ Note that while the preposition **à** is used with *names of places*, the preposition **chez** is used with *people*.

Je vais **à la pharmacie.**   *I am going to the pharmacy.*
Je vais **chez le pharmacien.**   *I am going to the pharmacist's.*

12. **Où sont-ils?**   Tonight everyone is visiting friends. Say at whose home the following people are. Say also that they are not at home.

● Béatrice / jouer aux échecs / Alain   ***Béatrice joue aux échecs chez Alain.***
Elle n'est pas chez elle.

1. je / être / un camarade
2. nous / regarder la télé / des amis
3. les Martin / dîner / les Dupont
4. Jacques et Louis / jouer au bridge / des étudiants américains
5. Paul / écouter des cassettes / Nicole
6. les étudiantes / préparer l'examen / des camarades de classe
7. M. Marin / travailler / un collègue
8. tu / jouer du piano / Amélie
9. vous / passer la soirée *(evening)* / des cousins

13. **Week-end**   Read what the following people usually do on weekends. Say that they are going to do these things and indicate whether or not they are going to stay home.

● Nous jouons au tennis.
Nous allons jouer au tennis. Nous n'allons pas rester chez nous.

1. M. Lefèvre regarde la télé.   4. Nous organisons une fête.
2. Les Thomas dînent au restaurant.   5. Hélène et François dansent.
3. Tu invites des amis.   6. Philippe travaille.

14. **Projets** *(Plans)*   Tell your partner what you are going to do (or not do) in the following circumstances.

● Vous avez une heure de libre *(a free hour).*
Je reste chez moi. Je ne vais pas travailler. Je vais regarder la télé.

1. Vous avez cinq heures de libre.
2. Vous avez un week-end de libre.
3. Vous avez un mois de libre.
4. Vous êtes triste.
5. C'est votre *(your)* anniversaire.
6. C'est l'anniversaire d'un ami.

Chez may assume a more extensive meaning and refer to the region or country where people live: e.g., **Chez les Américains on joue au baseball.**

You may want to review the stress pronouns on page 78.

COMPREHENSION: stating where people are

Ce soir tout le monde va chez des amis. Dites chez qui sont les gens suivants. Dites aussi qu'ils ne sont pas chez eux.

COMPREHENSION: describing weekend plans

Lisez ce que font les gens suivants le week-end. Dites qu'ils vont faire ces choses. Indiquez s'ils vont rester chez eux.

COMMUNICATION: describing possible future plans

Dites à votre partenaire ce que vous allez faire (ne pas faire) dans les circonstances suivantes.

E.   Les questions avec inversion

There are several ways of formulating questions in French. In the questions below, the subjects are PRONOUNS. Each pair of questions illustrates two ways of requesting the same information. Compare the position of the subject pronouns:

	With est-ce que			*With inversion*	
	Est-ce que tu as	une auto?		**As-tu**	une auto?
Où	**est-ce que vous allez**	dîner?	Où	**allez-vous**	dîner?
Quand	**est-ce que tu rentres**	chez toi?	Quand	**rentres-tu**	chez toi?

QUESTIONS with pronoun subjects may be formed by INVERTING the subject pronoun and the verb according to the following patterns:

verb + hyphen + subject pronoun (+ rest of sentence)?   yes/no questions

   Vas-tu au cinéma?

interrogative expression + verb + hyphen + subject pronoun (+ rest of sentence)?

   Quand vas-tu au cinéma?   information questions

❖ In written French, the pronoun and the verb in inverted questions are joined with a hyphen (-).

❖ In inverted questions, the sound /t/ is heard between the verb and the subject pronouns **il, elle, on, ils,** and **elles.** Since all third-person *plural* verbs end in -t, that letter is pronounced in liaison.

   Voici mes amis.   **Sont-ils** français?   **Habitent-ils** à Paris?

In the third-person *singular,* the letter -t- is inserted between the verb and the pronoun if the verb ends in a vowel.

Voici Paul.	**A-t-il** une moto?	Où **va-t-il?**
Voici Nicole.	**Va-t-elle** à la bibliothèque?	Pourquoi **étudie-t-elle** le français?
	À quelle heure **dîne-t-on?**	**Va-t-on** à la cafétéria?

❖ In infinitive constructions, the subject pronoun is linked to the conjugated verb.

   Aimez-vous voyager?   Où **vas-tu** aller demain?

❖ With the interrogative expression **que** *(what),* the construction **qu'est-ce que** is much more common than **que** + *inversion,* although both are correct.

   Qu'est-ce que vous regardez?   (= **Que** regardez-vous?)
   Qu'est-ce que tu veux écouter?   (= **Que** veux-tu écouter?)

❖ In information questions containing only a noun subject and a simple verb, inversion is common. In these cases, the noun subject comes last.

   Où habite **Paul?**   À quelle heure passe **le bus?**

Inverted questions with noun subjects are not taught at this level since they are not necessary for basic proficiency. E.g., **Jean parle-t-il bien anglais? Quand Madame Dumas va-t-elle au bureau?**

Point out to students that inversion is almost never used with **je.**

15. Précisions   Read about the following people and ask more specific questions, based on the model. Use the appropriate subject pronouns.

PRACTICE: inverted questions

●   Jacques a une moto. (japonaise)
    Ah bon? A-t-il une moto japonaise?

1. Marc a un ordinateur. (français?)
2. Anne-Marie va à une université. (publique?)
3. Mlle Tessier habite dans un appartement. (confortable?)
4. Hélène est à la bibliothèque. (municipale?)
5. Antoine et Marc dînent dans un restaurant. (chinois?)
6. Michèle et Thérèse aiment la musique. (classique?)
7. Les Dupont ont des amis. (sympathiques?)
8. Antoine voyage. (en avion?)

Informez-vous sur les gens suivants, et posez des questions plus précises d'après le modèle. Utilisez les pronoms-sujets qui conviennent.

16. Questions et réponses   Read about the following people and ask questions about them using the corresponding subject pronouns. A classmate will answer you.

PRACTICE: inverted questions

●   Robert dîne. (où? dans un restaurant chinois)
    —***Où dîne-t-il?***
    —***Il dîne dans un restaurant chinois.***

1. Mélanie parle. (à qui? à François)
2. La secrétaire téléphone. (à qui? à un client canadien)
3. Albert et François dînent. (chez qui? chez des amis)
4. Les touristes visitent Paris. (comment? en autobus)
5. Jacqueline aime jouer au tennis. (avec qui? avec nous)
6. M. Dumont va arriver au bureau. (à quelle heure? à neuf heures)
7. Thomas va visiter Québec. (quand? en octobre)
8. Jim et Tom vont étudier le français. (où? à l'Alliance française)
9. On va à Chartres. (comment? en train)

Informez-vous sur les personnes suivantes. Posez des questions en utilisant les pronoms-sujets qui conviennent. Un camarade va vous répondre.
    May be done in pairs.

17. Conversation   Ask your partner questions using the following expressions. The first five questions are yes/no questions; the second five questions are information questions that begin with the expression in parentheses.

COMMUNICATION: asking personal questions

●   avoir un vélo?   —***As-tu un VTT?***
                —***Oui, j'ai un VTT.***   ou: —***Non, je n'ai pas de VTT.***

●   (où) travailler?   —***Où travailles-tu?***
                —***Je travaille à la bibliothèque (en ville…).***

- avoir des amis français?
- être optimiste?
- voyager souvent?
- aller souvent au théâtre?
- aimer la musique classique?

- (où) habiter?
- (où) passer le week-end?
- (à quelle heure) dîner?
- (quand) aller au cinéma?
- (comment) aller à l'université?

Posez plusieurs questions à votre partenaire. Commencez les questions 6 à 10 avec l'expression interrogative entre parenthèses.
    May be done in pairs.
    V: with **vous** and **nous**.
—Avez-vous un vélomoteur?
—Oui, nous avons…

Communication

COMMUNICATION and REVIEW:
using language in real-life situations

These communication activities can either be done extemporaneously or they can be assigned for outside preparation, with each student writing out the appropriate questions (and responses, if desired).

In class, students can practice the conversations in pairs or groups.

If desired, random pairs or groups of students can act out their conversation in front of the class.

 Pas de problème! video:
Module 1, Part 2
(*Les Sports* to end)

Contacts *Cahier d'activités:*
Workbook, Leçon 9
Lab Manual, Leçon 9

Video Module 1 and worksheet in the *Instructor's Resource Manual*

Et vous?

1. You have just moved to this neighborhood. You are talking to one of your new neighbors and would like to know what the area has to offer.

Ask your partner . . .
- if there is a movie theater
- if there are cafés
- if there is a French restaurant
- if there are interesting stores
- where the post office is

2. It is Saturday afternoon. As you are walking downtown, you meet a French friend.

Ask your partner . . .
- where he/she is going
- what he/she is going to do (**faire**) there
- if he/she wants to go to a restaurant with you afterwards (**après**)
- if so, if he/she likes Mexican food (**la cuisine mexicaine**)

3. Thanksgiving vacation is a few weeks away. You meet a friend in the library and begin talking about vacation plans.

Ask your partner . . .
- where he/she is going
- how he/she is going to travel
- to whose place he/she is going
- how long (**combien de temps**) he/she is going to stay there
- what he/she is going to do
- when he/she is going to come back

4. Imagine that you and a classmate are waiting in line at the movies.

Interview a classmate and find out . . .
- if he/she likes films, in general
- if he/she goes often to the cinema
- what he/she thinks of American films
- if he/she prefers American or French films
- if he/she is going to watch television this weekend
- if so, where he/she will watch television

Vivre en France   En ville

Vocabulaire pratique: *Comment demander son chemin (How to ask for directions)*

Quelques endroits *(Some places)*

Je cherche *(I am looking for)* ...

une pharmacie.	**l'arrêt d'autobus** *(bus stop).*
une librairie *(bookstore).*	**la station de métro** *(subway station).*
un marchand de journaux *(newsstand).*	**le commissariat de police** *(police station).*
une station service.	**la poste.**

Comment attirer l'attention *(How to attract attention)*

Pardon,
S'il vous plaît,   Monsieur/Madame/Mademoiselle.
Excusez-moi,

Comment demander un renseignement *(How to ask for information)*

Savez-vous *(Do you know)*   où est l'hôtel Métropole?
Pouvez-vous me dire *(Can you tell me)*   où **se trouve** *(is located)* l'Opéra?
Pourriez-vous me dire *(Could you tell me)*

S'il vous plaît, est-ce qu'il y a une pharmacie **près d'ici** *(near here)*?

Oui, il y a une pharmacie   (dans la) rue Jacob.
     (sur le) boulevard Raspail.
     (dans l') avenue du Maine.

Est-ce que c'est **loin** *(far)*?

C'est   **tout près** *(nearby).*
   à 100 mètres.
   à un kilomètre.
   à dix minutes   **à pied.**
     en voiture.

Comment remercier *(How to say thank you)*

Merci bien (beaucoup), Monsieur.
Je vous remercie *(I thank you)*, **Madame.**

Activité: *Qu'est-ce qu'ils cherchent?*

Les touristes suivants sont à Paris. Dites ce que chacun *(each one)* cherche.

- Maurice needs Band-Aids.
  Il cherche une pharmacie.

1. Linda wants to get to the other side of the city.
2. Mrs. Smith has lost her passport.
3. Bill wants to buy a map of Paris.
4. Phil wants to know what movies are playing today.
5. Mr. Collins needs to buy gas.

Situations: *Renseignements*

Les personnes suivantes cherchent certains endroits. Des piétons *(pedestrians)* les renseignent *(give them the information)*. Composez un dialogue selon le modèle. Jouez le dialogue avec un(e) camarade de classe.

- Pierre cherche la pharmacie Durand. (rue du Four / à cinq minutes à pied)
  —*Pardon, Monsieur! Pourriez-vous me dire où se trouve la pharmacie Durand?*
  —*La pharmacie Durand? C'est dans la rue du Four.*
  —*C'est loin?*
  —*Non, c'est à cinq minutes à pied.*
  —*Merci bien, Monsieur.*

1. Marguerite cherche l'arrêt d'autobus. (avenue Victor-Hugo / à cinquante mètres)
2. Sophie cherche la poste. (rue de la République / à dix minutes à pied)
3. Jean-Philippe cherche la station service Antar. (avenue de Dijon / à cinq minutes en voiture)
4. Madame Valois cherche le restaurant Lutèce. (boulevard Raspail / à 100 mètres)
5. Monsieur Bertrand cherche l'hôtel Mercure. (le boulevard Périphérique / à dix minutes en voiture)
6. Jacques cherche le commissariat de police. (rue Vavin / tout près)

Vocabulaire pratique: *Les directions*

Où est-ce?

C'est | **tout droit** *(straight ahead).*
| **à droite** *(on the right).*
| **à gauche** *(on the left).*

| **près** *(nearby).* | **près de** *(near)* la gare.
| **loin** *(far).* | **loin de** *(far from)* l'arrêt d'autobus.

| **devant** *(in front).* | **devant** *(in front of)* la pharmacie.
| **derrière** *(in back).* | **derrière** *(in back of)* l'hôtel Ibis.

| **à côté** *(nearby).* | **à côté de** *(next to)* la poste.
| **en face** *(across the street).* | **en face de** *(opposite)* la librairie.

C'est dans **quelle direction?**

C'est | **à l'ouest.**
| **à l'est.**
| **au nord.**
| **au sud.**

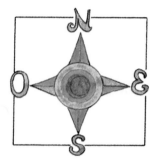

Comment est-ce que je peux aller là-bas?

Vous | **prenez** la rue...
| **continuez** tout droit.
| **tournez** | à droite.
| | à gauche.
| **traversez** *(cross)* la rue Saint Jacques.

Situations: *En ville*

D'autres *(other)* touristes sont dans le centre de Tours. Ils demandent *(ask)* à des piétons *(pedestrians)* comment on peut aller à certains endroits. Composez des dialogues selon le modèle.

● Monsieur Arnaud est aux Nouvelles Galeries. (le garage Citroën)

M. ARNAUD: *Pardon, Monsieur. Comment est-ce que je peux aller au garage Citroën?*

LE PIÉTON: *C'est simple. Tournez à droite dans la rue Nationale. Traversez la place Jean-Jaurès. Continuez tout droit dans l'avenue de Grammont. Le garage Citroën est à gauche.*

Contacts *Cahier d'activités:* Workbook and Lab Manual, Vivre en France **3**

1. Madame Duroc est au garage Citroën. (la gare)
2. Mademoiselle Thomas est à la gare. (l'hôtel de l'Univers)
3. Monsieur Labat est à l'hôtel de l'Univers. (la poste)
4. Mademoiselle Denis est à la poste. (l'Institut de Touraine)
5. Elizabeth Jones est à l'Institut de Touraine. (l'hôtel de Bordeaux)

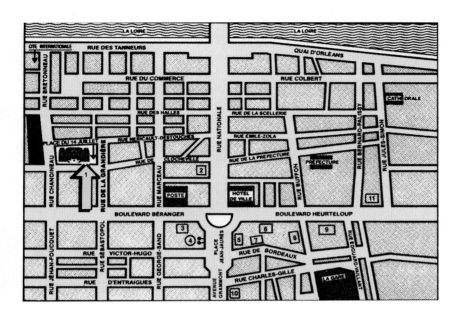

1. **INSTITUT DE TOURAINE**
2. **LES NOUVELLES GALERIES**
3. **BANQUE DE L'OUEST**
4. **ARRÊT D'AUTOBUS**
5. **CAFÉ DE L'UNIVERS**
6. **HÔTEL DE L'UNIVERS**
7. **SUPERMARCHÉ LEFROID**
8. **HÔTEL DE BORDEAUX**
9. **SYNDICAT D'INITIATIVE**
10. **GARAGE CITROËN**
11. **PALAIS DES CONGRÈS**

Situations: *Au Syndicat d'Initiative*

Des touristes sont au Syndicat d'Initiative *(tourist office)* de Tours. Ils demandent des renseignements. Les employés répondent *(answer)*, mais de façon différente *(differently)*. Jouez le rôle des touristes et des employés. Utilisez la carte *(map)*.

● le café de l'Univers?

TOURISTE:	*S'il vous plaît?*
EMPLOYÉ 1:	*Oui, Mademoiselle (Monsieur...)?*
TOURISTE:	*Pourriez-vous me dire où se trouve le café de l'Univers?*
EMPLOYÉ 1:	*C'est dans l'avenue de Grammont.*
EMPLOYÉE 2:	*C'est à côté de la place Jean-Jaurès.*
EMPLOYÉ 3:	*C'est près de l'hôtel de l'Univers.*
EMPLOYÉE 4:	*C'est en face de l'arrêt d'autobus.*

1. la banque de l'Ouest?
2. la poste?
3. l'hôtel de Bordeaux?
4. le supermarché Lefroid?

Point out to students that they should pay careful attention to the following differences between French and English:

● **Librairie** is a false cognate, meaning *bookstore* in French. The French word for *library* is **bibliothèque**.

● When we give street directions in the U.S., we tend to give distances in terms of blocks. Europeans often gauge the distance in terms of how long it takes to get there (**C'est à dix minutes à pied**).

Leçon 10	Le budget de Martin
Leçon 11	C'est une affaire, non?
Leçon 12	Le rêve et la réalité

Communication skills:
Discussing money and finances
Shopping for clothes
Making comparisons
Describing one's home and one's family
Expressing ownership and relationship
Talking about weather
Using language in real-life situations

Lexical base:
Numbers above 100; budget
Clothing; colors; **beau, nouveau, vieux**
Family, home, and furniture
Prepositions of place
Weather and the seasons

Grammar base:
Present of **payer, acheter, préférer, faire**
Possessive adjectives; **quel; ce**
Être à; possession with **de**
Comparative and superlative of adjectives

Cultural focus:
French student budgets and housing
Shopping in France

Problèmes d'argent

Leçon 10   Le budget de Martin

COMPRÉHENSION DU TEXTE
1. Qu'est-ce que Martin
   étudie?
2. Où est-ce qu'il habite?
3. Pourquoi est-ce qu'il
   prépare souvent son
   budget?
4. Combien d'argent est-ce
   qu'il dépense par mois?
5. Quelle est sa dépense
   principale?

une irrésistible tendance:
certain adjectives like
irrésistible and **excellent** may
precede the noun when used to
express the subjective opinion
of the speaker (rather than
objective reality).

Martin est étudiant en sciences économiques à l'Université de Tours. Il n'habite plus° chez ses parents: il a une chambre° à la Cité Universitaire.

Martin a un compte bancaire au Crédit Lyonnais. Pour gérer° ses finances personnelles, Martin prépare son budget chaque mois°. Il est bien obligé: ses dépenses ont une irrésistible tendance à dépasser° ses ressources! Son père lui envoie° 400 euros par mois. En plus, Martin gagne environ° 35 euros par semaine°: il donne° des cours particuliers° de maths. Maintenant, voyons comment il dépense° son argent:

anymore / room

manage

each month

to exceed / sends

around / week / gives

private lessons / spends

DÉPENSES		EUROS
Logement°		200 €
Repas°		130 €
Vêtements°		65 €
Livres		40 €
Spectacles		35 €
Transports		25 €
Dépenses diverses		50 €
TOTAL		545 €

housing

meals

clothes

Et vous, comment organisez-vous vos finances personnelles? Avez-vous un compte bancaire en ligne? Avez-vous un budget? Combien dépensez-vous pour votre logement? Pour vos repas? Pour vos loisirs?

Note culturelle: **Le budget des étudiants**

L'euro est la monnaie officielle de la France. Dans cette fonction, il remplace le franc depuis le premier janvier 1999. Le budget de Martin est donc établi en euros, la nouvelle monnaie française. (Pour une description de l'euro, allez à la page 172.)

Analysez attentivement ce budget. Vous remarquez qu'il ne paie pas des frais de scolarité. En France, les principales universités sont de universités publiques et les études[1] sont pratiquement gratuites[2]. Un grand nombre d'étudiants (75 pour cent des étudiants des universités publiques) reçoivent[3] des bourses pour payer leur[4] logement, leurs repas, etc. Le montant[5] de ces[6] bourses varie selon[7] les revenus de leurs parents et la situation familiale.

Les étudiants français ont d'autres[8] avantages financiers. Par exemple, avec leurs cartes d'étudiants[9], ils ont des réductions dans beaucoup de cinémas, de théâtres et de musées. Autre[10]

avantage important: quand ils sont malades[11] ou quand ils vont à l'hôpital, leurs frais médicaux[12] sont remboursés[13].

Comme aux États-Unis, les Français utilisent de plus en plus les services de banque à domicile. En 2000, 100.000 personnes utilisent un service en ligne sur le Net et 7,8 millions les services Minitel pour gérer leur compte bancaire.

Activité   Est-ce que vous utilisez les services en ligne pour gérer[14] votre compte bancaire?

1 *studies* 2 *free* 3 *receive* 4 *their* 5 *amount* 6 *these*
7 *according to* 8 *other* 9 *student ID cards* 10 *another*
11 *sick* 12 *medical expenses* 13 *reimbursed* 14 *manage*

Structure et vocabulaire

Vocabulaire: *Les finances personnelles*

Noms

l'argent	*money*	**une bourse**	*scholarship*
le budget	*budget*	**une dépense**	*expense*
le logement	*housing*	**une dette**	*debt*
les loisirs	*leisure activities*	**les frais de scolarité**	*tuition*
le loyer	*rent*	**les vacances**	*vacation*
un prix	*price*		
un projet	*plan*		
un repas	*meal*		
les transports	*transportation*		

Verbes

coûter	*to cost*	L'appartement **coûte** 600 (six cents) dollars par mois.
dépenser	*to spend*	Combien **dépensez**-vous pour les repas?
gagner	*to earn*	Combien d'argent **gagnez**-vous?
	to win	Qui va **gagner** ce match de tennis?

Expressions

par jour	*per day*	Je dépense 10 dollars **par jour** pour les repas.
par semaine	*per week*	Je gagne 180 euros **par semaine.**
par mois	*per month*	Combien dépenses-tu **par mois** pour ton logement?
combien	*how much?*	**Combien** coûtent les cassettes?
combien de + noun	*how much?*	**Combien** d'argent as-tu?
	how many?	**Combien de** copains vas-tu inviter?

Other meanings of **par:** *by, through.*

1. **Questions personnelles**

1. Combien coûte le déjeuner *(lunch)* à la cafétéria de l'université?
2. Combien coûte un repas dans un bon restaurant?
3. Avez-vous un budget? Est-ce que vous préparez ce budget tous les mois *(every month)*?
4. Dépensez-vous beaucoup d'argent pour le logement? pour les livres? pour les loisirs?
5. Est-ce que les frais de scolarité de l'université où vous allez sont élevés *(high)*?
6. Avez-vous un job? Où travaillez-vous? Combien d'argent gagnez-vous par semaine?
7. Avez-vous des projets pour les vacances? Allez-vous travailler? Où? Combien d'argent allez-vous gagner par semaine?

A. Les nombres de 100 à l'infini

NUMBERS over 100 are formed as follows:

100	**cent**	1.000	**mille**
101	**cent un**	1.001	**mille un**
102	**cent deux**		...
103	**cent trois**	1.100	**mille cent (onze cents)**
110	**cent dix**	1.200	**mille deux cents (douze cents)**
150	**cent cinquante**	1.300	**mille trois cents (treize cents)**
	...		...
200	**deux cents**	2.000	**deux mille**
201	**deux cent un**	2.100	**deux mille cent**
202	**deux cent deux**	2.200	**deux mille deux cents**
	...		...
300	**trois cents**	10.000	**dix mille**
301	**trois cent un**		...
	...	100.000	**cent mille**
400	**quatre cents**		...
	...	1.000.000	**un million**
900	**neuf cents**	2.000.000	**deux millions**

❖ In writing numbers, French uses periods where English uses commas, and vice versa.

French: 2.531,25   English: 2,531.25

COMMUNICATION:
answering questions

To answer some of these questions, students may have to know how to count beyond 100. You may therefore wish to present Section A of this lesson before doing the activity.

Can be done in pairs. Students may wish to reword the questions using **tu**.

One hundred is **cent** (not **un cent**). Similarly, one thousand is simply **mille**.

To provide practice in recognizing high numbers, you may bring to class car advertisements from the Sunday paper. Read a series of prices aloud, and have the students take down the numbers. Then hold up the ads so that students can check their comprehension. **Une Toyota coûte $16.585,** etc.

period = **point**
comma = **virgule**

The French often use a space to separate hundreds: 2 531.

❖ In the plural, the word **cent** *(hundred)* does not take an **-s** if it is followed by another number.

   deux **cents,** *but* deux **cent** quatre

Years are formally introduced in Lesson 15.

❖ The word **mille** *(thousand)* never takes an **-s.**

   Nous sommes en l'an deux mille.

❖ When introducing a noun, **million(s)** is followed by **de (d').**

   La région parisienne a **dix millions d'**habitants.

2. Combien?   You are shopping with your classmates in a large department store in Paris. Ask one another how much the following things cost.

> —*Combien coûte le téléviseur?*
> —*Il coûte quatre cent soixante euros.*

COMPREHENSION:
understanding prices

Vous faites des achats avec vos camarades dans un grand magasin de Paris. Demandez-leur combien coûtent les choses suivantes.

You may have students review the vocabulary on page 93.

3. **Devinez!** Can you guess the correct number? Complete the following sentences, then check your answers at the end of the exercise.

COMPREHENSION: French facts

1. La Tour Eiffel a une hauteur *(height)* de...
   a. 150 mètres   b. 320 mètres   c. 875 mètres
2. La distance Paris–New York est de...
   a. 2.400 kilomètres   b. 5.800 kilomètres   c. 15.800 kilomètres
3. L'Alliance française, la plus grande *(largest)* école de français du monde *(in the world)* a...
   a. 8.000 étudiants   b. 14.000 étudiants   c. 260.000 étudiants
4. Le prix record pour une bouteille *(bottle)* de vin *(wine)* français est de...
   a. 110 dollars   b. 10.000 dollars   c. 100.000 dollars
5. La France a une population de...
   a. 58.000.000 habitants   b. 76.000.000 habitants   c. 120.000.000 habitants

Est-ce que vous pouvez deviner le nombre qui convient? Complétez les phrases suivantes, puis vérifiez vos réponses à la fin de l'exercice.

B.   Le verbe *payer*

Voici les réponses: 1.b, 2.b, 3.c, 4.c, 5.a

Note the forms of the verb **payer** *(to pay, to pay for)* in the present tense.			

infinitive	**payer**		
present	je paie	Je **paie** le restaurant.	/pe/
	tu paies	Tu **paies** le logement.	
	il/elle/on paie	Christiane **paie** les frais de scolarité.	
	nous **payons**	Comment **payons**-nous?	/pejɔ̃/
	vous **payez**	Vous **payez** en euros.	/peje/
	ils/elles paient	Les Américains **paient** en dollars.	/pe/

❖ Verbs like **payer** that end in **-yer** have the following stem change in the present tense:

In the present tense, the endings of the **je, tu, il/elle/on**, and **ils/elles** forms are silent.

> y → i   in the **je, tu, il/elle/on**, and **ils/elles** forms

Vocabulaire: *Verbes conjugués comme* payer

payer	*to pay, pay for*	Nous **payons** les frais de scolarité.
employer	*to employ, hire*	Le magasin **emploie** des étudiants.
	to use	J'**emploie** un ordinateur.
envoyer	*to send*	Paul **envoie** un télégramme à Patrick.
nettoyer	*to clean*	Tu **nettoies** l'appartement.

4. Le prix du logement   Say how much the following people pay for their rent.

●   Marie (125 euros)   *Marie paie cent vingt-cinq euros par mois.*

1. nous (115 euros)
2. Jacques (155 euros)
3. je (135 euros)
4. tu (230 euros)
5. les étudiants (150 euros)
6. vous (340 euros)
7. Georges (120 euros)
8. M. et Mme Moulin (770 euros)

PRACTICE: **payer +** numbers

Dites combien d'argent les personnes suivantes paient pour leur loyer.

5. La fin du mois *(The end of the month)*   Say what the following people or companies do at the end of the month.

●   je / nettoyer / l'appartement   *Je nettoie l'appartement.*

1. Mme Rousseau / payer / le loyer
2. Jean-Louis / envoyer / une lettre à Christine
3. tu / nettoyer / le garage
4. nous / payer / le téléphone
5. les étudiants / payer / les frais de scolarité
6. l'entreprise / employer / des employés temporaires
7. les magasins / envoyer / les notes *(bills)* aux clients
8. vous / nettoyer / la maison
9. je / payer / les repas avec une carte de crédit
10. les employés / nettoyer / le bureau

PRACTICE: verbs in **-yer**

Dites ce que les personnes ou les entreprises suivantes font à la fin du mois.

V: Have students practice the negative, using the same expressions. They can also say what the person does and does not pay or do: **Mme Rousseau paie le loyer. Elle ne paie pas le téléphone.**

Photograph of a display at a bakery taken in January 2000 showing prices in both francs and euros.

C.   L'expression *être à*

Note the use of the expression **être à** in the sentences below.

If necessary, review the stress pronouns on page 78.

Est-ce que le vélo **est à Philippe?**	*Does the bike **belong to Philippe?***
Oui, il **est à lui.**	*Yes, it **belongs to him.***
Est-ce que la voiture **est à toi?**	*Does the car **belong to you?***
Non, elle **n'est pas à moi.**	*No, it **doesn't belong to me.***
À qui sont les livres?	***Who(m)** do the books **belong to?***
Ils **sont au professeur.**	*They **belong to the teacher.***

lit.: ***To whom belong** the books?*

The expression **être à** *(to belong to)* is used to indicate POSSESSION.

être à + { noun or name	La disquette **est à Paul.**
stress pronoun	L'ordinateur n'**est** pas **à lui.**

❖ To ask about ownership, use the following interrogative pattern:

à qui est/sont + name of object?

The preposition **à** is repeated before each identified possessor: Les disques sont **à** Jacques et **à** Hélène.

À qui est le livre?	***Whose** book **is** this?*
À qui sont les cassettes?	***Whose** cassettes **are** these?*

Expression pour la conversation

To indicate uncertainty:
peut-être   *maybe*   —Où est Daniel?
                          —Il est **peut-être** à la bibliothèque.

ROLE PLAY: discussing ownership

6. **À qui est-ce?**   Antoine asks who owns the following things. Suzanne thinks they belong to certain people but André claims they belong to someone else. Play the three roles according to the model.

Antoine demande à qui sont les objets suivants. Suzanne dit qu'ils sont à certaines personnes, mais André dit qu'ils sont à quelqu'un d'autre. Jouez les trois rôles selon le modèle. Utilisez les pronoms accentués qui conviennent.

●   les cahiers (Pierre / Philippe)
    ANTOINE: *À qui sont les cahiers?*
    SUZANNE: *Ils sont peut-être à Pierre.*
      ANDRÉ: *Mais non, ils ne sont pas à lui. Ils sont à Philippe.*

Remind students of the contractions à + le = au, à + les = aux.

You may wish to divide the class into three parts: **Antoine**, **Suzanne**, and **André**.

V: Have students do this activity in groups of three.

1. le vélo (Denise / Stéphanie)
2. l'ordinateur (Pauline / Charles)
3. le caméscope (Jean-Claude / Béatrice)
4. l'auto (M. Dupont / Mme Leblanc)
5. le magnétophone (le professeur / l'étudiant)
6. le portable (la secrétaire / le journaliste)
7. les notes (les étudiants / le reporter)
8. la Jaguar (le président de la compagnie / moi)

D.   La possession avec *de*

Read the following sentences, paying attention to word order in the expressions in bold type.

Voici **l'ordinateur de Philippe.**   *Here is **Philippe's computer.***
Voilà **la voiture de Michèle.**   *There is **Michèle's car.***
Où sont **les disquettes du professeur?**   *Where are **the professor's disks?***

> You may want to review the contractions du and des.
> la voiture du professeur
> la voiture des étudiants américains

The preposition **de** (*of*) is used to show POSSESSION.

noun + **de (d')** +	name article + noun	le vélo **de Pierre** la voiture **de la dame**	*Pierre's bike* *the lady's car*

> The first noun designates what is owned and the second noun designates the owner.

❖   The above construction is also used to express RELATIONSHIP.

Voici **l'ami de Christine.**   . . . *Christine's friend.*
Voilà **la cousine de Jacques.**   . . . *Jacques' cousin.*

> The noun that follows **de** may also be introduced by a demonstrative or possessive adjective.

7.   Emprunts (*Borrowed items*)   The people below are using things that belong to other people. Express this according to the model.

PRACTICE: **de** + *noun* to show possession

● Paul / regarder / les livres (Élisabeth)   ***Paul regarde les livres d'Élisabeth.***

> Les gens suivants utilisent des objets qui appartiennent à quelqu'un d'autre. Exprimez cela selon le modèle.

1. je / écouter / les compact disques (Patrick)
2. Robert / employer / l'appareil-photo (Denise)
3. Jean-Paul / utiliser / l'imprimante (une copine)
4. vous / regarder / le livre (le professeur)
5. tu / habiter dans / l'appartement (les amis de Claire)
6. nous / employer / le magnétophone (le journaliste)
7. les étudiants / utiliser / l'ordinateur (l'amie de Catherine)
8. M. Berton / travailler / dans (*in*) le bureau (une collègue)

8.   Curiosité   You want to know more about the friends and acquaintances of the people below. Ask questions, using the expressions in parentheses.

PRACTICE: **de** + *person* to express relationship

● Paul a une copine. (parler français?)
Est-ce que la copine de Paul parle français?

> Vous voulez mieux connaître les amis et les connaissances des personnes suivantes. Posez des questions en utilisant les expressions entre parenthèses.

1. Anne a un copain. (être sympathique?)
2. Janine a des cousins. (habiter à Genève?)
3. Sylvie a des amies. (avoir un appartement à Nice?)
4. Mme Martin a un secrétaire. (utiliser un ordinateur?)
5. Le dentiste a une assistante. (être compétente?)
6. Le professeur de français a des étudiants. (étudier beaucoup?)
7. Les étudiants canadiens ont un ami. (parler français?)
8. La secrétaire a des collègues. (travailler beaucoup?)

E.   Les adjectifs possessifs

In the sentences below, the words in bold type are POSSESSIVE ADJECTIVES. They refer to Philippe's belongings. Note the form of the possessive adjectives in the following sentences.

C'est la montre de Philippe?	Oui, c'est **sa** montre.	*Yes, it's **his** watch.*
C'est le vélo de Philippe?	Oui, c'est **son** vélo.	*Yes, it's **his** bike.*
Ce sont les livres de Philippe?	Oui, ce sont **ses** livres.	*Yes, they're **his** books.*

POSSESSIVE ADJECTIVES agree with the NOUNS they introduce.

Possessor		Singular		Plural			
		masculine	*feminine*				
(je)	*my*	**mon**	**ma (mon)**	**mes**	**mon** vélo	**ma** moto	**mes** voitures
(tu)	*your*	**ton**	**ta (ton)**	**tes**	**ton** vélo	**ta** moto	**tes** voitures
(il/elle)	*his, her, its*	**son**	**sa (son)**	**ses**	**son** vélo	**sa** moto	**ses** voitures
(nous)	*our*		**notre**	**nos**	**notre** vélo	**notre** moto	**nos** voitures
(vous)	*your*		**votre**	**vos**	**votre** vélo	**votre** moto	**vos** voitures
(ils/elles)	*their*		**leur**	**leurs**	**leur** vélo	**leur** moto	**leurs** voitures

❖   There is liaison after **mon, ton, son, mes, tes, ses, nos, vos,** and **leurs** when the next word begins with a vowel sound.

Philippe est **mon‿ami.   Vos‿amis** sont **mes‿amis.**

❖   **Mon, ton, son** are used instead of **ma, ta, sa** to introduce FEMININE nouns when the next word begins with a vowel sound.

Voici **mon‿amie** Christine.   *but:* C'est **ma** meilleure amie.
Où est **ton‿auto?**   Où est **ta** petite auto?

Mon/ton/son are used instead of ma/ta/sa to avoid the juxtaposition of two vowel sounds: ma auto → mon‿auto.

❖   The choice between **son, sa,** and **ses** depends only on the gender and number of the noun that follows and not on the gender and the number of the owner.

C'est la voiture de Paul?	Oui, c'est **sa** voiture.	***his** car*
C'est la voiture de Michèle?	Oui, c'est **sa** voiture.	***her** car*
Ce sont les cassettes de Paul?	Oui, ce sont **ses** cassettes.	***his** cassettes*
Ce sont les cassettes de Michèle?	Oui, ce sont **ses** cassettes.	***her** cassettes*

To clarify who the owner is, the construction **à** + *stress pronoun* is sometimes used after the noun.

Voici Jacques.   Voici **sa** voiture **à lui.**   Voici Nicole.   Voici **sa** voiture **à elle.**

9. Un millionnaire   Pretend that you are a millionaire. Show off some of your possessions, as in the model.

● l'avion   ***Voici mon avion.***

1. les chevaux *(horses)*
2. la piscine
3. les autos
4. la Mercédès
5. la Jaguar
6. l'Alfa Roméo
7. le chalet à Chamonix
8. l'appartement à Paris
9. la villa à Monaco

PRACTICE: possessive adjectives mon, ma, mes

Imaginez que vous êtes millionnaire. Faites l'étalage de vos possessions selon le modèle.

10. Dialogue   You are looking for some of your things. Ask your partner whether he or she has them. Your partner will answer affirmatively or negatively.

● la raquette (non)   PHILIPPE: ***Dis, Mélanie. As-tu ma raquette?***
MÉLANIE: ***Non, je n'ai pas ta raquette.***

1. la guitare (oui)
2. le stylo (non)
3. les cahiers (oui)
4. la calculatrice (non)
5. l'appareil-photo (oui)
6. le lecteur de cassettes (non)

ROLE PLAY: looking for one's possessions

Vous cherchez certaines choses. Demandez à votre partenaire s'il (si elle) a ces choses. Il (Elle) va répondre affirmativement ou négativement.

11. À qui est-ce?   Ask your classmates whether the following objects belong to the persons in parentheses. They will answer affirmatively or negatively according to the model.

● la raquette (Charles? oui)   —***C'est la raquette de Charles?***
—***Oui, c'est sa raquette.***

● les disquettes (Pauline? non)   —***Ce sont les disquettes de Pauline?***
—***Non, ce ne sont pas ses disquettes.***

1. la mobylette (Isabelle? oui)
2. les cahiers (Henri? non)
3. le magnétophone (la journaliste? oui)
4. le caméscope (Monsieur Voisin? non)
5. l'appartement (la copine de Thomas? oui)
6. le portable (l'étudiant espagnol? non)
7. les CD-ROM (Jacqueline? oui)
8. les cassettes (Philippe? non)

ROLE PLAY: talking about possessions

Demandez à vos camarades si les objets suivants sont aux personnes indiquées. Ils vont répondre affirmativement ou négativement selon le modèle.

12. Oui ou non?   Read about the following people. On the basis of this information, say whether or not they do the things in parentheses. Use the appropriate possessive adjectives.

● Vous êtes consciencieux. (préparer les examens?)
Oui, vous préparez vos examens.

1. Catherine aime l'ordre. (nettoyer l'appartement?)
2. Les clients sont honnêtes. (payer les dettes?)
3. Tu es avare *(stingy)*. (dépenser l'argent?)
4. Vous n'êtes pas sociable. (inviter souvent les amis?)
5. Les étudiantes sont indépendantes. (aimer l'indépendance?)
6. Nous détestons nager. (passer les week-ends à la plage?)
7. J'aime voyager. (passer les vacances en Italie?)

COMPREHENSION: describing people's behavior

Informez-vous sur les personnes suivantes. Sur la base de ces informations, dites s'ils font les choses entre parenthèses ou non. Utilisez les adjectifs possessifs qui conviennent.

1. oui   5. oui
2. oui   6. non
3. non   7. oui
4. non

Vocabulaire: *La famille et les relations personnelles*

la famille	(family)		
les parents	*(parents)*		
le mari	husband	**la femme**	wife
le père	father	**la mère**	mother
le beau-père	stepfather	**la belle-mère**	stepmother
les enfants	*(children)*		
le fils	son	**la fille**	daughter
le frère	brother	**la sœur**	sister
le demi-frère	half brother	**la demi-sœur**	half sister
les grands-parents	*(grandparents)*		
le grand-père	grandfather	**la grand-mère**	grandmother
les petits-enfants	*(grandchildren)*		
le petit-fils	grandson	**la petite-fille**	granddaughter
les parents	*(relatives)*		
l'oncle	uncle	**la tante**	aunt
le cousin	cousin (male)	**la cousine**	cousin (female)
les voisins	*(neighbors)*		
le voisin	neighbor (male)	**la voisine**	neighbor (female)

Supplementary vocabulary: **le beau-père** *(father-in-law, stepfather),* **la belle-mère** *(mother-in-law, stepmother),* **aîné** = *oldest,* **cadet (cadette)** = *youngest.*

Have students observe that **parents** may mean *parents* or *relatives.*

NOTE DE VOCABULAIRE

Note the pronunciation of the following words:

la femme   /fam/   **le fils**   /fis/

---

13.   Questions personnelles

1. Avez-vous des frères et des sœurs? Combien de frères? Combien de sœurs? Où est-ce qu'ils habitent?
2. Avez-vous des cousins? des cousines? Où habitent vos cousins et vos cousines?
3. Où habitent vos grands-parents?
4. Combien d'enfants ont vos grands-parents? Combien de petits-enfants?
5. Dans votre famille, est-ce qu'il y a souvent des réunions de famille? Allez-vous à ces *(these)* réunions? Qui va à ces réunions?
6. Avez-vous des voisins sympathiques? Est-ce qu'ils ont des enfants? Combien? Est-ce que les enfants de vos voisins vont aussi à l'université?

COMMUNICATION:
answering questions

Can be done in pairs. Remind students that the indefinite article changes form in the negative after **avoir**: **Je n'ai *pas de* frères.**

Communication

COMMUNICATION and
REVIEW: using language in
real-life situations

These communication activities
can either be done extem-
poraneously or they can be
assigned for outside preparation, with each student writing
out the appropriate questions
(and responses, if desired).

In class, students can practice
the conversations in pairs or
groups.

If desired, random pairs or
groups of students can act out
their conversation in front of the
class.

Contacts *Cahier
d'activités:*
Workbook, Leçon 10
Lab Manual, Leçon 10

1. You have to find a new place to live next semester. Your French friend is telling you about a vacancy in the apartment he/she shares with some other students. You would like some more details.

Ask your partner . . .
• how much he/she pays for rent
• how much he/she spends on meals per week
• how many people there are in the apartment
• if the neighbors are nice

2. You have just been introduced to two French guests at a party. You want to get to know these people better.

Ask your partners . . .
• how many brothers they have
• where their parents live
• if they have cousins in France
• if their cousins speak English
• if they are going to their cousins' place this summer (**cet été**)

3. You are working as a claims adjuster for an insurance company. There has been a fire in your neighbor's apartment and you are looking into replacement costs. (Address your client formally with **vous.**)

Ask your partner . . .
• how much his/her TV set is going to cost
• how much his/her CDs are going to cost
• how much his/her stereo is going to cost

Et vous?

4. You are trying to find a new roommate to share your apartment. One of your classmates might be interested, but you need to find out more about each other. After your partner answers each question, give him/her the corresponding information about your own life.

Ask your partner . . .
• if he/she lives in an apartment, in a dorm, or at his/her parents' house
• what his/her home is like
• if he/she has a car, a stereo, lots of CDs, etc. (Ask follow-up questions about his/her possessions: **Est-ce que la voiture est à toi ou à tes parents? Est-ce que ta voiture est grande?**)

Leçon 11   C'est une affaire, non?

COMPRÉHENSION DU TEXTE
1. Qu'est-ce que Charlotte et Sandrine regardent?
2. Quel tee-shirt est-ce que Charlotte veut acheter?
3. Combien coûte ce tee-shirt?
4. Pourquoi est-ce que c'est une affaire?

Charlotte adore le shopping. Sandrine n'est pas aussi° enthousiaste, mais elle aime bien naviguer sur le Net. Les deux amies visitent donc le site marchand des 3 Suisses.   as

CHARLOTTE:	Dis, regarde ce tee-shirt: il est superbe, non?	
SANDRINE:	Quel° tee-shirt? Ce truc° bleu°? Il est horrible!	*Which / thing / blue*
CHARLOTTE:	Mais non! Le tee-shirt rose, là!	
SANDRINE:	Ah, oui! Il est joli, c'est vrai! Combien est-ce qu'il coûte? Douze euros? Ce n'est pas très cher°...	*expensive*
CHARLOTTE:	J'aime bien cette jupe° rouge° aussi...	*skirt / red*
SANDRINE:	Charlotte, tu ne vas pas acheter° encore une° jupe rouge!	*buy / still another*
CHARLOTTE:	Tu préfères cette jupe-là, alors? Elle est moins° chère, remarque°... Et puis, le noir°, c'est plus° élégant... Oh, j'hésite... Qu'est-ce que tu penses, toi?	*less / mind you* *black / more*
SANDRINE:	Je pense ... que tu as déjà° deux jupes noires!	*already*
CHARLOTTE:	C'est vrai, c'est vrai. Bon, j'achète seulement le tee-shirt rose. C'est une affaire°, non?	*It's a bargain*

Note culturelle: **Le shopping**

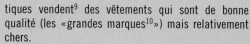

En France, comme[1] aux États-Unis[2], le shopping n'est pas seulement[3] une nécessité, c'est aussi une forme de récréation. Pour les vêtements[4], les Français ont le choix[5] entre[6] un grand nombre de magasins: la «boutique», le «grand magasin», la «grande surface» et les sites marchands sur le Net.

La boutique est un magasin spécialisé dans une catégorie de vêtements: chemises[7], vêtements masculins, vêtements féminins, chaussures[8], par exemple. Généralement les bou-

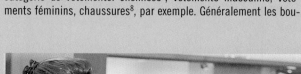

tiques vendent[9] des vêtements qui sont de bonne qualité (les «grandes marques[10]») mais relativement chers.

Le grand magasin est un magasin qui[11] vend toutes sortes[12] de vêtements. La qualité de ces vêtements et par conséquent le prix sont variables. En général, les grands magasins sont situés dans le centre des grandes villes[13]: les Galeries Lafayette, le Printemps, Le Bon Marché à Paris; les Nouvelles Galeries en province.

La grande surface, ou centre commercial, est située généralement à l'extérieur[14] des villes. Ces grandes surfaces vendent une grande variété de produits[15]: des vêtements, mais aussi des produits alimentaires[16], des appareils ménagers[17], des outils[18] ... à des prix relativement bas[19]. Peu nombreuses[20] il y a trente ans[21], ces grandes surfaces sont aujourd'hui très populaires.

À peu près 6.000 Français par mois visitent les sites marchands sur le Net pour faire leur shopping en ligne. Parmi les sites marchands les plus actifs: Fnac (livres et disques), Macway (informatique) et Les 3 Suisses (grand magasin). Au site de la Fnac, on peut aussi acheter des places pour les concerts et les spectacles, et même des billets d'avion!

Activité Est-ce que vous faites souvent votre shopping en ligne? Quels sites marchands utilisez-vous le plus souvent?

1 like   2 United States   3 only   4 clothing   5 choice   6 between
7 shirts   8 shoes   9 sell   10 designer labels   11 that   12 all kinds
13 cities   14 outside   15 products   16 food   17 appliances   18 tools
19 low   20 rare   21 thirty years ago

Comment convertir les prix en euros?
Un euro = environ 6,50 francs.

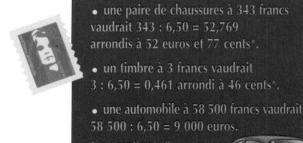

- une paire de chaussures à 343 francs vaudrait 343 : 6,50 = 52,769 arrondis à 52 euros et 77 cents*.
- un timbre à 3 francs vaudrait 3 : 6,50 = 0,461 arrondi à 46 cents*.
- une automobile à 58 500 francs vaudrait 58 500 : 6,50 = 9 000 euros.

* ou "centime(s)"

arrondis = rounded

Pour retrouver l'équivalent en francs d'un prix en euros? Des calculettes (calculators) font rapidement (quickly make) la conversion, euros en francs ou francs en euros.

Structure et vocabulaire

Vocabulaire: *Quelques vêtements*

Noms

des lunettes
une chemise
un tailleur
un sweat
une cravate
une veste
une robe
un costume
un chemisier
un pull
des bas
un imperméable
un manteau
un anorak
un pantalon
des chaussures
un jean
des bottes
un chapeau
un tee-shirt
des lunettes de soleil
des chaussettes
des tennis
un short
un maillot de bain

Supplementary vocabulary:
un bonnet *(wool hat)*
un blazer *(blazer)*
un blouson *(jacket)*
un jogging *(jogging suit)*
un survêtement *(sweat-suit)*
des collants *(tights)*
des gants *(gloves)*
un chandail *(sweater)*
un foulard *(scarf)*
une ceinture *(belt)*
des baskets *(high-top sneakers)*
rayé *(striped)*
à carreaux *(checked)*
écossais *(plaid)*
uni *(plain)*

The plural, **des jeans,** is also often used.

pull = *pull-over*

Adjectifs de couleur

De quelle couleur... ?   *What color . . . ?*

orange	*orange*	**marron**	*brown*		
noir	*black*	**gris**	*gray*	**blanc (blanche)**	*white*
bleu	*blue*	**vert**	*green*	**jaune**	*yellow*
rose	*pink*	**rouge**	*red*	**violet (violette)**	*purple*

The color **brun** is *dark brown* and is usually used to describe hair. The more general term for *brown* is **marron**.

Autres adjectifs

cher (chère)   *expensive*   Ces chaussures sont **très chères.**
bon marché   *inexpensive, cheap*   Les chaussettes sont **bon marché.**

Point out that literally **bon marché** means *good market (price).*

Verbe

porter   *to wear*   Je **porte** un pantalon bleu et une chemise verte.
  to carry   Je **porte** mes livres dans mon sac.

NOTES DE VOCABULAIRE

1. Adjectives of color agree with the nouns they modify. The adjectives **orange** and **marron,** however, are invariable; they do not take regular adjective endings.

   J'ai **une chemise** marron et **des chaussures** orange.

   > Marron and orange are invariable because they are actually nouns (a chestnut, an orange) used as adjectives.

2. Nouns that end in **-eau** in the singular end in **-eaux** in the plural.

   un manteau → des **manteaux**   un chapeau → des **chapeaux**

3. The expression **bon marché** is invariable and does not take adjective endings.

---

1. **Une question de goût** *(A matter of taste)*   Describe what goes well with the following items of clothing.

1. Un blazer bleu va bien avec...
2. Un pull gris va bien avec...
3. Des chaussettes noires vont bien avec...
4. Une chemise jaune va bien avec...
5. Une cravate orange et marron va bien avec...

> COMMUNICATION:
> expressing clothing preferences
>
> Décrivez ce qui va avec les vêtements suivants.

2. **Vêtements pour chaque occasion** *(Clothes for every occasion)*   What we wear often depends on the circumstances in which we find ourselves. Complete the following sentences by indicating the items of clothing these people are likely to wear.

1. Jacques va à une entrevue *(interview)* professionnelle. Il porte...
2. Monique va à une entrevue professionnelle. Elle porte...
3. Je vais à la campagne *(country)*. Je porte...
4. Mlle Castel va dans un restaurant très élégant. Elle porte...
5. Tu vas à la plage. Tu portes...
6. Henri va jouer au tennis. Il porte...
7. Oh là là, il pleut *(it's raining)*. Vous allez porter...

> COMPREHENSION:
> describing appropriate clothing
>
> Ce qu'on porte dépend souvent des circonstances. Complétez les phrases suivantes en indiquant les vêtements que ces personnes vont probablement porter.

3. **Aujourd'hui** *(Today)*   Describe the clothes worn by the following people today. Give the colors for each item.

1. Aujourd'hui, je porte...
2. L'étudiant(e) à ma droite *(to my right)* porte...
3. L'étudiant(e) à ma gauche *(to my left)* porte...
4. Le professeur porte...

> COMPREHENSION:
> describing clothes and colors
>
> Décrivez les vêtements portés par les personnes suivantes. Décrivez la couleur de ces vêtements.

NOTE LINGUISTIQUE: *Mots empruntés à l'anglais*

Over the past hundred years, the French have been borrowing words from the English language. Borrowed nouns have more or less maintained their English pronunciation and are usually masculine.

Sports: **le golf, le tennis, le basketball, le rugby**
Business: **le marketing, le business, le management, le shopping**
Clothing: **le short, le tee-shirt, un jean, le pull-over, le sweat-shirt**
Fast foods: **le bar, le grill, le snack (le snack-bar), le self-service**

A.   Les verbes *acheter* et *préférer*

The infinitive stems of **acheter** *(to buy)* and **préférer** *(to prefer)* are **achet-** and **préfér-**. These stems end in **e** or **é** + CONSONANT. Note the forms of **acheter** and **préférer** in the present. These verbs have regular **-er** endings.

infinitive	acheter	préférer
present	j' achète	je préfère
	tu achètes	tu préfères
	il/elle/on achète	il/elle/on préfère
	nous achetons	nous préférons
	vous achetez	vous préférez
	ils/elles achètent	ils/elles préfèrent

Be sure the students pronounce the e of **acheter, achetons,** and **achetez** like the e of **je.** In rapid conversation, the e is often dropped entirely: ach*ë*ter.

❖ Most verbs like **acheter** and all verbs like **préférer** have the following stem change in the present tense:

> **e, é → è in the je, tu, il/elle/on, and ils/elles forms**

Verbs formed like **appeler** and **jeter** double the stem consonant: ils **projettent.**

Vocabulaire: *Verbes conjugués comme* acheter *et* préférer

Verbes conjugués comme *acheter*

acheter	*to buy*	Est-ce qu'on **achète** ces *(these)* tee-shirts?
amener	*to bring, to take (along)*	Philippe **amène** Monique au concert.

Verbes conjugués comme *préférer*

célébrer	*to celebrate*	Françoise **célèbre** son *(her)* anniversaire le 3 mai.
considérer	*to consider*	Je **considère** Paul comme *(as)* un ami.
espérer	*to hope*	Est-ce que tu **espères** avoir un «A» en français?
posséder	*to own*	Vous ne **possédez** pas de lecteur de CD-ROM?
préférer	*to prefer*	Je **préfère** la veste bleue. Et toi?
répéter	*to repeat*	Le professeur **répète** la question.

The verb **amener** *(to bring)* may be used with both people and things.
Apporter *(to bring or take along objects)* is taught in Lesson 18.

4. **Joyeux anniversaire!** *(Happy birthday!)*   The people below are taking their friends out on their birthday. Say where, using the verb **amener.**

●   tu / Annie / le restaurant   *Tu amènes Annie au restaurant.*

1. Charles / Monique / le théâtre
2. nous / Henri / le concert
3. vous / vos amies / le cinéma
4. Robert et Jacques / Carole / la discothèque
5. je / mon amie / le bowling
6. Thomas / Denise / le restaurant chinois

PRACTICE: amener

Les personnes suivantes invitent leurs amis à l'occasion de leur anniversaire. Dites où elles les amènent.

If necessary, remind students of the contraction: à + le = au

5. Espérances   State that the following people hope to buy things they do not now own. Use the verbs **espérer** and **posséder,** according to the model.

PRACTICE: espérer and posséder

● Luc (une moto)   *Luc espère acheter une moto. Il ne possède pas de moto.*

1. je (une chaîne-stéréo)
2. tu (un VTT)
3. André (une imprimante)
4. vous (un appartement)
5. M. et Mme Tremblay (une voiture)
6. nous (un ordinateur)

Les personnes suivantes espèrent acheter certaines choses qu'elles ne possèdent pas encore. Exprimez cela en utilisant les formes d'*espérer* et de *posséder* qui conviennent.

6. Conversation   You have received 100, 500, and 1,000 dollars. Make a list of three things you are going to buy with each of these sums. How does your list compare with that of your partner?

COMMUNICATION: planning expenditures

100 dollars	500 dollars	1.000 dollars
● un CD-ROM de jeux ● un chapeau rouge ● des lunettes de soleil	● ● ●	● ● ●

Vous avez reçu 100, 500 et 1.000 dollars. Faites une liste de trois choses que vous allez acheter avec cet argent. Ensuite comparez votre liste avec celle de vos amis.

—*Avec cent dollars, je vais acheter un CD-ROM de jeux, un chapeau rouge et des lunettes de soleil. Et toi?*
—*Moi, avec cent dollars, je vais acheter...*

7. Questions personnelles

1. Quand est-ce que vous célébrez votre anniversaire? Comment célébrez-vous votre anniversaire? Est-ce que vous amenez vos amis au restaurant quand ils célèbrent leur anniversaire?
2. Est-ce que vous achetez souvent des livres? des disques? des cassettes? des CD? des vêtements? Qu'est-ce que vous achetez aussi avec votre argent?
3. Quand vous allez à une fête, est-ce que vous amenez vos amis? Qui amenez-vous?
4. Est-ce que vous considérez vos professeurs comme des amis? Pourquoi?
5. Est-ce que vous espérez aller en France un jour? Quand? Est-ce que vous espérez être très riche? Pourquoi?
6. Possédez-vous une mini-chaîne? un ordinateur? un appareil-photo? De quelles marques *(brands)*?
7. Est-ce que vous considérez l'avenir *(future)* avec optimisme? Pourquoi (pas)?

COMMUNICATION: answering questions

Ask students to name things they hope to buy.
—Peter, qu'est-ce que vous espérez acheter?
—Barbara, qu'est-ce que Peter espère acheter?

Remind students to use **pas de** in the negative.

B.   L'adjectif interrogatif *quel*

In the following exchanges, the words in bold type are INTERROGATIVE ADJECTIVES. Note the forms of the interrogative adjective **quel.**

Monique:
Je vais acheter ce livre et cette montre.
Je veux inviter des garçons et des filles.

Carole:
Quel livre?   **Quelle** montre?
Quels garçons?   **Quelles** filles?

The INTERROGATIVE ADJECTIVE **quel** *(which, what)* has four written forms.

	Singular	Plural		
masculine	**quel**	**quels**	**quel** garçon?	**quels** amis?
feminine	**quelle**	**quelles**	**quelle** fille?	**quelles** amies?

❖ There is liaison after **quels** and **quelles** when the next word begins with a vowel sound.

❖ **Quel** may be separated from the noun it modifies by the verb **être.**

Quelle est la **date** de l'examen?   *What is the date of the exam?*
Quel est le **prix** de cette jupe?   *What is the price of this skirt?*

8.   La boutique   You're walking around the duty-free shop at the Paris international airport with a friend. Whenever you point out something, your friend asks you to be more specific. With a partner, play both roles according to the model.

● les vestes (bleu)   —*Regarde les vestes!*
                       —*Quelles vestes?*
                       —*Les vestes bleues.*

1. le caméscope (japonais)
2. les lunettes (italien)
3. le pantalon (blanc)
4. l'anorak (rouge)
5. les montres (suisse)
6. la radio (allemand)
7. le parfum (français)
8. les cravates (jaune)
9. le maillot de bain (bleu)
10. le stylo (noir)

You may want to introduce the exclamatory construction: **quel** + NOUN! **Quelle jolie veste!**

ROLE PLAY: pointing out items

Vous vous promenez dans les magasins de l'aéroport Roissy-Charles de Gaulle avec un(e) ami(e). Chaque fois que vous montrez quelque chose, votre ami(e) vous demande des détails. Jouez les deux rôles avec un(e) partenaire selon le modèle.

May be done with half-class choral response.

The imperative will be introduced in Lesson 13.

C.   L'adjectif démonstratif *ce*

In the sentences below, the words in bold type are DEMONSTRATIVE ADJECTIVES.

J'achète **ce** pull et **cet** anorak.   *I am buying **this** sweater and **this** parka.*
Nadine préfère **cette** robe.   *Nadine prefers **that** dress.*
Aimes-tu **ces** cravates et **ces** chemises?   *Do you like **these** ties and **those** shirts?*

The demonstrative adjective **ce** *(this, that)* has four written forms.

	Singular	Plural		
masculine	**ce** **cet** (+ vowel sound)	**ces**	**ce** garçon **cet** homme	**ces** garçons **ces** hommes
feminine	**cette**	**ces**	**cette** fille **cette** amie	**ces** filles **ces** amies

❖ There is liaison after **cette** and **ces** when the next word begins with a vowel sound.

❖ The demonstrative adjective **ce** corresponds to both *this* and *that*.

Tu achètes **ce** chapeau? { *Are you buying **this** hat?*
                            { *Are you buying **that** hat?*

Be sure students can distinguish between the pronoun ce (c') and the demonstrative adjective ce (cet): c'est lui; cet ami.

❖ The meaning of the demonstrative adjective may be reinforced by adding **-ci** or **-là** to the noun.

Cette veste-**ci** est jolie.   ***This** jacket **(over here)** is pretty.*
Cette veste-**là** est chère.   ***That** jacket **(over there)** is expensive.*

9.   Critiques   There are times when you can find fault with everything. Criticize the following people and things, using the suggested adjectives in affirmative or negative sentences, as in the model. Do not forget the noun/adjective agreement.

COMPREHENSION:
criticizing things

● la veste: joli?   ***Cette veste n'est pas jolie.***

● les cassettes: mauvais?   ***Ces cassettes sont mauvaises.***

1. la voiture: confortable?
2. les chaussures: élégant?
3. l'appareil-photo: bon?
4. les livres: stupide?
5. le film: ridicule?
6. les étudiantes: brillant?
7. le professeur: patient?
8. la secrétaire: compétent?
9. les personnes: désagréable?
10. l'ami: sympathique?

Il y a des occasions où on critique tout. Critiquez les personnes et les choses suivantes. Utilisez les adjectifs suggérés dans des phrases affirmatives ou négatives, selon le modèle. Attention à l'accord du substantif et de l'adjectif.

You may do this as a dialogue:
—Qu'est-ce que tu penses de cette veste?
—Elle n'est pas jolie.

Expressions pour la conversation

To introduce a reaction:
Eh bien...   *Well . . .*   —J'aime ces jupes blanches.
                                 —**Eh bien,** moi, je préfère les jupes grises.

---

10. **Désaccord** *(Disagreement)*   Philippe and Sylvie are at a department store. They disagree on what they prefer. With a partner, play the two roles.

ROLE PLAY: talking about preferences

● une caméra
  PHILIPPE: *Quelle caméra préfères-tu?*
  SYLVIE: *Je préfère cette caméra-ci.*
  PHILIPPE: *Eh bien, moi, je préfère cette caméra-là.*

1. un Walkman   5. une bicyclette   9. un anorak
2. des cassettes   6. une imprimante   10. un tailleur
3. un ordinateur   7. des CD-ROM   11. des chaussures
4. une cravate   8. des pantalons   12. des lunettes

Philippe et Sylvie sont dans un grand magasin. Ils ne sont pas d'accord sur ce qu'ils préfèrent. Jouez les deux rôles avec un(e) partenaire.

May be done with half-class choral response.

D.   Le comparatif des adjectifs

Note how comparisons are expressed in the sentences below.

La robe est **plus chère que** la jupe.   *The dress is **more expensive than** the skirt.*
La veste est **plus jolie que** le pull.   *The jacket is **prettier than** the sweater.*

Pauline est **moins riche qu'**Éric.   *Pauline is **less rich than** Eric.*
Mais elle est **moins égoïste que** lui.   *But she is **less selfish than** he (is).*

Je suis **aussi sérieux que** toi.   *I am **as serious as** you (are).*
Tu n'es pas **aussi brillant que** moi.   *You are not **as brilliant as** I (am).*

COMPARISONS with ADJECTIVES are expressed according to the following patterns:

[+] **plus**		**plus cher (que)**	*more expensive (than)*
[–] **moins**	+ adjective (+ **que...**)	**moins cher (que)**	*less expensive (than)*
[=] **aussi**		**aussi cher (que)**	*as expensive (as)*

❖   There is liaison after **plus** and **moins** before a vowel sound.

Ce livre est plus‿intéressant.   Ces étudiants sont moins‿idéalistes.

❖   In comparisons with people, STRESS PRONOUNS are used after **que**.
    NOTE: **que → qu'** before a vowel sound.

Anne est plus petite **que moi**.   Je suis plus grande **qu'elle**.

Be sure students do not generate the incorrect forms: *plus bon* (*more good*) or *plus meilleur* (*more better*). Similarly, the comparative form of **bon marché** is **meilleur marché,** which is also invariable.
Voici des vestes *bon marché.*
Voilà des vestes *meilleur marché.*

❖ The COMPARATIVE of **bon** *(good)* is **meilleur** *(better).*

❖ **Meilleur** agrees with the noun it modifies.

Ce disque-ci est **bon.** Ce disque-là est **meilleur.**
Ces étudiantes-ci sont **bonnes** Ces étudiantes-là sont **meilleures.**
en français.

11. Comparaisons Compare the following objects and people using the suggested adjectives. Do not forget to make adjectives agree in number and gender.

COMMUNICATION: making comparative judgments

● les voitures japonaises / les voitures américaines (économique)
Les voitures japonaises sont plus (moins, aussi) économiques que les voitures américaines.

Comparez les choses et les personnes suivantes en utilisant les adjectifs suggérés. N'oubliez pas l'accord des adjectifs.

1. les Mercédès / les Ford (confortable)
2. les Volkswagen / les Jaguar (rapide)
3. la cuisine française / la cuisine américaine (bon)
4. le français / l'espagnol (difficile)
5. l'argent / l'amitié [*friendship*] (important)
6. les étudiants / leurs parents (idéaliste)
7. les femmes / les hommes (capable)
8. les Yankees / les Red Sox (bon)
9. Tarzan / King Kong (fort)
10. Monica Seles / Stefi Graf (bon)

In French, makes of cars are invariable and thus do not take an -s in the plural.

12. Comparaisons personnelles Ask your classmates to compare themselves to other people. They will need to use stress pronouns in their answers.

COMMUNICATION: comparing oneself to others

● optimiste / tes amis
—*Es-tu plus optimiste que tes amis?*
—*Oui (Non), je suis plus (moins) optimiste qu'eux.*
ou: —*Non, mais je suis aussi optimiste qu'eux.*

1. grand(e) / ton copain
2. riche / tes voisins
3. individualiste / ton frère
4. énergique / ta sœur
5. jeune / ton cousin
6. bon(ne) en français / les étudiants de la classe
7. bon(ne) en tennis / tes copains
8. idéaliste / tes parents

Demandez à vos camarades de se comparer à d'autres personnes. Ils doivent utiliser des pronoms accentués dans leurs réponses.

13. Expression orale   Talk with your classmates about the pictures below. Ask for their preferences and make comparisons. You may want to use some of the following adjectives:

bon	économique	petit
bon marché	élégant	pratique
cher	grand	rapide
confortable	joli	utile *(useful)*

COMMUNICATION: making comparisons

Discutez les illustrations suivantes avec vos camarades. Demandez-leur de faire des comparaisons en utilisant les adjectifs suivants:

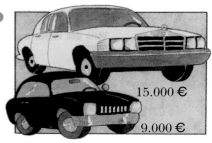

15.000 €

9.000 €

—*Quelle voiture préfères-tu?*
—*Je préfère la voiture noire.*
—*Ah bon? Pourquoi est-ce que tu préfères cette voiture?*
—*Parce qu'elle est plus petite que la voiture blanche.*
—*Oui, mais elle n'est pas aussi rapide.*
—*D'accord! Mais elle est moins chère!*

1.
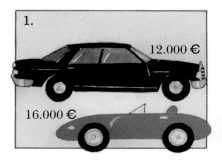
12.000 €
16.000 €

2.
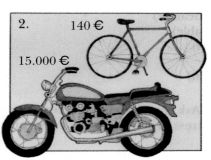
140 €
15.000 €

3.
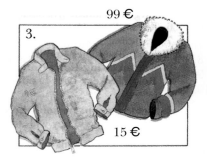
99 €
15 €

4.
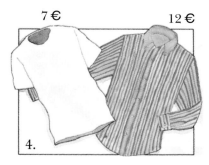
7 €   12 €

5.
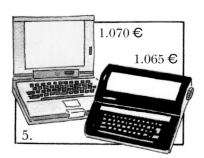
1.070 €
1.065 €

6.

99 €
25 €
70 €

Communication

COMMUNICATION and REVIEW: using language in real-life situations

These communication activities can either be done extemporaneously or they can be assigned for outside preparation, with each student writing out the appropriate questions (and responses, if desired).

In class, students can practice the conversations in pairs or groups.

If desired, random pairs or groups of students can act out their conversation in front of the class.

Contacts *Cahier d'activités:*
Workbook, Leçon 11
Lab Manual, Leçon 11

1. Your friend has been invited to a formal party. You want to find out more details.

Ask your partner . . .
- when the party **(la soirée)** is
- whom he/she is going to bring along
- what clothes he/she is going to wear

2. You are in a shopping mall conducting a survey for *La Mode,* a French fashion magazine. You are talking to two shoppers, whom you address as **vous.**

Ask your partners . . .
- what colors they prefer
- where they buy their clothes
- where they buy their shoes
- what clothes they are going to buy for the summer **(pour l'été)**
- what clothes they are going to buy for the winter **(pour l'hiver)**

3. You are in a shop with a friend looking at clothes. You have been comparing articles of different styles and colors and have each decided to buy two things.

With your partner . . .
- discuss what each of you is going to buy
- explain the reason for each of your choices
- compare your selection to other items you did not choose; perhaps it is more comfortable or more practical or prettier, etc. (suggested adjectives: **confortable, pratique, joli, élégant, bon marché**)

Et vous?

4. You and a fellow student get into a discussion about clothes. You decide to compare your views on your classmates' clothes.

With your partner . . .
- choose two classmates
- write separate descriptions of what each of the two classmates is wearing
- read your descriptions to each other and ask each other whose clothes you prefer and why

—**Anne-Sophie porte une robe blanche, des bas et des chaussures noires. Sylvie porte une robe jaune,...**
—**Quelle robe est-ce que tu préfères? Celle d'Anne-Sophie ou celle de Sylvie?**
—**Je préfère la robe d'Anne-Sophie. Elle est plus jolie que la robe de Sylvie.**
—**Ah, non! Je ne suis pas d'accord** *(I disagree)*. **Moi je préfère...**

Leçon 12   Le rêve et la réalité

COMPRÉHENSION DU TEXTE
Le sens général
1. Où habite Virginie?
2. Pourquoi est-ce que Virginie n'est pas satisfaite *(satisfied)* de cette situation?
3. Est-ce que Virginie reste chez ses parents? Pourquoi?
Les détails
4. Comment est la chambre de Virginie?
5. Quel est le rêve de Virginie?
6. Où est situé le studio?
7. Quel est le prix du studio?
8. Pourquoi est-ce que Virginie fait des économies?
9. Est-ce qu'elle a l'argent nécessaire pour louer le studio?

Virginie et Barbara sont de très bonnes amies. Elles habitent à Saint-Cloud, près de Paris, et prennent° le métro ensemble° pour aller à l'université.

		take / together
VIRGINIE:	Écoute, Barbara. J'ai trouvé un appartement formidable° en ville. C'est un studio avec kitchenette et salle de bains°. C'est près de la fac, au Quartier latin.	*extraordinary* *bathroom*
BARBARA:	Mais pourquoi est-ce que tu déménages°? Tu as un problème avec tes parents?	*are you moving*
VIRGINIE:	Pas exactement. J'aime beaucoup mes parents. Ils sont très gentils°. Mais je voudrais être plus indépendante.	*nice*
BARBARA:	Moi, j'aime bien la maison de tes parents. J'adore les vieilles° maisons, de toute façon°... Et puis°, tu as de la chance°: tu as une jolie chambre...	*old* *in any case / then / you're lucky*
VIRGINIE:	Oh...	
BARBARA:	Tu exagères! C'est la plus belle° chambre de la maison, la plus grande! ... En plus°, tu as une salle de bains pour toi toute seule°... Et tes parents sont vraiment° sympas avec toi. Tu sais, ce n'est pas facile° d'habiter seul°. Il y a toujours beaucoup de choses à faire: le ménage°, les courses°...	*beautiful* *Moreover / all to yourself* *really / easy* *alone / housework* *errands*

158

VIRGINIE: Ça ne me dérange° pas...   *bother me*

BARBARA: Et un appartement, ça coûte cher! C'est combien par mois, ton petit
studio?

VIRGINIE: Ben ... c'est 470 euros par mois.

BARBARA: Oh, mais c'est pas possible! C'est trop° cher! Est-ce que tu as fait des   *too*
économies°?   *saved money*

VIRGINIE: Oui ... mais c'est pour notre voyage en Grèce cet été.

BARBARA: Ah, mais non! Tu ne vas pas m'abandonner, eh?

VIRGINIE: C'est vrai qu'on ne peut pas tout faire°. Bon, d'accord, la vie en famille   *do everything*
n'est pas si mal que ça°! Je reste chez mes parents pour le moment.   *all that bad*

Notes culturelles: **Le Quartier latin**

Le Quartier latin est le centre de la vie estudiantine[1] à
Paris. C'est un quartier très animé[2] où il y a beaucoup
de cinémas, de théâtres, de cafés et de boutiques.

Au Moyen Âge[3], le Quartier latin était le quartier
des étudiants, et le latin était[4] la langue[5] de l'université.

Le logement des étudiants

Pour les étudiants français, le logement représente un problème
majeur. Les universités sont en effet situées dans des grandes
villes[6] où les appartements sont très chers. Comment les étudiants
résolvent-ils le problème du logement?

Certains[7] habitent avec leurs parents. Ce n'est pas la solution idéale pour les étudiants qui aiment être indépendants. En
plus[8], cette solution est impossible pour les milliers[9] d'étudiants
qui n'habitent pas dans une ville universitaire. Beaucoup louent[10]
une «chambre d'étudiant»[11] ou une chambre dans un «foyer»[12].

Ces chambres sont relativement bon marché, mais elles ne sont
pas très confortables. Elles n'ont pratiquement jamais[13] le téléphone et certaines n'ont pas l'eau courante[14]. Souvent, la meilleure
solution est d'avoir une chambre à la cité universitaire... Malheureusement[15], cette solution n'est pas toujours possible. Les
demandes[16] sont en effet nombreuses[17] et excèdent les
disponibilités[18].

Activité   Quelles sont les différences entre le
logement des étudiants en France et aux États-Unis?
Où est-ce que vouz habitez? Et vos copains?

1 *student*   2 *full of life*   3 *Middle Ages*   4 *was*   5 *language*   6 *cities*
7 *some*   8 *moreover*   9 *thousands*   10 *rent*   11 *student room*
12 *residence*   13 *never*   14 *running water*   15 *unfortunately*
16 *requests*   17 *numerous*   18 *supply*

Structure et vocabulaire

You may have students practice the forms of **faire** by conjugating sample sentences from the chart. **Je fais des projets. Tu fais des projets,** etc.

A.   Le verbe *faire*

The verb **faire** (*to do, to make*) is irregular.		
infinitive	**faire**	Qu'est-ce que nous allons **faire?**
present	je **fais** tu **fais** il/elle/on **fait**	Je **fais** des projets. Qu'est-ce que tu **fais** ici? Philippe **fait** son budget.
	nous **faisons** vous **faites** ils/elles **font**	Nous ne **faisons** pas de projets. **Faites**-vous des projets pour les vacances? Qu'est-ce qu'ils **font** à l'université?

❖   The letters **ai** of faisons are pronounced /ə/.

In all other present tense forms, **ai** is pronounced /ɛ/.

Vocabulaire: *Expressions avec* faire

faire	*to do*	Philippe **fait** son budget.
	to make	Je **fais** des projets pour le week-end.
faire attention (à)	*to pay attention (to)*	Je **fais attention** quand le professeur parle.
	to be careful (about)	**Faites**-vous **attention à** votre budget?
faire le ménage	*to do the housecleaning*	Henri **fait le ménage.**
faire la vaisselle	*to do the dishes*	Qui **fait la vaisselle** chez vous?
faire les devoirs	*to do homework*	Nous ne **faisons** pas **nos devoirs.**
faire des économies	*to save money*	Je ne **fais** pas **d'économies.**
faire un voyage	*to take, to go on a trip*	Paul **fait un voyage** à Québec.
faire une promenade	*to take a walk*	Nous **faisons une promenade** dans le parc.
	to go for a ride	Charles **fait une promenade** à bicyclette.
faire un match	*to play a game*	Sylvie **fait un match** de tennis.

1.   Occupations de week-end   Weekends are for leisure time activities, *not* for work. Say what the following people do or do not do on weekends.

● Gilbert / la vaisselle?   ***Non, il ne fait pas la vaisselle.***

1. nous / une promenade à pied?
2. vous / la vaisselle?
3. je / les devoirs?
4. Jacques / le ménage?
5. les Dupont / un petit voyage?
6. Carole et André / un match de tennis?
7. tu / une promenade en auto?
8. ces filles / une promenade à bicyclette?

PRACTICE: faire

Les week-ends sont pour les loisirs, pas pour le travail. Dites ce que les personnes suivantes font ou ne font pas le week-end.

Remind students that **un/une/des** become **de** in negative sentences.

2. Qu'est-ce qu'ils font?   Read what the following people are doing and complete each description with an expression using **faire.**

●   Sylvie ne dépense pas d'argent. Elle...   *Elle fait des économies.*

1. Claire joue au tennis avec Marc. Ils...
2. Daniel écoute attentivement *(carefully)* le professeur. Il...
3. Isabelle et moi, nous aimons marcher. Nous ... dans le parc.
4. Nous nettoyons notre chambre. Nous...
5. Vous nettoyez les assiettes *(plates)*. Vous...
6. M. et Mme Leclerc ne sont pas ici. Ils sont en Italie. Ils...
7. Guillaume étudie les verbes pour la classe de demain. Il...

3. Questions personnelles

1. Faites-vous attention quand le professeur parle? quand vous avez un examen?
2. Généralement, à quelle heure faites-vous vos devoirs?
3. Est-ce que vous faites le ménage? Est-ce que vous faites la vaisselle?
4. Est-ce que vous jouez au tennis? Faites-vous des matches? Avec qui? Qui gagne?
5. Faites-vous des économies pour les vacances?
6. Faites-vous souvent des voyages? Où allez-vous?
7. Allez-vous faire un voyage pendant *(during)* les vacances? Où allez-vous aller?
8. Aimez-vous faire des promenades en auto? à bicyclette? à pied? Où allez-vous?

Vocabulaire: *Le logement*

Noms

un appartement	*apartment*	une maison	*house, home*
un studio	*studio apartment*	une résidence	*dormitory*
un cabinet de toilette	*bathroom*	une chambre	*room*
un garage	*garage*	une cuisine	*kitchen*
le jardin	*garden*	une fenêtre	*window*
un mur	*wall*	une pièce	*room (of a house)*
un salon	*(formal) living room*	une porte	*door*
les WC /le vese/	*toilet(s)*	une salle à manger	*dining room*
		une salle de séjour	*family room*
		une salle de bains	*bathroom*
		les toilettes	*toilets*

The **salle de bains** traditionally contains a sink and tub. The toilet is in the WC (for *water closet*), a separate small room.

un bureau	*desk*	une chaise	*chair*
un fauteuil	*armchair*	une lampe	*lamp*
un lit	*bed*	une table	*table*
un meuble	*piece of furniture*		
un sofa	*sofa*		

Have students name their favorite room of the house. **Ma pièce préférée est la cuisine parce que j'adore faire la cuisine** *(to cook).*

Verbes

chercher	*to look for*	Jacques **cherche** un appartement.
louer	*to rent*	Je vais **louer** une chambre.
trouver	*to find*	Éric espère **trouver** un studio dans le Quartier latin.

Expressions

pendant	*during*	Où vas-tu habiter **pendant** les vacances?
si	*if*	**Si** je fais des économies, je vais louer un studio.

Supplementary vocabulary: **le mobilier** *(furniture),* **un rideau** *(curtain),* **un tapis** *(rug),* **une étagère** *(bookcase),* **une kitchenette** *(kitchenette)*

NOTES DE VOCABULAIRE

1. When a noun is used to describe another noun, the French use the following construction: ***main noun*** + **de** + ***descriptive noun.***

une salle de bains	*a bathroom*
une table de nuit	*a night table*
un(e) camarade de chambre	*a roommate*

The French word order is the opposite of the English pattern: **une chambre d'étudiant** = *a student room.*

In constructions of this type, the second noun is not introduced by an article.

2. **Si** becomes **s'** before **il** and **ils** (but not before **elle, elles,** or **on**).

S'il va à Paris, Jacques va louer un studio.

4. Questions personnelles

1. Où habitez-vous? dans une résidence? dans un appartement? chez vos parents?
2. Comment s'appellent les principales résidences de l'université? Si vous habitez dans une résidence, comment s'appelle cette résidence? Avez-vous une chambre confortable? Avez-vous une chambre moderne?
3. Si vous habitez dans un appartement, est-ce un grand appartement? Est-ce un appartement confortable? Est-ce qu'il y a une cuisine moderne? Combien de personnes habitent dans cet appartement?
4. Quand vous êtes chez vos parents, est-ce que vous avez une chambre à vous? Combien de pièces est-ce qu'il y a chez eux? Combien de chambres est-ce qu'il y a? Est-ce que la salle de séjour est grande? Est-ce qu'il y a un jardin?
5. Quels meubles est-ce qu'il y a dans votre chambre? Sont-ils modernes? Quels meubles est-ce qu'il y a dans le salon? dans la salle à manger?
6. Quand vous allez en vacances, est-ce que vous louez un appartement? une voiture? un vélo?
7. Est-ce que les meubles de votre chambre à l'université sont plus confortables que les meubles de votre chambre chez vous?
8. Est-ce que vous préférez votre chambre chez vous ou votre chambre à l'université? Pourquoi?

Expressions pour la conversation

To reinforce a statement, an explanation, or a question:

alors?	*so?*	—Je n'habite pas avec mes parents. —**Alors**, où habites-tu?
alors	*therefore, then, so*	Je ne suis pas riche. **Alors,** je n'ai pas de voiture.

5. Où sont-ils?   Read what the following people are doing and say where you think each one is.

● Jacques répare la voiture.
   Alors, il est dans le garage.

1. Albert regarde la télévision.
2. Marie-Noëlle fait ses devoirs.
3. Henri joue du piano.
4. Nous dînons.
5. Vous faites la vaisselle.
6. Tu es sur ton lit.
7. Monique est à son bureau.
8. Jean-Marc se lave *(washes up)*.
9. Suzanne fait des sandwichs.
10. Mme Martin regarde les roses.

Vocabulaire: *Les prépositions de lieu (place)*

dans	*in*	Le téléviseur est **dans** la salle de séjour.
par	*through, by*	Je passe **par** la cuisine pour aller au garage.
entre	*between*	Lyon est **entre** Paris et Nice.
sur	*on*	Il y a un ordinateur **sur** mon bureau.
sous	*under*	Mes chaussettes sont **sous** le lit.
devant	*in front of*	La chaise est **devant** le bureau.
derrière	*in back of, behind*	Le jardin est **derrière** la maison.
près de*	*near*	J'habite **près de** l'université.
loin de*	*far from*	Habitez-vous **loin du** campus?
à côté de*	*next to*	Il y a un café **à côté du** cinéma.
en face de*	*across from, opposite*	**En face du** cinéma, il y a un restaurant.
à droite de*	*to the right of*	La salle de bains est **à droite de** la chambre.
à gauche de*	*to the left of*	La cuisine est **à gauche du** salon.

NOTE DE VOCABULAIRE

The expressions marked with an asterisk (*) are used without **de** when they are
not followed by a noun. Compare:

J'habite **à côté.**   *I live **nearby.***
J'habite **à côté de** l'université.   *I live **next to** the university.*

---

6.   Questions personnelles

1. Habitez-vous loin ou près de l'université?
2. Qui habite à côté de chez vous?
3. Qui habite en face de chez vous?
4. Est-ce qu'il y a des magasins entre l'université et votre maison? Quels magasins?
5. Est-ce qu'il y a un parc dans votre ville? Est-ce que vous passez souvent par ce parc?
6. Est-ce que votre maison a un jardin? Est-ce qu'il est devant ou derrière la maison?
7. Comment s'appelle l'étudiant(e) à votre droite? Comment s'appelle l'étudiant(e) à votre gauche?
8. Qu'est-ce qu'il y a sur votre bureau?

COMMUNICATION:
answering questions

May be done in pairs or small groups.

7. Dialogue   You sometimes are disorganized. Right now you are looking for the following items. Ask your partner to help you.

COMPREHENSION: locating objects

● —*Où est mon manteau?*
  —*Il est à côté de la fenêtre (à gauche de la fenêtre).*

1. mes livres
2. ma guitare
3. ma raquette de tennis
4. mon anorak
5. mes chaussures
6. mon ordinateur
7. la radio-cassette
8. mes chaussettes
9. le chat *(cat)*

Vous n'êtes pas toujours très bien organisé(e). En ce moment, vous cherchez les objets suivants. Demandez à un(e) partenaire de vous aider.

B.   Les adjectifs *beau, nouveau, vieux*

The irregular adjectives **beau** *(pretty, handsome, beautiful)*, **nouveau** *(new)*, and **vieux** *(old)* usually come BEFORE the noun they modify.

singular
  masculine + consonant
  masculine + vowel sound
  feminine
	un **beau** costume
	un **bel** homme
	une **belle** robe
		un **nouveau** vélo
		un **nouvel** ami
		une **nouvelle** moto
			un **vieux** livre
			un **vieil** ami
			une **vieille** dame

plural
  masculine
  feminine
	les **beaux** meubles
	les **belles** jupes
		les **nouveaux** pulls
		les **nouvelles** robes
			les **vieux** lits
			les **vieilles** lampes

❖   In the plural, note the liaison before a vowel sound:

    les vieux‿amis   les nouvelles‿écoles

❖   **Vieil** and **vieille** are pronounced the same: /vjɛj/.

The masculine singular forms used before a vowel all sound *like the corresponding feminine singular adjectives.*

8.   Janine et Albert   Janine and Albert have different life styles. Janine likes older things and Albert likes what is new. Describe their preferences, according to the model.

PRACTICE: forms of
beau, nouveau, vieux

●   habiter dans un studio   ***Janine habite dans un vieux studio.***
                            Albert habite dans un nouveau studio.

Janine et Albert ont des styles de vie différents. Janine aime les vieilles choses et Albert aime les choses nouvelles. Décrivez leurs préférences, selon le modèle.

1. avoir une auto
2. acheter des meubles
3. chercher un appartement
4. employer une machine à écrire

5. porter un anorak
6. utiliser un ordinateur
7. écouter des cassettes
8. louer une voiture

9.   L'appartement   Jacqueline and Robert have just gotten married and are looking for a place to live. Describe the apartment they are visiting. Begin each sentence with **il y a** and replace the underlined adjectives by the appropriate form of **beau, nouveau,** or **vieux**.

COMPREHENSION:
describing an apartment

●   une cuisine moderne   ***Il y a une nouvelle cuisine.***

Jacqueline et Robert viennent de se marier et ils cherchent un logement. Décrivez l'appartement qu'ils visitent. Commencez chaque phrase avec il y a. *Remplacez l'adjectif souligné par* beau, nouveau *ou* vieux.

See page 110 for an explanation of **de** vs. **des**.

1. une jolie salle à manger
2. une salle de bains ancienne
3. un salon bien décoré
4. un réfrigérateur ancien
5. de jolis meubles
6. un fauteuil moderne
7. une vue *(view)* magnifique sur Paris
8. un joli jardin derrière la maison

C.   Le superlatif

In superlative constructions, one or several persons or things are compared to the rest of a group. Note the superlative constructions in bold type in the following sentences.

C'est la chambre **la plus confortable** de la maison.	*It is **the most comfortable** room in the house.*
Voici les robes **les plus chères** du magasin.	*Here are **the most expensive** dresses in the store.*
Où est l'hôtel **le moins cher** de la ville?	*Where is **the least expensive** hotel in the city?*
Vous êtes les étudiants **les moins sérieux** de la classe.	*You are **the least serious** students in the class.*

SUPERLATIVE constructions with ADJECTIVES follow the pattern:

[+]		le (la) plus confortable	les plus confortables
	le, la, les { plus / moins } + adjective		
[−]		le (la) moins confortable	les moins confortables

In a superlative construction, the POSITION of the adjective is usually the SAME as in a simple construction.

Compare:

- the adjective precedes the noun:
     une **grande** ville   Montréal est **la plus grande** ville du Canada.

- the adjective follows the noun:
     une ville **ancienne**   Montréal n'est pas la ville **la plus ancienne.**

❖   Note that when the superlative construction follows the noun, the definite article (**le, la, les**) is repeated.

Voici **le** restaurant **le** plus cher.
Voici **les** maisons **les** moins chères.

The superlative of **bon, bonne** *(good)* is **le meilleur, la meilleure** *(the best).*

Vous êtes **les meilleures** étudiantes de la classe.	*You are **the best** students in the class.*

Adjectives that usually precede the noun may come either before or after the noun in a superlative construction.
   la plus grande ville or: *la ville la plus grande*
However, these adjectives come before the noun in sentences containing **de** + *noun.*
   Paris est *la plus grande* ville *de* France.

The preposition **de** is used after a superlative construction.

Warn students that **dans** can *never* be used in French after a superlative.

❖ In English, the preposition *in* is used. Compare:

Voici le plus grand hôtel **de** Paris.   *This is the largest hotel **in** Paris.*

10. Conversation Name your candidates in the following categories. Then compare your choices with those of your classmates.

1. la plus grande université américaine...
2. la meilleure université...
3. le plus grand bâtiment *(building)* du campus...
4. la résidence la plus confortable...
5. la résidence la moins confortable...
6. le restaurant le plus cher de la ville...
7. la plus jolie ville des États-Unis *(United States)*...
8. le meilleur acteur...
9. la meilleure actrice...
10. le comédien le plus drôle...
11. la comédienne la plus drôle...
12. le meilleur film de l'année *(year)*...

COMMUNICATION: expressing opinions

Nommez vos candidats pour les catégories suivantes. Comparez vos choix avec vos camarades.

11. Tourisme à Paris You are visiting Paris. Ask where you can find the best the city has to offer.

● un musée intéressant
   Où est le musée le plus intéressant?

● une grande piscine
   Où est la plus grande piscine?

1. un hôtel confortable
2. un bon restaurant
3. un grand parc
4. des jolies maisons
5. des magasins modernes
6. un café populaire
7. des boutiques chères
8. une bonne pâtisserie *(pastry shop)*

PRACTICE: forming superlatives

Imaginez que vous visitez Paris. Demandez où on peut trouver les meilleurs endroits.

12. Bien sûr! Nicole is commenting about certain people or things. Albert agrees, saying that they are the best in their categories. With a partner, play both roles.

● une pièce confortable / la maison
   NICOLE: *C'est une pièce confortable, n'est-ce pas?*
   ALBERT: *Bien sûr! C'est la pièce la plus confortable de la maison.*

1. des beaux meubles / le salon
2. une grande table / la cuisine
3. des vêtements chers / le magasin
4. un joli jardin / la ville
5. un bon restaurant / la région
6. des copains sympathiques / notre groupe
7. des filles intelligentes / la classe
8. des bons professeurs / l'université

ROLE PLAY: discussing absolute qualities

Nicole fait des commentaires sur certaines personnes et certaines choses. Albert est d'accord; il ajoute des expressions superlatives. Jouez les deux rôles avec un(e) partenaire.

Be sure students use **ce sont** in items 1, 3, 6, 7, and 8.

Remind students:
de + le = du.

D.   Le temps

Note that **faire** is used in the following sentences about the weather.

Quel temps **fait-il?**   *How is the weather?*
Il fait beau.   *It's beautiful.*

❖   Many expressions of weather contain the impersonal expression **il fait.**

Vocabulaire: *Le temps et les saisons*

Le temps *(weather)*

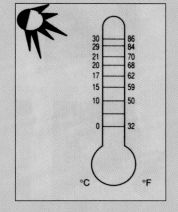

/tã/: Be sure students do not add consonant sounds.

Quelle température fait-il?	*What's the temperature?*
Il fait 18 degrés.	*It's 18° (centigrade).*
Quel temps fait-il?	*How is the weather? (What's the weather?)*
Aujourd'hui,...	*Today . . .*
il fait beau.	*it is beautiful.*
il fait mauvais.	*it is bad.*
il fait chaud.	*it is warm, hot.*
il fait bon.	*it is nice (out).*
il fait froid.	*it is cold.*
il fait du vent.	*it is windy.*
il fait un temps épouvantable.	*the weather is awful.*
il pleut.	*it is raining.*
il neige.	*it is snowing.*
Demain,...	*Tomorrow . . .*
il va faire beau.	*it's going to be nice.*
il va pleuvoir.	*it's going to rain.*
il va neiger.	*it's going to snow.*

Les saisons *(seasons)*

le printemps	*spring*	**au printemps**	*in spring*
l'été	*summer*	**en été**	*in summer*
l'automne	*fall*	**en automne**	*in fall*
l'hiver	*winter*	**en hiver**	*in winter*

la pluie = *rain*
la neige = *snow*

NOTE DE VOCABULAIRE

Le temps can also mean *time.*

Je n'ai pas **le temps** de téléphoner.   *I don't have the **time** to phone.*

13. Conversation

- Quel temps fait-il aujourd'hui? Quelle température fait-il?
- Quel temps va-t-il faire demain?
- En vacances, qu'est-ce que vous faites quand il fait beau? quand il fait mauvais? quand il pleut?
- Est-ce qu'il neige dans la région où vous habitez? Est-ce qu'il pleut souvent? En quelle saison?
- Quel temps fait-il en hiver? en été? en automne? au printemps?
- Est-ce que vous utilisez votre voiture quand il neige?
- Quelle est votre saison préférée? Pourquoi?

COMMUNICATION:
answering questions
about weather

14. Dialogue   With a partner, discuss your plans according to the weather. For each situation, use as many expressions with **faire** as you can.

—*Quel temps fait-il aujourd'hui?*
—*Il fait beau!*
—*Qu'est-ce que tu vas faire?*
—*Je vais faire une promenade avec des amis.*
—*Où est-ce que vous pensez aller?*
—*Nous allons aller dans le parc.*

COMMUNICATION:
discussing weather and
making plans

Avec un(e) partenaire,
discutez vos projets, selon
le temps qu'il fait. Utilisez
autant d'expressions avec
faire que possible.

Communication

COMMUNICATION and
REVIEW: using language in
real-life situations

These communication activities
can either be done extem-
poraneously or they can be
assigned for outside preparation, with each student writing
out the appropriate questions
(and responses, if desired).

In class, students can practice
the conversations in pairs.

If desired, random pairs of
students can act out their
conversation in front of the
class.

 Pas de problème!
CD-ROM:
Module 2

 Pas de problème!
video: Module 2

Contacts *Cahier
d'activités:*
Workbook, Leçon 12
Lab Manual, Leçon 12

Video Module 2 and worksheet
in the *Instructor's Resource
Manual*

1. You are going for a walk with a French friend but you are wondering about the weather.

Ask your partner . . .
- what the weather is like
- if it is going to rain
- what he/she is going to wear
- at what time you are going to go on your walk

2. You are sharing an apartment with a roommate who is very nice but not well organized. In fact, the apartment is getting rather messy.

Ask your partner . . .
- if he/she is going to do his/her homework tonight
- when he/she is going to do the dishes
- when he/she is going to do the housecleaning
- if he/she is going to clean the kitchen

3. You have just arrived in Strasbourg, where you will be studying for several months. You phone a real estate agency to try to find a furnished apartment. The agent has an apartment, but you need to find out more about it.

Find out from your partner . . .
- if the apartment is near or far from the university
- how many rooms it has
- if it has a large bathroom
- if it has a modern kitchen
- what furniture there is in the bedroom
- what furniture there is in the living room
- how much the rent is
- which is the largest room

Et vous?

4. You and a classmate are discussing what your ideal roommate would be like.

Choose a partner and ask each other . . .
- whether the roommate would be a boy or a girl
- what qualities this person must have
- how you would divide the chores
- what habits you would not stand

Vocabulaire pratique: *L'argent*

Pour payer, on utilise | des **billets** *(bills)*.
| des **pièces** *(coins)*.

On peut payer | avec un **chèque** *(check)*.
| avec une **carte de crédit.**
| **en espèces** *(cash)*.

Les billets   **Un billet de...**

cinq euros

cinq cent euros

Les pièces de monnaie   **Une pièce de...**

un euro

cinquante centimes

cinq centimes

L'euro

Les billets

- The doors, windows, and archways pictured on the front (or recto) side of the bills symbolize economic opportunity and the opening to new ideas. The bridges, which constitute the main motif on the back (or verso) side, evoke the strong ties among the European countries represented in the small map on the right of the bills.

- Each of the bills features a different architectural style. None of these are replicas of specific monuments in a specific country of the euro-zone. The five euro bill features Gallo-Roman type architecture, dating from the first to the fourth centuries.

- The five hundred euro bill shows high-rise buildings and suspension bridges from the twentieth and twenty-first centuries.

Les pièces de monnaie

- The euro coins all have the same image on the recto (or "head") side in all countries using the euro-currency. The verso (or "tail") side features a national symbol of the country in which the coin is minted.

- The one euro French coin features a tree of life with the letters **RF** (République française) and the French motto **"Liberté, Égalité, Fraternité."**

- The fifty cent (cinquante centimes) coin also bears the letters **RF** and an effigy of **La semeuse** (a woman sowing seeds), a traditional symbol of France.

- The five cent (cinq centimes) coin has the face of **Marianne,** who has been the symbol of the French Republic since the French Revolution.

À la caisse *(At the cash register)*

Combien coûte cette cravate?
    Douze euros.

C'est combien?
Ça fait combien?
Je vous dois *(I owe you)* **combien?**
    Douze euros.
    Ça fait douze euros.

Avez-vous **de la monnaie** *(change)*?
    Je n'ai pas de monnaie.

La zone euro

Pour faciliter leurs échanges commerciaux, douze pays européens ont adopté une monnaie commune: l'euro. Ces pays, membres de la zone euro, sont la France, l'Allemagne, l'Autriche, la Belgique, l'Espagne, la Finlande, la Grèce, l'Irlande, l'Italie, le Luxembourg, les Pays-Bas et le Portugal.

La monnaie européenne, entrée en circulation le premier janvier 2002, est composée de sept billets et de huit pièces. Les billets ont des couleur et des dimensions différentes suivant leur valeur respective. Le plus grand billet, de couleur violette, a une valeur de cinq cents euros. Le plus petit billet, de couleur grise, a une valeur de cinq euros. Les pièces ont aussi des dimensions différentes suivant leur valeur. L'euro est divisé en dix cents ou centimes. Il a une valeur identique dans les douze pays de la zone euro, comme le dollar, le yen ou la livre sterling. Pour les touristes qui voyagent en Europe, l'euro représente un grand avantage parce qu'ils n'ont pas besoin de changer leur argent dans les différents pays qu'ils visitent.

Situations: *Au Printemps*

Imaginez que vous êtes au Printemps, un grand magasin de Paris. Vous voulez acheter les vêtements suivants. Composez des dialogues avec le vendeur ou la vendeuse *(the salesperson)* selon le modèle. Jouez ces dialogues avec vos camarades.

● VENDEUR: *Vous désirez, Monsieur (Mademoiselle)?*
    VOUS: *Je voudrais cette cravate. C'est combien?*
    VENDEUR: *Douze euros.*
    VOUS: *Voilà vingt euros.*
    VENDEUR: *Votre monnaie, Monsieur (Mademoiselle).*
    VOUS: *Oh, pardon! Merci!*

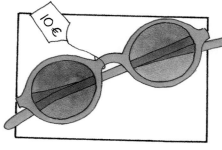

1.

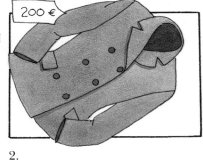

2.

3.

4.

5.

6.

Vocabulaire pratique: *Le métro*

Pour prendre le métro, il faut | trouver **une station de métro.**
regarder **le plan** *(map).*
aller **au guichet** *(ticket window).*
acheter | **un billet/un ticket.**
un carnet *(book of tickets).*
une carte *(card)* **orange.**

Comment voyager en métro
—S'il vous plaît, pour aller à la gare Saint Lazare?
—Il faut | **prendre** *(take)* **la direction** Étoile.
changer à Concorde.
prendre la correspondance *(connecting line)* direction Porte de la Chapelle.
descendre *(get off)* à Saint Lazare.

Note culturelle: Le métro parisien

The Parisian **métro** is an extremely efficient way of getting around the city. To use it, you look at a map, always situated near the **métro** entrance and in the stations themselves, and determine which direction you wish to take. The subways have line numbers; most often, however, they are identified by the name of the last stop on the line (for example, **direction Porte d'Orléans**). A change to a different line is called a **correspondance.**

There are different types of tickets that one can use in the **métro.** You can buy a single **billet.** A book of ten tickets is called a **carnet.** You can also buy a **carte orange,** which gives you unlimited use of the **métro** and buses for a month or a year. The **carte orange** is personalized with the name, signature, and photograph of its bearer.

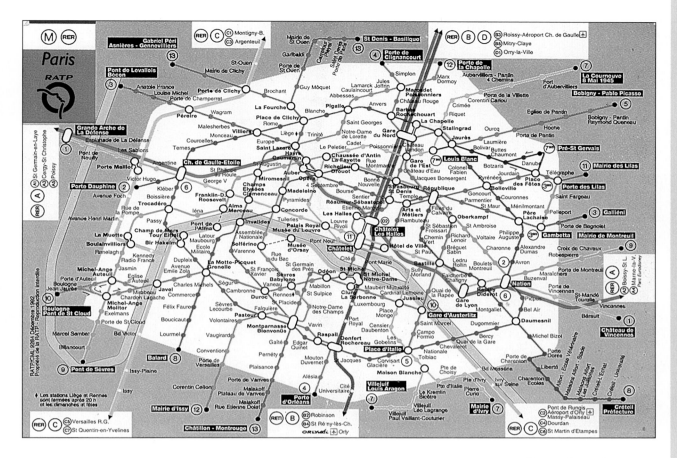

Situations: *Dans le métro*

A large metro map is available on the Internet at http://paris.org./metro

Imaginez que vous êtes dans le métro à Paris. Vous êtes à la première station indiquée et vous voulez aller à la seconde. Demandez à votre camarade comment y aller. Votre camarade va consulter le plan et vous donner des directions. Composez un dialogue selon le modèle.

- Place d'Italie / Châtelet
  —*S'il vous plaît, pour aller à Châtelet?*
  —*Il faut prendre la direction La Courneuve et descendre à Châtelet.*

- Saint Michel / Étoile
  —*S'il vous plaît, pour aller à Étoile?*
  —*Il faut prendre la direction Porte de Clignancourt. Il faut changer à Châtelet, direction Pont de Neuilly, et descendre à Étoile.*

1. Saint Germain des Prés / Gare du Nord
2. Gare d'Austerlitz / Bastille
3. Pigalle / Gambetta
4. Opéra / Musée d'Orsay
5. Trocadéro / Luxembourg

www

175

Leçon 13	Ma vision du bonheur
Leçon 14	Un mois à Paris
Leçon 15	Séjour en France

Communication skills:
Narrating and discussing past events
Describing feelings and needs
Giving commands and making suggestions
Using language in real-life situations

Lexical base:
Expressions with **avoir**
Verbs of motion
Vacation activities
Dates and years

Grammar base:
Expressions with **avoir**
Present of **-ir** and **-re** verbs
Imperative forms
sortir, partir, dormir
Passé composé with **avoir, être**

Cultural focus:
French view of happiness
Paris: cultural and educational center
Foreign students in France

Chez les Français

5

Leçon 13   Ma vision du bonheur

COMPRÉHENSION DU TEXTE
Le sens général
1. De quoi Sophie et Antoine parlent-ils?
2. Pourquoi est-ce que Sophie a envie d'aller au café?
Les détails
3. Qu'est-ce qu'Antoine lit?
4. Est-ce que les Français sont heureux?
5. Pourquoi est-ce que les jeunes ont peur?
6. Qu'est-ce que Sophie va manger?

 Sophie et Antoine sont au Jardin du Luxembourg. Antoine lit son journal°. Sophie a envie° d'aller au café.

SOPHIE:	Antoine, tu as l'intention de° rester longtemps° ici? J'ai faim°, moi! Tu peux lire° ton journal au café!
ANTOINE:	Attends°, je finis° juste cet article.
SOPHIE:	Qu'est-ce que c'est?
ANTOINE:	C'est un sondage° sur les Français et le bonheur°.
SOPHIE:	Alors? Les Français sont-ils heureux?
ANTOINE:	En général, oui. Écoute ça, c'est vraiment° intéressant: ils pensent que la santé° et la famille sont les choses plus importantes que l'argent. Mais beaucoup de Français ont peur de perdre leur emploi°, et les jeunes, eux, ont peur de ne pas trouver de travail° après leurs études.
SOPHIE:	Ils ont raison°, malheureusement°! Soyons° réalistes: quand on a vingt ans, on est inquiet° pour son avenir°, c'est normal! Tout le monde° voudrait réussir°!

newspaper
wants

plan to / a long time / I'm hungry / You can read
Wait / I'm finishing

poll / happiness

really
health
are afraid of losing their jobs
work
They're right / unfortunately / Let's be
worried / future / Everyone
would like to succeed

ANTOINE: Bien sûr, mais les jeunes réfléchissent° aussi à l'avenir de la planète. Il y   *think about*
            a une question sur la pollution, par exemple...
SOPHIE: Et qu'est-ce que les jeunes répondent°?   *answer*
ANTOINE: Pour eux, c'est un problème essentiel.
SOPHIE: Je suis absolument d'accord. Mais j'ai vraiment faim! Écoute, prends°   *take*
            ton journal et allons manger°: on peut° continuer à parler au café. J'ai   *let's go eat / can*
            envie de° spaghetti à la bolognaise. Pour le moment, c'est ma vision du   *I feel like*
            bonheur!

Note culturelle: Les Français et le bonheur

Êtes-vous heureux (heureuse)? Quels sont vos souhaits les plus chers[1]? Quelle importance attribuez-vous à l'argent? aux relations avec votre famille? au temps libre? Un magazine français, *Madame Figaro*, a publié un sondage[2] d'opinion réalisé par la Sofres[3] sur ce sujet. Les résultats de ce sondage révèlent ce que les Français considèrent comme leurs trois souhaits les plus chers.

Question: En ce qui concerne votre situation personnelle, quels sont vos trois souhaits les plus chers?

	Ensemble des Français
la santé[4]	87%
la famille	46%
l'argent	44%
le travail	28%
le temps libre	16%
les enfants	15%
le logement	10%

La santé

Les Français d'aujourd'hui, surtout les jeunes, font attention à leur santé. Dans les vingt dernières années, leurs habitudes alimentaires[5] ont considérablement changé. Ils mangent moins de pain[6] et moins de viande[7] et plus de fruits et de légumes[8]. Ils consomment moins de vin et moins d'alcool et plus de jus de fruit[9] et d'eau[10] minérale. Ils ont aussi une vie[11] plus active et ils font beaucoup de sport. Ils jouent au tennis, ils font de la planche à voile[12], de la voile[13] et de la natation. Ils font du ski, de la bicy-clette, du jogging, mais ils aiment aussi marcher. Ils attachent de l'importance à «la qualité de la vie». Pour bien vivre, il faut avoir une vie saine[14] et équilibrée[15].

Activité   Pensez-vous que les Américains donnent la même importance aux facteurs mentionnés par les Français?

1 *your dearest wishes* 2 *poll* 3 *Sofres, a French polling organization, stands for* Société française de sondages et d'études de marché. *It was founded in 1963.* 4 *health* 5 *dietary habits* 6 *bread* 7 *meat* 8 *vegetables* 9 *fruit juices* 10 *water* 11 *life* 12 *windsurfing* 13 *sailing* 14 *healthy* 15 *balanced*

Structure et vocabulaire

A.   Expressions avec *avoir*

The verb **avoir** is used in many idiomatic expressions where English does NOT use the verb *to have*. Compare the verbs in the sentences below.

Nous **avons soif.**	*We are thirsty.*
Nathalie **a vingt ans.**	*Nathalie is twenty (years old).*
Avez-vous besoin d'argent?	*Do you need money?*

Vocabulaire: *Expressions avec* avoir

avoir ... ans	*to be . . . (years old)*	Pierre **a dix-neuf ans.**
avoir faim / soif	*to be hungry / thirsty*	J'**ai faim,** mais je n'**ai** pas **soif.**
avoir chaud / froid	*to be hot (warm) / cold*	Il n'**a** pas **froid.** Il **a chaud.**
avoir raison / tort	*to be right / wrong*	Paul **a tort.** Marie **a raison.**
avoir sommeil	*to be sleepy*	Il est une heure du matin. J'**ai sommeil.**
avoir peur (de)	*to be afraid (of)*	Pourquoi **as-**tu **peur? As-**tu **peur de** l'examen?
avoir besoin de	*to need*	J'**ai besoin d'**une nouvelle veste.
	to need, to have to	J'**ai besoin d'**acheter une veste.
avoir envie de	*to want, to feel like*	J'**ai envie d'**un sandwich, mais je n'**ai** pas **envie d'**aller au restaurant.
avoir l'intention de	*to intend, to plan*	**As-**tu **l'intention de** faire un voyage?

NOTES DE VOCABULAIRE

1. To ask how old someone is, you say **Quel âge avez-vous?** or **Quel âge as-tu?** Note that when giving someone's age, the word **ans** is NEVER omitted in French: J'ai dix-huit **ans.**
2. The expressions **avoir envie de** and **avoir besoin de** may be followed by either a noun or an infinitive.

J'ai besoin d'un téléphone mobile, et j'ai surtout besoin d'aide pour le choisir.

Beginning with this lesson, the instruction lines to the exercises are given in French. The words and expressions most frequently used in these direction lines are given in the Appendix. You may want to refer your students to this list.

Additional exercise:
Dites quel âge ont les personnes suivantes. Si vous n'êtes pas sûr(e), donnez leur âge approximatif.
1. votre père 2. votre mère 3. votre meilleur ami 4. votre meilleure amie 5. l'étudiant(e) à votre gauche *(left)* 6. l'étudiant(e) à votre droite *(right)* 7. le professeur 8. le président des États-Unis

1. **Quel âge ont-ils?** L'année de naissance *(birth year)* des personnes suivantes est indiquée entre parenthèses. Dites quel âge ont ces personnes.

COMPREHENSION: stating ages

● Émilie (1974)   *Émilie a [vingt-huit] ans.*

1. Jean-Claude (1975)
2. Paul et Jacques (1978)
3. la sœur de Thomas (1984)
4. le père de Cécile (1950)
5. vous (1980)
6. la grand-mère de Thérèse (1933)
7. mon oncle (1946)
8. Mademoiselle Pascal (1971)

2. **L'examen** Il y a un examen demain, mais les étudiants suivants n'ont pas envie d'étudier. Exprimez *(Express)* cela et dites aussi ce qu'ils ont l'intention de faire, selon le modèle.

PRACTICE: avoir envie de, avoir l'intention de

V: Say that they don't have to study. **Pierre n'a pas besoin d'étudier.**

● Pierre (aller au cinéma)   *Pierre n'a pas envie d'étudier.*
                              Il a l'intention d'aller au cinéma.

1. nous (regarder la télé)   4. je (inviter des amis)
2. vous (jouer aux cartes)   5. tu (organiser une fête)
3. Jacqueline (aller danser)   6. Paul et Louis (nettoyer leur appartement)

3. Pourquoi? Complétez les phrases suivantes. Utilisez l'expression avec **avoir** qui convient logiquement.

COMPREHENSION: describing causes

● Paul va au restaurant parce qu'il ... *a faim.*

1. Jacqueline achète un Coca-Cola parce qu'elle...
2. Nous allons à la cafétéria parce que nous...
3. Philippe porte un pull parce qu'il...
4. Isabelle enlève *(takes off)* sa veste parce qu'elle...
5. Vous pensez que Paris est la capitale de la France: vous...
6. Albert pense que New York est la capitale des États-Unis: il...
7. Il est minuit. Charlotte bâille *(yawns)*: elle...
8. Tu n'aimes pas les risques. Tu détestes le danger: tu...

1. a soif
2. avons faim
3. a froid
4. a chaud
5. avez raison
6. a tort
7. a sommeil
8. as peur

4. Expression personnelle Complétez les phrases suivantes avec l'une des expressions entre parenthèses ou avec une expression de votre choix.

COMMUNICATION: talking about one's needs and preferences

1. En ce moment, j'ai besoin ... (d'argent? de loisirs? d'encouragement?...)
2. J'ai peur ... (des examens? du professeur? de la solitude? de l'avenir [future]?...)
3. J'ai besoin ... (d'étudier les maths? de travailler? d'aller en vacances?...)
4. Ce soir, je n'ai pas envie ... (de faire mes devoirs? d'aller à la bibliothèque? de regarder la télé?...)
5. Ce week-end, j'ai envie ... (d'aller au cinéma? de faire une promenade à vélo? de dîner dans un restaurant chinois?...)
6. Cet été, j'ai l'intention ... (de travailler? de visiter Québec? d'aller en France?...)
7. Avec mon argent, j'ai envie ... (d'acheter un ordinateur? d'acheter un VTT? de faire un voyage?...)
8. Après l'université, j'ai l'intention ... (de trouver un emploi? de rester chez mes parents? de me marier [to get married]?...)

J'ai envie de...

B.   Les verbes réguliers en *-ir*

Some French verbs end in **-ir** in the infinitive. Many of these verbs are conjugated like **finir** (*to finish*). Note the present-tense forms of **finir** in the chart below, paying special attention to the endings.

You may want to review the concept of regular verbs. All verbs in a group follow the same conjugation pattern.

			stem	ending
infinitive	**finir**	Je vais **finir** à deux heures.	fin-	
present	je **finis**	Je **finis** l'examen.		-is
	tu **finis**	Tu **finis** la leçon.		-is
	il/elle/on **finit**	Elle **finit** le livre.		-it
	nous **finissons**	Nous **finissons** à cinq heures.		-issons
	vous **finissez**	Quand **finissez**-vous?		-issez
	ils/elles **finissent**	Ils **finissent** le match.		-issent

❖   The present tense of regular **-ir** verbs is formed as follows:

> stem (infinitive minus **-ir**) + endings

You may want to practice the forms of **-ir** verbs by having students conjugate the verb **choisir**.

❖   In the singular, the forms of the present tense sound the same.

Many regular verbs in **-ir** are derived from adjectives describing a physical characteristic (size, age, color). **grand**—*tall*; **grandir**—*to grow taller, to grow up*; **vieux, vieille**—*old*; **vieillir**—*to become old, to age*; **rouge**—*red*; **rougir**—*to become red, to blush*; **brun**—*brown*; **brunir**—*to become brown, to get a tan*

Vocabulaire: *Verbes réguliers en* -ir

choisir	*to choose, select*	Qu'est-ce que vous **choisissez?** Ce livre-ci?
finir	*to finish, end*	Le programme **finit** à deux heures.
réfléchir (à)	*to think (about)*	Nous **réfléchissons à** cette question.
réussir	*to be successful*	Vas-tu **réussir** dans tes projets?
réussir (à)	*to pass (an exam)*	Les bons étudiants **réussissent** toujours **à** leurs examens.
grossir	*to gain weight* *(to get fat)*	Je ne **grossis** pas parce que je fais attention à mon régime (*diet*).
maigrir	*to lose weight* *(to get thin)*	Est-ce que vous **maigrissez?**

5.   À la bibliothèque   Dites quel magazine les étudiants suivants choisissent.

PRACTICE: choisir

●   Paul *(L'Express)*   ***Paul choisit L'Express.***

1. nous *(Paris-Match)*
2. vous *(Le Point)*
3. je *(Vogue)*
4. tu *(Elle)*
5. Jacques *(Figaro-Magazine)*
6. Suzanne et Jacqueline *(Jours de France)*

6. Questions personnelles

1. À quelle heure finit la classe de français?
2. À quelle heure finit votre dernière *(last)* classe aujourd'hui?
3. Si vous regardez la télé aujourd'hui, quel programme allez-vous choisir?
4. Quels cours allez-vous choisir le semestre prochain *(next)*?
5. Quand vous allez au restaurant avec des amis, est-ce que vous choisissez le menu?
6. Quand vous êtes en vacances, est-ce que vous maigrissez ou est-ce que vous grossissez?
7. Quand vous êtes à l'université, est-ce que vous maigrissez?
8. Est-ce que vous maigrissez quand vous travaillez beaucoup? quand vous jouez au tennis?
9. Est-ce que vous réfléchissez souvent aux problèmes de la société? à votre avenir *(future)*? à la politique?
10. Est-ce que vous allez réussir à l'examen de français? Qu'est-ce que vous allez faire si vous ne réussissez pas?

COMMUNICATION:
answering questions

Here **le menu** means *the foods to be served.*

C.   Les verbes réguliers en *-re*

Some French verbs end in **-re** in the infinitive. Many of these verbs are conjugated like **attendre** *(to wait for)*. Note the present-tense forms of **attendre,** paying special attention to the endings.

			stem	endings
infinitive	**attendre**	Je déteste **attendre.**	attend-	
present	j' **attends**	J'**attends** le bus.		-s
	tu **attends**	Tu **attends** tes amis.		-s
	il/elle/on **attend**	Paul **attend** Suzanne.		—
	nous **attendons**	Nous **attendons** le professeur.		-ons
	vous **attendez**	Qui est-ce que vous **attendez?**		-ez
	ils/elles **attendent**	Qu'est-ce qu'elles **attendent?**		-ent

❖ The present tense of regular **-re** verbs is formed as follows:

> stem (infinitive minus **-re**) + endings

❖ The **-d** of the stem is silent in the singular forms of the present tense. It is pronounced in the plural forms.

❖ In inverted questions, the final **-d** is pronounced /t/ before **il** and **elle.**

Paul attend une amie. **Attend-il** Suzanne?

You may want to practice the forms of regular verbs in **-re** by having students conjugate the verb **répondre**.

il attend /ilatã/
ils attendent /ilzatãd/

Vocabulaire: *Verbes réguliers en -re*

attendre	*to wait (for)*	J'**attends** un ami.
entendre	*to hear*	**Entendez**-vous le professeur?
perdre	*to lose*	Pourquoi est-ce que **tu perds** patience?
perdre (son) temps	*to waste (one's) time*	Je n'aime pas **perdre mon temps.**
rendre	*to give back*	Je **rends** les disques à Pierre.
rendre visite (à)	*to visit (someone)*	Nous **rendons visite à** nos amis.
répondre (à)	*to answer*	Je vais **répondre à** ta lettre.
vendre	*to sell*	Jacques **vend** sa guitare à Antoine.

NOTES DE VOCABULAIRE

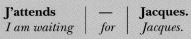

1. Note the difference between French and English in the following constructions. Where one language uses a preposition after the verb, the other does not, and vice versa.

J'attends	—	**Jacques.**			
I am waiting	*for*	*Jacques.*			

Je réponds	à	**Marie.**	**Je rends visite**	à	**Paul.**
I am answering	—	*Marie.*	*I am visiting*	—	*Paul.*

2. There are two French verbs that correspond to the English verb *to visit.*

visiter + *(places)*   Nous **visitons** Paris.
rendre visite à + *(people)*   Nous **rendons visite à** M. Dumas.

---

7. **Problèmes d'argent**   Les étudiants suivants ont besoin d'argent. Dites ce que chacun *(each one)* vend.

> PRACTICE: **vendre**

● Jacqueline (sa guitare)   *Jacqueline vend sa guitare.*

1. Paul (son VTT)
2. je (mon portable)
3. tu (tes CD)
4. nous (nos livres de français)
5. vous (votre appareil-photo)
6. mes cousins (leur chaîne-stéréo)
7. Sylvie (son ordinateur)
8. Albert et Roger (leurs skis)

V: They are not selling these things.
Jacqueline ne vend pas sa guitare.

8. **Oui ou non?**   Informez-vous sur les personnes suivantes et dites si oui ou non elles font les choses entre parenthèses.

COMPREHENSION: describing people's behavior

●   Jacques est impatient. (attendre ses amis?)   *Il n'attend pas ses amis.*

1. Vous êtes des étudiants sérieux. (étudier la philosophie? réussir à l'examen? répondre aux questions du professeur?)
2. Toi, tu n'es pas sérieux! (finir tes devoirs? réfléchir? parler français en classe?)
3. Cet employé est compétent. (travailler bien? perdre son temps? répondre aux questions des clients?)
4. Jacqueline est une championne de tennis. (jouer bien? gagner ses matches? perdre souvent?)
5. Paul et Étienne n'ont pas d'appétit. (grossir? maigrir? acheter des sandwichs? perdre des kilos?)
6. Je suis à la gare. (attendre un ami? entendre les trains? regarder les avions?)
7. Stéphanie et Claire achètent des chaussures pour l'été. (choisir des sandales? choisir des bottes? dépenser leur argent?)
8. Nous sommes en vacances à Paris. (visiter la Tour Eiffel? rendre visite à nos amis français? dîner dans un bon restaurant?)

This exercise practices the forms of *all* regular verbs.

D.   L'impératif

The IMPERATIVE is used to give orders, advice, and hints. Note the imperative forms in bold type.

À Pierre	**Nettoie** ta chambre!	*Clean your room!*
	Ne reste pas ici!	*Don't stay here!*
À M. Dumas	**Vendez** votre maison!	*Sell your house!*
	N'achetez pas cette auto!	*Don't buy that car!*
À mes amis	**Finissons** les devoirs!	*Let's finish the homework!*
	N'attendons pas Michel!	*Let's not wait for Michel!*

The -**s** is kept with -**ir**, -**re**, and irregular verbs.

For all regular and most irregular verbs, the IMPERATIVE forms are the same as the present tense, except that for all -**er** verbs, the final -**s** of the **tu** form is dropped. Note that subject pronouns are not used in the imperative.

infinitive	jouer	finir	attendre	faire
imperative				
(tu)	joue	finis	attends	fais
(vous)	jouez	finissez	attendez	faites
(nous)	jouons	finissons	attendons	faisons

Have students provide the imperative forms of a few irregular and stem-changing verbs:
aller: va, allons, allez
payer: paie, payons, payez
acheter: achète, achetons, achetez
répéter: répète, répétons, répétez

❖ The imperative of **aller** is formed like that of the regular **-er** verbs.

Tu **vas** au supermarché.   **Va** aussi à la poste.

❖ The **nous** form corresponds to the English construction with *let's*.

Dînons au restaurant.   *Let's have dinner at the restaurant.*

❖ The negative form is obtained by putting **ne (n') ... pas** around the verb.

Ne choisis pas cet ordinateur!   *Don't choose that computer!*
Ne vendez pas vos livres!   *Don't sell your books!*
N'allons pas en classe!   *Let's not go to class!*

The verbs **être** and **avoir** have irregular imperative forms.

être	avoir		
sois	aie	**Sois** sérieux.	**Aie** tes livres avec toi!
soyez	ayez	**Soyez** à l'aéroport à midi!	**Ayez** vos passeports sur vous!
soyons	ayons	**Soyons** courageux!	**N'ayons** pas peur!

---

9. Les camarades de chambre Vous louez un appartement à Paris avec un(e) camarade. Demandez à votre camarade de chambre de faire les choses suivantes. Il (Elle) va accepter.

ROLE PLAY: giving and responding to commands

● écouter cette cassette   —*Écoute cette cassette!*
                             —*D'accord, je vais écouter.*

1. inviter des amis
2. nettoyer la chambre
3. payer le loyer
4. acheter le journal *(newspaper)*
5. aller au supermarché

6. faire les courses *(to do errands)*
7. répondre au téléphone
8. attendre nos copains
9. finir ce livre
10. choisir un programme de télé

10. Chez le médecin *(At the doctor's)* Imaginez que vous pratiquez la médecine en France. Un de vos patients est un homme d'affaires *(businessman)* de cinquante ans. Il est obèse et ne fait pas assez d'exercice. Dites-lui de faire ou de ne pas faire les choses suivantes.

ROLE PLAY: giving commands

● jouer au tennis   *Jouez au tennis!*

1. travailler le week-end
2. rester chez vous
3. maigrir
4. grossir
5. perdre dix kilos
6. aller à la piscine

7. acheter un vélo
8. avoir peur de faire de l'exercice
9. faire des promenades à vélo
10. être calme
11. être nerveux
12. choisir des activités intéressantes

11. **Projets de week-end** Nos projets de week-end dépendent souvent du temps. Un(e) camarade vous parle du temps. Proposez alors de faire ou de ne pas faire les choses entre parenthèses.

● Il fait beau. (rester à la maison?)
—*Il fait beau.*
—*Bon alors, ne restons pas à la maison!*

1. Il fait très beau. (faire une promenade à vélo? aller au cinéma?)
2. Il fait chaud. (regarder la télé? aller à la plage? jouer au tennis?)
3. Il fait froid. (aller à la piscine? nager?)
4. Il pleut. (rendre visite à des amis? rentrer à la maison? jouer aux cartes?)
5. Il neige. (louer des skis? skier? faire les devoirs?)
6. Il fait un temps épouvantable. (faire une promenade à pied? aller au théâtre? jouer au football?)

12. **Bons conseils!** Certaines personnes aiment donner des conseils (*to give advice*). Exprimez les conseils des personnes suivantes. Pour cela, utilisez l'impératif des expressions entre parenthèses dans des phrases affirmatives ou négatives.

● Madame Chartier parle à son fils qui n'a pas assez d'argent pour acheter un vélo. (chercher un job?)
Cherche un job!

1. Le professeur parle aux étudiants. (réfléchir à la question? réussir à l'examen? répondre bien? avoir peur de l'examen?)
2. Le médecin parle à un patient. (grossir? maigrir? faire du sport? aller en vacances?)
3. La directrice parle à son assistant. (finir votre travail? répondre à cette lettre? être impoli avec les clients?)
4. Le professeur d'art dramatique parle à un jeune acteur. (parler distinctement? être nerveux? avoir peur?)
5. M. Moreau parle à sa fille qui va en voyage. (envoyer une lettre à ta grand-mère? faire attention? dépenser tout [*all*] ton argent?)
6. Jacqueline parle à son partenaire pendant le match de tennis. (être impatient? faire attention? perdre ta concentration?)

1. vous
2. vous
3. vous
4. tu
5. tu
6. tu

COMMUNICATION
and REVIEW:
using language in real-life
situations

These communication activities
can either be done extem-
poraneously or they can be
assigned for outside preparation, with each student writing
out the appropriate questions
(and responses, if desired).

In class, students can practice
the conversations in pairs or
groups.

If desired, random pairs or
groups of students can act out
their conversation in front of the
class.

Contacts *Cahier
d'activités:* Workbook,
Leçon 13
Lab Manual, Leçon 13

Communication

1. You are visiting Paris with two French friends. It is a hot day and you are exhausted.

Ask your partners . . .
- if they are warm
- if they are thirsty
- if they feel like going to a café
- what they are going to choose (**un Perrier? une limonade?**)
- what they intend to do afterwards (**après**)

2. You are visiting Tours and have been invited to stay at the apartment of a French friend. You are wondering whether it is all right to do certain things.

Ask your partner (who will accept or refuse) . . .
- if you can phone the train station   —**Je peux téléphoner à la gare?**
- if you can watch TV   —**Oui, téléphone à la gare.**
- if you can listen to his/her CDs   (**Non, ne téléphone pas à la**
- if you can use his/her computer   **gare.**)
- if you can look at his/her pictures

3. It is Saturday. You and a French friend don't have any specific plans and are talking about what you might do.

Discuss plans with your partner . . .
- make two or three suggestions which your partner will accept or refuse
- let your partner make two or three suggestions which you will accept or refuse

—**Dînons dans un restaurant mexicain.**
—**Bonne idée! J'adore la cuisine mexicaine.**
  (**Non, merci, je n'ai pas faim. Et je n'aime pas la cuisine mexicaine.**)

Et vous?

4. Make after-school plans with a fellow student.

Turn to the person sitting next to you . . .
- find out what time his/her class ends
- ask what he/she intends to do after the class
- ask if he/she would like to go get something to eat
- suggest a place to eat (using the imperative)
- ask him/her to wait for you after class

COMPRÉHENSION DU TEXTE
1. Où est-ce que Yannick a passé un séjour?
2. Qu'est-ce qu'il a fait pendant *(during)* son séjour?
3. Qu'est-ce qu'on peut faire au café Orbital?
4. Qu'est-ce que Yannick a fait après son stage?

Catherine, Amir et Yannick sont québécois. Yannick a passé° un mois à Paris, et il raconte° son séjour° à ses amis.

CATHERINE: Alors, Yannick, tes vacances en France?

YANNICK: Formidables°! D'abord°, j'ai fait un stage d'informatique° à Paris. Là j'ai appris° beaucoup de choses et j'ai rencontré° des gens très gentils°.

AMIR: Mais tu as eu° le temps de faire du tourisme°?

YANNICK: Bien sûr, après° le travail et le week-end... J'ai visité beaucoup de monuments, seul° ou avec mes amis français: la Tour Eiffel, le Louvre, le musée d'Orsay...

CATHERINE: Est-ce que tu as visité la Cité des Sciences?

YANNICK: Oui! C'est génial°! J'ai fait un truc° assez amusant, aussi, un dimanche°: j'ai passé au moins° trois heures au café Orbital: c'est un endroit° où on déjeune° devant un écran° branché° sur Internet. On peut naviguer sur le Net comme on veut°. C'est très à la mode° à Paris.

AMIR: Et qu'est-ce que tu as pensé de la cuisine française?

YANNICK: Oh là là! J'ai mangé° des choses délicieuses, vraiment. J'ai pris° au moins deux ou trois kilos en France!

CATHERINE: Et après ton stage, tu as voyagé?

spent
is telling about / stay

Extraordinary / At first / I did a computer internship
I learned / I met
nice
you had / to go sightseeing
after
alone

great / I did something
one Sunday / at least
place / eat / screen / connected
as one likes / fashionable

I ate / I gained

190

YANNICK: Après, j'ai passé une semaine° en Alsace. Mais je n'ai pas fait   *week*
grand-chose°, parce que j'ai été malade°. C'est une belle région,   *I didn't do much / I was sick*
pourtant°, et j'ai envie d'y retourner l'année prochaine°.   *nevertheless / next year*

CATHERINE
ET AMIR: Alors, tu nous emmènes°, hein°?   *take us / eh*

Note culturelle: **Paris**

Paris, qu'est-ce que c'est? Pour les touristes, Paris est une ville-monument, une ville-musée: Notre Dame, l'Opéra, le Louvre, la Tour Eiffel, le Centre Pompidou. C'est aussi une ville où l'on peut se promener et se distraire[1]: Montmartre, le Quartier latin, les Champs-Élysées.

Pour les Français, Paris est la capitale de la France, son centre politique, économique, culturel. C'est aussi le symbole du gigantisme administratif, de la bureaucratie, de la centralisation. Tout[2] passe par Paris, tout part[3] de Paris: les trains, les autoroutes, les émissions[4] de télévision, les nouveaux films, la publicité, la mode[5], les décisions ministérielles qui influencent l'existence de plus de 58 millions de Français.

Et pour les quatre millions de Parisiens? Paris est une ville où chaque[6] jour des gens naissent[7], vivent[8], travaillent, s'amusent[9], meurent[10]... Paris est une ville comme les autres[11], avec ses problèmes: le problème de la pollution, le problème du logement, le problème des transports, les problèmes de la criminalité et de la violence...

Dans les trente dernières années[12], on a fait[13] un énorme effort pour transformer Paris, pour adapter la ville aux conditions d'aujourd'hui. Des réalisations architecturales comme[14] le musée d'Orsay, la pyramide du Louvre, l'Opéra de la Bastille, l'Arche de la Défense, l'Institut du Monde Arabe et la nouvelle bibliothèque attestent[15] la vitalité du nouveau Paris. Maintenant Paris est une ville très moderne. Trop moderne! disent certains[16].

Activité   Comparez Paris et New York. Qu'est-ce que ces villes ont de semblable? En quoi sont-elles vraiment différentes?

1 *one can stroll and enjoy oneself*   2 *everything*   3 *leaves*   4 *programs*
5 *fashion*   6 *every*   7 *are born*   8 *live*   9 *enjoy themselves*   10 *die*
11 *like others*   12 *last thirty years*   13 *there has been*   14 *like*   15 *prove*
16 *say some people*

L'Arche de la Défense et l'Institut du Monde Arabe, Paris

See **Aperçu culturel** pages 22–25 and 226–227 for a more in-depth discussion of Paris. Paris itself has a population of about 2 million, plus about 2 million in the nearby suburbs. The population of the greater Paris metropolitan area is over 9 million.

Structure et vocabulaire

A.   Le passé composé avec *avoir*

Read the following sentences carefully. The sentences on the left express actions occurring in the present; the verbs are in the present tense. The sentences on the right express actions that occurred in the past; the verbs are in the PASSÉ COMPOSÉ.

Present	*Passé composé*	
Je **voyage.**	L'été dernier aussi, j'**ai voyagé.**	*Last summer, too, I traveled.*
Nous **visitons** Paris.	En mars, nous **avons visité** Rome.	*In March, we visited Rome.*
Tu **attends** le bus.	Hier aussi, tu **as attendu** le bus.	*Yesterday, too, you waited for the bus.*

FORMS

Note the PASSÉ COMPOSÉ forms of **voyager** and **visiter.**

infinitive	**voyager**	**visiter**
passé composé	J'**ai voyagé.** Tu **as voyagé.** Il/Elle/On **a voyagé.** Nous **avons voyagé.** Vous **avez voyagé.** Ils/Elles **ont voyagé.**	J'**ai visité** Paris. Tu **as visité** Lyon. Il/Elle/On **a visité** Nice. Nous **avons visité** Marseille. Vous **avez visité** Grenoble. Ils/Elles **ont visité** Bordeaux.

As its name indicates, the passé composé is a compound past tense. It is formed as follows:

> You may have students conjugate the passé composé of other verbs such as **chanter, travailler,** etc.

> passé composé = present of auxiliary verb + past participle

❖   The passé composé of most verbs is formed with the present tense of **avoir** as the auxiliary verb.

For regular verbs, the PAST PARTICIPLE is formed by replacing the infinitive endings with the corresponding past participle endings.

Infinitive Ending	Past Participle Ending		
-er	-é	voyag**er** → voyag**é**	Nous avons voyagé en France.
-ir	-i	chois**ir** → chois**i**	Louise a choisi ce pull.
-re	-u	vend**re** → vend**u**	Ils ont vendu leur auto.

USES

> The passé composé is used to describe what HAPPENED IN THE PAST. It has several English equivalents.

J'ai visité Paris. ⎰ ***I visited*** *Paris.*
⎱ ***I have visited*** *Paris.*
⎰ ***I did visit*** *Paris.*

NOTE LINGUISTIQUE: *La description du passé*

In French, several different PAST TENSES are used to describe past events and situations.

- The PASSÉ COMPOSÉ is used to tell WHAT HAPPENED.
- The IMPERFECT is used to describe WHAT CONDITIONS WERE or WHAT WAS GOING ON.
- The PLUPERFECT is used to describe WHAT HAD HAPPENED before another past event.

The choice of which tense to use depends on how the speaker views the past events or situations.
You will learn how to use the passé composé in Lessons 14 and 15.
You will learn how to use the imperfect and the pluperfect in Lessons 23 and 24.

---

1. **À Paris**   Dites quels monuments ou quels endroits les personnes suivantes ont visités hier. Utilisez le passé composé de **visiter.**

●   Paul / le Louvre   ***Hier, Paul a visité le Louvre.***

1. Sylvia / le musée Picasso
2. nous / le Quartier latin
3. vous / la Cité des Sciences
4. mes amis / le Centre Pompidou
5. je / Notre Dame
6. tu / le musée d'Orsay
7. Charles et Louis / la Tour Eiffel
8. Hélène et Suzanne / la Défense

PRACTICE: passé composé of **visiter**

V: Have students turn to the map of **Paris Monumental** on p. 21 and continue the exercise using other monuments.

QUOI DE NEUF A PARIS ?

2.   Achats et ventes *(Buying and selling)*   Avant les vacances, les personnes suivantes ont vendu certaines de leurs affaires. Avec l'argent, elles ont acheté d'autres objets. Exprimez cela en utilisant le passé composé de **vendre** et le passé composé de **choisir.**

PRACTICE: passé composé of **choisir** and **vendre**

●   Charles (sa guitare / une radio-cassette)   ***Charles a vendu sa guitare. Il a choisi une radio-cassette.***

1. mon oncle (sa maison / un appartement)
2. je (mon livre de français / des lunettes de soleil)
3. tu (ta caméra / une bicyclette)
4. nous (nos CD / un portable)
5. vous (votre chaîne-stéréo / des skis nautiques *[water skis]*)
6. mes amis (leur calculatrice / un appareil-photo)

3.   Avant le départ   C'est la fin *(end)* du trimestre. Dites ce que les étudiants suivants ont fait.

PRACTICE: passé composé

●   André / téléphoner à ses parents   ***André a téléphoné à ses parents.***

1. Alice / finir ses examens
2. nous / nettoyer notre chambre
3. tu / envoyer un télégramme à ton cousin
4. vous / rendre les livres à la bibliothèque
5. je / chercher un appartement pour septembre
6. ces étudiants / attendre les résultats *(results)* de l'examen
7. Amélie / vendre sa vieille imprimante
8. Robert / choisir un cadeau *(gift)* pour sa copine
9. Jacques et Henri / payer la note *(bill)* de téléphone
10. vous / chercher un job pour l'été

4.   Les nouvelles *(The news)*   Imaginez que vous travaillez comme journaliste à la télévision française. Votre assistant a préparé des notes sur les principaux événements de la journée. Annoncez ces événements.

PRACTICE: passé composé

●   le président / parler / à la radio   ***Le président a parlé à la radio.***

1. des bandits / attaquer / le train Paris-Nice
2. le musée du Louvre / vendre / la *Mona Lisa* / au Metropolitan Museum of Art
3. les sénateurs / voter / le budget
4. la femme du président / inaugurer / l'exposition *(exhibit)* Picasso
5. les Américains / lancer *(launch)* / une station spatiale
6. un chimiste russe / inventer / un nouveau textile artificiel

LOUVRE

B.   Le passé composé dans les phrases négatives

Compare the verbs in each set of sentences.

Affirmative	*Negative*
J'ai visité Québec.	Je **n'**ai **pas** visité Montréal.
Nous avons voyagé en bus.	Nous **n'**avons **pas** voyagé en train.
Paul a choisi ce livre-ci.	Il **n'**a **pas** choisi ce livre-là.
Tu as vendu tes CD-ROM.	Tu **n'**as **pas** vendu ton lecteur de CD-ROM.

> The NEGATIVE form of the PASSÉ COMPOSÉ follows the pattern:
>
> **ne** + auxiliary verb + **pas** + past participle
>
> Je **n'**ai **pas** répondu.   *I didn't answer.   I haven't answered.*

5.   Expression personnelle   Dites si oui ou non vous avez fait les choses suivantes au cours du mois dernier *(last month).*

- voyager en train?   ***Oui, j'ai voyagé en train.***
  ou: ***Non, je n'ai pas voyagé en train.***

1. jouer au hockey?	7. parler au président de l'université?
2. acheter une auto?	8. rendre visite à mes grands-parents?
3. vendre mon livre de français?	9. dîner dans un restaurant français?
4. naviguer sur Internet?	10. organiser une fête?
5. grossir?	11. gagner à la loterie?
6. perdre vingt kilos?	12. trouver un trésor *(treasure)*?

6.   Faute d'argent *(For lack of money)*   Les personnes suivantes n'ont pas eu assez d'argent pour réaliser leurs projets. Lisez ce qu'elles ont fait et dites ce qu'elles n'ont pas fait.

- Philippe a loué un vélo. (une mobylette)   ***Il n'a pas loué de mobylette.***

1. Mes cousins ont voyagé en bus. (en avion)
2. Jacques a visité Istanbul. (Paris)
3. J'ai dîné à la cafétéria. (au restaurant)
4. Mes parents ont loué un appartement. (une villa)
5. Tu as loué un studio. (une grande maison)
6. Vous avez choisi une chemise. (une veste)
7. Nous avons acheté un appareil-photo. (un caméscope)
8. On a choisi un hôtel bon marché. (un hôtel cher)

7. Pourquoi pas?   Dites que les personnes suivantes n'ont pas fait certaines choses. Expliquez pourquoi. Utilisez les expressions entre parenthèses dans des phrases affirmatives ou négatives.

● André / réussir à l'examen (étudier?)
  André n'a pas réussi à l'examen parce qu'il n'a pas étudié.

● nous / téléphoner à Jacques (perdre son numéro de téléphone?)
  Nous n'avons pas téléphoné à Jacques parce que nous avons perdu son numéro de téléphone.

1. tu / répondre au professeur (entendre la question?)
2. vous / rendre visite à Françoise (perdre son adresse?)
3. les étudiants / trouver la solution du problème (réfléchir?)
4. ces touristes / voyager en train (louer une voiture?)
5. nous / gagner beaucoup d'argent (travailler?)
6. Émilie / finir ses devoirs (regarder la télé?)
7. je / dépenser beaucoup d'argent dans cette boutique (choisir des vêtements chers?)
8. les Dumont / acheter une nouvelle maison (vendre leur appartement?)

C.   Les questions au passé composé

Note how questions are formed in the passé composé.

Statements	Questions
Il a visité Paris.	**Est-ce qu'il a visité** Marseille aussi? **A-t-il visité** Marseille aussi?
Tu as parlé à Philippe.	Pourquoi **est-ce que tu as parlé** à Philippe? Quand **as-tu parlé** à Philippe?

QUESTIONS in the PASSÉ COMPOSÉ are formed as follows:

interrogative form of auxiliary verb + past participle

- with **est-ce que**:   **Où est-ce qu'il a travaillé?**
- with inversion: **Où a-t-il travaillé?**

❖ Statements in the passé composé may be transformed into yes/no questions by using a rising intonation.

Elle a travaillé aussi?

Questions may also be formed using **n'est-ce pas**: Ils ont visité Paris, *n'est-ce pas?*

8. Dialogue   Demandez à vos amis s'ils ont fait les choses suivantes pendant les vacances.

COMMUNICATION: talking about past activities

● voyager?   —*Est-ce que tu as voyagé pendant les vacances?*
                    —*Oui, j'ai voyagé.*
            ou: —*Non, je n'ai pas voyagé.*

1. visiter Paris?   4. envoyer beaucoup de lettres?   7. maigrir?
2. nager?   5. répondre aux lettres de tes amis?   8. travailler?
3. jouer au golf?   6. rendre visite à tes cousins?

Encourage student who answers to give additional information: **Oui, j'ai voyagé à New York. / Non, je n'ai pas voyagé. J'ai travaillé.**

Alternate using inversion: **As-tu voyagé pendant les vacances?**

9. Conversation   Vous voulez savoir ce que font les étudiants américains après les classes. Choisissez trois camarades et posez-leur les questions suivantes sur ce qu'ils ont fait hier soir. Inscrivez les résultats de votre enquête.

COMMUNICATION: talking about past activities

• à quelle heure / dîner?
• combien de temps (*how long*) / étudier?
• quel programme / regarder à la télé?

nom	
l'heure du dîner	
heures d'études	
programme de télé	

Expression pour la conversation

To express surprise:
vraiment?   *really?*   **Vraiment?** Tu as visité Katmandou?

---

10. Curiosité   Béatrice décrit ce que ses amis ont fait. Paul veut avoir des précisions. Avec un(e) partenaire, jouez le rôle de Béatrice et de Paul selon le modèle.

ROLE PLAY: talking about past events

● Jacques / voyager (quand? en septembre)
   BÉATRICE: *Jacques a voyagé.*
        PAUL: *Vraiment? Quand a-t-il voyagé?*
   BÉATRICE: *Il a voyagé en septembre.*

1. Alice / visiter Bordeaux (quand? en juin)
2. Albert / travailler (où? dans une banque internationale)
3. Jacques / étudier le chinois (pourquoi? pour travailler dans une firme internationale)
4. Monsieur Lebrun / téléphoner (à qui? à un client mexicain)
5. Denise / attendre (qui? son copain américain)
6. Cécile et Anne / dîner ensemble (*together*) (où? dans un restaurant japonais)
7. mes cousins / voyager (comment? en train)
8. Mademoiselle Dupont / acheter un tailleur (où? aux Galeries Lafayette)

Vocabulaire: *Quand?*

Noms

un an	*year*	une année	*(whole) year*
un anniversaire	*birthday*	une date	*date*
un jour	*day*	une journée	*(whole) day*
un mois	*month*	une saison	*season*
un week-end	*weekend*	une semaine	*week*
un matin	*morning*		
un après-midi	*afternoon*	une nuit	*night*
un soir	*evening*	une soirée	*(whole) evening*

An, jour, and soir are more frequently used than année, journée, and soirée. Année, journée, and soirée often refer to a span of time. They are also used in certain expressions: **Nous avons passé la journée à la plage. / Bonne année!**

le soir = *night when one is awake;* **la nuit** = *night when one is asleep*

Adjectifs

premier (première)	*first*	Lundi est le **premier** jour de la semaine.
prochain	*next*	Où vas-tu la semaine **prochaine?**
dernier (dernière)	*last*	La semaine **dernière,** nous avons dîné au restaurant.

Expressions

avant	*before*	Nettoie ta chambre **avant** le week-end.
après	*after*	Je vais étudier **après** le dîner.
pendant	*during*	J'ai travaillé **pendant** les vacances.

Maintenant	Avant	Après
aujourd'hui	hier *(yesterday)*	demain
	avant-hier *(the day before yesterday)*	après-demain *(the day after tomorrow)*
ce matin	hier matin	demain matin
cet après-midi	hier après-midi	demain après-midi
ce soir	hier soir	demain soir
mardi	mardi dernier	mardi prochain
le 8 janvier	le 8 janvier dernier	le 8 janvier prochain
en mars	en mars dernier	en mars prochain
cette semaine	la semaine dernière	la semaine prochaine
ce week-end	le week-end dernier	le week-end prochain
ce mois-ci	le mois dernier	le mois prochain
cet été	l'été dernier	l'été prochain
cette année	l'année dernière	l'année prochaine

ce soir = *tonight*
la nuit dernière = *last night*

BONNE ANNÉE!

NOTES DE VOCABULAIRE

1. **Premier** usually comes before the noun.
2. **Dernier** and **prochain** usually come after the noun with expressions of time, such as **mois, semaine,** etc.

   le mois **dernier**   la semaine **prochaine**

3. The construction **le** + *day of the week* is used to express repeated events.

Repeated occurrence	**Le samedi,** je vais au cinéma.	*(On) Saturdays . . .*
One occurrence	**Samedi,** je vais au théâtre avec Paul.	*(On/This) Saturday . . .*

> Dernier and prochain come *before* the noun when they mean the *last* or the *next* in a series.
> **Quand est le** *prochain train?*
> **Décembre est le** *dernier mois de l'année.*

---

11. Dialogue   Demandez à vos amis quand ils ont fait les choses suivantes. Ils vont répondre en utilisant une expression du vocabulaire.

COMMUNICATION: discussing when past events occurred

● célébrer ton anniversaire
  —*Quand as-tu célébré ton anniversaire?*
  —*J'ai célébré mon anniversaire en juin dernier (le mois dernier).*

1. jouer au tennis
2. téléphoner à tes grands-parents
3. écouter un CD de musique classique
4. nettoyer ta chambre
5. rendre visite à ton oncle
6. voyager en bus
7. amener un(e) ami(e) au cinéma
8. choisir un cadeau (*gift*) pour un(e) ami(e)
9. rendre un livre à la bibliothèque

12. Tout change!   Lisez ce que font les personnes suivantes. Dites qu'elles n'ont pas fait ces choses avant. Décrivez ce qu'elles ont fait.

PRACTICE: time expressions and passé composé

● Cet été, nous visitons Québec. (Montréal)
  L'été dernier, nous n'avons pas visité Québec, mais nous avons visité Montréal.

1. Ce week-end, Philippe invite Christine. (Amélie)
2. Cet été, Pierre et André travaillent dans un café. (dans une banque)
3. Cette semaine, tu rends visite à tes cousins. (ta tante Stéphanie)
4. En juillet, Monsieur Rimbaud loue un appartement à Nice. (un chalet dans les Alpes)
5. Cette semaine, nous réussissons à l'examen de maths. (à l'examen de français)
6. Cette année, Thérèse choisit un maillot de bain bleu. (un maillot de bain jaune)

D. Les participes passés irréguliers

The passé composé of **aller** is presented in Lesson 15.

For additional practice of the passé composé, you may have students conjugate **J'ai eu une bonne surprise.**

Some irregular verbs have IRREGULAR PAST PARTICIPLES:

Infinitive	Past participle	Passé composé
avoir	eu	Nous **avons eu** une bonne surprise.
être	été	Jacqueline **a été** en France en juin.
faire	fait	Mes parents **ont fait** un voyage au Canada.

❖ Note the two possible meanings of **être** in the passé composé:

Paul **a été** malade. *Paul **has been** sick.*
Il **a été** à l'hôpital. *He **went** to the hospital.*

IMPERSONAL EXPRESSIONS may be used in the passé composé:

Present	Passé composé	
il neige	il a neigé	**Il a neigé** en janvier.
il pleut	il a plu	Hier, **il a plu.**
il y a	il y a eu	**Il y a eu** un accident.

13. Dialogue Demandez à vos amis s'ils ont fait les choses suivantes aux moments indiqués.

COMMUNICATION: talking about past activities

● faire une promenade ce matin?
    —*Est-ce que tu as fait une promenade ce matin?*
    —*Oui, j'ai fait une promenade ce matin.*
  ou: —*Non, je n'ai pas fait de promenade ce matin.*

1. faire tes devoirs hier soir?
2. faire des économies le mois dernier?
3. avoir la grippe *(flu)* l'hiver dernier?
4. avoir un rendez-vous samedi dernier?
5. avoir des amis chez toi le week-end dernier?
6. être au cinéma la semaine dernière?
7. être en France l'été dernier?

14. Oui ou non?   Informez-vous sur les personnes suivantes et dites si oui ou non elles ont fait les choses entre parenthèses.

COMPREHENSION: drawing conclusions

● Jacques est très impatient. (attendre ses amis?)
 Il n'a pas attendu ses amis.

1. Tu n'es pas prudent *(careful)*. (faire attention? avoir un accident?)
2. Ces étudiants ne sont pas sérieux. (répondre correctement aux questions du professeur? avoir une bonne note *(grade)* à l'examen?)
3. Élisabeth est la championne de notre club. (perdre le championnat *(championship)*? avoir le premier prix *(prize)*?)
4. Oh là là! J'ai une très mauvaise grippe! (être malade *(sick)*? avoir envie d'aller au cinéma?)
5. Cet ingénieur électronicien est très compétent. (faire des erreurs dans le programme? avoir des problèmes avec l'ordinateur?)

Communication

COMMUNICATION and REVIEW: using language in real-life situations

These communication activities can either be done extemporaneously or they can be assigned for outside preparation, with each student writing out the appropriate questions (and responses, if desired).

In class, students can practice the conversations in pairs or groups.

If desired, random pairs or groups of students can act out their conversation in front of the class.

Contacts *Cahier d'activités:*
Workbook, Leçon 14
Lab Manual, Leçon 14

Et vous?

1. Your roommates have just come in, carrying large shopping bags. You are curious.

Ask your partners . . .
- where they have been
- what they have bought
- how much money they spent

2. Your best friend has just returned from a month in France. You want to know more about his/her trip.

Ask your partner . . .
- if he/she liked Paris
- which monuments he/she visited
- if he/she had dinner in good restaurants
- which other cities (**autres villes**) he/she visited
- if he/she visited his/her friends in Marseille
- how he/she traveled (**en bus? en train? en voiture?**)
- what souvenirs (**quels souvenirs**) he/she bought

3. One of your classmates has recently come back from a trip.

Find out . . .
- where he/she went
- how he/she traveled
- what places (monuments, museums, sights, etc.) he/she visited
- where and what he/she ate
- if he/she visited any friends

Leçon 15 Séjour en France

COMPRÉHENSION DU TEXTE
Le sens général
1. Combien de temps est-ce que Linda est restée en France? Dans quelle ville est-elle allée?
2. D'après vous, est-ce qu'elle a profité de son séjour avant Noël? Pourquoi ou pourquoi pas?
3. Est-ce qu'elle a profité de son séjour après Noël? Pourquoi ou pourquoi pas?
Les détails
4. Qui est Pierre?
5. Quelle est la nationalité de Linda? De quelle ville est-elle?
6. Pourquoi est-ce que ses débuts ont été difficiles?
7. Comment est-ce qu'elle a eu son accident?
8. Combien de temps est-ce qu'elle est restée à l'hôpital? Qui est-ce qu'elle a rencontré?
9. Qu'est-ce qu'elle a fait quand elle est rentrée à Grenoble?

Pierre est un étudiant français qui passe une année dans une université américaine. Il a rencontré° Linda au Club international.

met

PIERRE:	Tu es canadienne?
LINDA:	Non, je suis américaine!
PIERRE:	Eh bien! Tu parles vraiment° bien français! Tu es déjà allée° en France?
LINDA:	Oui, je suis allée° à l'Université de Grenoble l'an dernier.
PIERRE:	Combien de temps est-ce que tu es restée°?
LINDA:	Dix mois. Je suis arrivée° à Grenoble en septembre et je suis rentrée° à Boston en juillet.
PIERRE:	Et qu'est-ce que tu as pensé de cette expérience?
LINDA:	Eh bien, au début°, ça a été un peu difficile...
PIERRE:	Pourquoi?

really / Have you ever gone

went

did you stay

arrived / returned

in the beginning

202

LINDA: À la Fac, j'ai rencontré des étudiants américains et j'ai passé la plupart du temps° avec eux. Alors, les trois premiers mois, je n'ai pas parlé français. Heureusement°, j'ai eu un accident et tout° a changé!

most of the time
Fortunately / everything

PIERRE: Un accident? Raconte°!

Tell me about it

LINDA: Eh bien, à Noël, je suis partie faire du ski° dans les Alpes. Le deuxième jour, je suis tombée° et je me suis cassé la jambe°. Je suis restée presque° une semaine à l'hôpital, où j'ai rencontré une fille très sympa. J'ai fait la connaissance° de sa famille, de ses amis, et tout le monde° a été très gentil avec moi.

went skiing
fell / broke my leg / almost

met / everyone

PIERRE: Et après?

LINDA: Je suis retournée° à Grenoble mais nous sommes restées de très bonnes amies et j'ai vraiment profité° de mon séjour°: je suis beaucoup sortie°, j'ai beaucoup parlé français... Tu sais, c'est une bonne méthode aussi pour étudier une langue: en juin, j'ai réussi à tous mes examens et je suis rentrée aux États-Unis un mois plus tard°, avec mon diplôme en poche° et de merveilleux souvenirs° en tête°!

returned
made the most of / stay / went out a lot

later / in my pocket
memories / in my head

Note culturelle: **Les étudiants étrangers en France**

Le nombre d'étudiants étrangers en France est en baisse depuis cinq ans (138.480 en 1992 et 121.624 en 1997), mais ils continuent à venir, surtout pour étudier les lettres et les sciences humaines (48.830) et les sciences et éducation physique et sportive (22.680). Les Africains restent les plus nombreux (59.930 en 1998), mais les étudiants viennent de plus en plus d'Europe (36.611) à cause de l'ouverture des frontières et du programme d'échange européen, ERASMUS.

Il y a aussi beaucoup d'étudiants américains. Chaque[1] année, environ 4.000 étudiants américains s'inscrivent[2] dans les univer-

sités françaises, à Paris, mais aussi à Grenoble, à Montpellier, à Aix-en-Provence. Qu'est-ce qu'ils étudient? Les lettres et les sciences, la médecine, le droit[3] ... et bien sûr, le français!

Activité Est-ce que vous avez jamais étudié à l'étranger? Si non, est-ce que cela vous intéresse? Est-ce qu'il y a beaucoup d'étudiants étrangers à votre université? D'où viennent-ils?

1 each 2 register 3 law

Structure et vocabulaire

Vocabulaire: *Vive les vacances!*

Noms

un endroit	*place*	la campagne	*country, countryside*
le journal	*newspaper*	la mer	*sea*
le séjour	*stay*	la montagne	*mountain*
le soleil	*sun*	les vacances	*vacation*
le voyage	*trip*	une valise	*suitcase*

Be sure students learn **un endroit** for *place*. The French word **une place** is a false cognate. It means *seat* (**Est-ce que cette place est occupée?**) or *square* (**J'habite place Vendôme.**).

Point out that when **la montagne** is used in the general sense, it corresponds to the English *mountains:* **J'aime la montagne.**

Verbes

oublier	*to forget*	Zut! J'**ai oublié** mon passeport!
quitter	*to leave*	Nous **quittons** Lausanne le 15 août.
rencontrer	*to meet*	J'**ai rencontré** Paul à Grenoble.
faire la connaissance de	*to meet*	Cet été, j'**ai fait la connaissance d'**Alice.
faire les valises	*to pack*	As-tu **fait les valises?**
faire un séjour	*to reside, to spend time*	J'**ai fait un séjour à** Nice cet été.

Zut! = *darn!*

Expressions

à l'étranger	*abroad*	Je vais passer mes vacances **à l'étranger.**
en vacances	*on vacation*	Quand allez-vous **en vacances?**
quelqu'un	*someone*	Est-ce que **quelqu'un** a téléphoné?
quelque chose	*something*	Est-ce que tu as apporté **quelque chose?**

Quitter is contrasted with **partir** on page 206. **Quelqu'un** / **quelque chose** + de + adj. will be presented in Lesson 22.

NOTES DE VOCABULAIRE

1. The plural of **le journal** is **les journaux.**

   Quand nous sommes à l'étranger nous achetons **les journaux** du pays.

2. Both **faire la connaissance (de)** and **rencontrer** correspond to the English *to meet.* Usually **faire la connaissance** means *to meet for the first time, to make the acquaintance of,* whereas **rencontrer** means *to meet, to run into, to see (by chance).*

J'ai fait la connaissance d'Anne à un mariage.	*I met Anne at a wedding.*
J'ai rencontré Paul dans la rue ce matin.	*I saw Paul in the street this morning.*

You may introduce **retrouver** and contrast it with **rencontrer: rencontrer** *to meet (usually by chance), to run into* **retrouver** *to meet (at an agreed-upon time and place)*

---

1. **Questions personnelles**

COMMUNICATION: answering questions

1. Aimez-vous aller à la campagne pendant le week-end?
2. Aimez-vous le soleil? Portez-vous souvent des lunettes de soleil?
3. Avez-vous envie d'aller à l'étranger après l'université? Où? Pourquoi?

4. Avez-vous une bonne mémoire ou oubliez-vous les choses importantes? Allez-vous oublier votre français après l'université?
5. Est-ce que vous rencontrez vos amis après la classe de français? Où?
6. Quand allez-vous quitter l'université? (l'année prochaine? dans deux ans?) Qu'est-ce que vous allez faire après?
7. Est-ce qu'il y a des étudiants étrangers *(foreign)* à votre université? Avez-vous fait la connaissance de ces étudiants? Où et quand?

2. Vacances et voyages

1. Préférez-vous aller à la mer ou à la montagne pendant les vacances?
2. Dans quel endroit passez-vous vos vacances en général? Est-ce que c'est un endroit intéressant? Pourquoi?
3. Où allez-vous passer vos vacances l'été prochain?
4. Quand vous voyagez, est-ce que vous aimez faire la connaissance d'autres *(other)* gens?
5. Avez-vous fait la connaissance de personnes intéressantes l'été dernier? De qui?
6. Aimez-vous voyager avec beaucoup de valises? Quand vous voyagez avec votre famille, qui fait les valises?

A.   Les verbes *sortir, partir* et *dormir*

The verbs **sortir** *(to go out)*, **partir** *(to leave)*, and **dormir** *(to sleep)* are irregular in the present tense.

infinitive	sortir	partir	dormir	endings
present	Je **sors** avec Marc. Tu **sors** maintenant. Il **sort** avec Anne.	Je **pars** maintenant. Tu **pars** avec Paul? On **part** avant le dîner.	Je **dors** peu. Tu **dors** trop. Elle **dort** en classe.	-s -s -t
	Nous **sortons** ce soir. Vous **sortez** demain? Ils **sortent** souvent.	Nous **partons** à une heure. Vous **partez** en voiture. Elles **partent** à six heures.	Nous **dormons** mal. Vous **dormez** bien. Ils **dorment**.	-ons -ez -ent
past participle	sorti	parti	dormi	

❖   The above verbs have two stems in the present:

  • The plural stem is the infinitive minus **-ir.**

    sort (-ir)   part (-ir)   dorm (-ir)

  • The singular stem is the plural stem minus the last consonant.

    sor (-t)   par (-t)   dor (-m)

Later in this lesson students will learn that **sortir** and **partir** form the passé composé with **être**, and not **avoir**.

Vocabulaire: *Verbes conjugués comme* sortir, partir *et* dormir

sortir	*to go out, leave*	Nous **sortons** maintenant.
sortir avec	*to go out with, to date*	Jean-Pierre **sort avec** Caroline.
partir	*to leave*	Nous **partons** à huit heures.
dormir	*to sleep*	Est-ce que vous **dormez** bien?
sentir	*to smell*	**Sentez**-vous ce parfum?
	to feel	Je **sens** que j'ai la grippe *(flu)*.

NOTES DE VOCABULAIRE

partir ≠ arriver,
sortir ≠ entrer,
quitter ≠ rester à, avec

The verbs **sortir, partir,** and **quitter** all mean *to leave,* but they are not interchangeable. Compare:

		(alone)	*+ places*	*+ people*
partir (de)	*to leave, go away*	Je **pars.**	Je **pars de** Nice demain.	—
sortir (de)	*to leave, go out (of)*	Je **sors.**	Je **sors de** la cuisine.	—
quitter	*to leave (behind)*	—	Je **quitte** Paris.	Je **quitte** mes amis.

---

3. **Bonne nuit?**   Informez-vous sur les personnes suivantes et dites si oui ou non elles dorment bien.

COMPREHENSION: drawing conclusions

● Philippe est nerveux.   ***Il ne dort pas bien.***

1. Nous avons un examen très important demain matin.
2. Vous avez des cauchemars *(nightmares)*.
3. Je n'ai pas de problèmes.
4. M. Lenormand est une personne très calme.
5. Tu as une très mauvaise grippe.
6. Il y a beaucoup de bruit *(noise)* dans notre résidence.
7. Jacqueline est en vacances à la campagne.

4. **Questions personnelles**

1. Sortez-vous souvent? Avec qui? Quand? Où allez-vous?
2. Allez-vous sortir le week-end prochain? Avec qui?
3. Si vous n'habitez pas sur le campus, à quelle heure quittez-vous votre campus? Où allez-vous?
4. Le week-end, quittez-vous votre campus? Où allez-vous?
5. À quelle heure partez-vous de chez vous le lundi? le vendredi?
6. En général, dormez-vous bien? Combien d'heures dormez-vous par nuit? Combien d'heures avez-vous dormi la nuit dernière? Qu'est-ce que vous faites quand vous ne dormez pas?
7. Est-ce que vous sentez que vous faites des progrès en français? Pourquoi (pas)?

COMMUNICATION: answering questions

B. Le passé composé avec *être*

In the sentences below, the verb **aller** is used in the passé composé. Note the auxiliary verb and the forms of the past participle.

Robert **est allé** à Paris.   Paul et David **sont allés** à Bordeaux.
Linda **est allée** à Paris aussi.   Martine et Lucie **sont allées** à Nice.

Certain verbs of movement form the PASSÉ COMPOSÉ with **être**:

present of **être** + past participle

When a verb like **aller** is conjugated with **être** in the passé composé, the PAST PARTICIPLE agrees with the SUBJECT in gender and number.

	Masculine	**Feminine**
singular	je **suis allé**	je **suis allée**
	tu **es allé**	tu **es allée**
	il/on **est allé**	elle **est allée**
plural	nous **sommes allés**	nous **sommes allées**
	vous **êtes allé**(s)	vous **êtes allée**(s)
	ils **sont allés**	elles **sont allées**

You may point out that since **vous** can be singular or plural and refer to men or women, the form of the past participle varies accordingly: **Êtes-vous allé à Cannes, Monsieur Dupont? Êtes-vous allées à Cannes, Claire et Nicole?**

❖ Note the negative forms.

Paul **n'est pas allé** à Paris.   Anne **n'est pas allée** à Nice.

❖ Note the interrogative forms.

Où **est-ce qu'il est allé?**   Où **est-ce qu'elle est allée?**
Où **est-il allé?**   Où **est-elle allée?**

LES VEDETTES DE L'ODET
B.P. 8 - 29950 BÉNODET - Tél. 02.98.57.00.58
et les **Services Touristiques** de la **S.N.C.F.**

Vocabulaire: *Quelques verbes conjugués avec* être

Most verbs conjugated with **être** in the passé composé are VERBS OF MOTION. They indicate movement to, in, from, and so on. Note the past participles of these verbs.

aller	*to go*	**Êtes**-vous **allés** en France?
arriver	*to arrive, to come*	Quand **est**-elle **arrivée** à Grenoble?
partir	*to leave*	Nous **sommes partis** d'Annecy le 5 octobre.
entrer	*to enter, to come in*	Je **suis entré** dans l'appartement.
sortir	*to go out*	Avec qui Linda **est**-elle **sortie?**
monter	*to go up, to climb*	**Êtes**-vous **montés** à la Tour Eiffel?
	to get on	Nous **sommes montés** dans le bus.
descendre	*to go down, to get off*	Nous **sommes descendus** du train à Orléans.
	to stop (at a place)	Mon père **est descendu** à cet hôtel.
tomber	*to fall*	Je **suis tombé** de bicyclette.
passer	*to pass, to go (by)*	Nous **sommes passés** par Toulouse.
rester	*to stay, to remain*	Ils ne **sont** pas **restés** à Marseille.
rentrer	*to go back, to get back*	Pierre **est rentré** chez lui.
retourner	*to return, to go back*	Nous **sommes retournés** à Québec.
naître	*to be born*	Mon frère **est né** à Strasbourg.
mourir	*to die*	Mon grand-père **est mort** en juin dernier.

You may want to point out that these are intransitive verbs that do NOT take a direct object.

Have students observe the agreement of the past participles in the sample sentences.

Venir, revenir, and devenir are presented in Lesson 16.

Naître and mourir are not presented in the present tense since their use is mainly limited to the passé composé in conversational French.

NOTES DE VOCABULAIRE

1. When names of places are used with verbs of motion they are always introduced by a preposition such as **à, de, en, dans, par** *(by, through),* **pour, chez,** etc.

   Je suis entré **dans** l'appartement.   *I entered the apartment.*
   Paul est rentré **chez** lui.   *Paul returned home.*

2. When **passer** means *to spend time,* it is conjugated with **avoir**:
   J'ai passé un mois en France.

When sortir, monter, descendre, and rentrer are used with direct objects, they are conjugated with avoir: J'ai sorti mon passeport. / Le garçon a monté nos bagages, etc.

Antoine et ses parents sont heureux de vous annoncer la naissance de

Astrid

le 30 Mars 1999,
à la Maternité de l'Hôpital de Verviers.

Christine et Benoît Detry-Liégeois
Thier. 1   4890 Clermont s/B.

Sa Marraine, Françoise Detry
Son Parrain, Vincent Liégeois

5. Rencontres *(Encounters)*   Dites où sont allées les personnes suivantes. Dites aussi qui elles ont rencontré. Utilisez le passé composé des verbes **aller** et **rencontrer.**

PRACTICE: passé composé with **être** and **avoir**

● Paul (au café / ses copains)
   Paul est allé au café. Il a rencontré ses copains.

1. Janine (à la plage / ses amies)
2. les étudiants (à l'université / le professeur de français)
3. vous (au supermarché / vos voisins)
4. je (à Paris / mes cousins)
5. tu (à Québec / tes amis canadiens)

6. Sorties?   Dites ce que les personnes suivantes ont fait hier et dites si oui ou non elles sont sorties.

COMPREHENSION: drawing conclusions

● Jacques / regarder la télé   ***Jacques a regardé la télé. Il n'est pas sorti.***

1. nous / faire un match de tennis
2. M. Bernard / faire le ménage
3. je / nettoyer mon appartement
4. tu / rendre visite à un ami
5. Béatrice et Denise / faire une promenade
6. les étudiants / préparer l'examen
7. vous / nager
8. Mme Moreau / inviter des amis

7. Conversation   Choisissez trois camarades de classe et demandez-leur s'ils ont fait les choses suivantes le week-end dernier. Inscrivez les résultats de votre enquête.

COMMUNICATION: talking about weekend events

—*Julie, est-ce que tu es sortie avec un copain?*
—*Oui, je suis sortie avec un copain.*
—*Est-ce que tu es sortie avec une copine?*
—*Non, je ne suis pas sortie avec une copine.* etc.

• sortir avec un copain			
• sortir avec une copine			
• aller au cinéma			
• aller à un concert			
• rester chez toi			

8. Un accident qui finit bien   Racontez l'accident de Jean-Claude au passé composé.

PRACTICE: narrating past events

● pendant les vacances, aller en Normandie
   Pendant les vacances, Jean-Claude est allé en Normandie.

1. un jour, louer une mobylette
2. faire une promenade dans la campagne
3. avoir un accident
4. tomber dans un ravin *(ditch)*
5. être blessé *(hurt)*
6. aller à l'hôpital
7. rester deux jours là-bas
8. faire la connaissance d'une jeune infirmière *(nurse)*
9. tomber amoureux *(in love)* d'elle
10. avoir des rendez-vous avec elle
11. passer d'excellentes vacances

Do the exercise rapidly, focusing on the story line.

Play the part of Jean-Claude, using **je.**

9. Oui ou non?   Dites si oui ou non les personnes suivantes ont fait les choses entre parenthèses. Utilisez le passé composé à la forme affirmative ou négative.

● Je n'ai pas d'argent. (aller au restaurant?)
  Alors, je ne suis pas allé(e) au restaurant.

1. Catherine a une pneumonie. (sortir? rester chez elle?)
2. J'ai la grippe. (rentrer à la maison? rester à l'université?)
3. Nous désirons avoir une belle vue *(view)* sur Paris. (monter à la Tour Eiffel? admirer le panorama?)
4. Anne et Lise sont françaises. (naître en France? étudier le français à l'Alliance française?)
5. Vous faites des économies. (descendre dans un hôtel de luxe? dîner dans un restaurant très cher?)
6. Martine invite des amis à dîner chez elle. (rentrer à la maison? nettoyer la salle à manger?)

10. Conversation   Demandez à un(e) camarade de décrire un voyage (réel ou imaginaire). Vous pouvez utiliser les suggestions suivantes.

- où / aller?
- quand / partir?
- combien de temps / rester là-bas?
- qu'est-ce que / visiter?
- qu'est-ce que / faire?
- qui / rencontrer?
- quand / rentrer?

—***Où est-ce que tu es allé(e)?***
—***Je suis allé(e) à Tahiti.***
—***Quand est-ce que tu es parti(e)?*** etc.

Femmes tahitiennes au marché

C.   La date et l'année

Note how dates are expressed in the following sentences. Note how this differs from the way dates are expressed in English.

Je suis né **le 24 juin 1984.**   *I was born **(on) June 24, 1984.***
Ma mère est née **le premier mars 1954.**   *My mother was born **(on) March 1, 1954.***
Mon grand-père est né **en 1928.**   *My grandfather was born **in 1928.***

This reviews the dates and months that were presented in Lesson 6.

To express ON WHAT DATE or IN WHAT YEAR, the following patterns are used:

le + number + month + year	**le 3 mai 1996**	*on May 3, 1996*
en + year	**en 2000**	*in 2000*

❖   The first day of the month is **le premier** (abbreviated **le 1er**).

❖   Years from 1100 to 1999 can be expressed in two ways. (NOTE: The word **cent** cannot be omitted.)

1 996   mille neuf cent quatre-vingt-seize

19 96   dix-neuf cent quatre-vingt-seize

❖   Years 2000 and after can only be expressed in one way.

2000   deux mille

2002   deux mille deux

11.   Dates historiques   Donnez la date des événements suivants.

1. les Américains / signer la Déclaration d'Indépendance (le 4/7/1776)
2. les Parisiens / attaquer la Bastille (le 14/7/1789)
3. Martin Luther King / naître (le 15/1/1929)
4. John Kennedy / mourir (le 22/11/1963)
5. les premiers astronautes américains / marcher sur la lune *(moon)* (le 21/7/1969)
6. les Jeux Olympiques de Sydney / commencer (le 15/9/2000)
7. la monnaie euro / remplacer le franc (le 1/1/2002)

PRACTICE: giving dates

Remind students that the month comes second.

12.   Une vie   Béatrice décrit la vie de son grand-père en précisant les dates. Jouez le rôle de Béatrice.

●   naître (1928)   ***Mon grand-père est né en 1928.***

1. aller à l'université (1946)
2. faire son service militaire (1950)
3. partir pour le Canada (1952)
4. rencontrer ma grand-mère (1953)
5. avoir son premier enfant (1955)
6. être nommé *(named)* vice-président de sa compagnie (1960)
7. prendre sa retraite *(retire)* (1993)
8. rentrer en France (1995)
9. mourir (1996)

PRACTICE: narrating someone's life history

Do the exercise rapidly so students focus on the story line.

Remind students that some verbs form the passé composé with **avoir** while others require **être**.

Point out that the verb is in the passé composé.

13.   Date de naissance *(date of birth)*   Choisissez un(e) camarade et comparez vos dates de naissance.

●   ***Je suis né(e) le 21 décembre 1983. Et toi?***

COMMUNICATION: talking about birthdays

D.   L'emploi du passé avec *il y a*

Note the use of the expression **il y a** in the following sentences.

Paul a téléphoné **il y a** dix minutes.   *Paul phoned ten minutes **ago**.*
Suzanne est rentrée **il y a** deux jours.   *Suzanne came back two days **ago**.*

To indicate how long AGO an event occurred, the following construction is used:

passé composé + **il y a** + elapsed time	Marie est partie **il y a une semaine.**

---

14. Quand?   Dites quand vous avez fait les choses suivantes. Utilisez la construction *il y a + temps.*

● dîner au restaurant?
    J'ai dîné au restaurant il y a trois jours (une semaine, deux mois, etc.).

1. aller au cinéma?
2. naviguer sur le Net?
3. sortir avec mes copains?
4. faire un voyage?
5. arriver à cette université?
6. avoir mon diplôme de *high school?*
7. téléphoner à mes grands-parents?
8. nettoyer ma chambre?
9. faire une promenade à bicyclette?

COMMUNICATION:
telling how long ago
you did things

Have a classmate ask a related question. **Dans quel restaurant as-tu dîné? Avec qui as-tu été au restaurant?** etc.

E.   La place de l'adverbe au passé composé

Note the position of the adverbs **beaucoup** and **souvent** in the passé composé.

J'ai **beaucoup aimé** Paris.   *I liked Paris **a lot.***
Je **suis souvent sorti** avec mes amis.   *I **often went out** with my friends.*

The formation of adverbs ending in **-ment** will be treated in Lesson 28.

When ADVERBS OF MANNER like **bien** and **souvent** are used in the passé composé, the word order is:

subject + **(ne)** auxiliary verb **(pas)** + adverb + past participle

J'ai **bien** dormi.	Elle n'est pas **souvent** sortie.

Other negative expressions (ne ... personne, ne ... rien, ne ... plus) will be presented in Lessons 22 and 23.

❖ Adverbs of TIME like **hier** and **aujourd'hui,** and adverbs of PLACE like **ici** and **là-bas,** come AFTER the past participle.

François est rentré **hier.**   Nous avons travaillé **ici.**

Vocabulaire: *Quelques adverbes*

In the passé composé, the following adverbs come between the auxiliary and the past participle.

bien ≠ **mal**	*well* ≠ *badly*	J'ai **bien** entendu mais j'ai **mal** répondu.
peu ≠ **beaucoup**	*little* ≠ *much*	Nous avons **peu** travaillé mais nous avons **beaucoup** joué.
assez ≠ **trop**	*enough* ≠ *too much*	Tu n'as pas **assez** étudié et tu es **trop** sorti.
souvent ≠ **ne ... jamais**	*often* ≠ *never*	J'ai **souvent** voyagé, mais je **ne** suis **jamais** allé à Grenoble.
déjà ≠ **ne ... pas encore**	*already* ≠ *not yet*	J'ai **déjà** visité Québec, mais je **n'**ai **pas encore** visité Montréal.
presque	*almost*	J'ai **presque** fini mes devoirs.
rarement	*rarely, seldom*	Cette année je suis **rarement** allé au cinéma.
vraiment	*really*	Thomas a **vraiment** aimé le film.

NOTES DE VOCABULAIRE

1. With **ne ... jamais** and **ne ... pas encore, ne** comes before the auxiliary.
2. In questions, **déjà** corresponds to the English *ever.*

   Êtes-vous **déjà** allé à Paris?   *Have you **ever** gone to Paris?*

   In questions, **jamais** used alone—without the **ne**—also corresponds to *ever.*

3. Many French adverbs that end in **-ment** correspond to English adverbs in *-ly.*

   -ment ↔ *-ly*   rare**ment**   *rarely*

---

15. **Causes et conséquences**   Lisez ce que les personnes suivantes ont fait et dites si oui ou non elles ont fait les choses entre parenthèses.

COMPREHENSION: drawing conclusions

● Les étudiants ont réussi à l'examen. (travailler beaucoup?)
   Ils ont beaucoup travaillé.

1. Tu as eu un cauchemar *(nightmare)*. (dormir mal?)
2. Vous avez perdu le match. (jouer bien?)
3. Nous sommes allés dans un excellent restaurant. (dîner bien?)
4. Michelle est fatiguée *(tired)*. (dormir assez?)
5. Pierre a été très malade *(sick)*. (maigrir beaucoup?)
6. Vous n'êtes jamais sortis de chez vous. (voyager peu?)
7. Tu n'as pas trouvé la solution du problème. (chercher assez?)

16. Dialogue Demandez à vos camarades s'ils ont déjà fait les choses suivantes.

● visiter Paris?
> —*Est-ce que tu as déjà visité Paris?*
> —*Oui, j'ai déjà visité Paris.*
> ou: —*Non, je n'ai jamais visité Paris.*

1. aller à Québec?
2. faire un voyage en ballon *(balloon)*?
3. monter dans un hélicoptère?
4. descendre dans un sous-marin *(submarine)*?
5. piloter un avion?
6. dîner dans un restaurant vietnamien?

L'Opéra de la Bastille, Paris

17. Au bureau Madame Mercier demande certaines choses à son assistant. Il répond affirmativement ou négativement. Avec un(e) partenaire, jouez les deux rôles.

● M. Duval / téléphoner? (oui)
> MME MERCIER: *Est-ce que M. Duval a téléphoné?*
> L'ASSISTANT: *Oui, il a déjà téléphoné.*

● les clients / arriver? (non)
> MME MERCIER: *Est-ce que les clients sont arrivés?*
> L'ASSISTANT: *Non, ils ne sont pas encore arrivés.*

1. Mme Dumas / envoyer un chèque? (non)
2. l'avocat *(lawyer)* / finir le contrat? (oui)
3. M. Bouvier / rentrer de New York? (non)
4. la secrétaire / partir? (oui)
5. le fax de New York / arriver? (oui)
6. vous / aller à la banque? (oui)
7. vous / envoyer les paquets? (non)
8. M. Castel / payer la facture *(invoice)*? (non)

COMMUNICATION
and REVIEW:
using language in real-life
situations

These communication activities can either be done extemporaneously or they can be assigned for outside preparation, with each student writing out the appropriate questions (and responses, if desired).

Et vous?

In class, students can practice the conversations in pairs or groups.

If desired, random pairs or groups of students can act out their conversation in front of the class.

 Pas de problème! CD-ROM: Module 3

 Pas de problème! video: Module 3

Contacts *Cahier d'activités:* Workbook, Leçon 15 Lab Manual, Leçon 15

Video Module 3 and worksheet in the *Instructor's Resource Manual*

Communication

1. It is the day after spring break. Your partner has come back to school with a very nice tan.

Ask your partner . . .
- where he/she went
- how he/she traveled
- how many days he/she stayed there
- if he/she stayed in a hotel or with friends
- what he/she did
- if he/she met someone interesting (and if so, whom)
- when he/she got back

2. At the beginning of the week, you discuss with two fellow students what they did during the weekend.

Find out . . .
- if they went out on Saturday
- where they went
- whether they had been there before and how often
- what they did or did not do
- what they did on Sunday afternoon
- where they had dinner on Sunday
- when they did their homework

Vivre en France   À l'hôtel

In France, the equivalent of a bed & breakfast is: **une chambre d'hôte** (in the city) or **un gîte rural** (in the countryside).

Vocabulaire pratique: *À l'hôtel*

Quand on voyage en France, on peut **aller** dans...

> **un petit hôtel bon marché mais confortable.**
> **un hôtel de luxe.**
> **une auberge** *(inn)* **à la campagne.**
> **une auberge de jeunesse** *(youth hostel).*
> **une pension** *(boarding house).*

À l'hôtel

Vous désirez? *(May I help you?)*

> Je voudrais *(would like)* | **une chambre.**
> | **réserver une chambre.**

Quel genre *(type)* **de chambre désirez-vous?**

> Je voudrais une chambre | **pour une personne.** | **avec douche** *(with a shower).*
> | **pour deux personnes.** | **avec salle de bains.**
> | **à un lit.** | **avec le téléphone.**
> | **à deux lits.** | **avec la télévision.**
> | | **avec l'air conditionné.**
> | | **avec une belle vue** *(view).*

Combien de temps *(for how long)* **allez-vous rester?**

> Je vais rester | **deux nuits.** | **jusqu'à** *(until)* **mardi prochain.**
> | **une semaine.** | **jusqu'au 10 juillet.**
> | **du 2 au 7 août.**

Comment allez-vous payer?

> Je vais payer | **en espèces.** | **avec des chèques de voyage.**
> | **par chèque.** | **avec une carte de crédit.**

Je vous **donne** *(give)* la chambre 315.   Voici **la clé** *(key).*

D'autres questions

Est-ce qu'il y a | **un restaurant?**
| **un parking?**
| **un garage?**

Point out to students that, ironically, the French word **parking** comes from the English word *parking lot,* whereas the English *garage* is derived from the French verb **garer** *(to park).*

Quel est le prix des chambres?

Est-ce que | **le petit déjeuner** *(breakfast)* | est | **inclus** *(included)* | dans le prix?
| **le service** *(tip)* | | **compris** *(included)* |

Activité: *En voyage en France*

Les personnes suivantes voyagent en France. Dites quel type de logement *(lodging)* chaque personne va choisir.

- Monsieur Renaud est représentant de commerce *(salesman)*. Quand il voyage, il téléphone à sa femme le soir. Il aime aussi regarder la télévision.
  Il va aller dans un petit hôtel bon marché mais confortable.
  Il va prendre une chambre pour une personne avec le téléphone et la télévision.

1. Monsieur Reynolds est un millionnaire texan. Il voyage en France avec sa femme. Pour eux, le confort est très important.
2. Silvia et ses copines Isabel et Teresa sont des étudiantes espagnoles. Elles voyagent en France à bicyclette. Elles n'ont pas beaucoup d'argent.
3. Mademoiselle Clément est présidente d'un club pour la protection de la nature. Elle aime passer ses vacances à la campagne.
4. Dieter Mueller est un étudiant allemand qui va passer un an en France.
5. Lucia Tomasini, une actrice italienne, assiste *(is attending)* au festival de Cannes. Elle passe une semaine en France avec sa fille de douze ans.

Situations: *À la réception de l'hôtel Beaurivage*

Les personnes suivantes arrivent à l'hôtel Beaurivage. Composez des dialogues avec la réceptionniste selon le modèle. Ensuite jouez ces dialogues en classe avec un(e) partenaire.

- Madame Chardon / avec salle de bains / 45 euros / deux nuits / par chèque

RÉCEPTIONNISTE:	*Bonjour, Madame.*
MME CHARDON:	*Bonjour, Mademoiselle. Je voudrais une chambre.*
RÉCEPTIONNISTE:	*Pour combien de personnes?*
MME CHARDON:	*Pour une personne, s'il vous plaît, avec salle de bains. C'est combien?*
RÉCEPTIONNISTE:	*C'est 45 euros par nuit.*
MME CHARDON:	*Très bien. Je vais prendre (to take) cette chambre.*
RÉCEPTIONNISTE:	*Combien de temps allez-vous rester à l'hôtel?*
MME CHARDON:	*Deux nuits.*
RÉCEPTIONNISTE:	*Comment allez-vous payer?*
MME CHARDON:	*Par chèque.*
RÉCEPTIONNISTE:	*Parfait. Je vais vous donner la chambre 128. Voici votre clé. Bon séjour (Have a nice stay), Madame.*
MME CHARDON:	*Merci, Mademoiselle.*

1. Monsieur et Madame Gavin / avec douche / 50 euros / jusqu'à mardi / avec une carte de crédit
2. Mademoiselle Rochette / avec vue sur la plage / 50 euros / une nuit / en espèces
3. Monsieur et Madame Valentin / avec la télévision et l'air conditionné / 95 euros / jusqu'au 15 août / avec des chèques de voyage

Le Guide Michelin

Le Guide Michelin (guide rouge) est un livre très utile *(useful)* pour les touristes qui visitent la France. Pour chaque *(each)* ville, ce livre présente une liste des principaux *(main)* hôtels. Il donne tous les renseignements *(all the information)* nécessaires pour chaque hôtel: catégorie, éléments de confort, prix, etc....

Comment lire le Guide Michelin

Pour chaque hôtel, le Guide Michelin donne un certain nombre de renseignements importants.

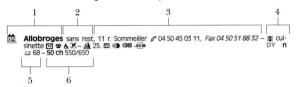

1. **la catégorie**   L'hôtel Allobroges est un hôtel confortable. (C'est un hôtel de bon confort.)
2. **le restaurant**   Cet hôtel n'a pas de restaurant.
3. **l'adresse et le numéro de téléphone**   Cet hôtel est situé 11, rue Sommeiller. Son numéro de téléphone est le 04.50.45.03.11 et de fax le 04.50.51.88.32.
4. **les éléments de confort**   Il y a un ascenseur *(elevator)*. Il y a la télévision. Les chambres sont accessibles aux handicapés physiques. Elles ont le téléphone. Il y a une cuisinette *(small kitchen)*. Il n'y a pas de tennis.
5. **le petit déjeuner**   Le prix du petit déjeuner est de 68 francs.
6. **le nombre et le prix des chambres**   Il y a 50 chambres. Le prix des chambres va de 550 à 650 francs par nuit. Ils acceptent quatre types de cartes de crédit.

	Grand luxe	XXXXX
	Grand confort	XXXX
	Très confortable	XXX
	De bon confort	XX
	Assez confortable	X
	Simple mais convenable	

✿✿✿	La table vaut le voyage
✿✿	La table mérite un détour
✿	Une très bonne table
Repas	Repas soigné à prix modérés 100/130
⌕	Petit déjeuner
enf. 60	Menu enfant

| 🏛 X | Menu à moins de 80 F |

🏰 ... 🏛	Hôtels agréables
XXXXX ... X	Restaurants agréables
←	Vue exceptionnelle
←	Vue intéressante ou étendue
↘	Situation très tranquille, isolée
↘	Situation tranquille

🏡	Repas au jardin ou en terrasse
🏋	Salle de remise en forme
⚓	Piscine en plein air ou couverte
🎾	Jardin de repos – Tennis à l'hôtel

🛗	Ascenseur
⇜	Chambres pour non-fumeurs
▤	Air conditionné
☎	Téléphone direct
✆	Prise Modem-Minitel dans la chambre
⚕	Accessible aux handicapés physiques
🚗	Parking – Garage
P	Parking clos
▩	Salles de conférence, séminaire
🐕	Accès interdit aux chiens
AE ⑩	American Express – Diners Club
GB	Carte Bancaire
JCB	Japan Credit Bureau

Caption (right margin): Prices shown here and on the next page are in francs. One euro = approximately 6,50 francs.

Activité: *Visite à Annecy*

Imaginez que vous allez passer quelques jours à Annecy. Vous voulez réserver une chambre. Choisissez un hôtel sur la liste. Vous téléphonez à la réception pour obtenir des renseignements *(to get information)*. Un(e) camarade va jouer le rôle du (de la) réceptionniste.

Voici les renseignements que vous pouvez demander:

> Quelle est l'adresse de l'hôtel?
> Est-ce que les chambres ont une douche / une salle de bains?
> Est-ce qu'il y a un parking / un restaurant / une piscine?
> Quel est le prix des chambres?
> Combien coûte le petit déjeuner?
> Est-ce que le service est compris? etc....

ANNECY   **P** 74000 H.-Savoie 74 ⑥ **G.** Alpes du Nord — 49 644 h Agglo. 126 729 h alt. 448 — Casino .

Impérial Palace M ⑳, 32 av. Albigny ☏ 04 50 09 30 00, Fax 04 50 09 33 33, ≤, ⌂, « Décor contemporain », ⌂ — ▣ ✗, ▤ ch, ☏ ☎ ⅙ ▣ — ⌂ 25 à 700. ▥ ⑪ GB — Voile ☏ 04 50 09 31 47 Repas *(150)*-190 ♀, enf. 90 — ⌂ 120 — 91 ch 1100/1500, 7 appart — ½ P 850   CV s

Splendid M sans rest, 4 quai E. Chappuis ☏ 04 50 45 20 00, Fax 04 50 45 52 23 — ▣ ▤ ☏ ☎ ✆ — ⌂ 60. ▥ ⑪ GB ᴊᴄʙ. ✗ ⌂ 68 — 50 ch 520/665   EY d

Carlton sans rest, 5 r. Glières ☏ 04 50 10 09 09, Fax 04 50 10 09 60 — ▣ ☏ ☎ ✆ ⇔ — ⌂ 30. ▥ ⑪ GB ᴊᴄʙ ⌂ 60 — 55 ch 500/605   DY g

Allobroges sans rest, 11 r. Sommeiller ☏ 04 50 45 03 11, Fax 04 50 51 88 32 — ▣ cuisinette ☏ ☎ ⅙ ▣ — ⌂ 25. ▥ ⑪ GB ᴊᴄʙ ⌂ 68 — 50 ch 550/650   DY n

Flamboyant sans rest, 52 r. Mouettes CU à Annecy-le-Vieux ✉ 74940 ☏ 04 50 23 61 69, Fax 04 50 23 05 03 — cuisinette ▤ ☏ ☎ ⇔ ▣. ▥ ⑪ GB ᴊᴄʙ ⌂ 59 — 30 ch 375/695

Réserve, 21 av. Albigny ☏ 04 50 23 50 24, Fax 04 50 23 51 17, ≤, ⌂ — ☏ ☎ ▣. ▥ ⑪ GB fermé 20 déc. au 8 janv. — Repas *(106)* - 128 (déj.), 140/195 ♀, enf. 65 — ⌂ 48 — 12 ch 450/550 — ½ P 400/440   CV v

Les Terrasses, 15 r. L. Chaumontel ☏ 04 50 57 08 98, Fax 04 50 57 05 28, ⌂, ⌂ — ☏ ☎ ✆ ⅙ ▣. ⑪ GB. ✗ rest   BV a
Repas *(fermé 18 déc. au 14 janv. et dim. sauf juil.-août)* *(59)* - 85 ♀ — ⌂ 35 — 20 ch 290/370 — ½ P 255/305

Eden sans rest, 3 r. Alpins ☏ 04 50 57 14 64, Fax 04 50 67 00 87 — ☏ ☎ ⅙. GB. ✗ fermé 15 au 29 oct. — ⌂ 33 — 10 ch 248/310   CU d

Activité: *À l'Impérial Palace*

Maintenant, imaginez que vous arrivez sans réservation à l'Impérial Palace. Vous demandez des renseignements à la réception. Jouez un dialogue avec un(e) partenaire, qui prend le rôle de réceptionniste. Vous voulez une chambre à un lit, avec salle de bains et télévision; vous restez trois nuits. Vous allez payer avec une carte de crédit. Demandez le prix, et dites que vous prenez le petit déjeuner.

The city of Annecy is located on the shores of **le lac d'Annecy,** a popular tourist site in the French Alps.

PETIT LEXIQUE
fermé: *closed*
hors saison: *off season*
carte / environ: *menu (prices) / approximately*
Pâques: *Easter*
dîner seul: *only dinner (is served)*

Have students find the symbols for the following credit cards: American Express, Diner's Club, Eurocard, Visa (carte bleue).

Contacts *Cahier d'activités:* Workbook and Lab Manual, Vivre en France 4

Aperçu culturel
La France et ses régions

From the prehistoric cave drawings of Lascaux to the remnants of the Roman Empire in Provence, from the imposing medieval abbeys of Burgundy to the gracious Renaissance chateaux of the Loire, each corner of France bears witness to an amazingly rich history.

*Traditionally a rural country, France today is an urban and technologically advanced nation. Although Paris still plays an important role as the French capital, the other regions **(la province)** now display vitality of their own. New centers for research, training, and manufacturing are being developed throughout France. The architectural and cultural environment of these technology centers provides further incentives for people to move to those areas that promise to be the cradles of new industry.*

After the United States, France is the second most popular tourist destination in the world. Imagine you are on a trip through France. These four stops will let you discover the rich diversity of the French cultural heritage.

Première escale°: la Provence

La Provence est située° entre les Alpes et la Méditerranée. C'est une ravissante région au climat doux°. Les oliviers°, les figuiers°, les vignes°, la lavande°, le thym, le romarin° et le basilic° parfument agréablement la campagne. Le soir dans les petites villes, on joue à la pétanque°. En été, des milliers de touristes vont à la recherche de° mer et de soleil.

La Provence est aussi une région d'une grande richesse culturelle et historique. Sous les Romains c'était° la plus riche des provinces de l'Empire. Beaucoup de monuments nous restent de cette époque°: des arènes°, des amphithéâtres, des ponts°, des temples. Au quatorzième siècle°, Avignon, l'une des plus grandes villes de Provence, devient le centre religieux et artistique de l'Europe; le Palais° des Papes° a été la résidence des papes de 1305 à 1378.

La Provence, c'est aussi le pays de nombreux° artistes. Cette région a inspiré des grands peintres comme Van Gogh, Matisse, Cézanne et Picasso. Elle est également° le site de nombreux festivals, comme le fameux festival de théâtre d'Avignon.

stop

located

pleasant / olive trees / fig trees / vineyards / lavender / rosemary / basil
Mediterranean game of bowling / in search of

it was

era / arenas / bridges

century

palace / Popes

many

also

Le village de Gordes en Provence

Les santons de Provence

En 1789, à l'époque de la Révolution, on ferme[1] les églises de France. Jean-Louis Lagnel, un fabricant[2] de statues religieuses, a l'idée[3] de faire des petites statuettes bon marché pour les gens. Ces figurines, qu'on appelle des «santons» (ce qui signifie «petit saint» en provençal[4]), ont beaucoup de succès. Au début[5], elles représentent des personnages[6] bibliques mais, peu à peu[7], elles prennent les formes de marchands[8], de pêcheurs[9], de chasseurs[10], de bergers[11]. Tous ces petits personnages illustrent les métiers[12] typiques des habitants de la Provence traditionnelle. Les santons sont aujourd'hui des objets de décoration qu'on aime dans le monde entier[13].

1 closed / 2 maker / 3 idea / 4 Provençal (language) / 5 In the beginning / 6 characters / 7 little by little / 8 merchants / 9 fishermen / 10 hunters / 11 shepherds / 12 trades / 13 throughout the world

Le Palais des Papes à Avignon

L'aïoli

Quand vous invitez des amis à dîner, vous pouvez leur servir des crudités[1] (des carottes, des poivrons[2], du chou-fleur[3], etc.) avec une mayonnaise typiquement provençale: l'aïoli. S'il en reste[4] après leur départ, mangez-la[5] avec des œufs durs[6] ou de la viande froide[7]. C'est délicieux ... si vous aimez l'ail[8]!

Ingrédients:

4 gousses[9] d'ail; 1 jaune d'œuf[10]; 1 tasse[11] d'huile[12]; sel[13] et poivre[14]

Préparation:

- Écrasez[15] l'ail dans un bol[16] pour faire une pâte[17].
- Mélangez[18] l'ail écrasé avec le jaune d'œuf, le sel et le poivre.
- Avec un batteur électrique[19], continuez à mélanger et versez[20] l'huile très lentement[21] et régulièrement[22]. La sauce a maintenant la consistance[23] d'une mayonnaise: voilà!

Bon appétit!

1 raw vegetable appetizer / 2 peppers / 3 cauliflower / 4 If there's any left / 5 eat it / 6 hard-boiled eggs / 7 cold meat / 8 garlic / 9 cloves / 10 egg yolk / 11 cup / 12 oil / 13 salt / 14 pepper / 15 crush / 16 bowl / 17 paste / 18 mix / 19 electric mixer / 20 pour / 21 slowly / 22 evenly / 23 consistency

Deuxième escale: l'Alsace

Continuons notre voyage vers° le nord° pour arriver en Alsace, une région très pittoresque à l'ouest° de l'Allemagne et au nord-ouest de la Suisse. Les Alsaciens sont très fiers° d'être français, mais leur région a un petit air° germanique. L'Alsace a été formée° par les nombreux conflits entre l'Allemagne et la France: l'Alsace est germanique au neuvième siècle, française au dix-septième siècle, rattachée à° l'empire allemand en 1870. Elle redevient française en 1918 ... jusqu'en 1940. L'Alsace est sous la domination allemande de 1940 à sa libération en 1945. Les traditions, le folklore, l'architecture, la gastronomie et même le dialecte alsacien sont donc° très différents du reste de la France.

toward / north
west
proud / seems a little
was formed

reattached to

therefore

Maison alsacienne avec colombages

Il y a en Alsace un grand nombre de petits villages pittoresques et de vignobles°. Cette région est célèbre pour ses vins blancs, ses bières et ses eaux de vie°. Des cigognes°, ces grands oiseaux° considérés comme des porte-bonheur°, font leurs nids° sur le toit° des maisons.

Plusieurs° hommes célèbres° sont nés° en Alsace, comme Albert Schweitzer, gagnant° du prix Nobel de la paix° en 1952, et Auguste Bartholdi, le sculpteur de la Statue de la Liberté de New York.

vineyards

brandies / storks / birds
good-luck omens / nests / roof
Several / famous / were born
winner / peace

Le Palais des Droits de l'homme, Strasbourg

Aujourd'hui, grâce à° sa situation géographique et au fait° que le Parlement de l'Union européenne est à Strasbourg, l'Alsace est considérée en quelque sorte° le centre de l'Europe. Le Palais des Droits de l'homme, inauguré en juin 1995, confirme le rôle européen de la ville de Strasbourg et l'étend° au monde entier.

thanks to
fact

in a way

extends it

Le château du Haut-
Kœnigsbourg en Alsace

égendes et traditions

tte région médiévale a fait très envie à° ses voisins. Il y a en Alsace 150 châteaux-
ts°. Tous ces vieux châteaux et ces ruines dans les forêts alsaciennes ont inspiré
aucoup de légendes: un château dont le souterrain° est hanté° par le fantôme d'un
gneur° criminel, des sorcières° qui se rencontrent° près de certaines ruines, les
mes blanches° qui apparaissent° au clair de lune° entre les rochers° ... Les Alsa-
ns aiment leurs traditions et célèbrent leur folklore tout au long de° l'année.

made ... envious
fortified castles
cellars / haunted
lord / witches / meet
white ladies / appear / by moonlight / rocks
all year round

À table!

La cuisine alsacienne n'a pas la réputation d'être légère[1], mais elle est délicieuse. Parmi[2] les plats[3] traditionnels, il y a la tarte à l'oignon[4], la choucroute[5], et le poulet[6] au riesling. Les plats alsaciens sont souvent

servis[7] dans une sauce au vin[8]. Après le repas, le munster est un
fromage[9] délicieux. Comme dessert, le kougelhopf est un gâteau[10]
alsacien fameux.

Pour une expérience bien authentique, on peut aller dans une
«winstub», un salon de vin[11], où le patron[12] sert[13] un repas
campagnard[14] fait pour accompagner les vins de son vignoble.
Après un dîner alsacien, en 1792, un jeune capitaine, Rouget de
Lisle, a été invité par son hôte strasbourgeois[15] à créer[16] un hymne
militaire pour les soldats[17] de la Révolution. Il composa[18] le «Chant
de guerre[19] pour l'armée du Rhin». On connaît[20] aujourd'hui ce
refrain sous le nom de la «Marseillaise», l'hymne national de la
France!

1 light / 2 among / 3 dishes / 4 onion / 5 sauerkraut / 6 chicken / 7 served / 8 wine / 9 cheese / 10 cake / 11 wine room / 12 owner / 13 serves / 14 country meal /
15 from Strasburg / 16 to create / 17 soldiers / 18 composed / 19 war song / 20 knows

Une maison en Normandie

Troisième escale: la Normandie

are crossing
next to the English Channel / land
landed
World War II / cliffs
meadows / apple trees

Nous traversons° maintenant la France vers l'ouest pour aller dans une région située à côté de la Manche°. La Normandie, le pays° des Vikings, a inspiré les impressionnistes au dix-neuvième siècle. C'est là aussi qu'ont débarqué° les Alliés pendant la Deuxième Guerre mondiale°. Aujourd'hui, c'est le pays des falaises° blanches, des jolis petits ports, des prés° verts, des pommiers°, et du camembert.

expand
among which

L'histoire de la Normandie n'est pas la même que celle du reste de la France. Sous la domination des Vikings au neuvième siècle, elle devient indépendante en 911. Les Normands continuent à agrandir° leur région jusqu'au treizième siècle et construisent beaucoup de cathédrales et d'abbayes, parmi lesquelles° la célèbre abbaye du Mont-Saint-Michel.

dukes
war chest
king / had promised him
gets angry / relative / seizes / crown
his rights / defeats
crowned / at the same time
equal

Un des ducs° de l'époque, le célèbre Guillaume le Conquérant, gouverne la Normandie de façon très efficace et constitue un trésor de guerre° important. En 1066, après la mort du roi° Édouard d'Angleterre, qui lui avait promis° la succession, Guillaume se met en colère° parce qu'un parent° du roi saisit° la couronne°. Guillaume décide alors d'aller défendre son droit°. Son armée normande bat° les Anglais à Hastings le 14 octobre 1066 et Guillaume est couronné° roi d'Angleterre le jour de Noël. Il devient à la fois° roi d'Angleterre, l'égal° du roi de France, et duc de Normandie, vassal du roi de France.

On arrive au Mont-Saint-Michel par une route qui est recouverte[1] d'eau quand la marée[2] est haute[3]. L'île a toujours été protégée[4] des attaques par les plus fortes marées d'Europe et par des sables mouvants[5]. Cette forteresse a aussi des remparts. Elle abrite[6] un petit village et une magnifique abbaye bénédictine, commencée en 1023 et construite[7] sur trois niveaux[8] au long des[9] siècles.

*1 covered / 2 tide / 3 high / 4 protected / 5 quicksand /
6 shelters / 7 built / 8 levels / 9 down through the*

La Tapisserie[1] de Bayeux, faite par la reine Mathilde, femme de Guillaume le Conquérant, est la plus grande «bande dessinée[2]» du monde. C'est une broderie[3] de 70 mètres qui raconte[4] en détail l'histoire de la conquête.

1 Tapestry / 2 comic strip / 3 embroidery / 4 tells

La Normandie a connu une histoire très agitée°. Un des épisodes les plus célèbres a lieu° pendant la Deuxième Guerre mondiale: en 1943, quand les Allemands semblaient° gagner la guerre, Roosevelt et Churchill décident de lancer° une grande opération militaire. Le général Eisenhower, futur président des États-Unis, commande les armées alliées. Le 6 juin 1944, 165.000 hommes débarquent sur les plages de Normandie. C'est le début de la bataille de Normandie qui dure° 77 jours. Pendant cette période, 2 millions de soldats alliés débarquent en Normandie. Cette offensive mène à° la libération de la France et à la défaite de l'Allemagne en mai 1945.

Aujourd'hui, les plages de Normandie, qui ont comme noms de code Utah, Omaha, Gold, Juno et Sword, attirent° beaucoup de touristes venus° rendre hommage aux° soldats alliés, libérateurs de la France. Il est aussi possible de visiter de nombreux cimetières° militaires, monuments et musées, souvenirs de ces moments historiques.

troubled
took place / were seeming
launch

lasts
leads to

attract / who have come
to pay respects
cemeteries

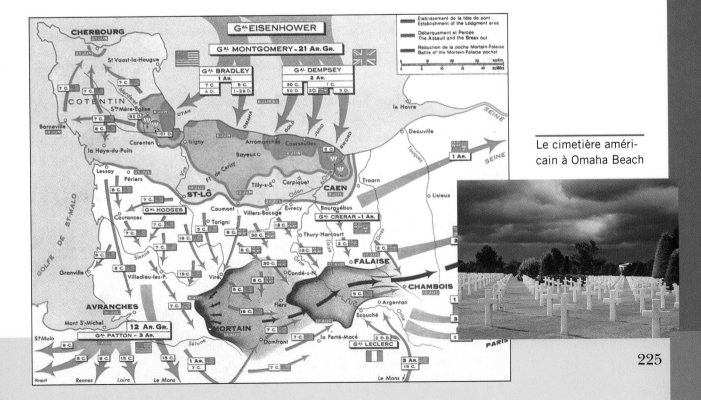

Le cimetière américain à Omaha Beach

225

Left: Le boulevard Saint Michel à Paris
Top: La pyramide du Louvre   *Right:* Le musée d'Orsay

Quatrième escale: Paris

Since

Depuis° ses origines, Paris a été presque sans interruption la capitale de la France, mais cette ville a plus de prestige qu'une simple capitale. Vous avez vu qu'un grand nombre de décisions concernant la population française entière sont prises° à Paris. L'influence de Paris n'est cependant° pas limitée à l'Hexagone°. Paris exerce° une attraction dans le monde entier. Elle doit° son succès à des raisons géographiques, historiques, politiques et culturelles. Les aperçus° suivants° présentent certains aspects de cette superbe ville.

taken / however
continental France / exerts / owes
sketches / following

Le Quartier latin

founded / Celtic
B.C. / On the other side / left bank / is found / district

In those days / spoke / hence

Paris est née sur l'île de la Cité. La ville est fondée° par la tribu celte° des Parisii en 350 av. J-C°. De l'autre côté° de la Seine, sur la rive gauche° de Paris, se trouve° le Quartier° latin, le quartier des étudiants. La Sorbonne, l'université de Paris fondée au treizième siècle, est aussi dans ce quartier. À l'époque°, les professeurs et les étudiants parlaient° latin, d'où° le nom du quartier.

bookstores

La rue principale du Quartier latin est le boulevard Saint Michel, que l'on appelle aussi «le Boul'Mich». Le Quartier latin est célèbre pour ses vieilles librairies°, ses clubs de jazz, ses cafés sympathiques et ses petits restaurants vietnamiens, grecs et marocains.

Le Louvre

halls / fields

glass
Mona Lisa
painted / works

Il y a beaucoup de touristes dans le quartier du Louvre. C'est là, en effet, que sont les vestiges les plus anciens de la ville. C'est là aussi que se trouve le musée du Louvre qui, avec 224 salles° et une grande galerie plus longue que trois terrains° de football américain, est aujourd'hui le plus grand musée du monde occidental. Construit originellement au douzième siècle, le Louvre a longtemps été une résidence royale, transformée et agrandie par ses habitants successifs. Au vingtième siècle, l'architecte I. M. Pei a construit une grande pyramide de verre° très moderne qui sert d'entrée au musée. Au Louvre, on peut admirer la célèbre *Joconde*° peinte° par Léonard de Vinci et des milliers d'œuvres° artistiques qui datent de l'antiquité jusqu'à la période romantique.

226

La Tour Eiffel, éclairée à l'entrée du nouveau millénaire

Les Champs-Elysées et l'Arc de Triomphe

Le musée d'Orsay

C'est dans le quartier Saint Germain que se trouve le plus vieux café du monde: le Procope. C'est aussi dans ce quartier que se trouve le musée d'Orsay. Le musée d'Orsay était une gare d'où partaient° les trains pour Orléans, Tours et Bordeaux. En 1986, elle a été transformée en un très beau musée pour les œuvres d'art des années 1848 à 1905. C'est au deuxième étage° que se trouve l'admirable collection des œuvres impressionnistes de Manet, Degas, Monet, Renoir, Sisley, Pissarro, Van Gogh et Cézanne.

from which ... left

third floor

La Tour Eiffel

Pour des millions de personnes dans le monde°, la Tour Eiffel est le symbole de Paris. Construite en 1889 par l'ingénieur Gustave Eiffel, la «dame de fer°» représente un exploit technique extraordinaire. Entièrement préfabriquée, elle a nécessité l'assemblage de dix-huit mille pièces métalliques et de deux millions et demi de rivets. Durant son existence, la Tour Eiffel a eu des fonctions multiples: poste d'observation militaire, enseigne° lumineuse pour une marque° d'automobiles, antenne de télévision... Éclairée° de vingt mille lumières° à l'occasion de l'an 2000, elle a marqué l'entrée de la France dans le nouveau millénaire. Aujourd'hui, la Tour Eiffel est le monument le plus visité de France. Chaque année, six millions de touristes prennent° ses ascenseurs° pour découvrir° le panorama de Paris.

world

iron

sign / make / Lit

lights

take / elevators

discover

Les Champs-Élysées

La célèbre avenue des Champs-Élysées qui mène° à l'Arc de Triomphe est devenue très à la mode° à partir du° dix-neuvième siècle. À cette époque, la ville a fait élargir° les trottoirs° et installer des fontaines et des lumières. Ce modernisme a tout de suite° attiré les gens importants qui venaient° au bal ou dans les cafés et les restaurants chics du quartier. Aujourd'hui, sur les Champs-Élysées, il y a un peu de tout: des fast-foods, des magasins bon marché, des cafés chers et un grand nombre de cinémas. C'est aussi là qu'ont lieu chaque année le défilé° du 14 juillet et la dernière étage° du Tour de France.

leads

fashionable / starting from / widened / sidewalks / immediately / came

parade / stage

227

Leçon 16   Pourquoi la France?

Leçon 17   Pour garder la ligne

Leçon 18   Bon appétit!

Communication skills:
Describing travel plans
Ordering and discussing foods
Talking about quantities
Using language in real-life situations

Lexical base:
Countries and nationalities
Foods, beverages, and meals

Grammar base:
Present and passé composé of **venir, prendre, boire, mettre**
Recent past: **venir de** + *infinitive*
Prepositions with countries, cities
Partitive; expressions of quantity

Cultural focus:
Visiting France: French cuisine
French view of physical fitness

228

Pourquoi la France?

6

COMPRÉHENSION DU TEXTE

1. Quelle est la nationalité de Per Eriksen? Quelle est la nationalité de sa petite amie?
2. Avec qui est-ce que Vanessa Bigelow visite la France? Quelle région de la France est-ce qu'elle va visiter?
3. Quelle est la nationalité de Stefan Schmidt? Quelle est sa profession? Pourquoi est-ce qu'il aime la France?
4. Pourquoi est-ce que Shigeko Hasegawa vient en France?
5. Avec qui est-ce que Peter de Jong va en France? Qu'est-ce qu'il pense de la cuisine française?

 Où allez-vous aller cet été°? À l'époque° du jet et du charter, le choix des destinations est immense pour les touristes; le Japon, l'Égypte, la Grèce, l'Espagne … et bien sûr, la France! Chaque année°, entre° le premier juillet et le 30 septembre, des millions de visiteurs viennent° en France. Pourquoi la France? Voici la réponse de cinq touristes venus d'horizons bien différents°.

PER ERIKSEN *(étudiant, 22 ans, danois°)*
Pourquoi est-ce que je viens en France? Parce que ma petite amie° est française. C'est une raison° suffisante, non?

VANESSA BIGELOW *(étudiante, 17 ans, américaine)*
Je visite la France avec mon école. Cette année, nous avons fait une expérience° de correspondance par courrier électronique° avec un lycée à Caen. Et maintenant, nous venons rendre visite à nos correspondants. C'est chouette°, non? Nous allons rester deux semaines en Normandie. J'ai vraiment envie de rencontrer nos amis et de visiter la région.

summer / era

year / between
come
from very different areas

Danish
girlfriend
reason

experiment
e-mail
great

STEFAN SCHMIDT *(photographe, 25 ans, allemand)*

Je viens d'Allemagne. Je suis photographe de mode° et je viens en France deux ou trois fois° par an, pour mon travail et pour mon plaisir°. Les gens ici, même° dans les grandes villes, ont une joie de vivre° que nous n'avons pas en Allemagne. Les Français ont du style, aussi: ils cultivent le passé° de leur pays°, mais ils sont en même temps° très créatifs.

fashion photographer
times / pleasure / even
zest for life
past / country
at the same time

SHIGEKO HASEGAWA *(employée de banque, 27 ans, japonaise)*

Je viens d'arriver° à Paris et je suis vraiment très heureuse d'être ici! Je rêve° de venir en France depuis si longtemps°! J'aime beaucoup la langue et la culture françaises. J'ai l'intention de visiter beaucoup de musées, mais je veux aussi découvrir° comment les Français vivent et comment ils mangent: j'ai acheté un énorme guide sur les restaurants de la capitale!

I just arrived / I've been dreaming / for so long

discover

PETER DE JONG *(architecte, 34 ans, hollandais)*

Ma femme et moi, nous sommes venus en France pour la première fois en 1985, l'année de notre mariage. Depuis°, nous revenons° tous les ans. Pourquoi? Parce que nous adorons la cuisine française! Nous aimons aussi la diversité de ce pays, et nous essayons de° visiter une région différente chaque° année: l'an dernier, nous sommes allés faire du ski dans les Alpes. Cette année, nous voulons découvrir la Dordogne et le Périgord: une région magnifique, je crois°, et idéale pour bien manger!

Since then / we come back

try / every

believe

Note culturelle: **La France, un pays touristique**

Chaque année, des millions de touristes visitent la France. Ces touristes viennent[1] d'Allemagne, de Belgique, d'Angleterre, de Scandinavie, de Suisse, mais aussi des États-Unis et du Canada.

Pourquoi choisissent-ils la France? Pour visiter des monuments ou pour rencontrer des gens? Pour prendre[2] contact avec la France d'aujourd'hui ou la France d'hier? Pour la culture, pour la langue[3] ou pour la cuisine? Chacun[4] a ses raisons.

Chacun a aussi sa méthode pour voyager. Beaucoup de touristes visitent la France avec un voyage organisé. Cette méthode a l'avantage d'être simple, mais elle ne favorise pas les contacts humains. Les jeunes, les étudiants en particulier, viennent en France pour rencontrer des Français et des Françaises de leur âge. Certains[5] s'inscrivent[6] à une université pour des cours d'été. D'autres[7] passent les vacances dans une famille avec qui ils font un échange[8]. D'autres font du camping[9]. D'autres visitent la France en autostop[10]. Et les sportifs peuvent visiter une région à bicyclette ou à pied.

Avant de partir pour la France, il est maintenant possible d'organiser son voyage sur le Net. On peut réserver une chambre d'hôtel, choisir un café au Quartier latin, et même choisir des places à la Comédie française, sans quitter son chez-soi.

Activité Pourquoi, selon vous, est-ce que les touristes viennent aux États-Unis? Est-ce que les raisons qu'on donne sont différentes des raisons citées pour visiter la France?

1 *come* 2 *make* 3 *language* 4 *each one* 5 *some* 6 *sign up*
7 *others* 8 *exchange* 9 *go camping* 10 *hitchhiking*

Structure et vocabulaire

A.   Le verbe *venir*

The verb **venir** *(to come)* is irregular.			
infinitive	**venir**	Quand vont-ils **venir**?	
present	je **viens** tu **viens** il/elle/on **vient** nous **venons** vous **venez** ils/elles **viennent**	Je **viens** de France. Tu **viens** avec nous? Elle **vient** chez moi. Nous **venons** de chez un ami. Vous **venez** à six heures, n'est-ce pas? Elles **viennent** au café avec nous.	Have students practice the forms of **venir** by conjugating the sample sentence: **Je viens de France.**
passé composé	je **suis venu(e)**	Elles **sont venues** avec leurs amis.	

❖   The passé composé of **venir** is conjugated with **être.**

❖   Note the interrogative expression **d'où** *(from where).*

   D'où venez-vous?   **Where** do you come *from?*

Vocabulaire: *Verbes conjugués comme* venir

venir	*to come*	Marie **vient** demain. Ses cousins **sont venus** hier.
devenir	*to become*	Avec l'âge, on **devient** plus patient. Cet artiste **est devenu** riche et célèbre *(famous).*
revenir	*to come back*	Quand est-ce que tu **reviens**? Quand est-ce que ta tante **est revenue** de Paris?

NOTE DE VOCABULAIRE

After **devenir,** nouns designating professions are generally used without **un** or **une** (except when these nouns are modified by an adjective).

Après l'université, Pauline est   *After college, Pauline became*
   devenue **architecte.**   *an architect.*

1. **La conférence internationale**   Les étudiants suivants participent à une con-férence internationale. Donnez leur nationalité et leur ville d'origine d'après le modèle.

PRACTICE: **venir**

● Anne-Marie (française / Marseille)
  Anne-Marie est française. Elle vient de Marseille.

1. Luis et Carlos (mexicains / Puebla)
2. nous (américains / San Francisco)
3. vous (japonais / Tokyo)
4. je (canadien / Québec)
5. tu (anglais / Londres)
6. Boris (russe / Moscou)
7. ces étudiants (indiens / New Delhi)
8. ces étudiantes (suisses / Genève)

2. **Après l'université**   Dites ce que les personnes suivantes sont devenues après l'université.

PRACTICE: passé composé of **devenir**

● Anne-Marie / architecte
  Anne-Marie est devenue architecte.

1. nous / photographes
2. vous / interprète
3. Cécile / actrice
4. ces étudiants / journalistes
5. je / professeur d'espagnol
6. tu / pianiste
7. Alice et Louise / femmes d'affaires *(businesswomen)*
8. Jean-Claude / pharmacien

3. **Questions personnelles**

COMMUNICATION: answering questions

1. De quelle ville venez-vous?
2. D'où vient votre père? votre mère? votre meilleur ami? votre meilleure amie?
3. Est-ce que vos amis viennent souvent chez vous? Quand? Pourquoi?
4. Est-ce que le français devient plus facile pour vous?
5. Est-ce que vous devenez plus patient(e)? plus libéral(e)? plus indépendant(e)? plus tolérant(e)? plus optimiste? plus réaliste?
6. Avez-vous l'intention de revenir à cette université l'année prochaine?

CENTRE D'ETUDES FRANCO-AMERICAIN DE MANAGEMENT

CEFAM

B.   Le passé récent avec *venir de*

The following sentences describe events or actions that HAVE JUST TAKEN PLACE. Note the constructions in bold type.

Janine **vient de téléphoner.**	*Janine (has) just called.*
Nous **venons de rentrer.**	*We just came (have just come) back.*
Tes amis **viennent de partir.**	*Your friends (have) just left.*

To express an action or event that has just happened in the RECENT PAST the following construction is used:

present tense of **venir** + **de** + infinitive	**Je viens de finir** ce livre.

4.   D'où viennent-elles?   Dites d'où reviennent les personnes suivantes. Dites aussi ce qu'elles viennent de faire.

PRACTICE: venir de

● Hélène (la bibliothèque / étudier)
Hélène revient de la bibliothèque.
Elle vient d'étudier.

DEPUIS 1885
LES DEUX MAGOTS
Café Littéraire

1. Paul (le restaurant / dîner)
2. nous (la plage / nager)
3. vous (le stade / jouer au football)
4. Mme Prévost (le bureau / travailler)
5. mes amis (le magasin / acheter des CD)
6. Thérèse (la discothèque / danser)
7. Antoine et Christophe
   (le supermarché / acheter des fruits)
8. tu (le café / parler avec tes amis)
9. je (la poste / envoyer une lettre)

5.   Ça vient d'arriver *(It just happened)*   Marc veut savoir si ses amis ont fait certaines choses. Martine répond affirmativement et dit qu'ils viennent de faire ces choses. Jouez les deux rôles.

ROLE PLAY: discussing recent events

● Éric / sortir

MARC: *Est-ce qu'Éric est sorti?*
MARTINE: *Oui, il vient de sortir.*

1. Catherine / téléphoner
2. le professeur / partir
3. nos amis / arriver
4. Thomas / payer le loyer
5. Suzanne et Béatrice / rentrer
6. tes cousines / répondre à ta lettre

6. Conversation Demandez à vos camarades pourquoi ils se sentent ainsi *(feel the way they do)*. Ils vont répondre avec la réponse suggérée ou une réponse de leur choix.

● ——*Pourquoi es-tu triste?*
——*Je viens d'avoir une dispute avec mon copain.*
ou: ——*Je viens d'avoir un «C» à l'examen de maths.*

POURQUOI?
• triste
• content(e)
• fatigué(e)
• heureux/heureuse
• de bonne humeur *(in a good mood)*
• de mauvaise humeur

PARCE QUE...
• avoir une dispute avec un copain
• réussir à l'examen de...
• jouer au tennis
• gagner à la loterie
• téléphoner à mon copain
• perdre mon portefeuille *(wallet)*

C. L'emploi de l'article défini avec les noms géographiques

Note the use of the definite article with geographical names:

Paris est la capitale de **la** France.
Le Massachusetts est un état *(state)* américain.

Nous allons visiter **le** Portugal en septembre.
Béatrice va faire du ski dans **les** Alpes.

> The DEFINITE ARTICLE is used to introduce most GEOGRAPHICAL NAMES: continents, countries, states, provinces, rivers, etc. It is usually not used with names of cities.

le, la, les + geographical names	*le* **Canada** *la* **France** *les* **Alpes**	BUT: **Paris**

❖ The names of a few countries, especially island countries, are used without articles.

Israël, Cuba, Porto Rico, Tahiti, Madagascar

❖ A few cities have definite articles as part of their name.

le Havre, le Caire *(Cairo),* **la Nouvelle Orléans, la Rochelle**

LE CROISIC ▶ NANTES ▶ PARIS ▶ POITIERS ▷ LA ROCHELLE

Vocabulaire: *Le monde*

Quelques autres pays:
le Danemark   danois
le Sénégal   sénégalais
Israël   israélien(ne)
l'Argentine   argentin
l'Autriche   autrichien(ne)
la Hollande   hollandais
la Norvège   norvégien(ne)
la Suède   suédois
la Corée   coréen(ne)

Noms

un état	*state*	une capitale	*capital*
les gens	*people*	une langue	*language*
le monde	*world*	une nationalité	*nationality*
un pays	*country*	une ville	*city, town*

Pays et nationalités

le Brésil	brésilien (brésilienne)	l'Allemagne	allemand
le Canada	canadien (canadienne)	l'Angleterre	anglais
les États-Unis	américain	la Belgique	belge
le Japon	japonais	la Chine	chinois
le Mexique	mexicain	l'Égypte	égyptien (égyptienne)
le Portugal	portugais	l'Espagne	espagnol
		la France	français
		la Grèce	grec (grecque)
		l'Irlande	irlandais
		l'Italie	italien (italienne)
		la Russie	russe
		la Suisse	suisse

Have students note the required liaison: les États-Unis.

Directions

le nord

l'ouest   l'est

le sud

Quelques continents:
l'Amérique   américain
l'Afrique   africain
l'Asie   asiatique

NOTES DE VOCABULAIRE

Except for **le Maine** and **le Nouveau Mexique**, states that end in **-e** are feminine (**la Floride**). States that end in other letters are masculine (**le Colorado, le Vermont**).

1. Most countries and states that end in **-e** are feminine. Countries and states that do not end in **-e** are masculine.

le Japon	la France
le Brésil	la Suisse

le Texas	la Floride
le Vermont	la Californie

Also: **le Cambodge**

   Exceptions: Note that **le Mexique, le Zaïre,** and **le Maine** are masculine.

2. In French, ADJECTIVES of nationality are not capitalized. However, when these words function as NOUNS to designate the people from that country, they are capitalized. Compare:

un étudiant français	*a French student*	**un Français**	*a Frenchman*
une fille anglaise	*an English girl*	**une Anglaise**	*an English woman*

3. All names of languages are masculine and are not capitalized.

   Le français et **l'espagnol** sont des langues d'origine latine.

7. Conversation   Faites une liste de cinq pays que vous voudriez *(would like)* visiter. Choisissez ces pays parmi *(among)* les pays du Vocabulaire et classez-les par ordre de préférence. Ensuite, comparez votre liste avec la liste de vos camarades.

COMMUNICATION: discussing travel preferences

> Je voudrais visiter...
> 1.
> 2.
> 3.
> 4.
> 5.

8. Voyages et visites   Les personnes suivantes voyagent. Les phrases ci-dessous indiquent dans quelles villes sont ces personnes. Utilisez ces renseignements pour dire quel pays chaque personne visite et expliquez pourquoi selon le modèle.

COMMUNICATION: stating nationality

   Paul est à Québec. (avoir une amie)
Paul visite le Canada. Il a une amie canadienne.

1. Jacqueline est à Acapulco. (avoir des amis)
2. Suzanne est à Madrid. (rendre visite à des étudiants)
3. Jean-François est à Liverpool. (avoir une copine)
4. Je suis à Dublin. (aimer l'hospitalité)
5. Jacques est à Rome. (aimer la cuisine)
6. Mme Bellami est à New York. (faire un article sur la presse)
7. M. Rousseau est à Tokyo. (rendre visite à des clients)
8. M. et Mme Durand sont à Berlin. (acheter une voiture)

MALLORCA ILES BALÉARES.

Des Vacances Comme Chez Soi.

ESPAÑA
L'Espagne, une passion, la vie.

D.   L'emploi des prépositions avec les villes et les pays

The prepositions **à, au (aux), en,** and **de (des)** are used with place names to express movement and location.

	City	Feminine country	Masculine country	Plural country
to	J'aime Paris.	J'aime la France.	J'aime le Canada.	J'aime les États-Unis.
in	Je vais **à** Paris.	Je vais **en** France.	Je vais **au** Canada.	Je vais **aux** États-Unis.
from	Je suis **à** Paris.	Je suis **en** France.	Je suis **au** Canada.	Je suis **aux** États-Unis.
	Je viens **de** Paris.	Je viens **de** France.	Je viens **du** Canada.	Je viens **des** États-Unis.

NOTE: **en** and **d'** are used with masculine countries and states beginning with a vowel sound. **Je rentre d'Alaska. Nous allons en Alaska.**

If the name of the city contains an article, this article is maintained. **Je vais au Havre. J'arrive de la Rochelle.**

❖ With masculine American states, **dans le** is often used instead of **au** to express location. Compare:

Feminine   *Masculine*
J'habite **en** Californie.   Mon cousin habite **dans le** Vermont.
Je vais **en** Floride.   Mes amis vont **dans le** Colorado.

❖ Note how French distinguishes between cities and states having the same name.

Je suis **à** New York.   Albany est **dans l'état de** New York.
Tu habites **à** Washington.   Mon cousin habite **dans l'état de** Washington.

9.   Transit à Roissy   Les voyageurs suivants sont en transit à Charles-de-Gaulle, l'aéroport international de Paris. Dites de quels pays ces voyageurs viennent et dans quels pays ils vont.

PRACTICE: prepositions with names of countries

● Paul (le Canada / la Suisse)   *Paul vient du Canada. Il va en Suisse.*

1. nous (le Sénégal / le Canada)   4. Jacqueline (le Portugal / l'Angleterre)
2. vous (les Bermudes / le Japon)   5. François (la Suisse / les États-Unis)
3. Silvia (l'Italie / la Belgique)   6. Antoine et Pierre (les États-Unis / l'Allemagne)

10.   Expression personnelle   Complétez les phrases suivantes avec le nom d'un pays du vocabulaire à la page 236. Utilisez la préposition qui convient.

COMMUNICATION: talking about oneself

1. J'habite...
2. Je suis allé(e)...
3. Je ne suis jamais allé(e)...
4. Je voudrais passer les vacances...
5. Je voudrais travailler...
6. Je n'ai pas envie de travailler...
7. Je voudrais connaître *(to know)* des étudiants qui viennent...

E.   L'emploi du présent avec *depuis*

In the following pairs of sentences, the first sentence describes an event that is taking place now. The second sentence describes how long this activity has been going on. Compare the use of tenses in French and English.

The following constructions are also used (but not taught in this book): **il y a/voilà** + length of time + present tense. **Il y a (voilà) deux mois que je travaille ici.**

Anne **habite** à Lyon.	*Anne **lives** in Lyon.*
Elle **habite** à Lyon **depuis** septembre.	*She **has been living** in Lyon **since** September.*
Nous **sommes** à Paris.	*We **are** in Paris.*
Nous **sommes** à Paris **depuis** une semaine.	*We **have been** in Paris **for** a week.*
Vous **étudiez** le français.	*You **are studying** French.*
Vous **étudiez** le français **depuis** six mois.	*You **have been studying** French **for** six months.*

To describe a current action or situation that HAS BEEN GOING ON for or since some time in the past, and is STILL going on, the following construction is used:

verb (PRESENT TENSE) + **depuis** + { starting point (since) / length of time (for)	Il **habite** ici **depuis** 1980. Il **habite** ici **depuis** dix ans.

❖ To ask when an ongoing situation began, the following interrogative expressions are used:

Depuis quand... ?	*Since when . . . ?*	—**Depuis quand** êtes-vous à l'université? —Depuis septembre.
Depuis combien de temps... ?	*For how long . . . ?*	—**Depuis combien de temps** habitez-vous ici? —Depuis deux ans.

❖ Although both **depuis** and **pendant** are the equivalent of *for* (+ length of time), they have different meanings and are used with different tenses. Compare:

Depuis quand asks for a specific starting time. **Depuis combien de temps** asks about duration.

Jacques **habite** à Paris **depuis** deux ans.	*Jacques **has been living** in Paris **for** two years.* *(The action is continuing—he still lives there.)*
Paul **a habité** à Paris **pendant** deux ans.	*Paul **lived** in Paris **for** two years.* *(The action ended in the past—he no longer lives there.)*

JOAILLIER   DEPUIS   1858

BOUCHERON

PARIS

PARIS · CANNES · GENEVE · LONDRES · BEYROUTH · OSAKA · SEOUL · TAIPEI · TOKYO

11. En France   Ces étudiants américains sont en France. Dites depuis quand ils font certaines choses.

PRACTICE: present +
depuis

● Robert / habiter à Paris / septembre
Robert habite à Paris depuis septembre.

1. Julie / habiter à Toulouse / le 3 mai
2. nous / étudier à l'Alliance française / octobre
3. Jacqueline et Denise / louer un appartement / le 15 novembre
4. vous / étudier le français / le mois de septembre
5. je / travailler pour une agence de voyage / le printemps
6. Barbara / avoir un copain français / l'été
7. tu / déjeuner au restaurant universitaire / octobre

COMMUNICATION:
talking about ongoing
situations

12. Dialogue   Demandez à vos camarades depuis combien de temps ils font les choses suivantes. (Si c'est nécessaire, ils vont inventer une réponse.)

● être à l'université
—***Depuis combien de temps es-tu à l'université?***
—***Je suis à l'université depuis deux ans (six mois…).***

1. habiter dans cette ville
2. étudier le français
3. jouer au baseball
4. avoir un vélo
5. avoir l'âge de voter
6. avoir ton diplôme de *high school*
7. utiliser un ordinateur
8. être dans la salle de classe *(classroom)*
9. faire cet exercice

Communication

COMMUNICATION and REVIEW: using language in real-life situations

These communication activities can either be done extemporaneously or they can be assigned for outside preparation, with each student writing out the appropriate questions (and responses, if desired).

In class, students can practice the conversations in pairs.

If desired, random pairs of students can act out their conversation in front of the class.

Contacts *Cahier d'activités:*
Workbook, Leçon 16
Lab Manual, Leçon 16

1. Last August your friend traveled around Europe on a Eurailpass. Since you are going to Europe this July, you would like to know more about your friend's trip.

Ask your partner . . .
- in which country he/she started **(commencer)** his/her trip
- which countries he/she visited
- if he/she went to Spain and to Portugal
- which countries he/she preferred
- when he/she came back to the United States

2. You are a reporter for the campus paper. Today you are interviewing a famous French rock star who is giving a concert at your university as part of a world tour. Of course, you address the rock star as **vous.**

Ask your partner . . .
- where he/she lives
- for how long he/she has been living there
- if he/she often comes to the United States
- if he/she is going to Canada this time **(cette fois)**
- what countries he/she is going to visit after his/her tour **(la tournée)** in the United States

Et vous?

3. Discuss with a classmate some recent trip (real or imaginary!) that you took to an exotic location.

Share with him/her . . .
- what country you went to
- why you went there
- what cities in the country you visited, and which ones you preferred
- when you returned home

COMPRÉHENSION DU TEXTE
Le sens général
1. Qui est en forme? Qui n'est pas en forme?
2. Qui mange des choses saines? Qui ne mange pas de choses saines?
Les détails
3. Pourquoi est-ce qu'André n'a pas de problème avec sa ligne?
4. En quoi consiste le régime d'André? Est-ce qu'il est satisfait *(happy)* de ce régime?
5. Est-ce que Yannick observe un régime spécial? Pourquoi pas?

André explique à Yannick comment il garde sa ligne°. Et vous, qu'est-ce que vous faites pour garder votre ligne?   stay fit

YANNICK:	Oh là là! Je ne suis pas en forme°, moi, en ce moment. Je ne sais pas pourquoi...	*in shape*
ANDRÉ:	Moi, je sais: tu ne fais pas de sport, tu manges mal... Voilà! Moi, depuis° la rentrée°, j'ai changé mes habitudes. D'abord°, je fais de l'exercice° tous les jours...	*since / start of the new term / First / I exercise*
YANNICK:	Tu as le temps d'aller au club de sports tous les jours°, toi?	*every day*

Explain to students that **gymnastique** also applies to general exercise.

LEÇON 17   243

ANDRÉ: Non, mais je fais de la gym° chez moi, le matin, pendant un quart
d'heure. Après, je prends un bon petit déjeuner°: un jus de carotte°, du
pain° et du fromage°, du thé°, et une banane.

gymnastique
breakfast / carrot juice
bread / cheese / tea

YANNICK: Tu bois° du jus de carotte? Quelle horreur! Et pas de café? Moi, si je ne
bois pas de café, je dors toute la journée! Et puis le matin, je ne peux
pas manger, je n'ai pas faim.

drink

ANDRÉ: C'est une question d'habitude°! Quand on fait du sport, on a faim, mais
on a envie de manger des choses saines°. Alors, on ne grossit pas. Tu
comprends?

a question of habit
healthy

YANNICK: Mais moi, j'aime bien manger des gâteaux°, de la glace°, boire de la
bière°...

cake / ice cream
beer

ANDRÉ: Justement°! Fais de l'exercice et tes goûts° vont changer: moi, après le
sport, quand j'ai soif, je bois de l'eau°, je n'ai pas envie de prendre des
sodas ou de la bière, par exemple... Écoute, je fais de la natation° deux
soirs par semaine avec Antoine et Jérôme. On va à la piscine demain:
viens avec nous. Ensuite°, on va tous manger à la pizzeria.

Exactly / tastes
water
go swimming

Afterwards

YANNICK: À la pizzeria? Ah! Après tout° ... pourquoi pas?

After all

Note culturelle: **La qualité de la vie**

Connaissez-vous[1] l'expression «bon vivant»? Cette expression est d'origine française. Ce n'est pas un hasard[2]. La France a la réputation d'être le pays du «bien vivre[3]» et les Français justifient généralement cette réputation. Ils adorent la bonne cuisine et consacrent[4] une part importante[5] de leur budget à la nourriture[6]. Ils apprécient aussi les bons vins[7]. Les vins français, dit-on[8], sont les meilleurs du monde.

Mais les Français d'aujourd'hui, surtout les jeunes, font aussi attention à leur santé[9]. Dans les vingt dernières années, leurs habitudes alimentaires[10] ont considérablement changé. Ils mangent moins de pain[11] et moins de viande[12] et plus de fruits et de légumes[13]. Ils consomment moins de vin et moins d'alcool et plus de jus de fruit[14] et d'eau[15] minérale. Ils ont aussi une vie[16] plus active et ils font beaucoup de sport. Ils jouent au tennis, ils font de la planche à voile[17], de la voile[18] et de la natation. Ils font du ski, de la bicyclette, du jogging, mais ils aiment aussi marcher. Ils attachent de l'importance à «la qualité de la vie». Pour bien vivre, il faut avoir une vie saine[19] et équilibrée[20].

Activité Que font les jeunes Américains pour être en bonne santé? Est-ce la même chose que les Français, ou est-ce différent?

*1 do you know   2 accident   3 good living   4 devote   5 = grande
6 food   7 wines   8 it is said   9 health   10 dietary habits
11 bread   12 meat   13 vegetables   14 fruit juices   15 water
16 life   17 windsurfing   18 sailing   19 healthy   20 balanced*

Structure et vocabulaire

You may have students practice the forms of **prendre** by conjugating the sentence **Je prends un sandwich.**

A.   Le verbe *prendre*

The verb **prendre** *(to take)* is irregular.

Be sure students pronounce the forms of **prendre** properly.

infinitive		**prendre**	Qu'est-ce que tu vas **prendre?**	
present	je	**prends**	Je **prends** mes disquettes.	
	tu	**prends**	**Prends**-tu ta bicyclette?	/prã/
	il/elle/on	**prend**	Jacques ne **prend** pas sa voiture.	
	nous	**prenons**	Nous **prenons** nos livres.	/prənõ/
	vous	**prenez**	Est-ce que vous **prenez** votre caméscope?	/prəne/
	ils/elles	**prennent**	Mes cousins **prennent** leur appareil-photo.	/prɛn/
passé composé	j'**ai**	pris	Est-ce que tu **as pris** tes cassettes?	

Vocabulaire: *Verbes conjugués comme* prendre

prendre	*to take, take along*	Nous **prenons** nos cassettes.
	to take (transportation)	**Prenez**-vous le bus?
	to have something to eat or drink	Je vais **prendre** un sandwich.
		Anne **prend** un café.
apprendre	*to learn*	J'**ai appris** l'italien.
comprendre	*to understand*	Nous ne **comprenons** pas la question.

1.   **Vacances à l'étranger** *(Vacation abroad)*   Les étudiants suivants passent leurs vacances à l'étranger pour apprendre la langue du pays. Lisez où sont ces étudiants et dites quelle langue chacun *(each)* apprend. Utilisez le verbe **apprendre** et les expressions suivantes: **le français, l'espagnol, l'anglais.**

PRACTICE: apprendre

●   Mes cousins sont à Buenos Aires.
    Ils apprennent l'espagnol.

1. Annette est à Chicago.
2. Philippe est à Mexico.
3. Nous sommes à Paris.
4. Je suis à Genève.
5. Tu es à Madrid.
6. Henri et Thérèse sont à Dallas.
7. Jacqueline est à San Francisco.
8. Vous êtes à Québec.

COMMUNICATION:
answering questions

2. Questions personnelles

1. Prenez-vous beaucoup de notes en classe de français?
2. Comprenez-vous quand le professeur parle français? Est-ce que les autres *(other)* étudiants comprennent?
3. Apprenez-vous une autre *(another)* langue? l'espagnol? le russe? le chinois? l'italien? l'allemand?
4. Comprenez-vous l'espagnol? le russe? l'italien? l'allemand?
5. Avez-vous un appareil-photo? Prenez-vous beaucoup de photos? Avez-vous pris des photos pendant les vacances? De quoi?
6. Prenez-vous le bus quand vous allez à l'université?
7. Prenez-vous le bus, le train ou l'avion quand vous voyagez?
8. Avez-vous pris l'avion récemment *(recently)?* Où êtes-vous allé(e)?

B.   L'article partitif

The nouns illustrated on the left refer to whole items. They are introduced by INDEFINITE articles. The nouns on the right refer to portions or undetermined quantities of these items. They are introduced by PARTITIVE articles. Note the forms of the PARTITIVE ARTICLE.

Voici...

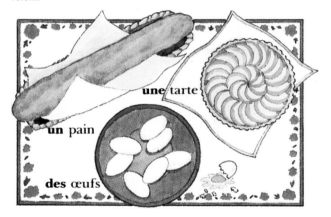

Voilà...

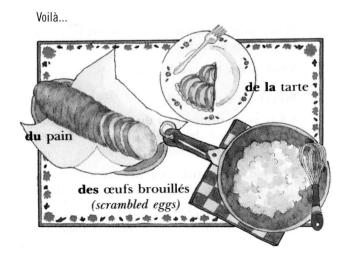

FORMS

PARTITIVE ARTICLES have the following forms:			

		Before a consonant	**Before a vowel**
singular masculine feminine	**du / de l'** **de la / de l'**	**du** champagne **de la** salade	**de l'**argent **de l'**eau minérale *(mineral water)*
plural	**des**	**des** spaghetti	**des** œufs brouillés *(scrambled eggs)*

USES

Partitive articles are used to refer to a CERTAIN AMOUNT or QUANTITY of something.

Voici **de l'eau minérale.**	*Here is (some) mineral water.*
Voilà **du rosbif.**	*Here is (some) roast beef.*

❖ The partitive article frequently corresponds to the English *some* and *any.* While *some* or *any* may be omitted in English, the partitive articles must be used in French.

Veux-tu **du** thé ou **du** café?	*Do you want (**some**) tea or (**some**) coffee?*
Prends-tu **de la** salade?	*Are you having (**any**) salad?*
S'il te plaît, donne-moi **du** pain.	*Please give me (**some**) bread.*
Est-ce qu'il y a **de la** bière dans le réfrigérateur?	*Is there (**any**) beer in the refrigerator?*

❖ The partitive article is generally used in the singular. The plural form **des** is the same as the plural of the indefinite article **un/une.**

Veux-tu **des** spaghetti?	*Do you want (**any**) spaghetti?*
Voici **des** épinards.	*Here is **some** spinach.*

Make sure that students do not confuse **du, des** (partitive articles) with **du** and **des** (contractions of **de** + definite articles).

The distinction between mass and count nouns is presented in Lesson 18. In this lesson, students will practice these forms only in guided contexts.

Des is the plural of the indefinite article and of the partitive article. It is rarely used as a plural partitive article since there are very few plural mass nouns: **des épinards** *(spinach),* **des spaghetti, des œufs brouillés, des carottes râpées** *(grated carrots)* . . .

Vocabulaire: *Au menu*

Vocabulary for fruits and vegetables will be introduced in Lesson 18.

Noms

les hors-d'œuvre	*appetizers*		
le jambon	*ham*		
le saucisson	*salami*		
le poisson	*fish*		
le saumon	*salmon*		
le thon	*tuna*	**la sole**	*sole*
la viande	*meat*		
le bœuf	*beef*		
le porc	*pork*		
le poulet	*chicken*		
le rosbif	*roast beef*		
le fromage	*cheese*	**la salade**	*salad*
le dessert	*dessert*		
le gâteau	*cake*	**la crème**	*custard*
le yaourt	*yogurt*	**la glace**	*ice cream*
		la tarte	*pie*

For initial practice, ask students to name three foods they like and three foods they dislike. **J'aime le jambon, la glace et le fromage. Je déteste...**

d'autres produits (*other products*)			
le beurre	*butter*	**la confiture**	*jam*
un œuf	*egg*	**la crème**	*cream*
le pain	*bread*	**la mayonnaise**	*mayonnaise*
le poivre	*pepper*	**la moutarde**	*mustard*
le riz	*rice*	**les pâtes**	*pasta*
le sel	*salt*		
le sucre	*sugar*		

Verbe

manger	*to eat*	Qu'est-ce que vous **mangez?**

NOTES DE VOCABULAIRE

1. There is no liaison or elision before the **h** of **hors-d'œuvre.** Note also that **hors-d'œuvre** is invariable: **un hors-d'œuvre, des hors-d'œuvre.**
2. The final **-f** of **œuf** and **bœuf** is pronounced in the singular. It is silent in the plural.
3. The final **-c** of **porc** is silent.
4. **Manger** follows the pattern of the other verbs in **-ger:** the **nous**-form ends in **-eons:** nous **mangeons.**

un œuf /œf/
des œufs /ó/

3. **À table**   Offrez à vos camarades les choses suivantes. Ils vont accepter, suivant le modèle.

ROLE PLAY: offering and accepting food

● le café
—*Veux-tu du café?*
—*Oui, après tout. Donne-moi° du café, s'il te plaît.*

Give me

1. la limonade
2. la pizza
3. les spaghetti
4. le ketchup
5. la tarte
6. les œufs brouillés *(scrambled)*
7. le dessert
8. le melon

4. **Au restaurant**   Vous travaillez dans un restaurant à Québec. Proposez les choses suivantes à vos clients. Vos camarades vont indiquer leur choix.

COMMUNICATION: ordering food

● le poulet ou le rosbif?   VOUS: *Prenez-vous du poulet ou du rosbif?*
VOTRE CLIENT(E): *Je vais prendre du poulet (du rosbif).*

1. le jambon ou le saucisson?
2. le céleri ou le melon?
3. le rosbif ou le porc?
4. le riz ou les pâtes?
5. le sel ou le poivre?
6. le beurre ou la margarine?
7. la salade ou le fromage?
8. le yaourt ou la glace?
9. le gâteau ou la tarte?
10. le sucre ou la crème?

5. **Conversation**   Vous trouvez sur votre CD-ROM culinaire une idée pour le dîner: une omelette au jambon et au fromage. Faites une liste de six choses que vous allez acheter. Expliquez votre liste à un(e) camarade.

COMMUNICATION: preparing a shopping list

Je vais acheter du jambon,...

LISTE DES COURSES
1. *jambon*
2.
3.
4.
5.
6.

As students describe each item on their list, have them use the partitive or the indefinite article as appropriate.

C.   L'article partitif dans les phrases négatives

Note the forms of the partitive article in the answers to the questions below.

Veux-tu **du** gâteau?	Non, je ne veux **pas de** gâteau.
Prends-tu **de l'**agneau?	Non, je ne prends **pas d'**agneau.
As-tu pris **de la** salade?	Non, je n'ai **pas** pris **de** salade.
Avez-vous mangé **des** spaghetti?	Non, je n'ai **pas** mangé **de** spaghetti.

After NEGATIVE expressions such as **ne ... pas,**

du, de la (de l'), des	become	**de (d')**	Je **ne** prends **pas de** pain. Je **ne** prends **pas d'**eau.

*Also after **ne ... jamais.***

*The form **de (d')** is used to introduce a direct object. After **être** the noun is a predicate nominative and not a direct object.*

❖   After **ce n'est pas,** however, there is no change. The regular partitive is used.

Est-ce que c'est **du rosbif?** Non, ce n'est pas **du rosbif.**

6.   **Une végétarienne**   Nicole est végétarienne. Dites si oui ou non elle mange les choses suivantes.

● le pain?   *Oui, elle mange du pain.*

● le jambon?   *Non, elle ne mange pas de jambon.*

1. la glace?   3. le porc?   5. l'agneau?   7. le bœuf?
2. la salade?   4. le poulet?   6. le fromage?   8. le saucisson?

COMPREHENSION: stating food preferences

*V with jamais: Elle ne mange jamais de jambon.
 V in passé composé: Elle n'a pas mangé de jambon.*

7.   **Une allergie**   Vous êtes au supermarché avec Sophie qui est allergique aux produits laitiers *(dairy products)*. Demandez-lui si elle achète les produits suivants.

● glace   VOUS: *Tu achètes de la glace?*
 SOPHIE: *Non, je n'achète pas de glace.*

● pain   VOUS: *Tu achètes du pain?*
 SOPHIE: *Oui, j'achète du pain.*

1. rosbif   4. saumon   7. yaourt
2. lait   5. crème   8. fromage
3. agneau   6. sucre   9. confiture

ROLE PLAY: discussing food purchases

*V in passé composé:
 —Est-ce que tu as acheté de la glace?
 —Non, je n'ai pas acheté de glace.*

8.   **La cafétéria de l'université**   Dites si oui ou non le restaurant de votre université sert les plats suivants. Commencez vos phrases par les expressions **il y a souvent** ou **il n'y a pas souvent.**

● le porc   *Il y a souvent du porc.*   ou: *Il n'y a pas souvent de porc.*

1. la salade   3. le rosbif   5. le poulet   7. le gâteau   9. le riz
2. la sole   4. le jambon   6. la soupe   8. le thon   10. les pâtes

COMMUNICATION: describing cafeteria foods

D.   Le verbe *boire*

The verb **boire** *(to drink)* is irregular.

infinitive	**boire**	Qu'est-ce que tu vas **boire**?
present	je **bois** tu **bois** il/elle/on **boit** nous **buvons** vous **buvez** ils/elles **boivent**	Moi, je **bois** du café. Tu **bois** de la limonade? Jacques **boit** toujours de la bière. Nous ne **buvons** pas de vin. **Buvez**-vous du thé? Mes parents **boivent** du champagne.
passé composé	j'**ai** bu	Mes amis **ont bu** du café ce matin.

9.   Un cocktail   Vous êtes invité(e) à un cocktail par la famille de vos amis français. Dites ce que chacun boit. (Utilisez l'article partitif.)

PRACTICE: boire

● Monsieur Dupont / le champagne
Monsieur Dupont boit du champagne.

1. Marc / le Perrier
2. Stéphanie / la limonade
3. mes amis / l'eau minérale
4. vous / le punch
5. nous / le vin blanc
6. je / le jus d'orange
7. tu / la bière
8. Isabelle et Didier / le vin

V in passé composé:
M. Dupont a bu du champagne.

punch = /pɔ̃ʃ/

Vocabulaire: *Boissons*

le café	coffee	**la bière**	beer
le jus d'orange	orange juice	**la boisson**	beverage, drink
le lait	milk	**l'eau**	water
le thé	tea	**l'eau minérale**	mineral water
le vin	wine	**la limonade**	lemon soda

Also:
le Perrier
le Coca-Cola
le Pepsi
le jus de pomme
l'Orangina *(m)*
Lemonade in French is **citron pressé**.

10.   Dialogue   Demandez à vos camarades s'ils boivent les choses suivantes.

COMMUNICATION: stating drink choices

● le lait   —*Bois-tu du lait?*
         —*Oui, je bois du lait.*
   ou: —*Non, je ne bois pas de lait.*

1. le thé
2. le café
3. l'eau
4. l'eau minérale
5. le vin français
6. le vin de Californie
7. la bière
8. le jus d'orange
9. le jus de tomate

V in plural:
—Buvez-vous du lait?
—Oui, nous buvons...
V with jamais:
Je ne bois jamais de lait.

11. Préférences   Indiquez ce que vous buvez dans les circonstances suivantes.

COMMUNICATION: describing favorite beverages

● Quand j'ai très soif...
   Quand j'ai très soif, je bois de l'eau (de la limonade, de la bière...).

1. Quand j'étudie...
2. Quand je suis avec mes amis...
3. Quand je mange un hamburger...
4. Quand je mange de la viande...
5. Quand je mange du poisson...
6. Quand je suis au café...
7. Quand j'ai froid...

12. Conversation   Demandez à trois camarades ce qu'ils ont mangé et ce qu'ils ont bu hier pour le dîner. Inscrivez les résultats de votre enquête.

COMMUNICATION: finding out what others had for dinner

NOM	*Frank*			
PLATS	*poulet* *salade* *glace*			
BOISSON	*lait*			

● —*Frank, qu'est-ce que tu as mangé hier?*
   —*J'ai mangé du poulet, de la salade et de la glace.*
   —*Et qu'est-ce que tu as bu?*
   —*J'ai bu du lait.*

La cuisine provençale

E.   L'emploi idiomatique de *faire*

Note the use of the partitive article in the following expressions with **faire**.

Je **fais du** volleyball.	*I **play** volleyball.*
Nous **faisons de la** gymnastique.	*We **practice** gymnastics. (We **are doing** exercises.)*
Faites-vous **des** maths?	*A**re** you **studying** math?*
Avez-vous **fait de l'**italien?	*Did you **study** (**have you studied**) Italian?*
J'**ai fait du** théâtre.	*I **was active** in the theater.*
À l'université nous **faisons de la** politique.	*In college we **are involved** in politics.*

> The verb **faire** is used in the following construction with several meanings: *to practice* or *play (a sport), to study (a subject or an instrument), to be active* or *involved in (an activity).*

faire	**du (de l')** **de la (de l')** **des**	+ noun	**faire du** football **faire de la** photo **faire des** maths

❖   In negative sentences, the noun is introduced by **de (d')**.

Nous ne faisons **pas de** sport.
Vous n'avez **jamais** fait **d'**anglais?

13. Dialogue   Nous avons tous des occupations et des passe-temps différents. Demandez à vos camarades s'ils font les choses suivantes.

● le tennis   —*Fais-tu du tennis?*
—*Oui, je fais du tennis.*
ou: —*Non, je ne fais pas de tennis.*

1. la gymnastique?
2. le vélo?
3. le jogging?
4. la politique?
5. le théâtre?
6. la biologie?
7. les études scientifiques?
8. le camping?
9. l'autostop?
10. la voile *(sailing)*?
11. la planche à voile *(windsurfing)*?
12. la plongée sous-marine *(scuba diving)*?

COMMUNICATION:
discussing leisure
activities

Follow up affirmative answers
with **où? quand? avec qui?**...

V in plural:
—**Faites-vous du tennis?**
—**Oui, nous faisons...**

Communication

Et vous?

1. You have invited a French exchange student to your place for dinner. Since you want to serve a meal that your classmate will enjoy, you are asking a few questions about his or her food preferences.

Ask your partner . . .
- if he/she eats meat
- if he/she eats cheese
- if he/she drinks beer or wine
- if he/she has (**prendre**) tea or coffee after the meal (**le repas**)

2. Your partner went to a nice restaurant last Saturday and you want to know more about the meal.

Ask your partner . . .
- which restaurant he/she went to
- if he/she ate meat or fish (if so, what meat? what fish?)
- if he/she ate cheese
- what he/she had for (**comme**) dessert
- what he/she did after dinner (**après le dîner**)

3. Trade stories with a classmate about the best meal you ever had.

Tell each other . . .
- where you were
- what you had as an appetizer
- what you had as the main course
- what you drank before or during the meal
- what you had for dessert

Leçon 18   Bon appétit!

COMPRÉHENSION DU TEXTE
1. Pour quelle occasion est-ce que les amis de Pauline lui préparent une surprise?
2. Qu'est-ce que Julien a préparé? Et Marianne?
3. Quel type de dessert est-ce que Karine a commandé?
4. Qu'est-ce que Louis veut faire?
5. Qu'est-ce que Pauline annonce à la fin? D'après vous, est-ce que les amis sont contents de ses nouvelles *(with her news)*?

C'est l'anniversaire de Pauline. Ses amis lui préparent une surprise.

JULIEN:	Bon, alors, est-ce que tout est organisé pour ce soir? Moi, j'ai déjà fait les courses°: j'ai acheté du fromage et des boissons: du très bon vin rouge° et une bouteille° de champagne.
MARIANNE:	N'oublie pas d'apporter° aussi du jus de fruit et de l'eau minérale!
JULIEN:	Ah oui, c'est vrai!
MARIANNE:	Moi, j'ai préparé un columbo d'agneau[1]. Pauline adore la cuisine antillaise°. Et pour le dessert? Karine, tu as fait le gâteau?
KARINE:	Non, je n'ai pas eu le temps. Mais j'ai commandé° un dessert chez le pâtissier°.
JULIEN:	Tu n'as pas pris de gâteau au chocolat, j'espère: Pauline déteste le chocolat!
KARINE:	Je sais! J'ai commandé une tarte aux fraises°. Je vais acheter du pain, aussi, et j'apporte les bougies°.
LOUIS:	Mais moi, alors, qu'est-ce que je fais?

did the shopping
red wine / bottle
to bring

Caribbean
ordered
pastry shop

strawberry pie
candles

---

[1] **Columbo d'agneau:** a spicy Caribbean lamb dish

254

JULIEN: Tu mets la table° pour le dîner. Tu prépares une belle table, hein?   *set the table*

LOUIS: Évidemment°! Mais j'aime bien faire la cuisine° aussi. Je pourrais°   *Of course / to cook / I could*
          préparer des hors-d'œuvre...

MARIANNE: D'accord. Tout est organisé, alors. À quelle heure est-ce qu'on arrive
             chez toi, Louis?

LOUIS: Venez vers° sept heures et demie. Je vais demander à Pauline de venir   *around*
          à huit heures pour m'aider° à finir mon devoir d'anglais.   *help me*

MARIANNE: Chut°! Justement, voilà Pauline!   *Shh*

PAULINE: Salut, les amis! Ça va? Moi, je suis super contente: pour mon
            anniversaire, mes parents m'invitent ce soir à dîner à La Toque
            Blanche! Génial, non?

La toque blanche is the white hat worn by the chef in a restaurant.

Note culturelle: **Les repas¹ français**

Comme les Américains, les Français prennent en général trois repas par jour, mais les repas français sont un peu différents des repas américains.

Le petit déjeuner² est un repas simple. On mange généralement des tartines³ de pain avec du beurre et de la confiture et on boit du café (café noir ou café au lait⁴), parfois du thé. Les enfants boivent souvent du chocolat. On mange quelquefois des céréales ou même un yaourt, mais on ne mange pas de croissants tous les jours!

Suivant⁵ les familles, les emplois du temps⁶ et les régions, le repas principal est le déjeuner⁷ ou le dîner. Alors que traditionnellement les Français revenaient à la maison à midi pour le déjeuner, ils ont maintenant tendance à manger un repas rapide à la cantine ou dans un restaurant. Le repas principal comprend⁸ alors les plats⁹ suivants:

> un choix de hors-d'œuvre variés (salade de tomates ou de concombres, radis¹⁰, saucisson, jambon, pâté)
> un plat principal (viande ou poisson) accompagné de légumes¹¹
> une salade verte
> un choix de fromages
> un dessert

Normalement, le repas du soir, est un repas léger¹² qui comprend:

> un plat principal simple (des pâtes, une quiche, une grande salade, une soupe)
> du fromage et/ou un dessert

Avec leurs repas, les Français boivent généralement de l'eau naturelle ou minérale, du cidre, de la bière et parfois¹³ du vin. Les vins de qualité sont réservés pour les grandes occasions. Les enfants boivent de l'eau ou des jus de fruit.

Activité En quoi les repas français sont-ils différents des repas américains?

1 *meals* 2 *breakfast* 3 *toasted slices* 4 *half coffee and half hot milk* 5 *according to* 6 *schedules* 7 *lunch* 8 *includes* 9 *dishes* 10 *radishes* 11 *vegetables* 12 *light* 13 *sometimes*

Structure et vocabulaire

Vocabulaire: *Les repas*

Noms

un petit déjeuner	*breakfast*	**une cantine**	*school cafeteria*
un déjeuner	*lunch, noon meal*	**la cuisine**	*cooking, cuisine*
un dîner	*supper, dinner*	**la ligne**	*figure, waistline*
un serveur[*] **(-euse)**	*waiter, waitress*		
un repas	*meal*		

Verbes

apporter	*to bring (things)*	Jean-Claude **a apporté** un gâteau.
commander	*to order*	Qu'est-ce que tu vas **commander** pour le dîner?
déjeuner	*to have lunch*	Nous **avons déjeuné** à midi.
dîner	*to have dinner*	Nous **dînons** à huit heures.
fumer	*to smoke*	Je ne **fume** pas.
garder	*to keep*	Je veux **garder** la ligne.
préparer	*to prepare, to make (food)*	Qui **a préparé** ce repas?
servir	*to serve*	Le garçon **sert** le repas.

Expressions

être au régime	*to be on a diet*	Je **suis au régime** parce que je veux maigrir.
faire les courses	*to go shopping, to do errands*	Si tu **fais les courses,** achète du pain.
faire la cuisine	*to cook, to do the cooking*	Robert adore **faire la cuisine.**

NOTES DE VOCABULAIRE

1. Note the difference between **amener** *(to bring, bring along)* and **apporter** *(to bring).* **Amener** is used with PEOPLE, and **apporter** is used with THINGS.

   Je vais **amener mes amis** au pique-nique.
   Je vais **apporter des sandwichs** pour le pique-nique.

2. The verb **servir** is conjugated like **dormir** (see p. 205).

   Je **sers** le café.   Vous **servez** le dessert.
   J'**ai servi** les clients.   Qu'est-ce que vous **avez servi?**

3. The verb **prendre** is used with meals.

   Nous **prenons** le petit déjeuner   *We eat (have) breakfast*
      à sept heures.   *at seven o'clock.*

   Manger and avoir are not
   used with meals.

---

[*] A waiter used to be called **garçon,** but today clients address him as **Monsieur,** and he is referred to as **serveur.**

1. **Expression personnelle**   Complétez les phrases suivantes.

COMMUNICATION: talking about foods and meals

1. Mon repas préféré *(favorite)* est … (le petit déjeuner? le déjeuner? le dîner?)
2. En général, je prends le petit déjeuner … (à quelle heure?)
3. Hier soir, j'ai dîné … (où? avec qui?)
4. Aujourd'hui, j'ai déjeuné / je vais déjeuner … (où? avec qui?)
5. Je fais les courses … (dans quel supermarché?)
6. Quand je vais au café, je commande … (quelle boisson?)
7. Ma cuisine préférée est la cuisine … (américaine? française? chinoise? … ?)

2. **Questions personnelles**

COMMUNICATION: answering questions

1. Aimez-vous faire la cuisine? Avez-vous des spécialités?
2. Travaillez-vous comme serveur? comme serveuse? Dans quel restaurant?
3. Quand vous allez à un pique-nique, est-ce que vous amenez vos amis? Qu'est-ce que vous apportez? (des sandwichs? de l'eau minérale? quelles boissons?)
4. Qu'est-ce que vous apportez quand vous êtes invité(e) à dîner chez des amis?
5. Quelles boissons est-ce qu'on sert à la cantine de votre université?
6. Quelles boissons servez-vous quand vous avez des amis chez vous?
7. Êtes-vous au régime? Qu'est-ce que vous mangez? Qu'est-ce que vous ne mangez pas?
8. Fumez-vous? Si vous ne fumez pas, est-ce que vous tolérez les gens qui fument?

A. Le verbe *mettre*

The verb **mettre** *(to put, to place)* is irregular.

infinitive	mettre	Je vais **mettre** la télévision.	
present	je **mets** tu **mets** il/elle/on **met**	Je **mets** ma veste. Tu **mets** ton pull. Elle **met** un tee-shirt.	Be sure students do not pronounce a /t/ in the singular forms, but that they articulate it clearly in the plural.
	nous **mettons** vous **mettez** ils/elles **mettent**	Nous **mettons** un disque de jazz. Vous **mettez** de la musique classique. Ils **mettent** du rock.	
passé composé	j'**ai** mis	Vous **avez mis** la radio.	

❖ **Mettre** has several English equivalents:

to put, to place	**Mettez** vos livres ici.
to wear, to put on	J'**ai mis** un pull.
to turn on	Est-ce que je peux **mettre** la radio?
to give (a grade)	Est-ce que le professeur **met** de bonnes notes *(grades)*?
to set (the table)	Qui **a mis** la table?

3. **Chaque chose à sa place** *(Everything in its place)* Dites où les personnes suivantes mettent certaines choses. Utilisez le verbe **mettre**.

PRACTICE: mettre

● Paul / ses livres / sur la table ***Paul met ses livres sur la table.***

1. Vincent / ses chaussures / sous le lit
2. vous / du papier / dans l'imprimante
3. tu / une pellicule *(film)* / dans l'appareil-photo
4. nous / la lettre / à la poste *(mail)*
5. les Américains / du beurre / sur leur pain
6. je / du poivre / sur mon steak

4. **Questions personnelles**

COMMUNICATION: answering questions

1. Mettez-vous du sucre dans votre café? Mettez-vous de la crème? du lait?
2. Quels vêtements mettez-vous quand il fait froid? quand il fait chaud? quand il pleut? quand vous jouez au tennis? quand vous allez à un entretien *(interview)* professionnel?
3. Quels vêtements avez-vous mis aujourd'hui? Et hier?
4. Mettez-vous la radio quand vous étudiez chez vous? Quel programme mettez-vous en général? Quel programme avez-vous mis hier?
5. Quel programme de télévision allez-vous mettre ce soir? Quel programme avez-vous mis hier soir?

Note linguistique: *Les noms*

❖ Bananas, oranges, and olives are objects that you can count. The nouns that designate such objects are called COUNT NOUNS. They may be singular or plural. In French, count nouns are often introduced by the indefinite article or by a number.

une banane, **des** bananes
une banane, **deux** oranges, **trois** olives

In English, count nouns in the singular may be introduced by *a* or *an: a* banana, *an* orange.

❖ Cream, mustard, and mayonnaise are things that you cannot count, but of which you can take a certain quantity. The nouns that designate such things are called MASS NOUNS and are usually singular. In French, they are introduced by the partitive article when a specific quantity is not mentioned.

de la crème, **de la** moutarde, **de la** mayonnaise

In English, mass nouns cannot be introduced by *a* or *an*. They are frequently used without a determiner, but may be introduced by *some* or *any*, although these words are often omitted:

*Do you want (**any**) cream in your coffee?*
*I put (**some**) mustard on my sandwich.*
*Do you have (**any**) mayonnaise?*

❖ Certain nouns may function as either count nouns or mass nouns, depending on the way in which they are used:

Voici **un** fromage.	*Here is **a** cheese (i.e., a whole cheese).*
Voici **du** fromage.	*Here is **some** cheese (i.e., a certain quantity of cheese).*
J'ai bu **une** bière.	*I drank **a** beer (i.e., a bottle of beer).*
J'ai bu **de la** bière.	*I drank beer (i.e., an unspecified quantity of beer).*

FROMAGES SWITZERLAND

B.   L'emploi de l'article partitif, de l'article défini et de l'article indéfini

In French, nouns are very frequently introduced by ARTICLES. The choice of article depends on the context in which a noun is used.

These articles . . .	introduce . . .	for example:
definite: **le** **la**	a SPECIFIC thing	Voici **le** gâteau de ma mère. Je mange **le** fromage. **Le** lait est au réfrigérateur.
	a noun used in a GENERAL or COLLECTIVE sense	J'aime **le** fromage. **Le** lait est bon pour les enfants.
indefinite: **un** **une** The negative form is **de.**	ONE item, a WHOLE item **Anne ne commande pas de bière.**	Voici **un** gâteau. J'achète **un** fromage. Anne commande **une** bière.
	a SPECIFIC ONE, ONE OF A KIND	Ce boulanger fait **un** excellent pain.
partitive: **du** **de la** The negative form is **de.**	SOME, ANY, an UNSPECIFIED QUANTITY of **Ce magasin ne vend pas de pain.**	Voici **du** gâteau. J'achète **du** fromage. Ce magasin vend **du** pain.

❖ The distinction between the definite, the indefinite, and the partitive articles applies to abstract as well as concrete nouns.

J'admire **la patience.**	*I admire **patience (in general).***
Le professeur a **une patience** extraordinaire.	*The teacher has extraordinary **patience.***
J'ai **de la patience.**	*I have (**a certain amount of**) patience.*

❖ The DEFINITE article is often used after the following verbs since these verbs introduce nouns taken in a general sense:

> **admirer   adorer   aimer   détester   préférer**

| **Aimes**-tu **le** vin? | *Do you **like** wine?* |
| Non, je **préfère la** bière. | *No, **I prefer** beer.* |

The chart gives only singular forms. Have students provide examples in the plural.

Nouns can also be introduced by demonstrative, interrogative, or possessive adjectives.

The subject of a sentence is almost never introduced by a partitive article. *Le pain* est sur la table.

English equivalent:
Here is my mother's cake (***the one she baked***). *I am eating the cheese* (***the one I bought***). ***The*** *milk is in the refrigerator.*
I like (***all kinds of***) *cheese.* (***In general***) *Milk is good for children.*
Here is a (***whole***) *cake.* *I am buying one cheese* (***not two***). *Anne is ordering a* (***whole glass, bottle of***) *beer.*
That baker makes an excellent bread (***not just any kind of bread***).
Here is some cake (***not the whole cake, just a piece***). *I am buying* (***a limited quantity of***) *cheese.* *This store sells* (***a certain amount of***) *bread.*

❖ The PARTITIVE article is often used after the following verbs and expressions:

voici	**acheter**	**commander**
voilà	**apporter**	**manger**
il y a	**boire**	**prendre**
je veux	**choisir**	**vendre**
je voudrais (*I would like*)		

The partitive or indefinite articles are used after **il y a.**
Il y a *du pain* (*some bread*) sur la table.
Il y a *un pain* (*a loaf of bread*) sur la table.

Depending on the context, the definite and indefinite articles can also be used. Compare:

J'ai commandé **le** yaourt.	*I ordered **the** yogurt* (***on the menu***).
J'ai commandé **un** yaourt.	*I ordered **a*** (***single serving of***) *yogurt.*
J'ai commandé **du** yaourt.	*I ordered **some*** (***quantity of***) *yogurt.*

Expressions pour la conversation

To indicate that a statement is true:
C'est vrai!   *It's true!*
   Ça, c'est vrai!   *That's true! That's right!*
Évidemment!   *Of course! Obviously!*

To indicate uncertainty:
C'est possible!   *It's possible!*

To indicate that a statement is false:
Ce n'est pas vrai!   *That's not true!*
C'est faux!   *That's wrong! That's false!*

5. Qualités   Informez-vous sur les personnes suivantes et dites si oui ou non elles ont les qualités entre parenthèses.

COMPREHENSION: describing character

● Jacques et René détestent attendre. (la patience?)
Ça, c'est vrai. Ils n'ont pas de patience.

Remind students that the negative partitive is **de/d'**.

1. Christine est très diplomate. (le tact?)
2. Vous êtes un grand artiste. (le talent?)
3. J'ai oublié *(forgot)* l'adresse de mes amis. (la mémoire?)
4. Mme Masson veut être la présidente de sa compagnie. (l'ambition?)
5. Mon cousin invente toujours des excuses extraordinaires. (l'imagination?)
6. Tu ne fais pas de sport. (l'énergie?)
7. Vous comprenez les secrets de vos amis. (l'intuition?)
8. Je n'ai pas peur de prendre des risques. (le courage?)
9. Vous n'êtes pas très amusant. (l'humour?)

6. Chacun à son goût *(Each to one's own taste)*   Dites que les personnes suivantes aiment les choses entre parenthèses et dites ce qu'elles ont fait.

PRACTICE: definite and partitive articles

● M. Moreau / boire (le champagne)
M. Moreau aime le champagne. Il a bu du champagne.

1. vous / prendre (le thé)
2. Charles / acheter (la confiture)
3. ces filles / manger (le rosbif)
4. Alain / apporter (l'eau minérale)
5. je / mettre dans mon café (le sucre)
6. vous / écouter (le jazz)
7. nous / faire (le camping)
8. Pauline / mettre (la musique classique)
9. ces gens / gagner (l'argent)
10. tu / commander (la glace)

7. **À la douane** *(At customs)* Un douanier *(customs officer)* demande aux touristes s'ils ont les choses suivantes. Les touristes répondent affirmativement ou négativement. Avec un(e) partenaire, jouez le rôle du douanier et des touristes en utilisant un article indéfini ou partitif.

ROLE PLAY: talking to customs officers

● (le) caméscope?
> LE DOUANIER: —*Avez-vous un caméscope?*
> LE/LA TOURISTE: —*Oui, j'ai un caméscope.*
> ou: —*Non, je n'ai pas de caméscope.*

● (l') alcool?
> LE DOUANIER: —*Avez-vous de l'alcool?*
> LE/LA TOURISTE: —*Oui, j'ai de l'alcool.*
> ou: —*Non, je n'ai pas d'alcool.*

1. (le) parfum?
2. (le) visa?
3. (la) carte d'identité?
4. (l') argent français?
5. (le) vin?
6. (l') adresse à Paris?
7. (les) cigarettes?
8. (l') appareil-photo?

Items 2, 3, 6, and 8 are count nouns and require **un/une**. Items 1, 4, 5, and 7 are mass nouns and require **du/de la/des**.

8. **Chez Jeannette** Vous êtes «Chez Jeannette», une petite auberge de province *(country inn)*. Vous entendez des phrases incomplètes. Complétez ces phrases avec les articles définis, indéfinis ou partitifs. (NOTE: **Roquefort** et **champagne** sont masculins.)

COMPREHENSION: talking about food

1. Aimez-vous _____ fromage? Est-ce qu'il y a _____ fromage au menu? Mais oui, il y a _____ roquefort. _____ roquefort est un fromage du centre de la France. C'est _____ fromage délicieux!
2. D'accord, _____ champagne est _____ vin français, mais moi, je n'aime pas _____ vin. Monsieur, s'il vous plaît, est-ce que vous pouvez *(can)* apporter _____ eau minérale? Merci!
3. Madame, voulez-vous _____ thé ou _____ café? Vous préférez _____ café? Très bien. Avec _____ sucre? Et avec _____ crème?
4. _____ glace de ce restaurant est absolument extraordinaire! Monsieur, deux glaces, s'il vous plaît, _____ glace au chocolat pour moi et _____ glace à la vanille pour mademoiselle.
5. Comme viande, il y a _____ rosbif et _____ poulet. Moi, je préfère _____ rosbif. Mais toi, tu n'aimes pas _____ viande, n'est-ce pas? Tu peux prendre _____ poisson. _____ poisson est toujours très bon ici.

LE PAPILLON
ROQUEFORT
Toute la vie d'une famille

Vocabulaire: *Fruits et légumes*

Les fruits (m.) *(fruits)*

un pamplemousse	*grapefruit*	une banane	*banana*
		une orange	*orange*
		une pomme	*apple*
		une poire	*pear*
		une fraise	*strawberry*
		une cerise	*cherry*

Les légumes (m.) *(vegetables)*

des haricots (m.)	*beans*	une pomme de terre	*potato*
des petits pois (m.)	*peas*	des frites (f.)	*French fries*
		une carotte	*carrot*
		une tomate	*tomato*

Individual fruits and vegetables are count nouns. However, in the plural they may become mass nouns: **des carottes** (*several whole carrots:* count nouns), **des carottes** (*a dish of sliced buttered carrots:* mass noun).

There is no elision or liaison before **haricot: le haricot, des haricots.**

9. À la cuisine Vous faites la cuisine. Demandez à un(e) camarade d'acheter les choses nécessaires.

COMPREHENSION: requesting fruits and vegetables

● Je vais faire une salade de tomates.   ***Achète des tomates.***

1. Je vais faire un «banana split».
2. Je vais faire une salade de fruits.
3. J'ai besoin de fruits pour le petit déjeuner.
4. Je vais faire une tarte.
5. Je vais faire une salade de légumes.
6. Je vais préparer un repas végétarien.
7. J'ai besoin de légumes pour accompagner le rosbif.

C.   Expressions de quantité

In the sentences on the left, the ADVERBS OF QUANTITY in bold type modify verbs. In the sentences in the middle, the EXPRESSIONS OF QUANTITY in bold type introduce nouns. Compare the adverbs and expressions of quantity in each pair of sentences.

Tu travailles **beaucoup.**	Tu as **beaucoup de** travail.	*You have **a lot of** work.*
Nous étudions **trop.**	Nous avons **trop d'**examens.	*We have **too many** exams.*

EXPRESSIONS OF QUANTITY are used to introduce nouns, according to the pattern:

adverb of quantity + **de (d')** + noun	**trop de** vin	*too much wine*
	assez d'eau	*enough water*

❖ When an expression of quantity introduces a noun, NO article is used. Compare:

Je bois **du** thé.	Je bois **beaucoup de** thé.
Tu manges **de la** glace.	Tu manges **trop de** glace.
Nous avons **des** vacances.	Nous n'avons pas **assez de** vacances.

Expressions of quantity introducing nouns can be followed by a singular or plural noun.

❖ When adverbs of quantity modify a verb, **de** is not used. Compare:

Sylvie aime le chocolat.	Elle aime **beaucoup** le chocolat.
Elle mange du chocolat.	Elle mange **beaucoup de** chocolat.

The first sentence says *how much* she *likes* chocolate. The second sentence says *how much chocolate* she eats.

Vocabulaire: *Adverbes et expressions de quantité*

combien... ?	*how much?*	**Combien** coûtent ces disques?
combien de... ?	*how much? (how many?)*	**Combien de** disques as-tu?
peu	*little, not much*	Je travaille **peu.**
peu de	*little (few), not much (not many)*	J'ai **peu d'**argent.
un peu	*a little*	J'ai mangé **un peu.**
un peu de	*some, a little (bit of)*	J'ai mangé **un peu de** jambon.
assez	*enough*	Tu ne voyages pas **assez.**
assez de	*enough*	Tu n'as pas **assez de** vacances.
beaucoup	*much, very much, a lot*	Marc aime **beaucoup** les ordinateurs.
beaucoup de	*much (many), very much (very many), a lot of, lots of*	Il a **beaucoup de** CD-ROM.
trop	*too much*	Vous jouez **trop.**
trop de	*too much (too many)*	Vous avez **trop de** loisirs.
beaucoup trop	*much too much*	Nous étudions **beaucoup trop.**
beaucoup trop de	*much too much (far too many)*	Nous avons **beaucoup trop d'**examens.

Some adverbs of quantity may be used with adjectives: **assez** *(rather)* **riche, trop intelligent, peu** *(not very)* **intéressant.**

Point out that **beaucoup (de)** may mean *very much* or *many.* The adverb **très** is never used with **beaucoup.**

NOTE DE VOCABULAIRE

The following expressions of quantity are used in comparisons:

plus de	*more*	Nous avons **plus de** travail que toi.
moins de	*less*	J'ai **moins d'**argent que mes amis.
autant de	*as much (as many)*	Simon n'a pas **autant d'**ambition que sa sœur.

10. Dialogue   Demandez à vos camarades s'ils ont les choses suivantes. Ils vont répondre affirmativement ou négativement en utilisant l'expression de quantité entre parenthèses.

● du travail? (beaucoup)

—*As-tu du travail?*
—*Oui, j'ai beaucoup de travail.*
ou: —*Non, je n'ai pas beaucoup de travail.*

1. de l'argent? (assez)
2. des examens? (trop)
3. de l'énergie? (beaucoup)
4. de la patience? (assez)
5. du temps libre *(free time)*? (trop)
6. de l'ambition? (assez)
7. des projets *(plans)*? (beaucoup)
8. des problèmes avec tes études? (beaucoup)

11. Plus, moins ou autant?   Informez-vous sur les personnes suivantes. Comparez-les à leurs amis en utilisant les phrases entre parenthèses et l'expression de comparaison qui convient.

● Gilbert est aussi riche que Suzanne. (avoir de l'argent)
Il a autant d'argent qu'elle.

● Marianne est plus économe *(thrifty)* que Raoul. (dépenser de l'argent)
Elle dépense moins d'argent que lui.

1. Robert est plus athlétique que Jacques. (faire du sport)
2. Mireille est plus élégante que sa cousine. (acheter des vêtements)
3. Philippe est plus pauvre *(poor)* que Charles. (gagner de l'argent)
4. Nous sommes aussi sérieux que vous. (faire des efforts)
5. Jean-Claude est moins gros *(fat)* que son frère. (manger des gâteaux)
6. Jacqueline est plus sympathique qu'Antoinette. (avoir des amis)
7. Roland est plus actif que toi. (prendre des vacances)
8. Isabelle est plus intelligente que son frère. (avoir des idées)

12. Opinions   Que pensez-vous du monde d'aujourd'hui? Exprimez votre opinion dans des phrases affirmatives ou négatives, en utilisant une expression de quantité.

● Il y a de la violence à la télé.
Il y a trop (beaucoup, beaucoup trop) de violence à la télé.
ou: *Il n'y a pas beaucoup de violence à la télé.*

1. Il y a de la violence dans les sports professionnels.
2. Les Américains consomment *(use)* de l'énergie.
3. Nous mangeons des produits artificiels.
4. Les enfants boivent du lait.
5. Les étudiants ont des examens.
6. Les étudiants prennent des vacances.
7. Les jeunes ont des responsabilités.
8. Nous importons du pétrole.
9. Il y a de l'injustice dans la société.
10. Il y a de la pollution dans la ville où j'habite.

Communication

1. Next weekend the French club is organizing a light supper. You and your partner are in charge of the shopping. Now you are discussing what you are going to buy.

With your partner, discuss . . .
- what things you need to buy for the sandwiches
- what fruits and vegetables you are buying
- what beverages you are getting

—**Est-ce qu'on achète du rosbif pour les sandwichs?**
—**Le rosbif est bon, mais très cher. Achetons du jambon et du thon.**
—**D'accord, et achetons aussi du fromage. Il y a des étudiants qui ne mangent pas de viande...**

2. Find out about your partner's eating habits.

Ask your partner . . .
- at what time he/she has breakfast
- at what time he/she has lunch
- if he/she is on a diet
- if he/she eats meat
- what fruits and vegetables he/she likes
- what desserts he/she likes
- what he/she drinks for breakfast
- what he/she drinks with other meals

Vocabulaire pratique: *Au café*

On va au café pour	boire **quelque chose.**	
	manger	**quelque chose de léger** *(light).*
		un sandwich.
		un croque-monsieur *(grilled ham and cheese).*
		une omelette.
		une glace.

Comment attirer l'attention *(How to attract attention)*
Monsieur!
Mademoiselle (Madame)!
S'il vous plaît!

Comment commander
Un café, **s'il vous plaît!**
Donnez-moi *(Give me)* un café, s'il vous plaît!
Je voudrais un café, s'il vous plaît!

Comment payer
L'addition *(check),* s'il vous plaît!
C'est combien?
Je vous dois *(I owe you)* **combien?**

CONVERSATION: *Au café*

Marc et Denise sont au café. Marc appelle (calls) *le serveur.*

MARC:	Monsieur, s'il vous plaît!
SERVEUR:	J'arrive... Vous désirez, Mademoiselle?
DENISE:	Un thé-citron, s'il vous plaît.
SERVEUR:	Et pour vous, Monsieur?
MARC:	Une bière.
SERVEUR:	Pression *(Draft)?*
MARC:	Non, une Kronenbourg, s'il vous plaît, et un sandwich au jambon.

Marc veut payer les consommations.

MARC:	L'addition, s'il vous plaît.
SERVEUR:	Voilà, Monsieur. Huit euros, s'il vous plaît.

La Vigne Dorée

Tarif des Consommations[1]

Boissons

(un) express	1,50 €	(une) bière pression[2]	2 €
(un) café-crème	2 €	(une) bière en bouteille	3 €
(un) chocolat	2,50 €	(un) jus de pomme	3 €
(un) thé-nature[3]	2,75 €	(un) jus de raisin[4]	3 €
(un) thé-citron	2,75 €		
(un) Coca-Cola	3 €	**Sandwichs**	
(un) Orangina	3 €	(un) sandwich au jambon	2,75 €
(un) Perrier	2,25 €	(un) sandwich au fromage	3 €
(un) citron pressé[5]	3,50 €	(un) sandwich au pâté	2,75 €

1 food and beverages   2 draft beer   3 plain tea   4 grape juice   5 fresh lemonade

Dialogues: *À la Vigne Dorée*

Des étudiants sont à la Vigne Dorée. Ils commandent certaines choses et paient l'addition. Composez les dialogues entre le serveur *(waiter)* ou la serveuse *(waitress)* et les étudiants. Jouez ces dialogues avec vos camarades.

1. Catherine commande un thé-citron. Elle paie.
2. Robert commande une bière. Jacqueline commande un chocolat. Jean-François commande un jus de pomme. Chacun *(each person)* paie pour soi *(himself or herself)*.
3. Jean-Claude commande un Perrier. Isabelle commande un Orangina. Henri commande un Perrier. Henri paie pour tout le monde *(everyone)*.
4. Marc a soif. Paulette a faim et soif. C'est Paulette qui paie l'addition.

Au restaurant

Entre le fast-food *(fast-food place)* et le grand restaurant à trois étoiles *(stars)*, les Français ont un grand choix d'endroits où ils peuvent *(can)* déjeuner ou dîner. Évidemment, la qualité et le prix des repas varient considérablement. Dans certains restaurants on peut choisir entre deux menus. On peut aussi demander la carte, si on veut seulement *(only)* un plat, par exemple, ou plus de choix.

Mais attention! Un repas à la carte revient *(ends up)* souvent plus cher.

Beaucoup de petits restaurants offrent un menu à prix fixe. Pour ce prix fixe, on peut généralement choisir un hors-d'œuvre, un plat principal, des légumes, une salade ou un fromage, un dessert et une boisson.

Flora

menu à 30 euros

Hors-d'œuvre

melon
ou salade de concombres
ou salade de tomates
ou salade de thon

ou saucisson
ou œufs mayonnaise
ou jambon d'Auvergne

Plat principal

steak au poivre
ou lapin farci
ou côtelette de porc

ou poulet rôti
ou filet de sole

Légumes

pommes frites
ou haricots verts

ou petits pois

Salade verte ou Fromage

Dessert

glace
ou yaourt
ou crème caramel

ou fruit
ou tarte aux pommes

Boisson

vin rouge
ou bière pression

ou vin blanc
ou eau minérale

Service 15% compris*

The Guide Michelin (see p. 218) rates restaurants as well as hotels. Its highest rating, 3 stars, is awarded to only about 20 restaurants in all of France.

VOCABULAIRE SPÉCIALISÉ

une salade de concombres *sliced cucumbers with vinaigrette*
des œufs mayonnaise *hard-boiled eggs with mayonnaise*
du jambon d'Auvergne *cured ham from central France*
du lapin farci *roast rabbit with stuffing*

une côtelette de porc *pork chop*
une crème caramel *custard*
une bière pression *(glass of) draft beer*

---

* Au café et au restaurant on doit payer "le service" qui est compris, mais le pourboire *(tip)* (environ 10 à 15 pour cent) n'est jamais obligatoire.

CONVERSATION: *Au restaurant*

Marie-Louise va déjeuner chez Flora. Le serveur lui apporte le menu. Après quelques minutes, il revient et prend la commande (order).

SERVEUR:	Vous avez choisi?
MARIE-LOUISE:	Oui. Comme hors-d'œuvre, je vais prendre une salade de tomates.
SERVEUR:	Et comme plat principal?
MARIE-LOUISE:	Un steak au poivre.
SERVEUR:	Et comme légumes?
MARIE-LOUISE:	Donnez-moi des frites.
SERVEUR:	Et après cela, salade ou fromage?
MARIE-LOUISE:	Du fromage, s'il vous plaît.
SERVEUR:	Et comme dessert?
MARIE-LOUISE:	Donnez-moi la tarte aux pommes.
SERVEUR:	Est-ce que vous voulez boire quelque chose?
MARIE-LOUISE:	Oui, un verre de vin rouge.
SERVEUR:	Merci, Mademoiselle.

Dialogues: *Chez Flora*

Les personnes suivantes vont déjeuner chez Flora. Composez les dialogues entre le serveur ou la serveuse et les clients. Ensuite, jouez ces dialogues avec vos camarades.

1. Michelle est au régime.
2. Nicole est végétarienne.
3. Madame Leblanc est allergique aux produits laitiers *(dairy products)*.
4. Monsieur Legros adore manger.

À votre tour: *Dîner chez Flora*

Vous allez dîner chez Flora. Un(e) camarade de classe va jouer le rôle du serveur (de la serveuse). Commandez votre repas.

Contacts *Cahier d'activités:* Workbook and Lab Manual, Vivre en France 6 Workbook, Révision 2: Unités 4–6

Leçon 19	La course aux diplômes
Leçon 20	Pas de panique!
Leçon 21	Un contestataire

Communication skills:
Discussing university studies
Stating personal wishes
Describing what can and should be done
Talking about one's reading preferences
Using language in real-life situations

Lexical base:
Fields of study, exams, degrees
Indefinite expressions of quantity
Reading and writing

Grammar base:
Present and passé composé of **suivre, vouloir, pouvoir, devoir, il faut, voir, connaître, dire, lire, écrire**
Direct and indirect object pronouns
The conjunction **que**

Cultural focus:
French secondary school and university system
French student activism

À l'université

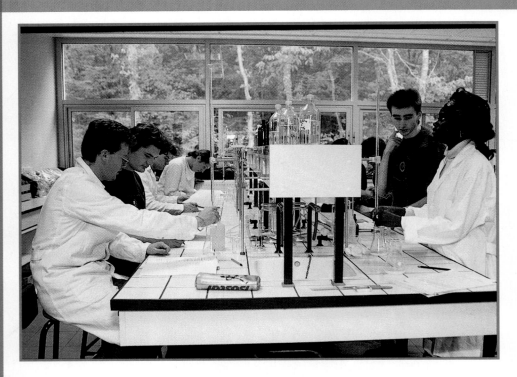

COMPRÉHENSION DU TEXTE
1. Quel diplôme est-ce que Julie prépare?
2. Qu'est-ce qu'elle peut faire avec ce diplôme?
3. Qu'est-ce qu'elle veut faire?

Élisabeth et Julie, deux anciennes° amies de lycée°, se rencontrent° sur le campus de l'Université de Dijon.

former / high school / run into one another

ÉLISABETH: Tiens, Julie, qu'est-ce que tu deviens°? Tu suis des cours° ici?

JULIE: Oui, je prépare° une licence° de chimie°. Et toi?

ÉLISABETH: Moi, je suis en deuxième° année de droit°. Après le bac*, j'ai commencé° des études° de sciences politiques°, mais je n'ai pas réussi aux examens, alors j'ai changé de voie°. Le droit, ça m'intéresse° beaucoup plus, en fait.

what have you been up to / taking courses / studying for / equivalent to a BA (BS) / chemistry / second / law / began / studies / political science / track / interests me

JULIE: Ce n'est pas trop difficile?

ÉLISABETH: Il faut° beaucoup travailler, parce qu'il y a énormément de devoirs à la maison, mais les cours sont passionnants. J'ai des bonnes notes°, ça marche bien°, alors je suis contente. Et toi, qu'est-ce que tu veux faire avec ta licence de chimie?

One must

grades

it's going well

JULIE: Tu veux dire°: qu'est-ce que je **peux** faire! Il y a une différence! En fait ... avec un diplôme de chimie, il y a deux possibilités: on peut être prof dans un lycée ou travailler dans un laboratoire.

mean

---

* le bac = le baccalauréat *(exam given at the end of high school)*

274

Personnellement, je préfère enseigner°. Mais de toute façon°, il y a   *to teach / in any case*
une condition essentielle...

ÉLISABETH: Ah?

JULIE: Eh oui! Je dois d'abord° être reçue aux examens°!   *first / pass my exams*

Note culturelle: **Les examens et les diplômes français**

Le système des diplômes français est différent du système américain. En France, pour obtenir un diplôme il faut généralement passer un examen[1] ou une série d'examens. Voici comment fonctionne le système des examens et des diplômes en France.

Études secondaires

À la fin[2] de leurs études secondaires, à l'âge de dix-huit ou dix-neuf ans, les étudiants français passent le baccalauréat ou «bac». C'est un examen assez difficile. Seulement[3] 75 pour cent des candidats sont reçus[4]. C'est aussi un examen important: avec le bac, on peut aller directement à l'université.

Il y a plus de vingt-six bacs différents. Ces bacs reflètent le type d'études suivies et sont divisés en deux groupes: le bac général et le bac technologique. Il y a trois catégories pour le bac général: soit L (littérature), soit ES (économie), soit S (sciences). Il y a quatre catégories pour le bac technologique: SMS (médico-social), STI (technologie industrielle), STL (technologie de laboratoire), STT (technologie tertiaire). Le S au début[5] de chaque acronyme représente le mot science.

Études supérieures

Les étudiants qui veulent continuer leurs études après le bac peuvent aller à l'université. Les deux premières années sont assez dif-

ficiles. À la fin de chaque année il y a un examen. Si on rate[6] cet examen, on doit «redoubler», c'est-à-dire recommencer l'année d'études. On a un total de trois ans pour réussir ces deux examens sans être[7] éliminé.

Si on est reçu, on obtient un diplôme et on peut continuer ses études. Voici les principaux diplômes universitaires:

- le DEUG (Diplôme d'Études Universitaires Générales): après deux ans d'études à l'université
- la licence: un an après le DEUG
- la maîtrise: un an après la licence
- le DEA (Diplôme d'Études Approfondies[8]) ou le DESS (Diplôme d'Études Supérieures Spécialisées): un an après la maîtrise
- le doctorat: de deux à cinq ans après la maîtrise

Activité Comment fonctionne le système des examens et des diplômes aux États-Unis? Est-ce qu'on doit passer un examen pour être admis[9] à l'université?

1 *take an exam* 2 *at the end* 3 *only* 4 *pass* 5 *at the beginning*
6 *fail* 7 *without being* 8 *in depth* 9 *admitted*

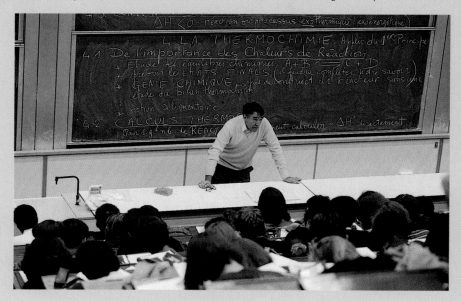

Structure et vocabulaire

Vocabulaire: *Les études*

Noms

un conseil	*(piece of) advice*	**une classe**	*class*
un cours	*course, class*	**des études**	*studies*
un devoir	*(written) assignment*	**une note**	*grade*
un diplôme	*diploma, degree*	**des notes**	*(lecture) notes*

Adjectifs

facile ≠ difficile	*easy, simple ≠ hard, difficult*
utile ≠ inutile	*useful ≠ useless*
gratuit	*free*
seul	*alone, only*

Verbes

enseigner	*to teach*
faire des études	*to study, to go to school*
suivre un cours	*to take a class*

The verb **suivre** is introduced on p. 279.

commencer (par)	*to begin (by, with)*
faire des progrès	*to make progress, to improve*
obtenir	*to obtain, to get*
réussir (à)	*to succeed, to be successful (in), to pass (an exam)*

préparer un examen	*to prepare for an exam, to study for an exam*
passer un examen	*to take an exam*
être reçu à un examen	*to pass an exam*
rater un examen	*to flunk, to fail an exam*

échouer: to fail, to flunk

Adverbes

ensemble	*together*	François étudie avec son camarade de chambre. Ils étudient toujours **ensemble**.
seulement	*only*	Paul est bilingue. Pierre parle **seulement** français.
vite	*fast*	Ces étudiants apprennent **vite**.

Préposition

pour + *infinitive*	*(in order) to*	Je fais des études **pour obtenir** mon diplôme.

NOTES DE VOCABULAIRE

1. In the **nous**-form of the verb **commencer,** the final **c** of the stem becomes **ç** before the ending **-ons.**

   Nous **commençons** la classe à neuf heures.

   *This spelling change (**c → ç**) is needed to maintain the /s/ sound of the stem before **o**.*

2. **Obtenir** is conjugated like **venir.** The passé composé, however, uses **avoir** as the auxiliary.

   Est-ce que tu **obtiens** toujours de bonnes notes?   J'**ai obtenu** un «A» hier.

3. Note that **passer un examen** is a false cognate.

   Hélène **a passé son examen** lundi.   *Hélène **took her exam** Monday.*
   Est-ce qu'elle va **être reçue?**   *Is she going **to pass**?*

   *Note that **passer un examen** is conjugated with **avoir**.*

4. Note the difference between **seul** and **seulement.**
   Seul(e) is an ADJECTIVE and modifies nouns and pronouns.

   Marie est **seule.**   *Marie is **alone.***
   C'est mon **seul** ami.   *That's my **only** friend.*

   Seulement is an ADVERB and modifies verbs and numbers.

   Je visite **seulement** Paris.   *I'm visiting **only** Paris.*
   Nous avons **seulement** dix dollars.   *We have **only** ten dollars.*
   Il n'est pas triste; il est **seulement** fatigué.   *He's not sad; he's **only** tired.*

1. Expression personnelle   Complétez les phrases avec l'une des expressions entre parenthèses ou une expression de votre choix.

COMMUNICATION: talking about school

1. Je vais obtenir mon diplôme ... (cette année, dans deux ans, dans trois ans, ??)
2. Je fais des études ... (littéraires, scientifiques, commerciales, ??)
3. En général, je fais mes devoirs ... (avant de dîner, le soir, juste avant la classe, ??)
4. Pour moi, le cours de français est ... (facile, assez difficile, très difficile, ??)
5. Je pense que le français est une langue ... (assez utile, très utile, inutile, ??)
6. Mes notes sont généralement ... (comme ci comme ça, assez bonnes, très bonnes, ??)
7. Je préfère étudier ... (seul(e), avec un(e) camarade, en groupe, ??)
8. Mon premier cours le matin commence ... (à 8 heures 30, à 9 heures, ??)
9. Pendant la classe de français, le temps (ne) passe (pas) ... (vite, assez vite, trop vite, ??)

2. Questions personnelles

COMMUNICATION: answering questions

1. Est-ce que vous avez fait beaucoup de progrès en français ce semestre?
2. Quand est-ce que vous allez passer un examen? Pensez-vous être reçu(e) à cet examen?
3. Est-ce que vous avez raté un examen le semestre dernier? Quel examen?
4. Le week-end, sortez-vous seul(e) ou avec vos amis? Qu'est-ce que vous faites ensemble?
5. Aux États-Unis, est-ce que les études secondaires sont gratuites? Et les études universitaires?
6. En général, est-ce que vous écoutez les conseils de vos amis? les conseils de vos professeurs? les conseils de vos parents?
7. Avez-vous l'intention d'enseigner? Pourquoi ou pourquoi pas?

3. Les étudiants modèles   Les étudiants suivants sont des étudiants modèles. Dites si oui ou non ils ont fait les choses suivantes.

COMPREHENSION: describing school performance

●   Georges / perdre son temps?   ***Non, il n'a pas perdu son temps.***

1. Nathalie / choisir seulement des cours faciles?
2. nous / écouter les conseils du professeur?
3. je / obtenir de mauvaises notes?
4. vous / faire des progrès en français?
5. Jacques et Claude / rater leurs examens?
6. tu / obtenir ton diplôme?
7. Suzanne / répondre trop vite à la question du professeur?
8. Marc / être reçu à l'examen?

A. Le verbe *suivre*

The verb **suivre** *(to follow)* is irregular.

infinitive	**suivre**	Je vais **suivre** un cours d'histoire.
present	je **suis** tu **suis** il/elle/on **suit**	Je **suis** un cours d'anglais. Tu **suis** un cours de maths. Elle **suit** un cours de chimie.
	nous **suivons** vous **suivez** ils/elles **suivent**	Nous **suivons** un régime. Vous **suivez** la politique. Elles **suivent** nos conseils.
passé composé	j'**ai suivi**	J'**ai suivi** un cours de français.

Be sure students distinguish between **je suis** (suivre) and **je suis** (être).

❖ Although **suivre** generally means *to follow,* this verb is used in many idiomatic expressions.

suivre un cours	*to take a class,* *to be enrolled in a class*	Quels cours **suis**-tu?
suivre un régime	*to be on a diet*	Je **suis** un régime parce que je veux maigrir.
suivre (un sujet)	*to keep abreast of (a topic)*	**Suivez**-vous la politique internationale?

4. Questions personnelles

1. Est-ce que vous suivez les conseils de vos amis? de vos parents? de vos professeurs?
2. Combien de cours suivez-vous ce semestre? Quels cours suivez-vous?
3. Avez-vous suivi un cours de français le semestre dernier? Allez-vous suivre un cours de français le semestre prochain? Pourquoi ou pourquoi pas?
4. Suivez-vous un régime? Qu'est-ce que vous mangez? Qu'est-ce que vous ne mangez pas?
5. Suivez-vous la politique? l'évolution de l'économie? la mode *(fashion)*?
6. L'année dernière, avez-vous suivi les progrès de votre équipe de baseball favorite? Suivez-vous les progrès d'une équipe de football? de quelle équipe?

COMMUNICATION:
answering questions

SUIVEZ LE GUIDE

Musée
d'Orsay
petit
guide

B.   Les verbes *vouloir* et *pouvoir*

The verbs **vouloir** *(to want)* and **pouvoir** *(to be able to, can, may)* are irregular.

infinitive	**vouloir**	**pouvoir**
present	Je **veux** un livre. Tu **veux** aller en France. Il/Elle/On **veut** gagner de l'argent. Nous **voulons** voyager. Vous **voulez** aller en ville. Ils/Elles **veulent** parler français.	Je **peux** prendre ce livre? Tu **peux** travailler pour Air France. Il/Elle/On **peut** travailler cet été. Nous **pouvons** aller au Canada. Vous **pouvez** prendre mon auto. Ils/Elles **peuvent** parler avec Jacques.
passé composé	J'**ai voulu** voyager.	J'**ai pu** visiter la Suisse.

❖   Note the uses of **vouloir**.

1. **Vouloir** is usually used with a noun or an infinitive construction.

   Veux-tu du café?   Non, je veux du thé.
   Tu veux être professeur?   Oui, je veux être professeur.
   Voulez-vous étudier ce soir?   Non, nous ne voulons pas étudier.

2. In an answer, the expression **vouloir bien** is often used to accept an invitation or request.

   —Veux-tu aller au cinéma avec moi?
   —Oui, **je veux bien.** *(Yes, **I do.** Yes, **I would.**)*

3. **Je veux** expresses a strong will or wish. In a conversation, **je voudrais** *(I would like)* is often used instead to make a request.

   Je voudrais aller en Amérique.
   Je voudrais un livre sur les États-Unis, s'il vous plaît.

❖   **Pouvoir** has several English equivalents. Note these uses in the present and passé composé.

   Peux-tu répondre à la question?   ***Can** you answer the question?*
   Est-ce que je **peux** partir maintenant?   ***May** I leave now?*
   Le blessé ne **peut** pas marcher.   *The injured man **is** not **able** to walk.*

   Nous **avons pu** finir nos devoirs.   *We **were able** to finish our homework.*
   Henri n'**a** pas **pu** rester avec nous.   *Henri **could** not stay with us.*

In the passé composé, **vouloir** often carries the meaning of *to try* or, in the negative, *to refuse.*
J'ai voulu téléphoner à Paul. *I tried to call Paul.* **Il n'a pas voulu répondre à la question.** *He refused to answer the question.*

In the passé composé, **pouvoir** often has the meaning of *to succeed* or, in the negative, *to fail.*
J'ai pu obtenir un billet de théâtre. *I succeeded in getting a theater ticket.* **Isabelle n'a pas pu résoudre le problème.** *Isabelle failed to solve the problem.*

PROVERBES   *Quand on veut, on peut.*

Vouloir, c'est pouvoir.

Where there's a will, there's a way.

5. **Quand on veut...**   Décrivez ce que veulent faire les personnes suivantes et dites si oui ou non elles veulent faire les choses entre parenthèses. Soyez logique!

COMPREHENSION: stating what people want to do

● Catherine: être indépendante (rester chez ses parents?)
  Catherine veut être indépendante. Elle ne veut pas rester chez ses parents.

1. Philippe: étudier (sortir ce soir?)
2. nous: avoir une bonne note (rater l'examen?)
3. je: trouver du travail (gagner de l'argent cet été?)
4. vous: faire des économies (dépenser votre argent?)
5. ces étudiants: être professeurs (enseigner?)
6. M. Legros: suivre un régime (grossir?)
7. tu: faire des études scientifiques (être ingénieur?)
8. Isabelle et Bernard: sortir ce soir (faire leurs devoirs?)

6. **Qu'est-ce qu'on peut faire?**   Informez-vous sur les personnes suivantes et dites si oui ou non elles peuvent faire les choses entre parenthèses.

COMPREHENSION: saying what people can do

● Philippe suit un régime très strict. (manger du pain?)
  Il ne peut pas manger de pain.

1. Mathilde a un doctorat en littérature. (enseigner?)
2. Je suis très malade. (sortir avec mes copains?)
3. Nous avons nos passeports. (voyager à l'étranger cet été?)
4. Tu viens de rater tous *(all)* tes examens. (obtenir ton diplôme?)
5. François n'a pas son carnet d'adresses *(address book)*. (téléphoner à Caroline?)
6. Vous avez dix-huit ans. (voter?)
7. Mon copain n'a pas d'ordinateur. (utiliser mes CD-ROM?)
8. On a faim. (aller au restaurant?)

7. **Expression personnelle**   Complétez les phrases suivantes. Utilisez votre imagination.

1. Avec mon diplôme, je peux...
2. Pendant les vacances, je voudrais...
3. Un jour, je voudrais...
4. Un jour, j'ai voulu...
5. Le week-end dernier, je n'ai pas pu...

COMMUNICATION: saying what you can or want to do

C. Le verbe *devoir*

The verb **devoir** *(must, to have to, to be supposed to)* is irregular.

infinitive	**devoir**	
present	je **dois** tu **dois** il/elle/on **doit** nous **devons** vous **devez** ils/elles **doivent**	Je **dois** étudier. Tu **dois** préparer tes examens. On **doit** passer un examen. Nous **devons** rentrer chez nous. Vous **devez** acheter ce livre. Elles **doivent** prendre de l'argent.
passé composé	j'**ai dû**	J'ai **dû** téléphoner à mon père.	The circumflex accent on **dû** distinguishes it from the contraction **du.**

❖ The construction **devoir + *infinitive*** is used to express:

1. NECESSITY or OBLIGATION *(must, to have to)*

   Je **dois finir** mes devoirs.   *I must (have to) finish my homework.*
   Ils **ont dû** beaucoup **étudier.**   *They had to study a lot.*

2. PROBABILITY or LIKELIHOOD *(must)*

   Paul n'est pas ici.   *Paul is not here.*
      Il **doit être** à la bibliothèque.   *He must be at the library.*
   Jacques n'est pas venu.   *Jacques did not come.*
      Il **a dû rester** chez lui.   *He must have stayed home.*

3. EXPECTATION *(to be supposed to)*

   Philippe **doit venir à**   *Philippe is supposed to come*
      huit heures.   *at eight.*

❖ **Devoir + *noun*** means *to owe.*

   Je **dois de l'argent** à Paul.   *I owe Paul money.*

You may want to present the negative forms: **Je ne dois pas travailler. Paul n'a pas dû parler au professeur.**

Expectation in the past is expressed by the imperfect rather than by the passé composé: **Il devait téléphoner.** *He was supposed to call.*

8. Obligations?   Lisez ce que veulent faire les personnes suivantes et dites si oui ou non elles doivent faire les choses entre parenthèses.

COMPREHENSION: describing necessary steps

● Nicole veut obtenir son diplôme. (rater ses examens?)
   Elle ne doit pas rater ses examens.

1. Je veux être docteur. (suivre des cours de biologie?)
2. Vous voulez être interprètes. (faire des progrès en français?)
3. Nous voulons réussir à l'examen. (perdre notre temps en classe?)
4. Jean-Pierre veut maigrir. (boire de la bière?)
5. Tu veux suivre un régime végétarien. (servir du poulet?)
6. Monique veut trouver du travail. (regarder les petites annonces *[want ads]* dans le journal?)
7. Ces étudiants veulent organiser une fête. (nettoyer leur appartement?)
8. On veut rester en bonne santé *(health)*. (fumer?)

9. Conversation   Invitez vos camarades à faire certaines choses avec vous. Ils vont vous demander **quand,** et accepter ou refuser votre invitation. S'ils refusent, ils vont donner une excuse.

COMMUNICATION: extending, accepting, and refusing invitations

   —*Tu veux aller au cinéma avec moi?*
   —*Quand?*
   —*Samedi soir.*
   —*D'accord! Je veux bien.*
ou: —*Je voudrais bien, mais je ne peux pas. Je dois dîner chez mon oncle.*

LES INVITATIONS
● sortir ● aller au cinéma ● aller au concert ● dîner dans un restaurant chinois ● jouer des jeux sur CD-ROM ● faire du jogging ● aller dans les magasins

10. Conseils   Donnez des conseils aux personnes suivantes. Dites ce qu'elles doivent faire, ce qu'elles ne doivent pas faire, ce qu'elles peuvent faire.

COMMUNICATION: giving advice

● Paul est malade *(sick)*.
   Il doit rester chez lui. Il ne doit pas sortir. S'il veut, il peut regarder la télé.

1. Ces étudiants français vont passer un an aux États-Unis.
2. Cet étudiant américain va passer l'été en France.
3. Janine veut travailler dans une firme internationale.
4. Nous ne trouvons pas de travail.
5. Vous avez perdu votre passeport.
6. Tu n'as pas été reçu(e) à ton examen de français.
7. Jacques n'aime pas rester seul chez lui.

D.   L'expression impersonnelle *il faut*

Note the uses of the expression **il faut** in the following sentences.

À l'université, **il faut** travailler.　　　　*At the university **one has to** study.*
Pour être heureux, **il faut** avoir des amis.　*To be happy, **one must** have friends.*

Est-ce qu'il faut passer par Paris pour　**Is it necessary** *to pass through*
　aller à Nice?　　　　　　　　　　　　　　*Paris in order to go to Nice?*
Il ne faut pas fumer ici!　　　　　　　　***One must not** smoke here!*

The construction **il faut +** *infinitive* is used to express an impersonal obligation. To express a personal obligation, the French use **devoir** or the construction **il faut que +** *subjunctive clause.*

> The expression **il faut** is used to express a GENERAL OBLIGATION or a NECESSARY CONDITION.

infinitive	**falloir**	**Il** va **falloir** travailler.
present	**il faut**	**Il faut** partir maintenant.
passé composé	**il a fallu**	Il a plu et **il a fallu** rentrer.

❖   Note the English equivalents of **il faut** and the corresponding negative expressions.

1. TO EXPRESS GENERAL OBLIGATION

   En classe, **il faut** écouter le professeur.
   *In class, **you must (have to)** listen to the professor.*

   TO FORBID AN ACTION

   Il ne faut pas dormir.
   ***You must not** sleep.*

2. TO EXPRESS A NECESSARY CONDITION

   Dans la vie, **il faut** avoir des amis.
   *In life, **one has to (it is necessary to)** have friends.*

   TO EXPRESS A LACK OF NECESSITY

   Il n'est pas nécessaire d'être riche.
   ***One does not have to (It is not necessary to)** be rich.*

11. **Dans le studio d'enregistrement** (*In the recording studio*)   Vous êtes le directeur d'un studio d'enregistrement en France. Certaines personnes n'observent pas le règlement (*the rules*) du studio. Dites à ces personnes de ne pas faire ce qu'elles font. Étudiez le modèle.

PRACTICE: il faut

● 　　Quelqu'un fume.　　***Il ne faut pas fumer ici!***

Students work in pairs.

1. Quelqu'un parle fort (*loud*).
2. Quelqu'un écoute la radio.
3. Un enfant joue.
4. Quelqu'un téléphone.
5. Quelqu'un arrive en retard (*late*).
6. Quelqu'un fait du bruit (*noise*).
7. Quelqu'un sort pendant l'enregistrement (*recording*).

12. Que faire?   Dites si certaines choses sont nécessaires ou non pour obtenir certains résultats.

● être heureux: avoir de l'argent?
Pour être heureux, il faut avoir de l'argent.
Pour être heureux, il n'est pas nécessaire d'avoir de l'argent.

1. être journaliste: aller à l'université?
2. trouver du travail: avoir des diplômes?
3. réussir aux examens: étudier?
4. réussir dans la vie *(life):* avoir des relations *(connections)?*
5. réussir dans les affaires *(business):* avoir beaucoup de chance *(luck)?*
6. devenir architecte: suivre des cours de maths?
7. acheter un ordinateur avec une imprimante: faire des économies?

13. Expression personnelle   Dites ce qu'il faut faire pour réaliser les objectifs suivants. Utilisez **il faut** et une expression infinitive de votre choix.

● Pour être reçu aux examens,...
Pour être reçu aux examens, il faut étudier (être sérieux, travailler beaucoup, apprendre les leçons, inviter le professeur au restaurant...).

1. Pour passer un bon week-end,...
2. Pour passer quatre années agréables à l'université,...
3. Pour avoir des amis,...
4. Pour gagner vite de l'argent,...
5. Pour être heureux,...
6. Pour avoir un travail intéressant,...
7. Pour être bien considéré,...
8. Pour vraiment parler une langue étrangère,...

Can be done orally or in writing.

V: After a student expresses an opinion, he/she asks for a classmate's reaction. **Pour être reçu aux examens, il faut étudier. Bob, es-tu d'accord?**

V: Make up sentences with **il ne faut pas** and **il n'est pas nécessaire.**

Vocabulaire: *Expressions indéfinies de quantité*

D' is used instead of **des** before **autres**, since it is an adjective.

autre	*other*	
l'autre	*the other*	**L'autre** jour je suis allée au parc.
les autres	*the other*	**Les autres** étudiants ne sont pas venus.
un(e) autre	*another*	Je cherche **un autre** appartement.
d'autres	*other*	Voulez-vous visiter **d'autres** appartements?
certain	*certain*	
un(e) certain(e)	*a certain, a particular*	J'ai besoin d'**un certain** livre.
certain(e)s	*certain, some*	**Certains** problèmes n'ont pas de solution.
chaque	*each, every*	**Chaque** banlieue *(suburb)* est différente.
plusieurs	*several*	Notre ville a **plusieurs** parcs.
quelques	*some, a few*	Marc a **quelques** magazines français chez lui.
de nombreux	*many, numerous*	J'ai **de nombreuses** amies à Paris.
(nombreuses)		
tout	*all, everything*	Je comprends **tout**.
tout le (toute la)	*all the, the whole*	Est-ce que **toute la** classe comprend la leçon?
tous les (toutes les)	*all (the),*	**Tous les** enfants aiment jouer.
	every	Nous allons au cinéma **toutes les** semaines.
tout le monde	*everybody, everyone*	Est-ce que **tout le monde** a compris?

NOTES DE VOCABULAIRE

It may also be introduced by a demonstrative or possessive adjective: **cet autre ami, mon autre ami.**

1. The expression **autre** is generally introduced by an article.
2. **Tout le (toute la,** etc.) agrees with the noun it introduces. In the expression **tout le,** the definite article may be replaced by **ce** or a possessive adjective.

Expressions with **quelque** and **tout: quelquefois** *(sometimes),* **quelque part** *(somewhere),* **tout le temps** *(all the time),* **tous les jours** *(every day).*

Que font **tous ces** gens?   *What are **all those** people doing?*
J'ai perdu **tout mon** argent.   *I lost **all my** money.*

3. When **tout** means *everything,* it is invariable.

J'ai **tout** compris.   *I understood **everything.***

---

14. Questions personnelles

COMMUNICATION: answering questions

1. Allez-vous aller à un autre cours après ce cours? Quel cours?
2. Avez-vous d'autres cours aujourd'hui? Quels cours?
3. Est-ce que vous préparez bien chaque examen de français?
4. Est-ce que vous comprenez tout quand le professeur parle français? Est-ce que tout le monde répond en français dans votre classe?
5. Est-ce que vous connaissez *(know)* tous les garçons dans la classe? et toutes les filles?
6. Est-ce que vous sortez tous les week-ends?
7. Est-ce que vous avez plusieurs camarades de chambre?
8. De temps en temps *(From time to time),* avez-vous quelques difficultés avec vos amis? avec vos parents? avec vos études? avec le français?

Communication

COMMUNICATION and REVIEW: using language in real-life situations

These communication activities can either be done extemporaneously or they can be assigned for outside preparation, with each student writing out the appropriate questions (and responses, if desired).

In class, students can practice the conversations in pairs or groups.

If desired, random pairs or groups of students can act out their conversation in front of the class.

Contacts *Cahier d'activités:*
Workbook, Leçon 19
Lab Manual, Leçon 19

1. You are a transfer student who is thinking of taking French. First, however, you would like to find out more about the class, so you are talking to one of the students.

Ask your partner . . .
- if the class is easy or difficult
- if everybody has to speak French in class
- if it is necessary to study a lot
- if the exams are easy
- if he/she is going to pass the French exam

2. Imagine that you are an academic advisor. Today you are talking to one of your student advisees about how he/she is doing. You will address your advisee as **vous.**

Ask your partner . . .
- if he/she is making progress in French
- what grade he/she got on the last exam
- what other courses he/she is taking
- when he/she is going to get his/her diploma

3. It is Saturday afternoon. You want to go out, but you do not want to go alone.

Ask your partners . . .
- if they want to go out
  (your partners will answer in the affirmative)
- where they want to go
- what they want to do after that
- at what time they have to be home

Et vous?

4. Discuss career plans with a classmate.

Talk about . . .
- what kind of diploma you are studying for
- what courses you are taking
- what you have to do to succeed in your studies
- what you can do with this diploma
- what you want to do after you finish school

Leçon 20   Pas de panique!

COMPRÉHENSION DU TEXTE
1. Où sont Fatima et Béatrice?
2. Pourquoi est-ce que Béatrice est préoccupée?
3. Qu'est-ce qu'elle cherche?
4. Qu'est-ce que Fatima propose?
5. Qui est Jean-Baptiste Pernicot?
6. Qu'est-ce que les deux filles font à la fin?

Fatima et Béatrice font des études à l'Institut Universitaire de Technologie (I.U.T.) de Tours. Fatima a une chambre à la Cité Universitaire et Béatrice loue un petit studio en ville. Après les cours, les deux amies se retrouvent° souvent chez Béatrice pour travailler ensemble.

meet

BÉATRICE:	Tu as ton livre de physique°?
FATIMA:	Ah non, je ne l'ai pas apporté. Pourquoi, tu n'as pas le tien°?
BÉATRICE:	Non, je le cherche° depuis une heure mais je ne le trouve pas°. Zut, alors°! On ne peut pas faire les exercices° sans° livre!
FATIMA:	Je peux retourner à la Cité U, mais ça va prendre du temps°...
BÉATRICE:	Et ce soir, il y a la conférence° sur le «Cyberspace». Le prof d'électronique a dit qu'il ne faut pas la manquer°! Qu'est-ce qu'on va faire, alors, pour avoir les exercices?
FATIMA:	Pas de panique, réfléchissons... On peut demander à quelqu'un°... Tiens, Jean-Baptiste, par exemple. Je ne le connais pas bien, mais il a l'air° sympa...
BÉATRICE:	Oui, pourquoi pas? Je pense qu'il habite près d'ici: je l'ai vu° plusieurs fois° au supermarché. Tu as son numéro de téléphone?

physics
yours
I've been looking for it / I can't find it / Darn it / do the exercices / without / take some time
lecture
miss it

we can ask someone

he seems
I've seen him
several times

FATIMA: Non, mais on va le trouver avec le Minitel*. Je connais° son nom de
            famille: c'est Pernicot.

BÉATRICE: Pernicot, comme le célèbre scientifique°? Il n'est pas de la famille°, par
            hasard°?

FATIMA: Mais si°! C'est même° son fils, figure-toi°!

BÉATRICE: Pas possible! Alors, il va sûrement° pouvoir nous aider°! Tu as trouvé le
            numéro?

FATIMA: Oui.

BÉATRICE: Alors, téléphone, vite!

know

famous scientist / from that family / by chance

Why yes / even / imagine

surely / help us

Note culturelle: **Les études supérieures**

En France, plus de 25 pour cent des jeunes gens et des jeunes filles font des études supérieures. Cette proportion est moins élevée qu'[1] aux États-Unis, mais elle est plus importante que[2] dans d'autres pays européens. Après le bac, c'est-à-dire[3] après les études secondaires, on a le choix entre l'université ou une grande école.

L'UNIVERSITÉ: On va à l'université pour étudier les lettres[4] et les sciences humaines, le droit[5] et les sciences économiques, les sciences, la médecine et la pharmacie. Il y a 78 universités publiques en France. Dix-sept de ces universités sont situées à Paris ou dans la région parisienne et sont désignées par un numéro: Paris I, Paris II, Paris III, etc. Chaque université est divisée en un certain nombre d'UER (Unités d'Enseignement[6] et de Recherche), qui correspondent à une spécialité: lettres, sciences humaines et sociales, etc. En principe, le bac est suffisant[7] pour aller à l'université.

LES GRANDES ÉCOLES: Les grandes écoles sont des écoles professionnelles spécialisées pour la formation des cadres[8] de la nation. Le bac n'est pas suffisant pour entrer dans une grande école. Il faut être reçu à un examen d'entrée qui est généralement très difficile. Voici quelques-unes[9] des grandes écoles:

écoles d'administration:
    Sciences-Po (Sciences Politiques)
    l'ENA (École Nationale d'Administration)

écoles commerciales:
    HEC (Hautes Études Commerciales)

écoles scientifiques et techniques:
    Polytechnique, Centrale

Activité Est-ce qu'il existe dans le système américain un équivalent aux grandes écoles françaises?

1 *lower than* 2 *greater than* 3 *that is to say* 4 *humanities* 5 *law*
6 *instruction* 7 *sufficient* 8 *executives* 9 *some*

---

* Minitel: home computer terminal with access to French phone directories.

Structure et vocabulaire

Vocabulaire: *Les études supérieures*

Les études littéraires, artistiques, scientifiques

les lettres (f.) *(humanities):*	**la littérature, la philosophie, l'histoire** (f.), **les langues**
les beaux-arts *(fine arts):*	**la peinture, la sculpture, l'architecture** (f.)
les sciences humaines et sociales:	**l'anthropologie** (f.), **la psychologie, les sciences politiques, les sciences économiques**
les sciences:	**la chimie, la biologie, la physique, les mathématiques** (f.)

Les études professionnelles

les études d'ingénieur *(engineering):*	**l'électronique** (f.), **l'informatique** (f.) *(computer science)*
les études commerciales:	**la gestion** *(management),* **la publicité** *(advertising),* **le marketing, l'administration** (f.) **des affaires** *(business administration)*

la médecine, la pharmacie
le droit *(law)*

Verbes

faire des études de	*to specialize in*	Il **fait des études de** droit.
faire des recherches	*to do research*	Le professeur Mayet **fait des recherches** sur le cancer.

Expressions

comme	*like, as*	Faites **comme** moi! Étudiez le français!
sans	*without*	Pierre n'est pas venu. Nous sommes partis **sans** lui.
même	*even*	Pierre travaille toujours, **même** le week-end.
même si	*even if*	Je vais voyager cet été, **même si** je n'ai pas beaucoup d'argent.

NOTE DE VOCABULAIRE

The indefinite article is usually omitted after **sans.**

Ne sors pas **sans** manteau.   *Don't go out **without a** coat.*

1. Expression personnelle   Complétez les phrases suivantes avec une expression qui reflète la réalité.

● Je fais mes études à...   *Je fais mes études à l'Université du Colorado.*

1. Je fais des études de...
2. Mon meilleur ami fait des études de...
3. Les meilleurs départements de mon université sont les départements de...
4. Aux États-Unis, les meilleures écoles d'ingénieur sont...
5. À la Business School de Harvard, on peut faire des études de...
6. Pour être programmeur, il faut faire des études de...
7. Dans le monde moderne, il faut avoir des notions de...
8. Si on veut diriger *(to manage)* une entreprise, il faut...
9. Si on veut avoir un bon salaire après l'université, il faut faire des études de...
10. On a des difficultés d'emploi si on a fait des études de...

COMMUNICATION:
discussing education

A.   Le verbe *voir*

The verb **voir** *(to see)* is irregular.

infinitive	**voir**	Je vais **voir** un film.
present	je **vois** tu **vois** il/elle/on **voit**	Je **vois** mes amis le samedi soir. **Vois**-tu souvent tes grands-parents? Éric **voit** souvent ses copains.
	nous **voyons** vous **voyez** ils/elles **voient**	Nous **voyons** François ce soir. Est-ce que vous **voyez** bien avec ces lunettes? Ils **voient** un film d'aventures.
passé composé	j'ai **vu**	Quel film **as**-tu **vu?**

❖ **Prévoir** *(to foresee, to forecast)* is conjugated like **voir**.

2.   Questions personnelles

1. Est-ce que vous voyez bien? Avez-vous besoin de lunettes?
2. Voyez-vous souvent votre famille? vos amis? vos grands-parents?
3. Ce week-end allez-vous voir un film? un match de tennis?
4. Est-ce que vous avez vu un film récemment *(recently)*? Quel film avez-vous vu?
5. Est-ce que vous avez regardé la télé hier? Quel programme avez-vous vu?
6. Avez-vous déjà vu un OVNI *(UFO)*? Où et quand?
7. Quel temps est-ce que la météo *(weather forecast)* prévoit pour aujourd'hui? pour demain? Quel temps a-t-elle prévu le week-end dernier?

COMMUNICATION:
answering questions

OVNI = Objet Volant Non-Identifié

du beau temps/du mauvais temps/de la pluie/de la neige

B.   Le verbe *connaître*

> The verb **connaître** *(to know, to be acquainted with)* is irregular.

infinitive	**connaître**	Je dois **connaître** ta tante.	
present	je **connais** tu **connais** il/elle/on **connaît**	Je **connais** Marc. Tu **connais** Martine. On **connaît** le professeur.	Have students note the circumflex accent in **il/elle/on connaît** and in the infinitive **connaître.**
	nous **connaissons** vous **connaissez** ils/elles **connaissent**	Nous **connaissons** des Français. Vous **connaissez** un restaurant chinois. Elles **connaissent** quelqu'un d'intéressant.	
passé composé	j'ai **connu**	J'ai **connu** ton grand-père.	

Vocabulaire: *Verbes conjugués comme* connaître

connaître	*to know, to be acquainted with,* *to meet* [passé composé]	Nous **connaissons** votre père. J'ai **connu** vos cousins à Lille.	Connaître and savoir are contrasted in Lesson 22.
reconnaître	*to recognize*	Je n'**ai** pas **reconnu** Lucille hier.	

3.   Qui connaît Paul?   Paul est un nouvel étudiant. Dites si les personnes suivantes connaissent Paul.

● tu (non)   *Tu ne connais pas Paul.*

1. nous (oui)
2. vous (non)
3. je (oui)

4. Jacqueline (non)
5. le professeur de français (oui)
6. les étudiants français (non)

7. mes amis (oui)
8. tu (non)

> PRACTICE: connaître

V: Dites que les personnes suivantes n'ont pas reconnu Paul. *Tu n'as pas reconnu Paul.*

NOTE LINGUISTIQUE: *Le complément d'objet direct*

The DIRECT OBJECT of a verb answers the question *whom?* or *what?*

Qui est-ce que tu vois?	***Whom*** *do you see?*
Je vois **Anne-Marie.**	*I see **Anne-Marie.***
Tu **la** vois?	*Do you see **her**?*
Qu'est-ce que tu vois?	***What*** *do you see?*
Je vois **sa voiture.**	*I see **her car.***
Tu **la** vois?	*Do you see **it**?*

A direct object can be a noun or a pronoun. When a direct object is a noun, it usually comes directly after the verb.

C.   Les pronoms *le, la, les*

Direct-object nouns that are introduced by an indefinite article (**un, une, des**) or by a partitive article (**du, de la, des**) are replaced by the pronoun **en**. See Lesson 25.

In the questions below, the nouns in bold type are the direct objects. Note the forms and position of the pronouns that replace these nouns in the answers.

Tu connais **Paul?**	Oui, je **le** connais.	Non, je ne **le** connais pas.
Tu connais **cette université?**	Oui, je **la** connais.	Non, je ne **la** connais pas.
Tu connais **mes cousins?**	Oui, je **les** connais.	Non, je ne **les** connais pas.
Tu invites **le professeur?**	Oui, je **l'**invite.	Non, je ne **l'**invite pas.
Tu invites **tes amis?**	Oui, je **les** invite.	Non, je ne **les** invite pas.

FORMS

DIRECT-OBJECT PRONOUNS have the following forms:

	Singular	Plural		
masculine (+ *vowel sound*)	**le** **l'**	**les**	*(le livre)* Je **le** prends. Je **l'**achète.	*(les livres)* Je **les** prends. Je **les** achète.
feminine (+ *vowel sound*)	**la** **l'**		*(la montre)* Je **la** prends. Je **l'**achète.	*(les montres)* Je **les** prends. Je **les** achète.

POSITION

The position of object pronouns in an infinitive construction is presented on page 298. Their position in an imperative construction is presented in Lesson 21.

The direct-object pronouns normally come immediately BEFORE the verb:

subject + (**ne**) + object pronoun + verb + (**pas**) ...	Je ne **le** vois pas.

❖   Note the use and position of direct-object pronouns with **voici** and **voilà.**

Où est le professeur?	**Le** voici.
Où est Michèle?	**La** voilà.
Où sont mes livres?	**Les** voici.

At this point the passé composé is presented only with masculine singular direct objects to avoid the problem of past participle agreement.
  To help students with object pronouns in the passé composé, start with sentences in the present tense of **avoir:**
—Avez-vous votre livre?
—Oui, je l'ai. (Non, je ne l'ai pas.)
  You may remind students that in the passé composé, **ne ... pas** surrounds the auxiliary verb **avoir.**

❖   In the passé composé, the direct-object pronouns come BEFORE the AUXILIARY VERB.

As-tu invité Jacques?	Oui, je **l'**ai invité.
Et Paul?	Non, je ne **l'**ai pas invité.

4. Expression personnelle Dites si oui ou non vous connaissez personnellement les personnes suivantes. Utilisez le pronom qui convient.

COMMUNICATION: stating
who knows whom

● Michelle Pfeiffer?   *Oui, je la connais personnellement.*
   ou: *Non, je ne la connais pas personnellement.*

V: Students work in pairs, using
a question/answer format.

1. Denzel Washington?
2. Madonna?
3. le professeur?
4. le (la) secrétaire du département de français?
5. le président (la présidente) de l'université?
6. les parents de vos amis?
7. les amis de vos parents?
8. les étudiants de la classe?
9. les étudiantes de la classe?
10. le président des États-Unis?

Vocabulaire: *Quelques verbes utilisés avec un complément d'objet direct*

aider	*to help*	—**Aides**-tu **tes amis?** —Bien sûr, je **les aide.**
aimer	*to like*	—**Aimes**-tu **tes cours?** —Non, je ne **les aime** pas.
attendre	*to wait for*	—**Attends**-tu **le professeur?** —Non, je ne **l'attends** pas.
chercher	*to look for, to get*	—**Cherches**-tu **ton livre?** —Oui, je **le cherche.**
écouter	*to listen to*	—**Écoutes**-tu souvent **tes CD?** —Oui, je **les écoute** souvent.
regarder	*to look at, to watch*	—**Regardes**-tu **la télé?** —Oui, je **la regarde.**
trouver	*to find*	—Comment **trouves**-tu **ce livre?** —Je **le trouve** assez intéressant.
voir	*to see*	—Quand est-ce que tu **vois tes parents?** —Je **les vois** le week-end.

Have students suggest other
verbs that they know that
take a direct object and use
each in a sentence.
With people:
inviter, rencontrer, amener
With things:
avoir, acheter, choisir,
détester, finir, porter,
préférer, prendre, oublier,
apporter, vendre, entendre,
mettre

NOTE DE VOCABULAIRE

A few French verbs that take a direct object (**attendre, chercher, écouter,
regarder**) correspond to English verbs that are used with prepositions (*to
wait for, to look for, to listen to, to look at*).

These French verbs are *not*
followed by prepositions.

5. Dialogue   Demandez à vos amis ce qu'ils pensent des choses suivantes. Vos camarades vont répondre en utilisant un pronom complément et l'adjectif entre parenthèses.

● la classe (intéressante?)   —*Comment trouves-tu la classe?*
—*Je la trouve intéressante.*
ou: —*Je ne la trouve pas intéressante.*

1. le français (facile?)
2. les examens (difficiles?)
3. le campus (joli?)
4. la politique américaine (intelligente?)
5. le président (remarquable?)
6. les Américains (matérialistes?)
7. les Français (snobs?)
8. la cuisine française (délicieuse?)
9. le vin américain (excellent?)
10. la bière américaine (bonne?)

Expression pour la conversation

To answer "yes" to a negative question:
(Mais) si!   *(Why) yes!*   —Tu n'as pas déjeuné?
—**Mais si,** j'ai pris un sandwich au jambon!

6. Mais si!   Dites que vous n'êtes pas d'accord avec les remarques suivantes.

● Les jeunes ne respectent pas les adultes.
Mais si, ils les respectent.

1. Les jeunes ne font pas leurs devoirs.
2. Les jeunes ne comprennent pas la musique classique.
3. Les jeunes n'aiment pas la politique.
4. Les jeunes n'aident pas leurs parents.
5. Les jeunes n'écoutent pas leurs professeurs.
6. Les jeunes ne préparent pas leurs examens.

7. **Le bon étudiant et le mauvais étudiant**   Pierre est un bon étudiant. Jean-Marc est un mauvais étudiant. Dites ce que chacun *(each)* fait ou ne fait pas en utilisant un pronom complément d'objet direct. Soyez logique.

COMPREHENSION:
discussing behavior

●   Qui prépare ses examens?
    Pierre les prépare, mais Jean-Marc ne les prépare pas.

1. Qui écoute le professeur?
2. Qui regarde la télé pendant la journée?
3. Qui apprend la grammaire?
4. Qui étudie les verbes irréguliers?
5. Qui aide ses camarades de classe?
6. Qui apporte son livre de français en classe?
7. Qui perd son temps à l'université?

8. **Dialogue**   Demandez à vos camarades s'ils font les choses suivantes.

COMPREHENSION:
discussing behavior

●   inviter souvent tes amis?

                    —Est-ce que tu invites souvent tes amis?
                    —Oui, je les invite souvent.
   ou: *—Non, je ne les invite pas souvent.*

1. aider tes parents? ton meilleur ami?
2. admirer le président? les gens riches?
3. aimer la musique classique? le rock?
4. perdre ton temps? ton sang-froid *(cool)*?
5. étudier la biologie? le droit?
6. regarder la télé? les films d'horreur?
7. suivre les sports à la télé? la politique internationale?
8. faire la cuisine? les courses?
9. nettoyer souvent ton bureau? ta chambre?
10. voir souvent tes cousins? tes grands-parents?
11. avoir ton permis de conduire *(driver's license)*? ton diplôme d'université?

9. Questions et réponses   Claire pose des questions à Julien qui répond en utilisant les expressions entre parenthèses. Avec un(e) partenaire, jouez les deux rôles selon le modèle.

ROLE PLAY: discussing lifestyle

● quand / faire les courses? (le week-end)
  CLAIRE: *Quand est-ce que tu fais les courses?*
  JULIEN: *Je les fais le week-end.*

1. quand / regarder la télé? (après le dîner)
2. où / rencontrer tes amis? (au café)
3. quand / voir tes grands-parents? (pendant les vacances)
4. où / acheter tes vêtements? (dans une boutique de soldes: *discount shop*)
5. pour combien / louer ton appartement? (325 euros par mois)
6. depuis quand / connaître ton meilleur ami? (depuis l'année dernière)
7. pourquoi / étudier l'anglais? (pour aller aux États-Unis)
8. depuis combien de temps / suivre ces cours? (depuis trois mois)

10. Ce matin   Demandez à vos camarades s'ils ont fait les choses suivantes ce matin.

COMMUNICATION: describing the morning's events

● acheter le journal?   —*As-tu acheté le journal?*
                         —*Oui, je l'ai acheté.*
            ou: —*Non, je ne l'ai pas acheté.*

1. écouter le bulletin d'informations *(news)*?
2. regarder le thermomètre?
3. préparer le petit déjeuner?
4. faire le café?
5. nettoyer ton bureau?
6. regarder ton livre de français?
7. préparer le cours de français?
8. attendre le facteur *(mailman)*?
9. prendre le bus?
10. voir le professeur?

The purpose of this exercise is to have the students practice the position of the object pronoun in the passé composé. The direct objects are masculine singular.

D.   Les pronoms *le, la, les* avec l'infinitif

Note the position of the direct-object pronouns in the answers to the questions below.

Questions	*Answers*
Vas-tu inviter Paul?	Oui, je vais **l'**inviter.
Devons-nous préparer cette leçon?	Oui, nous devons **la** préparer.
Veux-tu acheter ces livres?	Non, je ne veux pas **les** acheter.

In most INFINITIVE CONSTRUCTIONS where the conjugated verb is a verb like **aimer, aller, vouloir, devoir, pouvoir,** and **venir de,** the direct-object pronoun comes immediately BEFORE the infinitive according to the pattern:

$$\text{subject} + \textbf{(ne)} + \text{conjugated verb} + \textbf{(pas)} + \begin{matrix} \textbf{le (l')} \\ \textbf{la (l')} \\ \textbf{les} \end{matrix} + \text{infinitive} \ldots$$

Je vais faire mes devoirs demain.   Je ne vais pas **les** faire ce soir.

When the conjugated verb is a verb of perception, such as **écouter, entendre,** or **regarder,** the pronoun comes before the conjugated verb. **Je *les* entends chanter.**

Point out that **ne ... pas** surrounds the main verb: **Je ne veux (dois, peux, vais) pas le regarder.**

11. **Le week-end prochain**   Demandez à vos camarades s'ils vont faire les choses suivantes le week-end prochain. Ils doivent répondre affirmativement ou négativement.

● faire les courses?
　　—*Tu vas faire les courses ce week-end?*
　　—*Oui, je vais les faire.*
　ou: —*Non, je ne vais pas les faire.*

COMMUNICATION: discussing weekend plans

1. faire le ménage?
2. dépenser ton argent?
3. écouter tes cassettes?
4. préparer tes cours?
5. inviter ton meilleur ami?
6. voir ta cousine?
7. rencontrer tes copains?
8. aider tes parents?

12. **Procrastination**   Les gens suivants ne font pas certaines choses. Dites qu'ils peuvent les faire plus tard.

● Henri ne fait pas la vaisselle. (demain)   ***Il peut la faire demain.***

PRACTICE: object pronouns with infinitive

1. Jacqueline ne fait pas ses devoirs. (ce soir)
2. Paul ne nettoie pas sa chambre. (ce week-end)
3. Nous n'invitons pas nos amis. (le week-end prochain)
4. Tu ne prépares pas ton examen. (la semaine prochaine)
5. Vous n'apprenez pas les verbes. (avant l'examen)
6. Les étudiants ne rendent pas les livres à la bibliothèque. (avant les vacances)
7. Je ne suis pas le cours de biologie. (le semestre prochain)

E.   Passé composé: l'accord du participe passé

(May be presented for recognition only.)

In the answers below, the direct-object pronouns are all of different gender and number. Note the form of the past participle in each case.

As-tu fini **cet exercice?**	Oui, je l'ai **fini.**	Masculine singular
As-tu fini **la leçon?**	Oui, je l'ai **finie.**	Feminine singular
As-tu fini **tes devoirs?**	Oui, je **les** ai **finis.**	Masculine plural
As-tu fini **les leçons?**	Non, je ne **les** ai pas **finies.**	Feminine plural

When a verb in the PASSÉ COMPOSÉ is conjugated with **avoir,** the PAST PARTICIPLE AGREES in gender and number with the DIRECT OBJECT, if that direct object comes BEFORE the verb.

Position of the direct object	Past participle	
after the verb	*no agreement*	J'ai acheté ces **disquettes** hier.
before the verb	*agreement*	**Ces disquettes?** Je les ai achetées hier.

❖   Most past participles end in a vowel (**-é, -i, -u**) and therefore sound the same in the masculine and feminine forms. For such verbs, the existence or absence of agreement with a preceding direct object cannot be heard. However, if the past participle ends in a consonant (**-s, -t**), the feminine form sounds different from the masculine form.

Tu as pris ton livre?	Oui, je l'ai pris.
Et ta montre?	Je l'ai pri**se** aussi.
Et tes cassettes?	Je les ai pri**ses** aussi.

You may want to have students note the agreement of the past participles in questions introduced by **quel:** *Quels cours* as-tu suivis l'année dernière? *Quelles cassettes* as-tu écoutées?

pris = /pri/
prise = /priz/

13.   Les bagages   Suzanne et Paul partent en vacances. Suzanne demande à Paul s'il a pris les choses suivantes. Il répond affirmativement. Jouez les deux rôles avec un(e) partenaire.

ROLE PLAY: discussing travel preparations

●   ta guitare
   SUZANNE: ***As-tu pris ta guitare?***
      PAUL: ***Oui, je l'ai prise.***

1. ta radio-cassette
2. tes cassettes
3. ton magnétophone
4. ton maillot de bain
5. ta montre
6. ta serviette *(towel)*
7. ton caméscope
8. ta raquette de tennis
9. tes chaussures de tennis
10. ton sac à dos *(backpack)*

14. Inaction   Suzanne a fait beaucoup de choses cet après-midi. Paul, lui, est allé au café! Dites qu'il n'a pas fait ce que Suzanne a fait.

PRACTICE: agreement of past participles

●   Suzanne a étudié la leçon.
      Paul ne l'a pas étudiée.

1. Suzanne a préparé ses exercices.
2. Elle a fini ses devoirs.
3. Elle a écouté la radio.
4. Elle a acheté le journal.
5. Elle a fait les courses.
6. Elle a fait la vaisselle.
7. Elle a appris la leçon.
8. Elle a vu ses amis.

15. Où est-ce?   Christine demande à Mélanie, sa camarade de chambre, où sont certains objets. Mélanie dit ce qu'elle a fait de ces objets. Avec un(e) partenaire, jouez les deux rôles selon le modèle.

ROLE PLAY: stating where things are

●   le livre d'histoire? (rendre à Paul)
    CHRISTINE: *Dis, Mélanie, où est le livre d'histoire?*
    MÉLANIE: *Je l'ai rendu à Paul.*

1. les CD-ROM d'espagnol? (rendre à la prof)
2. la petite table? (mettre dans ma chambre)
3. les chemises? (apporter à la blanchisserie: *laundry*)
4. les photos? (envoyer à mes parents)
5. le journal? (prendre avec moi ce matin)
6. les lettres? (mettre à la poste)
7. ta voiture? (apporter à la station-service)
8. ta vieille bicyclette? (vendre)

Communication

COMMUNICATION and REVIEW: using language in real-life situations

These communication activities can either be done extemporaneously or they can be assigned for outside preparation, with each student writing out the appropriate questions (and responses, if desired).

In class, students can practice the conversations in pairs or groups.

If desired, random pairs or groups of students can act out their conversation in front of the class.

Contacts *Cahier d'activités:*
Workbook, Leçon 20
Lab Manual, Leçon 20

1. Your roommate cannot stop talking about Stéphanie, a French student he/she met last month.

Ask your partner . . .
- where he/she met Stéphanie
- if he/she knows her friends
- if he/she sees her often
- if he/she is going to invite her to the movies next weekend
- if so, what movie **(quel film)** they are going to see

2. You live in an apartment off campus and this week it is your housemate's turn to do the chores. Tonight you are bringing a guest to dinner and you are phoning the apartment to find out whether things are ready.

Ask your partner . . .
- if he/she has done the dishes
- if he/she has cleaned the kitchen
- if he/she has done the shopping
- if dinner is ready **(prêt)**
React appropriately to your partner's responses.

Et vous?

3. Interview two classmates about their studies.

Find out . . .
- what subjects **(quelles matières)** they are studying
- who they think is the best professor in their department **(un département)**
- if they know Professor *(name)* at the university
- if so, do they like him/her

Leçon 21   Un contestataire

COMPRÉHENSION DU TEXTE
1. Qui est Thomas?
2. Qui est Clémence?
3. Qu'est-ce que Clémence lit? Est-ce qu'elle aime le roman?
4. Quel diplôme est-ce que Clémence prépare?
5. Qu'est-ce qu'elle a l'intention de faire?
6. Est-ce que Thomas pense que le système universitaire est démocratique? Pourquoi pas?

Thomas et Clémence sont étudiants en littérature à l'Université de Nanterre, dans la région parisienne. Entre les cours, ils vont souvent au café.

THOMAS: Qu'est-ce que tu lis°?

CLÉMENCE: Un roman° d'un écrivain° allemand contemporain°; le prof me l'a prêté° et je dois le rendre° demain. Il m'a demandé de faire un compte-rendu° en classe...

THOMAS: C'est bien?

CLÉMENCE: Pour te dire la vérité°, je ne suis pas enthousiaste! L'histoire° est assez intéressante: l'auteur° nous raconte° son enfance°, il décrit° sa maison, sa famille... Mais je trouve que le style est confus°, et puis les phrases° sont très longues...

THOMAS: Tu parles comme un prof! Ne me dis pas° que tu veux être prof, plus tard°!

CLÉMENCE: Si, justement. Je pense que c'est fantastique, moi: être en contact avec les étudiants, leur expliquer° la littérature, leur donner le goût° de la lecture, leur apprendre à bien écrire°...

THOMAS: Tu es vraiment idéaliste! Regarde un peu la réalité: le système en France est une vraie catastrophe! Je trouve qu'on ne respecte pas assez les étudiants. On ne leur donne pas les moyens° de faire des

What are you reading

novel / writer / contemporary
lent it to me / give it back
report

To tell you the truth / story
author / tells about / childhood / describes / confused

sentences
Don't tell me
later on

explain to them / taste
to write

means

302

études dans de bonnes conditions. Par exemple, il n'y a pas assez de places° dans les amphis°. Quelquefois, on doit écouter les cours debout°! Et puis, le contact avec les profs est presque impossible: on ne peut pas leur parler ni° leur poser° une question! En plus°, les études en France sont devenues très difficiles, très compétitives, et les jeunes ne sont même pas sûrs de trouver un emploi à la fin. Moi, je pense qu'on nous raconte beaucoup de mensonges° et qu'on ne nous prend pas au sérieux°. Voilà. Tu me demandes mon opinion, je te la donne!

seats / lecture halls
standing up
nor / ask / Moreover

lies
don't take us seriously

CLÉMENCE: Oh non, Thomas, je ne t'ai pas demandé ton opinion parce que je la connais: tu as la passion de la contestation°!

you love to challenge authority

Note culturelle: **Les étudiants français et la politique**

Est-ce que vous votez? Est-ce que vous faites partie[1] d'un club politique? Aux dernières élections, avez-vous participé à une campagne[2] électorale? Est-ce que vous avez travaillé pour un(e) candidat(e)?

Généralement les étudiants français ne sont pas très actifs politiquement. S'ils votent, ils ne participent pas aux campagnes électorales avec la même[3] intensité que les étudiants américains (participation à des débats, travail volontaire[4] pour un candidat, distribution de tracts[5], etc.). Cependant[6], cela[7] ne signifie pas que les étudiants français ne sont pas engagés[8]. Au contraire! Ils prennent souvent parti[9] pour certaines «grandes causes». Pour la paix[10] et pour la justice sociale, contre[11] la faim[12] dans le monde, pour l'écologie, contre le développement de l'énergie nucléaire et des armes atomiques.

Les étudiants français sont aussi extrêmement actifs pour la protection et la défense de leurs droits. En mai 1968, ils ont organisé de grandes manifestations[13] pour protester contre le caractère archaïque et anti-démocratique du système universitaire, et pour demander des réformes. Leur mouvement de protestation a provoqué une mini-révolution générale qui a affecté toute la population française. Cette révolution d'origine estudiantine[14] a causé des changements importants dans les institutions françaises et en particulier dans les structures universitaires.

En 1986, les étudiants français sont à nouveau[15] descendus dans la rue pour protester contre l'augmentation[16] des frais de scolarité[17]. L'ampleur[18] de ce mouvement a obligé le gouvernement à annuler[19] cette augmentation. En 1990, les lycéens[20] ont organisé de grandes manifestations dans les grandes villes pour demander de meilleures conditions de travail pour eux et pour leurs professeurs. Quatre ans plus tard[21] en 1994, les lycéens et les étudiants ont manifesté contre le SMIC[22]. En 1998 (et encore en 1999), ils ont manifesté pour demander plus de professeurs, des classes moins chargées et plus de participation pour les lycéens dans la vie des lycées.

Dans les années 90, les jeunes ont surtout adopté deux causes importantes: le chômage[23] et le racisme. La loi Debré (voir page 22) a attiré l'attention d'un grand nombre de jeunes, qui ont participé aux protestations. SOS Racisme, un groupe organisé en 1985 pour combattre le racisme en France, reste une influence importante. Ses comités sont en particulier présents dans les établissements scolaires, où a aussi lieu[24] une série éducative annuelle. Devenue une association internationale, elle est engagée maintenant dans la lutte[25] contre les réseaux[26] extrémistes sur Internet.

Aujourd'hui, comme hier, les étudiants et les lycéens français s'organisent[27] pour défendre leurs intérêts. En s'organisant[28], ils représentent une force politique importante dont[29] le gouvernement doit tenir compte[30].

Activité   Est-ce que vous trouvez que les jeunes Américains sont plus ou moins engagés que les jeunes Français politiquement? Est-ce qu'ils participent aux campagnes électorales? Aux manifestations politiques?

www

1 *are you a member* 2 *campaign* 3 *same* 4 *volunteer work* 5 *flyers*
6 *however* 7 *that* 8 *involved* 9 *commit themselves* 10 *peace*
11 *against* 12 *hunger* 13 *demonstrations* 14 *student* 15 *again*
16 *increase*
17 *tuition fees*
18 *magnitude*
19 *to cancel*
20 *high school students*
21 *later*
22 *minimum wage for young people*
23 *unemployment*
24 *take place*
25 *fight*
26 *networks*
27 *organize themselves*
28 *by getting organized*
29 *with which*
30 *to reckon*

Structure et vocabulaire

Stress the form **vous dites.** You may ask students to give other verbs with a similar **vous**-form (**vous êtes, vous faites**).

A.   Les verbes *dire, lire* et *écrire*

The verbs **dire** *(to say, tell)*, **lire** *(to read)*, and **écrire** *(to write)* are irregular.

infinitive	**dire**	**lire**	**écrire**
present	Je **dis** que j'ai raison.	Je **lis** un magazine.	J'**écris** une lettre.
	Tu **dis** une chose stupide.	Tu **lis** une annonce.	Tu **écris** à un ami.
	On **dit** que c'est vrai.	Il **lit** un article.	Elle **écrit** à une amie.
	Nous **disons** la vérité *(truth)*.	Nous **lisons** un livre.	Nous **écrivons** un poème.
	Vous **dites** que c'est facile.	Vous **lisez** le journal.	Vous **écrivez** un roman.
	Ils **disent** que j'ai tort.	Ils **lisent** une lettre.	Elles **écrivent** à un ami.
passé composé	J'**ai dit** la vérité.	J'**ai lu** ce journal.	J'**ai écrit** à un ami.

Vocabulaire: *La lecture*

Supplementary vocabulary: un auteur, un(e) journaliste, un poète; un conte *(short story)*

Noms

un écrivain	*writer*	**la lecture**	*reading*
un mensonge	*lie*	**la vérité**	*truth*
un mot	*word*	**une phrase**	*sentence*
un article	*article*	**une (petite) annonce**	*(classified) ad*
le courrier électronique	*e-mail*	**une bande dessinée**	*comic strip*
un e-mail	*e-mail message*	**une carte (postale)**	*card (postcard)*
un magazine	*magazine*	**une histoire**	*story*
un poème	*poem*	**une lettre**	*letter*
un roman	*novel*	**une nouvelle**	*(piece of) news, news item*
un roman policier	*detective novel*	**les nouvelles**	*(the) news*
		une revue	*(illustrated) magazine*

Verbes

raconter	*to tell (about)*	**Racontez** cette histoire.
décrire	*to describe*	**Décrivez** la ville où vous habitez.
vouloir dire	*to mean*	Que **veut dire** ce mot?

NOTES DE VOCABULAIRE

1. The verb **dire** means *to say* or *tell* someone something. The verb **raconter** means *to tell* in the sense of *to narrate* or *tell about* an event.

   Paul **dit** la vérité.
   Albert aime **raconter** des histoires drôles.

2. The verb **décrire** is conjugated like **écrire.**

   Marie **décrit** sa vie *(life)* à l'université.

---

1. À la bibliothèque   Les étudiants suivants sont à la bibliothèque. Dites ce qu'ils lisent et à qui ils écrivent.

PRACTICE: **lire** and **écrire**

● Henri (un journal français / à sa cousine)
   Henri lit un journal français. Après, il écrit à sa cousine.

V. in the passé composé: **Henri a lu..., il a écrit...**

1. vous (*le Monde* / à vos parents)
2. je (*L'Express* / à un ami)
3. Nathalie (une revue féminine / à Paul)
4. nous (les nouvelles sportives / à nos cousins)
5. Pierre et François (des bandes dessinées / à leurs parents)
6. tu (les petites annonces / à ta sœur)

2. Questions personnelles

1. Lisez-vous beaucoup? Lisez-vous vite ou lentement? Quel est votre écrivain préféré *(favorite)*? Qu'est-ce qu'il/elle a écrit?
2. Quand vous achetez un journal, est-ce que vous lisez l'horoscope? les bandes dessinées? la page des sports? les petites annonces? les nouvelles?
3. Selon vous *(according to you),* quel est le meilleur journal? la meilleure revue? Quel journal a les meilleures bandes dessinées? Quelle est votre bande dessinée favorite?
4. Quel journal lisent vos parents?
5. Est-ce que vous lisez les journaux en ligne? Lesquels *(Which ones)*?
6. Est-ce que votre université a un journal? Comment s'appelle ce journal?
7. Avez-vous lu un livre récemment *(recently)*? Quel livre?
8. Aimez-vous écrire? Voulez-vous être écrivain? Avez-vous écrit des poèmes? un roman?
9. Pendant les vacances, écrivez-vous à vos amis? à vos grands-parents?
10. Écrivez-vous beaucoup de cartes de Noël? À qui?
11. Est-ce que vous dites toujours la vérité? Est-ce qu'il y a des occasions où vous ne dites pas la vérité? Quand et pourquoi?
12. Pour communiquer avec vos parents est-ce que vous préférez le courrier électronique ou le téléphone? Et pour communiquer avec vos grands-parents? avec vos copains (copines)? avec votre petit(e) ami(e)?

COMMUNICATION: answering questions

EXTRA QUESTIONS: Est-ce qu'il y a des revues et des journaux français à la bibliothèque de votre université? Quelles revues? Quels journaux? Selon vous, est-ce que le président dit toujours la vérité? et les hommes politiques? et les journalistes? Quand est-ce qu'ils ne l'ont pas dite?

B.   La conjonction *que*

Note the use of the conjunction **que** in the following sentences.

Je dis **que** tu as tort.	*I say (**that**) you are wrong.*
Paul écrit **qu'**il est à Nice.	*Paul writes (**that**) he is in Nice.*
Nous pensons **que** l'examen est facile.	*We think (**that**) the exam is easy.*

The conjunction **que** must be used after verbs such as **annoncer, apprendre, déclarer, dire, écrire, lire, penser, trouver, voir** to introduce a clause. In English, the corresponding conjunction *that* is often omitted.

---

3.   Communications   Quand on est à l'université on peut communiquer un grand nombre de choses. Exprimez cela d'après le modèle.

PRACTICE: using **que**

● les étudiants / dire (les examens / n'être pas nécessaires)
   Les étudiants disent que les examens ne sont pas nécessaires.

1. vous / dire (le cours de français / être intéressant)
2. Janine / écrire à sa famille (elle / obtenir de bonnes notes)
3. nous / lire dans les petites annonces (une firme internationale / chercher des étudiants bilingues)
4. les étudiants / apprendre (ils / être reçus à l'examen)
5. le professeur / déclarer (les étudiants d'aujourd'hui / étudier beaucoup)
6. tu / trouver (le système universitaire / n'être pas assez démocratique)
7. nous / penser (tu / avoir raison)
8. mon professeur / voir (je / faire beaucoup de progrès)

NOTE LINGUISTIQUE: *Le complément d'objet indirect*

The INDIRECT OBJECT of a verb answers the question **à qui?** *(to whom?).*

À qui écrivez-vous?	***To whom** are you writing?*
	*[**Who(m)** are you writing (**to**)?]*
J'écris **à Sylvie.**	*I am writing (**to**) Sylvie.*
Je **lui** écris.	*I am writing (**to**) her.*

Note that in English the word *to* is sometimes left out.

Some French verbs take indirect objects while their English equivalents take direct objects. For example:

téléphoner à:	Nous **téléphonons à** Daniel.	*We are **phoning** Daniel.*
répondre à:	Je n'ai pas **répondu à** Anne.	*I didn't **answer** Anne.*

With verbs that take two objects, you may want to give examples and ask students to identify which is direct and which is indirect.
Je prête mes disquettes à Charles.
Je vends ma guitare à Hélène.
Nous donnons nos devoirs au professeur.

C.   Les pronoms *lui, leur*

In the questions below, the nouns in bold type are indirect objects. Note the forms
and position of the pronouns that replace these indirect objects.

Tu parles souvent **à Thomas?**	Oui, je **lui** parle souvent.
Tu as téléphoné **au professeur?**	Oui, je **lui** ai téléphoné.
Tu parles souvent **à Marie?**	Non, je ne **lui** parle pas souvent.
Tu as téléphoné **à sa mère?**	Non, je ne **lui** ai pas téléphoné.
Tu téléphones souvent **à tes cousines?**	Oui, je **leur** téléphone souvent.
Tu as répondu **à nos camarades?**	Oui, je **leur** ai répondu.

The pronoun **y** replaces **à** +
noun designating a place or
thing. See Lesson 25.

INDIRECT-OBJECT PRONOUNS refer to PEOPLE. They have the following forms:

singular	**lui**	*(to) him* *(to) her*	Tu écris à Paul? Et à Charlotte?	Oui, je **lui** écris. Je **lui** écris aussi.
plural	**leur**	*(to) them*	Et à tes cousins?	Je **leur** écris à Noël.

Sometimes the indirect object
answers the question *for
whom: I am buying **him** a book.*
Je *lui* achète un livre.

❖   Like direct-object pronouns, the indirect-object pronouns usually come
BEFORE THE VERB.

J'ai vu Alain hier.   Je **lui** ai montré tes photos.

❖   In an infinitive construction, **lui** and **leur** come immediately
BEFORE THE INFINITIVE.

Voici Jeanne.   Nous allons **lui** parler.   Nous n'allons pas **lui** téléphoner.

❖   Since **lui** and **leur** are INDIRECT objects, there is NO agreement with the past
participle in the passé composé. Compare:

Anne et Lucie sont venues au concert.   *(agreement with* SUBJECT:
                                              verb with **être***)*

Je les ai rencontrées.   *(agreement with*
                           PRECEDING DIRECT OBJECT*)*

Je **leur** ai **parlé**.   *(no agreement with* INDIRECT OBJECT*)*

❖   **Lui** and **leur** cannot be used with certain verbs such as **penser à** and **faire
attention à**. Instead the construction **à** + *stress pronoun* is used to replace a
person.

Pensez **à vos amis.**	Pensez **à eux.**
Ne fais pas attention **à Robert.**	Ne fais pas attention **à lui.**

Vocabulaire: *Quelques verbes utilisés avec un complément d'objet indirect*

also: acheter
       apporter
       apprendre } qqch à qqn
       servir
       vendre

parler		to speak	Qui **a parlé à** Henri?
poser une question		to ask a question	**As**-tu **posé** la question **au** professeur?
rendre visite	**à quelqu'un**	to visit	Hier, j'**ai rendu visite à** un ami.
répondre		to answer	**Réponds à** Pierre.
téléphoner		to phone	**Téléphonez à** vos amis.

demander		to ask (for)	**Demande** des conseils **à** ton père.
dire		to tell	**As**-tu **dit** la vérité **à** tes parents?
donner		to give	Je **donne** un livre **à** Paul.
écrire	**quelque chose**	to write	J'**ai écrit** une lettre **à** Anne.
envoyer	**à quelqu'un**	to send	**As**-tu **envoyé** la carte **à** Éric?
montrer		to show	J'**ai montré** mes photos **à** Albert.
prêter		to loan, lend	Je **prête** mes CD **à** Albert.
rendre		to give back	Je dois **rendre** ce CD **à** Pierre.

NOTE DE VOCABULAIRE

Note the constructions used with **demander:**

Demandez à Jacqueline **si** elle va au théâtre. *Ask Jacqueline **whether** (if) she is going to the theater.*

Demandez à Paul **de** parler à Martine. *Ask Paul **to** speak to Martine.*

---

4. Les amis de Monique   Monique a beaucoup d'amis qui font beaucoup de choses pour elle. Complétez les phrases suivantes avec *Monique* ou *à Monique*.

PRACTICE: direct vs. indirect objects

● Charles invite...   *Charles invite Monique.*

V: Reword response with object pronouns: **Charles l'invite.**

1. Paul aide...
2. Jacques téléphone...
3. Albert parle...
4. Suzanne répond...
5. Michèle écoute...
6. Henri regarde...
7. Marc prête sa voiture...
8. Anne pose une question...
9. Éric donne une disquette...
10. Robert cherche...
11. Irène demande un livre...
12. Alain montre ses photos...
13. Charles rend visite...
14. François aime...
15. Richard attend...
16. Jacqueline voit souvent...
17. Antoine dit toujours la vérité...
18. Catherine envoie un e-mail...
19. Alice connaît bien...
20. Paulette écrit souvent...

5. Oui ou non? Demandez à vos camarades de classe si oui ou non ils font les choses suivantes.

COMMUNICATION: describing habitual activities

● téléphoner souvent à ton meilleur ami?
　　—*Est-ce que tu téléphones souvent à ton meilleur ami?*
　　—*Oui, je lui téléphone souvent.*
ou:　—*Non, je ne lui téléphone pas souvent.*

1. téléphoner souvent à ta meilleure amie?
2. parler souvent à tes voisins?
3. rendre souvent visite à ton cousin?
4. rendre visite à tes grands-parents?
5. répondre en français au professeur?
6. écrire à tes amis pendant les vacances?
7. écrire à ta cousine pour son anniversaire?
8. parler en français à ton père?
9. poser beaucoup de questions à tes copains?
10. envoyer des e-mail à tes profs?

6. Relations personnelles Informez-vous sur les personnes suivantes. Dites si oui ou non elles font les choses entre parenthèses pour les personnes soulignées. Utilisez les pronoms d'objet direct (**le, la, l', les**) ou indirect (**lui, leur**) qui conviennent.

COMPREHENSION: saying what people do

● Paul n'aime pas <u>André</u>. (trouver sympathique? parler?)
　Il ne le trouve pas sympathique. Il ne lui parle pas.

1. Jean-Claude est amoureux *(in love)* de <u>Béatrice</u>. (regarder en classe? téléphoner souvent? écrire pendant les vacances?)
2. Lucie est fiancée avec <u>Antoine</u>. (aimer? trouver adorable? téléphoner souvent? écrire des poèmes?)
3. M. Normand a des <u>voisins</u> très sympathiques. (connaître bien? inviter à dîner? rendre visite?)
4. Jeanne est généreuse avec <u>ses amies</u>. (inviter au restaurant? prêter ses disques? donner des cadeaux *[gifts]*?)
5. Les étudiants admirent le <u>professeur</u>. (trouver incompétent? écouter? critiquer? demander des conseils?)
6. Le professeur a de bonnes relations avec <u>les étudiants</u>. (trouver stupides? donner de mauvaises notes? donner de bons conseils? aider?)
7. Henri n'est pas d'accord avec <u>sa cousine</u>. (écouter? comprendre? demander des conseils?)

7. Quand? Monique demande à André s'il a fait certaines choses. Il répond négativement. Monique lui demande quand il va faire ces choses. André répond en utilisant les expressions entre parenthèses. Avec un(e) partenaire, jouez les rôles selon le modèle.

ROLE PLAY: discussing past and future actions

● téléphoner à Jacques (ce soir)　　MONIQUE:　*As-tu téléphoné à Jacques?*
　　　　　　　　　　　　　　　　　ANDRÉ:　*Non, je ne lui ai pas téléphoné.*
　　　　　　　　　　　　　　　　MONIQUE:　*Quand est-ce que tu vas lui téléphoner?*
　　　　　　　　　　　　　　　　　ANDRÉ:　*Je vais lui téléphoner ce soir.*

1. téléphoner à Nathalie (demain)
2. parler au professeur (avant l'examen)
3. répondre à tes amis (après la classe)
4. prêter ta guitare à Jacqueline (dans trois jours)
5. rendre visite à Pierre (ce week-end)
6. rendre visite à ta tante (le mois prochain)
7. écrire à tes amis (demain matin)
8. dire la vérité à tes parents (après le dîner)

8. **Au bureau**   Madame Leblanc demande à son assistant s'il a fait les choses suivantes. Il répond affirmativement ou négativement. Avec un(e) partenaire, jouez les rôles de Madame Leblanc et de son assistant. Dans le rôle de l'assistant, utilisez le pronom d'objet direct ou indirect qui convient.

ROLE PLAY: discussing past actions

direct objects: items 2,5,6,8
indirect objects: items 1,3,4,7

● téléphoner à M. Ledru? (non)

MME LEBLANC: *Avez-vous téléphoné à M. Ledru?*

L'ASSISTANT: *Non, je ne lui ai pas téléphoné.*

1. répondre à la présidente? (oui)
2. inviter les clients américains? (oui)
3. écrire à Madame Tabard? (non)
4. parler à l'agent commercial? (non)
5. envoyer le contrat? (oui)
6. réserver les places *(tickets)* d'avion? (non)
7. rendre visite à nos clients japonais? (oui)
8. lire notre courrier électronique? (oui)

D.   Les pronoms *me, te, nous, vous*

Note the forms and position of the object pronouns in the following sentences.

Tu **me** trouves sympathique?	Oui, je **te** trouve sympathique.
Tu **m'**as téléphoné hier?	Oui, je **t'**ai téléphoné.
Tu vas **me** téléphoner ce soir?	Non, je ne vais pas **te** téléphoner.
Tu **nous** invites?	Non, je ne **vous** invite pas.
Tu **nous** as écrit?	Oui, je **vous** ai écrit.
Tu peux **nous** prêter ta voiture?	Non, je ne peux pas **vous** prêter ma voiture.

The following OBJECT PRONOUNS correspond to **je, tu, nous, vous.** Note that the same pronoun can function as either a DIRECT or an INDIRECT object.

			Direct object	Indirect object
singular	**me (m')** **te (t')**	*me, to me* *you, to you*	Claire **me** voit. Alain **t'**invite.	Elle **me** parle. Il **te** téléphone.
plural	**nous** **vous**	*us, to us* *you, to you*	Marc **nous** aide. Annie **vous** aime.	Il **nous** prête sa moto. Elle **vous** écrit.

❖   Like all object pronouns, **me, te, nous,** and **vous** usually come BEFORE THE VERB. In an infinitive construction, they come BEFORE THE INFINITIVE.

❖   Note the elision before a vowel sound: **me → m', te → t'.**

Tu **m'**attends?   Bien sûr, je **t'**attends!

There is liaison after **nous** and **vous** before a vowel sound.

Il nous invite.

❖ In the passé composé, the past participle agrees with **me, te, nous,** or **vous**
    only when these pronouns are direct objects of the verb. Contrast:

Indirect objects: no agreement   *Direct objects: agreement*

Je **vous** ai téléphoné, Monsieur,...   et je **vous** ai invit**é.**
Je **vous** ai téléphoné, Madame,...   et je **vous** ai invit**ée.**
Je **vous** ai téléphoné, Marc et Paul,...   et je **vous** ai invit**és.**
Je **vous** ai téléphoné, Anne et Édith,...   et je **vous** ai invit**ées.**

9. Dialogue   Demandez à vos camarades de faire les choses suivantes pour vous.
     Ils vont accepter ou refuser.

COMMUNICATION:
asking favors

●   prêter ton livre de français
          —*Tu me prêtes ton livre de français?*
          —*D'accord, je te prête mon livre de français.*
      ou: —*Pas question! Je ne te prête pas mon livre de français.*

V. in the plural:
—Tu nous prêtes ton livre de français?
—Oui, je vous prête mon livre de français.

V. with aller: Tu vas me prêter ton livre de français?

1. prêter dix dollars   5. montrer tes notes (*grades*)
2. inviter samedi chez toi   6. téléphoner ce soir
3. aider avec les devoirs   7. vendre ta mini-chaîne
4. donner ton vieux vélo   8. attendre après la classe

10. Reproches   Les parents de Robert lui font des reproches. Robert se défend
      (*defends himself*). Avec un(e) partenaire, jouez le rôle du père et de Robert.

ROLE PLAYING: justifying
oneself

●   téléphoner hier soir   LE PÈRE: *Tu ne nous as pas téléphoné hier soir!*
                                ROBERT: *Mais si, je vous ai téléphoné!*

1. écrire pendant les vacances   5. attendre après le concert
2. dire la vérité   6. rendre visite le week-end dernier
3. parler de ton accident de moto   7. montrer tes notes du trimestre
4. aider à nettoyer l'appartement   8. demander des conseils

11. Pourquoi?   Expliquez les sentiments des personnes suivantes. Pour cela, dites
      ce que les personnes entre parenthèses ont fait ou n'ont pas fait pour eux.

COMPREHENSION:
explaining feelings

●   Je suis furieux! (mes amis / attendre?)
      Mes amis ne m'ont pas attendu.

●   Vous êtes contents. (le professeur / donner une bonne note?)
      Le professeur vous a donné une bonne note.

1. Tu es contente. (Daniel / inviter à sa fête d'anniversaire?)
2. Nous sommes heureux. (nos amis / envoyer de bonnes nouvelles?)
3. Vous êtes tristes. (vos copains / écrire?)
4. Tu es furieux. (ton meilleur ami / dire la vérité?)
5. Nous sommes de mauvaise humeur. (le professeur / donner beaucoup de
   travail?)
6. Vous êtes de bonne humeur. (vos parents / faire des compliments?)

E.   La place des pronoms à l'impératif

In the sentences below, the verb is in the imperative (or command form). Contrast the position of the object pronouns in affirmative and negative commands.

	Affirmative	*Negative*
(Moi)	Répondez-**moi** demain.	Ne **me** répondez pas maintenant.
	Invite-**moi** à dîner.	Ne **m'**invite pas à déjeuner.
(Paul)	Invitons-**le** vendredi.	Ne **l'**invitons pas dimanche.
	Prête-**lui** ton caméscope.	Ne **lui** prête pas ta voiture.
(Michèle)	Attendons-**la** chez elle.	Ne **l'**attendons pas ici.
	Donne-**lui** ce bureau-ci.	Ne **lui** donne pas ce bureau-là.
(Mes amis)	Invitez-**les** demain.	Ne **les** invitez pas ce soir.
	Demande-**leur** d'aller au théâtre.	Ne **leur** demande pas d'aller au cinéma.

When the verb is in the IMPERATIVE, the position of OBJECT PRONOUNS is:

affirmative:	verb + pronoun	Écrivez-**nous.**
negative:	**ne** + pronoun + verb + **pas**	Ne **nous** écrivez pas.

❖   In affirmative commands, the pronouns are linked to the verb with A HYPHEN.

Écoute-moi.

❖   In affirmative commands, **me** → **moi.**

PRACTICE: affirmative commands with **moi**

12.   S'il te plaît   Imaginez que vous passez l'année à Paris. Demandez à un ami français de vous aider.

●   prêter ton plan *(map)* de Paris   ***S'il te plaît, prête-moi ton plan de Paris.***

V. in dialogue form:
—S'il te plaît, prête-moi ton plan de Paris!
—D'accord, je vais te prêter mon plan de Paris.

1. prêter ta voiture
2. aider
3. téléphoner ce soir
4. parler du cours d'histoire
5. montrer où est l'université
6. donner l'adresse d'un dentiste
7. attendre après la classe
8. dire où est la poste

ROLE PLAY: moving furniture

13.   Déménagement *(Moving)*   Vous aidez un ami à déménager. Vous lui demandez où vous devez mettre certaines choses. Il va vous répondre.

●   la table / devant la fenêtre   —***Où est-ce que je mets la table?***
—***Mets-la devant la fenêtre.***

1. les plantes / sur la table
2. le bureau / près de la porte
3. la chaise / devant le bureau
4. la lampe / près du lit
5. les valises / dans ma chambre
6. les disquettes / sur l'ordinateur

14. Propositions Proposez à vos camarades de classe de faire certaines choses. Ils vont accepter ou refuser.

ROLE PLAY: asking friends to do certain things

● téléphoner ce soir? (non / Je vais dormir.)
    —*Je te téléphone ce soir?*
    —*Non, ne me téléphone pas. Je vais dormir.*

1. téléphoner après le dîner? (non / Je vais sortir.)
2. écrire pendant les vacances? (oui / J'aime avoir des nouvelles.)
3. prêter mes CD-ROM? (non, merci / Je n'ai pas de lecteur de CD-ROM.)
4. prêter mon vélo? (oui / J'adore faire des promenades à bicyclette.)
5. aider avec les devoirs? (non, merci / Je comprends tout.)
6. rendre tes livres? (oui / Je dois étudier ce soir.)
7. apporter de la bière? (oui, s'il te plaît / J'ai très soif.)
8. apporter un sandwich? (non, merci / Je n'ai pas faim.)

15. Oui ou non? Informez-vous sur les personnes suivantes. Ensuite, dites à un(e) camarade de classe de faire ou de ne pas faire certaines choses pour ces personnes.

COMPREHENSION: telling people to do things involving others

● Catherine est végétarienne. (servir du rosbif?)
    Ne lui sers pas de rosbif.

1. Philippe ne comprend pas ce problème. (aider?)
2. Gisèle et Anne sont à l'hôpital. (rendre visite?)
3. Patrick dort. (téléphoner?)
4. Henri et Denis sont absents ce week-end. (inviter samedi?)
5. Thomas a besoin d'argent. (prêter dix francs?)
6. Anne-Marie et François suivent un régime très strict. (servir de la glace?)
7. Robert et Raymond sont partis. (attendre?)
8. Cette personne a raison. (écouter?)

16. Qu'est-ce que tu attends? Catherine demande à sa camarade de chambre Nathalie si elle a fait certaines choses. Nathalie répond que non. Catherine lui demande de les faire.

ROLE PLAY: telling a friend what to do

● téléphoner à Christophe?
    CATHERINE: *Est-ce que tu as téléphoné à Christophe?*
    NATHALIE: *Non, je ne lui ai pas téléphoné.*
    CATHERINE: *Bon alors, téléphone-lui.*

1. payer le loyer?
2. inviter ton copain?
3. nettoyer la chambre?
4. répondre à tes parents?
5. faire les courses?
6. écrire à ta tante?
7. finir tes devoirs?

17. Conversation Choisissez une des situations suivantes. Demandez à l'autre personne (jouée par votre camarade) de vous rendre certains services. Pour cela, composez des dialogues de plusieurs phrases. Si vous voulez, vous pouvez utiliser les verbes entre parenthèses. Si vous préférez, utilisez votre imagination.

- Vous voulez faire une promenade à la campagne. Vous demandez la voiture à un copain. (prêter, donner les clés [keys])
- Vous êtes dans un restaurant. Vous parlez à la serveuse. (montrer, apporter, donner, suggérer un plat [dish])
- Vous voyagez à Paris en taxi. (montrer, amener)
- Vous organisez une fête. Vous demandez à un(e) ami(e) de vous aider. (aider avec, prêter, apporter)
- Vous n'avez pas été en classe de français. Vous demandez à un(e) camarade des explications (explanations) sur le cours. (parler de, dire, prêter, aider)
- Vous êtes à l'hôpital. Vous parlez à un(e) ami(e). (parler de, apporter, téléphoner, raconter)
- Vous visitez Paris pour la première fois (time). Vous parlez à une amie parisienne. (montrer, dire, expliquer [to explain], amener)

● Vous avez besoin d'argent. Vous parlez à votre mère. (prêter, donner)

VOUS:	*Dis, Maman, est-ce que tu peux me prêter 20 euros?*
VOTRE MÈRE:	*Comment? Mais je t'ai prêté 20 euros la semaine dernière!*
VOUS:	*Bon alors, donne-moi 10 euros.*
VOTRE MÈRE:	*D'accord, je vais te donner 10 euros.*

● Vous êtes au café. Vous parlez au serveur. (montrer, apporter, donner)

VOUS:	*S'il vous plaît! Montrez-moi le menu.*
LE SERVEUR:	*Bien sûr! Le voilà.*
VOUS:	*Est-ce que vous pouvez m'apporter un sandwich au fromage?*
LE SERVEUR:	*D'accord, je vais vous apporter un sandwich. Et avec ça?*
VOUS:	*Donnez-moi aussi de l'eau minérale, s'il vous plaît.*

Communication

COMMUNICATION and REVIEW: using language in real-life situations

These communication activities can either be done extemporaneously or they can be assigned for outside preparation, with each student writing out the appropriate questions (and responses, if desired).

In class, students can practice the conversations in pairs or groups.

If desired, random pairs or groups of students can act out their conversation in front of the class.

 Pas de problème! CD-ROM: Module 5

 Pas de problème! video: Module 5

 **Contacts** *Cahier d'activités:* Workbook, Leçon 21 Lab Manual, Leçon 21

Video Module 5 and worksheet in the *Instructor's Resource Manual*

1. You and your partner are visiting Paris. Right now you are in a café and your partner is writing a postcard.

Ask your partner . . .
- to whom he/she is writing
- if he/she writes to that person often
- what he/she is saying in the card (**dans la carte**)

2. You have heard that your partner is giving a party this weekend. At this moment you are phoning him/her, but you have a bad connection.

Ask your partner . . .
- if he/she hears you
- if you can bring your best friend
- if you can bring your cassettes or your CDs

3. While your partner was in Montréal last summer, he/she met Jean-Pierre, a Canadian student, and the two of them became good friends.

Ask your partner . . .
- if he/she often writes to Jean-Pierre
- if he/she sent him a card for his birthday
- when he/she is going to see him again (**à nouveau**)

4. You are visiting Strasbourg and staying with a French friend. You are asking him/her to do quite a lot of favors for you. He/she will say yes to some of your requests and refuse others.

Ask your partner . . .
- to loan you his/her car
- to show you the city
- to take you to the museum
- to give you the name (**le nom**) of a good restaurant

—**S'il te plaît, prête-moi ta voiture.**
—**D'accord, je vais te prêter ma voiture.**
(**Je regrette, mais je ne peux pas te prêter ma voiture.**)

Et vous?

You could ask a few students to summarize their findings.

5. Ask your classmates questions about their political activities.

Find out . . .
- if they read any newspapers, and if so, which ones
- what they like to read in newspapers or magazines
- if they write to the newspapers to give their opinions
- if they discuss politics with their friends
- if they think that the authorities (**les autorités**) pay attention (**faire attention**) to them

Vocabulaire pratique: *À la poste*

On va à la poste pour envoyer	**une lettre.**
	une carte postale.
	un paquet.
	un télégramme.

On peut envoyer une lettre	**par avion.**
	en exprès *(special delivery)*.
	en recommandé *(registered)*.

On va aussi à la poste pour **acheter** | **des timbres** *(stamps)*.
| **des aérogrammes.**
| **une télécarte.**
chercher du courrier *(mail)* **à la poste restante** *(general delivery)*.

TARIFS POSTAUX INTERNATIONAUX

Zones	Pays
1	Allemagne - Autriche - Belgique - Danemark - Espagne - Grande-Bretagne - Grèce - Gibraltar - Irlande - Italie (+ San Marin) - Liechtenstein - Luxembourg - Pays-Bas - Portugal - Suisse - Vatican
2	Autres pays d'Europe - Tunisie - Maroc - Algérie
3	Autres pays d'Afrique
4	Amérique du Nord - Proche-Orient Moyen-Orient - Asie Centrale
5	Amérique Centrale - Caraïbes Amérique du Sud - Asie
6	Océanie

POIDS JUSQU'À	ZONES					
	1	2	3	4	5	6
20 g	0,50 €	0,60 €	0,60 €	0,70 €	0,75 €	0,80 €
40 g	0,70 €	1,10 €	1,20 €	1,25 €	1,40 €	1,50 €
60 g	0,95 €	1,55 €	1,65 €	2,00 €	2,15 €	2,30 €
80 g	1,10 €	1,70 €	1,75 €	2,15 €	2,45 €	2,60 €
100 g	1,25 €	1,85 €	1,95 €	2,30 €	2,60 €	2,95 €
200 g	2,75 €	3,05 €	3,85 €	4,30 €	4,60 €	5,50 €

CONVERSATIONS: *À la poste*

A. *Juliette va à la poste pour acheter des timbres.*

L'EMPLOYÉ: Oui, Mademoiselle?
JULIETTE: Je voudrais 3 timbres à 50 centimes.
L'EMPLOYÉ: Voilà, Mademoiselle. Ça fait 1 euro 50.
JULIETTE: Voilà 2 euros.
L'EMPLOYÉ: Et voilà votre monnaie *(change)*.

B. *Robert voudrait acheter des timbres.*

L'EMPLOYÉ: C'est à votre tour *(turn)*, Monsieur.
ROBERT: Pouvez-vous me donner un timbre à 45 centimes et un autre à 50 centimes?
L'EMPLOYÉ: Voilà, Monsieur. C'est tout?
ROBERT: Oui, c'est tout.
L'EMPLOYÉ: Ça fait 45 centimes et 50 centimes. Au total, 95 centimes.
ROBERT: Voilà 1 euro.
L'EMPLOYÉ: Voici votre monnaie, Monsieur.

C. *Marie-Claude voudrait envoyer une lettre à son cousin Charles qui habite aux États-Unis.*

L'EMPLOYÉ: Mademoiselle!
MARIE-CLAUDE: Je voudrais envoyer cette lettre par avion.
L'EMPLOYÉ: C'est pour quel pays?
MARIE-CLAUDE: Les États-Unis.
L'EMPLOYÉ: Bon, votre lettre pèse *(weighs)* 8 grammes. Ça fait 70 centimes.
MARIE-CLAUDE: Voilà 1 euro.
L'EMPLOYÉ: Et voici votre monnaie, Mademoiselle.

Dialogues: *Au bureau de poste*

Les personnes suivantes vont à la poste. Composez les dialogues avec le postier (la postière). Consultez les tarifs à la page 316. Jouez ces dialogues avec vos camarades de classe.

1. Jean-François achète 10 timbres à 50 centimes. Il paie avec un billet de 10 euros.
2. Anne-Marie achète un timbre à 50 centimes. Elle paie avec une pièce de 1 euro.
3. Nadine envoie une lettre par avion à son oncle qui habite à Québec. Sa lettre pèse 11 grammes. Elle paie avec une pièce de 1 euro.
4. Antoine envoie une lettre à une copine qui étudie à l'Université du Colorado. Sa lettre pèse 22 grammes. Il paie avec une pièce de 2 euros.

Vocabulaire pratique: *Comment écrire à des amis*

On met d'abord la ville et la date:

Marseille, le 2 juillet

On commence par:

Cher Paul,
Chère Nathalie,

ou, si on connaît très bien la personne:

Mon cher Paul,
Ma chère Nathalie,

On écrit le texte.
On finit par une expression comme:

Amicalement
Amitiés
Bien à toi

ou, si on connaît très bien la personne:

Affectueusement,
Je t'embrasse,

On prépare l'enveloppe:

Mlle Christine Duval
24, boulevard Heurteloup
37 000 TOURS

l'adresse du destinataire

le code postal

CORRESPONDANCE: *Une lettre*

Paris, le 8 décembre.

Chère Christine,

J'organise une petite fête chez moi lundi prochain à neuf heures pour fêter l'anniversaire de ma sœur. Es-tu libre ce jour-là ? Téléphone-moi avant samedi pour me donner ta réponse.

Je t'embrasse,
Danièle

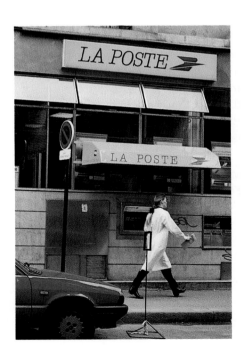

Activité: *Lettres d'invitation*

Composez des lettres où vous invitez un(e) ami(e) à l'un des événements suivants.

1. un pique-nique
2. une fête pour célébrer la fin *(end)* des examens
3. votre fête d'anniversaire

Contacts *Cahier d'activités:* Workbook and Lab Manual, Vivre en France 7

Aperçu culturel
Culture et loisirs

*Leisure time occupies a very important place in French life. The amount of time spent at work has been decreasing (French legislation has promoted shorter workweeks and longer paid vacations). Today, French people are dedicating an increasing percentage of their budgets to leisure activities. In support of this trend, in 1959 the government created a ministry of cultural affairs, now called the **Ministère de la Culture et de la Francophonie,** whose mission is to conserve, diffuse, and enrich the national cultural heritage as well as to promote cinema, music, dance, and lyrical arts. Its current budget is close to $3 billion annually. The **Ministère de la Jeunesse et des Sports** has a sizeable budget as well. Such strong financial participation by the government illustrates the importance that the French ascribe to culture and entertainment.*

La musique

Chaque année, le premier jour de l'été, a lieu° en France la Fête de la Musique. Ce jour-là, tous les Français qui savent jouer d'un instrument et qui désirent participer à la fête sortent dans la rue. Sous toutes ses formes (classique, folklorique, rock, jazz ou rap), la musique est à l'honneur° le 21 juin et on peut l'entendre jusque tard dans la nuit.

Les Français aiment beaucoup la musique. Ils écoutent de plus en plus la radio et achètent de plus en plus de CD et de cassettes. Les variétés internationales° ont tant de succès que sur certaines stations de radio, elles représentent parfois 90% (pour cent) des programmes musicaux. Pour éviter° cette invasion culturelle de la musique étrangère, le gouvernement a passé une nouvelle loi° qui veut qu'au moins° 40% des chansons diffusées° soient° des chansons francophones, c'est-à-dire de langue française. Les variétés françaises ont d'ailleurs° beaucoup de succès: les jeunes sont très sensibles° au texte des chansons qu'ils écoutent. Parmi° les chanteurs populaires d'aujourd'hui, on peut citer Yves Duteil, Francis Cabrel, Jean-Jacques Goldman, Patrick Bruel et Renaud. Tous ces chanteurs composent eux-mêmes le texte et la musique de la plupart° de leurs chansons.

takes place

has the place of honor

International songs

avoid
law / at least
broadcast / be
by the way
sensitive / Among

majority

Musiciens à la Fête de la Musique

- 40% des Français possèdent chez eux au moins un instrument de musique.
  17% ont une flûte, 12% une guitare, 8% un harmonica, 7% un piano, 6% un orgue, 3% un violon ou un violoncelle, 3% un instrument à vent, 2% un accordéon, 2% un synthétiseur, 2% un instrument à percussion.
- 6% pratiquent le piano, 5% la guitare, 5% la flûte.

- 46% ont assisté au moins une fois dans leur vie à un spectacle de danses folkloriques.
- 42% ont assisté à un spectacle de music-hall-variétés.
- 32% ont assisté à un concert de musique classique.
- 27% ont assisté à un concert de rock.
- 22% ont assisté à un spectacle d'opérette.
- 17% ont assisté à un spectacle d'opéra.

Le jazz, la musique classique, l'opéra et le rock ont aussi beaucoup d'adeptes°. De nouveaux genres° de musique commencent aussi à avoir un succès considérable en France: le rap, le raï, une musique moderne d'Algérie dont l'interprète° le plus célèbre° est Cheb Khaled; et le zouk, une musique des Antilles faite pour danser. *followers / types / performer / famous*

Symboles de l'intérêt que les Français portent à° la musique, deux grandes réalisations° architecturales ont récemment° été édifiées° en son honneur à Paris: l'Opéra de la Bastille et la Cité de la Musique. *bear toward / creations / recently / erected*

Inaugurée en 1995, la Cité de la Musique dans le Parc de la Villette est un ensemble gigantesque de style futuriste qui contient° un conservatoire de la musique et de la danse, une immense salle° de concerts, un musée de la musique avec 4.500 instruments, un centre d'informations, une rue de la musique et une résidence pour les artistes et les étudiants. Son but° est d'accueillir° en un même endroit° le public, les professionnels et les étudiants. *contains / hall / goal / welcome / a single place*

Ouvert en 1989, l'Opéra de la Bastille a été créé pour répondre aux besoins° des amateurs° d'art lyrique, qui sont de plus en plus° nombreux en France. *to meet the needs / devotees / more and more*

Le rap en France

Les premiers groupes de rap ont débuté[1] au Bronx, à New York en 1973. Ce style de musique est arrivé en France dix ans après avec le smurf[2]. Le rap a commencé à y connaître un grand succès vers 1990. Son principal représentant français est M. C. Solaar, qui décrit les malaises[3] de l'époque[4] de manière cynique, mais avec moins de violence que le groupe NTM. IAM et Assassins sont deux autres groupes leaders[5]. Si vous venez en France, vous pourrez voir leurs clips[6] sur Rapline, une émission[7] de télévision entièrement consacrée[8] au rap.

1 made their debut / 2 breakdancing / 3 discontent / 4 of the time / 5 top groups / 6 music videos / 7 program / 8 dedicated

Cité de la Musique dans le Parc de la Villette

Acteurs à la Comédie française: Une pièce de Molière *(left)* et une pièce d'Ionesco

Le théâtre

C'est à partir du° treizième siècle que le public français commence à s'intéresser au théâtre. D'inspiration religieuse°, il est d'abord joué dans les églises ou devant les cathédrales. Au seizième siècle, on joue dans les collèges°, puis° des troupes se forment et commencent à voyager en province°. C'est au dix-septième siècle, époque du classicisme, que Paris devient un centre théâtral°, avec des auteurs° tragiques comme Racine et comiques comme Molière.

    La réputation de Molière en France est indéniable. Pour plaire° au roi et aux seigneurs° qui, à l'époque, protégeaient° les acteurs, Molière a créé la comédie-ballet, composée de danse et de musique. Parce que les pièces° de Molière mettent en scène° les vices de la nature humaine, leur humour reste très actuel°.

    Le théâtre est très apprécié aux dix-huitième et dix-neuvième siècles. Au dix-huitième, on s'intéresse aux émotions—le dramaturge° Marivaux base ses pièces sur les thèmes de l'amour, du désir et de la passion. Au dix-neuvième, on recherche° surtout la couleur locale et le réalisme. Au vingtième siècle, le drame romantique fait place° au théâtre symbolique, qui veut toucher l'esprit plus que l'émotion, et au théâtre de l'absurde, avec des auteurs comme Ionesco et Beckett, qui essayent° de montrer l'impossibilité de communiquer, et de prouver que rien n'a de sens.

    Dans cette période d'après-guerre, le souvenir de la souffrance° et des horreurs du Nazisme donne naissance° à un style dramatique. Dans ces pièces sans début, sans fin et sans véritable° action, les anti-héros doivent faire face à° une vie qui n'a aucun sens°.

since
inspired by religion
schools / then
around the countryside
theatrical / authors

to please
nobles / patronized
plays / present
current

playwright

seeks

gives way

try

suffering
birth
real / face up to
no meaning

Le spectacle de Son et Lumière au château d'Amboise en Touraine

Selon° un récent sondage° du Ministère de la Culture et de la Francophonie, 12% des Français de 15 ans ou plus vont au théâtre professionnel et 16% voient un spectacle d'amateurs au cours° d'une année. Le théâtre a encore beaucoup de succès, et régulièrement, dans les grandes villes comme dans les petits villages de France, des troupes de professionnels et d'amateurs présentent des pièces classiques, des comédies de boulevard°, des pièces contemporaines et même des spectacles de son et lumière° basés sur leur histoire locale.

According to / survey

in the course

light comedies
sound and light shows

Le septième art

Le cinéma, que les Français appellent le septième art, est né il y a plus de cent ans, le 28 décembre 1895, dans les sous-sols° du Grand Café à Paris. Ce jour-là, une centaine de spectateurs ont vu la première projection payante° du film *La Sortie des usines° Lumière* de Louis et Auguste Lumière.

Après les pionniers° du cinéma français et les films classiques des années 30 à 60, les jeunes réalisateurs° de la «Nouvelle Vague°» (Godard, Truffaut, Malle, Chabrol, etc.) ont présenté des thèmes proches de° la vie avec des films à petits budgets et avec de nouveaux acteurs. La génération suivante° de réalisateurs, comme Bertrand Tavernier, Bertrand Blier, Coline Serreau et Diane Kurys, s'est souvent intéressée aux traits° de société. Les réalisateurs les plus modernes ont aussi tendance à traiter de° préoccupations° actuelles°, comme l'écologie et les problèmes de société. Certains d'entre eux ont une affection particulière pour les films historiques.

basements
paid / workers leaving factories

pioneers
directors / New Wave
close to
following

characteristics / address
worries / contemporary

L'histoire du cinéma en France
(Films et réalisateurs)

Les grands classiques du cinéma français

1937   *La grande illusion* (Jean Renoir)

1938   *La femme du boulanger* (Marcel Pagnol)

1945   *Les enfants du paradis* (Marcel Carné)

1946   *La belle et la bête* (Jean Cocteau)

1952   *Casque d'or* (Jacques Becker)

1959   *Hiroshima mon amour* (Alain Resnais)

La Nouvelle Vague

1959   *Les quatre cents coups* (François Truffaut)

1960   *À bout de souffle* (Jean-Luc Godard)

1966   *Un homme et une femme* (Claude Lelouch)

1970   *Le boucher* (Claude Chabrol)

1971   *Le souffle au cœur* (Louis Malle)

La génération intermédiaire

1976   *Le juge et l'assassin* (Bertrand Tavernier)

1977   *Diabolo menthe* (Diane Kurys)

1978   *Mais qu'est-ce qu'elles veulent?* (Coline Serreau)

1979   *Buffet froid* (Bertrand Blier)

Les modernes

1983   *Rue Case–Nègres* (Euzhan Palcy)

1986   *Jean de Florette* et *Manon des sources* (Claude Berri)

1987   *Au revoir les enfants* (Louis Malle)

1990   *Cyrano de Bergerac* (Jean-Paul Rappeneau)

1992   *Indochine* (Régis Wargnier)

1994   *Le Colonel Chabert* (Yves Angelo)

1995   *Nelly et Monsieur Arnaud* (Claude Sautet)

1996   *Ridicule* (Patrice Leconte), *Un air de famille* (Cédric Klapisch)

1997   *Marius et Jeannette* (Robert Guédiguian)

1998   *On connaît la chanson* (Alain Resnais)

1999   *Vénus beauté institut* (Tonie Marshall), *Est-ouest* (Régis Wargnier)

2000   *Vatel* (Roland Joffé), *Les destinées sentimentales* (Olivier Assayas)

Tonie Marshall accepte le César de meilleure réalisatrice pour son film *Vénus beauté institut*.

Le cinéma africain

Le cinéma permet à[1] l'Afrique d'examiner son passé et son présent. Pour cela, il doit faire face à plusieurs problèmes: il doit se limiter à un petit budget et choisir entre un grand nombre de langues locales. Au Sénégal, les cinéastes[2] comme Ousmane Sembene *(right)* traitent de la vie du peuple et des pauvres qui ont quitté leurs villages, attirés[3] par l'illusion des villes. En Côte d'Ivoire, à Madagascar, au Zaïre et au Burkina, on fait de nombreuses satires du colonialisme. En Tunisie, on voit des films qui retracent[4] la libération nationale, et là comme en Algérie on traite[5] aussi de problèmes contemporains (la délinquance juvénile, la condition de la femme, la montée[6] de l'intégrisme[7]). On commence enfin à découvrir à l'extérieur de[8] l'Afrique ce cinéma qui traduit[9] les angoisses[10] de ces pays.

1 allows / 2 moviemakers / 3 attracted / 4 recount / 5 treat / 6 rise / 7 integration / 8 outside of / 9 expresses / 10 anguish

De nombreux acteurs français commencent à être connus aux États-Unis. Vous avez peut-être entendu parler de° Gérard Depardieu. Il est célèbre en France depuis 1974 et il a déjà joué dans 59 films, dont° *Jean de Florette, Cyrano de Bergerac, Green Card, Christophe Colomb* et *Germinal.* Parmi les actrices les plus célèbres, on peut citer Isabelle Huppert *(Une affaire de femmes, Madame Bovary),* Catherine Deneuve *(Belle de jour, Indochine)* et Isabelle Adjani *(Ishtar, la Reine Margot).*

heard of
among them

L'État reste le plus grand soutien° du cinéma: il contribue à la production et a créé des sociétés de financement° de la création audiovisuelle. Cette aide est nécessaire car° le cinéma est en grave crise économique. Le succès de la télévision et du magnétoscope a provoqué une baisse sévère° de fréquentation° des salles de cinéma.

supporter
corporations to finance
because
serious drop / attendance

Malgré° cela, le cinéma reste l'activité culturelle la plus populaire en France, surtout chez les jeunes: 91% des Français de 15 à 19 ans vont au cinéma au moins une fois par an. Pour les adolescents, le cinéma donne l'occasion de se retrouver entre copains.

In spite of

En France, le cinéma a ses festivals: le plus important est le Festival international de Cannes. Il y en a d'autres: le Festival du film américain (à Deauville), le Festival du film fantastique (à Avoriaz), le Festival du western (à Paris), le Festival du film policier (à Cognac), le Festival du film d'humour (à Chamrousse), et, bien sûr, la remise° des «César» qui couronnent° les meilleurs films français de l'année (à Paris).

presentation
crown

Le sport

Les Français adorent le sport: la moitié des femmes et les trois-quarts° des hommes le pratiquent. Les sports les plus populaires sont le cyclisme°, le football et le tennis, qui s'est beaucoup développé depuis le début du siècle. De plus, la situation géographique du pays (mer du Nord au nord; océan Atlantique à l'ouest; Pyrénées et mer Méditerranée au sud; Alpes, Jura et Vosges à l'est) explique en partie° l'engouement° de nombreux Français pour les sports nautiques° et les sports de montagne traditionnels comme le ski. Des sports plus nouveaux, qui ont souvent plus de risques, comme la parapente°, le surf° et le ski acrobatique, ont de plus en plus d'adeptes°.

three quarters
cycling

in part / infatuation
nautical
hangliding / monoski
fans

Le football

C'est le sport le plus populaire en France. En semaine des millions d'adolescents jouent au «foot» à l'école. Le dimanche, ils regardent leur sport préféré à la télé, souvent avec leurs parents. Chaque° année, les meilleures équipes° professionnelles disputent° la Coupe de France. Tous les° quatre ans, a lieu° la Coupe du Monde, traditionnellement dominée par des pays comme le Brésil, l'Argentine, l'Italie et l'Allemagne, mais gagnée en 1998 par l'équipe de France *(voir photo).* Avec ses joueurs d'origine européenne, africaine, algérienne, néo-calédonienne, la fameuse équipe «tricolore» est devenue l'équipe multicolore, représentant la réalité multi-ethnique de la France moderne. Deux ans après avoir gagné la Coupe du Monde, la France a confirmé ce succès en gagnant la finale de l'Euro-2000.

each / teams
compete for / every / takes place

Le tennis

Le tennis est un autre sport pratiqué par des millions de Français. Le grand événement° de l'année sont les Internationaux de France, l'un des quatre tournois° du «grand chelem°» disputé chaque année au stade de Roland Garros à Paris. Les Français se souviennent° de leurs champions d'autrefois° comme René Lacoste (père de la chemise Lacoste) et ses «mousquetaires°», meilleurs joueurs du monde dans les années 1920. Aujourd'hui, les meilleurs joueurs français sont... des Françaises comme Mary Pierce *(voir photo),* Amélie Mauresmo, Nathalie Tauziat et Sandrine Testud, régulièrement classées° parmi° les vingt meilleures joueuses mondiales.

event
tournaments
Grand Slam
remember / of the past
musketeers

ranked / among

Portrait: Zinédine Zidane, champion du monde de football

Issu[1] d'une famille d'immigrants algériens, Zinédine Zidane est né en 1972 dans un quartier[2] pauvre[3] de Marseille. Pour les Français, il s'appelle plus simplement «Zizou». Le jeune garçon apprend à jouer au foot dans la rue. Il court vite, attaque et marque[4] beaucoup de buts[5]. Les talents du jeune footballeur sont remarqués par les recruteurs de clubs professionnels. Zidane joue pour l'équipe[6] de Bordeaux, puis pour le Juventus de Turin, une des meilleures équipes du monde qui le paie 10 millions de francs. Une fortune pour ce fils d'immigrés.

En 1998, Zidane est sélectionné pour l'équipe de France qui va jouer dans la Coupe du Monde[7]. En finale, il marque deux buts de la tête contre l'équipe favorite du Brésil. La France gagne. Zidane et son équipe sont les nouveaux champions du monde. Pour célébrer cette victoire, des centaines de milliers de Parisiens défilent[8] sur les Champs-Élysées. Le soir, des projecteurs projettent l'image de Zidane sur l'Arc de Triomphe avec ce simple message: «Merci Zizou».

1 son / 2 district / 3 poor / 4 scores / 5 goals / 6 team / 7 World Cup / 8 march down

Le Tour de France

Créé en 1903, le Tour de France cycliste a lieu° chaque année en juillet. À cette époque, des millions de Français suivent avec passion la transmission en direct° de la course à la télé. Dans la rue et les cafés, les conversations tournent bien souvent autour du° même sujet: le Tour. Cette grande course cycliste a une vingtaine° d'étapes° et les plus difficiles sont en montagne. La route du Tour varie un peu chaque année, mais le spectacle° reste toujours le même. Les spectateurs enthousiastes attendent pendant des heures le passage des cyclistes. Ceux-ci arrivent précédés° et suivis de° motos sur lesquelles des journalistes filment chaque détail, et de camionnettes° dans lesquelles se trouvent des gens qui distribuent des drapeaux° et des casquettes° aux spectateurs. Tout cela se passe très rapidement au

takes place
live broadcast
around / around twenty
stages
show
preceded / followed by
vans
flags / caps

milieu des cris d'encouragement, des klaxons° et du bruit des moteurs d'hélicoptères. Le Tour de France n'est pas seulement une compétition sportive, mais aussi une véritable fête! Dans les vingt dernières années, les champions américains se sont particulièrement distingués: Greg Lemond, vainqueur° du Tour de France en 1986, 1989 et 1990, et plus récemment°, Lance Armstrong, vainqueur en 1999 et 2000, malgré° sa lutte° contre le cancer.

honking of horns
winner
recently
in spite of / fight

Leçon 22   La vie urbaine: pour ou contre?

Leçon 23   La télévision: un bien ou un mal?

Leçon 24   Un cambriolage

Communication skills:
Describing habitual past activities
Narrating past events: the circumstances and sequence in
  which they occurred
Expressing knowledge and familiarity
Using language in real-life situations

Lexical base:
City life
Television
Events, time expressions

Grammar base:
Verbs **savoir, vivre**
Relative pronouns
Indefinite and negative expressions
The imperfect and its uses
Pluperfect

Cultural focus:
French cities; public employees
French television

Hier et aujourd'hui

Leçon 22   La vie urbaine: pour ou contre?

 Aujourd'hui, la majorité des Français habitent en ville. L'urbanisation a des avantages, mais aussi des inconvénients°. Nous avons interrogé des citadins° et nous leur avons demandé leur opinion sur la vie° dans les grandes villes. Voici leurs réflexions; certaines° sont optimistes, d'autres° pessimistes. Et vous, que pensez-vous de la question?

disadvantages / city dwellers
life
some / others

POUR

LAURA MOATTY *(19 ans, étudiante, Strasbourg)*
Moi, je suis une vraie citadine. Dans une grande ville, il y a toujours quelque chose à faire. On peut aller au cinéma, visiter une exposition° ou simplement aller dans un café et regarder les gens qui passent dans la rue...
Personnellement, je ne perds jamais mon temps. Et puis, Strasbourg est une ville qui a tellement° de charme!

exhibit

so much

NELLY CHOLLET *(28 ans, chef de personnel, Toulouse)*
Personnellement, je suis originaire° d'une petite ville, mais je vis° à Toulouse depuis cinq ans. J'habite dans un quartier ancien°, très agréable. J'ai un travail qui m'intéresse et des responsabilités que je n'avais pas° avant. Je gagne bien ma vie° et j'ai plein d'amis°. Vraiment, je ne voudrais pas habiter ailleurs°!

native / live
old neighborhood
did not have / earn a good living / lots of friends / elsewhere

PIERRE BARTHE *(35 ans, photographe, Marseille)*

L'avantage des grandes villes, c'est l'indépendance et l'anonymat°. Personne° ne vous connaît, personne ne fait attention à vous. Il y a des gens qui détestent ça. Pour moi au contraire°, c'est un avantage considérable!

anonymity / No one

on the contrary

CONTRE°

against

CHRISTOPHE LEMAIRE *(27 ans, employé de banque, Bordeaux)*

Lisez le journal ou écoutez les nouvelles! On parle tout le temps de la violence et des problèmes dans les grandes villes ou dans les banlieues°: la criminalité°, la pollution, le bruit°, la circulation°... ! Les rues sont sales°, les gens sont toujours pressés°, désagréables°... En plus, habiter en ville, ça coûte cher! Moi, vraiment, j'aimerais mieux vivre à la campagne!

suburbs / crime
noise / traffic / dirty
in a hurry / unpleasant

CHRISTINE LEROI *(39 ans, employée de laboratoire, Paris)*

J'habite dans le centre de Paris mais je travaille en banlieue. Le matin, je quitte mon appartement à sept heures pour prendre le métro. Le soir, je ne rentre jamais chez moi avant huit heures. Je dîne, je regarde la télé et je vais au lit. Le samedi, je fais les courses au centre commercial ou bien je vais passer le week-end à la campagne... Je ne profite pas° vraiment de Paris. Bien sûr, il y a le cinéma, les musées, les concerts... Mais c'est pour les gens qui ont plus de temps!

don't take advantage of

DANIÈLE LAVIE *(42 ans, employée des postes, Lyon)*

Pour moi, Lyon, c'est une trop grande ville. Vous pensez! J'ai habité pendant quarante ans dans une petite ville du Midi°! Ici, il y a au moins° un million d'habitants dans toute l'agglomération°. Alors, les contacts humains ne sont pas faciles. Et puis, à mon avis°, les gens sont un peu froids°, vous voyez. J'habite dans un immeuble° moderne et confortable, j'ai des centaines° de voisins ... mais je ne connais personne. Et pourtant, je vis ici depuis deux ans. Dans les grandes villes, le problème numéro un, c'est la solitude. Il n'y a rien de pire°!

the south of France / at least
the urban area
in my opinion / reserved
building / hundreds

There's nothing worse

Note culturelle: **L'urbanisation de la France**

En 1900, la France était[1] un pays essentiellement rural; 65 pour cent des Français habitaient[2] à la campagne ou dans des petites villes de moins de 2.000 habitants. Cette situation a radicalement changé après la guerre[3]. De très grandes zones urbaines se sont développées[4] autour[5] de villes plus anciennes, comme Marseille ou Lyon. Aujourd'hui, 80 pour cent des Français habitent dans des villes.

Voici quelques grands centres urbains:

PARIS: Avec 10 millions d'habitants, la région parisienne est la plus grande agglomération d'Europe.

LYON: Lyon était la capitale de la Gaule romaine. Aujourd'hui, Lyon est un centre industriel très important[6].

MARSEILLE: Fondée[7] au sixième siècle[8] avant Jésus-Christ par des marins[9] grecs, Marseille est la plus ancienne ville française. Située sur la Méditerranée, c'est le premier port de France et le centre de l'industrie pétrolière française.

BORDEAUX: Bordeaux doit son expansion économique au commerce des vins au Moyen Âge[10]. Aujourd'hui, Bordeaux est un centre industriel et commercial important.

TOULOUSE: Centre culturel très actif au Moyen Âge, Toulouse est aujourd'hui le centre de l'industrie aéronautique française.

STRASBOURG: Située sur le Rhin, Strasbourg est une ville-frontière[11] entre la France et l'Allemagne et le siège[12] de plusieurs institutions européennes.

Activité Quelles sont les plus grandes villes des États-Unis? À votre avis, est-ce que l'Amérique est un pays plutôt rural ou urbanisé?

1 was 2 were living 3 war 4 have developed 5 around 6 grand
7 founded 8 century 9 sailors 10 Middle Ages 11 border 12 seat

Structure et vocabulaire

Vocabulaire: *La ville*

Noms

la ville

un bâtiment	*building*	**une avenue**	*avenue*
un boulevard	*boulevard*	**la banlieue**	*suburbs*
un bureau (des bureaux)	*office*	**une rue**	*street*
un centre commercial	*mall*	**une usine**	*factory*
le centre	*center*	**une ville**	*city*
un habitant	*inhabitant*		
un immeuble	*apartment building*		
un parc	*park*		
un quartier	*district, area, neighborhood*		

Un bureau *(office)*, une ville were introduced in earlier lessons.

la vie urbaine

le bruit	*noise*	**la circulation**	*traffic*
la criminalité	*crime*	**la pollution**	*pollution*
un problème	*problem*	**la vie**	*life*

Adjectifs

agréable ≠ désagréable	*pleasant, nice ≠ unpleasant*
ancien (ancienne) ≠ moderne	*old ≠ modern, new*
propre ≠ sale	*clean ≠ dirty*

When **ancien** and **sale** precede the noun, their meaning shifts: **un ancien ami**, *a former friend;* **un sale type,** *a nasty guy.*

Verbe

gagner sa vie	*to earn one's living*	Comment **gagnez**-vous **votre vie?**

Expressions

à la campagne	*in the country*	Nous habitons **à la campagne.**
en ville	*in the city, downtown*	Je préfère habiter **en ville.**
pour ≠ contre	*for ≠ against*	Êtes-vous **pour** ou **contre** la vie urbaine?
au contraire	*on the contrary*	J'aime la vie urbaine. Mon camarade de chambre, **au contraire,** déteste les grandes villes.
au moins	*at least*	La France a une population d'**au moins** 55 millions d'habitants.

---

1. **Questions personnelles**

1. Décrivez la ville où vous habitez.
   Est-ce que c'est une grande ville ou une petite ville?
   Combien d'habitants est-ce qu'il y a?
   Est-ce que c'est une ville agréable? Pourquoi ou pourquoi pas?
2. Habitez-vous dans le centre ou dans la banlieue? Est-ce qu'il y a des bâtiments modernes dans le centre? Est-ce qu'il y a un parc?

COMMUNICATION: answering questions

3. Est-ce que vos parents habitent dans un immeuble ou dans une maison individuelle?

4. Dans quel bâtiment est votre classe de français?
   Est-ce qu'il est ancien ou moderne?
   Est-ce qu'il est propre?

5. Est-ce qu'il y a beaucoup de pollution dans votre ville? beaucoup de circulation? beaucoup de bruit? beaucoup de criminalité?

6. Est-ce qu'il y a des usines dans la région où vous habitez?
   Quelle sorte d'usines?
   Où sont-elles situées *(located)*?
   Est-ce qu'elles sont une source de pollution?

7. D'après vous, quels sont les avantages et les désavantages d'habiter dans un quartier ancien? d'habiter dans un quartier moderne?

8. Préférez-vous la vie en ville ou la vie à la campagne? Pourquoi?

9. Est-ce que votre vie à l'université est agréable? intéressante? difficile?
   Expliquez pourquoi.

10. Est-ce que vous gagnez votre vie? Comment?
    Est-ce que vous allez gagner votre vie immédiatement après l'université?
    Qu'est-ce que vous allez faire pour gagner votre vie?

11. Êtes-vous pour ou contre l'énergie nucléaire? la construction de centrales atomiques *(power plants)* près des villes? l'interdiction *(prohibiting)* de la circulation dans le centre-ville?

A.   Le verbe *savoir*

The verb **savoir** *(to know, to know how to)* is irregular.

infinitive	**savoir**	Qu'est-ce que tu veux **savoir?**	
present	je **sais** tu **sais** il/elle/on **sait** nous **savons** vous **savez** ils/elles **savent**	Je **sais** parler français. Tu **sais** parler espagnol. On **sait** jouer au tennis. Nous **savons** jouer de la guitare. Vous **savez** faire du ski. Elles **savent** piloter un avion.	You may want to contrast: **Je sais jouer au tennis.** *I can play tennis (I know how: I took lessons).* **Je peux jouer au tennis.** *I can play tennis (I am able to: I have some free time now).*
passé composé	j'**ai** su	J'**ai** su la réponse à cette question.	

❖   The main meaning of **savoir** is *to know*.

Je sais...	*I know . . .*	**Je sais** la réponse.
Je sais que...	*I know that . . .*	**Je sais que** vous n'aimez pas le bruit.
Je ne sais pas si...	*I do not know if (whether) . . .*	**Je ne sais pas si** vous aimez Paris.
Sais-tu si... ?	*Do you know if (whether) . . . ?*	**Sais-tu si** tu vas venir avec nous?

❖   When **savoir** is followed by an infinitive, it means *to know how to*.

Sais-tu nager?   { ***Do you know how to*** *swim?*
                        Can you *swim?*

PROVERBE   *Savoir, c'est pouvoir.*

Knowledge is power.

2.   Où est le restaurant?   Un groupe d'amis a décidé d'aller dans un restaurant vietnamien. Certains savent où est le restaurant. Les autres ne savent pas. Exprimez cela.

PRACTICE: savoir

●   Paul (non)   ***Paul ne sait pas.***

1. Charles (oui)   3. je (oui)   5. vous (oui)   7. ma cousine (oui)
2. Anne et Claire (non)   4. tu (non)   6. mes cousins (non)   8. nous (non)

3.   Dialogue   Demandez à vos camarades s'ils savent faire les choses suivantes.

COMMUNICATION:
asking about skills

●   nager?   **—Sais-tu nager?**
              —Oui, je sais nager.   ou: **—Non, je ne sais pas nager.**

1. parler espagnol?   6. programmer un magnétoscope?
2. faire du ski?   7. utiliser un ordinateur?
3. faire la cuisine?   8. naviguer sur le Net?
4. piloter un avion?   9. danser le tango?
5. jouer de la guitare?   10. marcher sur les mains *(hands)?*

Ask students to report what their partners told them.

Ask students to name three things they can't do. **Je ne sais pas jouer du piano.**

B.   *Connaître* vs. *savoir*

Although **connaître** and **savoir** mean *to know,* they are not interchangeable.

> **Connaître** means *to know* in the sense of *to be acquainted or familiar with.* It cannot stand alone. It is used with nouns and pronouns designating:

People	Je **connais** Alice. Est-ce que tu la **connais?**
Places	**Connais**-tu ce restaurant? Moi, je ne le **connais** pas.

> **Savoir** is used in the sense of *to have knowledge of a fact* or *to know by heart* (as a result of having learned or studied). It can be used:

Alone	Je **sais!** Vous ne **savez** pas?
With a clause	**Sais**-tu où j'habite? Je ne **sais** pas à quelle heure vous partez. **Savez**-vous combien coûte ce caméscope?
With an infinitive	Je **sais** nager. **Savez**-vous danser?

❖ Both **savoir** and **connaître** can be used with facts or things learned.

Tu **connais** mon adresse? }
Tu **sais** mon adresse? } *You **know** my address?*

Vous **connaissez** la vérité. }
Vous **savez** la vérité. } *You **know** the truth.*

4.   Questions personnelles

1. Connaissez-vous New York? Atlanta? la Nouvelle Orléans? le Canada? le Mexique?
2. Connaissez-vous bien votre ville? Savez-vous quand elle a été fondée *(founded)*? Savez-vous combien d'habitants il y a? Savez-vous qui est le maire *(mayor)*? Est-ce que vous le connaissez?
3. Connaissez-vous bien vos voisins? Savez-vous où ils travaillent? Savez-vous s'ils parlent français?
4. Connaissez-vous les bons restaurants de votre ville? Savez-vous s'il y a des restaurants français? Savez-vous s'ils sont chers?

COMMUNICATION:
answering questions

Bistrot La Comète

BAR - BRASSERIE
SALON DE THÉ

6, RUE DES ARCHIVES, 75004 PARIS
TÉL. 42.72.10.27
R.C. 353 186 190

5. **À Paris**   Un étudiant américain vient d'arriver à Paris. Il demande certains renseignements *(information)* à une étudiante française qui répond affirmativement ou négativement. Jouez les deux rôles. L'étudiant américain commence ses questions par **Sais-tu** ou **Connais-tu**.

    où il y a une banque? (oui)

ROLE PLAY: asking for information

Encourage students to use direct-object pronouns in responses when possible.

L'AMÉRICAIN: *Sais-tu où il y a une banque?*
LA FRANÇAISE: *Oui, je sais où il y a une banque.*

1. où est l'Alliance française? (oui); le directeur? (non); combien coûtent les cours? (non)
2. où est le consulat américain? (oui); s'il est ouvert *(open)* le samedi? (non); le consul? (non)
3. la Cité Universitaire? (oui); des étudiants américains à la Cité Universitaire? (oui); comment on va là-bas? (oui)
4. ce restaurant? (oui); le chef? (non); quelles sont ses spécialités? (non); si on accepte des cartes de crédit? (non)
5. où je peux trouver une chambre bon marché? (oui); cet hôtel? (non); cette agence immobilière *(real estate agency)*? (oui)
6. le Quartier latin? (oui); le boulevard Saint Michel? (oui); les étudiants dans ce café? (non)

NOTE LINGUISTIQUE: *Les pronoms relatifs*

RELATIVE PRONOUNS are pronouns that RELATE or LINK two clauses. A clause that is introduced by a relative pronoun is called a RELATIVE CLAUSE. Note the use of the relative pronouns **qui** and **que** in the following sentences.

J'ai un ami. **Il** habite à Paris.	I have a friend. **He** lives in Paris.
J'ai un ami **qui** habite à Paris.	I have a friend **who** lives in Paris.
J'ai un ami. Je **l'**invite souvent.	I have a friend. I often invite **him**.
J'ai un ami **que** j'invite souvent.	I have a friend **whom** I often invite.
Paris est une ville. **Elle** est très cosmopolite.	Paris is a city. **It** is very cosmopolitan.
Paris est une ville **qui** est très cosmopolite.	Paris is a city *that* is very cosmopolitan.
Paris est une ville. Je **la** connais bien.	Paris is a city. I know **it** well.
Paris est une ville **que** je connais bien.	Paris is a city *that* I know well.

❖ The ANTECEDENT of a relative pronoun is the noun (or pronoun) to which it refers. In the above sentences, **un ami** and **une ville** are the antecedents.

❖ The choice of the relative pronoun **qui** or **que** is determined by the function of the pronoun in the relative clause.

- **Qui** replaces a subject **(il, elle)**. It is the SUBJECT of the verb in the relative clause.
- **Que** replaces a direct object **(le, la, l')**. It is the DIRECT OBJECT of the verb in the relative clause.

C.   Le pronom relatif *qui*

Note the use of the relative pronoun **qui** in the sentences on the right.

J'ai des amis.
Ces amis travaillent à Lyon. } J'ai des amis **qui** travaillent à Lyon.

Voici le train.
Ce train vient de Bordeaux. } Voici le train **qui** vient de Bordeaux.

The RELATIVE PRONOUN **qui** *(who, that, which)* is a SUBJECT PRONOUN. It replaces nouns (and pronouns) that designate people, things, or abstract ideas.

J'écoute un journaliste
    qui parle des problèmes urbains.

I am listening to a journalist
    ***who** is talking about urban problems.*

Je lis un article
    qui parle des problèmes urbains.

I am reading an article
    ***that** talks about urban problems.*

❖   The verb that follows **qui** agrees with its antecedent. Note that this antecedent may be a noun or a pronoun.

C'est **moi qui ai** raison.

C'est **vous qui avez téléphoné**, n'est-ce pas?

6.   Préférences   Imaginez que vous avez le choix entre certaines possibilités. Exprimez votre préférence personnelle d'après le modèle.

COMMUNICATION:
stating preferences

● une maison / être moderne ou ancienne?
    Je préfère la maison qui est ancienne.
    ou: *Je préfère la maison qui est moderne.*

1. un appartement / avoir une belle vue *(view)* ou une grande terrasse?
2. une maison / être située dans le centre ou la banlieue?
3. des voisins / être discrets ou très sociables?
4. un ami / savoir jouer de la guitare ou faire la cuisine?
5. des cours / être faciles ou difficiles?
6. un professeur / donner de bonnes notes ou beaucoup de travail?

7.   Expression personnelle   Complétez les phrases suivantes avec une expression de votre choix.

COMMUNICATION:
expressing opinions

1. J'ai un ami qui...
2. J'habite dans une maison qui...
3. J'aime les gens qui...
4. Je connais quelqu'un qui...
5. J'ai des voisins qui...

Expressions pour la conversation

To express an opinion:

à mon avis	*in my opinion*	**À mon avis,** Paris est la plus belle ville du monde.
d'après	*according to*	**D'après** vous, quelle est la plus belle ville des États-Unis?
selon	*according to*	**Selon** beaucoup de gens, c'est San Francisco.

NOTE DE VOCABULAIRE

Stress pronouns are used after **d'après** and **selon**.

Selon **moi,**
D'après **moi,** ⎫ la pollution est un problème très important.

8. Opinions   Exprimez votre opinion suivant le modèle.

● New York est une ville. / Elle est cosmopolite?

> *À mon avis (Selon moi), New York est une ville qui est cosmopolite.*
> ou: *À mon avis (Selon moi), New York est une ville qui n'est pas cosmopolite.*

1. Washington est une ville. / Elle a beaucoup de monuments intéressants?
2. La pollution est un problème. / Il a une solution?
3. Le français est une langue. / Elle est facile?
4. Les journalistes sont des gens. / Ils disent toujours la vérité?
5. Les ordinateurs sont des instruments. / Ils sont indispensables aujourd'hui?
6. La pollution est un problème de l'environnement. / Il menace (*threatens*) les États-Unis?
7. Le président est un homme. / Il est trop conservateur?

> COMMUNICATION:
> describing people and
> places

D.   Le pronom relatif *que*

Note the use of the relative pronoun **que** in the sentences on the right.

Voici des amies.
Nous invitons souvent ces amies. $\Big\}$ Voici des amies **que** nous invitons souvent.

Voici un musée.
Je visite souvent ce musée. $\Big\}$ Voici un musée **que** je visite souvent.

The RELATIVE PRONOUN **que** *(whom, that, which)* is a DIRECT-OBJECT pronoun. It replaces nouns or pronouns that designate people, things, or abstract ideas.

Paul est un ami **que** je trouve intéressant.	*Paul is a friend* ***(whom)*** *I find interesting.*
L'Express est un magazine **que** je trouve intéressant.	*L'Express is a magazine* ***(that)*** *I find interesting.*

❖ Although the direct-object relative pronoun *(whom, that, which)* is often omitted in English, **que** must always be expressed in French.

❖ If the relative pronoun **que** is followed by a verb in the passé composé, the past participle agrees with **que** since **que** is a preceding direct object. NOTE: The gender and number of **que** are determined by its antecedent.

Où est le livre **que** j'ai acheté?

Où sont les disquettes **que** j'ai achetées?

> You may wish to review the agreement of the past participle in Lesson 20.

❖ Compare the constructions used after **qui** and **que**.

antecedent + **qui** + (object pronoun) + verb	Comment s'appelle l'ami **qui** parle? Comment s'appelle l'ami **qui** te parle?
antecedent + **que** + subject + verb	Comment s'appelle l'ami **que** tu vas inviter?

9.   Dialogue   Posez des questions à vos camarades. Ils vont vous répondre affirmativement ou négativement suivant le modèle.

> COMMUNICATIONS:
> answering questions

● Tu connais Chicago? (une ville)

—*Tu connais Chicago?*
—*Oui, c'est une ville que je connais.*
ou: —*Non, c'est une ville que je ne connais pas.*

1. Tu aimes San Francisco? (une ville)
2. Tu connais la France? (un pays)
3. Tu lis *Time* magazine? (un magazine)
4. Tu parles espagnol? (une langue)
5. Tu trouves amusant Robin Williams? (un acteur)
6. Tu admires Madonna? (une chanteuse)
7. Tu aimes les snobs? (des gens)   ce sont
8. Tu critiques le président? (une personne)

10. Activités Dites ce que font les personnes suivantes selon le modèle. Faites attention à l'accord du participe passé.

PRACTICE: **que** with passé composé

● Pierre / installer l'imprimante / acheter hier   *Pierre installe l'imprimante qu'il a achetée hier.*

1. Robert et Denis / téléphoner aux filles / rencontrer samedi dernier
2. Isabelle / nettoyer la robe / mettre hier
3. nous / regarder les photos / prendre pendant les vacances
4. je / envoyer la lettre / écrire ce matin
5. vous / manger la tarte / faire pour le dessert
6. Monsieur Martin / parler de la nouvelle / apprendre au bureau

11. En ville Les personnes suivantes sont à Paris. Dites ce qu'elles font en utilisant les pronoms **qui** ou **que (qu')**.

PRACTICE: relative clauses

● Je dîne dans un restaurant. / Il sert des spécialités vietnamiennes.
Je dîne dans un restaurant qui sert des spécialités vietnamiennes.

● Je dîne dans un restaurant. / *Le Guide Michelin* le recommande.
Je dîne dans un restaurant que Le Guide Michelin recommande.

Le Guide Michelin rates French restaurants. Only about twenty restaurants in the entire country receive the coveted three stars.

1. Je prends l'autobus. / Il va aux Champs-Élysées.
2. Paul va chez des amis. / Ils habitent dans le Quartier latin.
3. Nous allons à un cours. / Nous le suivons depuis septembre.
4. Nicole va au café avec des étudiants. / Elle les connaît bien.
5. Les touristes vont dans un magasin. / Il vend des cartes postales.
6. Jacqueline habite dans un appartement. / Elle le loue pour l'été.

12. Pauvre Antoine Antoine a beaucoup de problèmes. Dites quels sont ses problèmes en complétant les phrases suivantes par **qui** ou **que (qu')**.

COMPREHENSION: **qui** vs. **que**

1. Il a un modem-fax _____ ne marche pas.
2. Il habite dans un appartement _____ il loue beaucoup trop cher.
3. Il a des professeurs _____ lui donnent trop de travail.
4. Il a donné rendez-vous à des amis _____ ont oublié de venir.
5. Il a perdu l'adresse de la jeune fille _____ il a rencontrée pendant les vacances.
6. Il a perdu la montre _____ sa mère lui a donnée pour son anniversaire.

13. Conversation Demandez à un(e) camarade quelle est sa préférence dans l'un des domaines suivants. Demandez-lui aussi d'expliquer son choix. (Il/elle va répondre en utilisant les pronoms **qui** et **que**.)

COMMUNICATION: discussing preferences

● un acteur   —*Qui est ton acteur préféré?*   —*C'est un acteur qui joue bien.*
—*C'est Tom Hanks.*   —*C'est un acteur que je trouve intéressant.*
—*Ah bon? Pourquoi?*

- une actrice
- un chanteur *(singer)*
- une chanteuse
- un groupe musical
- un(e) athlète
- un écrivain
- un film
- un livre
- une voiture
- un sport
- une ville
- un pays

E.   Les expressions *quelqu'un, quelque chose* et leurs contraires

Note the meanings and the use of the following expressions.

quelqu'un	*someone*	Tu connais **quelqu'un** à Paris.
ne ... personne	*no one, not anyone*	Nous ne connaissons **personne** dans cet immeuble.
quelque chose	*something*	Est-ce que tu comprends **quelque chose?**
ne ... rien	*nothing, not anything*	Vous **ne** comprenez **rien.**

ne ... jamais and *ne ... pas encore* were presented in Lesson 15; *ne ... plus* will be presented in Lesson 23.

Ne ... personne and **ne ... rien** are negative expressions consisting of two parts:

ne comes before the verb
personne and **rien** usually come after the verb

The French negative consists of two words, the weak negative word **ne (n')**, which always comes before the verb, and the strong negative word **pas** (**jamais, rien,** etc.), which comes after the verb.

When a preposition already follows the verb, the second part of the negative follows that preposition: **Je ne sors avec personne.**

❖ When the verb is in the passé composé, **personne** comes AFTER the past participle and **rien** comes BETWEEN the auxiliary and the past participle.

As-tu invité **quelqu'un?**   Non, je n'ai invité **personne.**
As-tu entendu **quelque chose?**   Non, je **n'ai rien** entendu.

❖ When **personne** and **rien** are the subjects of the sentence, they come before the verb. The verb is always preceded by **ne.**

Personne ne vient.   **Personne n'**a téléphoné.
Rien n'est impossible.   **Rien n'**a été facile dans ce projet.

❖ **Quelqu'un, quelque chose, personne,** and **rien** are invariable expressions and can be used with the following constructions:

quelqu'un **quelque chose** **personne** **rien**	+ **de** + masculine adjective + **à** + infinitive

You may want to present the construction (**quelque chose, quelqu'un, rien, personne**) + **de** + adjective + **à** + infinitive. **Il y a quelque chose de bon à manger. Il n'a rien d'important à dire.**

Je connais **quelqu'un d'**intéressant.   Je **ne** connais **personne d'**intéressant.
As-tu fait **quelque chose de** spécial?   Je **n'ai rien** fait **de** spécial.
As-tu **quelque chose à** dire?   Non, je **n'ai rien à** dire.

14. Non!   Dites ce que les personnes suivantes ne font pas. Utilisez les expressions **ne ... personne** ou **ne ... rien** avec les verbes entre parenthèses.

● Je n'ai pas d'appétit. (manger)   *Je ne mange rien.*

1. Nous n'avons pas soif. (boire)
2. Vous êtes inactifs. (faire)
3. Charles est égoïste. (aider)
4. Ces garçons sont discrets. (dire)
5. Je fais des économies. (dépenser)
6. Hélène déteste les conseils. (écouter)
7. Tu n'es pas sociable. (inviter chez toi)
8. Je n'ai pas d'argent. (acheter)
9. Vous venez d'arriver dans ce quartier. (connaître)
10. Nous ne sommes pas très intelligents. (comprendre)

15. L'étranger dans la ville   Anne-Marie habite depuis longtemps *(for a long time)* dans cette ville. Jacques vient d'arriver. Lisez ce que dit Anne-Marie et jouez le rôle de Jacques. Pour cela, mettez les phrases à la forme négative.

● Je sors avec quelqu'un.   *Moi, je ne sors avec personne.*

1. Je connais quelqu'un dans cette banque.
2. Je fais quelque chose d'amusant le week-end prochain.
3. Ce soir je dîne avec quelqu'un d'intéressant.
4. Je commande quelque chose de spécial dans ce restaurant.
5. J'ai rencontré quelqu'un de sympathique le week-end dernier.
6. J'ai vu quelque chose d'intéressant.
7. Quelqu'un m'aide quand j'ai besoin d'un conseil.
8. Quelqu'un m'a téléphoné hier soir.
9. Quelqu'un va m'inviter ce week-end.
10. Quelque chose est arrivé pour moi au courrier *(mail)* ce matin.

Communication

1. You are in charge of the talent show that the French Club is sponsoring. Right now you are trying to recruit participants.

Ask your partners . . .
- if they know how to sing
- if they know how to dance
- if they know how to play the guitar **(la guitare)**
- what (other things) they know how to do

2. You are the editor-in-chief of an international travel magazine. You are planning to hire a new staff member for your magazine. This afternoon you are interviewing a potential candidate (whom you address as **vous**).

Ask your partner . . .
- if he/she knows New York
- if he/she knows Montréal
- if he/she knows how to speak Spanish
- if he/she knows how to use **(utiliser)** a computer
- if he/she knows how to write well

3. You are a detective investigating a burglary that took place last night. You are talking to one of the neighbors (whom you address as **vous**). Unfortunately, you don't find out anything because this person answers all your questions negatively.

Ask your partner . . .
- if he/she heard anything
- if he/she saw anything unusual **(anormal)**
- if he/she talked to anyone
- if he/she saw anyone that he/she did not know

Et vous?

4. Ask your partner if he/she lives in a city or in the country. Then ask some follow-up questions.

Find out . . .
- if he/she likes living in the city/country
- if he/she lives in a large building or in a house
- if he/she knows his/her neighbors
- what the advantages and disadvantages of living in the city/country are, according to him/her
- if there is a city that you both know. What do you like about it? Dislike?

COMPRÉHENSION DU TEXTE
1. Est-ce qu'Alain regarde souvent la télévision? Pourquoi (pas)?
2. Qu'est-ce que Jacques a regardé sur la Cinquième hier après-midi?
3. Qu'est-ce qu'Alain aimait regarder quand il était petit?
4. Quelle était l'émission favorite de Jacques quand il était petit?
5. Quel type de téléspectateur est Jacques? Expliquez.

company

C'est aujourd'hui lundi. Jacques Arréguy (45 ans) et Alain Lacombe (42 ans) déjeunent ensemble à la cafétéria de l'entreprise° où ils travaillent.

JACQUES: Tu as regardé l'émission° sur la Cinquième° hier après-midi?

ALAIN: Non, moi, tu sais, je ne regarde plus la télévision. Avant, il y avait des choses intéressantes, mais maintenant, les programmes sont complètement idiots.

JACQUES: Justement, c'était une émission sur les débuts de la télé. Ils ont montré des vieilles publicités°, des extraits° du journal télévisé°... Ça m'a rappelé° quand j'étais petit: on dînait toujours pendant les informations°. On n'avait jamais le droit° de parler quand mon père écoutait les nouvelles°. Mais mon frère et moi, on n'arrivait jamais° à rester tranquilles°!

show / Channel 5

ads / excerpts / television news
reminded me
news / right
news / were never able
stay quiet

ALAIN: Moi, j'aimais bien certains jeux télévisés°. Il y avait un jeu... Ah oui, «La *game shows*
tête° et les jambes°», c'est ça. On le regardait tous les samedis soirs: il y *head / legs*
avait des questions de culture générale et des épreuves sportives°, c'était *athletic challenges*
vraiment bien. Maintenant, les jeux à la télé sont tellement° stupides! Et *so very*
puis, il n'y avait pas de pubs° au milieu des° émissions... *publicités / in the middle of*

JACQUES: Tu ne regardais pas les feuilletons°, quand tu étais gamin°? Moi, *TV series / a kid*
j'adorais «L'homme invisible». C'était mon émission favorite.
Justement, ils le repassent° sur la Cinquième tous les soirs en ce *repeat*
moment.

ALAIN: Dis donc, tu connais les programmes par cœur°! Tu passes ton temps à *know the programs by heart*
regarder la télé?

JACQUES: Mais non, justement! Je regarde le programme et je choisis seulement
les émissions qui m'intéressent. Quand je ne peux pas les voir au
moment où elles passent°, je les enregistre°. Voilà! Je ne suis pas *are shown / tape them*
quelqu'un qui zappe° sans arrêt°, moi, je suis un téléspectateur° *changes channels /*
intelligent! *constantly / TV viewer*

ALAIN: Un téléspectateur intelligent? Je pensais que ça n'existait plus!

Note culturelle: **La télévision en France**

La télévision française a longtemps[1] été un monopole[2] d'état[3], ce qui[4] remettait en question[5] la liberté d'expression et l'indépendance de l'information[6]. Les téléspectateurs avaient un choix limité entre trois chaînes sans grande concurrence[7].

Depuis 1989, le Conseil supérieur de l'Audiovisuel (CSA) a pour mission de garantir la liberté de la communication audiovisuelle (Radio et Télévision), de veiller à[8] la protection de l'enfance et de l'adolescence, de favoriser[9] la qualité des programmes, et de contribuer à la défense[10] de la langue et de la culture.

Le nombre des chaînes en France se multiplie. France 2, France 3 et TV1 sont les plus importantes. Arte et la Cinquième (programmes culturels et éducatifs) sont deux chaînes qui occupent le même canal[11]. De plus, il y a M6 et Canal Plus. Les réseaux câblés[12] offrent environ vingt options supplémentaires et il existe de plus en plus d'antennes paraboliques[13].

Les émissions favorites des Français sont les informations, les sports, les spectacles de variétés, les émissions littéraires, les feuilletons et les films, souvent américains. Comme aux États-Unis, la publicité procure[14] des ressources importantes aux différentes chaînes, mais elle interrompt moins souvent les programmes.

La télé est devenue une des distractions[15] principales des Français et elle continue à faire concurrence aux[16] salles de cinéma[17] (Canal Plus diffuse[18] des films récents). Les Français possèdent presque tous un téléviseur (parfois deux), et ils sont maintenant nombreux[19] à posséder un magnétoscope. Ceci leur permet de regarder les programmes qu'ils ont enregistrés ou des cassettes de films qu'ils ont achetées ou louées[20].

Maintenant que la vidéo sur Internet est devenue une réalité, et que plus de 70 pour cent des sites les plus visités contiennent de la vidéo, l'avenir de la télévision traditionnelle, en France comme ailleurs, est menacé. Selon une étude faite en 1999, «en 2001, les médias traditionnels verront leur audience baisser[21] de 30 pour cent au profit de[22] la Toile[23]». Une question à résoudre: Qui réglementera[24] la substance des programmes de télévision sur Internet?

Activité   Est-ce qu'il existe une organisation qui contrôle la qualité des programmes de télévision aux États-Unis? Laquelle? Quelles sont les émissions favorites des Américains?

www

*1 for a long time 2 monopoly 3 state 4 which 5 called into question
6 news 7 competition 8 look out for 9 promote 10 protection
11 the same channel 12 cable networks 13 satellite dishes 14 obtains
15 entertainment 16 compete with 17 movie theaters 18 broadcasts
19 numerous 20 rented 21 decline 22 to the advantage of 23 the
Web 24 will regulate*

Structure et vocabulaire

Vocabulaire: *La télévision*

Noms

un dessin animé	*cartoon*	**une chaîne**	*channel*
un documentaire	*documentary*	**une émission**	*show, program*
un feuilleton	*TV series*	**les informations**	*news*
un film	*movie*	**la météo**	*weather forecast*
des jeux télévisés	*TV game shows*	**les nouvelles**	*news*
un programme	*program*	**la publicité**	*commercials*
un spectacle	*show*	**les variétés**	*variety shows*

Adjectifs

favori (favorite)	*favorite*	Quelles sont vos émissions **favorites?**
préféré	*favorite*	Quelles sont tes émissions **préférées?**

Expression

à la télé	*on TV*	Il y a un bon programme **à la télé** ce soir.

1. Questions personnelles

1. Avez-vous un téléviseur? Est-ce un téléviseur couleur ou un téléviseur en noir et blanc?
2. Regardez-vous souvent la télévision? Combien d'heures par jour?
3. Regardez-vous les informations à la télé? Sur quelle chaîne?
4. D'après vous, quelle est la chaîne qui a les meilleurs films? les meilleures émissions sportives?
5. Regardez-vous les jeux télévisés? Quels sont vos jeux préférés? Quels sont les jeux que vous trouvez idiots?
6. Regardez-vous les émissions de variétés? Quelle est votre émission favorite?
7. Qui est votre comédien(ne) préféré(e)? Dans quelle émission est-ce qu'il/elle joue?
8. Quel est votre feuilleton préféré? Quels acteurs et quelles actrices jouent dans ce feuilleton?
9. Est-ce que vous regardez la météo? Pourquoi? Qu'est-ce que la météo a prévu (*forecast*) hier soir?
10. Est-ce que vous regardez des programmes avec vidéo sur Internet?

A. Le verbe *vivre*

You may want to introduce the expression **Vive!** which may be used with both singular and plural nouns. **Vive les vacances!** *Long live vacations!*

The verb **vivre** *(to live)* is irregular.

infinitive	**vivre**	
present	Je **vis** en France. Tu **vis** à Paris. Il/Elle/On **vit** en Italie.	Nous **vivons** bien. Vous **vivez** mal. Ils/Elles **vivent** confortablement.
passé composé	J'**ai** vécu trois ans en France.	Be sure students note the past participle.

❖ Both **vivre** and **habiter** mean *to live.* Compare:

To live or reside (in a place):	**vivre**	Je **vis** à Paris.
	habiter	J'**habite** à Paris.
To live (in a general sense):	**vivre**	Je **vis** bien.

Être vivant means *to be living* in the sense of *to be alive.* It is the opposite of **être mort.**

2. Où et comment? Dites où les personnes suivantes habitent et comment elles vivent. Votre seconde phrase peut être affirmative ou négative.

COMPREHENSION: telling how people live

● Mademoiselle Richard / dans un beau château *(castle)* / mal?
Mademoiselle Richard habite dans un beau château. Elle ne vit pas mal.

1. mes cousins / une ferme *(farm)* à la campagne / simplement?
2. je / avec ma famille / seul?
3. tu / dans une chambre minuscule et sans confort / bien?
4. nous / dans un bel appartement / confortablement?
5. Françoise / près d'un aéroport / dans le calme?
6. vous / près d'un volcan / dangereusement?

3. **Questions personnelles**

1. Vivez-vous bien ou mal? Vivez-vous confortablement? Vivez-vous seul(e)?
2. Est-ce qu'on vit bien aux États-Unis?
3. Selon vous, est-ce que les Américains vivent mieux *(better)* que les Français? Pourquoi?
4. Selon vous, est-ce qu'on vit mieux dans une grande ville ou à la campagne? Pourquoi?
5. Selon vous, dans quelle ville américaine est-ce qu'on vit le mieux *(best)*? Pourquoi?
6. Dans quelle ville habitent vos parents? Est-ce qu'ils ont toujours vécu dans cette ville?
7. Avez-vous vécu à l'étranger? en Europe? en Asie? en Afrique? en Amérique latine?
8. Dans quelles villes avez-vous vécu?

COMMUNICATION:
answering questions

B.   Quelques expressions négatives

Note the following affirmative and negative expressions and their use in the sentences below. Pay particular attention to the position of these expressions in the present and the passé composé.

Affirmative		Negative	
souvent	*often*	**ne ... jamais**	*never, not ever*
encore	*still, again*	**ne ... plus**	*no longer, not anymore*
déjà	*already*	**ne ... pas encore**	*not yet*

Tu voyages **souvent?**	Non, je **ne** voyage **jamais.**
Vous êtes **souvent** allé à Paris?	Non, je **ne** suis **jamais** allé à Paris.
Paul habite **encore** à Québec?	Non, il **n'**habite **plus** à Québec.
Éric a **encore** téléphoné à Anne?	Non, il **ne** lui a **plus** téléphoné.
Tu pars **déjà?**	Non, je **ne** pars **pas encore.**
Vous avez **déjà** vu ce film?	Non, nous **ne** l'avons **pas encore** vu.

NEGATIVE EXPRESSIONS consist of two parts. The word order is:	
present	**ne** + verb + **jamais/plus/pas encore**
passé composé	**ne** + auxiliary verb + **jamais/plus/pas encore** + past participle

❖ After these negative expressions, the indefinite and partitive articles become **de.**

Tu as **une** mobylette?	Non, je n'ai plus **de** mobylette.
Vous avez déjà bu **du** champagne?	Non, je n'ai jamais bu **de** champagne.

4. **Dialogue**   Demandez à vos camarades si oui ou non ils ont déjà fait les choses suivantes.

● visiter Paris?
—*As-tu déjà visité Paris?*
—*Oui, j'ai déjà visité Paris.*
ou: —*Non, je n'ai jamais visité Paris.*

1. vivre au Japon?
2. écrire au président?
3. manger du caviar?
4. boire du champagne?
5. piloter un hélicoptère?
6. participer à un marathon?
7. faire du ski nautique *(waterski)*?
8. gagner un million de dollars à la loterie?

5. **Non!**   Alice pose des questions à Guy au sujet des activités suivantes. Guy va répondre négativement. Jouez les deux rôles. Utilisez **le présent** dans les phrases 1 à 5 et **le passé composé** dans les phrases 6 à 10.

● partir (déjà)
ALICE: *Tu pars déjà?*
GUY: *Non, je ne pars pas encore.*

● dîner (déjà)
ALICE: *Tu as déjà dîné?*
GUY: *Non, je n'ai pas encore dîné.*

1. regarder des vidéos (souvent)
2. voir des films d'horreur (souvent)
3. avoir ton diplôme (déjà)
4. fumer (encore)
5. vivre chez tes parents (encore)

6. déjeuner (déjà)
7. visiter Dakar (déjà)
8. utiliser un modem-fax (souvent)
9. acheter des CD-ROM (encore)
10. rater tes examens (encore)

www.cherie.fm   *Chérie FM*   JAMAIS LA MUSIQUE NE VOUS AURA FAIT AUTANT DE BIEN

Ile-de-France 91.3 · Avignon 88.1 · Amiens 101.0 · Angers 105.1 · Bastia 92.7 · Bordeaux 95.3 · Chartres 105.3 · Clermont-Ferrand 100.8 · Dijon 101.6 · Grenoble 105.8 · Lens 107.3 · Lille 93.9 · Limoges 102.7 · Lyon 98.9 · Marseille 100.1 · Metz 103.0 · Montpellier 95.4 · Nancy 95.7 · Nantes 106.2 · Nice 95.8 · Nîmes 96.6 · Perpignan 97.6 · Rennes 106.8 · Reims 104.0 · Rouen 97.5 · Toulon 97.4 · Toulouse 97.4 et pour connaître les autres fréquences 08 36 68 00 50 (2,23F mn)

C.   L'imparfait

French, like English, uses different tenses to describe past actions and past events. One of these past tenses is the passé composé, which was presented in Lessons 14 and 15. Another common past tense is the IMPERFECT (**l'imparfait**), which is used to describe CONDITIONS that existed in the past.

Read the following descriptions, paying attention to the forms of the imperfect in the sentences in the middle column:

Aujourd'hui...	Avant...	
J'habite à Paris.	**J'habitais** dans un village.	*I used to live in a village.*
Nous **allons** à l'université.	Nous **allions** à l'école secondaire.	*We went to high school.*
Mes amis **jouent** au tennis.	Ils **jouaient** au football.	*They were playing soccer.*

FORMS

Note the forms of the imperfect of three regular verbs (in **-er, -ir, -re**) and the irregular verb **faire.**

infinitive		**parler**	**finir**	**vendre**	**faire**	
present		**nous parl**ons	**finiss**ons	**vend**ons	**fais**ons	
stem (from **nous**-form)		parl-	finiss-	vend-	fais-	endings
imperfect	je **parlais**		**finissais**	**vendais**	**faisais**	-ais
	tu **parlais**		**finissais**	**vendais**	**faisais**	-ais
	il/elle/on **parlait**		**finissait**	**vendait**	**faisait**	-ait
	nous **parlions**		**finissions**	**vendions**	**faisions**	-ions
	vous **parliez**		**finissiez**	**vendiez**	**faisiez**	-iez
	ils/elles **parlaient**		**finissaient**	**vendaient**	**faisaient**	-aient
negative	Je ne **parlais** pas.					
interrogative	Est-ce que tu **parlais?** **Parlais**-tu?					

❖ In the imperfect, questions and negative sentences follow the same word order as in the present:

Est-ce que **tu regardais** souvent la télé?	⎱	*Did you often watch TV?*
Regardais-tu souvent la télé?	⎰	

Non, **je ne regardais pas** souvent la télé.   *No, I didn't often watch TV.*

❖ The IMPERFECT is a simple tense which is formed as follows:

> imperfect stem + imperfect endings

❖ For all verbs except **être,** the STEM of the imperfect is derived as follows:

> imperfect stem = **nous-**form of present *minus* **-ons**

boire:	nous **buv**ons → je **buv**ais	**acheter:**	nous **achet**ons	→ j'**achet**ais
prendre:	nous **pren**ons → je **pren**ais	**manger:**	nous **mange**ons	→ je **mange**ais
lire:	nous **lis**ons → je **lis**ais	**commencer:**	nous **commenç**ons → je **commenç**ais

❖ For all verbs, regular and irregular, the ENDINGS of the imperfect are the same.

❖ **Être** has an irregular imperfect stem: **ét-.** The endings are regular.

Note however: **nous mang*i*ons, vous mang*i*ez; nous commen*c*ions, vous commen*c*iez.**

> j'**étais,** tu **étais,** il/elle/on **était,** nous **étions,** vous **étiez,** ils/elles **étaient**

❖ Note the imperfect forms of the following impersonal expressions:

il neige	**il neigeait**	*it was snowing*	il faut	**il fallait**	*it was necessary*
il pleut	**il pleuvait**	*it was raining*	il y a	**il y avait**	*there was (were)*

USES

Although the passé composé and the imperfect are both past tenses, they are used to describe different types of actions. In general, the IMPERFECT is used to describe:

• what people USED TO DO
• what they WERE DOING at a certain time.

Note that the IMPERFECT has several English equivalents:

The imperfect also corresponds to English construction with *would* in the sense of *used to.*
I would study in the evening.
J'étudiais le soir.

Mes cousins **habitaient** à Paris.
{ *My cousins **lived** in Paris.*
*My cousins **used to live** in Paris.*
*My cousins **were living** in Paris.* }

The uses of the IMPERFECT are presented in this lesson and in Lesson 24.

6. Avant Les étudiants suivants font leurs études à l'Université de Paris. Dites où chacun *(each one)* habitait avant et si oui ou non il vivait en France.

COMPREHENSION: stating where people used to live

● Paul (à Québec) **_Paul habitait à Québec. Il ne vivait pas en France._**

1. Philippe (à Montréal)
2. Michel et Antoine (à Genève)
3. Alice et Suzanne (à Tours)
4. Béatrice (à Lille)
5. je (en Normandie)
6. tu (à San Francisco)
7. nous (à Marseille)
8. vous (à Dakar)

7. **Aujourd'hui et autrefois** *(Now and then)*   Thérèse explique ce qu'elle fait à l'université. Son père, M. Moreau, dit qu'à son époque *(in his time)* il faisait les mêmes choses. Jouez les deux rôles.

ROLE PLAY: describing college life

● avoir des examens

THÉRÈSE: *Nous avons des examens.*
M. MOREAU: *Nous aussi, nous avions des examens.*

1. travailler beaucoup
2. choisir des cours difficiles
3. perdre rarement notre temps
4. aller au cinéma le week-end
5. faire du sport
6. sortir le samedi soir
7. boire de la bière avec nos amis
8. apprendre beaucoup de choses intéressantes
9. lire beaucoup
10. être idéaliste
11. vouloir changer le monde
12. avoir des idées anticonformistes

8. **À l'école secondaire**   Demandez à vos camarades s'ils faisaient les choses suivantes quand ils étaient à l'école secondaire.

COMMUNICATION: talking about situations in the past

● parler français?

—*Est-ce que tu parlais français?*
—*Oui, je parlais français.*
ou: —*Non, je ne parlais pas français.*

Have each student report one thing his/her partner said. Keep the pace brisk.

1. avoir un vélo?
2. jouer aux jeux électroniques *(computer games)*?
3. regarder souvent la télé?
4. aller dans les discothèques?
5. utiliser un ordinateur?
6. faire du sport?
7. savoir programmer?
8. sortir le samedi soir?
9. connaître des gens intéressants?
10. être timide?
11. vouloir aller à l'université?
12. suivre un régime?

D.   L'imparfait et le passé composé: conditions habituelles et événements spécifiques

The sentences below all describe actions that took place in the past. Compare the verbs in the sentences on the left (describing habitual conditions and actions) with those in the sentences on the right (describing specific events).

Habituellement...
... je **regardais** les programmes de sports.
... on **jouait** au volley.
... mes amis **allaient** au cinéma.

Un jour...
... j'**ai regardé** un excellent match de football.
... on **a joué** au tennis.
... ils **sont allés** au théâtre.

The IMPERFECT and the PASSÉ COMPOSÉ cannot be substituted for each other. The choice of tense depends on the type of action the speaker is describing.

> The IMPERFECT is used to describe HABITUAL ACTIONS and CONDITIONS that existed in the past. It describes WHAT USED TO BE.
>
> ---
>
> Quand j'étais jeune,   *When I was young, we **lived** (we*
> nous **habitions** en France.   ***used to live**) in France.*
> **J'allais** souvent au cinéma avec   *I often **used to go** (went) to the movies*
> mes copains.   *with my friends.*

Other uses of the imperfect will be covered in Lesson 24.

> The PASSÉ COMPOSÉ is used to describe SPECIFIC PAST EVENTS. It describes WHAT HAPPENED, WHAT TOOK PLACE.
>
> ---
>
> **J'ai passé** un an à Paris.   *I **spent** a year in Paris.*
> Cette semaine nous **sommes allés**   *This week we **went** twice to the*
> deux fois au cinéma.   *movies.*

9. Vive le progrès! Dites si oui ou non on faisait les choses suivantes en 1900.

●   on / regarder la télé?   ***Non, on ne regardait pas la télé.***

COMPREHENSION:
describing life in the past

1. on / passer beaucoup de temps à l'ordinateur?
2. les enfants / travailler dans les usines?
3. les gens / gagner beaucoup d'argent?
4. on / avoir beaucoup de loisirs?
5. les femmes / être indépendantes?
6. on / voyager en voiture?
7. on / vivre dans de grands immeubles?
8. on / être plus heureux qu'aujourd'hui?
9. tout le monde / connaître ses voisins?
10. on / savoir vivre?

10. Conversation Demandez à vos camarades de décrire leur vie maintenant et avant l'université. Vous pouvez utiliser les suggestions suivantes.

COMMUNICATION:
comparing the present and the past

●   où / habiter?
    —***Où habites-tu maintenant?***
    —***J'habite à San Francisco.***
    —***Et avant où habitais-tu?***
    —***J'habitais à Boston. (J'habitais à San Francisco aussi.)***

• à quelle école / aller?
• quels sports / pratiquer?
• que / faire le week-end?
• avec qui / sortir?
• qui / être ton acteur favori?
• qui / être ton actrice favorite?

Vocabulaire: *Expressions de temps*

(1) Description d'événements spécifiques

lundi	*(on) Monday*	**une fois**	*once*
un lundi	*one Monday*	**deux fois**	*twice*
un jour	*one day*	**plusieurs fois**	*several times*
le 3 juin	*on June 3rd*		

(2) Description de conditions et d'actions habituelles

le lundi	*(on) Mondays*	**d'habitude**	*usually*
tous les lundis	*every Monday*	**habituellement**	*usually*
chaque jour	*every day*	**autrefois**	*in the past, formerly*
tous les jours	*every day*		

(3) Description d'événements spécifiques ou d'actions habituelles

souvent	*often*	**parfois**	*sometimes*
rarement	*rarely, seldom*	**quelquefois**	*sometimes, a few times*
longtemps	*for a long time*		
tout le temps	*all the time*		
de temps en temps	*from time to time, once in a while*		

NOTES DE VOCABULAIRE

1. The expressions in the first group are generally used with the passé composé since they describe specific events.

   Lundi je **suis sorti** avec un copain.   *Monday I **went out** with a friend.*

2. The expressions in the second group are generally used with the imperfect since they are used to describe habitual conditions.

   Le lundi je **sortais** avec mes copains.   *Mondays I **used to go out** (went out) with my friends.*

3. The expressions in the third group may be used with the passé composé or the imperfect depending on what is being described.

   Je **suis** souvent **allé** à Paris.   *I **went** to Paris often. (This happened on several specific occasions.)*

   J'**allais** souvent à Paris.   *I **used to go** to Paris often. (This was a habitual activity.)*

4. Both **temps** and **fois** correspond to the English word *time*. The word **temps** refers to the *span of time* during which an action occurs.

   Combien de temps faut-il pour aller de New York à Paris?   ***How much time** does it take to go from New York to Paris?*

   The word **fois** refers to the *number of times* an action or event occurs.

   Combien de fois es-tu allé à Paris?   ***How many times** have you been to Paris?*

PROVERBES
  Une fois n'est pas coutume.

  Une fois passe.
  Deux fois lassent.
  Trois fois cassent.

Once does not a habit make.

Once is all right.
Twice is boring.
Three times is too much.

11. **Souvenirs**   Des amis discutent de l'époque où ils étaient adolescents. Dites que chacun faisait ce qu'il aimait faire, en utilisant l'expression entre parenthèses.

● Paul aimait jouer au tennis. (tous les samedis)
  Il jouait au tennis tous les samedis.

1. Jacqueline aimait jouer au volley. (assez souvent)
2. Suzanne aimait aller à la piscine. (le week-end)
3. Anne et Charles aimaient aller au cinéma. (le samedi soir)
4. Marc aimait faire du camping. (chaque été)
5. Lise et Sophie aimaient faire du ski en Suisse. (tous les hivers)
6. Albert aimait sortir avec ses amis. (le dimanche après-midi)
7. Ma sœur aimait prendre des photos. (quand il faisait beau)
8. Mes amis aimaient regarder les jeux télévisés. (tout le temps)

12. **Tout n'est pas routine**   Les gens ne font pas toujours la même *(same)* chose. Décrivez ce que ces personnes faisaient d'habitude et ce qu'elles ont fait en une occasion particulière.

● les Durand (tous les étés, aller en Espagne / un été, visiter la Grèce)
  Tous les étés, les Durand allaient en Espagne. Mais un été ils ont visité la Grèce.

1. Jacques (habituellement, dîner chez lui / le jour de son anniversaire, aller au restaurant)
2. nous (tous les soirs, étudier / le soir après l'examen, sortir avec nos copains)
3. les employés (en général, rester au bureau jusqu'à *(until)* six heures / le jour de la tempête de neige, quitter le bureau à midi)
4. je (tous les ans, travailler pendant les vacances / l'année après l'université, faire un grand voyage)
5. nous (tous les jours, regarder la télé après le dîner / un jour, aller au théâtre)

Le Guide du Routard.
La liberté pour seul guide.

13. **Pendant les vacances**   Des camarades parlent de leurs vacances. Dites ce que chacun faisait ou a fait. Pour cela, complétez les phrases avec **allait** ou **est allé(e)** suivant le cas.

COMPREHENSION: describing repeated vs. specific experiences

- Le jeudi, Paul ... (au cinéma)   *Le jeudi, Paul allait au cinéma.*

- Un jeudi, il ... (au théâtre)   *Un jeudi, il est allé au théâtre.*

You may ask the students to explain their choice of the imperfect or the passé composé.

1. Une fois, Marc ... (faire du ski nautique)
2. Deux fois, Philippe ... (au casino)
3. Le soir, Hélène ... (au café)
4. Un soir, Monique ... (à Nice)
5. L'après-midi, Brigitte ... (à la plage)
6. Le samedi, Sylvie ... (dans une discothèque)
7. Un samedi, Pierre ... (au concert)
8. Habituellement, Louis ... (à la piscine)
9. Le 15 août, Max ... (à Cannes)
10. Le 30 juillet, Robert ... (en Italie)
11. Isabelle ... deux fois (en Espagne)
12. Un certain jour, Laurent ... (chez un ami)
13. Michel ... tout le temps (chez ses amis)
14. De temps en temps, il ... (au café)
15. Charles ... souvent (au restaurant)

14. **Les phases de la vie**   Complétez les phrases suivantes en décrivant une situation habituelle (à l'**imparfait**) et un événement particulier (au **passé composé**). Utilisez les ressources de votre mémoire ... et de votre imagination!

COMMUNICATION: describing past events

- Quand j'avais cinq ans...
  Quand j'avais cinq ans, j'avais une bicyclette.
  Un jour, j'ai eu un accident.

1. Quand j'avais douze ans...
2. Quand j'allais à l'école secondaire...
3. Avant d'aller *(Before going)* à l'université...
4. L'été dernier, pendant les vacances,...

15. **Un trimestre à Paris**   Caroline, une étudiante américaine, a passé un trimestre à Paris. Racontez le séjour de Caroline au passé. Pour cela, mettez les verbes en italique au **passé composé** ou à l'**imparfait**.

COMPREHENSION: narrating in the past

[1]J'*arrive* à Paris le 2 octobre. [2]La première semaine, je *trouve* un studio dans le Quartier latin. [3]Pendant mon séjour, je *suis* des cours dans un Institut d'Arts Graphiques. [4]J'*ai* des cours tous les jours sauf *(except)* le jeudi. [5]Le matin les cours *commencent* à neuf heures. [6]Ils *finissent* l'après-midi à quatre heures. [7]Nos professeurs *sont* intéressants, mais généralement ils nous *donnent* beaucoup de travail. [8]Le jeudi nous *visitons* les musées. [9]Un jour, nous *visitons* le musée Picasso. [10]La semaine d'après, nous *visitons* le musée d'Orsay.

[11]Le week-end, heureusement, je n'*étudie* pas. [12]Je *sors* avec Nadine, ma copine française. [13]En général, nous *allons* au cinéma. [14]Un samedi nous *allons* dans un club de jazz. [15]Là, je *rencontre* Jean-Pierre, un étudiant en droit. [16]Nous *sortons* plusieurs fois ensemble. [17]Pendant les vacances de Noël, je *fais* du ski dans les Alpes. [18]Je *passe* un excellent trimestre en France. [19]Finalement je *rentre* aux États-Unis le 15 janvier.

- **Je *suis arrivée* à Paris...**

Communication

These communication activities
can either be done extem-
poraneously or they can be
assigned for outside preparation, with each student writing
out the appropriate questions
(and responses, if desired).

In class, students can practice
the conversations in pairs.

If desired, random pairs of
students can act out their
conversation in front of the
class.

Contacts *Cahier
d'activités:*
Workbook, Leçon 23
Lab Manual, Leçon 23

Et vous?

1. You are talking to a new student in your class who recently transferred from another university. You want to know about what he/she was doing before coming to your school.

Ask your partner . . .
- in which city he/she was living
- to which university he/she was going
- what languages he/she was studying
- if he/she played soccer
- if he/she sang in the choir (**la chorale**)

2. You are talking to a student in your dorm who took the same French class last year that you are taking this year. Right now you are comparing notes.

Ask your partner . . .
- if he/she was a good student
- if he/she did his/her homework every day
- if the teacher was strict (**strict[e]**)
- if the teacher gave exams every week
- if the students studied a lot
- if they spoke French all the time in class

3. Find out about a classmate's television viewing habits.

Ask your partner . . .
- if he/she watched much TV as a child and at what times of the day
- how many hours per day he/she watches now. Is this more or less than when he/she was a child?
- what his/her favorite series was. What is it now?
- what channels he/she watches
- what movie he/she saw recently on TV
- if he/she watches videos on the Web

COMPRÉHENSION DU TEXTE
1. Quel jour est-ce que le cambriolage a eu lieu?
2. Quel temps faisait-il?
3. Où allait le témoin?
4. Qu'est-ce qu'il a remarqué?
5. Quels vêtements portait le cambrioleur?
6. Comment était-il physiquement?
7. Qui était avec lui?
8. Pourquoi est-ce que le témoin n'a pas pu noter le numéro de la voiture?
9. Qu'est-ce qu'il a fait?

Il y a plusieurs semaines, un cambriolage° a eu lieu° à la galerie d'art Saint Firmin. Plusieurs tableaux° de grande valeur ont été volés°. Heureusement°, grâce à° la description d'un témoin°, la police a pu arrêter° les cambrioleurs° et récupérer° les tableaux. Un journaliste interviewe ce témoin.

—Vous avez donc assisté° au cambriolage de la galerie Saint Firmin?

—Bien sûr, c'est moi qui ai appelé la police.

—C'était quel jour?

—C'était le 18 mars.

—Quelle heure était-il?

—Il était dix heures du soir. Il faisait nuit°, il pleuvait... Il n'y avait personne dans les rues.

—Et vous, que faisiez-vous?

—Ce soir-là, j'étais sorti°. J'avais dîné° au restaurant avec des amis et je rentrais chez moi. Je passais dans la rue Saint Firmin, qui est toujours très calme le soir, quand j'ai remarqué° quelque chose de bizarre.

burglary / took place

paintings / stolen / Fortunately / thanks to / witness / arrest / burglars / recover

were present

was dark

had gone out / had eaten

noticed

—Qu'est-ce que vous avez remarqué?

—D'habitude, la galerie Saint Firmin est toujours fermée° à cette heure-là, sauf° quand il y a un vernissage°. Ce soir-là, elle était bien fermée, mais j'ai vu qu'il y avait de la lumière° à l'intérieur. Tout à coup°, un homme est sorti. Il transportait un sac.

closed / except
gallery opening
light / Suddenly

—Vous pouvez le décrire?

—C'était un homme plutôt jeune ... assez grand. Il était blond et il avait une moustache. Il portait un pantalon et une veste noirs, en cuir°.

leather

—Et alors, qu'est-ce qu'il a fait?

—Une jeune femme l'attendait dans une voiture que je n'avais pas remarquée.

—Sa complice°?

accomplice

—Oui, c'est évident. Je ne l'ai pas bien vue, elle. Je peux juste dire qu'elle était rousse°.

red-headed

—Ensuite?

—Il lui a passé le sac et ils ont démarré° à toute vitesse°. Malheureusement°, je n'ai pas pu noter entièrement le numéro° de la voiture. Il faisait trop sombre° et la voiture allait vite. Mais les deux derniers chiffres° étaient un sept et un trois— soixante-treize—la voiture venait donc de Savoie*.

drove away / at high speed /
Unfortunately / license plate
number / dark / numerals

—Qu'avez-vous fait alors?

—Eh bien, je suis rentré chez moi tout de suite° pour téléphoner à la police et donner le signalement° des cambrioleurs.

immediately
description

—Et c'est grâce à votre témoignage° qu'ils ont pu finalement être arrêtés avant-hier!

testimony

Notes culturelles: **Les Français en uniforme**

Un Français sur[1] vingt porte un uniforme. Quand on voyage en France, il est important de reconnaître ces uniformes.

L'agent de police

Il porte un uniforme bleu et un bâton[2] blanc. Son rôle principal consiste à diriger[3] la circulation dans les grandes villes. Si vous avez besoin d'un renseignement[4], c'est à lui qu'il faut s'adresser[5].

La contractuelle[6]

C'est une auxiliaire de la police. Elle porte un uniforme beige ou bleu. Son travail consiste à mettre des contraventions[7] aux voitures qui sont stationnées[8] illégalement.

Le gendarme

Il porte un uniforme bleu et noir en hiver et beige en été. Il circule à moto ou en voiture. Les gendarmes sont chargés du maintien[9] de l'ordre et de la sécurité[10] publique.

Le garde républicain

Il porte un uniforme bleu et noir. Sa mission principale est d'assurer les services d'honneur pendant les cérémonies officielles à Paris. Il assure aussi la sécurité du président de la République.

Les départements français

La France est divisée administrativement en 95 départements. Chaque département est identifié par un numéro allant[11] de 01 à 95. Ce numéro figure sur les plaques d'immatriculation[12] des voitures. Le nombre 75 représente Paris. Le nombre 73 désigne la Savoie, un département au sud-est[13] de la France.

Activité Quels uniformes les agents de police portent-ils aux États-Unis? Est-ce que les uniformes sont distinctifs comme ils le sont en France?

1 out of   2 stick   3 in directing   4 information   5 address yourself
6 parking enforcement officer   7 tickets   8 parked   9 maintenance
10 safety   11 going   12 license plates   13 southeast

---

* La Savoie is a department in the French Alps.

Structure et vocabulaire

Vocabulaire: *Événements*

Noms

un accident	*accident*	**une époque**	*period, epoch, time*
un cambriolage	*burglary*	**une histoire**	*story*
un cambrioleur	*burglar*	**une scène**	*scene*
un événement	*event*		
un fait	*fact*		
un lieu	*site, place*		
un siècle	*century*		
un témoin	*witness*		

The final **t** of **fait** is pronounced in the expressions **en fait** and **de fait**.

Verbes

arriver	*to happen*	Qu'est-ce qui *(What)* **est arrivé** ce jour-là?
assister (à)	*to attend, to go to;*	Vas-tu **assister au** match de football?
	to be present at	Hier, **j'ai assisté à** un accident.
avoir lieu	*to take place*	Quand **a eu lieu** le cambriolage?
expliquer	*to explain*	Peux-tu m'**expliquer** cette histoire?
raconter	*to tell*	Aimez-vous **raconter** des histoires drôles?
remarquer	*to notice*	Je n'**ai** rien **remarqué.**

Expressions

d'abord	*first, at first*	**D'abord,** nous sommes allés au cinéma.
puis	*then*	**Puis,** nous sommes allés au café.
ensuite	*after, then*	**Ensuite,** nous avons joué aux cartes.
enfin	*finally, at last*	**Enfin,** nous sommes rentrés chez nous.
finalement	*finally*	**Finalement,** je suis allé au lit.
pendant	*during, for*	Nous avons raconté des histoires **pendant** deux heures.
pendant que	*while*	**Pendant que** tu parlais, Paul a pris une photo.
soudain	*suddenly*	**Soudain,** j'ai entendu un grand bruit.
tout à coup	*suddenly, all of a sudden*	**Tout à coup,** j'ai vu l'accident.
tout de suite	*immediately*	Nous avons **tout de suite** téléphoné à la police.

1.   Questions personnelles

1. Le mois dernier, avez-vous assisté à un match de football? à une conférence *(lecture)*? à un concert? à un événement sportif? à un événement culturel? Quels étaient ces événements?
2. Avez-vous été témoin d'un accident? Où et quand?
3. Connaissez-vous quelqu'un qui a été victime d'un cambriolage? Où et quand a eu lieu ce cambriolage? Quelle a été la réaction de la victime?
4. Quel est l'événement le plus important auquel *(at which)* vous avez assisté? Selon vous, quel est l'événement le plus important du vingtième siècle?
5. Quand a eu lieu votre anniversaire? l'anniversaire de votre meilleur(e) ami(e)?

COMMUNICATION:
answering questions

A. Le passé composé et l'imparfait: événement spécifique et circonstances de l'événement

In the sentences on the left, certain events are described. In the sentences on the right, some of the background circumstances that accompanied these events are given. Compare the tenses of the verbs in bold type.

Main events	*Background circumstances*
Nous **sommes allés** à la plage.	C'**était** le 3 août.
	Il **faisait** très beau.
	Nous **avions envie de** nager.
Hélène **est restée** chez elle.	Il **pleuvait.**
	Elle **était** malade *(sick).*
	Elle ne **voulait** pas sortir.
Sophie **a rencontré** un étudiant canadien.	Il **était** jeune et sympathique.
	Il **avait** les cheveux bruns.
	Il **portait** une veste bleue.

The PASSÉ COMPOSÉ is used to describe SPECIFIC EVENTS that occurred in the past. In a narrative, the passé composé is used to describe ACTIONS that constitute the STORY LINE. The passé composé tells WHAT HAPPENED.

Hier nous **avons rencontré** nos amis au café.

The IMPERFECT is used to describe the CIRCUMSTANCES or CONDITIONS that accompanied these events. In a narrative, the imperfect is used to describe the BACKGROUND of the action, to SET THE SCENE.

More specifically, the IMPERFECT is used to describe:

1. EXTERNAL CIRCUMSTANCES, such as . . .

   - *the date* — C'**était** le 3 juillet.
   - *time of day* — Il **était** midi.
   - *weather* — Il **faisait** chaud.
   - *the scene* — Il y **avait** beaucoup de gens dans la rue.

2. PERSONAL CIRCUMSTANCES, such as . . .

   - *age* — J'**avais** dix-huit ans.
   - *appearance* — Nathalie **portait** une jupe bleue.
   - *physical traits* — Le jeune homme **avait** les yeux bleus.
   - *physical conditions* — J'**étais** malade et je n'**avais** pas très faim.
   - *feelings* — Nous **étions** de bonne humeur.
   - *attitudes* — Nous **voulions** sortir avec nos amis.

2. Pourquoi?   Dites où les personnes suivantes sont allées et pourquoi.

● Martine / au restaurant / elle a faim
Martine est allée au restaurant parce qu'elle avait faim.

1. Charles / au café / il a soif
2. Georges / chez le médecin *(doctor)* / il a une violente migraine
3. Sylvie / à la piscine / elle veut nager
4. Antoine / à la discothèque / il a envie de danser
5. Suzanne / à la bibliothèque / elle a l'intention d'étudier
6. Denis / au café / il espère rencontrer ses amis
7. Marc / dans sa chambre / il a sommeil
8. Nathalie / à la salle d'informatique / elle veut utiliser l'ordinateur
9. ma sœur / à l'université / elle veut être ingénieur

3. Excuses   Hier les personnes suivantes n'ont pas fait certaines choses. Expliquez pourquoi.

● Guillaume / sortir / il a la grippe
Guillaume n'est pas sorti parce qu'il avait la grippe.

1. Dimitri / travailler / il est en vacances
2. Janine / faire les courses / elle est malade
3. Gilbert et Denis / assister aux cours / ils pensent que c'est samedi
4. Françoise / aller au cinéma / elle veut préparer l'examen
5. Albert / téléphoner à Jacqueline / il n'a pas son numéro
6. Michèle / nager / il fait trop froid

4. **Oui ou non?**   Dites si oui ou non les personnes suivantes ont fait les choses indiquées et expliquez pourquoi.

●   nous / sortir? (il fait mauvais)
     Nous ne sommes pas sortis parce qu'il faisait mauvais.

1. vous / aller à la plage? (il fait beau)
2. Paul / voir l'obstacle? (la visibilité est mauvaise)
3. Janine / envoyer une carte à son fiancé? (c'est la Saint Valentin)
4. je / mettre un manteau? (il fait froid)
5. nous / travailler? (c'est le 14 juillet: *Bastille Day*)
6. tu / déjeuner? (il est midi)
7. François / utiliser l'imprimante (il n'y a pas de papier)

5. **Une arrestation**   Vous avez passé l'été à Paris. Un soir vous êtes allé(e) dans un café. Racontez ce qui *(what)* est arrivé au passé.

1. C'est le 20 juillet.
2. Il est neuf heures du soir.
3. Il fait chaud.
4. J'ai soif.
5. Je vais dans un café.
6. Je commande une bière.
7. Un homme rentre.
8. Il est assez jeune.
9. Il est élégant.
10. Il porte un costume marron.
11. Il porte aussi des lunettes noires.
12. Il commande un whisky.
13. Après un moment, il enlève (**enlever:** *to take off*) ses lunettes.
14. Je remarque qu'il a une cicatrice *(scar)*.
15. Je reconnais tout de suite Jean Lescroc, le fameux cambrioleur.
16. Je parle au garçon.
17. Le garçon téléphone à la police.
18. La police arrive.
19. Elle arrête Jean Lescroc.

A LA VILLETTE
BAR RESTAURANT
4, RUE DE LA FORME
17000 LA ROCHELLE
(MARCHÉ CENTRAL)
TÉL. 05 46 41 27 03
GILBERT ET VÉRONIQUE

6. **Conversation**   Demandez à vos camarades de décrire la dernière fête où ils sont allés. Posez huit à dix questions.

Par exemple: Quand était-ce? Quelle était l'occasion de cette fête? Qui était l'hôte (l'hôtesse)? Qui étaient les invités *(guests)*? Quels vêtements portaient-ils? Est-ce qu'il y avait un buffet? Est-ce qu'il y avait de la musique? Qu'est-ce qu'ils ont fait? Est-ce qu'ils ont aimé cette fête? Pourquoi ou pourquoi pas?

B.   L'imparfait et le passé composé: actions progressives et événements spécifiques

Read each pair of sentences carefully. One sentence describes a SPECIFIC EVENT. The other describes an ONGOING action. Note the tenses of the verbs in bold type.

Pendant le cambriolage, les habitants de l'appartement **dormaient.**	*During the burglary, the inhabitants of the apartment **were sleeping.***
Après le cambriolage, ils **ont téléphoné** à la police.	*After the burglary, they **called** the police.*
Henri **est arrivé** en retard au théâtre.	*Henri **arrived** late at the theater.*
Heureusement, Nicole l'**attendait** encore.	*Fortunately, Nicole **was** still **waiting for** him.*

The IMPERFECT is used to describe ONGOING ACTIONS, that is, actions that were in progress at some point in the past. It describes WHAT WAS HAPPENING, WHAT WAS TAKING PLACE. In this usage, the imperfect corresponds to the English past progressive construction: *was/were . . . ing.*

Nous **attendions** le bus.   *We **were waiting for** the bus.*

The PASSÉ COMPOSÉ is used to describe SPECIFIC EVENTS. It describes WHAT HAPPENED, WHAT TOOK PLACE.

Enfin le bus **est arrivé**.   *Finally the bus **arrived**.*

❖   Note how the choice between the imperfect and the passé composé reflects how the speaker views the action being described.

—Qu'est-ce que vous **faisiez** hier à midi?	—*What **were** you **doing** yesterday at noon?*
—Nous **déjeunions.**	—*We **were having lunch**.*
—Qu'est-ce que vous **avez fait** hier à midi?	—*What **did** you **do** yesterday at noon?*
—Nous **avons déjeuné.**	—*We **had lunch**.*

❖ In a narrative, the PASSÉ COMPOSÉ is used to describe the MAIN ACTIONS. The IMPERFECT is used to describe the BACKGROUND: what was GOING ON when the main events occurred. Note the use of tenses in the following narrative.

Je **suis arrivé** à l'aéroport à deux heures.
Beaucoup de voyageurs **attendaient** l'avion.
Certains **lisaient** le journal.
D'autres **parlaient** avec leurs amis.
Nous **avons attendu** l'avion pendant une heure.
Finalement quelqu'un **a annoncé** le départ.
Les voyageurs **ont pris** leurs bagages et **sont montés** dans l'avion.

7. Le cambriolage   Un cambriolage a eu lieu hier dans un immeuble parisien. La police interroge les voisins. Dites ce que chaque personne faisait au moment du cambriolage. Dites aussi si oui ou non cette personne était chez elle.

> PRACTICE: imperfect for ongoing actions

● Mademoiselle Chauvin (faire une promenade)
   Mademoiselle Chauvin faisait une promenade. Elle n'était pas chez elle.

1. je (dormir)
2. M. Blanc (préparer le dîner)
3. tu (nettoyer ta chambre)
4. nous (dîner au restaurant)
5. les étudiants (étudier à la bibliothèque)
6. Gérard (attendre sa fiancée au café)
7. vous (faire la vaisselle)
8. Anne et Luc (rendre visite à des amis)

8. Conversation   Demandez à vos camarades ce qu'ils faisaient aux moments suivants.

> COMMUNICATION: describing past situations

● hier à midi
   —*Qu'est-ce que tu faisais hier à midi?*
   —*J'étais en classe.*
ou: —*Je déjeunais.*
ou: —*Je faisais de l'informatique.*

• hier à neuf heures du matin
• hier à une heure de l'après-midi
• hier à quatre heures et demie
• hier à huit heures moins le quart
• avant-hier à minuit
• ce matin à six heures

9. Promenade dans un parc   Racontez l'histoire suivante au passé. Pour cela, mettez les verbes en italique au **passé composé** ou à l'**imparfait**.

> COMPREHENSION: narrating in the past

[1]Je *déjeune* au restaurant avec mon amie Caroline. [2]Après le déjeuner, nous *faisons* une promenade. [3]Nous *allons* au parc Monceau. [4]Il y *a* beaucoup de gens dans le parc. [5]Des enfants *jouent* dans le sable *(sand)*. [6]Leurs mères *parlent* entre elles *(among themselves)*. [7]Un vieil homme *dort* sur un banc *(bench)*. [8]Caroline *prend* son appareil-photo. [9]Elle *prend* plusieurs photos. [10]Ensuite nous *rentrons* chez nous.

● *Hier j'ai déjeuné au restaurant…*

10. À la bibliothèque   Racontez l'histoire suivante au passé. Pour cela, mettez les verbes en italique au **passé composé** ou à l'**imparfait.**

COMPREHENSION: narrating in the past

¹Je *dîne* chez moi à sept heures. ²Je *vais* à la bibliothèque à huit heures. ³À cette heure-là, beaucoup d'étudiants *étudient*. ⁴Ils *préparent* leurs cours pour le lendemain *(next day)*. ⁵Dans une salle, je *vois* mon ami Jean-Claude. ⁶Lui, il n'*étudie* pas. ⁷Il *lit* le journal. ⁸Je lui *parle* pendant dix minutes. ⁹Ensuite, il *sort*. ¹⁰Moi, je *prends* mes livres et j'*étudie*.

● *Mardi j'ai dîné chez moi...*

11. Au Marché aux puces *(At the flea market)*   Racontez l'histoire suivante au passé. Pour cela, mettez les verbes en italique au **passé composé** ou à l'**imparfait.**

COMPREHENSION: narrating in the past

¹C'*est* le 18 juin. ²Je *suis* en vacances. ³Il *fait* beau. ⁴Je ne *veux* pas rester chez moi. ⁵Je *téléphone* à mon amie Christine. ⁶Nous *décidons* d'aller au Marché aux puces. ⁷Nous *prenons* l'autobus. ⁸Nous *arrivons* au Marché aux puces à deux heures. ⁹À cette heure-là, il y *a* beaucoup de monde *(people)*. ¹⁰Les vendeurs *proposent* leurs marchandises aux touristes. ¹¹Les touristes *regardent*. ¹²Certains *dépensent* beaucoup d'argent pour de la camelote *(junk)*. ¹³Christine n'*achète* rien. ¹⁴Moi, j'*achète* un bracelet pour un très bon prix. ¹⁵Nous *avons* chaud. ¹⁶Nous *allons* dans un café. ¹⁷Nous *buvons* de la limonade. ¹⁸Ensuite, nous *rentrons* chez nous.

¹⁹Le lendemain je *montre* mon bracelet à ma tante Odile. ²⁰Elle le *regarde* attentivement. ²¹Elle me *dit* que c'*est* un bracelet ancien d'une très grande valeur. ²²Vraiment, je ne *perds* pas mon temps au Marché aux puces.

● *C'était le 18 juin...*

C. L'imparfait et le passé composé dans la même phrase

When a single sentence describes both a specific past event and an ongoing background action, both the passé composé and the imperfect are used.

Les cambrioleurs **sont entrés** pendant que nous **dormions.**
Quand Alain **a téléphoné,** nous **dînions.**
Dans la rue nous **avons vu** des gens qui **allaient** au cinéma.

The ongoing activity may be the first element in the sentence:
Pendant que nous dormions, les cambrioleurs sont entrés.

The time relationship between the two actions in these sentences can be graphically depicted as follows:

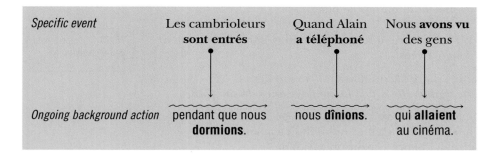

❖ Two specific actions or two ongoing actions can be described in a single sentence. In such cases, the two verbs are in the same tense.

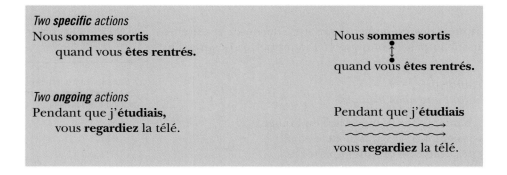

12. Rencontres   Les personnes suivantes ont fait une promenade cet après-midi. Dites qui elles ont rencontré et ce que faisaient ces gens. Suivez le modèle.

COMPREHENSION: putting past actions in context

● Paul rencontre une amie. Elle va à l'université.
   Paul a rencontré une amie qui allait à l'université.

1. Je rencontre un ami. Il sort du cinéma.
2. Nous voyons des musiciens. Ils chantent dans la rue.
3. Vous écoutez un étudiant américain. Il joue de la guitare.
4. Jacques voit un agent de police. Il demande ses papiers à un automobiliste.
5. Hélène et Suzanne parlent à des touristes. Ils cherchent le musée.
6. Les touristes achètent des cartes postales à un marchand *(merchant)*. Il vend des souvenirs.
7. Tu vois une ambulance. Elle va sur le lieu d'un accident.
8. M. Dupont remarque ses voisins. Ils attendent le bus.

13. Qu'est-ce qu'ils faisaient?   Dites ce que les personnes suivantes faisaient quand certaines choses sont arrivées.

PRACTICE: imperfect and passé composé

● Béatrice / être étudiante / faire la connaissance de son fiancé
   Béatrice était étudiante quand elle a fait la connaissance de son fiancé.

1. Robert / faire une promenade à pied / voir un cambriolage
2. Denis / travailler comme mécanicien / gagner un million à la loterie
3. Albert / aller à 100 kilomètres à l'heure / avoir un accident
4. cet écrivain / habiter à Paris / écrire son roman
5. Thérèse / regarder le ciel *(sky)* / voir un OVNI *(UFO)*
6. Vincent / regarder les filles / tomber dans la piscine
7. Alice / nettoyer le garage / trouver un bracelet en or *(gold)*
8. Charles / déjeuner / entendre une explosion

14. Quand?   Lisez la description des événements suivants. Racontez ces événements au passé en utilisant le passé composé et l'imparfait et l'expression *pendant que.*

COMPREHENSION: putting past actions in context

V: Students form questions. **Est-ce que Jacques est arrivé pendant que vous dîniez?**

● Jacques arrive. (nous dînons)
   Jacques est arrivé pendant que nous dînions.

1. Jean-Pierre rencontre Stéphanie. (elle fait un voyage en France)
2. Nous prenons des photos des enfants. (ils jouent au football)
3. Les journalistes prennent des notes. (le président parle)
4. Ton frère téléphone. (tu dors)
5. Nos amis passent. (nous faisons les courses)
6. Le cambriolage a lieu. (les voisins sont en vacances)
7. La police arrive. (les cambrioleurs sont dans la maison)
8. Je rends visite à Denise. (elle habite à Québec)

15. Où étiez-vous?   André veut savoir où étaient ses amis et ce qu'ils faisaient hier. Jouez le rôle d'André et de ses amis.

● téléphoner (dans la cuisine / préparer le dîner)

ANDRÉ: ***Où étais-tu quand j'ai téléphoné?***
L'AMIE(E):   ***J'étais dans la cuisine.***
ANDRÉ: ***Ah bon! Et qu'est-ce que tu faisais?***
L'AMIE(E):   ***Je préparais le dîner.***

1. rentrer (dans ma chambre / dormir)
2. sortir (au garage / réparer mon vélo)
3. aller au café (à la bibliothèque / faire mes devoirs)
4. passer chez toi (au magasin / choisir un nouveau sac à dos)
5. rencontrer ton frère (en ville / dîner avec mes amis)

16. Un Américain à Paris   Frank a passé les vacances en France. Mettez son histoire au passé.

¹J'***arrive*** à Paris le 14 juillet. ²Mon ami Henri m'***attend*** à l'aéroport. ³Nous ***prenons*** un taxi. ⁴Je ***remarque*** qu'il y ***a*** beaucoup de monde dans les rues. ⁵Je ***demande*** à Henri pourquoi les gens ne ***travaillent*** pas. ⁶Il me ***répond*** que c'***est*** le jour de la fête *(holiday)* nationale. ⁷Nous ***arrivons*** chez Henri. ⁸Là, je ***dors*** un peu parce que je ***suis*** fatigué *(tired)*. ⁹Mais le soir je ***sors*** avec Henri. ¹⁰Nous ***faisons*** une promenade. ¹¹Sur une place, il y ***a*** un orchestre *(band)* qui ***joue*** du rock. ¹²Beaucoup de gens ***dansent*** dans la rue. ¹³Nous ***invitons*** deux jeunes filles à danser. ¹⁴Nous ***dansons*** toute la nuit. ¹⁵Je ***suis*** heureux. ¹⁶Une nouvelle vie ***commence***...

● ***Je suis arrivé à Paris...***

D.   Le plus-que-parfait

The PLUPERFECT tense, in French as in English, is used to describe a past action or event that had occurred before another past action or event. Compare:

J'**ai bu** du champagne pour mon anniversaire.	*I **drank** champagne for my birthday.*
Je n'**avais** jamais **bu** de champagne avant.	*I **had** never **drunk** champagne before.*
Cet été, je **suis allé** au Pérou.	*This summer I **went** to Peru.*
L'été d'avant, j'**étais allé** au Mexique.	*The summer before, I **had gone** to Mexico.*
Quand Alice **est arrivée** à l'aéroport, son avion **était** déjà **parti.**	*When Alice **arrived** at the airport, her plane **had already** left.*

Note the PLUPERFECT forms of **étudier** and **sortir.**

infinitive	étudier	sortir
pluperfect	j'**avais étudié** tu **avais étudié** il/elle/on **avait étudié** nous **avions étudié** vous **aviez étudié** ils/elles **avaient étudié**	j'**étais sorti(e)** tu **étais sorti(e)** il/elle/on **était sorti(e)** nous **étions sorti(e)s** vous **étiez sorti(e)(s)** ils/elles **étaient sorti(e)s**
negative	Je n'**avais** pas **étudié.**	Je n'**étais** pas **sorti(e).**
interrogative	Est-ce que tu **avais étudié?** **Avais**-tu **étudié?**	Est-ce que tu **étais sorti(e)?** **Étais**-tu **sorti(e)?**

❖   The PLUPERFECT is formed as follows:

> imperfect of auxiliary verb + past participle

❖ The rules of AGREEMENT of the PAST PARTICIPLE are the same in the PLUPERFECT as in the PASSÉ COMPOSÉ.

when the auxiliary verb is:	past participle agrees with:	
avoir	*preceding direct object*	Avais-tu **regardé** ces photos? Oui, je les avais regardées.
être	*subject*	Georges était **sorti.** Ses cousines **étaient** sorties avec lui.

17. Vive la différence!   On aime faire des choses différentes. Lisez ce qu'ont fait les personnes suivantes et décrivez ce qu'elles avaient fait avant.

PRACTICE: pluperfect

● Cette année Monique est allée à Québec. (l'année dernière / à Genève)
L'année dernière elle était allée à Genève.

1. Ce matin les touristes ont visité le Louvre. (hier matin / le musée d'Orsay)
2. Ce week-end Catherine est sortie avec Robert. (le week-end dernier / avec Thomas)
3. Cet hiver nous avons eu la grippe. (l'hiver dernier / une pneumonie)
4. Vendredi vous avez assisté à un match de boxe. (jeudi / à un match de karaté)
5. Hier j'ai vu une comédie musicale. (la semaine dernière / un film d'horreur)
6. Cette semaine, mes amies sont allées dans un restaurant italien. (il y a deux semaines / dans un restaurant vietnamien)
7. En 2000, les Jeux Olympiques ont eu lieu à Sydney. (en 1996 / à Atlanta)

18. Pourquoi pas?   Dites ce que les personnes suivantes n'ont pas fait, en utilisant le passé composé. Expliquez pourquoi en utilisant le plus-que-parfait dans des phrases affirmatives ou négatives.

COMPREHENSION: describing previous events

● Les étudiants n'ont pas réussi à l'examen. (étudier?)
Ils n'avaient pas étudié.

1. J'ai répondu correctement au professeur. (réfléchir à la question?)
2. Nous sommes allés au concert. (réserver des places?)
3. Vous avez bien dormi. (boire trop de café?)
4. Tu as dîné chez toi. (faire les courses?)
5. Catherine a vu le programme de télé. (rentrer trop tard *[late]* chez elle?)
6. Paul et Denis sont venus au rendez-vous. (oublier la date?)

19. Dommage! *(Too bad!)*   Les personnes suivantes ont fait certaines choses, mais trop tard *(late)*. Expliquez ce qui leur est arrivé, d'après le modèle.

COMPREHENSION: stating what had already happened

● Charles arrive à la gare. Le train part.
  Quand Charles est arrivé à la gare, le train était déjà parti.

1. Philippe téléphone à Françoise. Elle est sortie avec Jean-Pierre.
2. Nous arrivons au cinéma. Le film a commencé.
3. Madame Lambert entre dans la cuisine. Le chat *(cat)* a mangé le bifteck.
4. La police arrive sur le lieu de l'accident. Les témoins sont partis.
5. Le serveur apporte l'addition *(check)*. Les clients ont quitté le restaurant.
6. Monsieur Galand arrive au marché *(market)*. Le marchand a vendu toutes les fraises.
7. Je veux acheter la moto de Florence. Elle l'a vendue à Marc.

20. Non, jamais!   Denise demande à ses amis ce qu'ils ont fait et s'ils avaient fait ces choses avant. Jouez les rôles suivant le modèle.

ROLE PLAY: discussing prior past events

● l'été dernier / aller en Grèce
  DENISE: ***Qu'est-ce que tu as fait l'été dernier?***
  L'AMI(E): ***Je suis allé(e) en Grèce.***
  DENISE: ***Ah bon! Est-ce que tu étais allé(e) en Grèce avant?***
  L'AMI(E): ***Non, je n'étais jamais allé(e) en Grèce.***

1. pendant les vacances d'hiver / faire du ski au Canada
2. le week-end dernier / voir *Les Misérables*
3. pendant les vacances / aller au Tibet
4. à Paris / monter à la Tour Eiffel
5. en Espagne / assister à une corrida *(bullfight)*
6. pour ton anniversaire / sauter *(jump)* en parachute

Communication

COMMUNICATION and REVIEW: using language in real-life situations

1. Last night, around nine, you tried to phone your friend several times, but there was no answer. Today you meet your friend on campus and want to know why he/she was not in.

Ask your partner . . .
- where he/she was last night at nine
- what he/she was doing
- where his/her roommate (**un/une camarade de chambre**) was
- what he/she was doing

These communication activities can either be done extemporaneously or they can be assigned for outside preparation, with each student writing out the appropriate questions (and responses, if desired).

In class, students can practice the conversations in pairs or groups.

If desired, random pairs or groups of students can act out their conversation in front of the class.

Pas de problème!
CD-ROM: Module 7

Pas de problème!
video: Module 7

Contacts *Cahier d'activités:*
Workbook, Leçon 24
Lab Manual, Leçon 24

Video Module 7 and worksheet in the *Instructor's Resource Manual*

Et vous?

2. You are a police officer investigating a hit-and-run accident that occurred near campus last night. Now you are interviewing a student who witnessed the scene. Ask your witness, whom you naturally address as **vous,** for details about what happened.

Ask your partner . . .
- what time it was
- where he/she was at that moment (**à ce moment-là**)
- where he/she was going
- if he/she saw the car
- what color (**de quelle couleur**) it was
- if he/she wrote down (**noter**) the license number (**le numéro**) of the car
- if he/she saw the driver (**le conducteur**)
- what the driver was wearing
- if there were other witnesses

3. Last week your partners saw a UFO (**un OVNI**). You are a journalist for *France-Soir,* investigating the report.

Ask your partners . . .
- what day it was
- what time it was
- where they were
- what they were doing
- what they saw
- if they took pictures

4. With a classmate, discuss an event that has recently received widespread media attention (a political event, an airplane crash, etc.).

Ask your partner . . .
- what time it was when he/she heard about the event
- what he/she was doing
- how he/she heard about it (on TV, on the radio, in the newspaper, from a friend)
- what happened first, next, and last. Give as much background and specific information as possible.

Vocabulaire pratique: *Les spectacles*

On va	
	au cinéma pour **voir un film.**
	au théâtre pour **voir une pièce de théâtre.**
	au musée pour

	voir une exposition *(exhibit).*
	assister à une conférence *(lecture).*

dans une salle de concert pour

	assister à un concert.
	écouter un récital.

au music-hall pour **voir un spectacle de variétés** *(show).*

Allons au cinéma
Quelle sorte de film est-ce?
Qu'est-ce qu'on joue?

C'est	**une comédie.**
On joue	**un western.**
	un film d'aventure.
	un film de science-fiction.
	un film policier *(detective).*
	un drame psychologique.

Point out to students that, while **comédie** usually translates as *comedy* in English, it can also be used to mean *a play* (not necessarily comic). A **comédien(ne)** is an *actor/actress;* an **acteur/actrice comique** is a *comic actor/actress.*

À quelle heure **commence la séance** *(performance)?*
  Elle commence à vingt heures trente (8:30 P.M.).
Où est-ce qu'on **peut se retrouver** *(meet)?*

On peut se retrouver	
On se retrouve	devant le cinéma.

CONVERSATION: *Invitation au cinéma*

Antoine invite Christine au cinéma.

ANTOINE: Dis, Christine, est-ce que tu veux aller au cinéma avec moi?
CHRISTINE: Ça dépend! Qu'est-ce qu'on joue?
ANTOINE: On joue *Le facteur* à l'Odéon.
CHRISTINE: Bon, alors d'accord! J'adore les drames. À quelle séance veux-tu aller?
ANTOINE: On peut aller à la séance de huit heures et demie. Ça te va *(is that okay with you)?*
CHRISTINE: Tout à fait *(absolutely)!*
ANTOINE: Bon, alors à ce soir! On se retrouve devant le cinéma.
CHRISTINE: D'accord.

ODÉON
le facteur
PHILIPPE NOIRET
MASSIMO TROISI
Séances à 18h15, 20h30, 22h45

Dialogue: *Allons au théâtre*

Invitez un(e) camarade à aller au théâtre avec vous. Créez un dialogue selon le modèle suivant:

- Invitez votre camarade.
- Discutez de la pièce qui vous intéresse.
- Dites-lui à quelles dates et où cette pièce se joue.
- Décidez du jour qui vous convient.
- Prenez rendez-vous pour ce jour-là.

COMEDIE CAUMARTIN : Humour, dérision, satire : retrouvez la verve et la jubilation féroce des personnages de Didier Bénureau.

à partir du 6 janvier jusqu'au 16 février

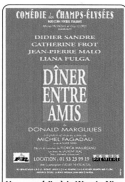

Une comédie à la Woody Allen qui raconte l'histoire de deux couples, deux mariages, l'un réussi, l'autre sur le point d'éclater. La pièce parle de choses qui nous tracassent : le couple, le mariage, le choix de vie, l'amour, la complicité

à partir du 11 avril jusqu'au 23 mai

Jacques aime Mylène et Mylène aime Jacques. Ils se sont fiancés, puis mariés, puis ils ont eu un enfant, Olivier… Pour le plus grand plaisir de tous, "Jacques et Mylène" est une pièce qui se finit bien.

à partir du 4 mai jusqu'au 15 juin

En l'absence de sa femme, Charles, un architecte, travaille à son bureau. Il reçoit la visite de son fils puis de son père, personnage pittoresque, jouisseur, philosophe, cynique et désabusé. Plus tard, sa femme lui téléphone. Elle le quitte, il ne la retiendra pas…

à partir du 8 mars jusqu'au 19 avril

Après un an d'errance, Richie revient frapper à la porte de ses amis de toujours : la situation deviendra vite explosive. C'est violent, captivant, drôle et déchirant.

à partir du 7 décembre jusqu'au 18 janvier

GYMNASE : C'est une comédie pleine d'émotions, on rit, on pleure… C'est aussi une histoire d'amour. L'ambiance est bouillante avec beaucoup de mouvements, un cambriolage, et la ville de New York autour, dans un décor superbe…

à partir du 7 septembre jusqu'au 19 octobre

Vocabulaire pratique: *L'art de l'invitation*

Comment inviter

Es-tu **libre** *(free)* demain soir?

Est-ce que tu veux | **sortir** avec moi?
 | **aller à l'exposition** avec moi?
 | **prendre un verre** *(have a drink)*?

J'aimerais *(would like)* **t'inviter** | **au théâtre.**
 | **au concert.**
 | **à dîner.**

Comment accepter

D'accord!
C'est d'accord!
Avec plaisir! *(With pleasure!)*
Volontiers! *(Gladly!)*
Je veux bien!
C'est entendu *(agreed)***!**

Comment refuser poliment *(How to refuse politely)*

Je regrette, mais... | **je dois** préparer mon examen.
Je suis désolé(e) *(very sorry)*, mais... | **je suis occupé(e)** *(busy)*.
J'aimerais bien *(would like to)*, mais... | **je ne suis pas libre.**
Tu es gentil(le) *(kind)*, mais... | **j'ai d'autres projets.**
Je te remercie *(thank you)*, mais... | **je n'ai pas le temps**
 | aujourd'hui.

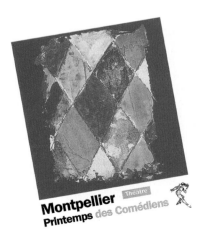

CONVERSATIONS: *Invitations*

A. Monique propose à Béatrice d'aller à une exposition.

MONIQUE: Dis, Béatrice, est-ce que tu veux aller à l'exposition Picasso?
BÉATRICE: Je veux bien. Quel jour?
MONIQUE: Samedi prochain. Ça va?
BÉATRICE: Oui, bien sûr.
MONIQUE: Bon. Alors je vais passer te prendre *(to pick you up)* chez toi vers trois heures. Ensuite, nous pouvons aller au cinéma, si tu veux.
BÉATRICE: Tu es gentille! Alors, à samedi!

B. Pierre veut inviter Suzanne.

PIERRE: Dis, Suzanne, est-ce que tu veux aller au concert avec moi?
SUZANNE: J'aimerais bien, mais en ce moment avec les examens j'ai beaucoup de travail. Enfin *(well)*, ça dépend. Quel jour?
PIERRE: Vendredi soir.
SUZANNE: Vendredi? C'est le jour après l'examen. Écoute, je suis libre ce jour-là. Alors, si tu veux, c'est d'accord pour vendredi. Est-ce que tu peux passer me prendre?
PIERRE: Oui, bien sûr! Vers huit heures.
SUZANNE: Entendu!

C. Gérard a l'intention d'inviter Anne-Marie.

GÉRARD: Dis, Anne-Marie, est-ce que tu veux aller au cinéma samedi soir? Il y a un film de Bogart dans le Quartier latin.
ANNE-MARIE: Écoute, Gérard, tu es gentil, mais samedi soir je suis occupée.
GÉRARD: Bon, alors on peut dîner ensemble dimanche. D'accord?
ANNE-MARIE: Je te remercie, mais lundi matin j'ai un examen important. Je dois absolument *(absolutely)* le préparer dimanche.
GÉRARD: Dans ce cas, est-ce que tu veux aller au concert lundi soir?
ANNE-MARIE: Écoute, Gérard, tu es bien gentil, mais tu n'as pas encore compris que je ne veux pas sortir avec toi!

Dialogues: *Sorties*

Contacts *Cahier d'activités:* Workbook and Lab Manual, Vivre en France 8

Imaginez les dialogues entre les personnes suivantes. Basez ces dialogues sur les possibilités présentées dans «L'art de l'invitation».

1. Éric et Sylvie, deux étudiants en architecture, sortent souvent ensemble. Sylvie téléphone à Éric et lui propose de sortir samedi prochain.
2. Jacques demande à Caroline si elle veut sortir avec lui. Caroline hésite un peu et accepte.
3. Patrick est un étudiant riche et snob. Il voudrait sortir avec Michèle, mais Michèle n'aime pas Patrick.
4. Proposez à vos camarades de classe de sortir ce week-end. Suivant ce que *(according to what)* vous suggérez, ils vont accepter ou refuser.

Leçon 25	Vive les loisirs!
Leçon 26	Pauvre Michel!
Leçon 27	Un rendez-vous

Communication skills:
Talking about sports and leisure activities
Describing daily activities
Discussing one's health
Using language in real-life situations

Lexical base:
Health, sports, and leisure
Parts of the body, personal care
Dates and parties
Common reflexive verbs

Grammar base:
Verbs **courir, ouvrir**
Pronouns **y, en**
Reflexive verbs

Cultural focus:
French leisure activities; meeting people
Apartment living

Images de la vie

Les loisirs, c'est une question de temps°, bien sûr, mais c'est aussi une question de goût°... Éric et Jérémie sont tous les deux° étudiants dans une école de commerce°. Ils ont beaucoup de choses en commun mais, comme vous allez le voir, ils n'ont pas la même façon° d'occuper leurs loisirs°...

JÉRÉMIE:	Salut, Éric. Tu as le temps d'aller prendre un petit café avant le cours?
ÉRIC:	Un café? Oh, là là, oui! J'en ai vraiment besoin!... Tu as de l'aspirine?
JÉRÉMIE:	Non, je n'en ai pas sur moi. Eh bien, dis donc, tu n'as pas l'air° en forme°, ce matin! Qu'est-ce que tu as°? La grippe°? Tu viens de faire ton jogging? Tu as trop travaillé? Tu as mal dormi?
ÉRIC:	Ne m'en parle pas°! Je suis tellement fatigué°! J'ai passé toute la nuit sur mon ordinateur!
JÉRÉMIE:	Pour finir ton devoir de maths? Quel courage!
ÉRIC:	Non, pas du tout. D'ailleurs°, je n'y pensais plus°, à ce devoir de maths...
JÉRÉMIE:	Alors, qu'est-ce que tu as fait? Raconte!

matter of time

taste / both / business

same way / spending their free time

don't seem to be
in shape / What's wrong / flu

Don't talk to me about it / so tired

Besides / I wasn't thinking about it any more

ÉRIC: Philippe et Martin sont venus chez moi hier soir. Martin avait apporté
un nouveau CD-ROM qu'il venait d'acheter: un truc extraordinaire°! *an incredible thing*
On y a joué toute la nuit! C'est un jeu interactif en trois dimensions,
avec des énigmes° à résoudre° et des épreuves sportives°. D'abord, tu *puzzles / solve / athletic challenges*
choisis un personnage, avec toutes ses caractéristiques, et puis tu
commences une aventure. Des énigmes, il y en a peut-être vingt dans
chaque partie, et elles ne sont pas faciles. Alors, tu imagines que ça
prend du temps! En plus ton personnage doit participer à des épreuves
de sport: il y en a dix en tout°: il faut faire du ski, de l'alpinisme°, de la *in all / mountaineering*
planche à voile°.... *windsurfing*

JÉRÉMIE: Ah, je comprends pourquoi tu es si fatigué! Moi, tu vois, pour mes
loisirs, je préfère pratiquer le sport en plein air°! *outdoors*

Note culturelle: **La civilisation des loisirs**

Les dépenses consacrées[1] aux loisirs en France se sont multipliées par 5,5 en trente ans. Cette évolution correspond à un changement de mentalité chez les Français: le loisir n'est plus considéré comme une récompense[2] après une dure journée de travail[3], mais comme un droit[4]: on veut profiter de[5] la vie. Avec une telle[6] philosophie, il n'est pas étonnant[7] que les loisirs se soient diversifiés[8]. On s'intéresse toujours aux activités culturelles: la fréquentation[9] du cinéma et des musées est en hausse[10], et la musique et la lecture tiennent[11] une place de plus en plus[12] importante dans la vie des Français. C'est probablement dans le domaine des sports que l'on observe les plus grands changements. Les Français peuvent maintenant choisir parmi[13] un grand nombre d'activités sportives. Le volleyball, le golf, le VTT, le ski nautique[14], l'escalade[15] et le deltaplane[16] sont devenus très populaires. Deux autres sports récemment[17] importés des États-Unis sont pratiqués avec beaucoup d'enthousiasme dans les banlieues des grandes villes: le basket et le roller[18].

Les Français n'ont donc aucune difficulté[19] à occuper leur temps de loisir. Pourtant[20], l'activité la plus populaire est toujours la télévision, devant laquelle[21] le Français moyen[22] passe plus de trois heures par jour. Et de plus en plus, il passe du temps devant un nouveau type d'écran[23], celui de l'ordinateur! Selon un sondage fait en novembre 1999, 5,7 millions de Français sont connectés au Net.

Activité Est-ce que vous remarquez une différence entre les loisirs préférés des Français et ceux des Américains?

1 devoted   2 reward   3 hard day's work   4 right   5 make the most of
6 such   7 surprising   8 have become more varied   9 attendance
10 on the rise   11 hold   12 more and more   13 among   14 water-skiing
15 rock-climbing   16 hang-gliding   17 recently   18 roller-blading
19 therefore have no difficulty   20 nevertheless   21 in front of which
22 average   23 screen

Structure et vocabulaire

Vocabulaire: *La santé, les sports et les loisirs*

Noms

un loisir	*leisure-time activity*	**la forme**	*shape*
un rhume	*cold (illness)*	**la grippe**	*flu*
un sport	*sport*	**une maladie**	*illness*
le temps libre	*free time*	**la santé**	*health*

sports et loisirs

l'alpinisme	*mountaineering*	**la gymnastique**	*gymnastics*
le camping	*camping*	**la lecture**	*reading*
le jogging	*jogging*	**la marche à pied**	*walking, hiking*
le patinage	*skating*	**la natation**	*swimming*
le roller	*roller-blading*	**la planche à voile**	*windsurfing*
le ski	*skiing*	**la voile**	*sailing*
le ski nautique	*water skiing*		

Adjectifs

bien portant ≠ malade	*healthy ≠ sick*
fatigué ≠ en forme	*tired ≠ in shape*
gros (grosse) ≠ mince	*fat ≠ thin*

Verbes et expressions

pratiquer	*to be active in (a sport)*	Quels sports **pratiques**-tu?
avoir l'air + *adjectif*	*to seem, to look*	Vous **avez l'air** fatigué.
être en bonne santé	*to be in good health*	Je **suis en bonne santé** parce que je fais du sport.
être en mauvaise santé	*to be in poor health*	Vous êtes pâle! **Êtes**-vous **en mauvaise santé**?
être en forme	*to be in good shape*	M. Renaud grossit. Il n'**est** pas **en forme**.
faire de l'exercice	*to exercise*	Quand **fais**-tu de l'**exercice**?

Pratiquer does not mean *to practice (an instrument)*. **On** étudie le piano, etc.

Supplementary vocabulary:
la boxe, le bateau *(boating)*, **le cheval** *(riding)*, **la course à pied** *(running)*, **le Frisbee, le skate** ou **le skateboard** ou **la planche à roulette** *(skateboarding)*, **le surf** ou **le surfing, la plongée sous-marine** *(scuba diving)*, **le patinage artistique** *(figure skating)*, **le patin à roulettes** *(roller-skating)*, **le hockey** *(roller and ice)*, **la planche à neige** *(snowboarding)*, **le ski alpin** *(downhill)*, **le ski de fond** *(cross-country)*

NOTES DE VOCABULAIRE

1. French uses various verbs to talk about sports activities:

   - **pratiquer** (un sport): *to be active in sports,* is used to refer to athletic activity in general.

     Quels sports **pratiquez**-vous?

   - **jouer à** (un sport): *to play,* is used mainly with team and competitive sports.

     Jouez-vous **au** football ou **au** volley?

   - **faire du/de la/des** (un sport): *to do, to participate actively in a sport,* is used with most sports, and many other leisure activities.

     Faites-vous **du** jogging aujourd'hui?

2. The adjective used with the expression **avoir l'air** usually agrees with the subject.

   Paul a l'air **fatigué.**   Monique a l'air **fatiguée** aussi.

   It is also possible to have the adjective agree with **air: Elle a l'air fatigué.**

---

1. Questions personnelles

COMMUNICATION: answering questions

1. Quels sports regardez-vous à la télé?
2. Est-ce que vous faites du sport régulièrement?
3. Quels sports pratiquez-vous en été? en automne? en hiver? au printemps?
4. Quels sports d'hiver peut-on pratiquer dans la région où vous habitez? Quels sports d'été?
5. Selon vous, les loisirs sont-ils nécessaires? Pourquoi ou pourquoi pas?
6. Quels sont vos loisirs préférés? Que faites-vous pendant vos heures de loisirs?
7. Faites-vous du camping? Où et quand avez-vous fait du camping?
8. Qu'est-ce que vous faites pour rester en forme?
9. Est-ce que vous êtes bien portant(e)? Est-ce que vous avez été malade cet hiver? Est-ce que vous avez eu la grippe? Est-ce que vous avez eu un rhume?
10. Est-ce que vous êtes fatigué(e) maintenant? Est-ce que vous êtes fatigué(e) quand vous faites du sport? Après un examen?
11. Avez-vous beaucoup de temps libre? Comment utilisez-vous votre temps libre?

SET TENNIS

MAJOR

SET DE TENNIS ADULTE/
2 raquettes aluminium/
4 balles sans pression/
Une housse de transport.

30,34 Euros*

A.   Le verbe *courir*

The verb **courir** *(to run)* is irregular.

infinitive	courir	
present	je **cours**	nous **courons**
	tu **cours**	vous **courez**
	il/elle/on **court**	ils/elles **courent**
passé composé	j'**ai couru**	

❖ **Courir** *(to run)* is used when the subject is a person.
Marcher *(to run, to work)* is used when the subject is a thing.

Paul **court.**   *Paul is **running**.*
Cette voiture ne **marche** pas bien.   *This car does not **run** well.*

2.   Questions personnelles

1. Est-ce que vous aimez courir? Pourquoi?
2. Courez-vous souvent? Où courez-vous? Quand courez-vous? Combien de kilomètres courez-vous par jour? par semaine?
3. Avez-vous déjà couru dans une course *(race)*? Dans quelle course avez-vous couru? Est-ce que vous avez fait une bonne performance personnelle?
4. Avez-vous déjà couru dans un marathon? Avez-vous des amis qui ont couru dans un marathon? En combien de temps l'ont-ils couru?

Point out that English uses the action of *running* to describe a machine or object that is functioning. French uses the action of *walking* in the same context.

COMMUNICATION: answering questions

Remind students that a kilometer = .6 mile.

B.   Le pronom *y*

Note the form and position of the pronoun that replaces expressions indicating location.

Vas-tu **au cinéma?**	Oui, j'**y** vais.	*Yes, I'm going **there.***
Est-ce qu'Alice est **chez elle?**	Non, elle n'**y** est pas.	*No, she is not **there.***
Es-tu allé **en France?**	Oui, j'**y** suis allé.	*Yes, I went **there.***
As-tu dîné **au restaurant** hier?	Non, je n'**y** ai pas dîné.	*No, I did not eat **there.***

USES

> The PRONOUN **y** replaces phrases introduced by PREPOSITIONS OF PLACE such as **à, dans, en, sur,** or **chez** (but never **de**). In this usage it corresponds to the English *there.*

preposition of place + {noun / (pronoun)} → y	Marc va **au café.** Anne est **chez elle.**	Il **y** va. Elle **y** est.

❖ While *there* is often omitted in English, **y** must be used in French.

Vas-tu **au cinéma?** Oui, j'**y** vais.   *Yes, I'm going **(there).***

> The PRONOUN **y** is also used to replace phrases introduced by **à** that refer to things other than places.

à + thing or concept → y	Tu réussis **à tes examens?** Joues-tu **au tennis?** As-tu répondu **à ma question?**	Oui, j'**y** réussis. Non, je n'**y** joue pas. Oui, j'**y** ai répondu.
BUT: **à** + person → lui, leur	As-tu répondu **au professeur?**	Je **lui** ai répondu.

POSITION

Like other object pronouns, the PRONOUN **y** usually comes BEFORE the verb. In an infinitive construction, it comes BEFORE the infinitive.

Quand vas-tu aller à Paris?   Je vais **y** aller cet été.

❖ In affirmative commands, the pronoun **y** comes AFTER the verb. In spoken French, the verb is linked to the pronoun by the liaison consonant /z/. Consequently, an **-s** is added to the **tu**-form of all **-er** verbs, including **aller.**

Allons **au café.**	D'accord! Allons-**y!**
Va au cinéma.	**Vas-y** cet après-midi.
BUT: N'**y** va pas.	

3. Dialogue   Demandez à vos camarades s'ils font souvent les choses suivantes.

● aller au cinéma?
—*Est-ce que tu vas souvent au cinéma?*
—*Oui, j'y vais souvent.*
ou: —*Non, je n'y vais pas souvent.*

1. aller au concert
2. aller chez le dentiste
3. passer à la poste
4. déjeuner à la cafétéria
5. dîner au restaurant
6. étudier à la bibliothèque
7. partir à la campagne le week-end
8. rester chez toi le soir

COMMUNICATION: asking questions about habitual activities

V: *(a) with passé composé:* **Quand es-tu allé(e) au cinéma? J'y suis allé(e)...** *(b) with near future:* **Quand vas-tu aller au cinéma? Je vais y aller...**

4. Quand?   Vous voulez savoir quand les personnes suivantes ont fait certaines choses. Un(e) camarade va vous répondre.

● François / aller au Canada (l'été dernier)
—*Quand est-ce que François est allé au Canada?*
—*Il y est allé l'été dernier.*

1. Michèle / rentrer chez elle (après les classes)
2. Antoine et Denis / aller au stade (lundi dernier)
3. ces étudiants / aller au laboratoire (hier soir)
4. Élisabeth / travailler dans ce supermarché (pendant les vacances)
5. tes amis / passer chez toi (cet après-midi)
6. tes parents / rester dans cet hôtel (quand ils étaient à Paris)

ROLE PLAY: discussing when people did things

5. Au bureau   Monsieur Durand demande à son patron *(boss)* s'il doit faire certaines choses. Le patron répond affirmativement ou négativement, en utilisant les pronoms **y** ou **lui**. Jouez les deux rôles avec un(e) partenaire.

● passer à la banque? (oui)   M. DURAND: *Je passe à la banque?*
LE PATRON: *Oui, passez-y.*

1. aller au laboratoire? (oui)
2. rester au bureau ce soir? (non)
3. téléphoner à Madame Mercier? (non)
4. répondre à cette lettre? (oui)
5. répondre à ce client? (oui)
6. répondre à ce télégramme? (non)
7. écrire à Monsieur Moreau? (oui)
8. passer à la poste? (oui)

ROLE PLAY: asking whether to do certain things

C.   Le pronom *en*

Read the answers to the questions below, noting the pronoun that replaces the expressions in bold type.

Fais-tu **du sport?**	Oui, j'**en** fais.
Fais-tu **de la voile?**	Non, je n'**en** fais pas.
Tu ne prends pas **de vin?**	Non merci, je n'**en** prends pas.
As-tu acheté **des disquettes?**	Oui, j'**en** ai acheté.
As-tu commandé **de la bière?**	Non, je n'**en** ai pas commandé.

USES

> The PRONOUN **en** replaces DIRECT OBJECTS introduced by the articles **du, de la, de l', des** and the negative **de.**

du, de la (de l') des de (d') } + noun → en	Éric boit **de l'eau.** Éric a **des amis.** Il n'a pas **d'argent.**	Il **en** boit. Il **en** a. Il n'**en** a pas.

❖ The pronoun **en** often is the equivalent of the English pronouns *some* and *any* (or *none*, in negative sentences). While these pronouns may sometimes be omitted in English, **en** must always be expressed in French.

Est-ce que Paul a **des loisirs?**　　*Does Paul have (any) leisure activities?*
　Oui, il **en** a.　　　　　　　　*Yes, he does (have some).*
　Non, il n'**en** a pas.　　　　　*No, he doesn't (have any).*

❖ Remember that the pronouns **le, la, les** are used to replace a direct-object noun introduced by a definite article, a demonstrative, or a possessive adjective. Compare:

Achetez **du fromage.**　　Achetez-**en.**
Achetez **ce fromage.**　　Achetez-**le.**

For direct-object nouns introduced by the indefinite articles **un, une,** see Section D of this lesson.

❖ In the passé composé, there is NO agreement of the past participle with **en.**

As-tu **acheté** des livres?　　Non, je n'en ai pas **acheté.**

Now read the following questions and answers, paying attention to the words in bold type.

Est-ce que Janine vient **de sa classe d'anglais?**
　Oui, elle **en** vient.　　　　　　　　*(She's coming from there.)*
Parles-tu souvent **de tes projets?**
　Non, je n'**en** parle jamais.　　　　*(I never talk about them.)*
As-tu besoin **de ta montre?**
　Oui, j'**en** ai besoin.　　　　　　　*(I need it [= have need of it].)*

> The PRONOUN **en** is also used to replace a noun phrase introduced by the preposition **de** *(of, from, about).*

de + thing, place, or concept → en	—Tu parles **de la classe?** —Oui, j'**en** parle.
BUT: **de** + person → **de** + stress pronoun	—Tu parles **de tes amis?** —Oui, je parle **d'eux.**

POSITION

Like other object pronouns, the PRONOUN **en** usually comes BEFORE the verb. In an infinitive construction, it comes BEFORE the infinitive.

Veux-tu **du vin?**   Non, je n'**en** veux pas.
Vas-tu commander **de la bière?**   Oui, je vais **en** commander.

❖   There is always liaison after **en** when the next word begins with a vowel sound.

As-tu du pain?   Je n'**en** ai pas.   Je vais **en** acheter.

❖   Note the position of **en** with **il y a.**

Est-ce qu'il y a du lait?   Oui, il y **en** a.   Non, il n'y **en** a pas.

❖   In affirmative commands, **en** comes AFTER the verb. In spoken French, **en** is linked to the verb by the liaison consonant /z/. Consequently an **-s** is added to the **tu**-form of all **-er** verbs when they are followed by **en.**

Apporte des cassettes!   Apportes-**en!**
BUT: N'**en** apporte pas!

6.   Activités   Demandez à vos camarades s'ils font les choses suivantes. Ils vont vous répondre en utilisant des expressions comme *souvent, tous les jours, de temps en temps, rarement, ne … jamais.*

●   du sport?   —*Fais-tu du sport?*
                        —*Oui, j'en fais tous les jours.*
                ou: —*Non, je n'en fais pas.*

1. de la marche à pied?   4. du yoga?   7. de la gymnastique?
2. du ski nautique?   5. du jogging?   8. du roller?
3. de la planche à voile?   6. de l'exercice?   9. de l'alpinisme?

COMMUNICATION: talking about leisure activities

V: Passé composé. **As-tu fait du sport (pendant les vacances)?** etc.

V: Imperfect. **Faisais-tu du sport (l'année dernière)?**

7.   Oui ou non?   Informez-vous sur les personnes suivantes et répondez affirmativement ou négativement aux questions.

●   Catherine était en bonne forme physique. Elle faisait du sport?
     Oui, elle en faisait!

1. Philippe suivait un régime très strict. Il mangeait des spaghetti?
2. Nous n'aimions pas les boissons alcoolisées. Nous buvions du vin?
3. René était végétarien. Il commandait du rosbif?
4. Tu travaillais. Tu gagnais de l'argent?
5. Mon cousin était artiste. Il avait du talent?
6. Thérèse avait peur de l'eau. Elle faisait de la voile?
7. Vous étiez musiciens. Vous jouiez du piano?
8. Vous étiez discrets. Vous parliez des problèmes de vos amis?

COMPREHENSION: drawing conclusions

8. **Chez le médecin** Monsieur Pesant, un homme de quarante ans assez obèse, vient consulter son médecin, le docteur Lavie. Il lui demande s'il peut faire certaines choses. Le docteur Lavie lui répond affirmativement ou négativement selon le cas, en utilisant l'impératif. Jouez les deux rôles avec un(e) partenaire.

ROLE PLAY: visiting the doctor

● faire de l'exercice? M. PESANT: *Docteur, est-ce que je peux faire de l'exercice?*
DR LAVIE: *Bien sûr, faites-en!*
ou: *Non, n'en faites pas!*

1. faire du sport?
2. boire du vin?
3. boire de l'eau minérale?
4. manger des fruits?

5. manger du pain?
6. fumer des cigares?
7. prendre des vacances?
8. manger de la glace?

9. **En vacances en France** Vous passez vos vacances dans une famille française. Vous proposez de faire les choses suivantes. Votre partenaire va accepter.

ROLE PLAY: discussing household chores

● faire les courses
—*Est-ce que je fais les courses?*
—*Oui, fais-les, s'il te plaît.*
—*Est-ce que j'achète du pain?*
—*Oui, achètes-en, s'il te plaît.*

1. acheter le journal
2. apporter de la glace
3. apporter de l'eau minérale
4. mettre la table
5. servir la salade
6. servir du café
7. faire la vaisselle
8. nettoyer la cuisine

10. **En vacances** Demandez à vos camarades s'ils ont fait les choses suivantes pendant les vacances. Ils vont répondre affirmativement ou négativement en utilisant les pronoms **en** ou **y**.

COMMUNICATION: talking about vacation activities

● aller en Italie?
—*Tu es allé(e) en Italie?*
—*Oui, j'y suis allé(e).*
ou: —*Non, je n'y suis pas allé(e).*

● faire de la voile?
—*Tu as fait de la voile?*
—*Oui, j'en ai fait.*
ou: —*Non, je n'en ai pas fait.*

1. aller à la mer?
2. faire de la planche à voile?
3. rester chez toi?
4. gagner de l'argent?
5. aller chez tes cousins?

6. avoir des rendez-vous?
7. rencontrer des personnes intéressantes?
8. aller à la campagne?
9. faire du camping?
10. prendre des photos?

D. Le pronom *en* avec les expressions de quantité

Note the use of the pronoun **en** in the answers on the right.

Avez-vous **une auto?**	Oui, j'**en** ai **une.**
Avez-vous **un vélo?**	Oui, j'**en** ai **un.**
Combien de semaines de vacances prenez-vous?	J'**en** prends **quatre.**
Combien de frères avez-vous?	J'**en** ai **trois.**
Avez-vous **beaucoup de loisirs?**	Non, je n'**en** ai pas **beaucoup.**
Avez-vous **trop d'examens?**	Oui, nous **en** avons **trop.**
As-tu acheté **plusieurs CD?**	Oui, j'**en** ai acheté **plusieurs.**
As-tu lu **d'autres livres?**	Oui, j'**en** ai lu **d'autres.**
Est-ce qu'il y a **une piscine** à l'université?	Non, il n'y **en** a pas, mais il y **en** a **une** en ville.

> The pronoun **en** replaces a direct object introduced by **un, une,** a number, or an expression of quantity.

en + verb +	un/une number expression of quantity	As-tu pris des photos? Oui, j'**en** ai pris **une.** Oui, j'**en** ai pris **cinq.** Oui, j'**en** ai pris **beaucoup.**

Infinitive construction: **Tu vas acheter une cassette? Oui, je vais en acheter une.**

❖ In an *affirmative* sentence, the number **un/une** must be used with **en** if a single object is referred to. In a *negative* sentence, however, the number **un/une** is NOT used. Compare:

As-tu une guitare?   Oui, j'**en** ai **une.**   *Yes, I have (one).*
              BUT: Non, je n'**en** ai pas.   *No, I don't (have one).*

❖ In affirmative commands, **en** comes immediately after the verb.

Achète **un appareil-photo.**   Achètes-**en un.**
Prends **plusieurs photos.**   Prends-**en plusieurs.**

❖ The pronoun **en** corresponds to the English *of it, of them.* Although these expressions are rarely used in English, **en** must be expressed in French.

Avez-vous **beaucoup de patience?**   Oui, j'**en** ai **beaucoup.**   *Yes, I have a lot (of it).*
Avez-vous **des sœurs?**   Oui, j'**en** ai **trois.**   *Yes, I have three (of them).*

❖ When the pronoun **en** is used to replace an expression introduced by **quelques, quelques** is replaced by **quelques-un(e)s.**

Tu as acheté **quelques CD?**   Oui, j'**en** ai acheté **quelques-uns.**
Tu as pris **quelques photos?**   Oui, j'**en** ai pris **quelques-unes.**

11. Possessions   Demandez à vos camarades s'ils ont les objets suivants.

COMMUNICATION: asking about possessions

● une guitare?   —*As-tu une guitare?*
     —*Oui, j'en ai une.*
   ou: —*Non, je n'en ai pas.*

1. une auto?
2. un vélo?
3. une caméra?
4. un sac à dos?
5. un appareil-photo?
6. une chaîne-stéréo?
7. une raquette de tennis?
8. un ordinateur?
9. un lecteur de cassettes?
10. un portable?

12. D'accord?   Lisez les phrases suivantes et dites si vous êtes d'accord ou non. Si vous n'êtes pas d'accord, exprimez votre opinion en rectifiant la phrase.

COMMUNICATION: expressing agreement and disagreement

● Nous avons beaucoup d'examens.
   Je suis d'accord! Nous en avons beaucoup.
   ou: *Je ne suis pas d'accord! Nous n'en avons pas beaucoup.*

1. Les étudiants américains boivent beaucoup de bière.
2. Les jeunes n'ont pas assez de responsabilités.
3. Les Américains consomment trop d'énergie.
4. Nous n'avons pas assez de loisirs.
5. Les athlètes professionnels gagnent trop d'argent.
6. J'ai beaucoup d'argent.
7. Je n'ai pas assez de temps libre.
8. Nos professeurs donnent trop de conseils.

13. Questions personnelles   Répondez aux questions suivantes, en utilisant le pronom **en.**

COMMUNICATION: answering questions

● Combien de frères avez-vous?   *J'en ai un (deux, trois...).*
   ou: *Je n'en ai pas.*

1. Combien de sœurs avez-vous?
2. Combien de CD avez-vous?
3. Combien de cours avez-vous aujourd'hui?
4. Combien d'étudiants est-ce qu'il y a dans la classe?
5. Combien de garçons est-ce qu'il y a?
6. Combien de filles est-ce qu'il y a?

14. Au marché   Jacqueline fait les courses. Elle veut acheter certaines choses. La marchande *(vendor)* lui demande en quelle quantité. Jouez les deux rôles avec un(e) partenaire.

ROLE PLAY: buying groceries

● des oranges (un kilo)   JACQUELINE: *Je voudrais des oranges.*
   LA MARCHANDE: *Combien en voulez-vous?*
   JACQUELINE: *J'en veux un kilo.*

1. des bananes (deux kilos)
2. des camemberts (trois)
3. de la bière (un litre)
4. des œufs (une douzaine)
5. des tomates (six)
6. de l'eau minérale (deux litres)
7. des biftecks (quatre)

15. Conversation   Posez des questions à vos camarades sur leur week-end. Demandez-leur où ils sont allés, ce qu'ils ont acheté, ce qu'ils ont mangé, ce qu'ils ont fait, etc. Vous pouvez utiliser les suggestions suivantes:

- aller au stade / faire...
- aller au supermarché / acheter...
- aller au café / boire, commander...
- aller au gymnase / faire, jouer...
- aller au restaurant / commander, manger...
- aller à la campagne / faire, voir, prendre des photos...

⬤   aller en ville / acheter...
  —*Est-ce que tu es allé(e) en ville ce week-end?*
  —*Oui, j'y suis allé(e).*
  —*Ah bon. Est-ce que tu as acheté des vêtements?*
  —*Non, je n'en ai pas acheté.*

COMMUNICATION and REVIEW: using language in real-life situations

These communication activities can either be done extemporaneously or they can be assigned for outside preparation, with each student writing out the appropriate questions (and responses, if desired).

In class, students can practice the conversations in pairs or groups.

If desired, random pairs or groups of students can act out their conversation in front of the class.

Contacts *Cahier d'activités:*
Workbook, Leçon 25
Lab Manual, Leçon 25

Et vous?

Communication

1. You are a journalist for *France-Sports*. You are conducting interviews on an American campus in preparation for an article you are writing on the physical fitness of college students.

Ask your partner . . .
- if he/she jogs
- if so, how many times **(combien de fois)** per week he/she jogs
- how many miles **(un mile)** he/she runs
- what sports he/she plays **(pratiquer)** in summer
- what sports he/she plays in winter

2. You are spending your vacation in Saint Tropez on the French Riviera. On the beach you meet some French students with whom you strike up a conversation.

Ask your partners . . .
- if they often go to the beach
- if they play volleyball
- if they windsurf
- if they water-ski
- if they know a good discothèque (of course, the answer is yes!)
- if they want to go there with you tonight

3. Ask a classmate to say what he/she does to stay fit.

Ask your partner . . .
- how much he/she exercises
- what kind of exercise he/she does
- what he/she eats
- what he/she drinks
- how much he/she eats and drinks

Leçon 26   Pauvre Michel!

COMPRÉHENSION DU TEXTE
1. Pourquoi est-ce que Michel Charron n'a pas bien dormi?
2. Qu'est-ce qu'il a entendu vers minuit?
3. Et à six heures du matin?
4. Est-ce que Sylvie est aussi fâchée *(angry)* que Michel?

Le calme de la province°?... *Pas vraiment! Dans cette belle vieille maison reconvertie*° *en appartements, les locataires*° *des deux appartements du premier étage*°*, les Legrand et les Charron, ont des problèmes de voisinage*°*... Nous voici chez les Charron: il est sept heures du matin, et Monsieur Charron entre dans la cuisine.*

SYLVIE CHARRON:	Bonjour, mon chéri. Tiens, le café est prêt°. Alors, ça va mieux? Tu as bien dormi°?
MICHEL CHARRON:	Bien dormi? Je n'ai pas fermé l'œil° de la nuit°!
SYLVIE:	Tu plaisantes°? Quand je suis rentrée du cinéma, tu dormais très bien!
MICHEL:	Jusqu'à° minuit, oui. Je me suis couché° très tôt°. J'étais très fatigué, j'avais mal à la tête°... Tu sais bien que c'est pour ça que je n'ai pas pu aller avec toi. Mais ne me dis pas que tu n'as rien entendu! Le bruit ne t'a pas réveillée°?
SYLVIE:	Quel bruit? De quoi est-ce que tu parles?

region other than the capital / converted / tenants / second floor / relations as neighbors

ready
sleep well
didn't close an eye / all night long / You're joking

Until / went to bed / early
headache

wake you up

MICHEL: Vers° minuit, j'ai entendu quelqu'un qui prenait une douche° chez les voisins! Franchement°, est-ce qu'on se lave° à minuit, nous?

Around / was taking a shower
Honestly / get washed

SYLVIE: C'était sans doute Mme Legrand qui se préparait°. Cette semaine, elle doit certainement faire le service de nuit° à l'hôpital, la pauvre°!

was getting ready
night duty
poor lady

MICHEL: Peut-être, mais moi, j'ai eu vraiment du mal à° me rendormir°!... Et à six heures du matin, j'ai entendu un chien° qui aboyait° dans la rue. Je me suis levé°, furieux, j'ai ouvert les volets°, et j'ai vu Legrand qui se promenait° avec son chien! À six heures du matin!

had a hard time
fall back asleep / dog
was barking / got up
opened the shutters / was taking a walk

SYLVIE: Mais non, il ne se promenait pas! Il sortait° son chien, c'est tout. Monsieur Legrand part très tôt le matin, et il doit sortir le chien avant, le pauvre°!

was taking out

poor man

MICHEL: Ah, je vois, tu es très compréhensive°, toi: pauvre Madame Legrand, pauvre Monsieur Legrand! Et moi, pauvre de moi°, quand est-ce que je me repose°?

understanding
poor me
rest

Note culturelle: **La vie en appartement**

La majorité des Français qui habitent les grandes villes vivent en appartement. Ces appartements peuvent être situés dans de beaux immeubles, des «résidences», ou au contraire, dans des immeubles plus modestes comme les HLM (habitations à loyer modéré[1]).

Après la guerre[2], le gouvernement français a financé la construction de milliers[3] de HLM dans toutes les grandes villes françaises. Le système des HLM représente une innovation sociale importante, car[4] il permet[5] aux gens de revenus modestes d'accéder[6] à la propriété[7]. Les HLM sont modernes et relativement confortables, mais ils ont aussi des inconvénients. En général, ils sont situés dans des zones industrielles et leurs habitants se plaignent[8] de nombreux problèmes: la pollution, le mauvais entretien[9], l'absence d'espaces verts[10] ou de terrains de jeux[11] ... et le bruit! Ainsi[12] les nouvelles cités de HLM sont souvent devenues des «cités-dortoirs[13]» où l'on vient uniquement pour dormir!

Activité Est-ce qu'il y a aux États-Unis un équivalent des HLM? Si oui, comment dit-on ça?

1 *low rent* 2 *war* 3 *thousands* 4 = *parce que* 5 *allows*
6 *to have access* 7 *property* 8 *complain* 9 *upkeep* 10 *open land*
11 *playgrounds* 12 *thus* 13 *bedroom communities*

Structure et vocabulaire

Vocabulaire: *Quelques activités*

Verbes

appeler	*to call*	Je vais t'**appeler** demain.
casser	*to break*	Ne **casse** pas la glace *(mirror)*!
couper	*to cut*	**Coupez** le pain, s'il vous plaît.
fermer	*to close, to shut*	**Fermez** vos livres!
laver	*to wash*	Je **lave** ma voiture assez souvent.
réveiller	*to wake up (someone)*	Il est huit heures. **Réveille** ton frère!

Adjectif

prêt	*ready*	Êtes-vous **prêts**? Je vous attends!

Expressions

jusqu'à	*until, up to*	Nous travaillons **jusqu'à** midi.
tôt ≠ tard	*early ≠ late*	Nous partons **tôt**. Nous rentrons **tard**.

Tôt and **tard** refer to absolute concepts. When *early* and *late* refer to a specific point in time (e.g., the arrival of a train or the time of an appointment), **en avance** and **en retard** are used. See page 479.

NOTE DE VOCABULAIRE

In spoken French, the verb **appeler** is similar in its conjugation to the verb **acheter**. However, in written French the forms **je, tu, il,** and **ils** of the present tense have a double **l** rather than a grave accent.

j' **appelle**	nous **appelons**
tu **appelles**	vous **appelez**
il/elle/on **appelle**	ils/elles **appellent**

In the passé composé, **appeler** is regular: **j'ai appelé**.

1.   Questions personnelles

COMMUNICATION: answering questions

1. Avez-vous une voiture? Est-ce que vous la lavez souvent?
2. Est-ce que vos parents vous réveillent le matin? Qui vous réveille?
3. Allez-vous souvent chez le coiffeur *(hairdresser)*? Est-ce qu'il coupe bien les cheveux *(hair)*?
4. Quand vous sortez le samedi soir, est-ce que vous rentrez tôt ou tard? Jusqu'à quelle heure sortez-vous?
5. Est-ce que vous aimez dormir tard le dimanche? Jusqu'à quelle heure?
6. Fermez-vous la porte de votre chambre quand vous sortez? quand vous dormez?
7. Est-ce que vous êtes toujours prêt(e) quand vous passez un examen? quand vous allez au cinéma? quand vous sortez avec des amis?
8. Est-ce que vous êtes parfois maladroit(e) *(clumsy)*? Est-ce que vous avez cassé quelque chose récemment? Qu'est-ce que vous avez cassé?
9. Est-ce que vous appelez souvent vos amis avec un téléphone portable?

A. L'emploi de l'article défini avec les parties du corps

Couleur des yeux: **gris, marron, noirs**

Couleur des cheveux: **blonds, châtains, bruns, noirs, roux**

Note the words in bold type in the sentences below.

Elle a **les** yeux bleus.	*She has blue eyes. (**Her** eyes are blue.)*
J'ai **les** cheveux bruns.	*I have brown hair. (**My** hair is brown.)*
Fermez **les** yeux!	*Close **your** eyes!*

In French, parts of the body are generally introduced by the DEFINITE article.

❖ French almost never uses the possessive adjective with parts of the body.

Vocabulaire: *Les parties du corps*

Supplementary vocabulary: **la moustache; la barbe** *(beard);* **le front** *(forehead);* **les lèvres** *(lips);* **l'estomac** /ɛsb maⁱ/ *(stomach)*

la tête   *(head)*

les cheveux	*hair*	**la bouche**	*mouth*		
le cou	*neck*	**les dents**	*teeth*		
le nez	*nose*	**la figure**	*face*	Also: **le visage**	
l'œil	*eye*	**la gorge**	*throat*		
(les yeux)	*eyes*	**l'oreille**	*ear*		

le corps   *(body)*

le cœur	*heart*	**la jambe**	*leg*
le doigt	*finger*	**la main**	*hand*
le dos	*back*		
le genou	*knee*		
(les genoux)	*knees*		
le pied	*foot*		
le ventre	*stomach*		

In referring to people, **petit** is used instead of **court**: **Michèle est petite.**

Adjectifs

court ≠ long (longue)	*short ≠ long*	As-tu les cheveux **longs** ou **courts**?

Expression

avoir mal à *(+ part of body)*	*to have a . . . ache,*	As-tu **mal à la tête**?
	to have (a) sore . . .	Claire **a mal aux pieds.**

Remind students of the contractions: à + le → au; à + les → aux

NOTES DE VOCABULAIRE

1. In French, **les cheveux** is a plural expression.
2. Note the use of the definite article with parts of the body in the construction **avoir mal à.**

   André a mal **au** ventre. *André has **a** stomachache. (**His** stomach hurts.)*
   Avez-vous mal **au** bras? *Do you have **a** sore arm? (Does **your** arm hurt?)*

3. The expression **avoir mal au cœur** means to have an upset stomach.

2. Questions personnelles

1. Avez-vous les yeux bleus, noirs, verts ou gris? Et vos parents?
2. Avez-vous les cheveux noirs ou blonds? Et vos frères? Et vos sœurs?
3. Avez-vous les cheveux longs ou courts?
4. Pour une fille, préférez-vous les cheveux longs ou les cheveux courts? Et pour un garçon?
5. Prenez-vous de l'aspirine quand vous avez mal à la gorge? mal aux dents? mal au ventre?
6. Où avez-vous mal quand vous avez la grippe? quand vous avez un rhume?

Supplementary vocabulary:
raides *(straight),* **frisés** *(curly)*

3. Malaises *(Discomforts)*   Informez-vous sur les personnes suivantes et dites où elles ont mal.

● Georges a trop mangé. ***Il a mal au ventre (au cœur).***

1. Mademoiselle Lebrun est allée chez le dentiste.
2. Nous avons fait du jogging pendant une heure.
3. J'ai une migraine terrible.
4. Tu es tombé de bicyclette.
5. Vous avez joué de la guitare.
6. Aïe! *(Ouch!),* j'ai des chaussures trop petites.
7. Monsieur Thomas porte une chemise qui est trop serrée *(tight).*
8. Il fait très froid aujourd'hui et j'ai oublié de mettre mes gants *(gloves).*
9. Hélène a porté deux valises énormes.
10. Tu as passé trop de temps devant l'ordinateur.

NOTE LINGUISTIQUE: *Les verbes pronominaux* (Reflexive verbs)

Compare the pronouns in bold type in sentences A and B.

Marc lave sa voiture.	A. Il **la** lave.	*He washes **it**.*
	B. Puis il **se** lave.	*Then he washes **himself**.*
Hélène regarde Paul.	A. Elle **le** regarde.	*She looks at **him**.*
	B. Puis elle **se** regarde dans la glace.	*Then she looks at **herself** in the mirror.*
J'achète un livre à Sylvie.	A. Je **lui** achète un livre.	*I buy **her** a book.*
	B. Je **m'**achète un magazine.	*I buy **myself** a magazine.*

Note that in each sentence A, the pronoun in bold type represents a person or object different from the subject.

> *Marc washes **his** car.*   *Hélène looks at **Paul**.*   *I buy a book for **Sylvie**.*

In each sentence B, on the other hand, the subject and object of the verb represent the same person.

> *Marc washes **himself**.*   *Hélène looks at **herself**.*   *I buy **myself** a magazine.*

The object pronouns in sentences B are called REFLEXIVE PRONOUNS because the action is reflected on the subject. Verbs conjugated with reflexive pronouns are called REFLEXIVE VERBS.

Reflexive verbs are very common in French. They may be used with a strictly reflexive meaning, as well as in other ways where the equivalent English construction does not use a reflexive verb.

It may be easier to point out the indirect object by giving as equivalents: I am buying a book for her. I am buying a magazine for myself.

In se laver, se is the direct object. In s'acheter, se is the indirect object.

FOR EXTRA PRACTICE:
je me regarde dans la glace; je me coupe; etc.

B. Les verbes pronominaux: formation et sens réfléchi

In dictionary listings, reflexive verbs are alphabetized according to the main verb and are not found under **se (s')**.

REFLEXIVE VERBS in the present tense are conjugated like **se laver** (*to wash oneself*) and **s'acheter** (*to buy for oneself*).

infinitive	se laver	s'acheter
present	Je **me lave**. Tu **te laves**. Il/Elle/On **se lave**. Nous **nous lavons**. Vous **vous lavez**. Ils/Elles **se lavent**.	Je **m'achète** des skis. Tu **t'achètes** un téléviseur. Il/Elle/On **s'achète** un appareil-photo. Nous **nous achetons** des vêtements. Vous **vous achetez** un ordinateur. Ils/Elles **s'achètent** une voiture.
negative interrogative	Je ne **me lave** pas. Est-ce que tu **te laves?**	Je ne **m'achète** pas de cigarettes. Est-ce que tu **t'achètes** des livres? You may present the imperfect of reflexive verbs. **Je me lavais...**

❖ Reflexive pronouns come BEFORE the verb, according to the construction:

> subject + **(ne)** + reflexive pronoun + verb + **(pas)** . . .

Ils **s'**achètent des magazines.
Ils ne **s'**achètent pas de livres.

For simplicity, students should be using only the interrogative form with **est-ce que: Est-ce que tu te laves?** (rather than **Te laves-tu?**)

Have students note that, except for **se,** reflexive pronouns have the same form as direct-indirect-object pronouns.

❖ The position and forms of reflexive pronouns are the same in the imperfect as in the present tense.

Je **m'**achetais tous les nouveaux magazines de rock.

The passé composé and the imperative of reflexive verbs will be taught in Lesson 27.

4. Dialogue Demandez à vos camarades s'ils s'achètent les choses suivantes quand ils ont de l'argent.

● des livres français? —*Est-ce que tu t'achètes des livres français?*
—*Oui, je m'achète des livres français.*
ou: —*Non, je ne m'achète pas de livres français.*

COMMUNICATION: personal purchases

Be sure students use **pas de** with negative replies.

1. des CD?
2. des vêtements?
3. du chewing-gum?
4. de la bière?
5. du chocolat?
6. des romans policiers?
7. des bonbons (*candy*)?
8. des plantes?
9. des magazines?
10. des cigarettes?

5. **Propreté** *(Cleanliness)* Les personnes suivantes lavent certains objets. Ensuite *(afterwards)*, elles se lavent. Pour chaque personne, faites deux phrases selon le modèle.

● Nous avons une voiture. *Nous la lavons. Ensuite, nous nous lavons.*

1. Jacqueline a une bicyclette.
2. Hubert a une moto.
3. Mes cousins ont un chien *(dog)*.
4. J'ai un pull.
5. Tu as un scooter.
6. Nous avons une auto.
7. Vous avez un vélomoteur.
8. Pierre a un blue jean.

SCOOTERS ST DE PEUGEOT.

6. **Joyeux anniversaire!** *(Happy birthday!)* Les personnes de la colonne A ont reçu *(received)* de l'argent pour leur anniversaire. Dites ce que ces personnes aiment faire (colonne B) et ce qu'ils s'achètent avec cet argent. Soyez logique.

● *J'aime écrire. Je m'achète un ordinateur.*

A	B	C
je	écrire	un appareil-photo
vous	lire	un VTT
nous	jouer au tennis	un téléviseur
Catherine	faire de l'informatique	une chaîne-stéréo
mes cousines	écouter de la musique	des CD-ROM
tu	prendre des photos	une nouvelle raquette
Daniel et Alain	faire des promenades	plusieurs romans
Marc	à la campagne	un ordinateur
	regarder des matches	
	de football	

7. **Avant l'examen** Lisez ce que faisaient les étudiants suivants quand ils avaient un examen d'anglais. Dites si oui ou non ils se préparaient pour l'examen. Utilisez la forme appropriée de l'imparfait du verbe **se préparer** dans des phrases affirmatives ou négatives.

● Jacques allait au cinéma.
Il ne se préparait pas pour l'examen.

1. Anne allait au laboratoire de langues.
2. Henri étudiait les verbes irréguliers.
3. Nous allions à la bibliothèque.
4. Je parlais anglais avec un étudiant américain.
5. Mes amis sortaient.
6. Mes amies étudiaient.
7. Vous alliez au café.
8. Tu allais au théâtre.

THEATRE MARIGNY
CHEVALLIER ET LASPALES
dans
MA FEMME S'APPELLE
MAURICE

UNE PIÈCE DE RAFFY SHART
MISE EN SCÈNE JEAN-LUC MOREAU

Un vaudeville "new look", une fable sur l'infidélité, le jeu des apparences et l'insoutenable fragilité de l'amour où les gags et les quiproquos sont réglés par Jean-Luc Moreau et interprétés par Chevallier et Laspalès.

les quiproquos = misunderstandings

Vocabulaire: *Quelques occupations de la journée*

Noms

du dentifrice	*toothpaste*	**une brosse**	*brush*
un peigne	*comb*	**une brosse à dents**	*toothbrush*
un rasoir	*razor*		
du savon	*soap*		

Supplementary vocabulary: **se brosser les cheveux** *(to brush one's hair)*, **se maquiller** *(to put on makeup)*, **se baigner** *(to take a bath)*, **se coiffer** *(to fix one's hair)*

Verbes

se réveiller	*to wake up*	À quelle heure est-ce que tu **te réveilles?**
se lever	*to get up*	Je **me lève** à huit heures et demie.
se brosser	*to brush*	Tu **te brosses** les dents.
se laver	*to wash*	Nous **nous lavons** dans la salle de bains.
se raser	*to shave*	Paul **se rase** avec un rasoir électrique.
s'habiller	*to get dressed, to dress*	Anne **s'habille** toujours bien.
se peigner	*to comb one's hair*	Vous **vous peignez** souvent.
se promener	*to go for a walk*	Je **me promène** après la classe.
se coucher	*to go to bed*	Je ne **me couche** pas avant minuit.
se reposer	*to rest*	Je **me repose** après le dîner.
prendre un bain	*to take a bath*	Pierre **prend un bain.**
prendre une douche	*to take a shower*	Tu veux **prendre une douche?**

prendre un bain *(to take a bath)* and **prendre une douche** *(to take a shower)* are non-reflexive.

NOTES DE VOCABULAIRE

1. Note the use of the definite article with parts of the body in reflexive constructions.

   Paul **se** lave **les** mains.   *Paul washes **his** hands.*
   Hélène **se** coupe **les** cheveux.   *Hélène is cutting **her** hair.*

2. **Se lever** and **se promener** are conjugated like **acheter**.

   Je me lève.   Nous nous **levons.**
   Je me promène.   Nous nous **promenons.**

To review these forms, see Lesson 11. You may want to have students conjugate: **Je me lève. Tu te lèves...**

3. The listed verbs all express actions that the subject performs *on* or *for* himself. Many of these verbs may also be used non-reflexively. Compare:

   Je réveille **mon camarade de chambre.**   *I wake up **my roommate.***
   Je **me** réveille.   *I wake (**myself**) up.*

   Tu promènes **ton chien.**   *You walk **your dog.***
   Tu **te** promènes.   *You go for a walk (**yourself**).*

8. Expression personnelle   Complétez les phrases suivantes avec l'une des expressions entre parenthèses ou une expression de votre choix.

1. En semaine, je me réveille ... (à six heures, à sept heures, ??)
2. Le dimanche, je me lève ... (tôt, tard, ??)
3. En semaine, je me couche ... (avant onze heures, après onze heures, ??)
4. Le samedi soir, je me couche ... (avant minuit, après minuit, ??)
5. Le week-end, je me promène ... (en ville, à la campagne, ??)
6. Je m'habille bien quand je vais ... (à un concert, au restaurant, à un rendez-vous, ??)
7. Je m'habille de façon décontractée *(casually)* quand je vais ... (en classe, à un match de football, ??)
8. Je me repose ... (le samedi soir, le dimanche après-midi, ??)

9. Qu'est-ce qu'ils font?   Lisez ce que font les personnes suivantes. Décrivez leurs activités en utilisant un verbe réfléchi du Vocabulaire.

● François fait une promenade en ville.   *Il se promène en ville.*

1. Suzanne prend une douche.
2. Monsieur Dumont utilise un rasoir.
3. Vous utilisez une brosse à dents.
4. Tu utilises un peigne.
5. Pierre et Jean mettent leurs vêtements.
6. Il est sept heures. Nous sortons du lit.
7. Il est minuit. Je vais au lit.
8. Le week-end nous ne travaillons pas.

10. Conversation   Qui dans la classe a besoin de beaucoup de sommeil *(sleep)*? Qui a besoin de peu de sommeil? Interviewez trois camarades et complétez le tableau suivant.

● VOUS: *À quelle heure est-ce que tu te couches, Jennifer?*
JENNIFER: *Je me couche à onze heures et quart.*
VOUS: *Et à quelle heure est-ce que tu te lèves?*
JENNIFER: *Je me lève à six heures et demie.*

NOM	☾	☼	HEURES DE SOMMEIL
Jennifer	*11 h 15*	*6 h 30*	*7 heures et 15 minutes*

Puis, décrivez les résultats.

● *Jennifer se couche à onze heures et quart. Elle se lève à six heures et demie. Elle dort sept heures et quinze minutes.*

C.   L'infinitif des verbes pronominaux

Note the position of the reflexive pronouns in the following sentences.

Je vais **me reposer.**	*I am going **to rest.***
Je n'aime pas **me lever** tôt.	*I do not like **to get up** early.*
Nous voulons **nous promener.**	*We want **to go for a walk.***
Tu ne dois pas **te coucher** tard.	*You should not **go to bed** late.*

In an INFINITIVE construction, the reflexive pronoun comes directly BEFORE the infinitive.

subject + **(ne)** + verb + **(pas)** + reflexive pronoun + infinitive

Je vais **me** reposer.   Je ne vais pas **me** promener.

❖ Note that the reflexive pronoun always represents the same person as the subject of the main verb.

Tu vas **te** promener.   **Paul** va **se** promener.

11. Préférences   Demandez à vos camarades s'ils aiment faire les choses suivantes.

COMMUNICATION: discussing activities

●   se promener   —*Est-ce que tu aimes te promener?*
                        —*Oui, j'aime me promener.*
        ou: —*Non, je n'aime pas me promener.*

1. se promener à la campagne
2. se promener quand il pleut
3. se lever tôt le dimanche
4. se laver avec de l'eau froide
5. se reposer
6. s'acheter des vêtements chers

12. Vive le week-end! Lisez ce que les personnes suivantes font d'habitude et dites ce qu'elles vont faire ce week-end.

PRACTICE: reflexive infinitives

● Je me lève à huit heures. (à midi)   *Ce week-end, je vais me lever à midi.*

1. Madame Fontaine se lève tôt. (tard)
2. Tu te réveilles à sept heures. (à neuf heures)
3. Nous nous achetons du pain. (des croissants)
4. Je me prépare un repas simple. (un dîner de gourmet)
5. Vous vous reposez après le dîner. (toute la journée)
6. Monique et Sophie se promènent en ville. (à la campagne)
7. Je me couche tard. (tôt)

V. *avec vouloir:* Ce week-end, je veux me lever à midi.
V. *avec avoir l'intention de:* Ce week-end, j'ai l'intention de me lever à midi.

13. Oui ou non? Informez-vous sur les personnes suivantes et dites si oui ou non elles font les choses entre parenthèses.

COMPREHENSION: drawing conclusions about people's activities

● Vous êtes très actifs. (vouloir se reposer?)
  Vous ne voulez pas vous reposer.

1. Jean-Louis est très fatigué. (devoir se reposer?)
2. J'ai un train à sept heures du matin. (devoir se lever tôt?)
3. Nous avons beaucoup de travail. (pouvoir se promener?)
4. Tu vas à un restaurant très élégant. (devoir s'habiller élégamment?)
5. Françoise veut regarder le film à la télé. (vouloir se coucher tôt?)
6. Tu n'as pas de savon. (pouvoir se laver?)
7. Zut! J'ai perdu mon peigne. (pouvoir se peigner?)

D. Le verbe *ouvrir*

The verb **ouvrir** *(to open)* is irregular.

infinitive	**ouvrir**	
present	J' **ouvre** la porte. Tu **ouvres** le cahier. Il/Elle/On **ouvre** le livre.	Nous **ouvrons** la fenêtre. Vous **ouvrez** le magazine. Ils/Elles **ouvrent** le journal.
passé composé	J'**ai** ouvert votre lettre.	

❖ In the present, **ouvrir** is conjugated like a regular -**er** verb.

❖ Note that the past participle **ouvert** is irregular.

Vocabulaire: *Verbes conjugués comme* ouvrir

Also **couvrir** *(to cover)*

découvrir	*to discover*	Les médecins vont **découvrir** une cure contre le cancer.
offrir	*to give, to offer*	Mes parents m'**ont offert** une nouvelle voiture.
ouvrir	*to open*	**Ouvrez** la fenêtre, s'il vous plaît.
souffrir	*to suffer*	**As**-tu **souffert** quand tu es allé chez le dentiste?

14. **Questions personnelles**

COMMUNICATION:
answering questions

1. Est-ce que votre université offre beaucoup de cours intéressants?
2. Qu'est-ce que vous avez offert à votre père pour son anniversaire? à votre mère? à votre meilleur(e) ami(e)?
3. Dans quelle banque avez-vous ouvert un compte-chèques *(checking account)*?
4. Souffrez-vous beaucoup quand vous allez chez le dentiste? quand vous avez un examen? quand vous êtes en classe de français?
5. À l'université, avez-vous découvert l'amitié *(friendship)*? la tranquillité? la stabilité? le bonheur *(happiness)*?

Communication

COMMUNICATION and REVIEW: using language in real-life situations

These communication activities can either be done extemporaneously or they can be assigned for outside preparation, with each student writing out the appropriate questions (and responses, if desired).

In class, students can practice the conversations in pairs or groups.

If desired, random pairs or groups of students can act out their conversation in front of the class.

Contacts *Cahier d'activités:* Workbook, Leçon 26 Lab Manual, Leçon 26

Et vous?

1. You have a French classmate who is usually lively and full of energy. Today, however, your friend does not look so good.

Ask your partner . . .
- if he/she is sick
- if he/she has a headache
- if he/she has a stomachache
- if he/she is going to rest after class
- at what time he/she is going to go to bed

2. You have been hired to do a market survey for a company that sells toiletry articles. Today you are interviewing college students.

Ask your partners . . .
- what brand (**une marque**) of soap they buy
- with what toothpaste they brush their teeth
- with what shampoo (**un shampooing**) they wash their hair

3. Find out about a classmate's routines.

Ask your partner . . .
- to describe his/her daily routine
- if he/she has any weekly activities (and if so, what they are)
- if he/she exercises every day (and if so, what he/she does)
- if he/she likes to take walks

COMPRÉHENSION DU TEXTE
1. Avec qui Sophie et Simon ont-ils rendez-vous?
2. Est-ce que Louise et Théo sont toujours à l'heure *(on time)*?
3. Qu'est-ce qui est arrivé le jour où on est allé au Louvre?
4. Est-ce que Sophie et Louise se sont réconciliées après cet incident? Et Sophie et Simon?

C'est vendredi. Les cours de la semaine sont terminés et Simon et Sophie discutent°   *are talking*
tranquillement à la terrasse d'un café. Tout à coup, Sophie regarde sa montre.

SOPHIE: Allez, Simon! Finis ton café, dépêche-toi°! On a rendez-vous avec Théo et   *hurry up*
           Louise dans une demi-heure!

SIMON: Ne t'énerve pas°! De toute façon, ils sont toujours en retard°...   *get upset / late*

SOPHIE: Ça, c'est vrai! J'aime vraiment beaucoup Louise... On s'entend bien°   *get along well*
           toutes les deux°, mais elle est très distraite° et elle ne s'en rend même   *both / distracted*
           pas compte°! Et Théo est comme elle! Ils étaient vraiment faits pour se   *doesn't even realize it*
           rencontrer!... Tu te souviens de° la fois où on avait rendez-vous° avec eux   *remember / had a date*
           devant le Louvre?

SIMON: Oui! On devait se retrouver° à la pyramide, et on a attendu au moins une   *meet*
           heure...

SOPHIE: Toi, tu as commencé à t'impatienter°... Tu voulais aller voir l'expo° sans   *get impatient / =exposition*
           eux; moi, je voulais attendre encore un peu°...   *a little longer*

SIMON: Et puis tu t'es mise en colère° et nous nous sommes disputés°!... Je m'en   *got angry / quarreled*
           souviens très bien!

SOPHIE:　Quand je suis rentrée, Louise a téléphoné: elle voulait savoir à quelle heure on devait se retrouver au Louvre le lendemain! J'étais furieuse! Quand elle s'est rendu compte° qu'elle s'était trompée° de jour, elle était désolée°. Elle s'est excusée° pendant un quart d'heure!... *realized / had made a mistake she was very sorry / apologized*

SIMON:　Et vous vous êtes réconciliées°. Mais toi et moi, nous ne nous° sommes pas parlé pendant deux jours! C'était bête°, non? Allez, dépêchons-nous, maintenant. Allons voir ce que Louise et Théo ont inventé° cette fois! *made peace / to each other stupid come up with*

Note culturelle: **Où et comment les jeunes Français se rencontrent-ils?**

Traditionnellement, le système français d'éducation ne favorisait pas les rencontres[1] entre filles et garçons. Il y a trente ans, chacun[2] allait à son école séparée: école primaire de garçons et école primaire de filles, lycée[3] de garçons et lycée de filles. Ce n'était qu[4]'à l'université que garçons et filles avaient finalement l'occasion[5] de se rencontrer.

Ce système a disparu[6] dans les années 60 avec le développement d'écoles et de lycées mixtes[7]. Aujourd'hui, les jeunes ont de nombreuses occasions de se rencontrer: en classe, d'abord, mais aussi au café, dans les clubs de sport, dans les stations[8] de ski en hiver, à la piscine ou à la plage en été... Ils se rencontrent aussi à l'occasion de réunions[9] qu'ils organisent chez eux. Pour les lycéens[10], ce sont les «boums[11]». Un garçon ou une fille invite quelques amis. Les amis amènent d'autres copains. Chacun apporte quelque chose à manger ou à boire. On fait connaissance. On mange des sandwichs. On boit des jus de fruit. On écoute de la musique et on danse, sous la surveillance[12] plus ou moins discrète des parents.

Plus tard, les jeunes adultes vont à des «fêtes[13]» ou à des «soirées[14]». Les fêtes sont des réunions où l'on se retrouve[15] «sans façon[16]» chez un ami. On se réunit[17] autour d'[18]un buffet. On discute[19]. On écoute de la musique. On danse aussi. L'atmosphère est détendue[20]. Les conversations sont libres[21]... Les «soirées» sont plus cérémonieuses. Elles ont lieu dans des maisons particulières[22] et parfois dans des clubs privés. L'atmosphère est élégante. Les invités sont bien habillés. (Si c'est une «grande soirée», les hommes sont en smoking[23] et les femmes sont en robe du soir[24].) Ils boivent du champagne et mangent des hors-d'œuvre préparés spécialement pour cette occasion. Ils dansent à la musique d'un orchestre.

Quelle que soit[25] l'occasion, les Français aiment se réunir pour échanger[26] des idées, pour se détendre[27] et pour s'amuser[28].

Activité　Où est-ce que les jeunes Américains se rencontrent? Où est-ce que vous rencontrez vos amis?

1 meetings　2 each　3 high school　4 only　5 opportunity 6 disappeared　7 coeducational　8 resorts　9 gatherings　10 high school students　11 parties　12 supervision　13 informal gatherings 14 formal parties　15 see each other　16 informally　17 meet 18 around　19 chat　20 relaxed　21 free-flowing　22 private 23 tuxedo　24 evening dress　25 whatever may be　26 to exchange 27 relax　28 have fun

Structure et vocabulaire

Vocabulaire: *Entre amis*

Noms

un rendez-vous	*date, appointment*	**une fête**	*(informal) party*
		une rencontre	*meeting (of people)*
		une réunion	*meeting (organized)*
		une soirée	*(formal) party*

Verbes

avoir rendez-vous	*to have a date, an appointment*	J'**ai rendez-vous** chez le dentiste.
donner rendez-vous à	*to make a date with,*	Alice **donne rendez-vous à** Marc.
	to arrange to meet	Je vous **donne rendez-vous** à midi.
s'entendre bien (avec)	*to get along (with)*	Je **m'entends bien avec** mes amis.
se disputer (avec)	*to argue, quarrel (with)*	Je **me dispute avec** mon frère.
se rencontrer	*to meet (for the first time)*	Nous **nous sommes rencontrés** à l'université.
se retrouver	*to meet (again)*	Où est-ce que nous allons **nous retrouver?**

1.   Questions personnelles

COMMUNICATION: answering questions

1. Est-ce que vous avez eu rendez-vous chez le dentiste récemment *(recently)*? Quand?
2. Est-ce que vous avez donné rendez-vous à un(e) ami(e) récemment? Quand? Est-ce que vous êtes sorti(e)s ensemble? Où?
3. Est-ce que vous aimez organiser des fêtes chez vous? Qui invitez-vous? Allez-vous aller à une fête ce week-end? Chez qui?
4. Êtes-vous allé(e) à une soirée récemment? Est-ce qu'il y avait beaucoup d'invités *(guests)*? Où a eu lieu cette soirée? Quelle était l'occasion?
5. Est-ce que votre université organise des rencontres sportives? Quelle sorte de rencontres? Avec quelles autres universités? Assistez-vous à ces rencontres sportives?
6. Est-ce qu'il y a des réunions politiques sur votre campus? Qui les organise? Assistez-vous à ces réunions?
7. Est-ce que vous vous entendez bien avec vos parents? avec vos professeurs? Est-ce qu'il y a des personnes avec qui vous ne vous entendez pas bien? Pourquoi?
8. Est-ce que vous vous disputez avec vos amis? avec vos frères et sœurs? Pourquoi?

A.   Les verbes pronominaux: sens idiomatique

Compare the meanings of the reflexive and non-reflexive constructions below.

J'appelle mon frère.	*I am calling my brother.*
Je **m'appelle** Olivier.	***My name is** Olivier. (I am called Olivier.)*
Vous **amusez** vos amis.	*You **are amusing** your friends.*
Vous **vous amusez.**	*You **are having fun.** (You **are having a good time.**)*

There is a close relationship in meaning between **laver** and **se laver,** or **réveiller** and **se réveiller.** In the examples here, however, the relationship between the simple verb and the corresponding reflexive verb is somewhat more distant. Reflexive verbs like **s'appeler** and **s'amuser** may be considered IDIOMATIC EXPRESSIONS.

Vocabulaire: *Quelques verbes pronominaux*

s'approcher (de)	*to come close (to)*	Je ne t'entends pas. Peux-tu **t'approcher?**
s'arrêter	*to stop*	Est-ce que l'autobus **s'arrête** ici?
s'asseoir	*to sit down*	Je vais **m'asseoir** à cette table.
se dépêcher	*to hurry*	Pourquoi est-ce que tu **te dépêches?**
s'énerver	*to get nervous, upset*	Pourquoi est-ce qu'il **s'énerve?**
s'impatienter	*to get, grow impatient*	Je **m'impatiente** quand tu n'es pas prêt.
s'intéresser (à)	*to be, get interested in*	Les étudiants **s'intéressent à** la politique.
se mettre en colère	*to get angry*	Éric **se mettait** souvent **en colère.**
se préoccuper (de)	*to be, get concerned (about), to worry*	Sylvie **se préoccupe des** problèmes de ses amis.
se préparer	*to get ready*	Nous **nous préparons** pour la fête.
s'amuser	*to have fun*	J'espère que nous allons **nous amuser.**
s'appeler	*to be called*	Comment **s'appelle** ce restaurant?
s'excuser	*to apologize*	Quand j'ai tort, je **m'excuse.**
s'occuper (de)	*to be busy with, to take care of*	Nous **nous occupons d'**un club sportif. Je **m'occupe de** ce problème.
se rendre compte (de)	*to realize*	Est-ce que tu **te rends compte de** ton erreur?
se souvenir (de)	*to remember*	Je **me souviens de** la date du rendez-vous.
se tromper	*to be mistaken, to make a mistake*	Ce n'est pas vrai. Tu **te trompes.**

NOTES DE VOCABULAIRE

1. **Se souvenir** is conjugated like **venir.**

   Je **me souviens.**   Nous **nous souvenons.**

2. The verb **s'asseoir** is irregular:

je **m'assieds**	nous **nous asseyons**
tu **t'assieds**	vous **vous asseyez**
il **s'assied**	ils **s'asseyent**

3. Reflexive verbs are often used to express a change in emotional or physical state. As such, they correspond to the English construction *to get* + ***adjective.***

   Nous **nous impatientons.**   *We are getting impatient.*

2. Sujets d'intérêt   Dites à quelle chose les personnes suivantes s'intéressaient quand elles étaient à l'université. Utilisez l'imparfait de **s'intéresser à**.

●   Paul et Jacques (les sports)   *Ils s'intéressaient aux sports.*

1. Frédéric (le théâtre)
2. je (la politique)
3. vous (la psychologie)
4. mes amis (la nature)
5. tu (la philosophie orientale)
6. nous (les problèmes sociaux)

3. L'ami(e) idéal(e)   Dites si oui ou non l'ami(e) idéal(e) fait les choses suivantes.

●   s'impatienter   *Non, il (elle) ne s'impatiente pas.*

1. s'énerver facilement
2. se mettre en colère
3. s'occuper de moi
4. s'amuser quand je suis triste
5. se souvenir de mon anniversaire
6. s'intéresser à mes problèmes personnels
7. s'excuser quand il (elle) a tort
8. se disputer avec moi

4. Dialogue   Demandez à vos camarades s'ils font les choses suivantes.

●   s'intéresser à la politique?

—*Est-ce que tu t'intéresses à la politique?*
—*Oui, je m'intéresse à la politique.*
ou: —*Non, je ne m'intéresse pas à la politique.*

1. s'intéresser aux sports?
2. s'impatienter souvent?
3. s'énerver pendant les examens?
4. s'amuser à l'université?
5. s'entendre bien avec ses amis?
6. se mettre souvent en colère?
7. se préoccuper de l'avenir (*future*)?
8. se souvenir de ses amis d'enfance (*childhood*)?

5. Oui ou non?   Informez-vous sur les personnes suivantes et dites si oui ou non elles font les choses entre parenthèses.

●   Philippe est triste. (s'amuser?)   *Il ne s'amuse pas.*

1. Nous ne voulons pas rater (*to miss*) le bus. (se dépêcher?)
2. Ces touristes continuent leur promenade. (s'arrêter au café?)
3. J'ai une excellente mémoire. (se souvenir de tout?)
4. Marc va aller à une soirée. (se préparer?)
5. Janine est la fille de Monsieur Dupont. (s'appeler Janine Durand?)
6. Le professeur est toujours calme. (s'énerver?)
7. Tu assistes à un match de tennis. (s'intéresser aux sports?)
8. Je suis discret. (s'occuper de la vie privée de mes amis?)
9. Vous êtes impoli! (s'excuser?)
10. Nous sommes très fatigués. (s'asseoir?)
11. Pierre arrive. (s'approcher?)
12. Vous dites la vérité. (se tromper?)
13. Tu es trop optimiste. (se rendre compte de la gravité de la situation?)

B.   L'impératif des verbes pronominaux

Compare the position of the reflexive pronouns in the following affirmative and negative commands.

Affirmative commands	*Negative commands*
Lave-**toi** les mains avant le dîner.	Ne **te** lave pas les mains dans la cuisine.
Assieds-**toi** sur le sofa.	Ne **t'**assieds pas sur cette chaise.
Occupez-**vous** de vos problèmes.	Ne **vous** occupez pas de mes problèmes.
Promenons-**nous** en voiture.	Ne **nous** promenons pas à pied.

In AFFIRMATIVE COMMANDS, the reflexive pronoun follows the verb and is attached to it by a hyphen.
In NEGATIVE COMMANDS, the reflexive pronoun comes before the verb.

Arrête-**toi!**   Ne **t'**arrête pas!

Levez-**vous!**   Ne **vous** levez pas!

❖   The pronoun **te** becomes **toi** when it comes after the verb.

6.   **Le jour de l'examen**   Il y a un examen aujourd'hui. Votre camarade de chambre a étudié toute la nuit et maintenant il (elle) a des difficultés à se lever. Dites-lui de faire les choses suivantes.

PRACTICE: familiar imperative

● se réveiller
    Réveille-toi!

1. se lever
2. se laver
3. se brosser les dents
4. s'habiller
5. se préparer
6. se dépêcher

7.   **Quelques conseils**   Imaginez que vous êtes médecin en France. Vous avez un patient très nerveux. Dites-lui de faire certaines choses et de ne pas faire d'autres choses.

PRACTICE: formal imperative

● se reposer (oui)   ***Reposez-vous!***

● s'énerver (non)   ***Ne vous énervez pas!***

1. s'impatienter (non)
2. se mettre en colère (non)
3. se disputer avec ses amis (non)
4. se préoccuper inutilement (non)
5. s'acheter des cigarettes (non)
6. s'acheter une bicyclette (oui)
7. se promener à la campagne (oui)
8. s'amuser (oui)

300€
VTT Décathlon
Rockrider 320.
Catégorie balade,
existe en version femme.

8. **Que dire?** Vous parlez à vos amis. Dites si oui ou non ils doivent faire les choses entre parenthèses.

● Tu as un bus dans vingt minutes. (se dépêcher?)   *Dépêche-toi!*

● Nous devons être calmes. (s'impatienter?)   *Ne nous impatientons pas!*

1. Vous êtes fatigués. (s'asseoir sur cette chaise?)
2. Nous avons soif. (s'arrêter dans ce café?)
3. Tu as tort. (s'excuser?)
4. Tu as une mauvaise grippe. (se lever?)
5. Tu as toujours froid. (se promener sans manteau?)
6. Nous ne sommes pas prêts. (se dépêcher?)
7. Nous avons un examen important. (se tromper dans les réponses?)
8. Vous allez à une fête. (s'amuser?)
9. Tu travailles trop. (se reposer?)
10. Vous avez rendez-vous chez le dentiste. (se souvenir de l'heure?)

9. **Réactions** Qu'est-ce que vous pouvez dire dans les circonstances suivantes? Utilisez un verbe pronominal à la forme impérative, négative ou affirmative. Et n'oubliez pas d'utiliser votre imagination!

● Un ami part en week-end.   *Amuse-toi bien!*

1. Il est dix heures du matin et votre frère dort.
2. Votre sœur a les cheveux en désordre.
3. Vous avez eu un accident avec la voiture de votre père.
4. Vos amis travaillent trop.
5. Vos parents ne sont pas contents parce que vous rentrez tard ce soir.
6. Vos camarades se disputent dans votre chambre.
7. Vos amis Vincent et Paul sont en retard.

1. Réveille-toi.
2. Peigne-toi.
3. Ne te mets pas en colère, Papa.
4. Reposez-vous un peu.
5. Ne vous préoccupez pas.
6. Ne vous disputez pas ici.
7. Dépêchez-vous.

C.   Les verbes pronominaux: sens réciproque

The words in bold type describe RECIPROCAL ACTIONS. Note the use of reflexive constructions to express these actions.

Charles aime Monique. ⎱
Monique aime Charles. ⎰   Ils **s'aiment.**   *They **love each other.***

Robert rencontre Anne. ⎱
Anne rencontre Robert. ⎰   Ils **se rencontrent.**   *They **meet (each other).***

Je téléphonais à mes amis. ⎱
Mes amis me téléphonaient. ⎰   Nous **nous téléphonions.**   *We **used to call one another.***

> Reflexive verbs may be used to express RECIPROCAL ACTIONS. Since reciprocity involves more than one person, the subject is usually PLURAL.
>
> ---
>
> Pierre et Marie **s'écrivent.**   *Pierre and Marie **write (to) each other.***
> Nous **nous voyons** souvent.   *We often **see each other.***

❖   In conversational usage, **on** may be used in a reciprocal construction:

   On se voit demain?   ***Shall we see each other** tomorrow?*

10. Les amis   Quand elles étaient plus jeunes, les personnes suivantes étaient d'excellents amis. Décrivez leurs relations en utilisant la forme pronominale des verbes suivants.

PRACTICE: expressing reciprocal actions

●   Jacques et moi / inviter souvent   ***Nous nous invitions souvent.***

3. Antoine et moi, nous...
4. Thérèse et toi, vous...
7. Mes amis et moi, nous...
8. Tes amies et toi, vous...

1. Paul et Marie / voir tous les week-ends
2. Philippe et Claire / écrire pendant les vacances
3. Antoine et moi / rendre visite tous les week-ends
4. Thérèse et toi / donner rendez-vous après les cours
5. Jean-Pierre et Cécile / retrouver après les cours
6. Sylvie et Thomas / aimer bien
7. mes amis et moi / s'entendre bien
8. tes amies et toi / aider

D.   Le passé composé des verbes pronominaux

The sentences below are in the passé composé. Note which auxiliary verb is used to form the passé composé of reflexive verbs.

Alice **s'est levée** à six heures.	*Alice **got up** at six.*
Philippe et Alain **se sont promenés.**	*Philippe and Alain **took a walk**.*
Est-ce que vous **vous êtes reposés?**	***Did** you **rest**?*
Non, nous **ne nous sommes pas reposés.**	*No, we **didn't rest**.*

● The PASSÉ COMPOSÉ of REFLEXIVE verbs is formed as follows:

> reflexive pronoun + present of **être** + past participle

Note the forms of the passé composé of **s'amuser** *(to have fun)*.

	Masculine	Feminine
singular	je **me suis amusé** tu **t'es amusé** il/on **s'est amusé**	je **me suis amusée** tu **t'es amusée** elle **s'est amusée**
plural	nous **nous sommes amusés** vous **vous êtes amusé(s)** ils **se sont amusés**	nous **nous sommes amusées** vous **vous êtes amusée(s)** elles **se sont amusées**
negative	je ne **me suis** pas **amusé**	je ne **me suis** pas **amusée**
interrogative	est-ce que tu **t'es amusé?**	est-ce que tu **t'es amusée?**

❖ The verb **s'asseoir** *(to sit down)* has an irregular past participle: **assis.**

Éric s'est **assis** à table.   Nicole s'est **assise** à côté de lui.

❖ When the reflexive verb is in the passé composé, the PAST PARTICIPLE generally AGREES with the REFLEXIVE PRONOUN. This pronoun has the same number and gender as the subject.

This is a simplified rule. The general rule is that the past participle agrees with a preceding direct object. Usually the reflexive pronoun is a direct object.

Jacqueline s'est amusée à la fête.   **Hélène et Alice se sont rencontrées** dans un café.

❖ EXCEPTION: The past participle does NOT agree with the reflexive pronoun when this pronoun functions as an INDIRECT OBJECT. This happens in the following cases:

- *reflexive verb + direct object*

  Caroline s'est **acheté** un caméscope.

  un caméscope = direct object; s' = indirect object

- *reflexive verb + part of the body*

  Nous nous sommes **lavé** les mains.
  Janine s'est **brossé** les cheveux.
  Ma cousine s'est **cassé** la jambe.

  les mains, les cheveux, la jambe = direct objects; nous, s' = indirect objects

- verbs like **se parler** that take an indirect object in a non-reflexive construction **(parler à quelqu'un)**

  Claire et Nicole se sont **parlé** après la classe.

  Claire a parlé à Nicole et Nicole a parlé à Claire.

  Other common verbs in this category are:
  se téléphoner (téléphoner à)
  s'écrire (écrire à)
  se rendre visite (rendre visite à)
  se donner rendez-vous (donner rendez-vous à).

11. Week-end   Dites ce que les personnes suivantes ont fait le week-end dernier et dites si oui ou non elles se sont amusées.

COMPREHENSION: discussing reactions to weekend activities

● Monique / étudier   ***Monique a étudié. Elle ne s'est pas amusée.***

1. François / nettoyer son appartement
2. Pauline / sortir avec son fiancé
3. je / faire les courses et le ménage
4. tu / faire une promenade avec tes amis
5. Anne et Stéphanie / aller au cinéma
6. ces étudiants / aller au laboratoire de langues
7. vous / aller à une fête
8. nous / travailler

12. Vendredi treize   Pour certains, le vendredi treize est un jour de malchance *(bad luck)*. Expliquez la malchance des personnes suivantes. ATTENTION: les phrases peuvent être affirmatives ou négatives.

COMPREHENSION: describing unfortunate events

● Janine / se souvenir de son rendez-vous avec Paul?
Janine ne s'est pas souvenue de son rendez-vous avec Paul.

1. les étudiants / se souvenir des verbes irréguliers?
2. notre professeur / s'impatienter?
3. les touristes / se perdre *(to get lost)* à Paris?
4. je / se réveiller pour l'examen de français?
5. Monsieur Lenormand / se couper avec son rasoir?
6. vous / se mettre en colère?
7. Catherine / se disputer avec son fiancé?
8. nous / s'entendre avec nos amis?
9. je / s'asseoir sur une chaise cassée?
10. les ingénieurs / se tromper dans leurs calculs *(calculations)*?

13. Dialogue   Demandez à un(e) camarade s'il (si elle) a fait les choses suivantes hier.

COMMUNICATION: talking about yesterday's activities

● se promener en ville?
   —*Est-ce que tu t'es promené(e) en ville?*
   —*Oui, je me suis promené(e) en ville.*
   ou: —*Non, je ne me suis pas promené(e) en ville.*

1. se lever avant huit heures?
2. se dépêcher pour être à l'heure en classe?
3. se reposer après les cours?
4. s'arrêter dans un café?
5. s'amuser?
6. se disputer avec ses amis?
7. se coucher tôt?

14. Hier   Paul demande à Suzanne ce qu'elle a fait hier. Jouez les deux rôles avec un(e) partenaire.

ROLE PLAY: talking about yesterday's activities

● à quelle heure / se lever? (à sept heures et demie)
   PAUL: *À quelle heure est-ce que tu t'es levée?*
   SUZANNE: *Je me suis levée à sept heures et demie.*

1. où / se promener après les cours? (au jardin du Luxembourg)
2. que / s'acheter Au Bon Marché? (une nouvelle robe)
3. dans quel café / s'arrêter après? (au café de Cluny)
4. pourquoi / se dépêcher? (pour être à l'heure à un rendez-vous)
5. à quelle heure / se coucher? (à onze heures et quart)

No agreement in item 2; reflexive pronoun is an indirect object.

15. Pourquoi?   Dites ce que les personnes suivantes ont fait et expliquez pourquoi. Utilisez votre imagination.

COMMUNICATION: explaining the behavior of others

● Adèle / se dépêcher
   Adèle s'est dépêchée parce qu'elle ne voulait pas rater son train.

1. le professeur / se mettre en colère
2. ma cousine / s'excuser
3. je / s'impatienter
4. vous / se reposer
5. tu / s'arrêter au café
6. mes amis et moi, nous / se disputer
7. les étudiants / s'énerver
8. Jean-Claude / se lever tôt
9. Catherine / s'habiller élégamment (*elegantly*)

16. Une histoire d'amour   Racontez au passé composé l'histoire d'amour de Pierre et d'Annette. (NOTE: **se marier** = *to get married*)

COMPREHENSION: narrating past events with reflexive verbs

1. Ils se rencontrent pendant les vacances.
2. Ils se parlent.
3. Ils se téléphonent.
4. Ils se voient le lendemain (*next day*).
5. Ils se retrouvent à nouveau (*again*).
6. Ils s'écrivent après les vacances.
7. Ils se rendent visite à Noël.
8. Ils s'entendent.
9. Ils se déclarent leur amour.
10. Ils se marient.

Se is an indirect object in sentences 2, 3, 6, 7, and 9.

Communication

These communication activities can either be done extemporaneously or they can be assigned for outside preparation, with each student writing out the appropriate questions (and responses, if desired).

In class, students can practice the conversations in pairs or groups.

If desired, random pairs or groups of students can act out their conversation in front of the class.

Et vous?

Pas de problème!
CD-ROM: Module 8

Pas de problème!
video: Module 8

Contacts *Cahier d'activités:*
Workbook, Leçon 27
Lab Manual, Leçon 27

Video Module 8 and worksheet in the *Instructor's Resource Manual*

1. You notice that the student next to you is yawning during class.

Ask your partner . . .
- if he/she went out last night (and if so, where he/she went)
- if he/she studied for the class
- at what time he/she went to bed
- at what time he/she got up this morning

2. Instead of going back to the dorm after class, your roommate went downtown to meet a friend. Your roommate is now back.

Ask your partner . . .
- where they met
- where they went for a walk
- if they stopped at a café (and if so, what they ordered)
- how he/she came back (**en bus? à pied?...**)

3. You and your partners are discussing what you did last Sunday.

Ask one another . . .
- how early you got up
- if you worked
- if you had fun, if you saw friends, what you did
- how late you went to bed

Vocabulaire pratique: *Le sport et les loisirs*

On va à **la mer** pour
- **faire de la voile** *(sailing)*.
- **faire de la planche à voile** *(windsurfing)*.

On va à **la plage** ou à **la piscine** pour
- **nager/se baigner** *(to swim)*.
- **se bronzer** *(to get a tan)*.
- **prendre des bains de soleil** *(to sunbathe)*.

On va à **la montagne** pour
- **faire du ski.**
- **faire du ski de fond** *(cross-country)*.
- **faire de la planche à neige** *(to go snowboarding)*.

On va à **la campagne** pour
- **faire du camping.**
- **faire des promenades** | **à pied.**
- **faire des randonnées** | **à vélo.**
  (excursions) | **à cheval** *(horseback)*.

On va au **stade** pour
- **courir** *(run)*.
- **faire du jogging.**
- **s'entraîner** *(to train)*.

On va à **la salle de gymnastique** pour
- **faire de l'exercice.**
- **faire de la culture physique** *(bodybuilding)*.
- **faire du yoga.**
- **faire de l'aérobic.**
- **lever des poids** *(to lift weights)*.

Quelques sports

Quels sports **pratiques-tu?**

Je **joue**
- **au tennis.**
- **au foot.**
- **au basket.**
- **au volley.**
- **au golf.**

VIVE L'AÉROBIC

Je **fais**
- **du vélo.**
- **du bateau** *(boating)*.
- **du judo.**
- **du karaté.**
- **du deltaplane** *(hang-gliding)*.
- **de la moto.**
- **de la plongée sous-marine** *(scuba diving)*.
- **de l'athlétisme** *(track and field)*.
- **de l'aviron** *(crew)*.
- **de l'équitation** *(horseback riding)*.

Activité: *Les sports*

Posez à vos camarades des questions sur les sujets suivants.

1. Quels sports pratiquent-ils en été? en hiver? en toute saison *(the year round)*?
2. Quels sports peut-on pratiquer dans la région où ils habitent?
3. À leur avis, quel est le meilleur sport pour la santé? Pourquoi? Quel est le sport le plus dangereux? Pourquoi? Quel est le sport le plus fatigant *(tiring)*? Pourquoi? Quel est le sport le plus cher?

Situations: *Loisirs*

Vous voulez savoir où sont allés vos camarades et ce qu'ils ont fait. Ils doivent vous répondre logiquement. Composez des dialogues selon le modèle en utilisant les expressions entre parenthèses.

● les vacances de printemps (en Floride)
   —*Où as-tu passé les vacances de printemps?*
   —*Je suis allé(e) en Floride.*
   —*Ah bon! Et qu'est-ce que tu as fait là-bas?*
   —*J'ai fait des promenades en bateau. (J'ai fait de la planche à voile. Je me suis bronzé(e)…)*

1. le week-end dernier (à la campagne)
2. le mois de février (dans le Colorado)
3. la soirée (à la salle de gymnastique)
4. l'après-midi (au stade)
5. les vacances de Pâques *(Easter)* (aux Bermudes)

Vocabulaire pratique: *La santé*

Ça va?
Comment vas-tu?
Comment **te sens-tu?**

Ça va	bien.
Je vais	
Je me sens	

Ça ne va pas	bien.
Je ne vais pas	
Je ne me sens pas	

| Je suis | **en bonne santé.** |
| | **en forme.** |

| Je ne suis pas | en bonne santé. |
| | en forme. |

Je suis	**malade.**
Je me sens	**fatigué(e).**
	déprimé(e) (*depressed*).

Qu'est-ce que tu as? (*What's wrong?*)

| **J'ai mal** | **à la tête.** |
| | **au ventre/à l'estomac** (*stomach*). |

| J'ai **une douleur** (*pain*) | **à l'épaule** (*shoulder*). |
| | **au genou.** |

J'ai	**une migraine.**
	un rhume.
	la grippe.
	la mononucléose.

Tu as eu un accident?
Qu'est-ce qui t'est arrivé? (*What happened to you?*)

| **Je me suis fait mal** (*hurt myself*) | **au dos.** |
| | **à l'épaule.** |

Je me suis blessé(e) (*wounded myself*) **à la main.**

| **Je me suis cassé** | la jambe. |
| | le bras. |

| **Je me suis coupé(e)** (*cut*) | **au pied.** |
| | **au genou.** |

| **Je me suis foulé** (*sprained*) | **la cheville** (*ankle*). |
| | **le poignet** (*wrist*). |

À la pharmacie

Je vais **passer à** (*to go by*) la pharmacie pour acheter...

- **des pansements** (*bandages*).
- **du sparadrap** (*adhesive tape*).
- **une bande Velpeau** (*Ace bandage*).
- **des cotons-tiges** (*cotton swabs*).
- **des pastilles** (*lozenges*) pour la gorge.
- **des cachets** (*tablets*) d'aspirine.
- **des gouttes** (*drops*) pour les yeux.

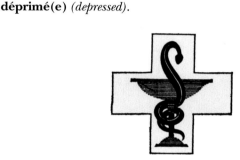

Les PHARMACIENS de LOUHANS

The past participle does not agree with the reflexive pronoun when the body part following the verb is the verb's direct object.

Situations: *Accidents*

Vous voulez savoir ce qui est arrivé aux personnes suivantes. Composez des dialogues selon le modèle. Expliquez la cause de l'accident en utilisant votre imagination. Jouez les dialogues avec vos camarades.

● Anne VOUS: ***Dis donc, Anne, qu'est-ce qui t'est arrivé?***
ANNE: ***Tu vois, je me suis foulé la cheville (je me suis fait mal au pied).***
VOUS: ***Ah bon? Comment est-ce que c'est arrivé?***
ANNE: ***Je faisais une promenade à cheval (je faisais du roller) et je suis tombée.***

1. Pierre   2. Caroline   3. Albert   4. Olivier   5. Stéphanie

Situations: *Pourquoi?*

Vous demandez certains produits pharmaceutiques à votre camarade qui veut savoir pourquoi vous en avez besoin. Improvisez des dialogues.

- Demandez l'article désigné.
- Votre camarade vous demande les détails de vos problèmes médicaux.
- Expliquez ce qui se passe.

● des pansements
—***Dis, est-ce que tu as des pansements?***
—***Oui, pourquoi?***
—***Je me suis coupé à la main.***

1. un cachet d'aspirine
2. des gouttes pour le nez
3. un cachet d'Alka-Seltzer
4. un tube de Bacitracine
5. une bande Velpeau

Contacts *Cahier d'activités:* Workbook and Lab Manual, Vivre en France 9 Workbook, Révision 3: Unités 7–9

www

Aperçu culturel
France, mère des arts

La France a toujours eu une forte tradition artistique. Depuis le Moyen Âge°, l'art fait partie de° la vie du pays: il accompagne son histoire et l'évolution de sa pensée°. Il représente donc° pour nous un témoignage passionnant°: il offre à nos yeux le panorama de toute une° civilisation. Grâce aux° œuvres d'art, le passé° du pays reste vivant° pour nous. Ceci explique pourquoi les Français d'aujourd'hui sont passionnés° par l'art et visitent régulièrement les expositions° organisées par les grands musées nationaux comme le Louvre, le Centre Pompidou et le musée d'Orsay.

Pourquoi la France a-t-elle une tradition artistique si° forte et si ancienne? Les Français ont, sans doute°, toujours eu besoin d'exprimer° et de visualiser leurs sentiments. Mais c'est aussi parce que ceux° qui gouvernent le pays ont, depuis longtemps, été les mécènes° et souvent les consommateurs° de cet art. Au Moyen Âge, époque où l'Église° exerce une autorité importante, l'art roman°, puis l'art gothique, dominent l'inspiration artistique: les magnifiques cathédrales de cette période sont aujourd'hui l'une des grandes richesses de la France. Plus tard François Ier, grand amateur de l'art italien, introduit la Renaissance en France. Louis XIV, monarque au pouvoir° absolu, dirige° les travaux du château de Versailles avec ses «jardins à la française°», qui symbolise bien le classicisme de son âge. Napoléon, qui n'a cependant pas beaucoup de goût° pour l'art, utilise le talent de certains artistes comme le peintre David pour célébrer sa grandeur. Ainsi°, pendant des siècles, la création artistique en France est dominée par l'influence d'un art officiel.

Pendant la deuxième moitié° du dix-neuvième siècle, la démocratie s'installe peu à peu dans le pays et l'autorité religieuse perd beaucoup de son influence. Des courants° d'idées° et d'expression artistique s'affirment de façon de plus en plus indépendante. Déjà, au début du dix-neuvième siècle, les peintres° romantiques commencent à affirmer la liberté de l'artiste, en rejetant° les règles° trop strictes de l'académisme: pour eux, une œuvre doit exprimer les sentiments et les émotions de l'artiste.

Napoléon de David

Middle Ages
has played a part in
thought / therefore / captivating
testimony / an entire / Thanks
to / past
alive
impassioned / exhibitions

so
undoubtedly / express
those
patrons / consumers
the Roman Catholic Church /
Romanesque art

power
supervises / French gardens

taste
Thus

half

currents
ideas

painters

rejecting
rules

C'est vers 1860, avec l'impressionnisme qu'une véritable révolution a lieu° dans ce domaine. L'art n'est plus une imitation de la réalité. Des peintres, comme Monet, veulent exprimer dans leurs tableaux° les sensations de l'instant par le jeu° des couleurs et les effets de lumière. L'impressionnisme change la conception traditionnelle de l'art et la vie artistique française s'oriente vers la modernité. *takes place / paintings / play*

Le post-impressionnisme, représenté par des peintres comme Gauguin, Van Gogh et Cézanne, ouvre la voie° à l'art contemporain dont° le pays devient un centre principal. Au début du vingtième siècle, de nombreux artistes d'autres pays s'installent en France: Picasso, Modigliani, Chagall, Soutine, Diego Rivera... C'est la naissance du fauvisme et du cubisme dans les premières années du vingtième siècle. Inspiré par ces deux mouvements, l'art abstrait°, de nature plus européenne, connaît une évolution très importante en France avec les travaux de Kandinsky et Delaunay. Le surréalisme aussi se développe en France, peu après° la Deuxième Guerre mondiale. *opens the way / of which / abstract / shortly after*

Pourquoi la France a-t-elle été le centre de ces différents mouvements, de ces «révolutions artistiques»? C'est sans doute grâce à la liberté de pensée et de création que les artistes y ont trouvé et au goût très marqué° du public français pour l'art. *pronounced*

Aujourd'hui, cet intérêt reste très vivant dans le pays: les grandes expositions organisées chaque année et les musées attirent de plus en plus de visiteurs; l'art est accessible à tous° par les livres, les magazines, les cassettes vidéo, les émissions de télévision, les CD-ROM. Le gouvernement français continue à encourager la tradition artistique: il subventionne° des musées, des expositions, des écoles; il donne des bourses° aux artistes et il maintient° un enseignement° artistique dans le système scolaire. *to everyone / subsidizes / grants / maintains / instruction*

L'art préhistorique

Pour beaucoup de personnes, l'histoire de l'art en France commence au Moyen Âge. Mais il y a dans le pays des vestiges d'un art beaucoup plus ancien, qui contribue lui aussi à la richesse du patrimoine°: l'art préhistorique. La grotte° de Lascaux, en Dordogne, découverte° en 1940, et la grotte de Vallon-Pont-d'Arc, près d'Avignon, découverte en 1995, offrent des exemples très précieux de l'art des parois° développé par les hommes de Cro-Magnon, il y a 15.000 à 20.000 ans. Les peintures, réalisées° avec des pigments naturels (noirs, rouges, ocres), montrent des bisons°, des taureaux°, des chevaux° et d'autres animaux. Ces peintures, d'un grand sens artistique, illustrent l'activité primordiale de l'homme primitif, la chasse°. *national heritage / cave / discovered / cave walls / created / buffalo / bulls / horses / hunting*

Grotte de la Combe d'Arc

425

Le labyrinthe de Chartres

La cathédrale
de Chartres

L'art médiéval

Le Moyen Âge (476–1453) est une époque de guerres dans le monde occidental; en France, de nombreuses invasions menacent l'autorité royale et l'unité du pays. L'art français connaît une évolution importante du cinquième au quatorzième siècle, mais cette longue période est aussi caractérisée par le pouvoir de l'Église, qui domine l'organisation sociale et la vie artistique.

L'art roman apparaît au dixième siècle avec les premiers monastères°. On construit° des cathédrales puissantes°, véritables forteresses dans un monde plein° de menaces. Leurs murs° compacts et leurs larges voûtes° offrent de grandes surfaces que des peintres anonymes décorent pour enseigner la Bible à une population qui ne sait pas lire.

Au douzième siècle, les progrès de l'architecture permettent un art plus léger: c'est l'art gothique, caractérisé par des cathédrales énormes aux hautes flèches° qui montent vers le ciel°. Le nouvel arc en ogive°, beaucoup plus fort que l'arc roman, permet la construction de cathédrales comme Chartres avec de grandes et hautes fenêtres décorées de vitraux°, qui racontent des histoires de la Bible et donnent de la lumière. Certaines cathédrales gothiques, comme Chartres et Amiens, avaient un labyrinthe dans leur nef pour l'usage des pèlerins°.

L'art en France, pendant tout le Moyen Âge, est donc essentiellement religieux. Il s'exprime dans l'architecture, la peinture et les vitraux des églises, mais aussi dans les livres: les moines° recopient° les textes religieux et les décorent d'enluminures° peintes à la main°. C'est seulement dans la seconde moitié du quatorzième siècle que le portrait apparaît dans la peinture; les artistes commencent à peindre° sur des toiles° et des panneaux de bois° qu'on peut transporter, vendre et acheter. Paris devient alors un centre artistique important.

monasteries
builds / powerful / full
walls / vaults

spires
toward the sky / pointed arch

stained-glass

pilgrims

monks / copy / illuminations
handpainted
paint / canvases
wooden panels

Le château d'Azay-le-Rideau

François Ier de Clouet

La Renaissance

Au quinzième siècle, l'Europe entre dans une période de grande prospérité économique et politique. Un climat de confiance° s'installe et les mentalités changent: on rejette les valeurs° du Moyen Âge, la religion perd de son influence et l'homme devient le centre d'un nouveau courant de pensée°, l'humanisme. L'esprit d'entreprise et la soif de savoir° qui caractérisent cette époque sont à l'origine de découvertes importantes et de progrès de la pensée scientifique. Pendant deux siècles, la Renaissance transforme le monde occidental.

confidence

values

thought

thirst for knowledge

Ce mouvement de renouveau° culturel inspiré de l'héritage gréco-romain est né en Italie, au début du quinzième siècle. À cette époque, la France est encore médiévale. En 1515, le roi François Ier, parti en guerre contre l'Italie, découvre l'extraordinaire richesse de la peinture dans ce pays. Il décide alors de transformer sa cour° en un véritable centre artistique international et invite en France de nombreux artistes, comme Léonard de Vinci. Avec l'établissement de la monarchie absolue°, la culture devient un instrument politique, et la Renaissance française se développe sur les bords° de la Loire, à Fontainebleau, puis au Louvre, où la cour du roi s'installe en 1547.

revival

court

absolute monarchy
shores

L'art de la Renaissance se caractérise par un idéal d'harmonie, de raffinement°, de beauté et de l'amour de la vie; en France, il s'exprime surtout° dans l'architecture gracieuse des châteaux de la Loire, comme celui d'Azay-le-Rideau. En peinture, l'esprit de la Renaissance et le développement de la pensée scientifique apportent° de nouveaux sujets et un nouveau style, réaliste mais dicté° par le bon goût°. Les thèmes religieux deviennent beaucoup moins importants. L'art du portrait s'impose avec des artistes comme Clouet. Le décor° artificiel des tableaux du Moyen Âge est remplacé par° des paysages construits°, avec leur végétation, leur architecture et leur lumière°. La peinture de la Renaissance est inspirée à la fois° par une conception mathématique de l'harmonie (avec l'invention de la perspective et de la proportion), par la recherche du beau et par l'intention de reproduire le monde suivant° un dessin° parfait.

refinement
above all

bring
dictated / taste

setting / replaced by
designed landscapes / light
all at once

according to / design

Les jardins du Palais de Versailles   *Les Bergers d'Arcadie* de Poussin

L'âge classique

Le dix-septième siècle, en France, est considéré comme le siècle de Louis XIV. Pour centraliser le pouvoir et imposer son autorité absolue dans tous les domaines, le «Roi-Soleil» (1643–1715) adopte une vaste politique de conquête°; mais il veut aussi établir° le prestige culturel de la France. Par goût et par ambition politique, il réussit à établir dans le pays un art officiel caractérisé par un idéal d'harmonie, de rigueur° et de mesure°, à une époque dominée par l'exubérance du baroque dans beaucoup de pays d'Europe.

Ce classicisme influence tous les aspects de l'art français. Les mêmes principes inspirent la littérature, la musique, la peinture et l'architecture de cette période: l'imitation des Anciens, la rigueur de la composition et la modération et, d'une manière générale, une élégance très civilisée, à la fois extérieure et morale. Plusieurs académies d'art, comme l'Académie royale de peinture et de sculpture, sont fondées sous Louis XIV. Elles définissent les règles esthétiques et contrôlent la production artistique: les tableaux de Poussin ou de Le Brun, par exemple, illustrent le goût de l'allégorie et la rigueur de composition typiques de cette période.

Les goûts de luxe de Louis XIV sont à l'origine de l'architecture grandiose de cette époque, telle que° la colonnade du Louvre et surtout le château de Versailles, véritable hymne à la grandeur du Roi-Soleil. Pendant 35 ans, Louis XIV contrôle les travaux pour agrandir° le palais, pour créer° des jardins à la française et des bassins avec l'aide des plus grands artistes de l'époque comme le peintre et décorateur Charles Le Brun, les architectes Louis Le Vau et Jules Hardouin-Mansart et le jardinier Le Nôtre. Versailles, où le roi donne des fêtes, des spectacles musicaux et des jeux d'eau somptueux°, représente ainsi l'idéal parfait de l'harmonie classique, souvent reproduit° en province et à l'étranger°.

conquest
to establish
precision
moderation

such as

expand / create

sumptuous fountains
reproduced
abroad

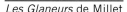
Les Glaneurs de Millet

Néo-classicisme et romantisme

Au dix-huitième siècle, de nouveaux courants influencent l'art en France: des portraits gracieux remplacent les peintures solennelles° de l'époque classique; l'artiste devient le miroir de la société. Pourtant, vers la fin du siècle, après la Révolution, un courant néo-classique apparaît en peinture et en architecture. Quand des vestiges romains sont découverts en Italie, on revient au goût de l'antique. Des artistes comme David (inspiré par les travaux de Poussin) célèbrent l'héroïsme et le civisme° de la Révolution et la grandeur de Napoléon, dans de vastes tableaux d'histoire à la composition précise et au dessin parfait. Ingres, disciple de David, recherche dans ses portraits la pureté des formes pour exprimer la beauté idéale. Dans le domaine de l'architecture, le temple romain est le modèle du néo-classicisme avec la construction, par exemple, de l'église de la Madeleine à Paris.

Mais ce courant artistique ne domine pas le début du dix-neuvième siècle de manière unanime°: le romantisme, en littérature d'abord, puis dans les autres arts, rejette l'aspect universel et les règles du classicisme en faveur de l'expression individuelle de l'artiste. Ainsi, les peintres romantiques comme Delacroix ou Géricault célèbrent le retour à la nature et la richesse des sentiments. Ils utilisent la couleur et le mouvement pour exprimer° le pouvoir° de l'émotion dans des tableaux puissants°, souvent inspirés par le sens du pathétique° et le goût de l'exotisme°. Le culte° de la nature est à l'origine de nombreux tableaux de paysages°: un groupe de peintres s'installe à Barbizon, près de Fontainebleau. Ils travaillent en général dans leurs ateliers°, mais ils observent la nature et apportent beaucoup de nuance dans les couleurs et les jeux de lumière°. Les toiles° des peintres de l'école de Barbizon, comme Corot, Courbet ou Millet, annoncent déjà les débuts de la grande révolution artistique du dix-neuvième siècle: l'impressionnisme.

solemn

public-spiritedness

unanimous

to express / power / powerful
pathos / the exotic / worship
landscapes
studios

lighting effects / oil paintings

La révolution impressionniste

La deuxième moitié du dix-neuvième siècle est une période d'industrialisation intense en France et en Europe. Le progrès technique est à l'origine de transformations sociales et culturelles importantes, avec le triomphe de la bourgeoisie capitaliste et de la démocratie. La photographie, par exemple, remet en question° le rôle du peintre: la photo offre une reproduction de la réalité, et le peintre doit trouver une autre application à son art. Le développement des moyens de transports° a aussi des conséquences dans le domaine artistique: beaucoup de peintres commencent à prendre le train pour passer le week-end à la campagne et peindre en plein air°. Ils travaillent souvent en groupe et se retrouvent dans des cafés pour discuter avec passion de leurs recherches et critiquer le conformisme de la bourgeoisie.

Dans ce contexte, le *Déjeuner sur l'herbe,* présenté par Édouard Manet au Salon des Refusés de 1863, représente un événement° important. Les critiques officiels jugent son tableau trop moderne, mais les jeunes peintres apprécient l'utilisation des touches de couleur brute°, la liberté dans le geste° et dans la finition°, et Manet devient leur inspiration. Pour ces jeunes artistes, en effet, la peinture ne doit plus représenter un sujet (religieux, mythologique, historique) mais exprimer la sensation de l'instant dans un motif (un paysage, une scène de la vie parisienne). Pour des effets de lumière, ils décomposent l'image et fragmentent la couleur, dans une gamme° de teintes° très riches.

puts into question

means of transportation

in the open

event

raw / movement / final touches

range

colors

Impression, soleil levant
de Monet

En 1874, Monet, Pissarro, Sisley, Renoir, Degas, Berthe Morisot et quelques autres organisent chez le photographe Nadar une exposition de leurs tableaux. Un critique, choqué par leur aspect «inachevé°», et particulièrement par une toile de Claude Monet intitulée *Impression, soleil levant°*, veut les ridiculiser° et appelle ces peintres des «impressionnistes». Avec ce courant, une nouvelle conception de la peinture naît° donc: les impressionnistes travaillent beaucoup à observer la nature; ils utilisent la couleur pour moduler l'espace et la profondeur° dans une vision très subjective, laissant à l'œil du spectateur la mission de reconstituer le mélange optique°.

Certains peintres, comme Seurat, poussent° cette théorie à l'extrême avec le «pointillisme». D'autres développent un art inspiré de l'impressionnisme, mais dans un style plus particulier. Paul Cézanne, par exemple, qui travaille beaucoup sur les plans° et les volumes, renouvelle° l'art de la nature morte°. Vincent Van Gogh, lui, abandonne l'art de la sensation: dans ses toiles aux couleurs éclatantes° et aux formes simplifiées, il exprime les passions intenses de son âme° tourmentée. Un autre post-impressionniste, Paul Gauguin, ami de Van Gogh, trouve en Bretagne puis en Polynésie une inspiration nouvelle, plus symboliste et qui retourne aux sources primitives de l'art. Ses figures monumentales et ses larges masses de couleur sans effet de profondeur sont à l'origine de la création en 1890 du premier groupe de peintres après l'impressionnisme: les Nabis, avec Vuillard, Bonnard et Vallotton.

unfinished

rising sun / to ridicule
is born

depth
optical mixture
push

(spatial) planes
renews / still life
brilliant
soul

431

La Danse de Matisse

Les Demoiselles d'Avignon de Picasso

L'art moderne

La première moitié du vingtième siècle, marquée par deux longues guerres mondiales°, est une période très riche au niveau culturel et artistique en France. Dans un monde incertain, les artistes recherchent des moyens plastiques° pour arriver à l'essentiel.

world wars

artistic means

La première révolution artistique du vingtième siècle apparaît avec le fauvisme: en 1905, Henri Matisse expose avec Derain, Vlaminck, Van Dongen et quelques autres, des toiles aux couleurs violentes, d'un style plus expressif que descriptif. La critique, choquée, qualifie ces artistes de «fauves°». Ensuite, le style de Matisse évolue° vers une recherche de simplification: par l'harmonie des lignes et l'emploi de quelques couleurs pures, il donne à ses tableaux, comme *La Danse,* (1910) un effet dynamique très original. Raoul Dufy, inspiré d'abord par l'impressionnisme puis par le fauvisme, s'oriente vers un style de dessin très souple et des couleurs pures et claires pour présenter des scènes de la vie élégante de son époque. En 1937, la Compagnie française d'Électricité lui commande° pour l'Exposition universelle de Paris une immense peinture qui raconte l'histoire de l'électricité.

wild animals / evolves

commissions from him

Le modernisme est caractérisé dans l'art par la naissance° d'un autre mouvement, le cubisme. *Les Demoiselles d'Avignon* (1907), de Picasso, et les toiles de Braque exposées en 1908 proposent une nouvelle conception de la peinture: l'artiste ne crée plus une peinture d'illusion, mais restructure les formes de la réalité et les simplifie en figures géométriques fondamentales. Un même objet, ou un même visage, est présenté en vision simultanée, sous des angles différents. Peu à peu, ce cubisme «analytique» évolue vers une forme plus synthétique, avec l'introduction de papiers collés° dans les tableaux. La Première Guerre mondiale interrompt° le développement de ce mouvement, mais certains artistes continuent leurs recherches. Fernand Léger, par exemple, très inspiré par le monde de la mécanique° et du travail, produit une peinture très architecturale, aux couleurs fortes et aux connotations sociales. Le cubisme a aussi une

birth

paper collage
interrupts

machine

Le Chemin de Damas (The Road to Damascus) de Magritte

Une sculpture de Dubuffet

grande influence sur le développement de l'art abstrait, avec les travaux de Mondrian, Delaunay et Kandinsky: ces peintres rejettent la figuration et l'expressionnisme et travaillent surtout sur la dynamique des couleurs et des formes.

La vie artistique française au début du vingtième siècle est donc très riche: à partir de° 1905, beaucoup d'artistes viennent de l'étranger—de la Russie (Soutine et Chagall), de la Roumanie (Brancusi), de l'Italie (Modigliani), du Japon (Foujita)—attirés° par la créativité et la liberté d'expression de l'école moderne française (Utrillo). En 1925, on regroupe ces artistes pourtant° très différents (mais essentiellement figuratifs) sous le nom d'École de Paris.

Après la Première Guerre mondiale, un mouvement de mise en question et de provocation domine l'art avec la naissance du groupe Dada, puis du surréalisme en 1924. André Breton est le grand théoricien de ce mouvement qui touche à la fois la littérature, la peinture (Dali, Magritte), le cinéma et la photographie. Inspirés par les travaux de Freud, les surréalistes célèbrent l'inconscient°, le rêve° et l'automatisme, dans des œuvres qui associent la poésie°, l'humour et l'absurde.

Depuis la fin de la Deuxième Guerre mondiale, on trouve dans l'art français des formes et des influences très variées. Ainsi, en 1951, Jean Fautrier et Jean Dubuffet développent un nouveau courant, l'«art informel»: ces artistes donnent la première place à la spontanéité du geste° et à l'utilisation de matériaux bruts°, pour créer une forme avant de créer un sens°. Dubuffet, mort en 1985, reste célèbre pour ses figures en forme de puzzles bleus, blancs et rouges.

Avec l'internationalisation de l'art et son développement dans des pays comme les États-Unis, le rôle de la France dans le domaine artistique a changé. Mais la créativité reste très vivante et les pouvoirs publics continuent leurs efforts pour encourager les artistes, préserver et enrichir le patrimoine et rendre l'art accessible à tous.

as of

drawn

however

unconscious / dreams
poetry

gesture / raw materials
meaning

433

Leçon 28	Le grand amour
Leçon 29	Dans dix ans
Leçon 30	Si j'avais de l'argent... ?

Communication skills:
Describing people, things, and actions
Talking about careers
Discussing future events
Expressing conjectures and hypotheses
Using language in real-life situations

Lexical base:
Descriptive adjectives
Friendship, love, and marriage
Professions
Vacation plans
Ordinal numbers

Grammar base:
Verbs **recevoir, conduire**
Irregular adjectives
Adverbs in **-ment**
Future and conditional tenses
Sequence of tenses after **si, quand**

Cultural focus:
French views on marriage, on vacations
Social stability and mobility

434

Perspectives d'avenir

10

435

C'est le week-end. Olivier et Élisabeth se promènent tranquillement° sur les Champs-Élysées. Tout à coup, Élisabeth s'arrête devant la vitrine° d'un magasin où sont exposées° de magnifiques robes de mariée°.

ÉLISABETH:	Tiens! À propos, tu ne connais pas la nouvelle? Xavier va se marier°!
OLIVIER:	Sérieusement? Lui qui jurait° de rester célibataire! Tu te souviens, quand Pierre et Dorothée se sont fiancés°, il nous a dit: «C'est ridicule! On peut très bien vivre à deux° et avoir des enfants sans se marier. Le mariage est une institution complètement dépassée°...»
ÉLISABETH:	Oui, mais il est tombé follement amoureux° pendant ses vacances...
OLIVIER:	Raconte!... Je veux tout savoir!
ÉLISABETH:	Tu sais que l'été dernier, il est allé faire un stage° dans les Pyrénées pour apprendre à faire de l'alpinisme...
OLIVIER:	Oui, je me rappelle...
ÉLISABETH:	Eh bien, dans son groupe, il a fait la connaissance d'une jeune Italienne. Ils se sont très bien entendus tout de suite, et ils ont commencé à sortir ensemble. Malheureusement, à la fin du stage,

quietly
shop window
displayed / wedding gowns

get married
swore
got engaged
live together
outdated
fell madly in love

participate in a program

l'Italienne a dû retourner en Italie, et Xavier à Paris. Mais ils ont
continué à s'écrire, à se téléphoner, et Xavier a proposé à sa petite
amie de venir passer une semaine chez lui aux vacances de Noël. Elle
est donc venue...

OLIVIER: Et alors?

ÉLISABETH: C'est le grand amour! Et comme la famille de la jeune fille est
résolument contre l'union libre°, ils ont décidé de se marier.

living together as husband and wife without being married

OLIVIER: Incroyable!... Tu l'as rencontrée, sa fiancée?

ÉLISABETH: Oui. C'est une jeune femme très gentille; rousse, assez jolie... Elle a
vingt-quatre ans. Elle s'appelle Rosenda. Elle est musicienne, je crois...

OLIVIER: Eh bien! On a raison de dire que la musique adoucit les mœurs°!

music has a civilizing influence (literally, "softens the manners")

Note culturelle: **Les Français et le mariage**

Si pour beaucoup de jeunes Français le mariage
représente la décision la plus importante de l'existence,
c'est rarement la «grande aventure». En effet, les
garçons et les filles qui se marient se connaissent
généralement depuis longtemps (souvent depuis des années). Ils
ont la même[1] religion, le même niveau d'instruction[2]. Souvent, ils
appartiennent[3] au même milieu social et économique. En général,
les Français se marient relativement tard: en moyenne[4] entre 25 et
29 ans.

Avant le mariage, les futurs époux[5] doivent accomplir un certain nombre de formalités administratives (examen médical, publication des bans[6] du mariage, etc.). Le mariage est ensuite célébré
à la mairie[7], et une deuxième fois à l'église (si les époux veulent
avoir un mariage religieux). À l'issue[8] du mariage civil, le maire[9]
remet[10] aux jeunes époux un «livret[11] de famille» où seront
inscrits[12] les événements familiaux importants (naissances,
décès[13] et, éventuellement[14], divorce).

Aujourd'hui, beaucoup de Français vivent en couple[15] sans
être mariés, ce qui s'appelle une union libre. Depuis 1999, les couples non-mariés peuvent aussi avoir une existence légale en si-
gnant[16] un simple document officiel appelé *Pacte civil de solidarité*
ou *PACS*. Cette nouvelle formule, valable pour les couples homo-
sexuels aussi bien qu'hétérosexuels, donne aux couples non-mariés
les mêmes avantages sociaux qu'aux couples mariés.

Activité Comparez l'union libre en France avec
ce qu'on appelle «living together» aux États-Unis.
Quelles sont les différences majeures?

1 *same* 2 *level of formal education* 3 *belong* 4 *on the average*
5 *spouses* 6 = *annonce officielle* 7 *town hall* 8 = *après* 9 *mayor*
10 *delivers* 11 *booklet* 12 *will be inscribed* 13 *deaths* 14 *should the
occasion arise* 15 *live together (as a couple)* 16 *by signing*

Structure et vocabulaire

Vocabulaire: *L'amitié, l'amour et le mariage*

Noms

l'amour	*love*	l'amitié	*friendship*
le mariage	*marriage, wedding*		

Supplementary vocabulary: **les fiançailles** *(engagement),* **l'alliance** *(wedding ring),* **les faire-part** *(announcements, invitations);* **le divorce**
Review: **la famille; le mari, la femme**

Adjectifs

amoureux (amoureuse) (de)	*in love (with)*	Georges est **amoureux** de Martine.
célibataire	*single*	Est-ce que tu vas rester **célibataire?**
même	*same*	Marc et moi, nous avons les **mêmes** amis.

Verbes

aimer	*to love*	Tu m'**aimes?**
aimer bien	*to like*	Je t'**aime bien.**
se fiancer (avec)	*to get engaged (to)*	Henri va **se fiancer avec** Louise.
épouser	*to marry*	Jean va **épouser** Éliane.
se marier (avec)	*to marry, to get married*	Alice va **se marier avec** André.
divorcer	*to divorce*	Mon oncle vient de **divorcer.**

Se marier is a reflexive verb; **divorcer** is not reflexive.

Expressions

entre	*between, among*	Nous sommes **entre** amis.
moi-même	*myself*	J'ai réparé ma voiture **moi-même.**

NOTES DE VOCABULAIRE

1. The constructions **épouser** and **se marier avec** are synonymous:

Paul va **épouser** Jacqueline.
Paul va **se marier avec** Jacqueline.   } *Paul is going **to marry** Jacqueline.*

2. The ending **-même(s)** is sometimes used to reinforce a stress pronoun.

J'ai fait cela **moi-même.**   *I did that **myself.***
Pierre et Paul sont sûrs   *Pierre and Paul are sure*
  d'**eux-mêmes.**   *of **themselves.***

When **marier** is used with a direct object, it means *to give in marriage* or *to perform the marriage ceremony.* **Le père va marier sa fille. Le curé** *(priest)* **marie les jeunes époux.**

By contrast, reflexive pronouns do not reinforce the subject; they act as direct- or indirect-object pronouns.

1.   Questions personnelles

COMMUNICATION:
answering questions

1. Êtes-vous marié(e) ou célibataire? Si vous êtes célibataire, avez-vous l'intention de vous marier? Quand?
2. Selon vous, quel est l'âge idéal pour se marier? Pourquoi?
3. Avez-vous déjà assisté à un mariage? Où? Quand? Qui était le marié *(groom)?* Qui était la mariée *(bride)?* Quand est-ce qu'ils s'étaient fiancés?
4. Selon vous, quelle est la chose la plus importante dans la vie, l'amour ou l'amitié? Pourquoi?

A.   Adjectifs irréguliers

Regular adjectives add an **-e** to the masculine to form the feminine. (If the masculine ends in **-e,** there is no change in the feminine.)

un ami **patient, poli** et **calme**   une amie **patiente, polie** et **calme**

Regular adjectives add an **-s** to form the plural. (If the masculine singular ends in **-s** or **-x,** the plural is the same.)

un professeur **français amusant**   des professeurs **français amusants**

Many IRREGULAR ADJECTIVES follow predictable patterns.   *Point out that all irregular feminine forms end in -e.*

Adjectives with irregular feminine forms

ending		singular		plural	
masculine	*feminine*	*masculine*	*feminine*	*masculine*	*feminine*
-eux	→ -euse	**sérieux**	**sérieuse**	**sérieux**	**sérieuses**
-f	→ -ve	**actif**	**active**	**actifs**	**actives**
-el	→ -elle	**cruel**	**cruelle**	**cruels**	**cruelles**
-on	→ -onne	**bon**	**bonne**	**bons**	**bonnes**
-(i)en	→ -(i)enne	**canadien**	**canadienne**	**canadiens**	**canadiennes**
-er	→ -ère	**cher**	**chère**	**chers**	**chères**
-et	→ -ète	**discret**	**discrète**	**discrets**	**discrètes**
-eur	→ -euse	**travailleur**	**travailleuse**	**travailleurs**	**travailleuses**
-ateur	→ -atrice	**créateur**	**créatrice**	**créateurs**	**créatrices**

Adjectives with irregular masculine plural forms   *Point out that, for the adjective final, both finaux and finals are accepted plural forms.*

singular	*plural*	*masculine*	*feminine*	*masculine*	*feminine*
-al	→ -aux	**loyal**	**loyale**	**loyaux**	**loyales**

❖ A few adjectives in **-eur,** such as **supérieur, inférieur, extérieur, intérieur,** and **meilleur,** are regular in the feminine: **une attitude** *supérieure.*

❖ Nouns that have endings similar to the above adjectives usually follow the same patterns.

*You may want to remind students that nouns in **-eau** have plurals in **-eaux:** un bureau, des bureaux; un manteau, des manteaux.*

Irregular feminine forms
un champion	→ **une championne**
un programmeur	→ **une programmeuse**
un décorateur	→ **une décoratrice**
un acteur	→ **une actrice**

Irregular plural forms
un journal	→ **des journaux**
un animal	→ **des animaux**

Some common exceptions: un bal, des bals; un carnaval, des carnavals

Vocabulaire: *Quelques adjectifs irréguliers*

Pattern		Non-cognates		Cognates	
-eux	→ -euse	**ennuyeux**	*(boring)*	**ambitieux**	**généreux**
		heureux	*(happy)*	**consciencieux**	**nerveux**
		malheureux	*(unhappy)*	**courageux**	**sérieux**
		paresseux	*(lazy)*	**curieux**	**superstitieux**
-f	→ -ve	**neuf**	*(new)*	**actif**	**intuitif**
		sportif	*(athletic)*	**attentif**	**naïf**
				imaginatif	**perceptif**
				impulsif	
-el	→ -elle	**ponctuel**	*(punctual, on time)*	**cruel**	**naturel**
				intellectuel	**superficiel**
-(i)en	→ -(i)enne	**musicien**	*(musical)*		
-er	→ -ère	**étranger**	*(foreign, from abroad)*	**familier**	**régulier**
-et	→ -ète	**inquiet**	*(worried)*	**discret**	
		secret	*(secretive)*	**indiscret**	
-eur	→ -euse	**travailleur**	*(hard-working)*		
-ateur	→ -atrice	**créateur**	*(creative)*		
		conservateur	*(conservative)*		
-al	→ -aux *(pl.)*	**égal**	*(equal)*	**libéral**	**original**
		inégal	*(unequal)*	**loyal**	**sentimental**
		génial	*(brilliant)*		

Note that some adjectives in **-et** form the feminine in **-ette: coquet, coquette.**

The adjective **génial** is used in casual conversation to mean *great.* **J'ai vu un film génial hier.**

NOTE DE VOCABULAIRE

The adjectives **nouveau** and **neuf** both mean NEW. **Nouveau** comes before the noun and means *new* in the sense of *recent* or *newly acquired.* **Neuf** comes after the noun and means *new* in the sense of *brand new.*

Jean a une **nouvelle** voiture.   *Jean has a **new** car.*
Ce n'est pas une voiture **neuve.**   *It's not a **(brand) new** car.*

Vocabulaire: *D'autres adjectifs irréguliers*

Have students notice that in the first four adjectives the final consonant is doubled in the feminine.

gros	→ grosse	*(big, fat)*	net	→ nette	*(neat)*
gentil	→ gentille	*(nice)*	sot	→ sotte	*(dumb)*
faux	→ fausse	*(false)*	blanc	→ blanche	*(white)*
roux	→ rousse	*(redheaded)*	franc	→ franche	*(frank)*
doux	→ douce	*(sweet, soft)*	long	→ longue	
jaloux	→ jalouse	*(jealous)*	favori	→ favorite	
			fou	→ folle	*(crazy)*

---

2. Vive la différence!   Dites que les personnes entre parenthèses n'ont pas la même personnalité que les personnes suivantes.

PRACTICE: irregular adjectives

● Cet étudiant est sérieux. (ces étudiantes)   ***Ces étudiantes ne sont pas sérieuses.***

1. Madame Lombard est généreuse. (son mari)
2. Sylvie est ambitieuse. (ses cousins)
3. Henri est discret. (sa sœur)
4. Adèle est intellectuelle. (Paul et Georges)
5. Gisèle est intuitive. (Marc et Robert)
6. La secrétaire est travailleuse. (cet employé)
7. Philippe est musicien. (sa fiancée)
8. Madeleine est jalouse. (ses frères)
9. Ce jeune homme est franc. (cette jeune fille)
10. Jacques est roux. (Marthe)

3. Descriptions   Décrivez les personnes suivantes en utilisant les adjectifs entre parenthèses.

COMMUNICATION: describing personality traits

● mes amis (original?)   ***Mes amis sont originaux.***
      ou: ***Mes amis ne sont pas originaux.***

1. mes amis (loyal?)
2. mes amies (loyal?)
3. mes parents (libéral?)
4. les Américains (sentimental?)
5. les Américaines (sentimental?)
6. mes professeurs (génial?)
7. les femmes d'aujourd'hui (égal aux hommes?)

4. Conversation   Faites une liste de trois qualités que doivent avoir l'ami idéal et l'amie idéale. Comparez votre liste avec celle de vos camarades.

COMMUNICATION: sharing ideas

L'AMI IDÉAL DOIT ÊTRE...
•
•
•

L'AMIE IDÉALE DOIT ÊTRE...
•
•
•

5. **Une question de personnalité**   Lisez ce que font les personnes suivantes. Puis décrivez leur personnalité en utilisant un adjectif du Vocabulaire.

●   Jacqueline ne sort jamais le vendredi treize.   *Elle est superstitieuse.*

1. Madame Lamblet veut être la présidente de sa compagnie.
2. Pierre et Paul ne travaillent jamais.
3. Sylvie répète les secrets de ses amis.
4. Ce week-end-ci, mes cousines vont préparer leur examen.
5. En hiver, Thérèse fait du ski. En été, elle nage et elle joue au volley.
6. Ma sœur ne parle de ses problèmes à personne.
7. Alice ne se repose jamais.
8. Françoise aime discuter des grands problèmes philosophiques.
9. La secrétaire arrive toujours à l'heure *(on time)* au bureau.
10. Cette jeune artiste a un talent extraordinaire.
11. Ces étudiantes font toujours attention quand le professeur parle.
12. Ces sénateurs veulent changer les institutions.

1. ambitieuse
2. paresseux
3. indiscrète
4. sérieuses/travailleuses
5. sportive
6. discrète/secrète
7. active
8. intellectuelle
9. ponctuelle
10. créatrice/géniale
11. attentives
12. libéraux

6. **Expression personnelle**   Complétez les phrases suivantes avec un ou plusieurs adjectifs du vocabulaire de cette leçon.

1. Mes amis pensent que je suis...
2. Mes parents pensent que je suis...
3. Je n'aime pas les gens qui sont trop...
4. À une fête, j'aime parler avec des gens...
5. Je ne respecte pas les personnes...
6. J'aime sortir avec des personnes...
7. Je suis à l'aise *(at ease)* avec les personnes...
8. Je ne suis pas à l'aise avec des personnes....
9. Aujourd'hui, les femmes sont...; les hommes sont...
10. J'espère me marier avec une personne...

B.   Les adverbes en *-ment*

Many adverbs of manner end in **-ment** and correspond to English adverbs ending in *-ly*. In the sentences below, compare the adverbs in bold type with the adjectives in parentheses.

(poli)	Jacques répond **poliment**.	*Jacques answers **politely**.*
(calme)	Nous avons parlé **calmement**.	*We spoke **calmly**.*
(sérieux)	Anne a étudié **sérieusement**.	*Anne studied **seriously**.*
(intuitif)	Je comprends **intuitivement**.	*I understand **intuitively**.*
(patient)	Tu attends **patiemment**.	*You wait **patiently**.*
(brillant)	Alice a répondu **brillamment**.	*Alice answered **brilliantly**.*

ADVERBS OF MANNER are derived from the corresponding adjectives as follows:		
When the masculine adjective ends in . . .	**the adverb is formed . . .**	
a vowel	masculine adjective + **-ment**	poli → **poliment**
a consonant	feminine adjective + **-ment**	actif, active → **activement** sérieux, sérieuse → **sérieusement**
-ent	masculine adjective (minus **-ent**) + **-emment**	patient → **patiemment**
-ant	masculine adjective (minus **-ant**) + **-amment**	constant → **constamment**

❖ Adverbs in **-ment,** like other adverbs of manner, usually come immediately after the verb they modify.

André répond **intelligemment** à la question du professeur.

❖ The adjective **rapide** has two corresponding adverbs: **rapidement** and **vite,** which is more common.

Ces voitures de sport sont **rapides.**   *These sports cars are **fast**.*
Elles vont **vite.**   *They go **fast**.*

❖ The comparison with adverbs follows the same pattern as comparisons with adjectives.

Alain travaille **plus (moins, aussi) sérieusement que** moi.

❖ The comparative form of **bien** is **mieux.**

Nous chantons **mieux que** vous.   *We sing **better than** you.*

BUT: Nous chantons *moins bien (aussi bien)* que lui.

Vocabulaire: *Quelques adverbes en* -ment

heureusement	*fortunately*	**Heureusement,** Éric s'est souvenu de la date de l'examen.
malheureusement	*unfortunately*	**Malheureusement,** il l'a raté.
vraiment	*really*	**Vraiment,** il n'a pas de chance.
évidemment	*obviously, of course*	**Évidemment,** il n'étudie pas beaucoup.
seulement	*only*	Si **seulement** il étudiait plus!

NOTE DE VOCABULAIRE

These adverbs have a meaning somewhat different from the adjectives from which they are derived. They are often placed at the beginning of the sentence for emphasis.

7. De quelle manière?   Les personnes suivantes travaillent d'une manière qui reflète leur personnalité. Exprimez cela, en utilisant l'adverbe en **-ment** qui convient.

● Jacques est sérieux. (travailler)   ***Il travaille sérieusement.***

1. Paul est généreux. (aider ses amis)
2. Thomas est ponctuel. (arriver au rendez-vous)
3. Albert et Roger sont actifs. (participer au débat)
4. Antoine est discret. (parler de ses amis)
5. Philippe est consciencieux. (suivre son régime)
6. Jean est attentif. (écouter le professeur)
7. Madeleine est polie. (parler à ses voisins)
8. Éric est rapide. (courir)
9. Robert est franc. (répondre aux questions)

8. Comment?   Dites ce qu'ont fait les personnes suivantes et comment. Pour cela utilisez le passé composé des verbes suivants et l'adverbe dérivé de l'adjectif entre parenthèses.

● (brillant) les étudiants / répondre à la question du professeur
Les étudiants ont répondu brillamment à la question du professeur.

1. (brillant) Nicole / réussir à l'examen de français
2. (impatient) tu / répondre à la question
3. (intelligent) Marc / répondre au professeur
4. (élégant) Monique / s'habiller pour la soirée
5. (patient) nous / attendre nos amis
6. (constant) ces gens / parler pendant le concert
7. (violent) vous / fermer la porte
8. (prudent) la police / entrer dans la maison abandonnée
9. (imprudent) ces ingénieurs / parler des secrets de leur entreprise *(company)*

9. Dialogue   Demandez à vos camarades s'ils font les choses suivantes. Utilisez l'adverbe en **-ment** dérivé de l'adjectif entre parenthèses.

● préparer tes leçons (consciencieux?)
—***Est-ce que tu prépares consciencieusement tes leçons?***
—***Oui, je prépare consciencieusement mes leçons.***
ou: —***Non, je ne prépare pas consciencieusement mes leçons.***

1. faire tes devoirs (rapide?)
2. comprendre le français (intuitif?)
3. apprendre les langues étrangères (facile?)
4. connaître le président (la présidente) de l'université (personnel?)
5. aller au cinéma le samedi soir (régulier?)
6. chercher du travail pour l'été (actif?)
7. parler à tes amis (franc?)
8. utiliser un caméscope (fréquent?)

C. Les nombres ordinaux

Ordinal numbers (*first, second, . . . tenth*) are used for ranking. Note the forms of these numbers in French.

1$^{er(ère)}$	**premier (première)**	6^e	**sixième**	11^e	**onzième**
2^e	**deuxième**	7^e	**septième**	20^e	**vingtième**
3^e	**troisième**	8^e	**huitième**	21^e	**vingt et unième**
4^e	**quatrième**	9^e	**neuvième**	22^e	**vingt-deuxième**
5^e	**cinquième**	10^e	**dixième**	100^e	**centième**

You may want to review the cardinal numbers in Lessons 4, 5, and 10.

ORDINAL NUMBERS are derived from cardinal numbers according to the pattern:

number (minus final **-e**, if any) + **-ième**	deux → **deuxième** quatre → **quatrième**

❖ Exception: **un → premier, première**   BUT: **le vingt et unième,**
le trente et unième, etc.

❖ The **x** of **deuxième, sixième,** and **dixième** is pronounced /z/.

❖ Note the spelling modifications: cinq → cin**q**uième   neuf → neu**v**ième.

❖ Ordinal numbers are adjectives and agree with the nouns they modify. Only **premier** has a different feminine form.

Le lundi mon **premier** cours est à neuf heures.
Le vendredi ma **première** classe est à dix heures.

❖ Ordinal numbers come BEFORE the noun they modify.

❖ There is no liaison or elision before **huitième** and **onzième.**

Quel est **le** huitième mois de l'année? **le** onzième mois?

These spelling changes are also used in compound numbers: **vingt-cinquième,** etc.

Adverbs derived from ordinal numbers follow the regular pattern: **premièrement, deuxièmement,** etc.

10. **Le concours de photo** (*The photo contest*) Vous êtes le juge d'un concours de photo. Donnez aux étudiants suivants leur classement (*ranking*).

PRACTICE: ordinal numbers

● Henri (8e)   *Henri, tu es huitième.*

1. Anne (1ère)
2. Philippe (2e)
3. Nathalie (6e)
4. Charles et Louis (10e)
5. Suzanne et Louise (15e)
6. Jacques (18e)
7. Jacqueline (21e)
8. Michèle (32e)
9. Jean-Marc (53e)
10. Antoine (66e)
11. Alice (74e)
12. Émilie (100e)

D.   La construction verbe + infinitif

Note how the main verb is used with an infinitive in the sentences below.

Éric **aime sortir** avec ses copains,   *Éric **likes to go out (going out)** with his friends,*
... mais il **préfère sortir** avec Sylvie.   *. . . but he **prefers going out** with Sylvie.*

Nathalie **hésite à se marier.**   *Nathalie **hesitates to get married.***
Elle **continue à faire** ses études.   *She **continues studying (to study).***

Paul ne **cesse** jamais **de travailler.**   *Paul never **stops working.***
Acceptez-vous **de participer** à son projet? *Do you **agree to participate** in his project?*

When one verb follows another, the second verb is in the infinitive.
Depending on the main verb, one of the following patterns is used:

main verb + infinitive	Nous **devons** partir.
main verb + **à** + infinitive	Nous **hésitons à** partir.
main verb + **de** + infinitive	Nous **refusons de** partir.

❖   In similar English constructions, the second verb is an INFINITIVE or a
verbal form ending in *-ing: I like **to play** tennis. I like **playing** tennis.*
In French, the second verb must be an infinitive.

Vocabulaire: *Verbes suivis de l'infinitif*

Verbes suivis immédiatement de *l'infinitif*

aimer	*to like, to love*	**espérer**	*to hope*
aller	*to go*	**pouvoir**	*can, to be able*
détester	*to hate, to detest*	**préférer**	*to prefer*
devoir	*must, to have to*	**vouloir**	*to wish, to want*

Many of these verbs are already familiar to students. Also: **désirer, savoir, il faut.** The following verbs are being introduced for the first time in this lesson: **chercher, continuer, hésiter, cesser, décider, essayer, refuser, regretter, rêver, promettre, permettre, défendre, interdire.**

Verbes suivis de **à** + *l'infinitif*

apprendre à	*to learn*	Nous **apprenons à** jouer de la guitare.
chercher à	*to strive, try to*	Je n'**ai** pas **cherché à** gagner de l'argent.
commencer à	*to begin*	**J'ai commencé à** travailler lundi.
continuer à	*to continue*	**Continuez**-vous **à** étudier le français?
hésiter à	*to hesitate*	N'**hésitez** pas **à** parler.
réussir à	*to succeed in*	**J'ai réussi à** réparer ma voiture.

Verbes suivis de **de** + *l'infinitif*

s'arrêter de	*to stop*	Quand est-ce que tu **t'arrêtes d'**étudier?
cesser de	*to stop, quit*	**J'ai cessé de** fumer.
choisir de	*to choose, decide*	**J'ai choisi de** dire la vérité.
décider de	*to decide*	Nous **avons décidé de** faire plus de sport.
essayer de	*to try*	**Essayez de** jouer mieux!
finir de	*to finish*	**J'ai fini d'**étudier.
oublier de	*to forget*	**As**-tu **oublié de** fermer la porte?
refuser de	*to refuse*	Nous **refusons de** répondre à la question.
regretter de	*to regret*	Je ne **regrette** pas **d'**apprendre le français.
rêver de	*to dream of*	Caroline **rêve d'**acheter une voiture.
se souvenir de	*to remember*	Est-ce que tu **t'es souvenu de** téléphoner à Paul?

Essayer is conjugated like *payer.*

Verbes suivis de **à quelqu'un** et **de** + *l'infinitif*

demander à quelqu'un **de**	*to ask someone*	**J'ai demandé à** mon frère **de** m'aider.
dire à quelqu'un **de**	*to tell someone*	**J'ai dit à** Paul **de** partir.
promettre à quelqu'un **de**	*to promise someone*	**J'ai promis à** mes parents **de** travailler.
permettre à quelqu'un **de**	*to give permission, to allow someone*	**J'ai permis à** Jacques **de** prendre ma voiture.
défendre à quelqu'un **de** ⎫ **interdire à** quelqu'un **de** ⎬	*to forbid, to prohibit someone*	Je vous **défends d'**utiliser mon appareil-photo. **J'interdis à** mes amis **de** fumer dans ma chambre.

NOTES DE VOCABULAIRE

1. **Interdire** is conjugated like **dire** except in the **vous** form: **vous interdisez.**
2. **Permettre** and **promettre** are conjugated like **mettre.**

11. Dialogue Demandez à vos camarades s'ils font les choses suivantes.

COMMUNICATION: talking about attitudes

● regretter / apprendre le français?
> —*Est-ce que tu regrettes d'apprendre le français?*
> —*Oui, je regrette d'apprendre le français.*
> ou: —*Non, je ne regrette pas d'apprendre le français.*

1. regretter / être à cette université?
2. hésiter / parler français en classe?
3. rêver / être millionnaire?
4. chercher / gagner beaucoup d'argent?
5. refuser / étudier le week-end?
6. apprendre / jouer de la clarinette?

1. regretter de
2. hésiter à
3. rêver de
4. chercher à
5. refuser de
6. apprendre à

12. Qu'est-ce qu'ils font? Informez-vous sur les personnes suivantes et dites si oui ou non elles font les choses entre parenthèses.

COMPREHENSION: describing attitudes

● René est franc. (hésiter / dire la vérité)
> *Il n'hésite pas à dire la vérité.*

1. Vous êtes trop curieux. (chercher / savoir tout sur vos amis)
2. Ces étudiants sont paresseux. (refuser / étudier le week-end)
3. Hélène est persévérante. (continuer / suivre des cours de piano)
4. Je suis un étudiant brillant. (cesser / faire des progrès en français)
5. Ces filles sont courageuses. (décider / prendre des risques)
6. Vous êtes égoïstes. (essayer / aider vos amis)

1. chercher à
2. refuser de
3. continuer à
4. ne pas cesser de
5. décider de
6. ne pas essayer de

13. Expression personnelle Complétez les phrases suivantes avec une expression personnelle.

COMMUNICATION: describing oneself

● Depuis que *(Since)* je suis à l'université, j'ai cessé…
> *Depuis que je suis à l'université, j'ai cessé de fumer.*

1. En ce moment, j'apprends…
2. Je voudrais apprendre…
3. Parfois j'hésite … mais je n'hésite jamais…
4. Parfois j'oublie … mais je n'oublie jamais…
5. J'aime … mais je préfère…
6. Je ne refuse jamais…
7. J'ai décidé…
8. Je rêve…
9. Je vais essayer…
10. Je cherche…
11. J'ai choisi…
12. Je regrette … mais je ne regrette pas…

Communication

COMMUNICATION and
REVIEW: using language in
real-life situations

These communication activities
can either be done extem-
poraneously or they can be
assigned for outside preparation, with each student writing
out the appropriate questions
(and responses, if desired).

In class, students can practice
the conversations in pairs or
groups.

If desired, random pairs or
groups of students can act out
their conversation in front of the
class.

Contacts *Cahier
d'activités:*
Workbook, Leçon 28
Lab Manual, Leçon 28

1. At the International Club, your partner met a foreign student that he/she found very interesting and is planning to see again. You want to know more about this new friend.

Ask your partner . . .
- what his/her new friend's name is
- what the friend's nationality is
- what the friend is like **(comment est-il ou elle)**
  (your partner will describe the friend's qualities)

2. Your best friend has just told you that he/she has decided to lead a better and healthier life. You want to know what things he/she is planning to change.

Ask your partner . . .
- what he/she is going to stop doing
- what he/she is going to try doing
- what he/she is going to learn to do
- what other things he/she has decided to do

3. It is the eve of graduation and you and your roommate are talking about your four years of college.

With your partner, discuss . . .
- what you have learned to do
- what you have succeeded in doing
- what you hope to do now

—*J'ai appris à parler français. Et toi, qu'est-ce que tu as appris?*
—*Moi, j'ai appris à être plus tolérant(e) avec mes amis...*

Et vous?

4. You and your partner are discussing people you know who have recently gotten married (or who are engaged to be married).

Think of a couple and tell your partner . . .
- what they look like; how they get along with each other; how they get along with others
- where and how they met
- when they decided to get engaged
- if they are not married yet, where and when they hope to be married
- what you think their chances of staying together are

Leçon 29   Dans dix ans

COMPRÉHENSION DU TEXTE
1. Selon vous, laquelle de ces quatre personnes est satisfaite de sa situation présente? Qui n'est pas satisfait(e)? Pourquoi?
2. Qui est la personne la plus optimiste? Pourquoi?
3. Qui est la personne la plus pessimiste? Pourquoi?

Comment envisagez-vous l'avenir°, votre avenir personnel et celui de la société? Comment vivrez-vous°, comment vivra-t-on en France dans dix ans? Voilà la question que nous avons posée à quatre jeunes de 18 à 25 ans. — future / will you live

EMMANUEL *(étudiant)*

Je pense que beaucoup de choses seront° plus faciles dans dix ans. Par exemple, avec le développement des communications et des télécommunications, on aura° moins besoin de se déplacer° et on pourra° gagner beaucoup de temps. Au lieu de° passer des heures dans les embouteillages°, par exemple, on circulera° sur les autoroutes de l'information! Tout le monde utilisera° des ordinateurs, des courriers électroniques... On sera° plus efficace°. J'espère aussi qu'on diminuera° le temps de travail et qu'on aura plus de loisirs! — will be / will have / move around / will be able to / Instead of / traffic jams / will travel / will use / will be / efficient / will lessen

ALICE *(secrétaire)*

Moi, je suis un peu inquiète pour l'avenir. Je pense que les développements technologiques n'apportent qu'°une illusion de confort. Mais est-ce que la qualité de la vie sera meilleure? Est-ce que les grands problèmes seront résolus? Je crois qu'il y aura de plus en plus de chômage°, par exemple. Moi, je ne sais pas si j'aurai encore un emploi, et ça me fait très peur°. J'espère que, dans dix ans, j'habiterai° en province, parce que la vie y est plus agréable, et j'espère aussi que — only bring / unemployment / frightens me a lot / will live

450

j'aurai un mari et des enfants: pour moi, fonder une famille°, c'est vraiment une chose importante!

starting a family

MARTIN *(employé de banque)*
Actuellement°, j'ai un travail de bureau° assez monotone et je ne suis pas très bien payé. Avec les nouvelles technologies, ma vie sera certainement très différente dans une dizaine d'années°: je pourrai° peut-être travailler chez moi et gérer° mon horaire° différemment. Je ne sais pas si je recevrai° un meilleur salaire, mais ce n'est pas forcément° le plus important. J'espère surtout que j'aurai plus de temps pour participer à la vie de la collectivité°, aider les gens qui n'ont pas de travail, etc. J'espère qu'il y aura plus de solidarité entre les gens et moins d'individualisme. Pour moi, c'est ça, le vrai progrès!

Currently / office job

about ten years / will be able / to manage / schedule / will receive / necessarily

community

JONATHAN *(étudiant)*
Moi, je suis étudiant en biologie. C'est un domaine° qui progresse énormément. J'espère qu'on saura° bientôt soigner° les grandes maladies comme le sida°, le cancer, et aussi les maladies qui tuent° tant de° gens dans les pays du Tiers-Monde°. La recherche, en France, est assez dynamique. Mais sur le plan de° la lutte° contre la pollution, par exemple, nous sommes en retard°. Dans dix ans, si j'ai des enfants, j'espère qu'ils vivront° dans un monde plus propre et qu'ils respireront° un air plus propre que nous!

field

will know how / to cure / AIDS / kill / so many

Third World / as for, concerning / fight / behind

will live

will breathe

Note culturelle: **Les Français au travail**

Le monde du travail est en pleine mutation en France: l'âge de la retraite a été abaissé[1] à 60 ans il y a quelques années, et la semaine de travail est passée de 39 à[2] 35 heures le 1er janvier 2000 pour les entreprises de plus de 20 salariés. Cette mesure[3] doit être étendue[4] à toutes les entreprises à partir du 1er janvier 2002. La réduction du temps de travail, destinée à créer des emplois (le chômage en France touche environ 10 pour cent de la population) se traduit[5] soit par une semaine de 4 jours, soit[6] par des congés supplémentaires (les salariés français ont droit à 5 semaines de congés payés minimum). Cette réduction est plus facile à appliquer chez les fonctionnaires et les ouvriers (22 pour cent et 27 pour cent des salariés) que chez les cadres[7] (12 pour cent de la population active), qui travaillent souvent jusqu'à 45 heures par semaine.

Les femmes représentent 45 pour cent de la population active, mais on constate encore des inégalités de salaires entre les sexes. Il existe aussi en France un salaire minimum garanti, le SMIC (salaire minimum interprofessionnel de croissance), et une bonne protection sociale (santé, retraite, chômage) sous l'ombrelle de la Sécurité sociale. L'action des grands syndicats contribue à préserver les avantages acquis par les salariés travailleurs, mais tous les Français ne sont pas prêts à accepter les changements (mobilité, flexibilité du temps de travail) suscités par[8] la construction de l'Europe et le phénomène de mondialisation.

Activité   Quelles sont les différences et les similarités majeures que vous remarquez entre le monde du travail en France et le monde du travail aux États-Unis?

1 lowered   2 est passée de ... à ... went from . . . to . . .   3 action   4 extended   5 translates into   6 soit ... soit ... either . . . or . . .   7 managers   8 created by

Structure et vocabulaire

Vocabulaire: *Expressions de temps*

bientôt	*soon*	Je vous inviterai **bientôt**.
alors	*then, at that moment*	**Alors,** nous sortirons ensemble.
dans un moment ⎫		
dans un instant ⎬	*in a short while*	Je téléphonerai à Suzanne **dans un moment (dans**
dans une minute ⎭		**un instant, dans une minute).**
de nouveau	*again*	Ma sœur travaille **de nouveau**.
en avance	*early, ahead of time*	Nous sommes **en avance** pour notre rendez-vous.
à l'heure	*on time*	Soyez **à l'heure**!
en retard	*late*	Si tu ne pars pas maintenant, tu seras **en retard**.

NOTE DE VOCABULAIRE

Tôt and **en avance** both mean *early*. While **tôt** refers to absolute time, **en avance** refers to relative time. The same distinction exists between **tard** and **en retard** (*late*).

Je suis arrivé **tôt** à la gare.   *I arrived at the station **early** (i.e., at 6 A.M.).*
Je suis **en avance**.   *I am **early** (in relation to the train departure time).*

1.   Quand?   Complétez les phrases suivantes avec l'expression de temps qui convient.

COMPREHENSION: time expressions

1. Monsieur Martin est arrivé _____ à l'aéroport. Voilà pourquoi il a raté *(missed)* son avion.
2. Je suis allé au cinéma le week-end dernier. J'y suis allé _____ hier soir.
3. Attendez-moi. Je suis presque prêt. J'arrive _____.
4. Nous sommes en mai. Les vacances vont commencer _____!
5. Je n'aime pas attendre. Sois _____ au rendez-vous.
6. Si nous arrivons _____ chez le dentiste, nous allons lire des magazines.
7. Monsieur Dupont a fait la connaissance de sa femme à Bordeaux. Elle était _____ étudiante.

LA *SEULE* RADIO DE TOUS LES SPORTS

99.9 SP⊖RT FM 99.9

EN ILE DE FRANCE
36 15 SPORT O'TM

VOTRE PASSION À TOUT INSTANT !

A. Le verbe *recevoir*

The verb **recevoir** *(to receive, to get)* is irregular.

infinitive	**recevoir**	Je voudrais **recevoir** ta réponse.	
present	je **reçois** tu **reçois** il/elle/on **reçoit**	Je **reçois** une lettre. Tu **reçois** un e-mail. On **reçoit** son diplôme.	Have students note the cedilla before **o** and **u**.
	nous **recevons** vous **recevez** ils/elles **reçoivent**	Nous **recevons** cette revue. Vous **recevez** un bon salaire. Elles **reçoivent** de l'argent de leurs parents.	
passé composé	j'**ai reçu**	J'**ai reçu** une bonne note à l'examen.	

Vocabulaire: *Verbes conjugués comme* recevoir

recevoir	*to receive, to get* *to entertain*	Nous **recevons** le journal le matin. Je **reçois** mes amis chez moi.
décevoir	*to disappoint*	Ne **décevez** pas vos amis.
apercevoir	*to see, to catch a glimpse of*	**Avez-vous aperçu** votre professeur ce matin?
s'apercevoir (de)	*to realize*	Je **me suis aperçu de** mon erreur.

2. De la Tour Eiffel Un groupe de touristes observe Paris du sommet de la Tour Eiffel. Dites ce que chacun aperçoit.

PRACTICE: **apercevoir**

● Jacques (un monument)   *Jacques aperçoit un monument.*

V: Put in passé composé.

1. Paul (une église)
2. Suzanne (Notre Dame)
3. Michèle et Anne (l'Arc de Triomphe)
4. Marc et Philippe (un bus)
5. nous (le Centre Pompidou)
6. vous (le musée d'Orsay)
7. je (les Invalides)
8. tu (le Louvre)

3. Questions personnelles

COMMUNICATION: answering questions

1. Recevez-vous souvent des lettres? du courrier électronique? De qui?
2. Quand avez-vous reçu votre diplôme de high school?
3. Quand allez-vous recevoir votre diplôme de l'université?
4. Décevez-vous parfois vos parents? vos professeurs? vos amis? vos amies?
5. Aimez-vous recevoir des cadeaux *(presents)*? Quels cadeaux avez-vous reçus pour votre anniversaire?
6. Allez-vous recevoir des amis chez vous ce week-end?
7. Quand vous faites une erreur en français, est-ce que vous vous en apercevez immédiatement?

NOTE LINGUISTIQUE: *Le futur*

In French, as in English, there are several ways of referring to FUTURE events.

present tense:
Le train **part** dans cinq minutes.   *The train **is leaving** in five minutes.*

near future:
Je **vais partir** après le dîner.   *I **am going to leave** after dinner.*

future tense:
Nous **partirons** pour la France le 10 juin.   *We **will leave** for France June 10th.*

B. Le futur: formation régulière

The following sentences express what WILL HAPPEN. The verbs in bold type are in the FUTURE tense. Note the forms of these verbs.

Je **partirai** à six heures.   *I **will leave (will be leaving)** at six.*
Nous **prendrons** le train.   *We **will take** the train.*

Est-ce que tu **travailleras** cet été?   ***Will** you **work** this summer?*
Non, je **ne travaillerai pas.**   *No, I **won't (will not) work.***

Note the forms of the FUTURE tense of regular verbs (in **-er, -ir,** and **-re**) and of irregular verbs like **dire.**

infinitive	**habiter**	**finir**	**vendre**	**dire**	
future stem	habiter-	finir-	vendr-	dir-	*future endings*
future	j' **habiterai**	**finirai**	**vendrai**	**dirai**	-ai
	tu **habiteras**	**finiras**	**vendras**	**diras**	-as
	il/elle/on **habitera**	**finira**	**vendra**	**dira**	-a
	nous **habiterons**	**finirons**	**vendrons**	**dirons**	-ons
	vous **habiterez**	**finirez**	**vendrez**	**direz**	-ez
	ils/elles **habiteront**	**finiront**	**vendront**	**diront**	-ont
negative	Je n'**habiterai** pas.				
interrogative	Est-ce que tu **habiteras?** **Habiteras**-tu?				

❖ The FUTURE is a simple tense that is formed as follows:

future stem + future endings

Some irregular verbs with regular future stems: **boire, connaître, croire, dire, dormir, écrire, lire, mettre, ouvrir, partir, prendre, sortir, suivre, vivre**

❖ The FUTURE STEM always ends in **-r.**

- For most regular verbs and many irregular verbs, the stem of the future is derived as follows:

future stem = infinitive (*minus* final **-e,** if any)

- The future stems of verbs like **acheter, appeler,** and **payer** have the same spelling change as the **je**-form of the present tense.

Infinitive	*Present*	*Future stem*	
acheter	j'**achète**	**achèter-**	Nous **achèterons** une voiture de sport.
appeler	j'**appelle**	**appeller-**	Je t'**appellerai** ce soir.
payer	je **paie**	**paier-**	Alain **paiera** pour moi.

BUT: Verbs like **préférer** do not have a stem change in the future: **je préférerai.**

❖ The FUTURE ENDINGS are the same for ALL verbs, regular and irregular.

You may point out that the future tense endings are the same as the present tense endings of **avoir.**

4. Les vacances Dites quelles villes les étudiants suivants visiteront cet été et quelle langue ils parleront: **français, anglais** ou **espagnol?**

● Jacques (Lima)
  Jacques visitera Lima. Il parlera espagnol.

1. je (Québec)
2. nous (New York)
3. Élisabeth (Dakar)
4. vous (San Francisco)
5. tu (Paris)
6. Pierre et André (Buenos Aires)
7. ma sœur (Marseille)
8. mes amis (Chicago)

PRACTICE: future of **-er** verbs

Dakar, Sénégal

5. Prédictions   Prédisez certaines choses aux personnes suivantes.

PRACTICE: future tense

● Paul (rencontrer une Française / se marier avec elle)
 Paul rencontrera une Française. Il se mariera avec elle.

1. Janine (vivre à Québec / trouver un travail *[job]* intéressant)
2. tu (passer une année à Paris / s'amuser beaucoup)
3. nous (voyager / connaître des aventures extraordinaires)
4. vous (choisir une carrière scientifique / découvrir une cure contre le cancer)
5. je (écrire un grand roman / gagner le prix Nobel de littérature)
6. mes parents (gagner à la loterie / acheter un château en France)

6. Après l'université   Demandez à vos amis s'ils vont faire les choses suivantes
    après l'université.

COMMUNICATION: talking
about future plans

May be done in pairs.

● travailler   —***Est-ce que tu travailleras?***
              —***Oui, je travaillerai.***
     ou: —***Non, je ne travaillerai pas.***

1. voyager en Europe   6. écrire un roman
2. chercher du travail *(work)*   7. se reposer
3. gagner de l'argent   8. s'amuser
4. acheter une voiture de sport 9. se marier
5. vivre à la campagne   10. apprendre une autre langue

7. **Oui ou non?**   Informez-vous sur les personnes suivantes et dites si oui ou non elles vont faire les choses entre parenthèses.

●   Anne-Marie étudie. (rater l'examen?)   ***Elle ne ratera pas l'examen.***

1. Vous suivez un régime très strict. (grossir? maigrir? perdre dix kilos?)
2. Tu bois trop de café. (se coucher tôt? dormir bien?)
3. Jean-Pierre est malade. (se lever? sortir? téléphoner au médecin [doctor]? prendre de l'aspirine?)
4. Ces gens vont dîner dans un restaurant français. (boire du lait? commander du vin? manger des spaghetti?)
5. Nous voulons être à l'heure pour le rendez-vous. (se dépêcher? s'arrêter dans un café? prendre un taxi?)
6. Je veux réussir à l'examen. (étudier? perdre mon temps? s'énerver pendant l'examen?)

8. **Procrastination!**   Demandez à vos camarades s'ils ont fait les choses suivantes. Ils vont répondre négativement et vous dire quand ils vont faire ces choses, en utilisant le futur et un pronom complément.

●   nettoyer ta chambre (ce soir)   ***—Tu as nettoyé ta chambre?***
                                               —Non, je la nettoierai ce soir.

1. laver ta voiture (ce week-end)
2. écrire à ton copain (dimanche)
3. lire ce roman (après le dîner)
4. finir tes devoirs (avant le petit déjeuner)
5. rendre visite à tes amis (dans dix jours)
6. apprendre les verbes (avant l'examen)
7. passer à la poste (demain matin)
8. chercher du travail (cet été)

7. **y**
8. **en**

C.   Futurs irréguliers

The following verbs have IRREGULAR FUTURE STEMS. Note, however, that their endings are regular.

Infinitive	Future stem	
être avoir aller faire	ser- aur- ir- fer-	Nous **serons** à l'heure. Éric **aura** vingt ans en juin. J'**irai** au Sénégal l'été prochain. Est-ce qu'il **fera** beau ce week-end?
courir devoir envoyer obtenir pouvoir recevoir savoir venir voir vouloir	courr- devr- enverr- obtiendr- pourr- recevr- saur- viendr- verr- voudr-	Est-ce que tu **courras** dans le marathon? Tu **devras** prendre des photos. Est-ce que tu m'**enverras** des cartes postales? Anne **obtiendra** son passeport demain. Vous **pourrez** visiter le Louvre. Nous **recevrons** notre diplôme en juin. Je ne **saurai** jamais bien jouer au tennis. **Viendrez**-vous avec nous? Nous **verrons** mes amies. Mes cousins ne **voudront** pas venir avec nous.

Have students note that future stems always end in -r. Point out the single r of **je serai** and **je ferai**, and the double r of **je courrai**, **j'enverrai**, **je pourrai**, and **je verrai**.

❖   Verbs conjugated in the present like the above verbs have similar irregular stems in the future.

devenir (like **venir**)   Ma cousine **deviendra** ingénieur.
s'apercevoir (like **recevoir**)   Tu **t'apercevras** de tes erreurs.

The following impersonal expressions have IRREGULAR FUTURE forms.

Present	Future	
il y a il faut il pleut	**il y aura** **il faudra** **il pleuvra**	**Il y aura** un concert dimanche. **Il faudra** acheter des billets (tickets). J'espère qu'**il** ne **pleuvra** pas.

9. Dans cinq ans   Quelle sorte de personne serez-vous dans cinq ans? Faites des phrases selon le modèle.

COMMUNICATION: predicting one's future

avoir: plus de? moins de?   être: plus? moins?

● temps libre
J'aurai moins de
temps libre qu'aujourd'hui.

● riche
Je serai plus riche qu'aujourd'hui.

1. argent
2. patience
3. responsabilités
4. illusions
5. ambitieux / ambitieuse
6. sportif / sportive
7. paresseux / paresseuse
8. conservateur / conservatrice

10. Ce soir   Lisez ce que les personnes suivantes ont fait aujourd'hui. Décrivez leur situation ce soir, en utilisant le futur des expressions entre parenthèses dans des phrases affirmatives ou négatives. Soyez logique!

COMPREHENSION: predicting future situations

● Nous avons acheté des billets *(tickets)* pour le concert. (être chez nous?)
Ce soir nous ne serons pas chez nous.

1. Catherine s'est levée à cinq heures du matin. (avoir sommeil?)
2. Philippe a participé à un marathon. (avoir mal aux jambes?)
3. Vous vous êtes reposés toute la journée. (avoir envie de dormir?)
4. Nous avons raté nos examens. (être de bonne humeur?)
5. Les joueurs ont perdu un match important. (avoir envie de célébrer?)
6. Nous n'avons pas déjeuné. (avoir faim?)
7. Madame Tournon est partie en vacances. (être chez elle?)
8. Mes voisins ont pris l'avion pour Montréal. (être au Canada?)

11. Dialogue   Demandez à vos camarades si un jour ils feront les choses suivantes. S'ils répondent affirmativement, demandez quand.

COMMUNICATION: talking about future plans

V. in the plural: Use **vous** and **nous**.

● aller à Paris
—*Est-ce que tu iras à Paris?*
—*Oui, j'irai à Paris.*
—*Quand iras-tu à Paris?*
—*J'irai à Paris dans deux ans.*

1. aller à Moscou
2. faire un voyage en Chine
3. devenir très riche
4. obtenir ton diplôme
5. voir Rome
6. recevoir le prix Nobel de littérature
7. savoir faire du ski nautique
8. courir dans un marathon
9. envoyer tes enfants à l'université
10. pouvoir acheter une Rolls Royce
11. devoir chercher du travail *(work)*

Manouchka

Cuisine russe réputée
Musiciens renommés de Moscou
•
29, Ave Laurier O./W.

Vocabulaire: *Quelques professions*

un architecte	une architecte	*architect*
un avocat	une avocate	*lawyer*
un employé	une employée	*employee*
un fonctionnaire	une fonctionnaire	*government employee*
un homme d'affaires	une femme d'affaires	*business person*
un infirmier	une infirmière	*nurse*
un informaticien	une informaticienne	*computer scientist*
un journaliste	une journaliste	*journalist, reporter*
un ouvrier	une ouvrière	*worker*
un patron	une patronne	*boss*
un secrétaire	une secrétaire	*secretary*
un vendeur	une vendeuse	*salesperson*
un cadre	—	*executive, manager*
un écrivain	—	*writer*
un ingénieur	—	*engineer*
un médecin	—	*doctor*

Supplementary vocabulary: un(e) artiste, un(e) dentiste, un(e) libraire, un(e) pilote, un(e) fermier(-ère), un(e) musicien(-enne), un(e) programmeur(-euse), un(e) serveur(-euse)

un emploi *(job)*, un travail *(work)*, une carrière *(career)*, une profession *(profession)*

In colloquial reference to professional life, **patron** is more common than **chef**.

The feminine form **écrivaine** is occasionally used.

NOTES DE VOCABULAIRE

1. The names of certain professions are always masculine, even though they are used to refer to both men and women. If the reference to women must be made explicit, the prefix **femme-** is used.

   Cette **femme-ingénieur** est remarquable.

2. After **être** and **devenir**, nouns designating professions are generally used without the indefinite article (**un, une, des**), except when these nouns are modified by an ADJECTIVE or after **c'est (ce sont)**.

Je suis **étudiant**.	*I am **a** student.*
Charles veut devenir **ingénieur**.	*Charles wants to become **an engineer**.*
BUT: Le docteur Caron est **un bon médecin**.	*Doctor Caron is **a good doctor**.*

3. The French often use the term **un job** to refer to casual or part-time employment.

12. Quelle sera leur profession? Lisez ce que les personnes suivantes vont faire plus tard et dites quelle sera leur profession. Utilisez le futur d'**être** et les professions du Vocabulaire.

COMPREHENSION: describing future careers

● Gisèle ira à l'hôpital tous les jours.   ***Elle sera médecin (infirmière).***

1. Nous deviendrons des spécialistes de l'information sur ordinateur.
2. Monique verra ses patients régulièrement.
3. Alice et Thérèse feront du droit international.
4. Tu devras travailler dans une usine.
5. Je pourrai interviewer des acteurs célèbres *(famous)*.
6. Vous aurez des responsabilités importantes dans votre entreprise *(company)*.
7. Alain devra taper *(to type)* et répondre au téléphone.
8. Nous saurons résoudre *(to resolve)* les problèmes techniques.
9. Ma cousine négociera des contrats importants.
10. Jacques travaillera dans un grand magasin où il servira la clientèle.

13. Conversation Avec un(e) camarade, discutez comment vous envisagez votre vie dans dix ans. Par exemple...

COMMUNICATION: talking about the future

VIE PERSONNELLE ET FAMILIALE
• Où habiterez-vous?
• Serez-vous marié(e)?
• Aurez-vous des enfants? Combien?
• Quel sera votre style de vie?

VIE PROFESSIONNELLE
• Quelle sera votre profession?
• Que ferez-vous dans cette profession?
• Quelles responsabilités aurez-vous?
• Gagnerez-vous bien votre vie?

D.   La construction *si* + présent

The sentences below consist of two clauses: the *si clause*, introduced by **si** *(if)*, which expresses a certain condition, and the *result clause*, which expresses the result of the action. Note the verb tenses used in each clause.

Si j'ai de l'argent, **j'irai** en France.   *If I have money, I will go to France.*
Si nous allons en France, **nous visiterons** Paris.   *If we go to France, we will visit Paris.*

When the verb of the **si** clause is in the present, the sequence of tenses usually follows the pattern:

si clause	Result clause	
present	future	**Si** je **sors,** je te **téléphonerai.**

❖   **Si** becomes **s'** before **il** and **ils** (but not before **elle** and **elles**).

   S'il pleut, nous n'**irons** pas à la plage.

❖   If the **si** clause is emphasized, it may come AFTER the result clause.

   Je viendrai chez toi **si** j'ai le temps.

The verb of the result clause may also be in the imperative.
Si tu vas en France, *téléphone* à mon cousin.

14. S'ils ont...   Ce qu'on fait dépend souvent de ce qu'on a. Exprimez cela selon le modèle.

PRACTICE: si clause + future

● nous / de l'argent (aller au Canada cet été)
   Si nous avons de l'argent, nous irons au Canada cet été.

1. Paul / du temps libre (sortir ce soir)
2. je / de l'énergie (faire du jogging)
3. vous / une voiture ce week-end (aller à la campagne)
4. nous / notre diplôme (pouvoir trouver du travail facilement)
5. tu / l'adresse de Catherine (lui envoyer une lettre)

15. Expression personnelle   Complétez les phrases suivantes en exprimant une réflexion personnelle. Utilisez votre imagination! Si vous voulez, vous pouvez aussi utiliser l'un des verbes entre parenthèses.

COMMUNICATION: stating future plans

1. Si je vais en France cet été, je... (visiter, aller, rencontrer)
2. Si j'ai mon diplôme, je... (travailler, voyager, pouvoir)
3. Si je n'ai pas mon diplôme, je... (travailler, faire, pouvoir)
4. Si un jour je gagne beaucoup d'argent, je... (donner, acheter, s'intéresser à)
5. Si j'ai besoin d'argent cet été, je... (travailler, vendre, chercher)
6. Si je me marie, je... (acheter, être, avoir)
7. Si je ne trouve pas de travail après l'université, je... (voyager, aller, trouver)
8. Si j'ai le temps, je... (faire, aller, apprendre à)

E.   L'emploi des temps après *quand*

The following sentences refer to FUTURE events and actions. Compare the use of tenses in French and English.

Quand j'**irai** à Paris, je te **téléphonerai.**	*When I **go** to Paris, I **will phone** you.*
Quand tu **auras** assez d'argent, tu **voyageras.**	*When you **have** enough money, you **will travel.***

To describe a FUTURE action or situation that will occur WHEN another event occurs, French uses the pattern:

quand clause	Main clause	
future	*future*	**Quand** nous **arriverons,** nous **passerons** chez vous.

❖   The **quand** clause may also come after the main clause.

Je chercherai du travail *(work)* **quand j'aurai mon diplôme.**

> To describe a general situation, the present tense is used in both the **quand** clause and the main clause: **Quand nous** *avons* **de l'argent, nous** *voyageons.*

❖   The main clause may be in the imperative.

Téléphone-moi quand tu seras à la maison.

16.   Projets de voyage   Dites ce que les personnes suivantes feront quand elles seront dans les endroits indiqués.

> PRACTICE: **quand** + future

● nous / à Paris / faire une promenade en bateau-mouche *(sightseeing boat)*
   Quand nous serons à Paris, nous ferons une promenade en bateau-mouche.

1. tu / en Égypte / voir les Pyramides
2. vous / en Grèce / visiter le Parthénon
3. je / en Espagne / assister à une corrida *(bullfight)*
4. mes cousins / au Mexique / prendre des photos des ruines aztèques
5. nous / en Inde / faire une promenade à dos d'éléphant
6. Charles / au Népal / faire du trekking dans l'Himalaya

17.   S'il te plaît!   Demandez à un(e) camarade de faire certaines choses. Votre camarade répondra affirmativement.

> ROLE PLAY: saying when you will do things

● fermer la fenêtre / sortir
   —***S'il te plaît, ferme la fenêtre quand tu sortiras.***
   —***D'accord! Je fermerai la fenêtre quand je sortirai.***

1. faire les courses / aller en ville
2. acheter le journal / rentrer ce soir
3. envoyer cette lettre / passer à la poste
4. rendre ces livres / être à la bibliothèque
5. donner ton adresse / partir en vacances
6. montrer tes photos / revenir de vacances

18. Avec un peu de patience...   Dites que les personnes suivantes réaliseront *(will carry out)* leurs projets. Utilisez le futur des verbes soulignés. Étudiez le modèle attentivement.

● Denise veut <u>être</u> cadre pour <u>avoir</u> des responsabilités importantes.
Quand Denise sera cadre, elle aura des responsabilités importantes.

1. Jacques veut <u>travailler</u> pour <u>gagner</u> de l'argent.
2. Hélène veut <u>avoir</u> de l'argent pour <u>acheter</u> une voiture de sport.
3. Je veux <u>être</u> riche pour <u>être</u> indépendant.
4. Nous voulons <u>travailler</u> en France pour <u>apprendre</u> le français.
5. Tu veux <u>être</u> journaliste pour <u>voyager</u>.
6. Henri veut <u>être</u> pianiste pour <u>donner</u> des concerts.
7. Mes parents veulent <u>avoir</u> une nouvelle voiture pour <u>faire</u> un voyage.
8. Marc veut <u>être</u> président pour <u>réformer</u> la société.

19. Expression personnelle   Complétez les phrases suivantes avec une réflexion personnelle. Utilisez votre imagination!

1. Si je gagne à la loterie,...
2. Quand je serai le (la) président(e) d'une compagnie internationale,...
3. Si je me marie,...
4. Quand je serai millionnaire,...
5. Si j'ai besoin d'argent cet été,...
6. Quand j'aurai mon avion personnel,...
7. Si je ne trouve pas de travail après l'université,...

Communication

COMMUNICATION and REVIEW: using language in real-life situations

These communication activities can either be done extemporaneously or they can be assigned for outside preparation, with each student writing out the appropriate questions (and responses, if desired).

In class, students can practice the conversations in pairs or groups.

If desired, random pairs or groups of students can act out their conversation in front of the class.

Contacts *Cahier d'activités:*
Workbook, Leçon 29
Lab Manual, Leçon 29

Et vous?

1. A friend from Paris phones to say that his cousin Olivier will be coming to the United States. You have offered to pick Olivier up at the airport, but you need some more information.

Ask your partner . . .
- what airline **(une compagnie aérienne)** Olivier will take
- at what time he will arrive
- what he will be wearing
- how many suitcases **(une valise)** he will have

2. A classmate has just told you that he/she has bought a Eurail pass and plans to visit Europe next summer.

Ask your partner . . .
- when he/she will leave
- how he/she will stay in Europe
- what cities he/she will visit
  (your partner will mention three cities)
- what he/she will do in each of those cities

3. You and your partners are talking about weekend plans.

Ask your partners what they will do . . .
- if the weather is nice
- if it rains
- if they have an exam on Monday
- if their best friend comes to visit them

4. You and your partner are discussing your future plans.

Ask your partner . . .
- what he/she will do when he/she has received his/her diploma
- what kind of work he/she hopes to do
- how technology will affect his/her worklife
- if he/she wants to get married and have children
- how he/she thinks the world will change in his/her lifetime

Leçon 30   Si j'avais de l'argent...

COMPRÉHENSION DU TEXTE
1. Qu'est-ce que Sébastien rêve de faire? Est-ce qu'il le croit possible?
2. Qu'est-ce qu'Alice fait? Est-ce qu'elle peut prendre des vacances quand elle veut?
3. Qu'est-ce qu'elle invite Sébastien à faire?

Sébastien est étudiant en architecture. Sa cousine Alice, elle, travaille dans un grand hôtel à Bordeaux. Elle est à Paris pour quelques jours, à l'occasion du Salon de l'Hôtellerie et du Tourisme°, et Sébastien l'héberge° pendant son court séjour dans la capitale.

ALICE: Alors, qu'est-ce que tu comptes° faire pendant les grandes vacances°?

SÉBASTIEN: Je n'ai pas encore de projets... Si j'avais de l'argent, je m'offrirais° un beau voyage. À la Martinique, à Tahiti ou ailleurs°, vers des îles lointaines°... C'est un de mes grands rêves°, mais je ne sais pas si je le réaliserai° un jour...

ALICE: Tu exagères, Sébastien! Si tu trouvais un boulot° pour le mois de juillet, tu pourrais° très bien partir en août... La Martinique, ce n'est pas si cher!

SÉBASTIEN: Mais je ne peux pas travailler en juillet, à cause des examens...

ALICE: C'est quand, la fin de la session?

SÉBASTIEN: Vers le 10, je crois...

Hotel and Tourism Show / is putting her up
are planning / summer vacation
would treat myself to
elsewhere
faraway / dreams
will attain (my dream)
job (slang)
could

ALICE: Et les cours recommencent en octobre, c'est ça? Vos vacances durent° *last*
presque trois mois; vous avez de la chance, tout de même°! Si tu veux, *all the same*
tu peux travailler en août et partir en septembre, alors...

SÉBASTIEN: Oui, je pourrais faire ça, c'est vrai...

ALICE: Moi, tu vois, je n'ai que° cinq semaines de congé° par an. Et je ne *only have / five weeks off*
peux pas toujours les prendre quand je veux: j'avais l'intention d'aller
passer une semaine en Italie en mai, par exemple, mais mon patron
m'a dit que ça ne serait pas° possible, parce que nous avons déjà *would not be*
beaucoup de réservations pour cette période. L'hôtel marche très
bien, cette année. On a construit° une piscine et un court de tennis; *built*
c'est vraiment superbe. Tu devrais° venir un week-end... Tu *should*
rencontrerais° mon patron. Tu sais, il cherche souvent des étudiants *would meet*
pour des jobs d'été...

SÉBASTIEN: Eh, ce serait° une bonne idée, ça! *would be*

Note culturelle: **Vive les vacances!**

En principe, les Français ont trente jours ouvrables[1] de «congés payés[2]» par an. Donc, beaucoup de Français prennent cinq semaines de vacances en été et une semaine en hiver.

Pour la majorité des Français, le terme de «vacances» est synonyme d'évasion[3]. En été, 55 pour cent des Français quittent leur domicile[4]. Les «grands départs» ont lieu le premier juillet et le premier août. Ces jours-là, des millions de Français partent en vacances. Où vont-ils? Vers[5] le soleil, vers la montagne et surtout vers les plages de l'Atlantique et de la Méditerranée. Beaucoup vont à l'étranger, en Espagne, en Italie, mais aussi au Portugal, en Grèce...

Pendant la période de vacances, la France vit au ralenti[6], car un grand nombre d'entreprises et de magasins sont fermés.

Pour beaucoup de Français, les vacances sont indispensables. Cette obsession des vacances est encouragée par la radio, la télévision, la presse, la publicité qui rappellent[7] continuellement l'importance de cette période de l'année. Quelqu'un a remarqué avec humour que le calendrier[8] français était divisé en trois parties inégales: un mois, août, pendant lequel[9] les Français sont en vacances; deux mois, septembre et octobre, pendant lesquels ils parlent des vacances passées; et neuf mois pendant lesquels ils préparent les vacances suivantes. Pour les Français, «les vacances sont sacrées[10]». Et pour vous?

Activité Est-ce que vous trouvez que les Américains sont aussi obsédés[11] par les vacances que les Français?

1 *working days*   2 *paid vacation*   3 *escape, getting away*   4 *home*   5 *toward*   6 *at a slow pace*   7 *remind* 8 *calendar*   9 *which*   10 *sacred*   11 *obsessed*

Structure et vocabulaire

Vocabulaire: *Projets de vacances*

Noms

un départ	*departure*	**une arrivée**	*arrival*
le commencement	*beginning*	**la fin**	*end*
le hasard	*chance*	**une occasion**	*chance, opportunity*
l'avenir	*future*	**la chance**	*luck*
un jour de congé	*day off*	**une fête**	*feast, holiday; party*

Verbes

avoir l'occasion (de)	*to have the opportunity*	**As**-tu **eu l'occasion de** voir ce film sur Tahiti?
durer	*to last*	Les grandes vacances **durent** trois mois.
réaliser	*to carry out*	Je voulais aller au Japon cet été, mais je n'**ai** pas **réalisé** ce projet.

Expressions

chacun(e)	*each one*	Est-ce que **chacun** a acheté son billet d'avion?
ailleurs	*elsewhere*	L'année dernière, je suis allé au Canada. Cette année, je vais aller **ailleurs.**
vers	*toward (+ place)*	Il est allé **vers** la plage.
	around (+ time)	Il rentrera **vers** midi.
à cause de	*because of*	J'ai étudié **à cause de** l'examen.
cependant	*however, yet*	J'ai raté mon examen. **Cependant** j'avais beaucoup travaillé.
pourtant	*nevertheless*	Anne réussit toujours à ses examens. **Pourtant** elle ne travaille pas beaucoup.

NOTE DE VOCABULAIRE

Parce que *(because)* introduces a clause, whereas **à cause de** *(because of)* introduces a noun.

> Nous sommes restés chez nous **parce qu'il faisait mauvais.**
> Nous sommes restés chez nous **à cause du mauvais temps.**

1. Questions personnelles

COMMUNICATION:
answering questions

1. Quand célèbre-t-on la fête nationale aux États-Unis? en France? Quelles sont les autres grandes fêtes qu'on célèbre aux États-Unis?
2. Combien de jours de congé avez-vous à Noël? au printemps? En général, combien de jours de congé est-ce que les Américains prennent par an?
3. Combien de temps dure la classe de français? un match de football? un match de basketball?
4. Est-ce que vous habitez sur le campus? Si vous habitez ailleurs, où habitez-vous?
5. Vers quelle heure déjeunez-vous? Vers quelle heure dînez-vous?
6. Quel projet voulez-vous réaliser avant la fin de l'année?
7. Avez-vous eu l'occasion de faire un voyage récemment? Où et quand?
8. Croyez-vous à *(Do you believe in)* la chance? au hasard? Expliquez.
9. Est-ce que vous pensez souvent à l'avenir? Voyez-vous votre avenir avec optimisme ou pessimisme? Pourquoi?

Paysage typique en Provence

A.   Le conditionnel: formation

The sentences below express what WOULD HAPPEN if a certain condition were met. The verbs in bold type are in the CONDITIONAL.

The conditional is a **mode** or mood, rather than a tense. We are avoiding this terminology for the sake of simplicity and are simply referring to the verb form as the conditional.

Si c'était les vacances,...	*If it were vacation time, . . .*
... je **voyagerais.**	*. . . I would travel.*
... nous **visiterions** Paris.	*. . . we would visit Paris.*
... mes amis **partiraient** à la Guadeloupe.	*. . . my friends would leave for Guadeloupe.*
... je n'**étudierais** pas.	*. . . I would not study.*
... est-ce que tu **voyagerais?**	*. . . would you travel?*

Note the CONDITIONAL forms of regular verbs (in -er, -ir, and -re) and of the irregular verb **aller.**

infinitive	**habiter**	**finir**	**vendre**	**aller**	imperfect endings
future stem	habiter-	finir-	vendr-	ir-	
conditional	je (j') **habiterais**	**finirais**	**vendrais**	**irais**	-ais
	tu **habiterais**	**finirais**	**vendrais**	**irais**	-ais
	il/elle/on **habiterait**	**finirait**	**vendrait**	**irait**	-ait
	nous **habiterions**	**finirions**	**vendrions**	**irions**	-ions
	vous **habiteriez**	**finiriez**	**vendriez**	**iriez**	-iez
	ils/elles **habiteraient**	**finiraient**	**vendraient**	**iraient**	-aient
negative	je n'**habiterais** pas.				
interrogative	est-ce que tu **habiterais?**				
	habiterais-tu?				

❖   The CONDITIONAL is a simple tense that is formed as follows:

Remind students that for most verbs the future and conditional stem is the infinitive minus final **-e**, if any.

> future stem + imperfect endings

❖   For all verbs, the conditional stem is the same as the future stem.

Infinitive	Future stem	Conditional
être	**ser-**	**Seriez**-vous plus heureux avec plus d'argent?
aller	**ir-**	À ta place, je n'**irais** pas au cinéma ce soir.

The reflexive constructions follow the same pattern as in the present. À ta place, je m'amuserais. *If I were you (In your place), I would have fun.* Je ne m'énerverais pas. *I wouldn't get upset.*

Review the following irregular forms:

aller	j'irais
avoir	j'aurais
courir	je courrais
devoir	je devrais
envoyer	j'enverrais
être	je serais
faire	je ferais
il faut	il faudrait
obtenir	j'obtiendrais
pouvoir	je pourrais
recevoir	je recevrais
savoir	je saurais
venir	je viendrais
voir	je verrais
vouloir	je voudrais

Also:

achète	→ j'achèterais
appelle	→ j'appellerais

2. Souhaits *(Wishes)* Des jeunes disent ce qu'ils aimeraient faire dans la vie. Exprimez le souhait de chacun en utilisant le conditionnel d'**aimer**.

● Paul (être journaliste)   *Paul aimerait être journaliste.*

PRACTICE: conditional of **aimer**

V. with **vouloir:** Paul voudrait être journaliste.

1. Christine (être architecte)
2. Jeannette (faire du théâtre)
3. je (être un grand artiste)
4. tu (gagner le prix Nobel)
5. ma sœur (donner un concert à Carnegie Hall)
6. vous (habiter à Tahiti)
7. mes cousins (se reposer)

3. Bons conseils *(Good advice)* Jeannette Bonconseil aime donner des conseils à ses amis. Jouez le rôle de Jeannette Bonconseil. Étudiez le modèle.

PRACTICE: regular conditional verbs

● Charles dépense tout son argent.   *À ta place, je ne dépenserais pas tout mon argent.*

1. Alain mange trop.
2. Philippe boit trop de bière.
3. Henri grossit.
4. Isabelle s'impatiente.
5. Caroline se dispute avec ses amis.
6. Robert se met en colère.
7. Thomas perd son temps.
8. Christine dort pendant la classe de français.

4. Vacances à la Martinique Les personnes suivantes discutent de ce qu'elles feraient si elles étaient à la Martinique. Exprimez l'idée de chacune en utilisant le conditionnel.

PRACTICE: irregular conditional verbs

● Christine / aller à la plage tous les jours   *Christine irait à la plage tous les jours.*

1. nous / faire de la planche à voile
2. je / être bien bronzé *(tanned)*
3. Alice et Pascale / vouloir goûter *(to taste)* à la cuisine créole
4. vous / voir la ville de Saint Pierre
5. Gilbert / pouvoir faire de la voile
6. Hélène et Michel / envoyer des cartes à leurs amis
7. tu / devoir faire attention aux coups de soleil *(sunburn)*
8. nous / courir sur la plage tous les jours
9. je / savoir vite faire du ski nautique

The city of St. Pierre, capital of Martinique in the 18th–19th centuries, was destroyed by the eruption of a volcano in 1902.

5. Dialogue Supposons que vos camarades gagnent le gros lot *(jackpot)* à la loterie. Demandez-leur s'ils feraient les choses suivantes.

COMMUNICATION: hypothesizing

● acheter une voiture de sport?
    —*Est-ce que tu achèterais une voiture de sport?*
    —*Oui, j'achèterais une voiture de sport.*
    ou: —*Non, je n'achèterais pas de voiture de sport.*

In negative answers, **pas de** must be used in items 1, 5, 7, and 8.

1. acheter une grande maison?
2. quitter l'université?
3. aider les pauvres *(the poor)*?
4. mettre tout l'argent à la banque?
5. boire du champagne tous les jours?
6. te préoccuper de l'avenir?
7. envoyer des cadeaux *(presents)* à tes amis?
8. faire un voyage autour *(around)* du monde?

B.   Le conditionnel: emploi

The USES of the CONDITIONAL are generally similar in French and English.

- **Conditional constructions**   The conditional is used to express what WOULD HAP-PEN if a condition were met. Often (but not always) this condition is expressed by the construction **si** + *imperfect.*

  Si j'étais riche, **j'achèterais** une voiture.   *If I were rich, I **would buy** a car.*
  À ta place, je **serais** plus sérieux.   *In your place, I **would be** more serious.*

- **Indirect speech**   The conditional is used to describe what people said or thought IN THE PAST about a FUTURE event. It describes what they said WOULD HAPPEN. Compare the use of tenses in the following sentences:

  Il **dit** qu'il **voyagera** cet été.   *He **says** that he **will travel** this summer.*
  Il **a dit** qu'il **voyagerait** cet été.   *He **said** that he **would travel** this summer.*

- **Polite requests**   The conditional is used instead of the present to make a wish or a request sound more POLITE. Compare:

  Je **veux** de l'argent.   *I **want** some money.*
  Je **voudrais** de l'argent.   *I **would like** some money.*

  Pouvez-vous me prêter 20 euros?   ***Can** you lend me 20 euros?*
  Pourriez-vous me prêter 20 euros?   ***Could** you lend me 20 euros?*

  Vous **devez** travailler.   *You **must** work.*
  Vous **devriez** travailler.   *You **should (ought to)** work.*

6.   Suppositions   Des étudiants et des étudiantes discutent de ce qu'ils feraient s'ils n'étaient pas étudiants ou étudiantes. Exprimez le choix de chacun en utilisant le conditionnel du verbe **être.**

PRACTICE: conditional sentences with **si**

- Renée (photographe)
  Si elle n'était pas étudiante, Renée serait photographe.

1. Paul (journaliste)
2. Nathalie (artiste)
3. François et Marc (acteurs)
4. nous (reporters)
5. vous (secrétaire)
6. je (pilote)
7. tu (interprète)

7. On n'est jamais content... On n'est pas toujours content de sa situation. Dites ce que feraient ces personnes si elles ne faisaient pas ce qu'elles font.

PRACTICE: conditional sentences with **si**

● Paul travaille. (voyager)   *Si Paul ne travaillait pas, il voyagerait.*

1. Michèle étudie. (aller à la plage)
2. Pierre travaille dans une banque. (être acteur)
3. Nathalie est étudiante. (faire de la politique)
4. Charles suit un régime. (manger des spaghetti)
5. Thomas étudie. (sortir avec Annie)
6. Yvonne a un examen. (partir en vacances)

8. Promesses Monsieur Durand veut vérifier certaines informations. Sa secrétaire lui répond affirmativement. Jouez les deux rôles avec un(e) partenaire selon le modèle.

ROLE PLAY: reporting speech

Encourage the **secrétaire** to use object pronouns whenever possible.

● nos clients / venir cet après-midi?
     M. DURAND: *Est-ce que nos clients viendront cet après-midi?*
     LA SECRÉTAIRE: *Oui, ils ont dit qu'ils viendraient cet après-midi.*

1. l'avocat / apporter les documents?
2. le patron / signer le contrat?
3. le journaliste / écrire un article sur notre firme?
4. Madame Gilbert / envoyer un chèque *(check)*?
5. les vendeurs / venir demain matin?
6. les ouvriers / pouvoir travailler samedi?
7. les ingénieurs / construire *(build)* une nouvelle usine?
8. l'architecte / voir les plans de l'usine?

9. Nouvelles Certaines personnes ont annoncé des nouvelles. Décrivez ces nouvelles.

PRACTICE: indirect speech

● Jean / annoncer / il vient demain
     Jean a annoncé qu'il viendrait demain.

1. le professeur / dire / il donne un examen facile
2. Francine / écrire à ses amis / elle rentre en septembre
3. mes parents / téléphoner / ils nous invitent à dîner dimanche
4. les économistes / prédire / l'inflation continue l'année prochaine
5. je / lire dans le journal / il y a une grève *(strike)* demain
6. la radio / annoncer / il fait beau ce week-end

10. Le savoir-vivre *(Good manners)* Montrez votre savoir-vivre. Pour cela, transformez les phrases suivantes en utilisant le conditionnel.

PRACTICE: requests in the conditional

● Je veux vous parler.   *Je voudrais vous parler.*

1. Je veux aller au cinéma avec vous.
2. Nous voulons vous inviter.
3. Peux-tu m'aider?
4. Peux-tu me téléphoner demain?
5. Pouvez-vous venir à trois heures?
6. Tu dois être plus patient.
7. Tu dois aider tes amis.
8. Vous devez être plus généreux.

C.   Résumé: L'emploi des temps après *si*

The sentences below express certain conditions and their consequences. Compare the verbs used in each set of sentences.

Si je **travaille** cet été, je **gagnerai** de l'argent.   *If I **work** this summer, I **will earn** money.*
Si je **travaillais** (maintenant),   *If I **were working** (now),*
　　je **gagnerais** ma vie.   　　*I **would earn** my living.*
Si nous **n'allons pas** au cinéma samedi,   *If we **do not go** to the movies Saturday,*
　　nous **irons** au concert.   　　*we **will go** to the concert.*
Si nous **n'allions pas** en classe (aujourd'hui),   *If we **were not going** to class (today),*
　　nous **irions** au café.   　　*we **would go** to the café.*

In sentences containing **si** clauses, the sequence of tenses is as follows:

To Describe:	Use:		
	si clause	*result* clause	
possibility concerning the future	present	future	Si tu **étudies**, tu **réussiras**.
hypothesis contrary to reality	imperfect	conditional	Si tu **étudiais**, tu **réussirais**.

❖　The **si** clause may either precede or follow the result clause.

Si je travaillais plus, j'obtiendrais de bonnes notes.
J'obtiendrais de bonnes notes, **si** je travaillais plus.

11. Différences d'opinion　Janine parle de ses projets. André dit qu'il ferait d'autres choses s'il était à sa place. Jouez les deux rôles avec un(e) partenaire.

ROLE PLAY: discussing possible future actions

● 　avoir de l'argent / acheter une auto (une moto)
　　JANINE:　*Si j'ai de l'argent, j'achèterai une auto.*
　　ANDRÉ:　*Eh bien, moi, si j'avais de l'argent, j'achèterais une moto.*

V: Have a second student play the role of André and state his/her choice.

1. partir en vacances / aller en Italie
   (en Espagne)
2. voyager / prendre le train (l'avion)
3. aller à Paris / rester chez un ami
   (à l'hôtel Méridien)
4. être libre ce soir / voir un film (un opéra)
5. passer le week-end à la campagne / faire
   un pique-nique (du camping)
6. aller à l'université / étudier la médecine
   (l'histoire)

12. Conversation Avec un(e) camarade, discutez de ce que vous feriez dans l'une des circonstances suivantes.

COMMUNICATION:
discussing hypothetical events

- si vous trouviez un portefeuille *(wallet)* dans la rue
- si vous gagniez 10.000 dollars à la loterie
- si vous étiez millionnaire
- si vous étiez en vacances en France
- si vous assistiez à *(were present at)* un cambriolage
- si vous étiez à San Francisco pendant un tremblement de terre *(earthquake)*

D.   Le verbe *conduire*

The verb **conduire** *(to drive)* is irregular.

infinitive	**conduire**	Paul ne veut pas **conduire.**
present	je **conduis** tu **conduis** il/elle/on **conduit**	Je **conduis** bien. Tu **conduis** mal. On **conduit** vite.
	nous **conduisons** vous **conduisez** ils/elles **conduisent**	Nous **conduisons** une Renault. Vous **conduisez** une Ferrari. Elles **conduisent** une Citroën.
passé composé	j'**ai conduit**	J'**ai conduit** la voiture de mon grand-père.

Vocabulaire: *Verbes conjugués comme* conduire

Vocabulary note: *To drive (somewhere)* is **aller (en voiture).** Je vais à Boston en voiture. *I am driving to Boston.*

conduire	*to drive*	Qui va **conduire** la voiture?
construire	*to build, construct*	Qui a **construit** la Tour Eiffel?
détruire	*to destroy*	Un cyclone a **détruit** cette maison.
produire	*to produce, create*	On **produit** beaucoup de vin en France.
traduire	*to translate*	Je **traduirai** cet article en français.
se conduire (bien)	*to behave (properly)*	En classe, nous **nous conduisons bien.**
se conduire mal	*to misbehave*	Pourquoi est-ce que Pierre **se conduit mal?**

Supplementary vocabulary: **se produire** *(to happen).*
Des événements importants se sont produits en 1968.

You may want to point out the related nouns:
la construction, la destruction, la production, la traduction.

13. Conduites   Dites si oui ou non les personnes suivantes conduisent bien. Utilisez l'expression **conduire bien** aux mêmes temps que les phrases suivantes.

● Je serai prudent.   *Je conduirai bien.*

1. Je fais toujours attention.
2. Vous prenez des risques inutiles.
3. Tu as eu un accident.
4. Monsieur Marin s'est énervé.
5. Nous resterons calmes et attentifs.
6. Cécile respectera la limite de vitesse *(speed).*

14. D'accord?   Dites si vous êtes d'accord ou non avec les opinions suivantes.

1. En général, les Américains conduisent bien.
2. Les femmes conduisent mieux que les hommes.
3. Aujourd'hui les jeunes se conduisent plus égoïstement qu'avant.
4. Il faut produire plus d'énergie solaire.
5. Il ne faut pas détruire nos ressources naturelles.
6. Au lieu de *(Instead of)* construire des prisons, il faut construire des hôpitaux.
7. Un jour, nous détruirons nos stocks d'armes nucléaires.
8. Les États-Unis produisent trop de millionnaires et pas assez de philosophes.
9. Le matérialisme détruira nos valeurs *(values)* spirituelles.

Communication

COMMUNICATION and REVIEW: using language in real-life situations

These communication activities can either be done extemporaneously or they can be assigned for outside preparation, with each student writing out the appropriate questions (and responses, if desired).

In class, students can practice the conversations in pairs.

If desired, random pairs of students can act out their conversation in front of the class.

1. A classmate is talking about dropping out of school. You are wondering what he/she would do if he/she were not a student.

Ask your partner . . .
- if he/she would study French
- if he/she would work (and if so, where)
- where he/she would live
- what he/she would do during the week
- what he/she would do during the weekend

2. Your university is searching for a new president. A friend of yours has decided to become a candidate.

Interview your partner about what he/she would do if he/she were chosen.
For instance,
- if he/she would build new dormitories **(une résidence)**
- if he/she would build a new stadium
- if he/she would pay the professors better
- if he/she would give more scholarships
- if he/she would eliminate **(éliminer)** exams

Et vous?

Pas de problème!
CD-ROM: Module 9

Pas de problème!
video: Module 9

Contacts *Cahier d'activités:*
Workbook, Leçon 30
Lab Manual, Leçon 30

Video Module 9 and worksheet in the *Instructor's Resource Manual*

3. Imagine that you have lots of money. Talk with a classmate about what you would do.

Discuss whether you would change your lifestyle and how, including . . .
- what kind of house you would live in
- whether you would continue to work or go to school. If not, how else would you spend your time?
- whether you would travel. If so, where would you go? What would you want to see?
- what you would want to buy
- whether you would give away some of your money. If so, to whom?

Vivre en France   En voyage

Vocabulaire pratique: *À l'aéroport*

On va à l'aéroport pour prendre un avion.

On va **au comptoir** *(counter)* de **la compagnie aérienne** pour...

> choisir **un siège** *(seat)*
> avoir **une carte** | **d'embarquement** *(boarding pass).*
> | **d'accès à bord.**
> **enregistrer** *(to check)* **ses bagages** *(luggage).*

À quelle heure part **le vol** *(flight)* pour Fort-de-France?
> Il part à 21 h 18.

De quelle porte *(gate)* part-il?
> Il part de la porte 17.

Est-ce que le vol est **direct?**
> Non, il y a **une escale** *(stop)* à Pointe-à-Pitre.

Est-ce que ce siège est **occupé?**
> Non, il est **libre** *(unoccupied).*

Compréhension: *En avion*

Étudiez bien le document suivant et répondez aux questions.

1. De quelle porte part le vol?
2. Avec quelle compagnie aérienne est-ce que le passager voyage?
3. Quel est le numéro du vol?
4. Quelle est la date du vol?
5. Quel est le numéro du siège?
6. Est-ce que le voyageur a choisi la section fumeur *(smoking)* ou non-fumeur?
7. À quelle heure est-ce que les passagers vont embarquer *(to board)*?

Vocabulaire pratique: *À la gare*

On va à la gare pour prendre le train.
On va **au guichet** *(ticket window)* pour | **prendre un billet.**
| **réserver une place** *(seat).*

Je voudrais un billet pour Tours.
Voulez-vous | **un aller simple** *(one-way)*?
| **un aller et retour** *(round trip)*?
| **un billet de première (deuxième) classe?**

On va **au bureau des renseignements** *(information desk)* pour obtenir
des renseignements sur les trains et **les horaires** *(schedules).*

À quelle heure est-ce qu'il y a un train pour Marseille?
Le **prochain train** est à 18 h 22.

Est-ce que le train est **direct?**
Non, il y a **une correspondance** *(change of trains)* à Valence.

Est-ce que le train est **à l'heure**?
Oui, il est à l'heure.
Non, il est **en retard.** Il a **dix minutes de retard.**
Non, il est **en avance.** Il a **cinq minutes d'avance.**

De quel quai *(platform)* part le train pour Marseille?
Il part du quai 8.

Sur quel quai arrive le train de Genève?
Il arrive sur le quai 12.

Prenons le TGV

Le TGV (train à grande vitesse) est un train
rapide qui circule *(travels)* à une vitesse
(speed) d'environ 300 kilomètres à l'heure, et
parfois supérieure à 500 kilomètres à l'heure.

En 1999 les trains à grande vitesse comprennent les lignes suivantes: LGV (ligne à
grande vitesse) Paris Sud-Est, LGV Atlantique,
LGV Nord-Europe, LGV Rhône-Alpes, LGV Belge
et le Channel Tunnel Rail Link (Eurostar). Une
ligne Méditerranée est en construction et doit
s'ouvrir en 2001.

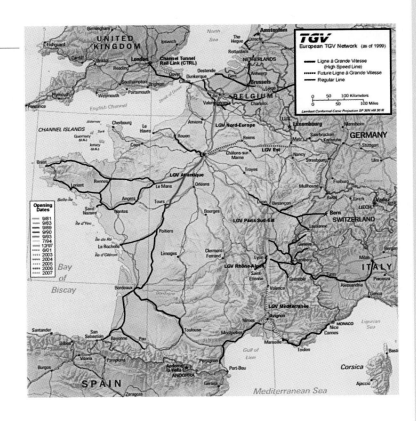

Situations: *Au guichet*

Les personnes suivantes veulent prendre le TGV pour certaines destinations. Composez les dialogues avec l'employé selon le modèle en consultant le tableau du prix des billets. (NOTE: Le prix d'un aller et retour est deux fois le prix d'un aller simple.)

● Charlotte: Montbard / aller et retour / deuxième classe

CHARLOTTE: *Bonjour, Monsieur. Je voudrais un billet pour le TGV de 19 h 20 pour Montbard, pour le 24 juillet.*

L'EMPLOYÉ: *Voulez-vous un aller simple ou un aller et retour?*

CHARLOTTE: *Un aller et retour.*

L'EMPLOYÉ: *Première ou deuxième classe?*

CHARLOTTE: *Deuxième classe.*

L'EMPLOYÉ: *Non-fumeur?*

CHARLOTTE: *Oui, Monsieur.*

L'EMPLOYÉ: *Voilà votre billet, Mademoiselle. Ça fait 60 euros.*

1. Jean-Pierre: Dijon / aller et retour / deuxième classe
2. Madame Bonnet: Genève / aller simple / première classe
3. Monsieur Lanzac: Toulon / aller simple / deuxième classe
4. Isabelle: Annecy / aller et retour / première classe
5. vous: ?

INDEX DES GARES ET PRIX DES BILLETS
RELATIONS AU DÉPART DE PARIS

Prix du Billet: Tarif Normal								
	1re classe	2e classe		1re classe	2e classe		1re classe	2e classe
AIX-LES-BAINS	72,30 €	49,25 €	CANNES	97,40 €	65,00 €	MONTBARD	40,30 €	30,00 €
ANNECY	76,00 €	51,75 €	DIJON	48,20 €	33,10 €	MONTPELLIER	82,50 €	55,00 €
ANTIBES	98,50 €	65,55 €	GENÈVE	76,35 €	51,85 €	NICE	100,00 €	66,50 €
AVIGNON	78,95 €	52,65 €	GRENOBLE	77,55 €	52,65 €	NÎMES	80,65 €	54,00 €
BEAUNE	50,65 €	35,00 €	LYON	66,00 €	45,00 €	TOULON	89,00 €	59,70 €
BERN	96,95 €	64,50 €	MARSEILLE	79,50 €	55,00 €	VALENCE	72,30 €	48,80 €

Situations: *Les horaires*

Les personnes suivantes se présentent au bureau de renseignements de la Gare de Lyon à Paris. D'après l'heure indiquée et la destination choisie, composez les dialogues avec l'employée en consultant l'horaire.

- Demandez à quelle heure part le prochain train.
- Demandez si le train est à l'heure.
- Demandez de quel quai le train part.
- Demandez à quelle heure le train arrive à la destination.

1. Il est six heures et demie du matin. Élisabeth veut aller à Marseille.
2. Il est dix heures du matin. Roland veut aller à Saint Raphaël.
3. Il est midi. Jacques veut aller à Avignon.
4. Il est une heure de l'après-midi. Thomas veut aller à Cannes.
5. Il est quatre heures de l'après-midi. Denise veut aller à Valence.
6. Il est sept heures et demie du soir. Monsieur Moreau veut aller à Montélimar.

Contacts *Cahier d'activités:* Workbook and Lab Manual, Vivre en France 10

Paris / Ile de France → Valence → Avignon → Marseille → Nice

Pour connaître le prix de votre billet, consultez :
si vous voyagez en 1ʳᵉ classe la page 3
si vous voyagez en 2ᵉ classe la page 30

☐ TGV ne circulant pas ce jour-là

N° du TGV		803	807	809	526	845	811	813	9532 (2)	815	534 (2)	819	847	823	827	831	542	835	837	839
Restauration		☐ (1)				☐	☐ (1)	☐ (1)												☐ (1)
Paris-Gare de Lyon	D	6.50	8.18	10.14		11.02	11.08	11.24		12.02		13.16	13.50	14.21	15.29	16.34		17.40	18.26	19.47
Aéroport Charles de Gaulle TGV	D				10.04					11.25	13.13						17.05			
Marne la Vallée Chessy ❦	D				10.17					11.38							17.18			
Le Creusot-TGV	A											14.46								
Satolas TGV	A										15.12									21.50
Valence	A	9.21			12.57		13.36	13.53	14.18		15.43				17.59	19.05	19.57		20.57	22.24
Montélimar	A	9.59				c 14.13	13.58										c 18.40		c 20.47	22.47
Avignon	A	10.46	11.57		14.01		14.44		15.20	15.37		16.47	16.55		19.02	20.07	20.59	21.09	21.59	23.33
Marseille	A	11.46	12.53	14.35	15.01			15.47	16.16	16.33		17.44	17.50	18.43	19.59	21.04	22.00	22.05	22.57	
Toulon	A	12.33	a 14.10	15.23	a 16.11			a 17.04	16.59	a 17.21	d 19.05	d 19.03		19.28	a 21.04		a 22.49	22.53	a 0.13	
Saint-Raphaël	A	b 13.44	a 15.04	b 17.10	a 17.10	16.58		a 17.57	17.47	a 18.09			19.40	b 20.38	a 21.55		a 23.53	b 23.53		
Cannes	A	b 14.10	a 15.31	b 17.35	a 17.35	17.24		a 18.21	18.11	a 18.33			20.05	b 21.02	a 22.19		a 0.18	b 0.18		
Antibes	A	b 14.20	a 15.41	b 17.48	a 17.48	17.35		a 18.32	18.22	a 18.43			20.16	b 21.13	a 22.30		a 0.29	b 0.29		
Nice	A	b 14.36	a 15.58	b 18.03	a 18.03	17.50		a 18.48	18.40	a 19.00			20.32	b 21.34	a 22.47		a 0.45	b 0.45		
Lundi		3	3	3	3	3	1	1				3	1	3	1	1	1	1	1	1
Mardi à Jeudi		3	2	3	3	1	3	1		1		1	3	1	1	1	1	1	3	1
Vendredi		3	3	1	3	1	3	1	1	1	1	4	3	3	4	3	4	4	4	4
Samedi		4		3	3	3	3	1	1	1		1	3	1	1	1	1	1		
Dimanche		3		3	3	1	1	1	1	1		1	3	3	3	3	3	3		3

Communication skills:
Expressing wishes, feelings, and doubts
Expressing conditions and reservations
Using language in real-life situations

Lexical base:
Preserving traditions
Expressions of wish, doubt, and emotion
Technology

Grammar base:
The verb **croire**
Present subjunctive
Pronoun order

Cultural focus:
French-speaking Canada
France and a united Europe
Technology in France

Le monde actuel

COMPRÉHENSION DU TEXTE
Le sens général
1. Qu'est-ce qu'un franco-phone? Connaissez-vous des francophones?
2. Dans quelles provinces résident les Canadiens francophones?
Les détails
3. Comment appelle-t-on les habitants du Québec?
4. Où habite Jean-Paul?
5. Quelles langues parle-t-il?
6. Qu'est-ce que Jean-Paul veut faire plus tard?

Aujourd'hui 25 pour cent des Canadiens sont francophones, c'est-à-dire° d'expression française°. Ces Canadiens francophones vivent pour la plupart° dans les provinces du Québec, de l'Ontario et du Nouveau Brunswick.

Un jeune Québécois°, Jean-Paul Boussolette, est à Paris depuis quelques jours. Aujourd'hui, son cousin Stéphane lui a proposé de l'accompagner visiter son université. Là, ils rencontrent Julien, un ami de Stéphane.

STÉPHANE:	Julien, je te présente mon cousin Jean-Paul.
JULIEN:	Alors, c'est toi, le fameux cousin du Québec?
JEAN-PAUL:	Eh oui! Un Québécois à 100 pour cent! Je suis né à Québec et j'habite à Québec.
JULIEN:	Et tu parles anglais aussi?
JEAN-PAUL:	Oui, je suis bilingue, comme un certain nombre de Québécois. Mais je parle surtout° français ... même avec mes amis anglais.
JULIEN:	Pourquoi?
JEAN-PAUL:	Tu sais, à l'heure actuelle°, il est vraiment important que nous préservions notre identité et notre culture. Pour ça, il faut absolument que nous maintenions° nos traditions et, en particulier, que nous continuions à parler le français, qui est notre langue.
JULIEN:	Mais est-ce que tu penses qu'il soit° possible de maintenir votre culture et votre identité dans un pays à majorité anglophone?

that is to say

French-speaking / for the most part

person from Québec

mainly

at this time

maintain

is

JEAN-PAUL:	Bien sûr que oui! Il y a une quinzaine° d'années, beaucoup de gens chez nous pensaient que la solution idéale était l'indépendance du Québec. Mais tu sais peut-être qu'en 1980 les Québécois ont rejeté° l'idée du séparatisme en votant pour le maintien° de l'unité du Canada.
JULIEN:	Oui, je me souviens d'avoir étudié ça...
JEAN-PAUL:	Aujourd'hui, nous considérons les choses différemment: il y a encore des indépendantistes, mais de plus en plus de «souverainistes°», surtout chez les jeunes: ils souhaitent que° le Québec conserve des rapports de partenariat° avec le reste du Canada, sur le plan politique et économique°, mais ils veulent aussi que le Québec ait° ses propres lois°, par exemple.
STÉPHANE:	Oui... Vous avez organisé un référendum à ce sujet, il n'y a pas très longtemps...
JEAN-PAUL:	C'est exact... En 1995, les souverainistes ont presque obtenu la majorité: 49,52 pour cent! Et puis aux élections de 1998, le parti politique séparatiste, qui s'appelle le parti Québécois, a maintenu son contrôle sur la province. On dit qu'il y aura bientôt un nouveau référendum au sujet de la souveraineté.
JULIEN:	Eh bien! Je vois que tu es drôlement° au courant° de ce qui se passe chez toi!
STÉPHANE:	Il faut dire que Jean-Paul veut faire carrière dans la politique, figure-toi°.
JEAN-PAUL:	C'est vrai. Mais d'abord, il faut que je termine mes études.
JULIEN:	Et tu fais des études de quoi?
STÉPHANE:	Devine°!... Droit et sciences politiques, voyons!

Margin glosses:
about fifteen
rejected
maintenance

supporters of sovereignty
wish that
partnership relationships
concerning politics and the economy / to have / its own laws

peculiarly / well informed

imagine

Guess

Note culturelle: **Les Canadiens d'expression française**

Avez-vous envie de voyager au Québec? Si vous habitez l'Amérique du Nord, il se peut que le Québec vous offre des vacances plus accessibles et moins chères qu'une visite en France ou à une autre région francophone.

Mais attention! Tout comme il y a des différences entre l'anglais parlé à Londres et celui de Los Angeles, il existe de même[1] des différences entre le français parlé à Paris et celui de Montréal. Par exemple, les Québécois disent «bonjour» non seulement au début d'une conversation, mais aussi à la fin. En lisant les paragraphes suivants, réfléchissez à l'influence de l'anglais sur le français canadien[*].

Au Québec, les amateurs de sport profitent à la fois[2] de l'influence de la France et des États-Unis: Vous pouvez aller voir soit un match de *soccer*[3], soit un match de *football*[4]. Au stade, vous pouvez acheter *un breuvage*[5], *un chien chaud*[6], et peut-être *du maïs éclaté*[7].

Le soir, vous allez prendre *le souper*[8] avec vos copains de voyage avant de retourner à l'hôtel en *char*[9]. Si vous trouvez les restaurants trop *dispendieux*[10], vous pouvez *magasiner*[11] un peu le lendemain. Vous achèterez peut-être *des bleuets*[12] pour le déjeuner[13] ou *du melon d'eau*[14] comme dessert pour *le dîner*[15]. Et si vous oubliez quelque chose—pas de problème! Vous pouvez toujours aller chez *un dépanneur*[16], qui reste ouvert assez[17] tard. Mais si l'on est en décembre ou janvier, prenez vos *mitaines*[18], comme il fait *ben*[19] froid au Québec en hiver.

À *la fin de semaine*[20], vous pouvez visiter *une boîte à chansons*[21], ou peut-être vous allez célébrer *la fête*[22] de votre *chum*[23] ou votre *blonde*[24] québécois(e).

Où vous allez, vous êtes assuré d'*avoir du fun*[25] au Québec.

Activité Essayez de trouver des exemples de différences régionales pour la langue anglaise. Par exemple, qu'est-ce qu'on appelle un «soft drink» chez vous?

1 likewise 2 at the same time 3 le football 4 le football américain 5 une boisson 6 un hot-dog 7 le popcorn 8 le dîner 9 en voiture 10 cher 11 faire des achats 12 les myrtilles (blueberries) 13 le petit déjeuner 14 la pastèque (watermelon) 15 le déjeuner 16 convenience store 17 très 18 moufles (mittens) 19 très 20 le week-end 21 une boîte de nuit (nightclub) 22 l'anniversaire 23 un petit ami 24 une petite amie 25 vous amuser

---

[*] Les expressions en italique sont des régionalismes canadiens.

Structure et vocabulaire

Vocabulaire: *Traditions*

You may want to point out that **actuel** and **actuellement** are false cognates. The French adjectives corresponding to *actual* are **réel** (adv. = **réellement**) or **véritable** (adv. = **véritablement**).

Noms

un échange	*exchange*	une langue	*language*
un rapport	*relationship*	une tradition	*tradition*

Adjectifs

actuel (actuelle)	*present, of today*	Quelle est la population **actuelle** du Canada?
réel (réelle)	*real, actual*	Est-ce que l'inflation est un problème **réel** aujourd'hui?
seul	*only*	Est-ce que le français est la **seule** langue officielle du Québec?
véritable	*true, real*	Est-ce qu'il y a une **véritable** solution à ce problème?

Verbes

conserver	*to keep, save*	**Conservez** vos notes: elles peuvent être utiles plus tard.
garder	*to keep, preserve*	Allez-vous **garder** votre livre de français?
organiser	*to organize*	Il faut **organiser** des échanges entre les deux pays.
maintenir	*to maintain*	Est-ce que les Américains **maintiennent** leurs traditions?

Expressions

à l'heure actuelle	*at the present time*	**À l'heure actuelle,** je n'ai pas de projets.
absolument	*absolutely*	Vous devez **absolument** lire ce livre.
actuellement	*at present*	**Actuellement,** mes cousins habitent à Montréal.

NOTE DE VOCABULAIRE

Maintenir is conjugated like **obtenir: je maintiens,** nous **maintenons;** j'ai **maintenu;** je **maintiendrai.**

---

1. **Questions personnelles**

1. Combien de langues parlez-vous? Quelles langues étrangères étudiez-vous? Est-ce que le français est la seule langue que vous étudiez? Est-ce que c'est la seule langue qu'on enseigne à votre université?
2. Où habitez-vous actuellement? Que faites-vous à l'heure actuelle? Quels cours suivez-vous actuellement?
3. Est-ce que vous allez conserver vos notes de français? Est-ce que vous allez garder votre livre de français? Qu'est-ce que vous allez en faire si vous ne le gardez pas? Est-ce que vous gardez toutes les lettres que vous recevez?
4. Plus tard, est-ce que vous allez maintenir des rapports avec vos amis d'université? Est-ce que vous allez maintenir une correspondance avec eux? Pendant combien de temps?

COMMUNICATION: answering questions

NOTE LINGUISTIQUE: *Temps et modes*

The verb of a sentence identifies an action. The verb is characterized by its *tense* and its *mood*.

- The TENSE of a verb indicates the TIME of the action.
  The *present*, the *imperfect*, the *future*, and the *passé composé* are all tenses.
- The MOOD of a verb reflects the ATTITUDE OF THE SPEAKER toward the action.
  The *imperative*, the *conditional*, the *indicative*, and the *subjunctive* are moods.

Note the use of the INDICATIVE and the SUBJUNCTIVE in the following English sentences:

Indicative	*Subjunctive*
I **am** poor.	I wish I **were** rich.
You **are** not very punctual.	It is essential that you **be** at the airport on time.

While the subjunctive is rarely used in English, it is used frequently in French.

Present indicative	*Present subjunctive*
Tu **as** des amis français.	Il est bon que tu **aies** des amis canadiens.
Vous **visitez** Québec.	Il faut que vous **visitez** Montréal ensuite.
Nous **parlons** anglais.	Le professeur veut que nous **parlons** français.

In French, the subjunctive is used primarily in DEPENDENT CLAUSES, that is, in clauses that do not stand alone but are connected to a main clause. These dependent subjunctive clauses are usually introduced by **que.**

Main clause	*Dependent clause*
Il faut	**que vous soyez** à l'heure.
It is necessary	*that you be on time.*

In the next sections, you will learn how to form the present subjunctive and will practice its use after **Il faut que** and **Il est nécessaire que.**

A. La formation du subjonctif: verbes à un radical

The stem of the present subjunctive is derived from the stem used for the PLURAL FORMS of the present indicative.

Regular verbs like **parler, finir,** and **attendre,** and many irregular verbs like **partir** have ONE PLURAL STEM in the present indicative.

Have students note that in the verbs mentioned, the **nous-** and the **ils**-forms of the present indicative have the same stem.

Note the forms of the PRESENT SUBJUNCTIVE of verbs with ONE STEM:

infinitive		**parler**	**finir**	**attendre**	**partir**	
present indicative		ils parlent	finissent	attendent	partent	*subjunctive endings*
		nous parlons	finissons	attendons	partons	
present subjunctive	que je **parle**	finisse	attende	parte	-e
	que tu **parles**	finisses	attendes	partes	-es
	qu'il/elle/on **parle**	finisse	attende	parte	-e
	que nous **parlions**	finissions	attendions	partions	-ions
	que vous **parliez**	finissiez	attendiez	partiez	-iez
	qu'ils/elles **parlent**	finissent	attendent	partent	-ent

The PRESENT SUBJUNCTIVE of verbs that have ONE PLURAL STEM in the present indicative is formed as follows:

stem	+ endings
ils-form of the present indicative } minus **-ent**	+ subjunctive endings

Regular verbs in **-er, -ir,** and **-re** and many irregular verbs follow the above pattern.

2. **Tourisme** Imaginez que vous travaillez pour le Bureau du Tourisme de Québec. Vous conseillez *(advise)* à des touristes français de visiter certains lieux de la province. Pour chaque personne, faites une phrase qui commence par **il faut que.** Utilisez le subjonctif de **visiter.**

PRACTICE: subjunctive of **-er** verbs

● Paul (Québec)   ***Il faut que Paul visite Québec.***

1. Georges (Montréal)
2. Nathalie (l'Université de Laval)
3. Pierre (le parc du Mont-Royal)
4. Isabelle (l'Université McGill)
5. Michèle et Françoise (le vieux Montréal)
6. Marc et Philippe (la Gaspésie: *the Gaspé region*)
7. vous (les Laurentides: *the Laurentian Mountains*)
8. nous (les musées)
9. tu (la citadelle de Québec)
10. Max (le vieux Québec)

V. with **passer par: Il faut que Paul passe par Québec.**

3. **Avant d'aller au Canada**   Les personnes suivantes vont aller au Canada cet été. Dites ce qu'elles doivent faire avant de partir. Utilisez la construction **il faut que** + *subjonctif*.

PRACTICE: subjunctive of regular verbs

● Madame Durand / réserver une place *(ticket)* d'avion
   Il faut que Madame Durand réserve une place d'avion.

1. Claudine / téléphoner à l'agence de voyage
2. Philippe / trouver son passeport
3. Monsieur Rémi / choisir un hôtel confortable
4. Mademoiselle Simon / louer une voiture
5. Anne / répondre à l'invitation de son cousin canadien
6. André / réussir à ses examens
7. Nathalie / finir ses classes à l'université
8. mon cousin / vendre sa vieille voiture

4. **Conversation**   Un(e) camarade vous propose de faire certaines choses. Acceptez son invitation, mais dites-lui qu'avant il faut que vous fassiez d'autres choses. Jouez ces rôles avec un(e) partenaire, selon le modèle.

ROLE PLAY: expressing obligations

● dîner / finir mes devoirs
   —*Est-ce que tu veux dîner avec moi?*
   —*Oui, d'accord! Mais avant, il faut que je finisse mes devoirs.*

1. aller en ville / téléphoner à un ami
2. déjeuner / rendre ces livres à la bibliothèque
3. regarder la télé / finir la vaisselle *(dishes)*
4. jouer au tennis / rendre visite à une copine
5. aller au cinéma ce soir / lire ce livre
6. aller au café / écrire à mes cousins
7. sortir / mettre un manteau
8. aller dans les magasins / conduire ma sœur à l'aéroport

5. **que je lise**
6. **que j'écrive**
7. **que je mette**
8. **que je conduise**

5. **Décisions!**   Informez-vous sur les personnes suivantes. Dites si oui ou non elles doivent faire les choses entre parenthèses. Utilisez les constructions **il faut que** ou **il ne faut pas que** + *subjonctif*.

COMPREHENSION: indicating what people should do

● Tu es malade. (se reposer? sortir?)
   Il faut que tu te reposes. Il ne faut pas que tu sortes.

1. Nous sommes très fatigués. (travailler? dormir?)
2. Vous voulez maigrir. (manger beaucoup de pain? suivre un régime?)
3. Tu as froid. (ouvrir la fenêtre? mettre un pull?)
4. Vous ne voulez pas rater *(to miss)* votre bus. (courir? se dépêcher?)
5. Jacqueline est invitée à dîner par les parents d'un copain. (mettre une belle robe? offrir un cadeau *[gift]* à l'hôtesse?)
6. Nous passons les vacances en Angleterre. (louer une voiture? conduire à droite?)

B.   La formation du subjonctif: verbes à deux radicaux

Verbs like **acheter, apprendre,** and **venir** have TWO PLURAL STEMS in the present indicative.

Note the forms of the PRESENT SUBJUNCTIVE of verbs with TWO STEMS:

infinitive	acheter	apprendre	venir	
present indicative	ils **achèt**ent nous achetons	**apprenn**ent apprenons	**vienn**ent venons	subjunctive endings
present subjunctive	que j'**achète** que tu **achètes** qu'il/elle/on **achète**	**apprenne** **apprennes** **apprenne**	**vienne** **viennes** **vienne**	-e -es -e
Have students note that the stems of the **ils-** and the **nous**-forms of the present indicative are different.	que nous achetions que vous achetiez qu'ils/elles **achètent**	apprenions appreniez **apprennent**	venions veniez **viennent**	-ions -iez -ent

❖   Some verbs have TWO PLURAL STEMS in the present indicative. These verbs also have two stems in the present subjunctive:

- the **ils**-stem of the present indicative—for the **je-, tu-, il-,** and **ils**-forms
- the **nous**-stem of the present indicative—for the **nous-** and **vous**-forms

❖   Note that these verbs have regular subjunctive endings.

❖   The following verbs also have two subjunctive stems.

	Indicative	Subjunctive
payer	ils **paient** nous **payons**	que je **paie** que nous **payions**
préférer	ils **préfèrent** nous **préférons**	que je **préfère** que nous **préférions**
appeler	ils **appellent** nous **appelons**	que j'**appelle** que nous **appelions**
boire	ils **boivent** nous **buvons**	que je **boive** que nous **buvions**
voir	ils **voient** nous **voyons**	que je **voie** que nous **voyions**
recevoir	ils **reçoivent** nous **recevons**	que je **reçoive** que nous **recevions**

like **acheter:** amener, lever, promener

like **apprendre:** comprendre, prendre, entreprendre

like **venir:** revenir, obtenir, maintenir, devenir, se souvenir

like **payer:** employer, envoyer, essayer, nettoyer

like **préférer:** célébrer, considérer, espérer, posséder, protéger, répéter

like **voir:** prévoir

like **recevoir:** décevoir, apercevoir

6. Expression personnelle   Dites si oui ou non il est nécessaire que vous fassiez *(do)* les choses suivantes. Commencez vos phrases par **Il est nécessaire que +** *subjonctif.*

COMMUNICATION: expressing personal choices

● obtenir mon diplôme?
> *Oui, il est nécessaire que j'obtienne mon diplôme.*
ou: *Non, il n'est pas nécessaire que j'obtienne mon diplôme.*

1. payer mes frais de scolarité?
2. nettoyer ma chambre tous les matins?
3. boire un bon café au petit déjeuner?
4. prendre des vitamines?
5. apprendre l'espagnol?
6. recevoir de bonnes notes?
7. voir le professeur avant l'examen?
8. devenir riche?
9. acheter des cadeaux *(presents)* pour mes amis?
10. me souvenir de la date de l'examen?

7. Les obligations de Madame Duval   Madame Duval est présidente d'une compagnie d'import-export. Elle dit à sa secrétaire ce qu'elle doit faire. Sa secrétaire lui rappelle *(reminds)* qu'elle doit faire aussi d'autres choses. Jouez les deux rôles avec un(e) partenaire selon le modèle.

ROLE PLAY: expressing obligations

● écrire à Madame Smith / à Monsieur Mueller
> MME DUVAL: *Il faut que j'écrive à Madame Smith.*
> SA SECRÉTAIRE: *Il faut aussi que vous écriviez à Monsieur Mueller.*

1. appeler nos clients de San Francisco / nos clients de Montréal
2. obtenir un nouveau visa / un visa pour le Japon
3. acheter une place *(ticket)* d'avion / des chèques de voyage *(traveler's checks)*
4. prendre ces documents / ce contrat
5. recevoir le président de France-Export / l'avocat de la société Excelsior
6. envoyer un fax à Londres / un e-mail à Hong Kong
7. voir Madame Takama / Monsieur Papadopoulos
8. payer la banque / nos fournisseurs *(suppliers)*

8. Conversation Vos camarades ont les problèmes suivants. Donnez-leur au moins trois conseils. Évitez *(avoid)* les verbes **avoir, être, aller** et **faire** qui ont un subjonctif irrégulier.

● avoir très mal à la gorge
—*J'ai très mal à la gorge.*
—*Ah bon, alors dans ce cas il faut que tu boives du thé. Il faut aussi que tu prennes de l'aspirine. Et bien sûr, il faut que tu te reposes. Il ne faut pas que tu sortes aujourd'hui.*

* avoir mal au ventre
* me sentir fatigué(e)
* avoir de mauvaises notes en français
* avoir besoin d'argent pour les vacances
* avoir des problèmes avec mon (ma) camarade de chambre
* chercher du travail
* ne connaître personne à cette université

COMMUNICATION: giving advice

Students should also avoid the subjunctive of the following irregular verbs, which are taught in the next lesson: **pouvoir, savoir,** and **vouloir.**

NOTE LINGUISTIQUE: *L'indicatif et le subjonctif*

Compare the use of the indicative and the subjunctive in the following sentences.

Indicative	Subjunctive
Vous **parlez** bien français.	Il faut que vous **parliez** français.
Je sais que vous **parlez** français.	Je veux que vous **parliez** français.
Nous sommes sûrs que vous **parlez** français.	Nous doutons que vous **parliez** anglais aussi.

* The INDICATIVE MOOD is used to describe *facts* or to express *knowledge of facts*. It can be used in *independent* and *dependent* clauses.
* The SUBJUNCTIVE MOOD is used to express certain *attitudes, feelings,* or *judgments* about an action. It is used mainly in *dependent* clauses.

Both the subjunctive and the indicative are used in dependent clauses introduced by **que.** The choice of mood is determined by what the verb of the main clause expresses.

Main clause	Dependent clause
expression of **fact**	**indicative**
expression of **necessity or obligation / will / emotion / doubt**	subjunctive

C.   L'emploi du subjonctif après certaines expressions d'obligation et d'opinion

Note the use of the subjunctive in the following sentences.

Il faut que je parte.   *I have to leave.* (It is necessary that I leave.)
Il faut que nous obtenions   *We must get* a visa. (It is necessary
un visa.   that we get a visa.)

> PERSONAL OBLIGATION can be expressed by the construction:
>
> | **il faut que** + *subjunctive* | **Il faut que** tu **viennes.** |

❖   General obligations, however, are expressed by the construction:

> **il faut** + infinitive

Infinitive: En général, **il faut apprendre** les langues étrangères.
Subjunctive: En particulier, **il faut que** vous **appreniez** le français.

Note the use of the subjunctive in the sentences below.

Il est important que vous respectiez   *It is important that you respect*
nos traditions.   *our traditions.*
Il est possible que nous visitions   *It is possible that we will*
le Canada cet été.   *visit Canada this summer.*

> The subjunctive is used after certain EXPRESSIONS OF OPINION according to the pattern:
>
> | **il est** + adjective + **que** + *subjunctive* | **Il est essentiel que** tu **viennes.** |

❖   Note that in the above sentences, the opinions concern specific persons. If the opinion is a general one, the following construction is used:

> **il est** + adjective + **de** + infinitive

Infinitive   *Subjunctive*
En général...   En particulier...
il est utile de voyager.   **il est utile que** je **voyage.**
il est essentiel de maintenir   **il est essentiel que** Paul **maintienne**
nos traditions.   les traditions de sa famille.

Vocabulaire: *Quelques expressions d'opinion*

Il est bon	Il est nécessaire	Il est dommage *(too bad)*
Il est essentiel	Il est normal *(to be expected)*	Il vaut mieux *(it is better)*
Il est important	Il est possible	
Il est indispensable	Il est préférable	
Il est inutile	Il est utile	
Il est juste		

9.   Expression personnelle   Selon vous, est-ce que les étudiants de votre université doivent faire les choses suivantes? Répondez d'après le modèle, en commençant vos phrases par **il est normal que...**

- passer l'après-midi à la bibliothèque
    Il est normal que nous passions l'après-midi à la bibliothèque.
  ou: *Il n'est pas normal que nous passions l'après-midi à la bibliothèque.*

1. étudier pendant la semaine
2. étudier le week-end
3. travailler pendant les vacances
4. se reposer le dimanche
5. dormir en classe
6. payer nos frais de scolarité
7. apprendre une langue
8. boire de l'eau minérale
9. garder les traditions de l'école

COMMUNICATION:
expressing opinions about
university life

V. with **je; les étudiants.**

10.   Opinions   Est-ce que les Américains doivent faire les choses suivantes? Exprimez votre opinion personnelle en utilisant les expressions du Vocabulaire.

- respecter la loi *(law)*   *Il est (Il n'est pas) indispensable (important, utile) que les Américains respectent la loi.*

1. garder leurs traditions
2. respecter les minorités
3. aider les autres nations
4. conserver l'énergie
5. voter aux élections
6. développer leur armée
7. maintenir de bonnes relations avec la France
8. développer les échanges avec le Canada
9. respecter la Constitution
10. s'intéresser à la politique

COMMUNICATION:
expressing opinions about
social issues

OPTIONAL: These topics can
serve as a point of departure for
class discussion.

V. with **nous: Il est normal que
nous respections la loi.**

D.   Le subjonctif d'*être* et d'*avoir*

You can point out that the subjunctive forms of **avoir** and **être** are used as imperative forms. Note that the **tu**-form **aies** becomes **aie**.

The SUBJUNCTIVE forms of **être** and **avoir** have irregular stems and endings.

être	avoir	
Il faut que je **sois** énergique. Il faut que tu **sois** patient. Il faut qu'il **soit** riche.	Il faut que j' **aie** de l'énergie. Il faut que tu **aies** de la patience. Il faut qu'il **ait** de l'argent.	The subjunctive of **il y a** is **il y ait**.
Il faut que nous **soyons** ambitieux. Il faut que vous **soyez** courageux. Il faut qu'ils **soient** persévérants.	Il faut que nous **ayons** de l'ambition. Il faut que vous **ayez** du courage. Il faut qu'ils **aient** de la persévérance.	

11.   À l'agence de voyages   Vous travaillez dans une agence de voyages. Dites à quelle heure les personnes suivantes doivent être à l'aéroport, en utilisant *(using)* le subjonctif d'**être.** Dites aussi ce qu'elles doivent avoir, en utilisant le subjonctif d'**avoir.**

PRACTICE: subjunctive forms of **être** and **avoir**

● Jacques (à deux heures / son passeport)
  Il faut que Jacques soit à l'aéroport à deux heures.
  Il faut qu'il ait son passeport.

1. Carole (à dix heures / son visa)
2. vous (à trois heures et demie / vos bagages)
3. ces touristes (à quatre heures dix / leurs places
   [tickets] d'avion)
4. tu (à huit heures / ta carte d'embarquement:
   boarding pass)
5. nous (à six heures moins le quart / nos valises)
6. Monsieur et Madame Sénéchal (à sept heures et quart /
   leurs passeports)

For simplicity, this activity may be divided into two parts: the first part with **être**, the second part with **avoir.**

E. L'emploi du subjonctif après les verbes de volonté

Note the use of the subjunctive in the following sentences.

Je voudrais que vous **soyez** heureux.	*I would like you to be happy.*
Je ne veux pas que tu **partes** maintenant.	*I do not want you to leave now.*
Le professeur souhaite que nous **réussissions** à l'examen.	*The professor wishes that we would pass the test.*

The subjunctive is used after expressions of WILL, WISH, or DESIRE according to the construction:

subject + verb + **que** + someone (or something) + subjunctive . . .

Je voudrais que vous **visitiez** Québec avec nous.

❖ Note that in the above sentence, the wish concerns someone other than the subject of the main verb. When the wish concerns the subject, the construction is:

subject + verb + infinitive

Compare the following sentences:

Je veux **partir.**	*I want **to leave**.*
Je veux que **tu partes.**	*I want **you to leave**.*
Anne souhaite **visiter** Québec.	*Anne wishes **to visit** Quebec City.*
Anne souhaite que **vous visitiez** Québec.	*Anne wishes **you to visit** Quebec City.*

46, boul. Champlain,
QUÉBEC G1K 4H7
418·692·2013

46, boul. St-Cyrille Ouest,
QUÉBEC G1R 2A4
418·523·2013

Vocabulaire: *Verbes de volonté*

Note that the subjunctive is **not** used after **espérer** *(to hope)*: **J'espère que vous parlez français.**

accepter	to agree	J'accepte
aimer mieux	to prefer	J'aime mieux
désirer	to wish	Je désire
permettre	to allow, give permission	Je permets
préférer	to prefer	Je préfère
souhaiter	to wish	Je souhaite
vouloir	to want	Je veux
vouloir bien	to agree, to be willing	Je veux bien

que vous veniez au Canada avec moi.

The following verbs are new vocabulary: **accepter, aimer mieux, désirer, souhaiter.**

NOTE DE VOCABULAIRE

These verbs are often used in the conditional to make the wish or request more polite.

J'aimerais mieux que tu ne dises pas cela.   *I would prefer that you not say that.*

---

12. Souhaits *(Wishes)*   Souhaitez du succès aux personnes suivantes.

● tu / réussir à tes examens   *Je souhaite que tu réussisses à tes examens.*

PRACTICE:
souhaiter + subjunctive

1. Paul / avoir son diplôme
2. vous / être célèbres *(famous)*
3. tu / devenir millionnaire
4. Florence et Nicole / connaître des aventures extraordinaires
5. Charlotte / écrire un best-seller
6. notre professeur / recevoir le prix Nobel de littérature

13. Dialogue   Proposez à un(e) camarade de faire certaines choses en utilisant la construction **Veux-tu que nous** + *subjonctif.* Votre camarade va répondre affirmativement ou négativement.

COMMUNICATION:
extending, accepting, and refusing invitations

● sortir ce soir
　　—*Veux-tu que nous sortions ce soir?*
　　—*Oui, d'accord, je veux bien sortir ce soir.*
　ou: —*Non, merci, je ne veux pas sortir ce soir.*

1. jouer au tennis
2. visiter un musée
3. organiser une fête
4. rendre visite à nos copains
5. boire une bière
6. déjeuner dans un restaurant
7. se promener en ville
8. voir un film d'aventure

14. Rébellion   Le père de Marc pense que son fils doit faire certaines choses. Marc n'est pas d'accord. Jouez les deux rôles avec un(e) partenaire, selon le modèle.

● étudier   LE PÈRE: *Je voudrais que tu étudies.*
             MARC: *Je ne veux pas étudier.*

1. travailler pendant les vacances
2. se lever à sept heures
3. respecter la discipline
4. finir ses études
5. se coucher avant minuit
6. choisir des amis sérieux
7. vendre sa moto
8. écrire à ses grands-parents
9. lire des livres sérieux
10. sortir moins souvent

15. Exigences *(Demands)*   Nous avons tous certaines exigences. Expliquez les exigences des personnes suivantes.

● le professeur / vouloir / les étudiants / étudier
  Le professeur veut que les étudiants étudient.

● nous / ne pas souhaiter / vous / boire du vin
  Nous ne souhaitons pas que vous buviez du vin.

1. les étudiants / souhaiter / le professeur / donner un examen facile
2. mon père / vouloir / je / choisir une profession intéressante
3. je / ne pas permettre / vous / prendre mes disquettes
4. Marc / souhaiter / ses parents / lui acheter une voiture
5. les parents de Jean-Pierre / préférer / leur fils / vendre sa moto
6. Jacques / ne pas accepter / sa fiancée / sortir avec d'autres garçons
7. Janine / désirer / son fiancé / apprendre à danser
8. le médecin / ne pas vouloir / nous / fumer
9. Paul / souhaiter / Monique / se souvenir de lui

16. Souhaits personnels   Faites des souhaits pour les personnes suivantes en complétant les phrases avec une expression de votre choix. (Évitez les verbes **aller** et **faire** qui ont un subjonctif irrégulier.)

1. J'aimerais que mes parents...
2. Je souhaite que mon meilleur ami...
3. Je désire que mes amis...
4. Je ne souhaite pas que le professeur...
5. Je voudrais que ma famille...
6. Je souhaite que le président...

COMMUNICATION and REVIEW: using language in real-life situations

These communication activities can either be done extemporaneously or they can be assigned for outside preparation, with each student writing out the appropriate questions (and responses, if desired).

In class, students can practice the conversations in pairs or groups.

If desired, random pairs or groups of students can act out their conversation in front of the class.

Contacts *Cahier d'activités:*
Workbook, Leçon 31
Lab Manual, Leçon 31

Et vous?

Communication

1. You are a manager in a French company and have just hired a new assistant. You are telling the assistant what you would like him/her to do and the assistant, of course, says yes.

Tell your partner . . .
- to phone Madame Dumont
- to write Monsieur Laurent
- to buy stamps
- to send a fax **(un fax)** to Monsieur Picard
- to pay the invoices **(les factures)**
- to file these documents **(classer les documents)**

—**Il faut que vous téléphoniez à Madame Dumont.**
—**Bien, Monsieur (Madame), je vais lui téléphoner.**

2. You are planning to spend a week in Paris. You ask a couple of French friends for advice and they tell you what you should do.

Ask your partners . . .
- what things you should bring
- what clothes you should take
- what places you should visit
- what monuments **(un monument)** you should see
- where you should have dinner

—**Qu'est-ce que je dois apporter?**
—**Il faut que tu apportes ton appareil-photo...**

3. You have a friend who loves to give advice. Every time you mention a problem, he/she tells you two or three things you have to do.

Tell your partner . . .
- you have a sore throat
- you have a very difficult exam tomorrow
- you want to lose weight
- you need money
- you don't know anyone at this university

—**J'ai très mal à la gorge.**
—**Alors, il faut que tu boives du thé et que tu prennes de l'aspirine. Il ne faut pas que tu sortes ce soir.**

4. You and your classmate are discussing future plans.

Ask your partner . . .
- what kind of career he/she hopes to have
- what kind of degree he/she will need
- what he/she hopes to achieve in life
- where he/she wants to live
- what kinds of qualities he/she needs to have

Leçon 32   Français ou Européens?

L'Arche de la Défense, Paris avec drapeaux de l'Union européenne

COMPRÉHENSION DU TEXTE
1. Selon Clémence, dans quels domaines l'opinion française considère-t-elle l'Union européenne comme un facteur positif?
2. Quels sentiments négatifs l'Union européenne inspire-t-elle chez certains Français?
3. Est-ce que Daniel croit à l'Europe? Est-ce qu'il se sent européen?

Clémence, Christophe, Nelly, Jacques et Daniel sont étudiants en première année de sciences économiques. Aujourd'hui, comme tous les mardis après les cours, ils se retrouvent à la cafétéria. Pour déjeuner, bien sûr, mais surtout pour discuter!...

NELLY: Vous avez lu le sondage° sur les Français et l'Europe que le prof nous a donné à étudier pour après-demain?

CHRISTOPHE: Oui, moi je l'ai lu. Je suis content de voir que les Français ont plus confiance en l'Union européenne maintenant qu'avant ... en fait, 77 pour cent des Français considèrent que l'Union européenne est une bonne chose pour notre pays.

CLÉMENCE: Oui, et c'est intéressant de noter leurs opinions sur les conséquences qu'aura l'union de l'Europe pour la France. Quatre-vingt-cinq pour cent estiment que l'union favorisera les progrès

opinion poll

technologiques et la recherche scientifique, et 83 pour cent pensent qu'elle contribuera au maintien° de la paix° en Europe. — *maintenance / peace*

CHRISTOPHE: Il y a quand même des gens qui se sentent menacés° par les projets européens: 21 pour cent ont exprimé° de la crainte° à l'égard de° l'Union européenne. — *threatened* / *express / fear / toward*

JACQUES: Je crois surtout que les gens craignent° que la France perde son identité culturelle avec la disparition° des frontières°. — *are afraid* / *disappearance / borders*

CLÉMENCE: Tu sais, c'est tout de même une question de génération. Le sondage montre que les jeunes Français acceptent plus facilement l'idée de l'Union européenne et qu'ils se sentent déjà européens, eux. Par contre, nos grands-parents, qui ont connu la guerre°, n'ont pas toujours les mêmes raisonnements° que nous. Pour eux, le monde était peut-être plus simple: il y avait les ennemis et les alliés; maintenant, les gouvernements travaillent en association et les pays d'Europe sont devenus des partenaires. C'est un grand changement, et les mentalités ont parfois du mal à° évoluer°. — *war* / *reasoning* / *difficulty / to change*

DANIEL: C'est vrai, mais je doute° que ce soit seulement une question de génération... C'est plutôt à cause de la conjoncture° actuelle, à mon avis. Il y a toujours des gens qui ont peur de l'avenir, et qui préfèrent essayer de protéger ce qu'ils ont. Ils s'enferment° dans leur cocon°. Moi, tu vois, je crois à° l'Europe, mais je ne peux pas dire que je me sente européen. Ce n'est pas une priorité pour moi. Je pense plutôt que... — *doubt* / *situation* / *close themselves* / *cocoon / believe in*

CHRISTOPHE: «Que chacun devrait se sentir citoyen du monde°». Silence, les amis, je crois que notre cher philosophe va de nouveau° nous exposer sa grande théorie!... — *"Everyone should feel like a citizen of the world" / once again*

Les sentiments des Français à l'égard de la construction européenne[1]

Lorsque vous pensez à la construction européenne, quel sentiment, parmi les suivants, cela vous évoque-t-il principalement[2]:

Ensemble des Français

L'espoir[3]   44%
La crainte[4]   29%
La confiance   10%
L'indifférence   8%
L'enthousiasme   5%
L'hostilité   3%

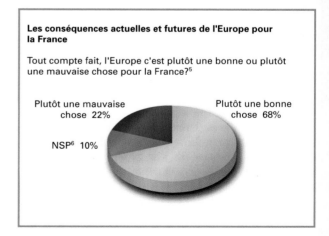

Les conséquences actuelles et futures de l'Europe pour la France

Tout compte fait, l'Europe c'est plutôt une bonne ou plutôt une mauvaise chose pour la France?[5]

Plutôt une mauvaise chose 22%
Plutôt une bonne chose 68%
NSP[6] 10%

1 French people's feelings toward a united Europe / 2 Which of the following words characterizes your feelings toward a united Europe? / 3 hope / 4 fear / 5 Overall, is Europe a good or a bad thing for France? / 6 Ne se prononce pas = no opinion
© *Ipsos Opinion / Ministère des Affaires européennes septembre 1997*

Note culturelle: L'Europe unie

Centre de la Communauté économique européenne à Bruxelles

Pendant longtemps, l'histoire du monde a été l'histoire des conflits qui opposaient les différents pays d'Europe d'une façon[1] plus ou moins continue[2]. En 1944, ces conflits avaient transformé l'Europe en un vaste champ[3] de ruines. La première question qui s'est posée aux gouvernements d'après-guerre[4] a été de décider comment reconstruire leurs pays. Ces gouvernements ont choisi une solution impensable[5] autrefois: la réconciliation et l'unité! Voici les étapes[6] importantes qui ont marqué la construction de l'Europe unie.

1944   Trois pays (la Belgique, les Pays-Bas[7] et le Luxembourg) décident de former une zone de libre-échange[8] qui prend le nom de «Bénélux».

1946   Dans un discours[9], Winston Churchill suggère à la France et à l'Allemagne de former des «États-Unis d'Europe».

1950   La Création de la CECA (Communauté européenne du charbon[10] et de l'acier[11]) crée une zone de libre-échange pour le charbon et l'acier entre la France, l'Allemagne, l'Italie et les pays du Bénélux, et permet le rapprochement politique entre l'Allemagne et la France.

1957   Le Traité[12] de Rome crée la CEE (Communauté économique européenne) ou «Marché Commun». En permettant la libre circulation des gens, des capitaux et des marchandises, ce traité facilite l'expansion économique de l'Europe.

1973   L'Angleterre, l'Irlande et le Danemark entrent dans le Marché Commun. «L'Europe des Six» devient «L'Europe des Neuf».

1979   Les citoyens[13] des pays du Marché Commun élisent[14] un «Parlement européen». Une Française, Simone Veil, devient la première présidente de ce Parlement. L'écu *(European Currency Unit)* devient l'unité monétaire commune en 1979.

1981   La Grèce entre dans le Marché Commun.

1986   Le Marché Commun s'agrandit[15] à nouveau[16] avec l'entrée de l'Espagne et du Portugal.

1992   La Communauté européenne (la CE) devient un vaste marché intérieur avec la libéralisation complète des échanges entre les pays membres.

1995   La décision est prise de remplacer[17] l'écu par l'euro, comme unité de monnaie unique.
        La Suède, l'Autriche et la Finlande deviennent membres de l'Union européenne.

1998   Onze pays décident de participer à l'introduction de l'euro: l'Autriche, la Belgique, la Finlande, la France, l'Allemagne, l'Irlande, l'Italie, le Luxembourg, les Pays-Bas, le Portugal, l'Espagne.

1999   L'introduction de l'euro dans les onze pays participants.

2000   La Grèce décide de faire parti de la zone euro.

2001   L'euro devient monnaie courante dans ces pays.

Activité   Quelle est votre opinion sur l'Union européenne? Est-ce que vous pensez que c'est plutôt une bonne chose? Quels en sont les avantages et les inconvénients?

1 manner   2 continuous   3 field   4 postwar   5 unthinkable   6 stages
7 Netherlands   8 free trade   9 speech   10 coal   11 steel   12 treaty
13 citizens   14 elect   15 expands   16 again   17 replace

Structure et vocabulaire

Vocabulaire: *La politique internationale*

Noms

un citoyen	*citizen*	**une citoyenne**	*citizen*
un allié	*ally*	**la douane**	*customs*
un ennemi	*enemy*	**la frontière**	*border*
un gouvernement	*government*	**la guerre**	*war*
un traité	*treaty*	**la loi**	*law*
		la paix	*peace*

Verbes

menacer	*to threaten*	L'inflation **menace** la stabilité économique.
partager	*to share*	Les gens égoïstes ne **partagent** rien.
protéger	*to protect*	Les lois **protègent** les citoyens.

Remind students that with **partager** and **protéger** an e must be inserted before endings beginning with **o** and **a**: **nous protégeons, je partageais**, etc. Likewise, with **menacer** a cedilla must be added: **nous menaçons, je menaçais**, etc.

1. Questions

COMMUNICATION: answering questions

1. Avec quels pays les États-Unis ont-ils une frontière commune?
2. Quels sont les pays qui ont une frontière commune avec la France?
3. Qui étaient les alliés des États-Unis pendant la Seconde Guerre mondiale *(World War II)*? Qui étaient leurs ennemis? Quels sont les alliés et les ennemis des États-Unis actuellement?
4. Selon vous, quels sont les pays qui menacent la paix dans le monde aujourd'hui? Quels sont les dangers qui menacent la sécurité des États-Unis?
5. Selon vous, est-ce que les États-Unis ont l'obligation de partager leur richesse *(wealth)* avec les autres pays? Pourquoi ou pourquoi pas?
6. Quelles sont les choses que vous partagez avec vos amis? Quelles sont les choses que vous ne partagez pas?

A. Le verbe *croire*

The conjugation pattern of **croire** is similar to that of **voir**. You may wish to review **voir**, Lesson 20.

The verb **croire** *(to believe)* is irregular.		

infinitive	**croire**	
present	je **crois** tu **crois** il/elle/on **croit**	nous **croyons** vous **croyez** ils/elles **croient**
passé composé	j'**ai cru**	

❖ Note the following constructions with **croire**:

croire (+ *noun*)	*to believe (somebody or something)*	Je **crois** Paul. Je le **crois**. Je ne **crois** pas cette histoire. Je ne la **crois** pas.
croire à (+ *noun*)	*to believe in (something)*	Je **crois au** progrès. J'y **crois**.
croire que (+ *clause*)	*to think, to believe (that)*	Je **crois que** vous avez raison.

Croire en quelqu'un = *to trust someone.*

PROVERBE   Voir, c'est croire.

Seeing is believing.

2. **Croyances** *(Beliefs)*   Informez-vous sur les personnes suivantes et dites si oui ou non elles croient aux choses suivantes.

COMPREHENSION: expressing people's beliefs

⬤   Vous êtes trop réalistes. (le hasard?)
    Vous ne croyez pas au hasard.

1. Ces gens sont superstitieux. (leur horoscope?)
2. Nous sommes idéalistes. (le progrès social?)
3. Je suis ambitieux. (mon succès personnel?)
4. Tu es trop pessimiste. (la chance?)
5. Francine est optimiste. (la possibilité d'une guerre nucléaire?)

V. with the pronoun **y**: Start with a quick transformation drill from **vous** to **je**: —**Vous croyez au hasard?** —**Non, je n'y crois pas.** (Oui,...) —**Vous croyez à votre horoscope?** etc.

HOROSCOPE

POISSONS

BELIER

CANCER

BALANCE

SCORPION

SAGITTAIRE

B.   Subjonctifs irréguliers

The following verbs have irregular subjunctive stems, but regular endings.

Verbs with one subjunctive stem			Verbs with two subjunctive stems	
faire	**pouvoir**	**savoir**	**aller**	**vouloir**
que je **fasse**	**puisse**	sache	que j' aille	veuille
que tu **fasses**	**puisses**	saches	que tu ailles	veuilles
qu'il/elle/on **fasse**	**puisse**	sache	qu'il/elle/on aille	veuille
que nous **fassions**	**puissions**	sachions	que nous **allions**	voulions
que vous **fassiez**	**puissiez**	sachiez	que vous **alliez**	vouliez
qu'ils/elles **fassent**	**puissent**	sachent	qu'ils/elles aillent	veuillent

3.   Expression personnelle   Est-ce que les choses suivantes sont importantes pour vous? Exprimez votre opinion. Commencez vos phrases par **Il est important que** ou **Il n'est pas important que** et utilisez la forme **je** du subjonctif.

COMMUNICATION: expressing opinions

● faire des projets pour cet été
> *Il est important que je fasse des projets pour cet été.*
> ou: *Il n'est pas important que je fasse des projets pour cet été.*

1. faire des économies
2. faire beaucoup de sport
3. aller au laboratoire régulièrement
4. aller souvent chez mes amis
5. savoir bien parler français
6. savoir naviguer sur Internet
7. pouvoir obtenir mon diplôme
8. pouvoir être heureux (heureuse)

4.   Vous êtes le juge!   Informez-vous sur les projets professionnels des personnes suivantes. Dites si elles doivent faire les choses entre parenthèses. Commencez vos phrases par **Il faut que** ou **Il n'est pas nécessaire que.**

COMMUNICATION: giving advice

● Jacques veut être photographe. (aller à l'université?)
> *Il faut qu'il aille à l'université.*
> ou: *Il n'est pas nécessaire qu'il aille à l'université.*

1. Tu veux être interprète. (savoir parler plusieurs langues? faire des progrès en français? aller à Paris cet été?)
2. Alice et Sylvie veulent être avocates. (aller à l'université? faire du droit? pouvoir obtenir leur diplôme?)
3. Nous voulons être représentants de commerce *(sales representatives)*. (vouloir voyager? savoir conduire?)
4. Monique veut faire de la politique. (savoir parler en public? vouloir gagner les élections? aller à l'Institut des Sciences Politiques?)
5. Vous voulez être le président de votre compagnie. (vouloir assumer des responsabilités importantes? pouvoir prendre des décisions importantes?)

C.   L'emploi du subjonctif après les expressions de doute

In the sentences on the left, a fact is expressed as being CERTAIN. In the sentences on the right, a fact is expressed as being DOUBTFUL. Compare the verbs in each set of sentences.

Certainty
Je **sais que** vous **parlez** français.
Je **pense que** vous **êtes** français.
Je **suis sûr** que tu **as** mon adresse.
Je **crois que** vous **habitez** à Paris.

Doubt
Je **doute que** vous **parliez** italien.
Je **ne pense pas que** vous **soyez** américain.
Je **ne suis pas sûr que** tu **aies** l'adresse de Paul.
Je **ne crois pas que** vous **habitiez** en Allemagne.

> The SUBJUNCTIVE is used after EXPRESSIONS OF DOUBT.

❖   An expression of certainty may become an expression of doubt when it is used in the NEGATIVE or INTERROGATIVE forms. In that case, the subjunctive is generally used.

Certainty: indicative
Tu **crois** que Paul **est** ambitieux.
Je **pense** que Michel **est** très riche.
Vous **êtes sûr** que Jacques **a** son passeport.
Il est vrai que le français **est** utile.

Doubt: subjunctive
Tu **ne crois pas** qu'il **soit** patient.
Penses-tu qu'il **soit** généreux?
Êtes-vous **sûr** qu'il **ait** les visas nécessaires?
Il n'est pas vrai que le français **soit** inutile.

Vocabulaire: *Le doute et la certitude*

Also: je trouve que +
indicative
je ne trouve pas que +
subjunctive

La certitude		Le doute	
Je sais que		**Je doute que**	
Je pense que		**Je ne pense pas que**	
Je crois que	*+ indicative*	**Je ne crois pas que**	*+ subjunctive*
Il est certain que		**Il est douteux** *(doubtful)* **que**	
Il est sûr *(sure)* **que**		**Il n'est pas sûr que**	
Il est vrai que		**Il n'est pas vrai que**	

5.   Différences d'opinion   Sylvie et Jacques discutent de l'Europe. Ils ne sont pas d'accord. Pour jouer le rôle de Sylvie, utilisez la construction **je pense que** + *l'indicatif*. Pour jouer le rôle de Jacques, utilisez la construction **je doute que** + *le subjonctif*.

ROLE PLAY: expressing beliefs and doubts

● L'Europe est riche.
>   SYLVIE: *Moi, je pense que l'Europe est riche.*
>   JACQUES: *Au contraire, moi, je doute que l'Europe soit riche.*

1. Les Européens sont heureux.
2. Les Européens sont indépendants.
3. Le cinéma italien est excellent.
4. La littérature anglaise est riche.
5. Les universités européennes sont excellentes.
6. Les journaux européens sont intéressants.
7. Les Français sont indépendants.
8. La cuisine française est excellente.

6.   Dialogue   Demandez à vos camarades d'exprimer leur opinion sur les sujets suivants. Commencez vos questions par **Crois-tu que...**

TEMPÉ

CHARCUTERIE FINE D'ALSACE

● la France / être un grand pays?
>   —*Crois-tu que la France soit un grand pays?*
>   —*Oui, je crois que la France est un grand pays.*
>   ou: —*Non, je ne crois pas que la France soit un grand pays.*

1. le président / avoir de bons conseillers *(advisors)*?
2. les États-Unis / être un pays très prospère?
3. le Mexique / avoir une économie stable?
4. le Japon / vouloir améliorer *(to improve)* ses relations commerciales avec les États-Unis?
5. la Russie / être un pays démocratique?
6. on / pouvoir contrôler l'inflation?
7. la recherche médicale / faire de grands progrès?
8. les savants *(scientists)* / pouvoir expliquer tout?
9. une guerre nucléaire / être possible?

COMMUNICATION: discussing politics and economics

V.: Penses-tu que... ?
Es-tu sûr(e) que... ?

D.   L'emploi du subjonctif après les expressions d'émotion

In the sentences on the left, the subject expresses feelings (happiness, sadness) about his or her own actions. In the sentences on the right, the subject expresses feelings about the actions of someone else.

Je suis content **d'aller** à Paris.   Je suis content que **mes amis aillent** à Paris.
Je suis heureux **de visiter** la France.   Je suis heureux que **vous visitiez** la France.
Je suis triste **de partir.**   Je suis triste que **vous partiez.**

To express the subject's feelings about the actions of someone else, the following construction is used:

| expression of emotion + **que** + subjunctive | **Je regrette que** tu **partes.** |

❖   However, to express the subject's feelings about his or her own actions, the following construction is used:

| expression of emotion + **de** + infinitive |

The following words are new vocabulary items: **la tristesse, être désolé, déplorer, être surpris, la fierté, être fier, la colère, être furieux.**

Vocabulaire: *Expressions d'émotion*

La satisfaction
| **être content** | to be happy | Je **suis content** que tu ailles en France cet été. |
| **être heureux** | to be happy | **Êtes**-vous **heureux** que vos amis aillent à Paris? |

La tristesse *(sadness)*
être désolé	to be sorry	Je **suis désolé** que vous ne veniez pas avec nous.
être triste	to be sad	Jacques **est triste** que Sylvie ne lui écrive pas.
regretter	to regret	Paul **regrette** que ses amis ne puissent pas voyager.
déplorer	to deplore	Je **déplore** que vous ayez cette attitude absurde.

La surprise
| **être surpris** | to be surprised | Jean **est surpris** que tu ne viennes pas avec nous. |

La peur *(fear)*   Also **craindre**   *to fear*
| **avoir peur** | to be afraid | J'**ai peur** qu'il fasse mauvais ce week-end. |

La fierté *(pride)*
| **être fier (fière)** | to be proud | Monsieur Durand **est fier** que sa fille soit médecin. |

La colère *(anger)*
| **être furieux** | to be mad, furious | Philippe **est furieux** que tu ne l'attendes jamais. |

7. **Expression personnelle**   Dites comment vous réagiriez dans les circonstances suivantes. Commencez vos phrases par **Je suis content(e) que** ou **Je regrette que...**

COMMUNICATION: expressing feelings

● Votre meilleur ami est malade.
Je regrette que mon meilleur ami soit malade.

1. Le professeur est malade.
2. Les vacances commencent aujourd'hui.
3. Votre meilleur ami ne se souvient pas d'un rendez-vous.
4. Vos parents vont à la Martinique.
5. Il fait très beau.
6. Vos voisins font un voyage en France.
7. Votre meilleur ami ne veut pas sortir avec vous.
8. Vos camarades ne savent pas la date de votre anniversaire.

8. **Sentiments**   Nos sentiments dépendent de ce que nous faisons mais aussi de ce que font d'autres personnes. Exprimez cela en faisant deux phrases selon le modèle.

PRACTICE: expressing emotions

● Paul est content. Il va en vacances. (ses amis aussi)
Paul est content d'aller en vacances.
Paul est content que ses amis aillent en vacances.

1. Rosine est contente. Elle va en France. (son frère aussi)
2. Nous sommes heureux. Nous faisons des progrès en français. (vous aussi)
3. Henri est désolé. Il est en retard. (sa fiancée aussi)
4. Je suis triste. Je pars. (mes amis aussi)
5. Sylvie est surprise. Elle gagne le match. (toi aussi)
6. Marc a peur. Il a la grippe. (vous aussi)
7. Monsieur Moreau est fier. Il est le président de sa compagnie. (sa fille aussi)
8. Le professeur est furieux. Il perd son temps. (les étudiants aussi)

Reminder: **la présidente**

9. **Réactions personnelles**   Exprimez vos réactions aux faits suivants. Pour cela, commencez vos phrases par l'une des expressions du Vocabulaire.

COMMUNICATION: expressing feelings

● Les femmes d'aujourd'hui sont très indépendantes.
Je suis content(e) (Je regrette, Je déplore...) que les femmes d'aujourd'hui
soient indépendantes.

1. Les étudiants sont idéalistes.
2. Les gens sont souvent égoïstes.
3. Les jeunes n'ont pas assez de responsabilités.
4. Il y a trop de violence à la télévision.
5. La vie est plus intéressante qu'avant.
6. Les États-Unis sont le premier pays du monde.
7. Les Américains sont généralement tolérants.
8. Nous sommes plus indépendants qu'avant.

E. L'emploi du subjonctif après certaines conjonctions

In each of the sentences below, note the use of the subjunctive after conjunctions that introduce conditions under which an action *may* occur.

You may wish to present this usage for recognition only.

Le professeur répète
pour que les étudiants comprennent.

The professor repeats
__so that__ the students understand.

Nous réussirons à l'examen
à condition qu'il ne soit pas difficile.

We will pass the test
__provided that__ it is not difficult.

Nous resterons au café
jusqu'à ce que vous reveniez.

We will stay at the café
__until__ you come back.

The subjunctive is always used after the following conjunctions:

à condition que, avant que, jusqu'à ce que, pour que, sans que

À moins que *(unless),* **pourvu que** *(provided that),* and **quoique** and **bien que** *(although)* are also followed by the subjunctive.

Vocabulaire: *Quelques conjonctions*

Conjonctions + *indicatif*

parce que	*because*	Je me repose **parce que** je suis fatigué.
pendant que	*while*	Allez à la plage **pendant qu**'il fait beau.
depuis que	*since*	Charles cherche du travail **depuis qu**'il a son diplôme.

Conjonctions + *subjonctif*

à condition que	*on the condition that, provided that*	Charles ira en France **à condition qu**'il ait de l'argent.
avant que	*before*	Je lui téléphonerai **avant qu**'il parte.
jusqu'à ce que	*until*	Je resterai chez moi **jusqu'à ce que** vous téléphoniez.
pour que	*so that*	Je te prête le journal **pour que** tu lises cet article.
sans que	*without*	Alice est partie **sans que** je lui dise au revoir.

NOTE DE VOCABULAIRE

The constructions **avant que, pour que, sans que** + *subjunctive* are replaced by the constructions **avant de, pour, sans** + *infinitive* when the subjects of the main clause and the dependent clause are the same.

The pleonastic use of **ne** after the conjunction **avant que** is not introduced in this text.

Hélène est venue...
... **pour parler** de son voyage.
... **avant de partir** de France.
... **sans téléphoner**.

Hélène est venue...
... **pour que vous** lui **parliez** de votre voyage.
... **avant que vous partiez** en vacances.
... **sans que vous** lui **téléphoniez**.

10. Séjour en France   Imaginez que vous êtes en voyage en France. Vous êtes si enthousiasmé(e) par votre voyage que vous désirez rester plus longtemps que prévu *(planned)*. Commencez vos phrases par **Je resterai en France jusqu'à ce que** + *subjonctif*.

PRACTICE: **jusqu'à ce que** + subjunctive

● Je n'ai plus d'argent.
   Je resterai en France jusqu'à ce que je n'aie plus d'argent.

V. in dialogue format:
—Jusqu'à quand est-ce que tu resteras en France?
—Je resterai en France jusqu'à ce que je n'aie plus d'argent.

1. Mon visa expire.
2. Mes vacances sont finies.
3. Mes cours recommencent.
4. Mes amis partent.
5. Mon passeport n'est plus valable *(valid)*.
6. Mes parents veulent que je rentre.
7. Je sais parler français parfaitement.
8. J'ai trente ans.

11. Permissions   Albert demande à sa mère de faire certaines choses. Elle est d'accord à condition qu'il fasse d'autres choses. Jouez les deux rôles avec un(e) partenaire, selon le modèle.

ROLE PLAY: asking permission and setting conditions

● sortir ce soir / rentrer avant une heure
   ALBERT: ***Est-ce que je peux sortir ce soir?***
   SA MÈRE: ***Oui, tu peux sortir ce soir à condition que tu rentres avant une heure.***

1. prendre la voiture / être prudent
2. inviter des amis / nettoyer ta chambre
3. organiser une fête / ne pas faire trop de bruit
4. aller au restaurant avec vous / mettre une cravate
5. mettre de la musique rock / fermer la porte de ta chambre
6. aller en Espagne cet été / réussir à tes examens

12. Nous et les autres   Nos actions concernent non seulement nous-mêmes mais aussi d'autres personnes. Exprimez cela selon le modèle.

PRACTICE: **pour que** + subjunctive

● Madame Grenier va à Munich pour apprendre l'allemand. (sa fille)
   Madame Grenier va à Munich pour que sa fille apprenne l'allemand.

1. Je prends mon appareil-photo pour prendre des photos. (tu)
2. Nous achetons le journal pour lire les nouvelles. (vous)
3. Je téléphonerai à Pierre avant de partir. (il)
4. Roland invite Sylvie avant d'aller en France. (elle)
5. Nous ne quitterons pas Paris sans visiter le Louvre. (vous)
6. Je ne vais pas partir sans savoir la vérité. (tu)

13. Au travail!   Dites que les personnes suivantes vont travailler et expliquez les circonstances.

PRACTICE: conjunctions + indicative vs. subjunctive

● François (parce que / il a besoin d'argent)
   François va travailler parce qu'il a besoin d'argent.

1. Michèle (pendant que / elle est à l'université)
2. Alain (jusqu'à ce que / il a assez d'argent pour s'acheter une auto)
3. Jean-Pierre (à condition que / il a un bon salaire)
4. Christine (parce que / elle veut faire des économies)
5. Madame Lambert (pour que / sa fille va à l'université)

OPTIONAL:
Emphasize that although the subjunctive is practically always introduced by **que**, it is not used in all **que** clauses. The choice between the subjunctive and the indicative depends on the preceding verb or expression.

F.   Résumé: Les principaux emplois du subjonctif

The subjunctive usually occurs in dependent clauses introduced by **que.** The main uses of the subjunctive are summarized below.

	Uses of the subjunctive	Remarks
will, wish, and desire	The SUBJUNCTIVE is used after verbs or expressions denoting wish or will, such as **vouloir, pouvoir.** Je *ne veux pas que* vous **fassiez** cela.	The INFINITIVE is used after these verbs and expressions when the wish concerns the subject itself. Je *ne veux pas* **faire** cela.
opinion and obligation	The SUBJUNCTIVE is used after many impersonal expressions of opinion and obligation, such as **il faut, il est important, il est bon,** when the opinion or obligation concerns someone in particular. *Il faut que* vous **travailliez.** *Il est utile que* tu **apprennes** l'anglais.	The INFINITIVE is used after these expressions when the opinion or obligation is a general one. *Il faut* **travailler.** *Il est utile d'***apprendre** l'anglais.
doubt	The SUBJUNCTIVE is used after verbs and expressions of doubt, such as **douter, ne pas croire, ne pas être sûr.** Je *doute que* vous **soyez** patient.	The INDICATIVE is used after verbs or expressions indicating certainty, such as **savoir, croire, être sûr.** Je *crois que* vous **êtes** impatient.
feelings and emotions	The SUBJUNCTIVE is used after verbs and expressions denoting emotion, such as **être content, être triste, regretter.** Nous *sommes contents que* vous **veniez.**	The INFINITIVE is used after these verbs and expressions when the emotion concerns the subject itself. Nous *sommes contents de* **venir.**
conjunctions	The SUBJUNCTIVE is used after certain conjunctions such as **pour que, avant que, sans que.** Je travaille *pour que* mes enfants **aient** de l'argent.	The INFINITIVE is used after **pour, avant de, sans,** when the subject does not change. Je travaille *pour* **avoir** de l'argent. The INDICATIVE is used after conjunctions such as **parce que, depuis que, pendant que.** Je travaille *parce que* je n'**ai** pas d'argent.

14. Parlez-vous français?   Complétez les phrases suivantes avec l'une des formes suivantes: **parler français, vous parlez français, vous parliez français.**

PRACTICE: infinitive, subjunctive, or indicative

1. Nous sommes heureux que...
2. Êtes-vous contents de...
3. Paul n'est pas sûr que...
4. Moi, je suis sûr(e) que...
5. Il faut que...
6. Il est utile de...
7. Le professeur souhaite que...
8. Pourquoi est-ce que vos amis veulent que...
9. Quand vous serez au Canada, il sera essentiel que...
10. Vous allez vous amuser à Paris parce que...
11. Annette va vous inviter parce que...
12. Mes cousins vont vous inviter aussi à condition que...

Communication

COMMUNICATION and REVIEW: using language in real-life situations

These communication activities can either be done extemporaneously or they can be assigned for outside preparation, with each student writing out the appropriate questions (and responses, if desired).

In class, students can practice the conversations in pairs.

If desired, random pairs of students can act out their conversation in front of the class.

Contacts *Cahier d'activités:*
Workbook, Leçon 32
Lab Manual, Leçon 32

1. Your roommate always finds excuses for not doing what you tell him/her to do.

Tell your partner that he/she must . . .
- go shopping
- do the dishes
- do his/her homework
- go to class
- go to the language lab **(le laboratoire de langues)**
- exercise

—Dis, Bob, il faut que tu fasses les courses.
—Je regrette, mais ma voiture ne marche pas.

2. You are talking to your roommate about some recent events (real or imaginary). Your roommate reacts, saying whether he/she is happy or sorry about what happened.

Tell your partner about four things that happened recently.

—J'ai rendez-vous avec ma copine ce soir.
—Je suis content(e) que tu aies rendez-vous avec elle.

—Maman a téléphoné. Mon frère est malade.
—Je suis désolé(e) que ton frère soit malade.

Et vous?

3. Discuss politics with a classmate.

Exchange opinions on the following questions.
- Does the United States have an obligation to protect civilian populations **(les populations civiles)** that are in danger? Why or why not?
- What are your worst fears about the future state of the world?
- What do you most hope will happen in the world?

COMPRÉHENSION DU TEXTE
1. Qu'est-ce que Yann étudie? Et Benjamin?
2. Pourquoi Benjamin est-il fatigué? Qu'est-ce qu'il pense de la vie moderne?
3. Est-ce que Yann est d'accord?
4. Pourquoi est-ce que Yann a choisi d'étudier la médecine?
5. Quelle est la vraie raison du mécontentement de Benjamin?

Yann et Benjamin ont 21 ans. Ils sont étudiants. Yann est en troisième année de médecine et Benjamin vient de passer les concours d'entrée° aux grandes écoles scientifiques.

YANN:	Eh bien, Benjamin, ça n'a pas l'air d'aller°...
BENJAMIN:	Oh, je suis fatigué, tu sais... J'en ai assez° de toujours courir°, de travailler tout le temps... J'en ai assez de cette vie de fou°! Je voudrais pouvoir partir loin de tout ça, aller sur une île déserte, je ne sais pas...
YANN:	Toi, le champion du progrès? Toi qui es toujours au courant des° dernières° découvertes°, toi qui as tous les gadgets informatiques possibles et imaginables?... Et ton cher ordinateur, alors, dont tu te sers° tout le temps?
BENJAMIN:	Oh, je pourrais très bien m'en passer°... Tu vois, ce qui me déprime°, c'est qu'à notre époque, on a des moyens° formidables° et malgré° tout les gens ne sont pas heureux... On vit à toute vitesse°, mais la qualité de la vie, est-ce qu'on s'en occupe° vraiment?

entrance exams

you don't look well
I've had enough / of always running / crazy life

on top of
latest / discoveries

which you use
do without it / depresses
means / extraordinary / in spite of / at full speed

deal with it

514

YANN: Tu exagères un peu, non? Toutes les inventions qui sont faites nous facilitent° énormément la vie, tout de même°. Regarde, par exemple, sur le plan de° la communication et de l'information: avec ton fax ou le courrier électronique, tu communiques avec le monde entier en un instant. Avec Internet, tu as accès à des millions de données°... Ce n'est pas formidable, ça?

make ... easier / all the same
concerning

data

BENJAMIN: Tous ces appareils° sophistiqués nous apportent un certain confort, ça c'est vrai. Mais je crois que l'essentiel nous échappe°. Le véritable but° de ta vie, ne me dis pas que tu y penses bien souvent, toi...

pieces of equipment
escapes us / goal

YANN: Ben ... si. Si j'ai choisi de faire des études de médecine, par exemple, c'est parce que j'espère pouvoir apporter quelque chose aux autres, non? Regarde, dans le domaine de la santé, les savants° progressent à toute vitesse: on trouve des moyens de guérir° des maladies qu'on croyait incurables, on arrive même à soigner° des fœtus dans le ventre° de leur mère! Ce n'est pas extraordinaire, ça?

scientists
to cure
to care for / womb

BENJAMIN: Si, je le reconnais. Mais il y a encore tant de° progrès à faire...

so much

YANN: Oh, là là! Mais qu'est-ce qui t'arrive, toi? Ça ne va pas du tout, hein? Je ne t'ai jamais vu comme ça! Tu as un problème? Tu n'as pas bien réussi aux concours? Tu t'es disputé avec Camille? Allez, tu peux me le dire, à moi.

BENJAMIN: Eh bien ... voilà: Camille a décidé de s'engager dans° les missions internationales de la Croix Rouge°. Elle a pris une année sabbatique°. Elle va partir six mois en Afrique. Depuis qu'elle m'a annoncé° ça, je me pose plein de° questions... Je trouve que c'est une décision formidable, bien sûr, mais six mois, c'est long...

to sign up for
Red Cross / sabbatical
told me
lots of

YANN: Pars avec elle!

BENJAMIN: Et mes concours? Et ma carrière?

YANN: Oui ... et tes idées généreuses sur le bonheur° de l'humanité... ?

happiness

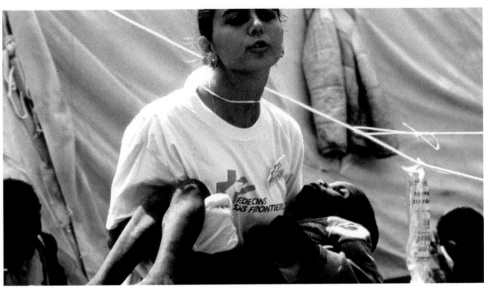

Les Médecins sans frontières soignent les réfugiés en Afrique.

Note culturelle: **Les Français et la technologie**

On dit des Français qu'ils ont «l'esprit de finesse[1]» plutôt que «l'esprit de géométrie», qu'ils s'intéressent aux constructions philosophiques plus qu'aux réalisations[2] scientifiques, qu'ils préfèrent la théorie à la pratique. La réalité est bien différente: parmi les inventions qui affectent notre vie de tous les jours[3], beaucoup sont d'origine française. Il suffit, par exemple, de rappeler[4] le rôle capital que les savants[5] et les ingénieurs français ont joué dans des domaines[6] aussi variés que la photographie, le téléphone, le cinéma, l'automobile...

Aujourd'hui les réalisations françaises restent très importantes dans de nombreux domaines scientifiques (électronique, optique, informatique, recherche médicale, aéronautique...). C'est peut-être dans le domaine des communications et des transports que la technologie française est la plus avancée. Avec le Concorde, l'avion supersonique produit en coopération par la France et la Grande Bretagne, on peut aller de Paris à New York en moins de quatre heures. De son côté[7], la compagnie Airbus Industrie est devenue un des tout premiers fabricants d'avions civils au monde. Le réseau[8] du TGV (train à grande vitesse) ne cesse de s'étendre, en France et vers le reste de l'Europe (de nouvelles lignes desservent[9] la Grande Bretagne, la Belgique, les Pays-Bas...) et la vitesse d'exploitation[10] de ces trains varie maintenant entre 250 et 300 kilomètres à l'heure.

Dans le domaine des télécommunications, la France a longtemps été en avance sur le reste du monde grâce à[11] l'invention du Minitel, un petit terminal d'ordinateur branché directement sur une ligne de téléphone: ce système permet aux abonnés[12] d'effectuer à domicile de nombreuses opérations[13] de la vie quotidienne. Le succès du Minitel est sans doute une des raisons pour lesquelles les Français ont été relativement lents à s'intéresser à Internet. Peu à peu séduits par la rapidité et les tarifs[14] de ce nouveau mode de communication, ils sont maintenant un peu plus de 6 millions d'internautes[15] en France. La vente en ligne[16] est en pleine expansion, spécialement dans les domaines des voyages, de l'informatique et des produits culturels; la plupart des formalités, administratives et autres, se font désormais[17] par Internet.

La France, pourtant toujours soucieuse[18] de sa culture et de ses traditions, s'est résolument lancée[19] dans le cyberespace...

Activité Comment la technologie influence-t-elle la vie quotidienne aux États-Unis? Est-ce qu'il vous semble qu'il y a une grande différence entre la France et les États-Unis à cet égard?

*1 subtlety; refinement   2 creation   3 everyday life   4 **Il suffit ... de rappeler** One need only . . . mention   5 scholars, scientists   6 fields 7 For its part   8 system   9 serve   10 operating speed   11 thanks to 12 subscribers   13 dealings   14 fees   15 Internet users 16 e-commerce   17 from now on   18 concerned   19 launched*

Structure et vocabulaire

Vocabulaire: *La technologie*

Noms

un appareil	*piece of equipment*	**une découverte**	*discovery*
le courrier électronique	*e-mail*	**une invention**	*invention*
un fax	*fax machine; a fax message*	**la vitesse**	*speed*
un logiciel	*software application*		
un moyen	*means, way*		
le progrès	*progress*		
un savant	*scientist*		
un sujet	*topic, subject*		

> Remind students that **se servir de** is conjugated like **sortir.**

Verbes

acheter/vendre en ligne	*to buy/sell on-line*	Vous **achetez** vos vêtements **en ligne?**
faire des progrès	*to make progress*	**Faites**-vous **des progrès** en français?
se passer de	*to do without*	Je ne peux pas **me passer de** mon ordinateur.
se servir de	*to use*	Est-ce que tu **te sers d'**un modem?

1.   Questions personnelles

1. Avez-vous un lecteur de CD-ROM? un magnétoscope? Quels autres appareils avez-vous? Quels appareils aimeriez-vous avoir? Quels appareils espérez-vous acheter?
2. Est-ce que vous vous servez d'un ordinateur? De quel logiciel vous servez-vous le plus souvent?
3. Avez-vous un modem? Recevez-vous souvent du courrier électronique?
4. Est-ce que vous faites souvent des achats en ligne? Trouvez-vous que c'est pratique *(practical)*?
5. À votre avis, quelles sont les découvertes les plus importantes du vingtième siècle? Pourquoi ces découvertes sont-elles importantes? Dans quel domaine est-ce que la science fera des progrès importants dans les vingt prochaines années?
6. Selon vous, quels sont les avantages de l'informatique dans la vie moderne? Selon vous, est-ce que l'informatique est une menace possible pour la vie privée *(private)* des individus? Pourquoi ou pourquoi pas?
7. Selon vous, est-ce que la société moderne est trop mécanisée? Expliquez votre position. Est-ce que la vitesse est un avantage ou un désavantage? Expliquez votre position.
8. Pouvez-vous nommer *(name)* quelques grands savants français? Qu'est-ce qu'ils ont fait?
9. Selon vous, quelles grandes découvertes seront faites dans les dix prochaines années?

8. RÉPONSES POSSIBLES: Descartes: la géométrie analytique / Lavoisier: la composition de l'air / Ampère: l'électro-dynamique / Pasteur: la bactériologie, la pasteurisation / Pierre et Marie Curie: la découverte du radium / Irène et Frédéric Joliot-Curie: la radioactivité artificielle

COMMUNICATION: talking about science and technology

Supplementary vocabulary:
une application *application*
une banque de données *database*
le BBS *BBS (Bulletin Board Service)*
un bit *bit*
un freeware *freeware*
le logiciel d'exploitation *system software*
un mégaherz *megaherz*
une mémoire *memory*
la mémoire morte *ROM*
la mémoire vive *RAM*
un octet (un méga-octet, un kilo-octet) *byte (megabyte, kilobyte)*
la PAO (la Publication Assistée par Ordinateur) *desktop publishing*
une plateforme *platform*
une puce *chip*
un shareware *shareware*
le système d'exploitation *operating system*
un tableur *spreadsheet program*
la vitesse de transmission *baud rate*

A. Révision: les pronoms compléments d'objet direct et indirect

The forms **m'**, **t'**, and **l'** are used in front of words beginning with a vowel sound.

Review the DIRECT- and INDIRECT-OBJECT PRONOUNS in the chart below.

	Subject	Direct object	Indirect object		
singular	je	**me (m')**	**me (m')**	Tu **m'**aides?	Tu **me** téléphones?
	tu	**te (t')**	**te (t')**	Je **te** connais.	Je **te** parle souvent.
	il	**le (l')**		Je **le** connais.	Je **lui** prête mes notes.
	elle	**la (l')**	**lui**	Tu **la** connais?	Tu **lui** téléphones?
plural	nous	**nous**	**nous**	Henri **nous** aide.	Il **nous** téléphone.
	vous	**vous**	**vous**	Je **vous** invite.	Je **vous** réponds.
	ils			Je **les** vois souvent.	Je **leur** rends visite.
	elles	**les**	**leur**	Je **les** invite.	Je **leur** parle.

❖ Object pronouns usually come immediately BEFORE the verb.

Tu vois souvent Hélène?   Marc **la** voit souvent.   Je ne **la** vois jamais.
As-tu téléphoné à tes cousins? Je **leur** ai téléphoné hier. Je ne **leur** ai pas parlé
                                                            aujourd'hui.

❖ In an infinitive construction, the object pronoun usually comes immediately BEFORE the infinitive.

Je vais voir Charles. Et toi?   Je ne vais pas **le** voir, mais je vais **lui** écrire.

❖ In an affirmative command, object pronouns come AFTER the verb and are attached to the verb by a hyphen. Note that **me** becomes **moi** after the verb.

Voici Jacques.   Invite-**le**.   Invite-**moi** aussi.

While the direct-object pronouns **le**, **la**, and **les** may represent people or things, the indirect-object pronouns **lui** and **leur** represent only people. **Tu connais Claire? Oui, je *la* connais bien. Je *lui* parle souvent. Tu connais cette compagnie? Non, je ne *la* connais pas.**

❖ When the verb is in the passé composé, the past participle agrees with a preceding direct object.

Tu as pris **l'ordinateur**?   Oui, je **l'**ai **pris.**
Tu as pris **ces photos**?   Oui, je **les** ai **prises.**

2. Oui ou non? Demandez à vos camarades s'ils font les choses suivantes. Ils vont répondre affirmativement ou négativement en utilisant des pronoms.

COMMUNICATION: asking and answering personal questions

● étudier l'informatique?   —*Tu études l'informatique?*
                             —*Oui, je l'étudie.*
                      ou: —*Non, je ne l'étudie pas.*

1. connaître bien tes voisins?   5. prêter tes cassettes?
2. rendre souvent visite à tes amis?   6. faire tes devoirs tous les jours?
3. téléphoner souvent à ta copine?   7. parler souvent à ton professeur?
4. aider tes camarades de classe?   8. aimer ton cours de français?

3. Dialogue Demandez à vos camarades de faire les choses suivantes pour vous. Vos camarades vont accepter ou refuser. Étudiez le modèle.

COMMUNICATION: asking for and receiving favors

● donner ton adresse   —*Donne-moi ton adresse!*
                         —*D'accord, je vais te donner mon adresse!*
                  ou: —*Non, je ne vais pas te donner mon adresse!*

1. inviter ce week-end   6. envoyer un fax
2. prêter ton auto   7. donner ton numéro de téléphone
3. montrer tes photos   8. montrer tes notes de français
4. téléphoner ce soir   9. écrire pendant les vacances
5. inviter à dîner demain   10. aider avec le devoir de français

4. Procrastination Alice demande à Pierre s'il a fait certaines choses. Pierre répond négativement et il dit quand il va faire ces choses. Jouez les deux rôles avec un(e) partenaire, selon le modèle.

ROLE PLAY: talking about past and future actions

● faire les courses? (samedi)   ALICE: *Tu as fait les courses?*
                                PIERRE: *Non, je ne les ai pas faites. Je vais les faire samedi.*

1. téléphoner à tes parents? (ce soir)   5. écrire à Jacqueline? (dimanche)
2. aider les voisins? (dans deux jours)   6. apprendre la leçon? (avant la classe)
3. laver ta voiture? (ce week-end)   7. rendre visite à ton cousin? (demain)
4. nettoyer ta chambre? (après le dîner) 8. vendre ton télécopieur? (après les vacances)

5. Au bureau Un employé demande à son patron s'il doit faire certaines choses. Le patron répond affirmativement ou négativement. Jouez les deux rôles avec un(e) partenaire, selon le modèle.

ROLE PLAY: discussing what should be done

● écrire à M. Durand / non   L'EMPLOYÉ: *Est-ce que je dois écrire à M. Durand?*
                             LE PATRON: *Non, ne lui écrivez pas.*

1. téléphoner à Mlle Duval / oui   4. utiliser le télécopieur / non
2. envoyer ce fax / oui   5. chercher les places d'avion / oui
3. répondre à ces clients / non   6. finir ce contrat / non

B.   L'ordre des pronoms compléments

The sentences on the left below contain both a direct and an indirect object. In the sentences on the right, these objects have been replaced by pronouns. Note the sequence of these object pronouns.

Je prête **ma moto à Richard.**	Je **la lui** prête.
Alice rend **le magnétophone à Éric.**	Alice **le lui** rend.
Anne ne montre pas **ses photos à ses parents.**	Anne ne **les leur** montre pas.
Vous ne dites pas **la vérité aux étudiants.**	Vous ne **la leur** dites pas.

Note also the sequence of the pronouns in the following sentences.

Je **te** donne **mon numéro de téléphone.**	Je **te le** donne.
Charles ne **nous** prête pas **sa voiture.**	Il ne **nous la** prête pas.

> In sentences containing a direct- AND an indirect-object pronoun, the sequence is:

$$\left.\begin{matrix}\textbf{me}\\\textbf{te}\\\textbf{nous}\\\textbf{vous}\end{matrix}\right\} \text{before} \left\{\begin{matrix}\textbf{le (l')}\\\textbf{la (l')}\\\textbf{les}\end{matrix}\right\} \text{before} \left\{\begin{matrix}\textbf{lui}\\\textbf{leur}\end{matrix}\right\} + \text{verb}$$

You may point out that in the passé composé, there is always agreement of the past participle with the preceding direct-object pronoun: **Je les lui ai donné(e)s.**

6.   Êtes-vous généreux (généreuse)?   Imaginez que vous avez une nouvelle voiture de sport. Dites si oui ou non vous la prêtez aux personnes suivantes.

● à votre meilleur ami?   *Mais oui, je la lui prête.*
ou: *Mais non, je ne la lui prête pas.*

1. à votre meilleure amie?
2. à vos amis?
3. à vos parents?
4. à votre sœur?
5. à Jacqueline, une fille très sympathique?
6. à Jean-Louis, un garçon assez égoïste?
7. à Paul et à Claude, deux étudiants français?
8. à Henri, un garçon qui conduit mal?

COMMUNICATION: talking about lending a car

This exercise focuses on the simple pattern **la lui** and **la leur**. The direct object remains constant.

V: Use the near future. **Je vais la lui prêter. Je ne vais pas la lui prêter.**

7.   Emprunts *(Borrowed items)*   Jean-Paul a emprunté *(borrowed)* les choses suivantes à certaines personnes. Maintenant il les leur rend. Exprimez cela en utilisant deux pronoms.

● le stylo / à Suzanne   *Il le lui rend.*

1. le CD-ROM / à Pierre
2. le lecteur de CD-ROM / à Claire
3. la voiture / à sa mère
4. la radiocassette / à ses voisins
5. vingt euros / à ses cousins
6. l'ordinateur / à moi
7. les disquettes / à vous
8. l'appareil-photo / à toi
9. la chaîne-stéréo / à nous

PRACTICE: two object pronouns + verb

V: Use the passé composé. **Il le lui a rendu.**

8. Bons services   Lisez quels services les personnes suivantes rendent. Décrivez ces services en utilisant deux pronoms compléments.

PRACTICE: two object pronouns + verb

● La secrétaire envoie la lettre à Monsieur Richard.
   Elle la lui envoie.

Can be done in two steps: **La secrétaire l'envoie à M. Richard. Elle la lui envoie.**

1. Le garçon apporte le menu à la cliente.
2. Le professeur explique la leçon aux étudiants.
3. La guide montre les monuments aux touristes.
4. Les témoins décrivent l'accident au juge.
5. Madame Dubois prête sa voiture à sa fille.
6. Monsieur Durand raconte cette histoire à ses petits-enfants.
7. La serveuse sert le café à Madame Thibault.
8. L'architecte montre les plans de la maison à Monsieur et Madame Mercier.

9. Au bureau   Mademoiselle Leblanc demande à son assistant s'il a fait certaines choses. Il répond affirmativement ou négativement. Jouez les deux rôles avec un(e) partenaire, selon le modèle.

ROLE PLAY: answering questions about work

● envoyer la lettre à Monsieur Martin (non)
   MLLE LEBLANC: ***Vous avez envoyé la lettre à Monsieur Martin?***
   L'ASSISTANT: ***Non, je ne la lui ai pas envoyée.***

You may want to precede this exercise with a quick pattern drill, using the verb **envoyer** in each cue and having the responses in the affirmative. **Vous avez envoyé le contrat à la directrice?**

1. envoyer le fax à nos clients (oui)
2. montrer le contrat à la directrice (oui)
3. rendre les documents à l'avocat (non)
4. donner notre logiciel à cette cliente (oui)
5. emprunter *(borrow)* / la machine à écrire à Mademoiselle Dupont (oui)
6. apporter l'ordinateur au réparateur *(repairman)* (non)

10. Dialogue   Demandez à vos camarades de faire les choses suivantes pour vous. Ils vont accepter ou refuser en utilisant deux pronoms.

COMMUNICATION: asking favors

● prêter ta voiture   —*Tu me prêtes ta voiture?*
                       —*D'accord, je te la prête.*
               ou: —*Pas question! Je ne te la prête pas!*

1. prêter dix dollars
2. apporter le journal
3. montrer tes photos
4. donner ta nouvelle adresse électronique
5. vendre ton VTT
6. expliquer la leçon de grammaire
7. acheter un portable

C.   L'ordre des pronoms avec l'impératif à la forme affirmative

In the sentences below, the verbs are in the affirmative imperative. Note the sequence of the object pronouns in the sentences on the right.

Order in the negative imperative is the same as that shown in Section B. **Ne la lui donne pas! Ne me les vends pas!**

Prête **ton ordinateur à Paul!**   Prête-**le-lui!**

Montre **tes notes à tes camarades!**   Montre-**les-leur!**

Vends-**moi tes cassettes!**   Vends-**les-moi!**

Donnez-**nous votre adresse!**   Donnez-**la-nous!**

In affirmative commands, the direct-object pronoun comes BEFORE the indirect-object pronoun:

$$\text{verb} + \begin{Bmatrix} \text{le} \\ \text{la} \\ \text{les} \end{Bmatrix} + \begin{Bmatrix} \text{moi} \\ \text{nous} \\ \text{lui} \\ \text{leur} \end{Bmatrix}$$

---

11. S'il te plaît   Vous demandez à un ami français de faire certaines choses pour vous. Complétez vos requêtes *(requests)* en utilisant le verbe entre parenthèses.

ROLE PLAY: asking for assistance

● J'ai besoin de ce livre. (prêter)   ***S'il te plaît, prête-le-moi!***

V: Have a second student provide an affirmative rejoinder: **D'accord, je vais te le prêter.**

1. Je veux écouter cette cassette. (prêter)
2. Je n'ai pas ton numéro de téléphone. (donner)
3. J'ai besoin de mon imprimante. (rendre)
4. Je veux voir tes photos. (montrer)
5. Je ne comprends pas ce problème. (expliquer)
6. Je veux savoir la vérité. (dire)
7. Je veux connaître cette histoire. (raconter)

12. Nettoyage *(Cleaning)*   André et Nathalie nettoient le grenier *(attic)*. André demande à Nathalie s'il peut donner certains objets à certaines personnes. Nathalie répond affirmativement. Jouez les deux rôles avec un(e) partenaire, selon le modèle.

ROLE PLAY: giving instructions

V: —Tu as besoin de ces journaux? —Non, je n'en ai pas besoin. —Alors, je peux les donner à Thomas? —Oui, donne-les-lui!

● ces journaux / à Thomas?

    ANDRÉ: ***Regarde ces journaux. Est-ce que je les donne à Thomas?***

    NATHALIE: ***Oui, donne-les-lui!***

1. ce fauteuil / à Alain?   5. ces logiciels / à Gilbert?
2. ces chaises / aux pauvres *(the poor)*? 6. ces skis / à Pauline?
3. cette radio-cassette / à Thérèse?   7. cette table / à la nouvelle étudiante?
4. ce vieux vélo / à nos cousins?   8. cette radio / au voisin?

13. Bien sûr!   Un ami vous demande s'il peut faire certaines choses. Répondez-lui affirmativement.

ROLE PLAY: giving advice

●   Je prête ma mini-chaîne à André?   ***Bien sûr! Prête-la-lui.***

V. in the negative: **Mais non! Ne la lui prête pas!**

1. Je prête mes cassettes à Marianne?   5. Je rends le stylo à Thomas?
2. Je vends ma raquette à Denise?   6. Je dis la vérité à Sophie?
3. Je demande la voiture aux voisins?   7. J'apporte le magnétophone à Maurice?
4. Je montre mes notes à mes parents?   8. Je raconte cette histoire à Mélanie?

D.   L'ordre des pronoms avec *y* et *en*

Review the use of the pronouns **y** and **en** (pages 385–388). Note the position of these pronouns in the following sentences.

Jean a invité **ses amis au cinéma?**	Oui, il **les y** a invités.
Tu **nous** amènes **chez tes amis?**	Non, je ne **vous y** amène pas.
Alain a demandé **des conseils à sa mère?**	Oui, il **lui en** a demandé.
Tu **me** prêtes **de l'argent?**	Non, je ne **t'en** prête pas.

Point out liaison: **les_y, vous_y, en_a**

> When **y** and **en** are used with another object pronoun, they always come in SECOND position.

❖   The same word order is used in reflexive constructions.

Tu t'intéresses **à l'informatique?**   Oui, je m'**y** intéresse.
Tu te sers **de ton ordinateur?**   Oui, je m'**en** sers.

❖   **Y** and **en** are also in final position in imperative constructions.

Donne **de l'argent** à Olivier.   Donne-lui-**en.**
Donnez-nous **des oranges.**   Donnez-nous-**en** un kilo.

❖   Note that there is liaison between an object pronoun and **y** or **en.**

Il nous amène au cinéma.   Il **nous_y** amène.
Il vous parle du film.   Il **vous_en** parle.

❖   **Me (moi)** and **te (toi)** followed by **en** become **m'en** and **t'en.**

Parle-moi de ce film.   Parle-**m'en.**

When **y** and **en** occur together, the word order is:		
y before **en**	Il y a du pain?	Oui, il **y en** a.
	Il y a du beurre?	Non, il n'**y en** a pas.

There is also liaison between **en** + *verb*: **il y en_a**

14. Dialogue   Demandez à vos camarades s'ils font les choses suivantes. Ils vont vous répondre en utilisant le pronom **en** et un autre pronom.

COMMUNICATION: asking and answering personal questions

●   demander des conseils à tes professeurs?
   —*Est-ce que tu demandes des conseils à tes professeurs?*
   —*Oui, je leur en demande.*
   ou: —*Non, je ne leur en demande pas.*

1. demander des conseils à ta mère?
2. donner des conseils à ton meilleur ami?
3. écrire des lettres à tes copains pendant les vacances?
4. envoyer des fax à tes amis?
5. offrir des cadeaux *(presents)* à tes parents pour leur anniversaire?
6. prêter de l'argent à ton frère?

15. Services professionnels   Répondez affirmativement aux questions suivantes en utilisant le pronom entre parenthèses et un autre pronom qui convient.

PRACTICE: two object pronouns in the passé composé

●   Le voyageur a montré des photos à ses voisins? (en)
   Oui, il leur en a montré.

1. Le chauffeur de taxi a conduit les touristes à l'aéroport? (y)
2. Le vendeur a invité ses clients au restaurant? (y)
3. Le garçon a servi du café à Mme Simon? (en)
4. La serveuse a apporté du vin à M. Rimbaud? (en)
5. Le banquier *(banker)* a prêté de l'argent à Mme Dumas? (en)
6. Le boulanger *(baker)* a vendu du pain à la cliente? (en)
7. Le médecin a donné des conseils à ses malades *(patients)*? (en)
8. Le guide a amené les touristes au musée? (y)
9. Le chauffeur de la limousine a conduit les clients à l'hôtel? (y)

Communication

1. You would like your friend to do the following things for you. He/she will accept or refuse. In case of refusal, he/she will give you an excuse.

Ask your partner . . .
- to loan you his/her mountain bike
- to loan you his/her camera
- to loan you 20 dollars
- to give you the e-mail address **(l'adresse e-mail)** of his/her friend
- to show you his/her notes
- to show you his/her diary **(le journal)**
- to give you back your CDs

—**Dis, Marc, tu me prêtes ton VTT?**
—**Oui, bien sûr, je vais te le prêter.**
—**Je regrette, je ne peux pas te le prêter.**
—**Pourquoi?**
—**J'en ai besoin cet après-midi pour aller en ville.**

2. You and two classmates discuss the role of technology in your lives.

Ask your partners . . .
- if they have a computer
- if they use e-mail
- if they use the Web in their studies
- if they have studied computer science (and, if not, if they will study it)
- what they think is the most important discovery of the twentieth century **(la découverte du vingtième siècle)** and why
- if they think technology brings people closer together **(rapproche les gens)**
- if they think technology fosters good relationships between people **(encourage de bons rapports)**

VIVRE EN FRANCE   L'achat des vêtements

Vocabulaire pratique: *Les vêtements et les accessoires*

Quelques vêtements

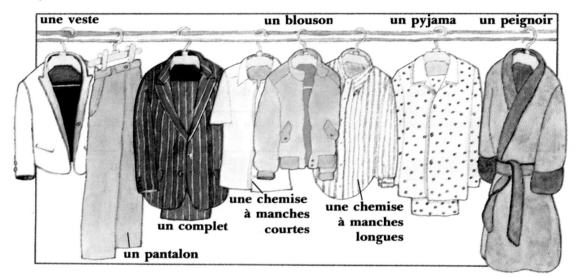

une veste   un blouson   un pyjama   un peignoir

un complet

une chemise
à manches
courtes

une chemise
à manches
longues

un pantalon

Point out to
students that
une veste is a
false cognate;
it translates as
jacket in
English. **Un
gilet** is a *vest*.

Quelques accessoires

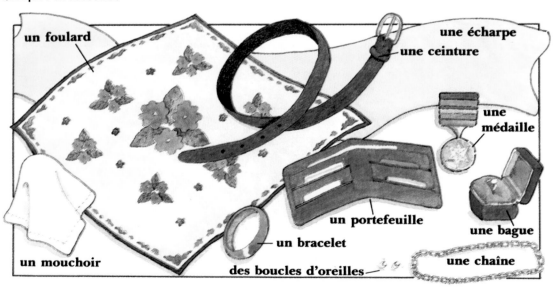

un foulard   une écharpe
une ceinture

une
médaille

un portefeuille

une bague

un mouchoir   un bracelet

des boucles d'oreilles   une chaîne

526

La matière *(Material)*

Cette chemise **est en**	**laine** *(wool).* **coton.** **soie** *(silk).* **nylon.**	C'est une chemise **de laine.**
Cette veste **est en**	**lin** *(linen).* **velours** *(corduroy).*	C'est une veste **de lin.**
Ces bottes **sont en**	**cuir** *(leather).* **caoutchouc** *(rubber).* **plastique.**	Ce sont des bottes **en cuir.**
Cette bague **est en**	**argent** *(silver).* **or** *(gold).*	C'est une bague **en argent.**

Situations: *Joyeux anniversaire!*

Demandez à vos camarades ce qu'ils vont acheter aux personnes suivantes pour leur anniversaire. Composez des dialogues selon le modèle.

● ta sœur
—*Qu'est-ce que tu vas acheter à ta sœur pour son anniversaire?*
—*Je vais lui acheter des boucles d'oreilles.*
—*Ah bon! Quelle sorte de boucles d'oreilles est-ce que tu vas lui acheter?*
—*Je vais lui acheter des boucles d'oreilles en argent.*

1. ton frère   3. ta mère   5. ton copain
2. ton père   4. ta cousine 6. ta copine

Situations: *Au Bon Marché*

Les personnes suivantes font des achats *(purchases)* Au Bon Marché. Composez les dialogues avec la vendeuse d'après les images.

● Chantal

<u>cuir</u> / plastique / 10€

VENDEUSE: *Vous désirez, Mademoiselle?*
CHANTAL: *Je cherche une ceinture.*
VENDEUSE: *En cuir ou en plastique?*
CHANTAL: *Je préfère les ceintures en cuir.*
VENDEUSE: *Que pensez-vous de cette ceinture-ci?*
CHANTAL: *Combien coûte-t-elle?*
VENDEUSE: *Quatre-vingts francs.*
CHANTAL: *Bon, je vais la prendre.*

1. Joseph

laine / <u>velours</u> / 125 €

2. Gilbert

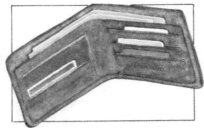

<u>cuir</u> / plastique / 25 €

3. Françoise

<u>argent</u> / or / 50 €

4. Claudine

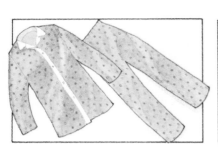

soie / <u>coton</u> / 35 €

5. Vincent

<u>caoutchouc</u> / cuir / 40 €

6. Geneviève

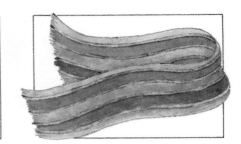

coton / <u>laine</u> / 20 €

Vocabulaire pratique: *Les magasins de vêtements*

Où acheter des vêtements?

Quand on veut acheter des vêtements, on peut aller dans...
> **une boutique de vêtements.**
> **un grand magasin** *(department store).*
> **une boutique de soldes** *(discount shop).*

Si on veut acheter **des vêtements d'occasion** *(second-hand),*
on peut aller **au marché aux puces** *(flea market).*

Dans un magasin de vêtements
Vous désirez, Madame?
> Je cherche ⎫
> J'ai besoin d' ⎬ une veste.
> J'aimerais voir cette veste.

Quelle est votre **taille** *(size)?*
> Je **fais** du trente-huit.
> Je ne sais pas. Pouvez-vous **me prendre les mesures** *(take my measurements)?*

Voulez-vous **essayer** *(try on)* cette veste?
> Oui, je vais l'essayer.

Est-ce que ce pantalon **vous va** *(fits you)?*
> Oui, il **me va** ⎫ **bien.**
> ⎬ **à merveille** *(beautifully).*

> Non, il **ne me va pas.** Il est trop ⎫ **long.** **large** *(wide).*
> **court.** **étroit** *(tight).*
> **grand.** **serré** *(tight).*
> **petit.**

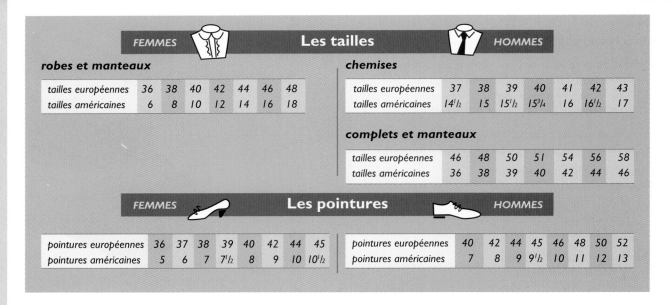

FEMMES								Les tailles							HOMMES

robes et manteaux

							chemises							
tailles européennes	36	38	40	42	44	46	48	tailles européennes	37	38	39	40	41	42	43
tailles américaines	6	8	10	12	14	16	18	tailles américaines	14$^1/_2$	15	15$^1/_2$	15$^3/_4$	16	16$^1/_2$	17

complets et manteaux

tailles européennes	46	48	50	51	54	56	58
tailles américaines	36	38	39	40	42	44	46

FEMMES								Les pointures							HOMMES

pointures européennes	36	37	38	39	40	42	44	45	pointures européennes	40	42	44	45	46	48	50	52
pointures américaines	5	6	7	7$^1/_2$	8	9	10	10$^1/_2$	pointures américaines	7	8	9	9$^1/_2$	10	11	12	13

Situations: *Chez Dominique*

Les personnes suivantes font des achats *(purchases)* Chez Dominique. Composez les dialogues selon la description. Jouez ces dialogues avec vos camarades.

- Dites au vendeur ce que vous cherchez.
- Indiquez votre taille.
- Après avoir essayé l'article, dites si vous l'aimez et pourquoi.

1. Béatrice: une robe / 40 / non, trop serrée
2. Madame Lucas: un manteau / 48 / oui, très bien
3. Monsieur Bonnet: une veste / 44 / non, trop courte
4. Catherine: un blouson / 38 / oui, à merveille
5. Antoine: un complet / 48 / non, trop étroit

Pas de problème!
CD-ROM: Module 12

Pas de problème!
video: Module 12

Contacts *Cahier d'activités:*
Workbook, Révision 4:
Unités 10, 11
Workbook and Lab Manual, Vivre en France 11

Video Module 12 and worksheet in the *Instructor's Resource Manual*

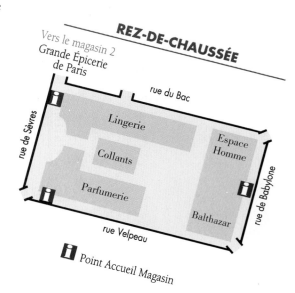

Vocabulaire pratique: *Les chaussures*

Quelques chaussures

des chaussures

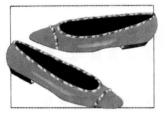

des souliers plats

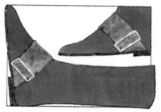

des bottes

des mocassins

des souliers à talons

des tennis

des sandales

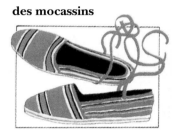

des espadrilles

Chez le marchand de chaussures

Quelle est votre **pointure** *(shoe size)*?

Je **fais**	**du quarante.**
C'est	
Je **chausse**	

Situations: *Chez le Roi* **(King)** *de la Chaussure*

Il y a des soldes *(sales)* chez Le Roi de la Chaussure. Des touristes américains veulent acheter les chaussures suivantes en pointures américaines. Composez des dialogues en utilisant les pointures françaises.

● Sue Jones

VENDEUR: *Vous désirez, Mademoiselle?*
SUE JONES: *Je cherche des souliers à talon.*
VENDEUR: *Quelle est votre pointure?*
SUE JONES: *Je chausse du trente-huit.*

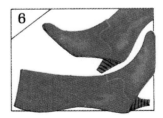

1. Sally Brown

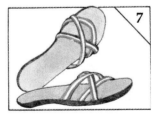

2. Nancy Clark

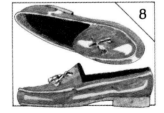

3. John Phillips

4. Sam Rogers

Reference Section

Appendices

Vocabulaire

Index

Crédits

Appendices

I. Expressions pour la classe

A. Pour la compréhension: expressions utilisées par le professeur

Écoutez (bien)	la bande. la question.	Listen (carefully) to	the tape. the question.

Répétez. — *Repeat.*
Ne répétez pas. — *Don't repeat.*
Tous ensemble. — *All together.*
Encore une fois. — *Once again.*
(Parlez) plus fort. — *(Speak) louder. Speak up.*
Répondez. — *Answer.*
Ne répondez pas. — *Do not answer.*
Commencez. — *Begin.*
Continuez. — *Continue.*

Ouvrez	votre livre.	Open	your book.
Fermez	votre cahier.	Close	your workbook.
Regardez	le tableau. la page...	Look at	the chalkboard. page . . .
Prenez	du papier. un stylo. un crayon.	Take	a sheet of paper. a pen. a pencil.

Écrivez. — *Write.*
Lisez. — *Read.*

Faites attention à	la prononciation. l'orthographe.	Pay attention to	the pronunciation. the spelling.

Pour la prochaine fois... — *For the next time . . .*
Faites l'exercice à la page... — *Do the exercise on page . . .*

B. Pour s'exprimer: expressions utilisées par les étudiants

À quelle page	sommes-nous?	On what page	are we?
Où		Where	

Je ne comprends pas. — *I don't understand.*
Je ne sais pas. — *I don't know.*
Comment dit-on (écrit-on) ... en français? — *How do you say (write) . . . in French?*
Que veut dire... ? — *What does . . . mean?*

C. Expressions grammaticales

l'article/le nom/l'adjectif	*article/noun/adjective*
le pronom/le verbe/l'adverbe	*pronoun/verb/adverb*
le verbe réfléchi	*reflexive verb*
la préposition/la conjonction	*preposition/conjunction*
le sujet/l'objet (le complément d'objet)	*subject/object*
le singulier/le pluriel	*singular/plural*
une voyelle/une consonne	*vowel/consonant*
un mot/une expression	*word/expression*
une phrase/une question	*sentence/question*
l'accord/la terminaison	*agreement/ending*

D. Expressions pour les exercices

Demandez (à quelqu'un) si...	*Ask (someone) if, whether . . .*
Dites que...	*Say that . . .*
Dites ce que chacun (fait).	*Say what each one (is doing).*
Expliquez...	*Explain . . .*
Suggérez...	*Suggest . . .*
Exprimez ceci.	*Express this.*
cela.	*that.*
Jouez le rôle de...	*Play the role of . . .*
Complétez les phrases suivantes.	*Complete the following sentences.*
Utilisez les mots entre parenthèses.	*Use the words in parentheses.*
soulignés.	*underlined.*
en gros caractères.	*in bold type.*
Lisez ce que...	*Read what . . .*
Décrivez	*Describe*

II. Termes de technologie

Noms

un appareil	*a piece of equipment*
un appareil photo numérique	*digital camera*
un assistant personnel numérique	*palm organizer*
un clavier	*keyboard*
une console de jeux vidéos	*video game console*
un courrier électronique	*e-mail*
une découverte	*discovery*
un disque dur	*hard drive*
un e-mail	*e-mail*
un écran	*monitor screen*
un fichier	*file*
le hardware	*hardware*
une imprimante	*printer*
l'Internet *(m)*	*Internet*
une invention	*invention*
un lecteur de disquettes	*disk drive*
le logiciel	*software*
un micro-ordinateur	*personal computer*
un modem	*modem*
un modem-fax	*fax modem*
un moniteur	*monitor*
un moyen	*means, way*
le multimédia	*multimedia*
un ordinateur portable	*laptop*
un portable	*cell phone*
le progrès	*progress*
un répondeur	*answering machine*
un réseau	*network*
un savant	*scientist*
un scanner	*scanner*
une souris	*mouse*
un sujet	*topic, subject*
un tapis de souris	*mouse pad*
un télécopieur (un fax)	*fax machine*
la vitesse	*speed*
le World Wide Web	*World Wide Web*

Verbes

envoyer un e-mail	*to send an e-mail*
envoyer un fax	*to send a fax*
être en ligne	*to be on-line*
faire des progrès	*to make progress*
imprimer	*to print out*
naviguer sur le Net	*to surf the Net*
se passer de	*to do without*
se servir de	*to use*
télécharger	*to download*
utiliser un CD-ROM	*to play a CD-ROM*
utiliser un programme	*to run a program*

III. Les sons français

	Son	Orthographe	Exemples
Voyelles orales	/a/	**a, à, â**	banane, là, château
	/i/	**i, î**	Mimi, Philippe, Nîmes
		y	Sylvie
	/e/	**é**	Léa
		e (devant un **z**, **t** ou **r** final et non-prononcé)	chez, chalet, dîner
		ai	français
	/ɛ/	**è**	chère, Michèle
		ei	Seine
		ê	tête
		e (devant 2 consonnes)	Isabelle
		e (devant une consonne finale prononcée)	cher
		ai (devant une consonne finale prononcée)	française
	/u/	**ou, où, oû**	Loulou, où, coûter
	/y/	**u, û**	Lulu, dû
	/o/	**o**	auto
		au, eau	loyaux, beau
		ô	rôle
	/ɔ/	**o**	Nicole
		au	Paul
	/ø/	**eu, œu**	neveu, vœux
		eu (devant la terminaison **-se**)	sérieuse
	/œ/	**eu, œu** (devant une consonne finale prononcée, excepté /**z**/)	moteur, sœur
	/ə/	**e**	le, René
Voyelles nasales	/ã/	**an, am**	André, Adam
		en, em	ensemble, emblème
	/ɛ̃/	**in, im**	instant, important
		yn, ym	synthèse, symphonie
		ain, aim	américain, faim
		en (dans la terminaison **-ien**, **-yen**)	bien, moyen
	/ɛ̃/ or /œ̃/	**un, um**	brun, humble
	/ɔ̃/	**on, om**	on, salon, bombe

	Son	Orthographe	Exemples
Semi-voyelles	/ɥ/	**u** (devant une voyelle)	suave, Suisse
	/j/	**i, y** (devant une voyelle)	piano, Yolande, payer
		il, ill (après une voyelle)	travail, travailler
	/w/	**ou** (devant une voyelle)	oui
	/wa/	**oi** (devant une consonne)	noir
		oy	voyage
	/wɛ/	**oin**	loin
Consonnes	/b/	**b**	barbare
	/ʃ/	**ch**	machine
	/d/	**d**	David
	/f/	**f, ph**	Fifi, photo
	/g/	**g** (devant **a, o, u** ou consonne)	garçon, Margot, Gustave
		gu (devant **e, i, y**)	guerre, guitare, Guy
	/ʒ/	**j, je** (devant **a**)	Jacques, Jean
		g (devant **e, i, y**)	danger, Gigi
		ge (devant **a, o, u**)	changeant, Georges, courageux
	/ɲ/	**gn**	espagnol
	/l/	**l**	Lili, il
	/m/	**m**	maman
	/n/	**n**	ananas
	/p/	**p**	papa
	/r/	**r**	Robert
	/k/	**c** (devant **a, o, u** ou consonne)	cacao, Corinne, Hercule
		ch (devant **r**)	Christine
		qu	qualité
		k	kilo
	/s/	**c** (devant **e, i, y**)	Cécile
		ç (devant **a, o, u**)	garçon
		s (au début d'un mot ou avant une consonne)	Suzanne, reste
		ss	masse
		t (devant **i** + voyelle)	solution
	/z/	**s** (entre deux voyelles)	rose
		z	zéro, bronzer
	/t/	**t, th**	tante, théâtre
	/v/	**v**	Victor
	/gz/	**x** (devant **a, o, u**)	examiner
	/ks/	**x** (devant **e, i**)	taxi

IV. Les verbes réguliers

A. Conjugaison régulière

Infinitif	Indicatif			
	Présent	Passé composé	Imparfait	Plus-que-parfait
Verbes en -er **parler**	je parle tu parles il/elle/on parle nous parlons vous parlez ils/elles parlent	j'ai parlé tu as parlé il a parlé nous avons parlé vous avez parlé ils ont parlé	je parlais tu parlais il parlait nous parlions vous parliez ils parlaient	j'avais parlé tu avais parlé il avait parlé nous avions parlé vous aviez parlé ils avaient parlé
Verbes en -ir **finir**	je finis tu finis il/elle/on finit nous finissons vous finissez ils/elles finissent	j'ai fini tu as fini il a fini nous avons fini vous avez fini ils ont fini	je finissais tu finissais il finissait nous finissions vous finissiez ils finissaient	j'avais fini tu avais fini il avait fini nous avions fini vous aviez fini ils avaient fini
Verbes en -re **répondre**	je réponds tu réponds il/elle/on répond nous répondons vous répondez ils/elles répondent	j'ai répondu tu as répondu il a répondu nous avons répondu vous avez répondu ils ont répondu	je répondais tu répondais il répondait nous répondions vous répondiez ils répondaient	j'avais répondu tu avais répondu il avait répondu nous avions répondu vous aviez répondu ils avaient répondu
Verbes pronominaux **se laver**	je me lave tu te laves il/on se lave elle se lave nous nous lavons vous vous lavez ils se lavent elles se lavent	je me suis lavé(e) tu t'es lavé(e) il s'est lavé elle s'est lavée nous nous sommes lavé(e)s vous vous êtes lavé(e)(s) ils se sont lavés elles se sont lavées	je me lavais tu te lavais il se lavait elle se lavait nous nous lavions vous vous laviez ils se lavaient elles se lavaient	je m'étais lavé(e) tu t'étais lavé(e) il s'était lavé elle s'était lavée nous nous étions lavé(e)s vous vous étiez lavé(e)(s) ils s'étaient lavés elles s'étaient lavées

Futur	Conditionnel Présent	Subjonctif Présent	Impératif	Participes Présent Passé
je parler**ai** tu parler**as** il parler**a** nous parler**ons** vous parler**ez** ils parler**ont**	je parler**ais** tu parler**ais** il parler**ait** nous parler**ions** vous parler**iez** ils parler**aient**	que je parl**e** que tu parl**es** qu'il/elle/on parl**e** que nous parl**ions** que vous parl**iez** qu'ils/elles parl**ent**	parl**e** parl**ons** parl**ez**	parl**ant** parl**é**
je finir**ai** tu finir**as** il finir**a** nous finir**ons** vous finir**ez** ils finir**ont**	je finir**ais** tu finir**ais** il finir**ait** nous finir**ions** vous finir**iez** ils finir**aient**	que je fin**isse** que tu fin**isses** qu'il/elle/on fin**isse** que nous fin**issions** que vous fin**issiez** qu'ils/elles fin**issent**	fin**is** fin**issons** fin**issez**	fin**issant** fin**i**
je répondr**ai** tu répondr**as** il répondr**a** nous répondr**ons** vous répondr**ez** ils répondr**ont**	je répondr**ais** tu répondr**ais** il répondr**ait** nous répondr**ions** vous répondr**iez** ils répondr**aient**	que je répond**e** que tu répond**es** qu'il/elle/on répond**e** que nous répond**ions** que vous répond**iez** qu'ils/elles répond**ent**	répond**s** répond**ons** répond**ez**	répond**ant** répond**u**
je me laverai tu te laveras il se lavera elle se lavera nous nous laverons vous vous laverez ils se laveront elles se laveront	je me laverais tu te laverais il se laverait elle se laverait nous nous laverions vous vous laveriez ils se laveraient elles se laveraient	que je me lave que tu te laves qu'il/on se lave qu'elle se lave que nous nous lavions que vous vous laviez qu'ils se lavent qu'elles se lavent	lave-toi lavons-nous lavez-vous	se lavant lavé

B. Verbes à modification orthographique

Infinitif	Indicatif			
	Présent	Passé composé	Imparfait	Plus-que-parfait
acheter	j'achète tu achètes il/elle/on achète nous achetons vous achetez ils/elles achètent	j'ai acheté	j'achetais	j'avais acheté
préférer	je préfère tu préfères il/elle/on préfère nous préférons vous préférez ils/elles préfèrent	j'ai préféré	je préférais	j'avais préféré
payer	je paie tu paies il/elle/on paie nous payons vous payez ils/elles paient	j'ai payé	je payais	j'avais payé
appeler	j'appelle tu appelles il/elle/on appelle nous appelons vous appelez ils/elles appellent	j'ai appelé	j'appelais	j'avais appelé

Futur	Conditionnel Présent	Subjonctif Présent	Impératif	Participes Présent	Passé
j'achèterai	j'achèterais	que j'achète que tu achètes qu'il/elle/on achète que nous achetions que vous achetiez qu'ils/elles achètent	achète achetons achetez	achetant	acheté
je préférerai	je préférerais	que je préfère que tu préfères qu'il/elle/on préfère que nous préférions que vous préfériez qu'ils/elles préfèrent	préfère préférons préférez	préférant	préféré
je paierai	je paierais	que je paie que tu paies qu'il/elle/on paie que nous payions que vous payiez qu'ils/elles paient	paie payons payez	payant	payé
j'appellerai	j'appellerais	que j'appelle que tu appelles qu'il/elle/on appelle que nous appelions que vous appeliez qu'ils/elles appellent	appelle appelons appelez	appelant	appelé

V. Les verbes auxiliaires

Infinitif	Indicatif			
	Présent	Passé composé	Imparfait	Plus-que-parfait
être	je suis tu es il/elle/on est nous sommes vous êtes ils/elles sont	j'ai été	j'étais	j'avais été
avoir	j' ai tu as il/elle/on a nous avons vous avez ils/elles ont	j'ai eu	j'avais	j'avais eu

VI. Les verbes irréguliers

Infinitif	Indicatif				
	Présent		Passé composé	Imparfait	Plus-que-parfait
aller	je vais tu vas il/elle/on va	nous allons vous allez ils/elles vont	je suis allé(e)	j'allais	j'étais allé(e)
s'asseoir	je m'assieds tu t'assieds il/elle/on s'assied	nous nous asseyons vous vous asseyez ils/elles s'asseyent	je me suis assis(e)	je m'asseyais	je m'étais assis(e)
boire	je bois tu bois il/elle/on boit	nous buvons vous buvez ils/elles boivent	j'ai bu	je buvais	j'avais bu
conduire	je conduis tu conduis il/elle/on conduit	nous conduisons vous conduisez ils/elles conduisent	j'ai conduit	je conduisais	j'avais conduit

	Conditionnel	Subjonctif	Impératif	Participes	
Futur	Présent	Présent		Présent	Passé
je serai	je serais	que je sois que tu sois qu'il/elle/on soit que nous soyons que vous soyez qu'ils/elles soient	sois soyons soyez	étant	été
j'aurai	j'aurais	que j'aie que tu aies qu'il/elle/on ait que nous ayons que vous ayez qu'ils/elles aient	aie ayons ayez	ayant	eu

	Conditionnel	Subjonctif	Participe	Autres verbes ayant une conjugaison semblable
Futur	Présent	Présent	Présent	
j'irai	j'irais	que j'aille que nous allions	allant	
je m'assiérai	je m'assiérais	que je m'asseye que nous nous asseyions	s'asseyant	
je boirai	je boirais	que je boive que nous buvions	buvant	
je conduirai	je conduirais	que je conduise que nous conduisions	conduisant	construire détruire produire traduire

	Indicatif				
Infinitif	Présent		Passé composé	Imparfait	Plus-que-parfait
connaître	je connais tu connais il/elle/on connaît	nous connaissons vous connaissez ils/elles connaissent	j'ai connu	je connaissais	j'avais connu
courir	je cours tu cours il/elle/on court	nous courons vous courez ils/elles courent	j'ai couru	je courais	j'avais couru
croire	je crois tu crois il/elle/on croit	nous croyons vous croyez ils/elles croient	j'ai cru	je croyais	j'avais cru
devoir	je dois tu dois il/elle/on doit	nous devons vous devez ils/elles doivent	j'ai dû	je devais	j'avais dû
dire	je dis tu dis il/elle/on dit	nous disons vous dites ils/elles disent	j'ai dit	je disais	j'avais dit
écrire	j'écris tu écris il/elle/on écrit	nous écrivons vous écrivez ils/elles écrivent	j'ai écrit	j'écrivais	j'avais écrit
envoyer	j'envoie tu envoies il/elle/on envoie	nous envoyons vous envoyez ils/elles envoient	j'ai envoyé	j'envoyais	j'avais envoyé
faire	je fais tu fais il/elle/on fait	nous faisons vous faites ils/elles font	j'ai fait	je faisais	j'avais fait
falloir	il faut		il a fallu	il fallait	il avait fallu
lire	je lis tu lis il/elle/on lit	nous lisons vous lisez ils/elles lisent	j'ai lu	je lisais	j'avais lu

Futur	Conditionnel Présent	Subjonctif Présent	Participe Présent	Autres verbes ayant une conjugaison semblable
je connaîtrai	je connaîtrais	que je connaisse que nous connaissions	connaissant	disparaître reconnaître
je courrai	je courrais	que je coure que nous courions	courant	
je croirai	je croirais	que je croie que nous croyions	croyant	
je devrai	je devrais	que je doive que nous devions	devant	
je dirai	je dirais	que je dise que nous disions	disant	contredire (vous contredisez) interdire (vous interdisez) prédire (vous prédisez)
j'écrirai	j'écrirais	que j'écrive que nous écrivions	écrivant	décrire
j'enverrai	j'enverrais	que j'envoie que nous envoyions	envoyant	
je ferai	je ferais	que je fasse que nous fassions	faisant	
il faudra	il faudrait	qu'il faille		
je lirai	je lirais	que je lise que nous lisions	lisant	élire

Infinitif	Indicatif Présent		Passé composé	Imparfait	Plus-que-parfait
mettre	je mets tu mets il/elle/on met	nous mettons vous mettez ils/elles mettent	j'ai mis	je mettais	j'avais mis
ouvrir	j'ouvre tu ouvres il/elle/on ouvre	nous ouvrons vous ouvrez ils/elles ouvrent	j'ai ouvert	j'ouvrais	j'avais ouvert
partir	je pars tu pars il/elle/on part	nous partons vous partez ils/elles partent	je suis parti(e)	je partais	j'étais parti(e)
pleuvoir	il pleut		il a plu	il pleuvait	il avait plu
pouvoir	je peux tu peux il/elle/on peut	nous pouvons vous pouvez ils/elles peuvent	j'ai pu	je pouvais	j'avais pu
prendre	je prends tu prends il/elle/on prend	nous prenons vous prenez ils/elles prennent	j'ai pris	je prenais	j'avais pris
recevoir	je reçois tu reçois il/elle/on reçoit	nous recevons vous recevez ils/elles reçoivent	j'ai reçu	je recevais	j'avais reçu
savoir	je sais tu sais il/elle/on sait	nous savons vous savez ils/elles savent	j'ai su	je savais	j'avais su
suivre	je suis tu suis il/elle/on suit	nous suivons vous suivez ils/elles suivent	j'ai suivi	je suivais	j'avais suivi

Futur	Conditionnel Présent	Subjonctif Présent	Participe Présent	Autres verbes ayant une conjugaison semblable
je mettrai	je mettrais	que je mette que nous mettions	mettant	permettre promettre
j'ouvrirai	j'ouvrirais	que j'ouvre que nous ouvrions	ouvrant	couvrir découvrir offrir souffrir
je partirai	je partirais	que je parte que nous partions	partant	dormir (j'ai dormi) s'endormir (je me suis endormi) mentir (j'ai menti) sentir (j'ai senti) servir (j'ai servi) sortir (je suis sorti)
il pleuvra	il pleuvrait	qu'il pleuve	pleuvant	
je pourrai	je pourrais	que je puisse que nous puissions	pouvant	
je prendrai	je prendrais	que je prenne que nous prenions	prenant	apprendre comprendre
je recevrai	je recevrais	que je reçoive que nous recevions	recevant	apercevoir s'apercevoir (je me suis aperçu) décevoir
je saurai	je saurais	que je sache que nous sachions	sachant	
je suivrai	je suivrais	que je suive que nous suivions	suivant	

Infinitif	Indicatif		Passé composé	Imparfait	Plus-que-parfait
	Présent				
venir	je viens tu viens il/elle/on vient	nous venons vous venez ils/elles viennent	je suis venu(e)	je venais	j'étais venu(e)
vivre	je vis tu vis il/elle/on vit	nous vivons vous vivez ils/elles vivent	j'ai vécu	je vivais	j'avais vécu
voir	je vois tu vois il/elle/on voit	nous voyons vous voyez ils/elles voient	j'ai vu	je voyais	j'avais vu
vouloir	je veux tu veux il/elle/on veut	nous voulons vous voulez ils/elles veulent	j'ai voulu	je voulais	j'avais voulu

Futur	Conditionnel Présent	Subjonctif Présent	Participe Présent	Autres verbes ayant une conjugaison semblable
je viendrai	je viendrais	que je vienne que nous venions	venant	devenir (je suis devenu) revenir (je suis revenu) se souvenir (je me suis souvenu) maintenir (j'ai maintenu) obtenir (j'ai obtenu)
je vivrai	je vivrais	que je vive que nous vivions	vivant	
je verrai	je verrais	que je voie que nous voyions	voyant	prévoir (je prévoirai)
je voudrai	je voudrais	que je veuille que nous voulions	voulant	

Vocabulaire

Français-Anglais

This vocabulary includes all the words used in *Contacts* except compound numbers and grammatical terminology. The definitions given are limited to the context in which the words are used in this book. Lesson references are given for those words and expressions that are formally activated in **Vocabulaire** or **Structure** sections. If a word is formally activated in more than one lesson, a reference is given for each lesson.

Regular adjectives are given in the masculine form, with the feminine endings in parentheses. Irregular adjectives are given in both the masculine and feminine forms, separated by slashes. Irregular masculine plural forms are given in parentheses.

The gender of each noun is given in parentheses. Irregular feminine or plural nouns are also noted beside the singular form. Expressions are listed according to their key word. The symbol ~ indicates repetition of the key word.

The following abbreviations are used.

VF   Vivre en France

abbrev	abbreviation	*mpl*	masculine plural
adj	adjective	*n*	noun
adv	adverb	*obj pron*	object pronoun
art	article	*pc*	passé composé
conj	conjunction	*pl*	plural
f	feminine	*pp*	past participle
fpl	feminine plural	*prep*	preposition
inf	infinitive	*pron*	pronoun
inv	invariable	*qqch*	quelque chose
m	masculine	*qqn*	quelqu'un
m/f	masculine/feminine	*sth*	something
		v	verb

à at, to, in 4; by 15
  ~ + *city* in/to/at + *city* 4
  ~ bientôt! see you soon! 1
  ~ cause de because of 30
  ~ cette époque at that time
  ~ cheval on horseback VF 9
  ~ condition que provided that, on the condition that 32
  ~ côté de beside 12; nearby, next to VF 3
  ~ demain see you tomorrow 1
  ~ droite de to the right of 12
  ~ gauche de to the left of 12
  ~ ... kilomètres/mètres/minutes ... kilometers/meters/minutes away VF 3

  ~ l'aise at ease
  ~ l'étranger abroad 15
  ~ l'extérieur outside
  ~ l'heure on time 29
  ~ l'heure actuelle at the present time 31; at this time
  ~ la campagne in the country 22
  ~ la fois at the same time
  ~ la mode fashionable
  ~ la suite de following
  ~ lundi! see you (on) Monday! VF 2
  ~ merveille beautifully VF 10
  ~ moins que unless
  ~ nouveau again
  ~ partir de (starting) from
  ~ pied on foot 9, VF 9

  ~ raison rightly
  ~ tort wrongly
  ~ tout à l'heure see you later 1
  ~ toute vitesse at full speed
  ~ vélo by bicycle 9, VF 9
  ~ votre tour your turn VF 6
abonné/abonnée (*m/f*) subscriber
abonnement: à ~ payant by paid subscription
abord: d'~ first; at first 24
aboyer to bark
absolument absolutely 31
accéder to have access to
accepter to accept 31, VF 8
accès à bord: carte (*f*) **d'~** boarding pass VF 10

accessoires (*mpl*)   accessories VF 11
accident (*m*)   accident 24, VF 9
accord (*m*)   agreement
  d'~!   agreed! OK! all right! 5, VF 8
  être d'~   to be in agreement 5
achat (*m*)   purchase VF 11
acheter   to buy 11
  s'~   to buy for oneself 16
acier (*m*)   steel
acquis(e)   acquired
actif/active   active 28
actuel/actuelle   current, present, of
  today 31
  à l'heure (*f*) **~**   at this time
actuellement   at present 31, currently
addition (*f*)   check, bill (*in a restaurant*)
administration (*f*) **des affaires**
  business administration 20
adorer   to love 3
adoucir   to soften
  ~ les mœurs   to have a civilizing
  influence
adresse (*f*)   address VF 2
adresser: s'~ à   to address oneself to
aérien/aérienne (*adj*)   air
  compagnie (*f*) **~**   airline company VF 10
aérobic: faire de l'~   to do aerobics VF 9
aéroport (*m*)   airport 9
affaire (*f*)   bargain
  administration des ~s   business
  administration 17
  femme (*f*) **d'~s**   businesswoman 29
  homme (*m*) **d'~s**   businessman 29
affreux/affreuse   awful
africain(e) (*adj*)   African 8
Afrique (*f*)   Africa
  ~ du Nord   North Africa
  ~ Noire   Black Africa
agence (*f*) **de voyages**   travel agency
agent (*m*) **de police**   police officer,
  policeman
agglomération (*f*)   town, urban area
agneau (*m*)   lamb (meat)
agrandir: s'~   to expand
agréable   nice, pleasant 22
agriculteur (*m*)   farmer
ah bon!   OK! 9
aider   to help 20
aïe!   ouch!
ailleurs   elsewhere 30
aimer   to like, to love 3, 4, 20, 28
  ~ bien   to like 3, 28, VF 8
  ~ mieux   to prefer 31
ainsi   in that manner, so thus
  ~ que   as well as
air (*m*): **avoir l'~** + *adj.*   to look, to
  seem 25
  ~ conditionné   air conditioning VF 5
  en plein ~   outdoors
aise (*f*): **à l'~**   at ease
alcool (*m*)   alcohol

alcoolique (*adj*)   alcoholic
alimentaire   dietary
  habitude (*f*) **~**   dietary habit
  produit (*m*) **~**   food
Allemagne (*f*)   Germany 16
allemand (*m*)   German (*language*)
allemand(e) (*adj*)   German 8, 16
aller   to go 9, 15, 28
  ~ + inf   to be going to + *inf* 9
  ~ à qqn   to fit someone VF 11
  ~ et retour   round trip VF 10
  ~ simple   one-way VF 10
allergique   allergic VF 6
algérien(ne) (*adj*)   Algerian 3
allié (*m*)   ally 32
allô   hello (*on the phone*) VF 2
alors   therefore; then, so 12; at that
  moment 29
  ~?   so? 12
alpinisme (*m*)   mountaineering 25
ambitieux/ambitieuse   ambitious 28
améliorer   to improve
amener   to bring/take along 11, 18
Américain/Américaine (*m/f*)   American
américain(e) (*adj*)   American 3
américaniser: s'~   to become
  Americanized
Amérique (*f*)   America, the Americas
ami(e) (*m/f*)   friend 7
amitié (*f*)   friendship 28
amour (*m*)   love 28
amoureux/amoureuse de   in love
  with 28
  follement ~   completely in love
  tomber ~ de   to fall in love with
amphis (*mpl*)   lecture halls
ampleur (*f*)   magnitude
amusant(e)   amusing 8
amuser: s'~   to have fun 27
an (*m*)   year 14
  avoir ... ans   to be ... years old 13
  tous les ans   every year
anathème (*m*)   something condemned
ancien/ancienne   old 22; former
anglais (*m*)   English (*language*)
anglais(e) (*adj*)   English 3, 16
Anglais/Anglaise (*m/f*)   English person
  3, 16
Angleterre (*f*)   England 16
animé(e)   full of life, lively
année (*f*)   year 14
  ~ de naissance   year of birth
  bonne ~!   Happy New Year!
  cette ~   this year 14
anniversaire (*m*)   birthday 14
  fête d'~   birthday party VF 7
  mon ~ est ...   my birthday is ... 6
annonce (*f*)   ad (advertisement)
  petite ~   classified ad 21
annoncer (à)   to tell, to announce
annuaire (*m*)   directory

annuler   to cancel
anonymat (*m*)   anonymity
anorak (*m*)   parka 11
antenne parabolique (*f*)   satellite dish
anthropologie (*f*)   anthropology 20
antillais(e) (*adj*)   West Indian
Antilles (*fpl*)   West Indies
antiquaire (*m/f*)   antique dealer
août (*m*)   August 6
apercevoir   to catch a glimpse of, to
  see 29
  s'~   to realize 29
apéritif (*m*)   before-dinner drink
appareil (*m*)   camera; telephone; piece
  of equipment 33
  ~ ménager   household appliance
  qui est à l'~?   who is calling? VF 2
appareil-photo (*m*)   camera 7
appareil (*m*) **photo numérique**   digital
  camera
appartement (*m*)   apartment 12
appartenir   to belong
appeler   to call 26, 27
  comment vous appelez-vous?   What is
  your name? 1
  je m'appelle ...   my name is ... 1
  s'~   to be called, to be named 27
appliquer: s'~   to apply
apporter   to bring 18
apprendre (à)   to learn 17, 28
approcher: s'~ de   to come close to 27
après   after 14
  ~ tout   after all 17
  d'~   according to 22
  d'~ vous   in your opinion
après-demain   day after tomorrow 14
après-guerre: d'~   post-war
après-midi (*m*)   afternoon
  cet ~   this afternoon 14
  de l'~   in the afternoon (P.M.) 5
  demain ~   tomorrow afternoon 14
Arc (*m*) **de Triomphe**   Arch of Triumph
  (*monument in Paris*)
arche (*f*) **perdue**   lost ark
architecte (*m/f*)   architect 29
architecture (*f*)   architecture 20
argent (*m*)   money 10, VF 4; silver VF 11
armée (*f*)   army 3
arrêt (*m*) **d'autobus**   bus stop VF 3
arrêter   to arrest, to halt
  s'~ (de)   to stop 27, 28
arrivée (*f*)   arrival 30
arriver   to arrive 4, 15, 24; to come 15;
  to happen, VF 9
  j'arrive   I'm coming VF 6
art (*m*)   art 9
  le septième ~   the seventh art (*film
  making*)
  beaux arts (*mpl*)   fine arts 20
article (*m*)   article (*to read*) 21
Asie (*f*)   Asia

asseoir: s'~ to sit down 27
assez enough 15; rather 5
 ~ bien okay
 ~ (de) enough (of) 18
assiette (*f*) plate
assis(e) seated 27
assistant (*m*) **personnel numérique** palm organizer
assistant social/assistante sociale (*m/f*) social worker
assister à to attend, to go to 24; to be present at
association: liberté (*f*) **d'~** freedom of assembly
associer: s'~ team up
je t'assure I assure you
athlétisme: faire de l'~ to do track and field VF 9
atomique: centrale (*f*) **~** nuclear power plant
atroce atrocious
attendre to wait for, to expect 13, 20
attentif/attentive attentive 28
attention: faire ~ à to pay attention to VF 1, 12
 ~! Careful! VF 1
attentivement attentively
au contraire on the contrary 22
au courant well-informed; on top of
au début at first, in the beginning
au milieu de in the middle of
au pair au pair (providing childcare in exchange for room and board)
au revoir good-by 1
auberge (*f*) inn
 ~ à la campagne country inn VF 5
 ~ de la jeunesse youth hostel VF 5
aucun(e): ne ... ~ none, not any
audio-visuel: équipement (*m*) **~** audio-visual equipment 7
augmentation (*f*) increase
augmenter to increase
aujourd'hui today, now 6, 12, 14
aussi also, too 5; as, so
 ~ ... que as ... as 11
 moi ~ me too 6
Australie (*f*) Australia
autant as much, as many 18
 que (*conj*) as much as
auteur (*m*) author
auto (*f*) car 7
autobus (*m*) bus
 arrêt (*m*) **d'~** bus stop VF 3
automne (*m*) fall, autumn 12
auto-stop (*m*) hitchhiking
 faire de l'~ to hitchhike
autour de around
autre (*adj*) other 19
 ~ chose something else
 un(e) ~ ... another ... 19

autre (*pron*) other (one)
autrefois formerly, in the past 23; then
Auvergne (*f*) *region in central France* VF 6
avance: avoir ... minutes d'~ to be ... minutes early VF 10
 en ~ ahead of time, early 29
avant before 14
 ~ de before 32
 ~ que before 32
avant-hier day before yesterday 14
avare stingy
avec with 4
avenir (*m*) future 30
aventure (*f*) adventure
avenue (*f*) avenue 22
avion (*m*) airplane
 en ~ by airplane 9
 par ~ by air mail VF 7
aviron: faire de l'~ to row, to do crew VF 9
avis (*m*) opinion 22
 à mon ~ in my opinion 22
avocat/avocate (*m/f*) lawyer 29
avoir to have 7
 ~ ... ans to be ... years old 13
 ~ besoin de to need, to have to 13
 ~ chaud to be hot 13
 ~ confiance to trust
 ~ conscience to be aware
 ~ de la chance to be lucky
 en ~ assez to have enough
 ~ envie de to feel like, to want to 13
 ~ faim to be hungry 3
 ~ froid to be cold 13
 ~ l'air + *adj* to seem, to look 25
 ~ l'intention de to plan to, to intend to 13
 ~ la passion de ... to love to ...
 ~ lieu to take place 24
 ~ peur to be afraid 13, 32
 ~ raison to be right 13
 ~ soif to be thirsty 13
 ~ sommeil to be sleepy 13
 ~ tort to be wrong 13
avril (*m*) April 6
aztèque (*adj*) Aztec

bac (*m*) (*See* **baccalauréat**)
baccalauréat (*m*) *exam at the end of high school that grants entrance to the university*
bagages (*mpl*) luggage VF 10
bague (*f*) ring VF 11
baigner: se ~ to swim VF 9
baignoire (*f*) bathtub
bâiller to yawn
bain (*m*) bath
 maillot (*m*) **de ~** swimming suit 11
 prendre des bains de soleil to sunbathe VF 9
 salle de bains bathroom 12

bal (*m*) **masqué** masked ball
baladeur (*m*) Walkman, personal stereo 7
ballon (*m*) balloon
banane (*f*) banana 18
banc (*m*) bench
bande (*f*): **~ dessinée** comic strip 21
 ~ Velpeau Ace bandage VF 9
banlieue (*f*) suburb 22
banque (*f*) bank VF 4
banquier/banquière (*m/f*) banker
bar (*m*) bar 11
bas (*mpl*) stockings 11
bas/basse (*adj*) low
baseball (*m*) baseball
basket (*m*) basketball VF 9
les baskets (*mpl*) high-tops 11
basketball (*m*) basketball 11
bateau (*m*) boat VF 9
 faire du ~ to go boating VF 9
 bateau-mouche (*m*) sightseeing boat
bâtiment (*m*) building 22
bâton (*m*) stick
battre to defeat, to beat
battu(e) defeated
bavardages (*mpl*) gossip
bête stupid
beau/bel/belle/beaux/belles beautiful, handsome, pretty 12
 il fait beau it is beautiful 12
beaucoup much, very much, a lot 5, 15, 18
 ~ de much (many), very much (very many), a lot of, lots of 18
 ~ trop (de) much too much, far too many 18
beaujolais (*m*) *a French red wine*
beaux arts (*mpl*) fine arts 20
belge (*adj*) Belgian 16
Belgique (*f*) Belgium 16
Bénélux (*m*) *free trade zone formed by Belgium, Luxemburg, and the Netherlands*
besoin: avoir ~ de to need 13
beurre (*m*) butter 17
bibliothèque (*f*) library 9
bicyclette (*f*) bicycle 7; cycling VF 9
bien (*m*) good, advantage
bien (*adj*) fine 2; well 5, 15; good VF 1
 assez ~ okay 2
 ~ portant healthy 25
 ~ sûr! of course! 5
 ~ sûr que non! of course not! 5
 ~ vivre (*m*) good living
 eh ~ ... well ... 11
 ou ~ or
 très ~ very well 2; VF 1
bientôt soon 29
 à ~! see you soon! 1
bienvenus: soyez les ~ welcome

bière (*f*) beer 17
  ~ pression draft beer VF 6
bifteck (*m*) steak
bilingue bilingual
billet (*m*) bill (*currency*) VF 4; ticket
  VF 3
biologie (*f*) biology 20
bistrot (*m*) small café, bistro
blanc/blanche white 11, 28
blanchisserie (*f*) laundry
blessé(e) hurt
blesser: se ~ to wound oneself VF 9
bleu(e) blue 11
blond(e) blond 8
blouson (*m*) jacket, windbreaker VF 10
BNP (Banque Nationale de Paris) *a*
  French bank
bœuf (*m*) beef 17
boire to drink 17
  prendre qqch à ~ to have something
    to drink 17
boisson (*f*) beverage, drink 17
boîte de nuit (*f*) nightclub
bon/bonne (*adj*) good 8
  ah ~! OK! 9
  il est ~ it is good 31
  il fait ~ it is nice out 12
  ~ marché (*adj/inv*) cheap,
    inexpensive 11
  ~ séjour! have a nice stay! VF 5
  ~ vivant (*adj*) jovial; (*m*) jovial fellow
bonheur (*m*) happiness
bonjour hello, good morning 1, 2
bottes (*fpl*) boots 11
bouche (*f*) mouth 26
boucle (*f*) **d'oreille** earring VF 11
bouillabaisse (*f*) *a fish soup*
bouger to move
boulanger/boulangère (*m/f*) baker
boulevard (*m*) boulevard 22
boulot (*m*) job, work (*slang*)
boum (*m*) party
bourgeois/bourgeoise (*m/f*) *member of*
  the middle class
bourgeois(e) (*adj*) middle-class VF 8
bourse (*f*) scholarship 10; grant
bout (*m*) end
bouteille (*f*) bottle
boutique (*f*) **de soldes** discount shop
boxe: match (*m*) **de ~** boxing match
branché(e) plugged in
bras (*m*) arm 26
Brésil (*m*) Brazil 16
brésilien/brésilienne (*adj*) Brazilian 16
bridge (*m*) bridge (*game*) 9
brillamment brilliantly 28
brillant(e) brilliant 8
brocoli (*mpl*) broccoli
bronchite (*f*) bronchitis
bronzé(e) tanned

bronzer: se ~ to get a tan VF 9
brosse (*f*) brush 26
  ~ à dents toothbrush 26
brosser: se ~ to brush 26
brouillés: œufs ~ scrambled eggs
bruit (*m*) noise 22
brun(e) brown 8
budget (*m*) budget
bureau (*m*), **bureaux** (*pl*) desk 12;
  office 7, 9, 22
  ~ de change currency exchange
    (office) VF 4
  ~ des renseignements information
    desk VF 10
  ~ de tabac tobacco and stamp vendor
    VF 2
bus (*m*) bus 9
  en ~ by bus 9
business (*m*) business 11
but (*m*) goal

ça (cela) (*pron*) that
  ~, c'est vrai that's true 18
  ~ fait ... that makes ... /you owe me
    ... VF 4
  ~ fait combien? how much is it? VF 4
  ~ te va? is that OK with you?
  ~ va? How are you? 1, 2
  ~ va ... things are going ... 1, 2
  c'est ~! Agreed! VF 2
  non, ce n'est pas ~ No, that's not it
    VF 1
  oui, c'est ~ yes, that's it VF 1
cabinet (*m*) **de toilette** bathroom 12
cachet (*m*) tablet VF 9
cadeau (*m*), **cadeaux** (*pl*) gift, present
cadre (*m*) executive 29
café (*m*) café 9
  ~-tabac café that sells cigarettes VF 2
café (*m*) coffee 17
  café-crème (*m*) coffee with cream
    VF 6
  ~ noir (*m*) black coffee
cahier (*m*) notebook 7
Caire: le ~ Cairo 16
caisse (*m*) cashier's desk, cash register
calcul (*m*) calculus, calculation
calculatrice (*f*) calculator 7
calendrier (*m*) calendar
Californie (*f*) California 16
calme calm 8
calmement calmly 28
camarade (*m/f*) friend 7
  ~ de chambre roommate 7, 12
cambriolage (*m*) burglary 24
cambrioleur/cambrioleuse (*m/f*)
  burglar
camelote (*f*) junk
camembert (*m*) *type of French cheese*
caméra (*f*) movie camera 7

caméscope (*m*) camcorder 7
campagne (*f*) country, countryside 15,
  VF 9; campaign
  à la ~ in the country 22
  auberge (*f*) **à la ~** country inn VF 5
camping (*m*) camping 25
  faire du ~ to go camping VF 9
Canada (*m*) Canada 16
Canadien/Canadienne (*m/f*) Canadian
  person
canadien(ne) (*adj*) Canadian 8
cantine (*f*) school cafeteria 18
caoutchouc (*m*) rubber VF 11
capital(e) (*adj*) principal, main
capitale (*f*) capital 16
car (*conj*) because
carnet (*m*) book of tickets VF 4
carotte (*f*) carrot 18
carrière (*f*) career 29
carte (*f*) card; map VF 3
  ~ d'accès à bord boarding pass VF 10
  ~ d'embarquement boarding pass
    VF 10
  ~ de crédit credit card VF 4
  ~ d'étudiant student ID card
  ~ postale postcard 21, VF 7
carte orange *monthly or annual Parisian*
  transit pass VF 4
cartes (*fpl*) cards (*game*) 9
casier (*m*) **judiciaire** criminal file
casser to break 26
  se ~ to break VF 9
cassette (*f*) cassette 7
cauchemar (*m*) nightmare
cause: à ~ de because of 30
CD (*m*) compact disk 7
CD-ROM (*m*) CD-ROM 7
ce (*pron*) it, that, this, he, she
ce/cet/cette/ces (*adj*) this, that 11
ceci this
CEE (Communauté économique
  européenne) European Economic
  Community (EEC)
ceinture (*f*) belt VF 11
cela that
célèbre famous
célébrer to celebrate 11
célibataire single, unmarried 8, 28,
  VF 2
cent one hundred 10
  ~ mille one hundred thousand 10
  deux ~s two hundred 10
centaines: des ~ de hundreds 22
centime (*m*) centime (*1/100th of a*
  franc) VF 4
centrale (*f*) **atomique** nuclear power
  plant
centre (*m*) center 22
  ~ commercial mall 22
cependant however, yet 30

cerise (*f*) cherry 18
certain(e) (*adj*) certain 19
  un(e) ~ ... a certain ... 19
certain(e)s ... (*pron*) some 19; some
   people
cesser de to stop, to quit 28
c'est it is 6, 7
  c'est-à-dire that is to say
  ~ ça! agreed! VF 2
  ~ possible it is possible 18
ceux (*See* **celui**)
chacun/chacune (*pron*) each one, every
   one 30
  ~ à son goût each to his/her own
   taste
chaîne (*f*) chain VF 11; TV channel 23
chaîne-stéréo (*f*) stereo 7
chaise (*f*) chair 12
chambre (*f*) bedroom 12
  camarade de ~ roommate 7, 12
  ~ à un lit (hotel) room with one bed
   VF 5
  ~ d'hôtel hotel room
champ (*m*) field
championnat (*m*) championship
chance (*f*) luck 30
  avoir de la ~ to be lucky
  quelle ~! what luck!
changement (*m*) change
chanson (*f*) song
chanter to sing 5
chanteur/chanteuse (*m/f*) singer
chapeau (*m*), **chapeaux** (*pl*) hat 11
chaque (*adj*) each, every 19
  ~ jour each/every day 23
charbon (*m*) coal
chargé(e) full
charmant(e) charming
charte (*f*) charter
chat (*m*) cat
château (*m*), **châteaux** (*pl*) castle
chaud warm, hot
  avoir ~ to be warm/hot 13
  il fait ~ it's warm out 12
chauffeur (*m*) driver
chausser to put shoes on
  ~ du + *shoe size* to take a certain shoe
   size VF 11
chaussettes (*fpl*) socks 11
chaussures (*fpl*) shoes 11
chef (*m*) head (*person in charge*) 31;
   chef
  ~ d'entreprise company head (CEO)
  ~ du personnel personnel director
chemin (*m*) pathway, direction
  ~ de fer (*m*) railroad
  demander son ~ to ask for directions
   VF 3
chemise (*f*) shirt 11

chemisier (*m*) blouse 11
chèque (*m*) check VF 4
  ~ de voyage traveler's check VF 3
  compte (*m*) **de ~** checking account
cher/chère expensive 11
chercher to look for 12, 20; to get 20
  ~ à to try to, to strive 28
chercheur (*m*) researcher
cheval (*m*), **chevaux** (*pl*) horse
  à ~ on horseback VF 9
cheveux (*mpl*) hair 26
cheville (*f*) ankle VF 9
chez ... at ...'s house 9
  ~ le médecin at the doctor's
  ~ moi at home 9; at my house
chien (*m*) dog
chiffre (*m*) number, numeral
chimie (*f*) chemistry 20
chimique (*adj*) chemical
chimiste (*m/f*) chemist
Chine (*f*) China 16
chinois(e) (*adj*) Chinese 8
chocolat (*m*) cocoa, hot chocolate
choisir to choose, to select 13; to
   decide 28
choix (*m*) choice
chômage (*m*) unemployment
  au ~ out of work
chose (*f*) thing 7
  autre ~ something else
chouette great
Chut! shh!
-ci (over) here 11
ciel (*m*) sky
cinéaste (*m*) moviemaker
cinéma (*m*) movie theater 9
  le ~ the movies 9; film
  ~ de quartier local theater
cinéphile (*m*) serious movie-goer
cinq five 4
cinquante fifty 5
cinquième fifth 28
circulation (*f*) traffic 22
circuler to travel VF 10
cité (*f*) community
  ~ dortoir bedroom community
  ~ universitaire student residence,
   group of dormitories
citoyen/citoyenne (*m/f*) citizen 32
citron (*m*) **pressé** (fresh) lemonade
   VF 5
clair(e) well lit; light
classe (*f*) classroom 7; class 19
  deuxième ~ second class VF 10
  première ~ first class VF 10
classement (*m*) ranking
classique (*adj*) classical
clavier (*m*) keyboard 7
clé (*f*) key VF 5

Coca (*m*) Coke
cocon (*m*) cocoon
cœur (*m*) heart 26
  avoir mal au ~ to have an upset
   stomach 26
coiffeur/coiffeuse (*m/f*) hairdresser
colère (*f*) anger 32
  se mettre en ~ to get angry 27
collectivité (*f*) community
collège (*m*) junior high school 3
colon (*m*) colonist
combien (de) how many? how much?
   10, 18
  c'est ~? ça fait ~? how much is it?
   VF 4
comédie (*f*) comedy VF 8
commander to order 18
comme as, for, like, since 20
  ~ les autres like others
  ~ ci, ~ ça okay, not too bad 1, 2
commencement (*m*) beginning 30
commencer (à) to begin 19, 28
  ~ par to begin by/with 19
comment how 6
  ~ allez-vous? how are you? 2
  ~ dit-on ...? how do you say ...?
   VF 1
  ~ vous appelez-vous? what is your
   name? 1
commerçant/commerçante (*m/f*)
   shopkeeper
commerce (*m*) business
  représentant(e) (*m/f*) **de ~** sales
   representative
commissariat (*m*) **de police** police
   station VF 3
commun(e) common
Commun: Marché (*m*) **~** (European)
   Common Market
Communauté (*f*) **des états indépendants**
   Commonwealth of Independent
   States
compact disque (*m*) compact disk 7
compagnie (*f*) **aérienne** airline
   company VF 10
compétent(e) competent 8
complet (*m*) suit VF 11
complice (*m/f*) accomplice
compliqué(e) complicated
composer to compose, to make up VF 3
compréhensif/compréhensive (*adj*)
   understanding
comprendre to understand 17
  je comprends I understand VF 1
  comprenez-vous ...? do you
   understand ...? VF 1
compris(e) understood; included VF 5
  service ~ tip (service charge)
   included VF 5

compte (*m*) account
  ~ de chèque checking account
compte-rendu report
compter to count; to plan
comptoir (*m*) counter VF 10
concert (*m*) concert
concevoir to conceive, to view
concombre (*m*) cucumber VF 6
concours (*m*) contest
  ~ d'entrée entrance exam
concurrence (*f*) competition
condition: à ~ que on the condition that, provided that 32
conduire to drive 30; to lead
  se ~ bien to behave properly 30
  se ~ mal to misbehave, to behave badly 30
conférence (*f*) lecture
confiance: faire ~ à to trust
confiture (*f*) jam 17
conflit (*m*) conflict
conformiste (*adj*) conformist 8
confort (*m*) comfort VF 5
confortable comfortable 8
confus(e) (*adj*) confused
congé (*m*): **jour** (*m*) **de ~** holiday, day off 30
  ~ payé paid holiday
conjoncture (*f*) situation
conjugaison (*f*) conjugation
connaissance: faire la ~ de to make the acquaintance of 15; to meet for the first time 22
connaître to be acquainted with, to be familiar with, to know, to meet 20
connu(e) well-known
consacré(e) (*adj*) devoted
consacrer to devote
conscience: avoir ~ to be aware
consciencieux/consciencieuse conscientious 28
conseil (*m*) piece of advice 19
  donner des conseils to give advice
conseiller/conseillère (*m/f*) advisor
conséquent: par ~ therefore
conservateur/conservatrice conservative 28
conserver to keep, to save 32
considérer to consider 11
console (*f*) **de jeux vidéos** video game console
consommations (*fpl*) beverages, snacks VF 6
consommer to consume, to use
construire to build, to construct 30
consulat (*m*) consulate VF 2
contemporain(e) (*adj*) contemporary
content(e) happy 8, 32
contestation (*f*) challenge
contester to challenge

continu(e) continuous
continuer (à) to continue 28
contractuelle (*f*) parking enforcement officer
contraire: au ~ on the contrary 22
contrat (*m*) contract
contravention (*f*) ticket (*for a traffic violation*)
contre against 22
convenir to be suitable
conversation: entamer la ~ to strike up a conversation
copain/copine (*m/f*) friend 3, 7
petit copain boyfriend
petite copine girlfriend
corbeille (*f*) wastepaper basket
coréen(ne) (*adj*) Korean 8
corps (*m*) body 26
correspondance (*f*) correspondence; change of trains VF 3
corrida (*f*) bullfight
cosmopolite cosmopolitan
costume (*m*) man's suit 11
Côte (*f*) **d'Ivoire** Ivory Coast
côtelette (*f*) cutlet, chop VF 6
coton (*m*) cotton VF 11
coton-tige (*m*) cotton swab VF 9
cou (*m*) neck 26
coucher: se ~ to go to bed 26
coup: tout à ~ suddenly 24
  ~ de soleil (*m*) sunburn
couper to cut 26
  se ~ to cut oneself 26, VF 9
courageux/courageuse brave, courageous 28
courante: eau ~ running water 12
courir to run 25, VF 9
courrier (*m*) mail VF 7
  ~ électronique e-mail 21
cours (*m*) class, course 19
  suivre un ~ to take a course 19
course (*f*) race
courses: faire les ~ to do errands, to go shopping 18
court(e) short 26
cousin/cousine (*m/f*) cousin 10
coûter to cost 10
craindre to fear
cravate (*f*) tie 11
crayon (*m*) pencil 7
créateur/créatrice creative 28
créatif/créative creative
Crédit Lyonnais *a French bank*
crédit: carte (*f*) **de ~** credit card VF 4
crème (*f*) cream, custard 27
creux/creuse empty
criminalité (*f*) crime 22
crise (*f*) **mondiale** world crisis
critique (*adj*) critical

critiquer to criticize 35
croire to believe, to think 33
  ~ à to believe in 33
  ~ que to believe/think that 33
croissant (*m*) crescent-shaped roll
croque-monsieur (*m*) *grilled ham and cheese sandwich*
croyance (*f*) belief
cruel/cruelle cruel 28
crypté(e) (*adj*) scrambled
cuir (*m*) leather
cuisine (*f*) cooking 9, 18; kitchen 12
  faire la ~ to cook 18
culture (*f*): **~ physique** bodybuilding VF 9
  maison de la ~ arts center
curieux/curieuse curious 28

d'abord first; at first 24
d'accord: être ~ to agree 2
  ~! agreed! OK! all right! 2, VF 8
d'ailleurs besides, moreover; by the way
dactylo (*f*) typist
dame (*f*) lady 7
dames (*fpl*) checkers 9
danois(e) (*adj*) Danish
dans in 4, 12
  ~ l'ensemble on the whole
  ~ l'état de in the state of 16
danse (*f*) dance 9
danser to dance 5
d'après according 22
  ~ vous according to you, in your opinion
date (*f*) date (*calendar*) 14
  quelle est la ~? what is the date? 6
davantage more
de (d') about, from, of 4, 9
  ~ + *superlative* in 12
  ~ même likewise
  ~ nouveau again
  ~ plus en plus more and more
  ~ temps en temps once in a while 23
DEA *degree after 1 year of study beyond the maîtrise*
débat (*m*) debate
debout standing up
début (*m*) beginning
  au ~ at first, in the beginning
décembre (*m*) December 6
décevoir to disappoint 29
décider (de) to decide 28
déclin (*m*) decline
décorateur/décoratrice (*m/f*) (interior) decorator
découverte (*f*) discovery 33
découvrir to discover 26
décrire to describe 21
dedans inside
défaite (*f*) defeat

défendre (à qqn de)   to forbid, to prohibit 28
   se ~   to defend oneself
défense (*f*)   protection, defense
défiler   to march
degrés (*mpl*)   degrees (*weather*) 12
déjà   already 15, 23; ever 15
déjeuner (*m*)   lunch, noon meal 18
déjeuner (*v*)   to have lunch 18
deltaplane: faire du ~   to go hang-gliding VF 9
demain   tomorrow 6, 12
demande (*f*)   request
demander à qqn de (si) ...   to ask someone to (if) ... 21, 28
   ~ qqch à qqn   to ask for sth from someone 21
   ~ son chemin   to ask for directions VF 3
   ~ un renseignement   to ask for information VF 3
   se ~   to wonder
démarrer   to drive away
déménagement (*m*)   moving (*house*)
déménager   to move (*house*)
demi(e): il est ... heure(s) et ~   it is half past ... 5
demi-heure (*f*)   half-hour
dentifrice (*m*)   toothpaste 26
dents (*fpl*)   teeth 26
départ (*m*)   departure 30
dépassé(e) (*adj*)   outdated
dépasser   to surpass, to exceed
dépêcher: se ~   to hurry 27
dépendre   to depend VF 8
dépense (*f*)   expense 10
dépenser   to spend money 10
déplacer: se ~   to move around
déplorer   to deplore 32
déprimé(e)   depressed VF 9
déprimer   to depress
depuis (*adv*)   for, since 16
depuis que (*conj*)   since 32
déranger (*qqn*)   to bother
dernier/dernière   last 14; recent
derrière   behind 12; in back, in back of VF 3
désaccord (*m*)   disagreement
désagréable   unpleasant 8, 22
descendre   to get off, to go down, to stop at a place 15
déshonneur (*m*)   disgrace
désigné(e)   identified
désirer   to wish, to want 31
   vous désirez?   may I help you? VF 5
désolé(e)   very sorry VF 8
   être ~   to be very sorry 32, VF 8
désordre (*m*)   disorder, disarray
   en ~   messy
désormais   from now on

dessert (*m*)   dessert 17
dessin (*m*) **animé**   cartoon 23
destinée (*f*)   destiny
détendre: se ~   to relax
détester   to detest, to hate 3, 4, 28; to dislike 3, 4
détruire   to destroy 30
dette (*f*)   debt 10
DEUG (*m*)   *degree received after 2 years of university study*
deux   two 4
   ~ cents   two hundred 10
   ~ cent un   two hundred one 10
   ~ mille   two thousand 10
   tous/toutes les ~   both
deux-roues (*m*)   two-wheeler
deuxième   second 28
devant   in front (of) VF 2
devenir   to become 16
   qu'est-ce que tu deviens?   what have you been up to?
devise (*f*)   motto
devises (*fpl*)   currency VF 4
devoir (*v*)   must, should, to have to, to be supposed to 19, 28
   ~ + *noun*   to owe 19
   je dois   I must 5, 19, VF 8
   je vous dois   I owe you VF 4
   vous devez   you should, must VF 3, 19
devoir (*m*)   written assignment 19
   devoirs (*mpl*)   homework
   faire les devoirs   to do homework 12
d'habitude   usually 23
difficile   difficult, hard 19
difficulté (*f*)   difficulty
diffuser   to broadcast
dimanche (*m*)   Sunday 6
   le ~   on Sundays
diminuer   to diminish, to lessen
dîner (*m*)   dinner, supper 18
   ~ seul   only dinner (is served) VF 5
dîner (*v*)   to have dinner 4, 18
diplôme (*m*)   diploma 19
dire (qqch à qqn)   to say, to tell 21
   c'est-à-dire   that is to say
   que ~?   what to say? 2
   vouloir ~   to mean 21
direct: vol ~   non-stop flight VF 10
directions (*fpl*)   directions, compass points 16
diriger   to direct, to manage
dis!   hey! say! 8
discipline (*f*)   discipline
discours (*m*)   speech
discret/discrète   discreet 28
discuter   to chat; to talk
   ~ de   to discuss, to talk about
disparaître   to disappear
disparition (*f*)   disappearance
disparu(e)   disappeared

disponibilités (*fpl*)   number available
disposer   to be in charge
dispute (*f*)   argument
disputer: se ~ (avec)   to argue, quarrel (with) 27
disque (*m*)   record 7
disquette (*f*)   floppy disk, diskette 7
distraction (*f*)   amusement, entertainment
distrait(e) (*adj*)   distracted
distributeur automatique (*m*)   ATM (automatic teller machine) VF 4
diversifier: se ~   to become varied
divorcer   to divorce 28
dix   ten 4
   ~ mille   ten thousand 10
dix-huit   eighteen 5
dixième   tenth 28
dix-neuf   nineteen 5
dix-sept   seventeen
dizaine (*f*)   about ten
docteur (*m*)   doctor 9
   chez le ~   at the doctor's office 9
doctorat (*m*)   Ph.D. (*degree for 2–5 years of study beyond the* **maîtrise**)
documentaire (*m*)   documentary film 23
doigt (*m*)   finger 26
dois   (*See* **devoir**)
domaine (*m*)   domain, field, realm
domicile (*m*)   house, address
dommage   too bad
   il est ~ que   it is too bad that 31
donc   therefore
données (*fpl*)   data
donner (qqch à qqn)   to give 21
   ~ rendez-vous à   to arrange to meet, to make a date/appointment with 27
   se ~ rendez-vous   to arrange to meet one another 27
dormir   to sleep 15
dos (*m*)   back 26
d'où   from where 16
douane (*f*)   customs 32
douanier (*m*)   customs officer
douche (*f*)   shower VF 5
douleur (*f*)   pain VF 9
doute (*m*)   doubt
   sans ~   probably, undoubtedly
douter   to doubt
   je doute que   I doubt that 32
douteux: il est ~ que   it is doubtful that 32
doux/douce   soft, sweet 28
douze   twelve 4
   ~ cents (= mille deux cents)   twelve hundred 10
drame (*m*) **psychologique**   psychological drama VF 8

drogue (*f*) drugs
droit (*m*) law (*field of study*) 20
droit(e) right (*direction*)
  à ~ de to the right of/on the right 12
droit (*adv*): **tout ~** straight ahead
  VF 3
drôle funny 8
drôlement peculiarly
dû (*pp* of **devoir**)
dur (*adv*) hard
dur(e) (*adj*) hard, difficult
durer to last 30
dynamique dynamic, vigorous 8

eau (*f*) water 17
  ~ courante running water
  ~ minérale mineral water 17
échange (*m*) exchange 31
  libre-échange (*m*) free trade
échanger to exchange
échapper to escape
écharpe (*f*) scarf VF 11
échecs (*mpl*) chess 9
école (*f*) school 9
économe thrifty
économies: faire des ~ to save money 12
économiques: les sciences (*fpl*) **~**
  economics 20
écouter to listen to 4, 20
écoutez! listen! VF 1
écran (*m*) screen
écrire (qqch à qqn) to write, 21, 27
  machine à ~ typewriter 7
  s'~ to write to each other 27
écrivain (*m*) writer 21, 29
écrivez! write! VF 1
effectuer to perform
effet: en ~ as a matter of fact 17
efficace efficient
effort (*m*) effort
égal(e) (égaux *mpl* **)** equal 28
à égalité equal
église (*f*) church 9
égoïste selfish 8
Égypte (*f*) Egypt 16
égyptien/égyptienne Egyptian 16
électronique (*f*) electronics 20
élégamment elegantly
élevé(e) high
élire to elect
elle she, it 4; her 6
  elle-même herself, itself
elles they 4; them 6
  elles-mêmes themselves
e-mail (*m*) e-mail 21
embarquement: carte (*f*) **d'~** boarding
  pass VF 10
embarquer to go on board VF 10
embouteillage (*m*) traffic jam

émission (*f*) TV program, show,
  broadcast 23
emploi (*m*) use; employment; job 29
employé/employée (*m/f*) employee 29
employer to employ, to hire, to use 10
emprunt (*m*) borrowed item
emprunter to borrow
en (*pron*) some, any (of it, of them);
  from it (them); about it (them) 25
en (*prep*) by 9; in 12, 14, 15
  ~ avance ahead of time 29
  ~ ce moment (*m*) at this
    time/moment
  ~ désordre messy
  ~ effet as a matter of fact, indeed 17
  ~ exprès by special delivery VF 7
  ~ face (de) across (from) VF 3;
    opposite 12
  ~ faillite bankrupt
  ~ fait in fact
  ~ forme in shape 25
  ~ hausse on the rise
  ~ ligne on-line
  ~ moyenne on the average
  ~ plus moreover
  ~ poche in one's pocket
  ~ plein air outdoors
  ~ recommandé by registered mail VF 7
  ~ retard late 29; behind
  ~ semaine during the week
  ~ solde on sale
  ~ tête in first place
  ~ tout in all
  ~ vacances on vacation 15
  ~ ville in the city 22; in town
  ~ voyage on a trip 5
enchanté(e) pleased to meet you 1;
  delighted
encore again, still, yet 23
  ~ une fois once more, again VF 1
  ~ un peu a little more, a little longer
  ne ... pas ~ not yet 15, 23
endroit (*m*) place 15
énergique energetic 8
énerver: s'~ to get nervous, upset 27
enfance (*f*) childhood
enfant (*m/f*) child 10
  petit~ grandchild
enfermer: s'~ to close oneself
enfin at last, finally 24; well ... VF 8
engagé(e) involved
engager: s'~ to get involved
énigme (*f*) puzzle
enlever to take (sth) off
ennemi (*m*) enemy 33
ennuyeux/ennuyeuse boring 28
enregistrement (*m*) recording
  studio (*m*) **d'~** recording studio
enregistrer to check (*baggage*) VF 10;
  to record, to tape

enrichir: s'~ to get rich
enseignement (*m*) education,
  instruction
enseigner to teach 19
ensemble together 19
  dans l'~ on the whole
ensuite after, then 24; next; afterwards
entamer la conversation to strike up a
  conversation
entendre to hear 13
  s'~ bien (avec) to get along (with) 27
entendu heard; agreed VF 8
entr'acte (*m*) intermission
entrainer: s'~ to train VF 9
entre among 28; between 12, 28
entrer to come in, to enter (into) 9, 15
  ~ en vigueur to come into effect
entretien (*m*) upkeep
entrevue (*f*) interview
envahissant(e) invasive
envie: avoir ~ de to feel like, to want
  to 13
environ approximately, around
  carte ~ menu (*prices*) approximately
envoyer (qqch à qqn) to send 10, 21
épaule (*f*) shoulder VF 9
épice (*f*) spice
épinards (*mpl*) spinach
époque (*f*) epoch, period, time 24; era
  à son ~ in one's time
épouser to marry 28
épouvantable: il fait un temps ~ the
  weather is awful 12
époux/épouse (*m/f*) spouse
épreuve (*f*) challenge, test
équilibré(e) balanced
équipe (*f*) team
équipement (*m*) equipment
  ~ audio-visuel audio-visual
    equipment 7
  ~ ménager household appliances
équiper to equip
équitation (*f*) horseback riding
  faire de l'~ to go horseback riding
    VF 9
ériger: érigeant establishing
escalade (*f*) rock-climbing
escale (*f*) stop(over) VF 10
escaliers (*mpl*) stairway
espace (*m*) **vert** open land
espadrilles (*fpl*) *rope-soled sandals* VF 11
Espagne (*f*) Spain 16
Espagnol/Espagnole (*m/f*) Spaniard
espagnol(e) (*adj*) Spanish 16
espagnol (*m*) Spanish (*language*) 8
espèces (*fpl*) cash VF 5
  en ~ in cash VF 5
espérer to hope 11, 28
espoir (*m*) hope
esprit (*m*) spirit

~ de finesse intuition
~ de géométrie logic
essayer (de) to try 28; to try on VF 11
essence (*f*) gasoline
essentiel (*m*) what counts
essentiel (*adj*) essential
  il est ~ it is essential 31
est (*m*) east 16
estomac (*m*) stomach VF 9
estudiantin(e) (*adj*) student
et and 4
  ~ toi? and you? 2
  ~ vous? and you? 2
établissement (*m*) creation
étage (*m*) floor, story (of building)
  premier ~ second floor
étape (*f*) stage
état (*m*) state 16; government
  dans l'~ de in the state of 16
  ~ de santé state of (one's) health
  État-providence (*m*) Welfare State
États-Unis (*mpl*) United States 16
été (*m*) summer 12
étoile (*f*) star VF 6
  restaurant à ... étoiles a ...-star
    restaurant VF 6
étonnant(e) (*adj*) surprising
étranger/étrangère foreign, from
    abroad 28
étranger: à l'~ abroad 15
être to be 5
  ~ à to belong to 10
  ~ reçu(e) à un examen to pass an
    exam 19
étroit(e) tight VF 11
études (*f*) studies 19
  ~ supérieures higher education 20
  faire des ~ (de) to go to school 19; to
    specialize in 20
étudiant(e) (*m/f*) student VF 1, 7
étudier to study 4
l'euro (*m*) European Currency Unit
Europe (*f*) Europe
européen/européenne (*adj*) European
Européen/Européenne (*m/f*)
    European person
eux them 6
  chez ~ at their house
  eux-mêmes themselves
évasion (*f*) escape, getting away
événement (*m*) event 24
éventuel/éventuelle possible
évidemment obviously, of course 18
évident: c'est ~ it's obvious
éviter to avoid
exagérer to exaggerate
examen (*m*) exam 19; test
  être reçu(e) à un ~ to pass an
    exam 19
  passer un ~ to take an exam 19

préparer un ~ to study for an
    exam 19
rater un ~ to fail/flunk an exam 19
excepté except VF 8
exclusivité: films en ~ newly released
    movies
excuser: s'~ to apologize 27
  excusez-moi excuse me
exercice (*m*) exercise
  faire de l'~ to exercise 25, VF 9
exigence (*f*) demand
exode (*m*) exodus
expérience (*f*) experiment
explication (*f*) explanation
expliquer to explain 24
exposer to display, exhibit; describe
exposition (*f*) exhibit VF 8
exprès: en ~ by special delivery VF 7
express (*m*) espresso
expression (*f*) expression
  d'~ française French-speaking
  liberté (*f*) **d'~** freedom of speech
exprimer to express
  s'~ to express oneself, to be
    expressed
extérieur: à l'~ outside
extrait (*m*) excerpt, extract
extraordinaire extraordinary,
    incredible

fabriquer to manufacture
fac (*f*) university
face: en ~ (de) across (from),
    opposite 12
  ~ à against, toward
  faire ~ à to face up to
fâché(e) (*adj*) angry
facile easy, simple 19
faciliter to make easier
façon (*f*) way, manner
  de toute ~ in any case
facteur (*m*) mailman; factor
facture (*f*) invoice
faculté (*f*) university
faible weak 8
faillite (*f*) bankruptcy
  en ~ bankrupt
faim (*f*) hunger
  avoir ~ to be hungry 13
faire to do, to make 12; to be active
    in 17
  ~ + *size* to take a certain size VF 11
  ~ + *sport* to play/practice/do a sport
    17, 25, VF 9
  ~ + *subject* to study 17
  ~ attention (à) to pay attention (to)
    VF 1, 12
  ~ concurrence à to compete with
  ~ confiance à to trust

~ de l'exercice to exercise 25, VF 9
~ de la photo to take
    pictures/photographs 17
~ des économies to save money 12
~ des études (de) to go to school, to
    study 19; to specialize in 20
~ des progrès to improve 19; to make
    progress 19, 33
~ du camping to go camping
~ du tourisme to go sightseeing
~ face à to face up to
~ grève to go on strike
~ la connaissance de to make the
    acquaintance of, to meet for the
    first time 15
~ la cuisine to cook, to do the
    cooking 18
~ la vaisselle to do the dishes 12
~ le ménage to do the
    housecleaning 12
~ le tour to go around
~ les courses to do errands, to go
    shopping 18
~ les devoirs to do homework 12
~ les valises to pack 15
~ noir to be dark
~ nuit to be dark
~ partie de to be a member, to be
    part of
~ peur à to frighten
~ un match (de) to play a game
    (of) 12
~ un séjour to reside, to spend
    time 15
~ un stage to do an internship, to
    undergo training
~ un voyage to go on/take a trip 12
~ une promenade to take/go for a
    ride/walk 12
se ~ to happen
se ~ mal to hurt oneself VF 9
tout ~ to do everything
fait (*m*) act, fact 24
falloir to be necessary
  il faut it is necessary, one/you
    must 19
  il fallait it was necessary 23
familier/familière familiar 28
famille (*f*) family 10
  situation (*f*) **de ~** marital status VF 2
fantôme (*m*) ghost
farci(e) stuffed VF 6
fasciner to fascinate
fatigant(e) tiring 9
fatigué(e) tired 25, VF 9
faut: il ~ + *inf* it is necessary, one
    should 19
faute (*f*) lack
  ~ d'argent for lack of money
fauteuil (*m*) armchair 12

faux/fausse false, untrue 28
  c'est faux! that's/it's false/wrong! 18; it's untrue! 28
faux ami (*m*) false cognate
favori/favorite favorite 23, 28
favoriser to promote, to favor
fax (*m*) fax machine 7, 33; fax message 33
félicitations! congratulations!
femme (*f*) woman 7; wife 10
  ~ d'affaires businesswoman 29
  femme-ingénieur woman engineer 29
fenêtre (*f*) window 12
ferme (*f*) farm
fermer to close, to shut 26
fermé(e) closed VF 5
fermez vos livres! close your books! VF 1
festival (*m*) **de Cannes** Cannes film festival VF 5
fête (*f*) feast 29; party 9, 27, 29; holiday 29; informal gathering
  ~ d'anniversaire birthday party VF 7
  ~ de la Bastille *French national holiday (July 14)*
  ~ nationale national holiday
feuille (*f*) **de papier** sheet of paper VF 1
feuilleton (*m*) TV series 23
février (*m*) February 6
fiancer: se ~ (avec) to get engaged (to) 28
fiche (*f*) **informatisée** computer file
fier/fière: être ~ to be proud 32
fierté (*f*) pride 32
figure (*f*) figure; face 26
figurer: se ~ to imagine
filiale (*f*) branch (*of a company*)
fille (*f*) girl 7; daughter 10
  jeune ~ (young) girl
film (*m*) movie 23
  ~ d'aventure adventure movie VF 8
  ~ comique comedy
  ~ d'horreur horror movie
  ~ de science-fiction sci-fi movie VF 8
  ~ documentaire documentary
  ~ en exclusivité newly released movie
  ~ policier detective movie VF 8
  ~ romantique romance
fils (*m*) son 10
fin (*f*) end 30
finalement finally 24
finances (*f*) **personnelles** personal finances 10
finesse: esprit (*m*) **de ~** intuition
finir to end, to finish 13
  ~ de to finish 28
flash (*m*) **d'information** news flash
Floride (*f*) Florida 16

fois (*f*) time 23
  à la ~ at the same time
  encore une ~ once more, again VF 1
  une ~ once 23
folklorique (*adj*) folk, folkloric
fond: mettre la stéréo à ~ to blast the stereo
  ski (*m*) **de ~** cross-country skiing VF 9
fondé(e) founded
fonder: ~ une famille to start a family
foot (*m*) soccer 9, VF 9
football (*m*) soccer 9
forcément necessarily
forcer: se ~ to exert oneself
forêt (*f*) forest
forme (*f*) shape 25
  en ~ in shape 25
  être en ~ to be in shape 25, VF 9
formidable extraordinary
fort(e) strong 8; loud
fou/fol/folle/fous/folles crazy 28
foulard (*m*) head scarf VF 11
fouler: se ~ to sprain VF 9
fournisseur (*m*) supplier
foyer (*m*) residence
frais (*mpl*) expenses
  ~ de scolarité tuition fees
  ~ médicaux medical expenses
fraise (*f*) strawberry 18
franc/franche (*adj*) frank 28
français(e) (*adj*) French 3, 16
  d'expression ~ French-speaking
Français/Française French person 8, 16
français (*m*) French (*language*)
France (*f*) France 16
France 3 (FR3) *a French TV channel*
franchement frankly, honestly
francophone (*adj*) French-speaking
fraternité (*f*) brotherhood
fréquentation (*f*) attendance
fréquenter to attend
frère (*m*) brother 10
frites (*fpl*) French fries 18
  frites-saucisses (*fpl*) sausages and French fries
  pommes ~ French fries VF 6
froid (*m*) cold; reserved (person)
  avoir ~ to be cold 13
  il fait ~ it is cold 12
fromage (*m*) cheese 17
frontière (*f*) border 32
fruits (*mpl*) fruit(s) 18
fugitif/fugitive fleeting
fumer to smoke 18
fumeur: section (*f*) **~** smoking section VF 10
  section (*f*) **non-fumeur** non-smoking section VF 10

furieux/furieuse furious 32
  être ~ to be furious

gagner to earn, to win 10
  ~ sa vie to earn one's living 22
  ~ bien sa vie to earn a good living
gamin(e) (*m/f*) kid, child
gant (*m*) glove
garage (*m*) garage 12
garçon (*m*) boy, young man 7
garde (*m*) **républicain** republican guard
garder to keep 18, 31; to preserve 31
  ~ la ligne to keep one's figure, to watch one's weight
gare (*f*) train station 9
gâteau (*m*) cake 17
gauche (*f*) left
  à ~ de to the left of 12
géant (*m*) giant
gendarme (*m*) police
généreux/généreuse generous 28
génial(e) (géniaux *mpl*) bright, smart 28; great
génie (*m*) genius
genou (*m*), **genoux** (*pl*) knee 26
genre (*m*) type VF 5
gens (*mpl*) people 8, 16
gentil/gentille nice 28; kind VF 8
gentilhomme (*m*) gentleman VF 8
gérer to manage
géométrie (*f*) geometry
  esprit (*m*) **de ~** logic
gestion (*f*) management 20
glace (*f*) ice cream 17; mirror
golf (*m*) golf 1, VF 9
gorge (*f*) throat 26
goût (*m*) taste
  chacun à son ~ each to his/her own taste
  une question de ~ a matter of taste
goûter to taste
gouttes (*fpl*) drops VF 9
gouvernement (*m*) government 32
grâce à thanks to
gramme (*m*) (*abbrev* **gr**) gram VF 7
grand(e) big, large, tall 8
  ~ magasin (*m*) department store
  ~ surface (*f*) discount superstore
  grandes marques (*fpl*) designer labels
grand-chose much
grand-mère (*f*) grandmother 10
grand-père (*m*) grandfather 10
grands-parents (*mpl*) grandparents 10
gratuit(e) free (of charge) 19
gravité (*f*) gravity, seriousness
grec/grecque (*adj*) Greek 16
Grèce (*f*) Greece 16

grenier (*m*) attic
grève (*f*) strike
grill (*m*) grill (*restaurant*) 11
grippe (*f*) flu 25, VF 9
gris(e) gray 11
gros/grosse big 28; fat 25, 28
   gros lot (*m*) jackpot (*in the lottery*)
grossir to gain weight, to get fat 13
guérir to cure
guerre (*f*) war 32
   Seconde ~ mondiale World War II
guichet (*m*) ticket window VF 10
guide (*m*) guidebook VF 5
guide (*m/f*) guide (person)
guitare (*f*) guitar
gym (*f*) exercise, gymnastics
   faire de la ~ to exercise
gymnase (*m*) gymnasium
gymnastique (*f*) exercise, gymnastics
   17, 25
   faire de la ~ to do gymnastics/
   exercises 17

*The asterisk * indicates an aspirate 'h'; no*
liaison or elision is made at the beginning of
the word.

habiller: s'~ to dress, to get dressed 26
habitant/habitante (*m/f*) inhabitant 22
habiter to live (in) 4
habitude (*f*) habit
   d'~ usually 23
   ~ alimentaire dietary habit
   ~ de travail work habit
habituellement usually 23
habituer: s'~ à to get used to
haricots* (*mpl*) beans 18
   ~ verts green beans VF 6
hasard* (*m*) chance 30; accident
   par ~ by chance
hauteur* (*f*) height
hériter to inherit
hésiter (à) to hesitate 28
heure (*f*) hour, time 1
   à ... heure(s) (*abbrev* h) at ...
   o'clock 1
   à l'~ on time 29
   à l'~ actuelle at the present time 31;
   at this time
   à quelle ~? at what time? 4, 6
   dans ... heure(s) in ... hours 4
   ~ de loisir free time
   quelle ~ est-il? what time is it? 4
   une ~ de libre a free hour
heureux/heureuse happy 8, 28
   être ~ to be happy 32
heureusement fortunately 28
hier yesterday 14
   avant-hier day before yesterday 14
   ~ soir yesterday evening, last night 14
histoire (*f*) history 20; story 21, 24

hiver (*m*) winter 12
HLM (habitation (*f*) **à loyer modéré)**
   low-rent housing
hollandais(e)* (*adj*) Dutch
Hollande* (*f*) Holland
homme (*m*) man 7
   ~ d'affaires businessman 29
honnête honest 8
hôpital (*m*) hospital 9
horaire (*m*) schedule VF 10
hors saison off-season VF 5
hors-d'œuvre* (*m*) appetizer 17
hôte/hôtesse (*m/f*) host, hostess
hôtel (*m*) hotel VF 5
   ~ de grand luxe luxury hotel VF 5
huit* eight 4
huitième* eighth 28
humeur (*f*) mood
   de bonne/mauvaise ~ in a good/bad
   mood

ici here 9
   ~ ... This is ... (*on the phone*) VF 2
idéaliste (*adj*) idealistic 8
identité (*f*) identity
   carte d'~ ID card VF 4
   pièce d'~ proof of identity VF 4
idiot(e) stupid 8
il he, it 4
il est it is 8
il faut + *inf* it is necessary, you have
   to/must/should, one has
   to/must/should, 19
il pleut it is raining 12
il vaut mieux it is better 31
il y a there is/there are 7
   ~ + *elapsed time* ... ago 15
   il n'y a pas de quoi! it's nothing! 2
ils they 4
imaginatif/imaginative imaginative 28
immeuble (*m*) building, apartment
   building 22
impatient(e) impatient 8
impatienter: s'~ to get/grow
   impatient 27
impensable unthinkable
impératif (*m*) imperative
imperméable (*m*) raincoat 11
important(e) important
   il est ~ it is important 31
   plus ~ que greater than
imprimante (*f*) printer 7
imprudent(e) careless
impulsif/impulsive impulsive 28
inclus(e) included VF 5
inconditionnel/inconditionnelle
   absolute
inconnu(e) unknown
inconvénient (*m*) disadvantage,
   drawback

indécis(e) indecisive
indépendant(e) independent 8
indiscret/indiscrète indiscreet 28
indispensable: il est ~ it is
   indispensable 31
individu (*m*) individual
individualiste (*adj*) individualistic 8
inégal(e) (inégaux *mpl*) unequal 28
infirmier/infirmière (*m/f*) nurse 29
informaticien/informaticienne (*m/f*)
   computer scientist 29
information (*f*) information; news
   (broadcast)
   flash d'~ news flash
informations (*fpl*) the news 23
informatique (*f*) computer science 20
informatisée: fiche (*f*) **~** computer file
informer: s'~ to get informed
   s'~ (sur) to find out (about)
ingénieur (*m*) engineer 29
   études d'~ engineering studies
inquiet/inquiète worried 28
inscrire to enroll
   s'~ to register, to sign up
inscrit(e) enrolled
insensible indifferent
installé(e): bien ~ (*adj*) comfortable,
   well set up
installer: s'~ to settle, to get settled
instant: dans un ~ in a short while 4, 29
instituteur/institutrice (*m/f*) teacher
instruire: s'~ to learn
intellectuel/intellectuelle
   intellectual 28
intelligent(e) intelligent 8
intention: avoir l'~ de to intend 13
interdiction (*f*) **de stationner** no
   parking
interdire (à qqn de) to forbid, to
   prohibit 28
intéressant(e) interesting 8
intéresser: ~ qqn to interest someone
   s'~ à to be/get interested in 27
intérieur (*m*) inside (section)
interprète (*m/f*) interpreter
interroger to question, to interrogate
interview (*f*) interview
interviewer (*v*) to interview
intuitif/intuitive intuitive 28
intuitivement intuitively 28
inutile useless 19
   il est ~ it is useless 31
inutilement uselessly, in vain
inventer to invent, to come up with
invention (*f*) invention 33
invité/invitée (*m/f*) guest
inviter to invite 4, VF 8
invraisemblable unlikely
   histoire ~ unlikely story
irlandais(e) (*adj*) Irish 16

Irlande (*f*)   Ireland 16
irrésolu(e)   wavering
isolement (*m*)   isolation
Israël (*m*)   Israel
israélien/israélienne   Israeli VF 4
Italie (*f*)   Italy 16
italien (*m*)   Italian (*language*)
italien(ne) (*adj*)   Italian 8, 16
Italien/Italienne (*m/f*)   Italian person
itinéraire (*m*)   route, itinerary

jaloux/jalouse   jealous 28
jamais   ever, never
  ne ... ~   not ever, never 15, 23
jambe (*f*)   leg 26
  se casser la ~   to break one's leg
jambon (*m*)   ham 17
janvier (*m*)   January 6
Japon   Japan 16
japonais (*m*)   Japanese (*language*)
japonais(e) (*adj*)   Japanese 8
Japonais/Japonaise (*m/f*)   Japanese person
jardin (*m*)   garden 12
jaune   yellow 11
jazz (*m*)   jazz music
je (j')   I 4
jean (*m*)   jeans 11
jeter   to throw
jeu (*m*)   game
  ~ des acteurs   acting
  Jeux Olympiques   Olympic Games
  jeux télévisés   TV game shows 23
  terrain (*m*) **de jeux**   playground
  jeux de rôle   role plays 9
  jeux électroniques   computer games
  jeux sur CD-ROM   CD-ROM games 9
jeudi (*m*)   Thursday 6
jeune   young 8
  ~ fille (*f*)   young girl 7
  ~ homme (*m*)   young man 7
  Maison des Jeunes   youth center 5
jeunesse: auberge de la ~   youth hostel
job (*m*)   job (*slang*)
jogging (*m*)   jogging 25
  faire du ~   to go jogging VF 9
joie (*f*) **de vivre**   zest for life
joindre   to join
joli(e)   pretty 8
jouer   to play 4
  ~ à   to play a sport/game 4, 9, 25, VF 9
  ~ de   to play an instrument 9
  qu'est-ce qu'on joue?   what's playing? (*at the movies*) VF 8
joueur/joueuse (*m/f*)   player
jour (*m*)   day 14
  chaque ~   each/every day 23
  ~ de congé   day off, holiday 30
  par ~   per day 10

quel ~ est-ce?   what day is this? 6
quel ~ sommes-nous?   what day is this? 6
tous les jours   every day 23
un ~   one day 23
un beau ~   suddenly one day
journal (*m*), **journaux** (*pl*)   newspaper(s) 15; diary, paper
journal télévisé   television news (show)
journaliste (*m/f*)   journalist, reporter 29
journée (*f*)   (whole) day 14
Joyeux: ~ Noël!   Merry Christmas!
  ~ anniversaire!   Happy birthday!
judiciaire: casier (*m*) **~**   criminal file
judo: faire du ~   to practice judo VF 9
juge (*m*)   judge
juillet (*m*)   July 6
juin (*m*)   June 6
jupe (*f*)   skirt 11
jurer   to swear, to vow
jus (*m*)   juice
jusqu'à (*prep*)   until, up to 26
jusqu'à ce que (*conj*)   until 32
juste   fair, just, right
  il est ~   it is fair/just/right 31
  ~ milieu (*m*)   happy medium
justement (*adv*)   as a matter of fact; exactly

karaté: match (*m*) **de ~**   karate match
  faire du ~   to practice karate VF 9
kilo(gramme) (*m*) (*abbrev* **kg**)   kilogram
kilomètre (*m*) (*abbrev* **km**)   kilometer
  à ... kilomètres   ... kilometers away VF 3
Kronenbourg (*f*)   *a brand of French beer* VF 6

la   (*See* **le**)
là   there 9
  -là   (over) there 11
  là-bas   (over) there 9
laboratoire (*m*)   laboratory 9
laine (*f*)   wool VF 11
laisser   to leave
lait (*m*)   milk 17
laitier: produit (*m*) **~**   dairy product
lampe (*f*)   lamp 12
lancer   to launch
langue (*f*)   language 16, 20, 31
lapin (*m*)   rabbit VF 6
laver   to wash 26
  se ~   to wash oneself 26, to wash up, to get washed
lave-vaisselle (*m*)   dishwasher
le/la/l'/les (*pron*)   him, her, it, them 20
le/la/l'/les (*art*)   the 8
  le + *day of the week*   on + *day of the week* 14
  le soir   in the evening (*habitually*)

lecteur (*m*) **de cassettes**   cassette player 7
lecteur de CD-ROM (*m*)   CD-ROM player 7
lecteur (*m*) **de compacts disques**   CD player 7
lecture (*f*)   reading 21, 25
léger/légère   light VF 6
  quelque chose de ~   something light VF 6
légume (*m*)   vegetable 18
lent(e)   slow 8
les   (*See* **le**)
les disponibilités (*fpl*)   the number available
lettre (*f*)   letter 21
  lettres (*fpl*)   humanities 20
leur (*pron*)   to/for them 21
leur(s) (*adj*)   their 10
lever   to lift VF 9
  ~ des poids   to lift weights VF 9
  se ~   to get up 26
libéral(e) (libéraux *mpl*)   liberal 28
libraire (*m/f*)   bookseller
librairie (*f*)   bookstore 3
libre   free VF 8; free-flowing, unoccupied VF 10
  une heure de ~   a free hour
  libre-échange (*m*)   free trade
  un moment de ~   free time
  temps ~   free time 25
librement   freely
licence (*f*)   *equivalent to a B.A. degree; granted after 3–4 years of university study*
lié(e)   linked
lier   to link
lieu (*m*), **lieux** (*pl*)   site, place 24
  avoir ~   to take place 24
  ~ de naissance   place of birth VF 2
  ~ de travail   work place
ligne (*f*)   figure, waistline 18
  garder la ~   to keep one's figure, to watch one's weight
limonade (*f*)   lemon soda 17
lin (*m*)   linen
lire (*v*)   to read 21
  lisez!   read! VF 1
lit (*m*)   bed 12
littéraire   literary
littérature (*f*)   literature 20
litre (*m*) (*abbrev* **l**)   liter
livre (*m*)   book 7
locataire (*m/f*)   tenant
logement (*m*)   housing 10
logiciel (*m*)   software application 33
loi (*f*)   law 32
loin de   far (from) 12
loisirs (*mpl*)   leisure-time activities 9, 10, 25; free time

long/longue   long 26, 28
longtemps   (for) a long time 23
lot (*m*): **gros ~**   jackpot (*in the lottery*)
loto (*m*)   lottery
loué(e) (*adj*)   rented
louer   to rent 12
loyal(e) (loyaux *mpl* **)**   loyal 28
loyer (*m*)   rent 10
lui (*pron*)   him, her 6; to (for) him/
   her 21
   lui-même   himself, itself
lumière (*f*)   light
lundi (*m*)   Monday 6
lune (*f*)   moon
lunettes (*fpl*)   glasses 11
   ~ de soleil   sunglasses 11
lutte (*f*)   fight
luxe (*m*)   luxury VF 5
   hôtel de ~   luxury hotel VF 5
lycée (*m*)   secondary school
lycéen/lycéenne (*m/f*)   high school
   student

M. (*abbrev* **Monsieur**)   Mr. 2
ma   (*See* **mon**)
machine (*f*)   machine
   ~ à écrire   typewriter 7
   taper à la ~   to type
Madagascar (*m*)   Malagasy Republic
Madame (*abbrev* **Mme**)   Mrs., Ma'am 2
Mademoiselle (*abbrev* **Mlle**)   Miss 2
magasin (*m*)   store 9
   grand ~   department store
magazine (*m*)   magazine 21
   ~ d'actualité   news magazine
magnétophone (*m*)   tape recorder 7
magnétoscope (*m*)   VCR 7
mai (*m*)   May 6
maigrir   to get thin, to lose weight 13
maillot (*m*) **de bain**   swimming suit 11
main (*f*)   hand 26
Maine (*m*)   (*state of*) Maine 16
maintenant   now 5, 14
maintenir   to maintain 31
maintien (*m*)   maintenance
mairie (*f*)   town hall
mais   but 4
   ~ non!   of course not! 5
   ~ oui!   of course! 5
maison (*f*)   home, house 4, 12
   ~ de la culture   arts center
   ~ des Jeunes   youth center
maître (*m*)   master
maîtrise (*f*)   *equivalent to an M.A.;*
   granted for 1 year of study beyond the
   licence
mal (*m*)   evil; pain; difficulty
   avoir ~ à + *part of body*   to have a sore
   ..., to have a ... ache 26, VF 9

   avoir ~ au cœur   to have an upset
      stomach 26
   avoir du ~ à   to have a hard time
      doing something
   il n'y a pas de ~   there's no harm done
   se faire ~   to hurt oneself VF 9
mal (*adj*): **si ~ que ça**   all that bad
mal (*adv*)   badly 5, 15; not great 5
   ~ posé(e)   badly phrased
   pas ~   not bad 1, 2
malade (*m/f*)   patient
malade (*adj*)   sick 25, VF 9
   tomber ~   to get sick
maladie (*f*)   illness 25
maladroit(e)   clumsy
malaise (*m*)   discomfort
malchance (*f*)   bad luck
mâle (*m*)   male
malgré   in spite of
malheureusement   unfortunately 28
malheureux/malheureuse   unhappy 28
malhonnête   dishonest
management (*m*)   management 11
manche (*f*)   sleeve VF 11
manger   to eat 17
manière (*f*)   manner, way
manières (*fpl*)   manners (*etiquette*)
manifestation (*f*)   (political)
   demonstration
manquer   to miss
manteau (*m*), **manteaux** (*pl*)   coat 11
manufacture (*f*)   factory
marchand/marchande (*m/f*)
   merchant, vendor
   ~ de journaux   newsstand VF 3
ça marche bien   it's going well
marche (*f*) **à pied**   hiking,
   walking 25
marché (*m*)   market
   ~ aux puces   flea market
Marché Commun   (European)
   Common Market
marcher   to run, work (*function*) 7, 25
mardi (*m*)   Tuesday 6
mari (*m*)   husband 10
mariage (*m*)   marriage 28, wedding
marié/mariée (*m/f*)   groom/bride
   jeunes mariés   newlyweds
marié(e) (*adj*)   married VF 2, 8
marier: se ~ (avec)   to get married, to
   marry 28
marin (*m*)   sailor
marketing (*m*)   marketing (*sales*) 11
Maroc (*m*)   Morocco
marocain(e) (*adj*)   Moroccan
marques (*fpl*)   brands
   grandes ~   designer labels
marron (*adj/inv*)   brown 11
mars (*m*)   March 6

martiniquais(e) (*adj*)   from
   Martinique 3
match (*m*)   game
   faire un ~   to play a game 12
   ~ de boxe   boxing match
   ~ de karaté   karate match
mathématiques (*fpl*)   mathematics 20
maths (*fpl*)   math 17
   faire des ~   to study math 17
matin (*m*)   morning 14
   ce ~   this morning 14
   du ~   in the morning, A.M. 5
mauvais(e)   bad 8
   il fait ~   the weather is bad 12
mayonnaise   mayonnaise 17
me (*pron*)   (for/to) me
mécanicien (*m*)   mechanic
médaille (*f*)   medal VF 10
médecin (*m*)   doctor 29
médecine (*f*)   medicine (*subject of*
   study) 20
médicament (*m*)   medicine (*drug*)
méfiance (*f*)   distrust
méfiant(e)   distrustful
meilleur(e) (*adj*)   better 11
   le/la ~   the best 12
mélange (*m*)   mixing, mixture
même   even 20; same 28
   stress pron + **même**   ...self
   ~ si   even if 20
   de ~   likewise
   tout de ~   all the same
menace (*f*)   threat
menacer   to threaten 32
ménage (*m*)   housework 12
   faire le ~   to do the housework 12
ménager/ménagère: appareil (*m*) **~**
   household appliance
   équipement (*m*) **~**   household
   appliances
mener   to lead
mensonge (*m*)   lie 21
-ment (*adverbial ending*)   -ly 15
menu (*m*) **à prix fixe**   set-price menu
   VF 6
mer (*f*)   sea 15, VF 9
merci   thanks 2
   ~ bien   thank you 2, VF 3
mercredi (*m*)   Wednesday
mère (*f*)   mother 10
merveille: à ~   beautifully VF 11
merveilleux/merveilleuse   marvelous
mes   (*See* **mon**)
Mesdemoiselles (*abbrev* **Mlles**)   Misses,
   young ladies
météo (*f*)   weather forecast 23
métier (*m*)   trade (*profession*)
mètre (*m*) (*abbrev* **m**)   meter
   à ... mètres   ... meters away VF 3

métro (*m*) subway 9, VF 3
  en ~ by subway 9
  station (*f*) **de ~** subway station VF 3
mettre to place, to put, to put on, to
  turn on, to wear 18
  ~ en valeur to stress
  ~ la stéréo à fond to blast the stereo
  ~ la table to set the table 18
  ~ qqn à la porte to fire someone
  ~ une note to give a grade 18
  se ~ en colère to get angry 27
meuble (*m*) piece of furniture 12
mexicain(e) Mexican 3
Mexico Mexico City
Mexique (*m*) Mexico 16
midi (*m*) noon 4
Midi (*m*) the south of France
mien: le ~ (*pron*) mine
mieux (*adv*) better 28
  il vaut ~ it is better 31
  le ~ the best
migraine (*f*) migraine
milieu (*m*) background, center,
  environment
  au ~ (de) in the middle (of)
  juste ~ happy medium
militer to be active
mille (*n/inv*) thousand 10
  cent ~ one hundred thousand 10
  deux ~ two thousand 10
  ~ cent one thousand one hundred,
   eleven hundred 10
  ~ un one thousand one 10
million (*m*) million 10
mince thin 25
minérale: eau (*f*) **~** mineral water 17
mini-chaîne (*f*) compact stereo
Minitel (*m*) *French home computer service
  linking householder to giant
  information and services network*
minuit (*m*) midnight 4
minute (*f*) minute 4
  dans une ~ in a minute 4, 29
mise (*f*) **en scène** directing (*of a film*)
mixte coeducational
Mlle (*abbrev for* **Mademoiselle**) Miss 2
Mme (*abbrev for* **Madame**) Mrs. 2
mobylette (mob) (*f*) moped 7
mode (*f*) fashion
  à la ~ fashionable
  ~ de vie lifestyle
  photographe (*m*) **de ~** fashion
   photographer
modérément moderately
moderne modern 8, 22; new 22
mœurs (*fpl*) manners
moi (*pron*) me 6
  chez ~ at (my) home 9
  ~ aussi me too 6

moi-même myself 4, 28
  ~ non plus me neither 6
moins less 11
  à ~ que unless
  au ~ at least 22
  le/la/les ~ the least 18
mois (*m*) month 14
  par ~ per month 10
  tous les ~ every month
moment (*m*) moment
  dans un ~ in a moment 4; in a short
   while 29
  en ce ~ at this moment/time
  ~ de libre free time
  un ~ ... just a moment ... VF 2
mon/ma/mes (*adj*) my 10
monde (*m*) world 16, people
  tout le ~ everybody, everyone 19
  trop de ~ too many people
mondiale: crise (*f*) **~** world crisis
monnaie (*f*) change, coins VF 4;
  currency
mononucléose (*f*) mononucleosis
  VF 9
monopole (*m*) monopoly
Monsieur (*abbrev* **M.**) Mister, Mr., Sir 2
monsieur (*m*) gentleman 7
montagne (*f*) mountain 15, VF 9
montant (*m*) amount
monter to climb, to get on, to go up 15
montre (*f*) watch 7
montrer (qqch à qqn) to show 21
Moscou Moscow
mot (*m*) word 21
  ~ apparenté cognate
moto (*f*) motorcycle 7; motorcycling
  VF 9
  faire de la ~ to go motorcycling VF 9
mouchoir (*m*) handkerchief VF 11
moufles (*fpl*) mittens
mourir to die 15
moutarde (*f*) mustard 17
moyen (*m*) means, way 33
Moyen Âge (*m*) Middle Ages
moyen/moyenne (*adj*) average, middle
  en ~ on the average
mur (*m*) wall 12
musée (*m*) museum 6
music-hall (*m*) music hall, variety
  theater VF 8
musicien/musicienne (*m/f*) musician
musicien/musicienne (*adj*) musical 28
musique (*f*) music 9

nager to swim 5, VF 9
naïf/naïve naïve 28
naissance (*f*) birth VF 2
naître to be born 15
natation swimming 25

nationalité (*f*) nationality 16
naturel/naturelle natural 28
nautiques: skis (*mpl*) **~** water skis
naviguer: ~ sur Internet, sur le Net to
  surf the Net
ne (n'): **~ ... aucun(e)** none, not any
  ~ ... jamais not ever, never 15, 23
  ~ ... pas not 1
  ~ ... pas du tout not at all 5
  ~ ... pas encore not yet 15, 23
  ~ ... personne no one, nobody 22
  ~ ... plus no longer, not anymore 23
  ~ ... que only
  ~ ... rien not anything, nothing 22
  n'est-ce pas? right? aren't you? don't
   you?
  ~ quittez pas, s'il vous plaît please
   hold VF 2
né(e) born VF 2
nécessaire: il est ~ it is necessary
neiger to snow 12
  il neige it's snowing 12
  il va ~ it is going to snow 12
nerveux/nerveuse nervous 28
Net (*m*) the Net, the Internet
net/nette neat 28
nettement (*adv*) clearly
nettoyage (*m*) cleaning
nettoyer to clean 10
neuf nine 4
neuf/neuve (*adj*) new 28
neuvième ninth 28
nez (*m*) nose 26
ni nor
niveau (*m*) level
  ~ d'instruction level of formal
   education
Noël: Joyeux ~! Merry Christmas!
noir(e) black 11
  faire noir to be dark
nom (*m*) noun; name, last name VF 2
nombre (*m*) number
nombreux/nombreuses (*adj pl*) many,
  numerous
  de ~ many, numerous 19
nommé(e): être ~ to be named/
  designated
nommer to name
non no VF 1
  mais ~! why no! of course not! 5
  ~ plus neither
non-fumeur: section (*f*) **~** non-
  smoking section VF 10
nord (*m*) north 16
normal: il est ~ it is to be expected 31
note (*f*) grade 19; bill, check (*in a
  restaurant*)
notes lecture notes 19
noter to write down

notre (nos *pl* **)**   our 10
nourriture (*f*)   food
nous   we 4; us 6, 21
Nouveau Brunswick (*m*)   New Brunswick
nouveau/nouvel/nouvelle/nouveaux/ nouvelles   new 12
  à nouveau   again
  de nouveau   again
nouvelle (*f*)   news item, piece of news 21
  les nouvelles (*fpl*)   the news 21, 23
Nouvelle: ~ Écosse (*f*)   Nova Scotia
  la ~ Orléans   New Orleans 16
novembre (*m*)   November 6
nucléaire   nuclear
nuit (*f*)   night 14
  de la ~   all night long
  faire ~   to be dark
  table (*f*) **de ~**   night table 12
numéro (*m*)   number; license number (*of a car*)
  ~ de téléphone   phone number VF 2

obèse   obese
objectif (*m*)   goal
objet (*m*)   object 7
  objets trouvés   lost and found
obligé(e)   obliged, indebted
  être ~ de   to be obliged to, to have to
obtenir   to get, to obtain 19; to receive
occasion (*f*)   chance, opportunity 30
  avoir l'~ de   to have the chance/ opportunity to 30
  d'~   second-hand VF 11
occupé(e)   busy VF 8; occupied VF 10
occuper   to occupy, to spend
  s'~ de   to be busy with, to take care of 27; to deal with
octobre (*m*)   October 6
œil (*m*), **yeux** (*pl*)   eye 26
œuf (*m*)   egg 17
  œufs brouillés   scrambled eggs
offert(e)   offered VF 8
offrir   to give, to offer 26
  s'~   to treat oneself
oiseau (*m*)   bird
on   one, people, they, you 6
oncle (*m*)   uncle 10
onze   eleven 4
  ~ cents (= mille cent)   eleven hundred 10
onzième   eleventh 28
opprimé(e) (*adj*)   oppressed
optimiste (*adj*)   optimistic 8
or   gold
orange (*m*)   orange (*color*) 11; (*f*) orange (*fruit*) 18
  jus d'~   orange juice 17

orange (*adj/inv*)   orange 11
orchestre (*m*)   band
ordinateur (*m*)   computer 7, 33
ordinateur (*m*) **portable**   laptop
ordre (*m*)   order
oreille (*f*)   ear 26
  boucle (*f*) **d'~**   earring VF 11
organiser   to organize 31
  s'~   to get organized, to organize oneself
originaire   native
original(e) (originaux *mpl* **)**   original 28
ou   or 4
  ~ bien   or (else)
où?   where? 6
oublier (de)   to forget 15, 28
ouest (*m*)   west 16
oui   yes VF 1
  mais ~!   why yes! of course! 5
ouragan (*m*)   hurricane
outil (*m*)   tool
ouvert(e)   open
ouvrez vos livres!   open your books! VF 1
ouvrier/ouvrière (*m/f*)   worker 29, factory worker
ouvrir   to open 26
OVNI (objet volant non-identifié)   UFO

pain (*m*)   bread 17
paix (*f*)   peace 32
palais (*m*)   palace VF 8; palate, taste
Palme (*f*) **d'or**   Golden Palm (*award*)
pamplemousse (*m*)   grapefruit 18
panneau (*m*)   sign
pansement (*m*)   bandage VF 9
pantalon (*m*)   pants 11
papier (*m*)   document, paper
  feuille (*f*) **de ~**   sheet of paper VF 1
Pâques (*m*)   Easter VF 5
paquet (*m*)   package
par   by, through 12, 15; per 10
  ~ avion   by air mail VF 7
  ~ conséquent   therefore
  ~ exemple   for example
  ~ hasard   by chance
  ~ jour   per day 10
  ~ mois   per month 10
  ~ plaisir   for fun
  ~ semaine   per week 10
  ~ tous les temps   in any kind of weather
parachutisme (*m*)**: faire du ~**   to go parachuting
parc (*m*)   park 22
parce que   because 6, 32
pardon!   excuse me! pardon me! VF 2
parebrise (*m*)   windshield
parents (*mpl*)   parents, relatives 10

paresseux/paresseuse   lazy 28
parfait!   perfect! VF 5
parfois   sometimes 23
parfum (*m*)   perfume
parking (*m*)   parking lot, parking space VF 5
parler   to speak, to talk 4
  ~ à   to talk to 21
  ~ de   to talk about
  se ~   to talk to each other 27
parmi   among
part (*f*)   share
partager   to share 32
partie: faire ~ de   to be a member, to be part of
particulier/particulière   private
partir (de)   to go away, to leave 15
partout   everywhere
pas: ne ... ~   not 4
  ~ du tout   not at all 5
  ~ encore   not yet 15, 23
  ~ mal   not bad 1, 2
passé (*m*)   past
passeport (*m*)   passport
passer   to pass 15; to spend time; to go by/through 15, VF 9; to be shown (*on TV*)
  ~ un examen   to take an exam 19
  se ~ de   to do without 33
passe-temps (*m*)   hobby 9
passionnant(e)   exciting
passionné(e)   enthused
pastèque (*f*)   watermelon
pastille (*f*)   lozenge VF 9
pâtes (*fpl*)   pasta 17
patiemment   patiently 28
patient(e)   patient 8
patinage (*m*)   skating 25
pâtisserie (*f*)   pastry shop
pâtissier (*m*)   pastry shop; pastry seller, baker
patriote   patriotic
patron/patronne (*m/f*)   boss 29
pauvre (*m/f*)   poor (person)
pauvre (*adj*)   poor
payer   to pay (for) 10
pays (*m*)   country 16
Pays-Bas (*mpl*)   the Netherlands
peigne (*m*)   comb 16
peigner: se ~   to comb 26
peignoir (*m*)   bathrobe VF 11
peinture (*f*)   painting 9, 20
pellicule (*f*)   film (*for a camera*)
pendant   during 12, 14, 24; for + *length of time* 16, 24
pendant que (*conj*)   while 24, 32
pénible   tiresome 8
penser   to believe, to think 9, 33
  ~ à   to think about 9
pension (*f*)   boarding house VF 5
perceptif/perceptive   perceptive 28

perdre to lose 13
  ~ son temps to waste one's time 13
  se ~ to get lost
perdu(e) lost
père (*m*) father 10
permettre (à qqn de) to allow, to give permission 28, 31
personne (*f*) person 7
  ne ... ~ no one, not anyone 22
  ~ ... ne no one, nobody 22
perte (*f*) **de temps** waste of time
peser to weigh VF 7
pessimiste (*adj*) pessimistic 8
petit(e) small 8; short (*person*) 26
  petit déjeuner (*m*) breakfast 18
  petite annonce (*f*) classified ad 21
  petit-enfant (*m*) grandchild 10
  petite-fille (*f*) granddaughter 10
  petit-fils (*m*) grandson 10
  petits pois (*mpl*) peas 18
pétrole (*m*) fuel, oil
pétrolier/pétrolière (*adj*) petroleum, oil
peu (de) little, not many, not much 18; few, shortly
  ~ nombreux/nombreuses rare
  un ~ (de) a little (of), some 18
peur (*f*) fear 32
  avoir ~ de to be afraid of, to fear 13, 32
  faire ~ à to frighten
peut-être maybe 10, perhaps
peux (*See* **pouvoir**)
pharmaceutique pharmaceutical VF 9
pharmacie (*f*) pharmacy, drugstore VF 3
pharmacie (*f*) pharmacology 20
philosophe (*m/f*) philosopher
philosophie (*f*) philosophy 20
photo (*f*) photograph 7; photography 7, 9
  faire de la ~ to take photographs/pictures 17
photographe (*m/f*) photographer
  ~ de mode fashion photographer
phrase (*f*) sentence 21
physique (*f*) physics 19
physique: culture (*f*) **~** bodybuilding VF 9
pièce (*f*) piece; coin VF 4; room (*of a house*) 12
  ~ (de théâtre) play VF 8
  ~ d'identité proof of identity VF 4
pied (*m*) foot 26
  à ~ on foot 9, VF 9
piéton (*m*) pedestrian VF 3
piloter to fly a plane
pique-nique (*m*) picnic VF 7
pire worse

piscine (*f*) pool 9, VF 9
place (*f*) public square VF 3, seat; ticket (*plane*)
  chaque chose à sa ~ everything in its place
  réserver une ~ to reserve a seat VF 10
plage (*f*) beach 9, VF 9
plaindre: se ~ to complain
plaire to please, to be pleasing
  s'il te plaît/s'il vous plaît please 2, VF 1
plaisir (*m*) pleasure
  avec ~ with pleasure VF 8
  par ~ for fun
plan (*m*) map
  sur le ~ (de) as far as, concerning
planche (*f*): **~ à neige** snowboarding VF 9
  ~ à roulette skateboarding
  ~ à voile windsurfing 25, VF 9
plastique (*m*) plastic VF 11
plat (*m*) dish
  ~ salé salty dish
  ~ sucré sweet dish
plein air: en ~ outdoors
plein de lots of, full of
pleuvoir to rain
  il pleut it's raining 12
plongée (*f*) **sous-marine** scuba diving
  faire de la ~ to go scuba diving VF 9
plupart: pour la ~ for the most part
  la ~ du temps most of the time
plus more 11; plus
  de ~ en ~ more and more
  en ~ moreover
  le/la/les ~ the most 12
  ne ... ~ anymore, no longer 23
  ~ (de) ... que more ... than 11, 18
  ~ tard later, later on
plusieurs several 19
  ~ fois several times 23
plutôt fairly; rather, instead
pneumonie (*f*) pneumonia
poème (*m*) poem 21
poids (*m*) weight
  lever des poids to lift weights VF 9
poignet (*m*) wrist VF 9
pointure (*f*) shoe size VF 11
poire (*f*) pear 18
pois: petits ~ (*mpl*) peas 18
poisson (*m*) fish 17
  ~ rouge goldfish
poivre (*m*) pepper 17
poker (*m*) poker 9
poli(e) polite 8
police (*f*) police force
  agent (*m*) **de ~** police officer
  commissariat (*m*) **de ~** police station VF 3

poliment politely 28, VF 8
politique (*f*) politics, policy
  ~ étrangère foreign policy
  faire de la ~ to be active/involved in politics 17
politique (*adj*) political
  émission (*f*) **~** political program
  sciences (*fpl*) **politiques** political science 20
pollution (*f*) pollution 22
pomme (*f*) apple 18
  jus de ~ apple juice VF 6
  ~ de terre (*f*), **pommes de terre** (*pl*) potato 18
  pommes frites French fries VF 6
ponctuel/ponctuelle punctual, on time 28
porc (*m*) pork 17
  côtelette de ~ pork chop VF 6
portable (*m*) cell phone 7
porte (*f*) door 12; gate (*in an airport*) VF 10
  mettre qqn à la ~ to fire someone
portefeuille (*m*) wallet VF 11
porter to wear 11
portugais (*m*) Portuguese (*language*)
Portugal (*m*) Portugal 16
poser une question (à qqn) to ask (someone) a question 21
posséder to own 11
possible possible
  c'est ~ it's possible 18
  il est ~ it's possible 31
postale: carte (*f*) **~** postcard 21
poste (*f*) post office 9; mail
  ~ aérienne airmail VF 7
  ~ restante general delivery VF 7
poster to mail
poulet (*m*) chicken 17
pour for 4, 22
  ~ + inf (in order) to 19, 32
  ~ que (*conj*) so that 32; in order for
  ~ qui? for who(m)? 6
pourboire (*m*) tip (*in a restaurant*)
pourquoi why 6
pourriez-vous me dire ...? could you tell me ...? VF 3
pourtant nevertheless 30; however
pouvoir (*v*) can, may, to be able 19, 28
  est-ce que vous pouvez ...? can you ...? 5
  je peux I can 5, 19
  pouvez-vous me dire ...? can you tell me ...? VF 3
  pouvez-vous répéter? can you repeat? VF 1
pratiquer to be active in a sport, to practice a sport 25, VF 9
précipitamment hurriedly
précisions (*fpl*) details
préférable: il est ~ it is preferable 31

préféré(e) favorite 23
préférer to prefer 11, 28, 31
premier/première first 14, 28
  première classe first class VF 10
prendre to take, to take along 17
  ~ au sérieux to take seriously
  ~ des bains de soleil to sunbathe
    VF 9
  ~ qqch à boire to have sth to drink 17
  ~ qqch à manger to have sth to eat
    17, 18
  ~ un billet to buy a ticket
  ~ un verre to have a drink VF 8
  ~ une douche to take a shower
  prenez une feuille de papier! take a
    sheet of paper! VF 1
prénom (*m*) first name VF 1
préoccuper: se ~ (de) to worry, to
    be/get concerned about 27
préparer to make food, to prepare 18
  ~ un examen to prepare/study for an
    exam 19
  se ~ to get ready 27
près nearby VF 3
  ~ de near 12
  ~ d'ici near here VF 3
  tout ~ nearby VF 3, very near
présentation (*f*) introduction (*of
    people*)
présenter to introduce 1
  je vous présente ... this is ... 1
président/présidente (*m/f*) president
    VF 5
presque almost 15
presse (*f*) press, newspapers
pressé(e) (*adj*) in a hurry
pression (*f*) pressure
  bière ~ (*f*) draft beer VF 6
prestigieux/prestigieuse prestigious
prêt(e) ready 26
prêter (qqch à qqn) to loan 21
prévoir to forecast, to foresee 20
prévu(e) forecast, planned
principal(e) (principaux *mpl*)
    principal; main VF 5
printemps (*m*) spring 12
  au ~ in spring 12
privatiser to privatize
prix (*m*) price 10; prize
  ~ fixe set price VF 6
  ~ réduit reduced price
problème (*m*) problem 22
procédé (*m*) process
prochain(e) next 14
procurer to obtain
produire to create, to produce 30
produit (*m*) product
  ~ alimentaire food
  ~ laitier dairy product VF 1
professeur (*m*) professor 7; teacher 7

profiter de to enjoy, to make the most
    of, to take advantage of
programme (*m*) program 23
progrès (*m*) progress 33
  faire des ~ to make progress 19, 33;
    to improve 19
projet (*m*) plan 10
  faire des projets to make plans
promenade (*f*) walk, ride
  faire une ~ to go for/take a ride/
    walk 12
  ~ à cheval ride on horseback VF 9
  ~ à pied on foot 9, VF 9
  ~ à vélo by bicycle 9, VF 9
  ~ en bateau boat ride VF 9
promener to walk 23, to stroll
  se ~ to go for/take a ride/walk/
    stroll 26
promettre (à qqn de) to promise 28
pronom (*m*) pronoun
pronominal (pronominaux *mpl*)
    reflexive
propre clean 19
propreté (*f*) cleanliness
propriétaire (*m/f*) owner
propriété (*f*) property
protéger to protect 32
province (*f*) province; region other
    than the capital
  en ~ outside of metropolitan Paris
    (elsewhere in France)
prudent(e) careful
psychologie (*f*) psychology 20
pub (*f*) ad, commercial
public/publique government-
    controlled 6
publicité (*f*) advertising 20;
    commercials 23
puis then 24
puissance (*f*) power
pull (*m*) sweater 11
pull-over (*m*) sweater 11
pyjama (*m*) pajamas VF 11

qu'est-ce-que what? 6
  ~ c'est? what is it? what is that? 4
  ~ tu as? what's wrong? VF 9
quai (*m*) platform (*in a train station*)
    VF 10
qualité (*f*) good point
quand when 6, 29
quarante forty 5
quart (*m*) quarter
  il est ... heures et ~ it is quarter past
    ... 5
  il est ... heures moins le ~ it is
    quarter of ... 5
quartier (*m*) area, district,
    neighborhood 22

cinéma (*m*) **de ~** local theater
  ~ latin Latin Quarter (of Paris)
quatorze fourteen 5
quatre four 4
quatre-vingts eighty 5
quatrième fourth 28
que (qu') (*pron*) what? 6; that, which,
    whom 22
  ~ dire? What to say?
  ~ signifie ...? What does ... mean?
    VF 1
que (*conj*) than 11; that 21
québécois(e) (*adj*) from Quebec 3
Québécois/Québécoise (*m/f*) person
    from Québec
quel/quelle/quels/quelles (*adj*)
    which, what 11
  ~ + noun what (a) ...! VF 9
  à ~ heure? at what time? 4
  ~ est la date? What is the date? 6
  ~ que soit whatever may be
quelqu'un someone 15, 22; anyone
quelque chose something 15, 18, 22;
    anything
quelquefois sometimes
quelques some 19
quelques-un(e)s some
question (*f*) question
  poser une ~ (à qqn) to ask a question
    21
  une ~ de a matter of
qui (*pron*) who? whom? 6; who, that,
    which 22
  ~ est à l'appareil? who's calling? VF 2
  ~ est-ce? who is it? 3
quinzaine (*f*) about fifteen
quinze fifteen 5
quitter to leave (behind) 15
  ne quittez pas, s'il vous plaît please
    hold VF 2
quoi what 7
  il n'y a pas de ~! it's nothing! 2
quotidien/quotidienne daily

raconter to tell about 21, 24
radio (*f*) radio 7
radio-cassette (*f*) cassette radio 7
raisin: jus (*m*) **de ~** grape juice VF 6
raison (*f*) reason 5
  à ~ rightly
  avoir ~ to be right 13
ralenti: au ~ at a slow pace
randonnée (*f*) excursion VF 9
rapide (*adj*) fast, rapid 8, 28
rapidement (*adv*) fast, rapidly 28
rappeler to remind
  se ~ to remember
rapport (*m*) relationship 31
raquette (*f*) racket
  ~ de tennis tennis racket

rarement rarely 15, 23
raser: se ~ to shave 26
rasoir (*m*) razor 26
rater to miss
  ~ un examen to fail/flunk an exam 19
ravin (*m*) ditch
réalisation (*f*) achievement
réaliser to carry out 30; to attain
réaliste realistic 8
rebelle rebellious
récemment recently
réception (*f*) reception desk (*in a hotel*) VF 5
recevoir to get, to receive 29
recherche (*f*) research 20
  faire des recherches to do research 20
réciproque reciprocal
recommandé: en ~ by registered mail VF 7
récompense (*f*) reward
réconcilier: se ~ to make peace
reconnaître to recognize 20
reconverti(e) (*adj*) converted
rectifiant: en ~ by rectifying/fixing
reçu(e) received
  être ~ à un examen to pass an exam 19
récupérer to recover
redoubler to repeat a year of study
réduit(e) reduced
réel/réelle actual, real 31
réfléchir à to think about 13
refléter to reflect
réflexion (*f*) thought
refuser (de) to refuse 28, VF 8
regarder to look at, to watch 1, 20
  regardez! look! VF 1
régime (*m*) diet; government
  être au ~ to be on a diet 18
  suivre un ~ to be on a diet 19
règlement (*m*) the rules
régner to exist; to reign
regretter (de) to regret 28, 32, VF 8
régulier/régulière regular 28
réhumaniser to rehumanize, to make more humane
rejeter to reject
relations (*fpl*) relations 10; connections
remarque mind you
remarquer to notice 24
remboursé(e) reimbursed
remercier to thank VF 3, VF 8
remettre en question to call into question
remplacer to replace
rémunéré(e): bien ~ well-paid
rencontre (*f*) meeting (*by chance*) 27; encounter
  ~ sportive sporting event, match

rencontrer to meet (*for the first time or by chance*), to run into 15
  se ~ to meet, to meet one another 27
rendez-vous (*m*) appointment, date 4, 27
  avoir ~ to have an appointment/a date 27
  donner ~ à to make an appointment/date with, to arrange to meet 27
  j'ai ~ I have an appointment/a date 4
  se donner ~ to arrange to meet each other; to make a date/appointment with each other 27
rendormir: se ~ to fall back asleep
rendre to give back 13, 21
  ~ visite à to visit a person 13, 21, 27
  se ~ compte de to realize 27
  se ~ visite to visit each other 27
renseignement (*m*) information VF 3
  bureau des renseignements information desk VF 10
  demander un ~ to ask for information VF 3
renseigner to give information, to inform VF 3
rentrée (*f*) start of the new term
rentrer to go back, to get back, to return 4, 15
réparateur/réparatrice (*m/f*) repair person
repas (*m*) meal 10, 18
repasser to repeat, to rebroadcast
répéter to repeat 8
  répétez! repeat! VF 1
répondeur (*m*) answering machine
répondre à to answer 13, 21
  répondez! answer! VF 1
reportage (*m*) report, reporting
reposer: se ~ to rest 26
représentant(e) (*m/f*) **de commerce** sales representative
requête (*f*) request
RER (Réseau Express Régional du métro parisien) *suburban subway service*
réseau (*m*) network
  ~ câble cable network
réservé(e) reserved 8
réserver to reserve VF 5
résidence (*f*) dormitory 12; residence
  ~ secondaire vacation home
résolu(e) resolved
résoudre to resolve, to solve
respirer to breathe
ressembler à to resemble, to look like
  se ~ to resemble each other
restaurant (*m*) restaurant 9

rester to remain 15; to stay 9, 15
résultat (*m*) result
retard: avoir ... minutes de ~ to be ... minutes late VF 10
  en ~ late 29; behind
retour (*m*) return VF 8
  de ~ back from VF 8
retourner to go back, to return 15
retraite (*f*) retirement
  régime de ~ retirement pension
retraité/retraitée (*m/f*) retired person
retrouver to meet (again), to rediscover
  se ~ to meet (again) 27, VF 8
réunion (*f*) (organized) meeting 27; gathering
réunir: se ~ to meet
réussir à to succeed, to be successful in 13, 19, 28
  ~ à un examen to pass an exam 13
rêve (*m*) dream
réveiller to wake (someone) up 26
  se ~ to wake up 26
revenir to come back 16
revenu (*m*) income
rêver (de) to dream 28
revoir: au ~ good-by 1
revue (*f*) illustrated magazine 21
rhume (*m*) cold (*illness*) 25, VF 9
riche rich 8
richesse (*f*) wealth
rien nothing
  de ~! it's nothing 2
  ne ... ~ nothing 22
risque (*m*) risk
  prendre des risques to take risks
riz (*m*) rice 17
robe (*f*) dress
  ~ de mariée wedding gown
  ~ du soir evening dress
robinet (*m*) faucet
  fermer le ~ to shut off the faucet
rock (*m*) rock (music)
roi (*m*) king
roller (*m*) roller-blading 25
roman (*m*) novel 21
  ~ policier detective novel 21
rosbif (*m*) roast beef 17
rose pink 11
rôti(e) roasted
rouge red 11
  poisson (*m*) **~** goldfish
roux/rousse red-headed 28
rue (*f*) street 22
rugby (*m*) rugby 11
russe (*m*) Russian (*language*) 16
Russe (*m/f*) Russian person
russe (*adj*) Russian 8
Russie (*f*) Russia 10

sa his, her, its 10
sabbatique: une année (*f*) **~** sabbatical
sable (*m*) sand
sac (*m*) bag, purse
  ~ à dos knapsack
sacré(e) sacred
sain(e) healthy, sound
saison (*f*) season 12, 14
  hors ~ off season VF 5
salade (*f*) salad 17
sale dirty 22
salé(e) salted
salle (*f*) hall, large room 9
  ~ à manger dining room 12
  ~ de bains bathroom 12
  ~ de cinéma movie theater
  ~ de classe classroom
  ~ de concert concert hall VF 8
  ~ de gymnastique gymnasium VF 9
  ~ de séjour living room 12; family
    room
salon (*m*) formal living room 12
salut! hi! 1, 2
samedi (*m*) Saturday 6
  le ~ on Saturdays
sandwich (*m*) **au jambon** ham sandwich
sang-froid (*m*) cool, composure
sans (*prep*) without 20, 32
  ~ arrêt constantly
sans que (*conj*) without 32
santé (*f*) health 25, VF 9
  état (*m*) **de ~** state of health
  être en bonne ~ to be in good
    health 25
  être en mauvaise ~ to be in poor
    health 25
satisfaction (*f*) satisfaction 32
saucisson (*m*) salami 17
sauf except
saumon (*m*) salmon 17
sauter to jump
savant (*m*) scientist 33
Savoie *French department in the Alps*
savoir to know, to have knowledge of,
  to know how to, to know by heart 22
  je sais I know VF 1
  je sais que ... I know that 32
  savez-vous ...? do you know ...?
    VF 1
savoir-faire (*m*) know-how
savoir-vivre (*m*) good manners
savon (*m*) soap 26
scanner (*m*) scanner 7
scénario (*m*) script (movie or play)
scène (*f*) scene 24
  la mise en ~ directing (*of a film/play*)
sciences (*fpl*) science(s) 20
  ~ politiques political science 20
  ~ sociales social sciences 20
scientifique (*m*) scientist

scooter (*m*) motor scooter 7
sculpture (*f*) sculpture 17
séance (*f*) performance, showing VF 8
sec/sèche dry
secret/secrète secret 28
secrétaire (*m/f*) secretary 29
Secrétariat (*m*) **d'État** (federal)
  department
section (*f*) section
sécurité (*f*) safety
  ~ de nuit night duty
Seine (*f*) *river flowing through Paris*
seize sixteen 5
séjour (*m*) stay 15
  bon ~! have a nice stay! VF 5
  faire un ~ to reside, to spend time 15
sel (*m*) salt 17
self-service (*m*) self-service restaurant
  11
selon according to 22
semaine (*f*) week 14
  en ~ during the week
  jour de la ~ day of the week 6
  par ~ per week 10
semblable similar
sembler to seem
sénateur (*m*) senator
sénégalais(e) from Senegal,
  Senegalese 3
sens (*m*) meaning, sense
sensibilité (*f*) sensitivity
sentimental(e) (sentimentaux *mpl*)
  sentimental 28
sentir to feel, to smell 15
  se ~ to feel (*healthwise*) VF 9
sept seven 4
septembre (*m*) September 6
septième seventh 28
  ~ art (*m*) seventh art (= *film*)
sérieux/sérieuse serious 28
sérieusement seriously 28
serment (*m*) **d'allégeance** oath of
  allegiance
serré(e) tight
serveur (*m*)/**serveuse** (*f*) waiter/
  waitress 18
service (*m*) service, service charge, tip
  VF 5
  à votre ~! at your service! 2
  self-service (*m*) self-service
    restaurant 11
  ~ compris/inclus tip included VF 5
  station-~ (*f*) service station VF 3
serviette (*f*) towel
servir to serve 18
  ~ à + inf to be used for
  ~ à qqn to help someone
  se ~ de to use 33
serviteur (*m*) servant
ses his, her, its 10

seul(e) (*adj*) only 31; alone 19
seulement (*adv*) only 19, 28
shopping (*m*) shopping 11
short (*m*) shorts 11
si if 12, 29; whether 21; so
si yes (*to a negative question*) 20
  mais ~! why yes! 20
sida (*m*) AIDS
sidérurgique (*adj*) steel-making
siècle (*m*) century 24
siège (*m*) seat
signalement (*m*) description
signifier to mean, to signify
  que signifie ...? what is the
    meaning of ...? what does ... mean?
    VF 1
situation (*f*) job; situation
  ~ bancaire bank balance
  ~ de famille marital status VF 2
situé(e) located, situated
six six 4
sixième sixth 28
ski (*m*) skiing 25, VF 9
  ~ de fond cross-country skiing VF 9
  ~ nautique water-skiing 25
  station (*f*) **de ~** ski resort
skier to ski
skis (*mpl*) **nautiques** water skis
SMIC (salaire minimum
  interprofessionel de croissance)
  (*m*) minimum wage
smoking (*m*) tuxedo
snack (*m*) snack 11; fast-food place
  VF 6
SNCF (Société Nationale des Chemins
  de fer français) French national
  railroad system
sociable friendly, sociable 8
sœur (*f*) sister 10
sofa (*m*) sofa 12
soi oneself VF 6
  soi-même oneself
soie (*f*) silk VF 11
soif: avoir ~ to be thirsty 13
soigner to care for
soir (*m*) evening 14
  ce ~ this evening, tonight 14
  demain ~ tomorrow evening 14
  du ~ in the evening; P.M. 5
  hier ~ last night
  le ~ in the evening, evenings
soirée (*f*) evening 14; formal party 27
soixante sixty 5
soixante-dix seventy 5
soixante-douze seventy-two 5
soixante et onze seventy-one 5
soixante-treize seventy-three 5
solde (*m*) sale
  boutique de soldes discount shop
  en ~ on sale VF 11

sole (*f*)   sole 17
soleil (*m*)   sun 15
  coup (*m*) **de ~**   sunburn
  prendre des bains de ~   to sunbathe
    VF 9
somme (*f*)   sum
sommeil: avoir ~   to be sleepy 13
sommet (*m*)   summit, top
son/sa/ses (*adj*)   his, her, its 10
sonate (*f*)   sonata VF 8
sonner   to ring
sorte (*f*)   kind
sortie (*f*)   date, outing VF 8
sortir   to go out, to leave 15; to take out
  ~ avec   to date, to go out with 15, VF 8
  ~ de   to go out of, to leave 15
sot/sotte   dumb 28
soudain   suddenly 24
souffrir   to suffer 26
souhait (*m*)   wish
souhaiter   to wish 31
souliers (*mpl*)   shoes 11
  ~ à talon   high heels 11
  ~ plats   flat shoes VF 11
souligné(e)   underlined
souligner   to underline
soumettre   to submit
soumis(e)   submitted
soupçonner   to suspect
soupe (*f*)   soup
souris (*f*)   mouse (computer) 7
sous   under 12
sous-marin (*m*)   submarine
sous-marin(e) (*adj*)   underwater
  plongée (*f*) **sous-marine**   scuba diving
souvenir (*m*)   memory
souvenir: se ~ de   to remember 27, 28
souvent   often 5, 15, 25
Soviétique: Union (*f*) **~**   Soviet
  Union 16
sparadrap (*m*)   adhesive tape VF 9
spectacle (*m*)   show 9; entertainment
  VF 8; TV show 23
  ~ de variété   variety show VF 8
sport (*m*)   sport 9, 25
  faire du ~   to be active in a sport, to
    do sports 17
sportif/sportive   athletic 28
stade (*m*)   stadium 9, VF 9
stage (*m*)   internship, training
station (*f*)   station
  ~ de métro   subway station VF 3
  ~-service   gas/service station VF 3
  ~ de ski   ski resort
stationner   to park
  interdiction (*f*) **de ~**   no parking
stressé(e)   under stress
studio (*m*)   studio apartment 12
  ~ d'enregistrement   recording studio
stylo (*m*)   pen 7

subir   to suffer
succéder: se ~   to follow one another
sucre (*m*)   sugar 17
sucré(e)   sweet
sud (*m*)   south 16
suffire   to be enough, to suffice
Suisse (*f*)   Switzerland 16
suisse (*adj*)   Swiss 3, 16
suite: à la ~ de   following
suivant   according to
suivant(e) (*adj*)   following
suivi(e) par   followed by
suivre   to follow 19
  ~ un cours   to be enrolled in/take a
    course 19
  ~ un régime   to be on a diet 19
  ~ un sujet   to keep abreast of a topic 19
sujet (*m*)   subject 33, topic
  à ce ~   on this topic
  au ~ de   on the subject of
  suivre un ~   to keep abreast of a
    topic 19
superficiel/superficielle   superficial 28
supermarché (*m*)   supermarket
superstitieux/superstitieuse
  superstitious 28
sur   on 12; out of (+ *number*)
  ~ Internet   on the Internet, on the
    Web
  ~ le plan (de)   as for, concerning
sûr(e)   sure
  bien sûr!   of course! 5
  bien sûr que non!   of course not! 5
  il est sûr que   it is sure that 32
sûrement   surely
surpris(e) (*adj*)   surprised
  être ~   to be surprised 32
surprise (*f*)   surprise 32
surtout   above all, especially, mainly
surveillance (*f*)   supervision
sympa   nice
sympathique   nice 8
syndicat (*m*)   labor union
  ~ d'Initiative   tourist office VF 3

ta   your 10
tabac (*m*)   tobacco
table (*f*)   table 12
  mettre la ~   to set the table 18
  ~ de nuit   night table 12
tableau (*m*), **tableaux** (*pl*)   painting
taille (*f*)   size
tailleur (*m*)   woman's suit 11
taire: se ~   to be quiet
  tais-toi!   be quiet!
tant de   so many
tante (*f*)   aunt 10
taper   to type
  ~ à la machine   to type
tapis (*m*) **de souris**   mouse pad 7

tard   late 26, 29
  plus ~   later, later on
  trop ~   too late
tarif (*m*)   price list, rate VF 7
  tarifs postaux   postage rates VF 7
tarte (*f*)   pie 17
tartine (*f*)   toasted bread slice
te (*pron*)   you 21
tee-shirt (*m*)   tee shirt 11
tel/telle (*adj*)   such (a)
tel/telle (*pron*)   such
télé (*f*)   television 9
  à la ~   on television 23
télécarte (*f*)   phone card VF 2
télécopieur (*m*)   fax machine 7
télégramme (*m*)   telegram VF 7
téléphone (*m*)   telephone 7
téléphoner (à)   to call, to phone
  4, 21, 27
  se ~   to call/phone each other 27
téléspectateur (*m*)   TV viewer
téléviseur (*m*)   TV set 7
télévision (*f*)   television 9
tellement (*adv*)   so very, that much, so
  much
témoin (*m*)   witness 24
témoignage (*m*)   testimony
température: quelle ~ fait-il?   what's the
  temperature? 12
tempête (*f*)   storm
temps   time 12
  de ~ en ~   once in a while, from time
    to time 23
  emploi du ~   schedule
  en même ~   at the same time
  ~ libre   free time 25
  tout le ~   all the time 23
  une question de ~   a matter of time
temps (*m*)   weather 12
  il fait un ~ épouvantable   the weather
    is awful 12
  par tous les ~   in any kind of weather
  quel ~ fait il?   what's the weather?
    how is the weather? 12
tendance (*f*)   tendency, trend
tendre à   to tend to
tenir   to hold
tennis (*m*)   tennis 4, 9, 11, VF 9
  les ~ (*mpl*)   tennis shoes, sneakers 11
terminer   to finish, to end
terrain (*m*) **de jeux**   playground
terrasse (*f*)   *sidewalk section of a café*
terre (*f*)   earth
tes   your 10
tête (*f*)   head 26, VF 9
  en ~   in first place
texan(e) (*adj*)   from Texas, Texan VF 5
Texas (*m*)   Texas 16
TF 1 (Télévision Française 1)   *French TV
  channel*

TGV (train à grande vitesse) (*m*)   *high-speed train* VF 10
thé (*m*)   tea 17
   thé-citron (*m*)   tea with lemon VF 6
   thé-nature (*m*)   plain tea VF 6
théâtre (*m*)   theater 9
   faire du ~   to be active/involved in, to do theater 17
thématique (*m/f*)   thematic
thon (*m*)   tuna 17
tien (*pron*)   yours
tiens!   hey! look! 8
Tiers-Monde (*m*)   Third World
timbre (*m*)   stamp VF 7
timide   timid 8
toi (*pron*)   you
   et ~?   and you? 2
toilette: cabinet (*m*) **de ~**   bathroom 12
toilettes (*fpl*)   toilets 12
tomate (*f*)   tomato 18
tomber   to fall 15
   ~ amoureux/amoureuse de   to fall in love with
   ~ malade   to get sick
ton/ta/tes (*adj*)   your 10
tort (*m*)   wrong
   à ~   wrongly
   avoir ~   to be wrong 13
tôt   early 26
toujours   always 5; still
tour (*f*)   tower
tour (*m*)   turn VF 6
   à votre ~   it's your turn
   faire le ~   to go around
tourner   to turn VF 3
tous/toutes les deux   both
tout/toute/tous/toutes (*adj*)   all, every 19
   ~ le/la/les   all (of) the ..., the whole, every
   tout le monde   everybody, everyone 19
   tout le temps   all (of) the time 23
   tous les + *day of the week*   every + *day of the week* 23
   tous les jours   every day 23
   toutes sortes   all kinds
tout (*adv*): **en ~**   in all
   ~ à coup   all of a sudden, suddenly 24
   ~ à fait   absolutely VF 8
   ~ de même   all the same
   ~ de suite   immediately 24
   ~ droit   straight ahead VF 3
   ~ en + *pres. participle*   while (at the same time), by, in
   ~ près   nearby VF 3
tout (*pron/inv*)   all, everything
   après ~   after all 17
   pas du ~   not at all 5
tract (*m*)   flyer
tradition (*f*)   tradition 31

traduire   to translate 30
train (*m*)   train 9
   en ~   by train 9
   ~ à grande vitesse (TGV)   high-speed train VF 10
traité (*m*)   treaty 32
traitement de texte: machine (*f*) **à ~**   word processor 33
tranquille   quiet
tranquillement   quietly
transformer   to transform
transport(s) (*m*)   transportation 7
travail (*m*), **travaux** (*pl*)   job, work
travailler   to work 4
travailleur/travailleuse (*adj*)   hard-working 28
traverser   to cross VF 3
treize   thirteen 5
trekking: faire du ~   to trek
trente   thirty 5
trente-deux   thirty-two 5
trente et un   thirty-one 5
très   very 5
   ~ bien   very well VF 1
trésor (*m*)   treasure, treasury
triste   sad 5
   être ~   to be sad 32
tristesse (*f*)   sadness 32
trois   three 4
troisième   third 28
tromper: se ~   to be mistaken, to make a mistake 27
trop (de)   too, too many, too much 15, 18
   ~ tard   too late
trouver   to find 12, 20
   se ~   to be located VF 3
trouvés: objets ~   lost and found
truc (*m*)   thing, something
tu   you (*familiar*)
tuer   to kill

un(e) (*art*)   a, an 3
   ~ autre   another 19
   un moment ...   Just a moment ... VF 2
   un peu de   some 18
un(e) (*number*)   one 4
   un + *day of the week*   one + *day of the week* 23
   un beau jour   suddenly one day
uni(e)   united
Union européenne (*f*)   European Union 6
union libre (*f*)   living together as an unmarried couple
unique   sole, only
uniquement   only
université (*f*)   university 1, 9
urbain(e)   urban
urbanisation (*f*)   urbanization

usine (*f*)   factory 22
utile   useful 19
   il est ~   it is useful 31
utilisant: en ~   by using
utiliser   to use 7

va (*imperative*)   go
vacances (*fpl*)   vacation 10
   en ~   on vacation 15
   grandes ~   summer vacation
vaisselle (*f*)   dishes
   faire la ~   to do/wash the dishes 12
valable   valid
valeur (*f*)   value
   mettre en ~   to stress
valise (*f*)   suitcase 15
   faire les valises   to pack 15
valoir   to be worth
   il vaut mieux   it is better 31
variétés (*fpl*)   variety show 23
   spectacle (*m*) **de ~**   variety show VF 8
vaut: il ~ mieux   it is better 31
végétarien/végétarienne (*adj*)   vegetarian VF 6
veiller à   to look out for, to watch over
vélo (*m*)   bicycle 7; cycling VF 9
   à ~   by bicycle 9, VF 9
   faire du ~   to go cycling VF 9
   ~ tout terrain (*m*)   mountain bike
vélomoteur (*m*)   motorbike 7
velours (*m*)   corduroy VF 11
vendeur/vendeuse (*m/f*)   salesperson 29
vendre   to sell 13
   se ~   to sell, to be sold
vendredi (*m*)   Friday 6
venir   to come 16
   ~ de + *inf*   to have just + *pp* 16
vent (*m*)   wind 12
   il fait du ~   it is windy 12
ventes (*fpl*)   sales; selling 14
ventre (*m*)   stomach 26, VF 9; womb
véridique   realistic
véritable   real, true 31
vérité (*f*)   truth 21
Vermont (*m*)   Vermont 16
vernissage (*m*)   gallery opening
verre (*m*)   glass VF 6
   prendre un ~   to have a drink VF 8
vers (*with time*)   around 30; (*with direction*)   toward 30
vert(e)   green 11
veste (*f*)   jacket 11
vêtement (*m*)   piece of clothing 11
vêtements (*mpl*)   clothing
veux   (*See* **vouloir**)
viande (*f*)   meat 17
vie (*f*)   life 22
   gagner sa ~   to earn one's living 22
   ~ de fou   crazy life

~ quotidienne   daily life

~ urbaine   urban life 22

vietnamien/vietnamienne (*adj*)   vietnamese 3

vieux/vieil/vieille/vieux/vieilles   old 12

vignoble (*m*)   vineyard

ville (*f*)   city 16, 22

en ~   in town; in the city 22

vin (*m*)   wine 17

vingt   twenty 5

vingt-deux   twenty-two 5

vingt et un   twenty-one 5

vingt et unième   twenty-first 28

vingt-quatre   twenty-four 5

vingt-trois   twenty-three 5

violet/violette   purple 11

vis-à-vis de   on, compared to, toward

visite (*f*)   visit

visiter   to visit a place 4, 13

vite   fast 19, 28

vitesse (*f*)   speed 33

à toute ~   at high speed

limite (*f*) **de ~**   speed limit

vitrine (*f*)   shop window

vivant: bon ~ (*adj*)   jovial

bon ~ (*m*)   jovial fellow

vive + *noun*   hurrah for ...! long live ...!

vivre   to live 23

joie (*f*) **de ~**   happiness

~ à deux   to live together (as a couple)

~ bien (*m*)   good living

~ en couple   to live together (as a couple)

vocabulaire (*m*)   vocabulary

voici   here is, here are, here comes, here come 3

voie (*f*)   track, route

voilà   there is, there are, there comes, there come 3

voile (*f*)   sailing 25, VF 9

voir   to see 20

voisin/voisine (*m/f*)   neighbor 10

voisinage (*m*)   relations as neighbors

voiture (*f*)   car 7

en ~   by car 9

vol (*m*)   flight VF 10

~ direct   non-stop flight VF 10

volé(e)   stolen

voler   to steal, to fly

volets (*mpl*)   shutters

volley (*m*)   volleyball 9, VF 9

volleyball (*m*)   volleyball 9

volontaire: travail (*m*) **~**   volunteer work

volontiers   gladly VF 8

votre (vos *pl*)   your 10

voudrais: je ~   I would like 5, 19

je ~ vous présenter ...   I would like you to meet ... VF 1

vouloir   to want 19

est-ce que tu veux?   do you want? 5

est-ce que vous voulez?   do you want? 5

je veux   I want 5, 19

je veux bien   I'd be glad to, I'm willing VF 8

je voudrais   I would like 5

~ bien   to accept; to agree, to be willing, to want 19, 31

~ dire   to mean 21

vous   you (*formal or plural*) 4, 6, 21

et ~?   and you? 2

voyage (*m*)   trip 15

agence (*f*) **de voyages**   travel agency

chèque de ~   traveler's check VF 4

en ~   on a trip

faire un ~   to take/go on a trip 12

~ organisé   tour

voyager   to travel 5

voyageur/voyageuse (*m/f*)   traveler

vrai(e)   true 8

c'est vrai   it's true 18

il est vrai que ...   it is true that ... 32

vraiment   really 15, 28

~?   really? 14

VTT (vélo tout terrain) (*m*)   mountain bike 7

vue (*f*)   view

Walkman (*m*)   personal stereo 7

WC (*mpl*)   bathroom, toilet(s) 12

week-end (*m*)   weekend 14

western (*m*)   western (*movie*) VF 8

y (*pron*)   it, there 25

allons-y   let's go

il y a   there is/there are

il y a deux ans   two years ago

y a-t-il?   is there? are there?

yaourt (*m*)   yogurt 17

yeux (*mpl*)   eyes 26

yoga: faire du ~   to do yoga VF 9

zapper   to quickly change (TV) channels

zéro   zero 4

zut   darn

Anglais-Français

This English-French listing includes all the active vocabulary formally presented in the **Structure** and **Vocabulaire** sections. Only those French equivalents that occur in the text are given. Expressions are listed according to the key word. The symbol ~ indicates repetition of the key word.

The following abbreviations are used.

abbrev	abbreviation	*mpl*	masculine plural
adj	adjective	*n*	noun
adv	adverb	*obj pron*	object pronoun
art	article	*pc*	passé composé
conj	conjunction	*pl*	plural
f	feminine	*prep*	preposition
fpl	feminine plural	*pron*	pronoun
inf	infinitive	*rel pron*	relative pronoun
int	interrogative	*qqch*	quelque chose
inv	invariable	*qqn*	quelqu'un
m	masculine	*sth*	something
m/f	masculine/feminine	*v*	verb

a, an un(e)
able: be ~ pouvoir
about de
above all surtout
abreast: keep ~ of a topic suivre un sujet
abroad à l'étranger
  from ~ étranger/étrangère (*adj*)
absolutely absolument
accept accepter
accident l'accident (*m*)
accidentally par hasard
according to d'après, selon, suivant
-ache: have a ... ~ avoir mal à + *part of body*
achieve réussir, réaliser
acquaintance: make the ~ of faire la connaissance de
acquainted: be ~ (with) connaître
across (from) en face (de)
active actif/active
  be ~ in (a sport) pratiquer
actual réel/réelle
ad (advertisement) l'annonce (*f*)
  classified ~ la petite annonce
address l'adresse (*f*)
admire admirer
advertising la publicité
advice: piece of ~ le conseil
afraid: be ~ avoir peur
African (*adj*) africain(e)
after après, ensuite
  ~ all après tout

afternoon l'après-midi (*m*)
  in the ~ de l'après-midi
  this ~ cet après-midi
  tomorrow ~ demain après-midi
again à nouveau, de nouveau, encore; encore une fois
against contre
ago il y a + *elapsed time*
agree accepter, être d'accord, vouloir bien
  agreed! d'accord!
agreement l'accord (*m*)
  be in ~ être d'accord
ahead of time en avance
airplane l'avion (*m*)
  by ~ en avion
airport l'aéroport (*m*)
Algerian (*adj*) algérien(ne)
all (*pron/adj*) tout/toute/tous/toutes
  after ~ après tout
  ~ of a sudden tout à coup
  ~ right! d'accord!
  ~ the ... tout le/toute la/tous les/toutes les ...
  ~ the time tout le temps
  not at ~ pas du tout
allow permettre (à qqn de)
ally l'allié (*m*)
almost presque
alone seul(e)
a lot (of) beaucoup (de)
already déjà

also aussi
always toujours
A.M. du matin
ambitious ambitieux/ambitieuse
American (*n*) l'Américain/Américaine (*m/f*)
American (*adj*) américain(e)
among parmi, entre
amusing amusant(e)
analysis l'analyse (*f*)
and et
  ~ you? et toi? et vous?
anger la colère
angry furieux/furieuse
  to get ~ se mettre en colère
another un(e) autre
answer répondre (à)
  ~! répondez!
anthropology l'anthropologie (*f*)
any (*pron*) en
anymore ne ... plus
anyone quelqu'un
  not ~ ne ... personne
anything quelque chose
apartment l'appartement (*m*)
  studio ~ le studio
apologize s'excuser
appetizer le hors-d'œuvre
apple la pomme
appointment le rendez-vous
  have an ~ avoir rendez-vous
  make an ~ with donner rendez-vous à

April avril (*m*)
architect l'architecte (*m/f*)
architecture l'architecture (*f*)
area (*field*) le domaine; (*neighborhood*) le quartier
aren't you (we, they, etc.)? n'est-ce-pas?
argue (with) se disputer (avec)
arm le bras
armchair le fauteuil
around vers + *time*
arrange to meet (each other) (se) donner rendez-vous
arrival l'arrivée (*f*)
arrive arriver
art l'art (*m*)
  arts les arts (*mpl*)
  fine arts les beaux arts (*mpl*)
article l'article (*m*)
as comme
  ~ ... ~ aussi ... que
  ~ a matter of fact en effet
  ~ much ... ~ autant de ... que
ask demander
  ~ for sth from someone demander qqch à qqn
  ~ someone a question poser une question à qqn
  ~ someone if/to ... demander à qqn si/de ...
assignment: written ~ le devoir
at à
  ~ ...'s house chez ...
  ~ ... o'clock à ... heures
  ~ last enfin
  ~ present actuellement
  ~ that moment alors
  ~ the present time à l'heure actuelle
  ~ what time ...? à quelle heure ...?
  ~ your service à votre service
athletic sportif/sportive
attend assister à
attention: pay ~ (to) faire attention (à)
attentive attentif/attentive
attract attirer
August août (*m*)
aunt la tante
avenue l'avenue (*f*)
awful: the weather is ~ il fait un temps épouvantable

back le dos
bad mauvais(e)
  it is ~ weather il fait mauvais
  it is too ~ that il est dommage que
  not ~ pas mal
  not too ~ comme ci, comme ça
badly mal
  behave ~ se conduire mal
banana la banane
bar le bar

basketball le basket, le basketball
bathroom le cabinet de toilette, la salle de bains, les WC
be être
  ~ ... years old avoir ... ans
  ~ able to pouvoir
  ~ active in a sport pratiquer, faire du/de la/des + *sport*
  ~ active/involved in politics faire de la politique
  ~ afraid of avoir peur de
  ~ born naître
  ~ busy with s'occuper de
  ~ called s'appeler
  ~ careful faire attention
  ~ cold avoir froid (*person*); faire froid (*weather*)
  ~ concerned about/with se préoccuper de
  ~ enrolled in a course suivre un cours
  ~ hot avoir chaud (*person*); faire chaud (*weather*)
  ~ hungry avoir faim
  ~ interested in s'intéresser à
  ~ located se trouver
  ~ lucky avoir de la chance
  ~ mistaken se tromper
  ~ necessary être nécessaire, il faut
  ~ on a diet suivre un régime, être au régime
  ~ right avoir raison
  ~ scared of avoir peur de
  ~ sleepy avoir sommeil
  ~ successful at réussir à
  ~ supposed to devoir
  ~ thirsty avoir soif
  ~ warm avoir chaud
  ~ willing vouloir bien
  ~ wrong avoir tort
beach la plage
beans les haricots (*mpl*)
beautiful beau/bel/belle/beaux/ belles
  it is ~ il fait beau (*weather*)
because parce que
  ~ of à cause de
become devenir
bed le lit
  go to ~ se coucher
bedroom la chambre
beef le bœuf
beer la bière
  draft ~ la bière pression
before: (*adv*) avant; (*prep*) avant de; (*conj*) avant que
  ... minutes ~ ... ... heures moins ...
begin commencer (à)
  ~ by/with commencer par
beginning le commencement

behave (well/badly) se conduire (bien/mal)
behind derrière
Belgian belge
Belgium la Belgique
believe croire, penser
  ~ in croire à
  ~ that croire que
belong to être à
beside à côté de
best (*adj*) le/la meilleur(e)
best (*adv*) mieux
better (*adj*) meilleur(e)
  it is ~ il vaut mieux
between entre
beverage la boisson
bicycle la bicyclette, le vélo
  by ~ à vélo
big grand(e), gros/grosse
bilingual bilingue
bill l'addition (*f*), la facture, la note
biology la biologie
birthday l'anniversaire (*m*)
black noir(e)
blond blond(e)
blouse le chemisier
blue bleu(e)
body le corps
book le livre
bookstore la librairie
boots les bottes (*fpl*)
border la frontière
boring ennuyeux/ennuyeuse
born né(e)
  be ~ naître
  I was ~ je suis né(e)
borrow (from) emprunter (à)
boss le chef, le patron/la patronne
boulevard le boulevard
boy le garçon
brave courageux/courageuse
Brazil le Brésil
Brazilian brésilien/brésilienne
bread le pain
break casser, se casser
breakfast le petit déjeuner
bridge (*game*) le bridge
bright génial(e) (géniaux *pl*), intelligent(e)
brilliant brillant(e)
brilliantly brillamment
bring apporter
  ~ along amener
brother le frère
brown brun(e), marron (*inv*)
brush (*n*) la brosse
brush (*v*) (se) brosser
build construire
building le bâtiment
  apartment ~ l'immeuble (*m*)

burglary   le cambriolage
bus   le bus
   by ~   en bus
business   les affaires (*fpl*), le business, l'entreprise (*f*)
   ~ administration   l'administration (*f*) des affaires
   businessman/woman   l'homme/la femme d'affaires
   ~ sense   le sens des affaires
   create a ~   entreprendre
busy: be ~ with   s'occuper de
but   mais
butter   le beurre
buy   acheter
   ~ for oneself   s'acheter
by   à, en, par

café   le café
cafeteria: school ~   la cantine
cake   le gâteau
calculator   la calculatrice
California   la Californie
call   appeler, téléphoner à (qqn), se téléphoner
called: be ~   s'appeler
calm   calme
calmly   calmement
camcorder   le caméscope
camera   l'appareil-photo (*m*)
   movie ~   la caméra
camping   le camping
can (*be able to*)   pouvoir
Canada   le Canada
Canadian (*adj*)   canadien(ne)
capital   la capitale
car   l'auto (*f*), la voiture
   by ~   en voiture
card   la carte
   post~   la carte postale
care: take ~ of   s'occuper de
career   la carrière
carrot   la carotte
carry out   réaliser
cartoon   le dessin animé
case: in ~ of   en cas de
cassette   la cassette
   ~ player   le lecteur de cassettes
   ~ radio   la radio-cassette
catch: ~ a glimpse of   apercevoir
CD   le CD, le compact disque
CD player   le lecteur de compacts disques
CD-ROM player   le lecteur de CD-ROM
celebrate   célébrer
cell phone   le portable
center   le centre
century   le siècle
certain   certain(e)

chair   la chaise
chance (*luck*)   le hasard; (*possibility*) l'occasion (*f*)
   by ~   par hasard
   have the ~ to   avoir l'occasion de
channel: TV ~   la chaîne
cheap   bon marché (*inv*)
check   le chèque
   traveler's ~   le chèque de voyage
checkers   les dames (*fpl*)
cheese   le fromage
chemistry   la chimie
cherry   la cerise
chess   les échecs (*mpl*)
chicken   le poulet
child   l'enfant (*m/f*)
China   la Chine
Chinese (*adj*)   chinois(e)
Chinese (*language*)   le chinois
Chinese person   le Chinois/ la Chinoise
choice   le choix
choose   choisir (de)
church   l'église (*f*)
citizen   le citoyen/la citoyenne
city   la ville
   in the ~   en ville
class   la classe, le cours
classified ad   la petite annonce
classroom   la (salle de) classe
clean (*v*)   nettoyer
clean (*adj*)   propre
climb   monter
close   fermer
   ~ your books!   fermez vos livres!
clothing   les vêtements (*mpl*)
   piece of ~   le vêtement
coat   le manteau (manteaux *pl*)
coffee   le café
cognate   le mot apparenté
   false ~   le faux ami
cold (*illness*)   le rhume
cold (*temperature*)   le froid
   be ~   avoir froid
   it is ~   il fait froid
comb (*n*)   le peigne
comb (*v*)   se peigner
come   venir, arriver
   ~ back   revenir
   ~ close to   s'approcher de
   ~ in   entrer
comfortable   confortable
comic strip   la bande dessinée
commercial(s)   la publicité
compact disk   le compact disque, le CD
compact stereo   la mini-chaîne
company (*firm*)   la compagnie, l'entreprise (*f*)
competent   compétent(e)

computer   l'ordinateur (*m*)
   ~ science   l'informatique (*f*)
   ~ scientist   l'informaticien/ informaticienne (*m/f*)
concerned: be/get ~ about   se préoccuper de
condition: on the ~ that   à condition que
conformist (*adj*)   conformiste
conscientious   consciencieux/ consciencieuse
conservative   conservateur/ conservatrice
consider   considérer
construct   construire
content   content(e)
continue   continuer à
contrary: on the ~   au contraire
controlled: government ~   public/publique
cook (*v*)   faire la cuisine
cooking (*n*)   la cuisine
cost   coûter
country (*countryside*)   la campagne
   in the ~   à la campagne
country (*nation*)   le pays
courageous   courageux/courageuse
course   le cours, la classe
   take a ~   suivre un cours
course: of ~!   bien sûr! mais oui!
   of ~ not!   bien sûr que non! mais non!
cousin   le/la cousin(e)
crazy   fou/fol/folle/fous/folles
cream   la crème
create   créer, produire
   ~ a business   entreprendre
creative   créateur/créatrice
crime   la criminalité
criticize   critiquer
cruel   cruel/cruelle
curious   curieux/curieuse
custard   la crème
customs   la douane
cut   couper
   ~ oneself   se couper

dance (*n*)   la danse
dance (*v*)   danser
date (*n*) (*calendar*)   la date
   what is the ~?   quelle est la date?
date (*n*) (*appointment*)   le rendez-vous
   have a ~   avoir rendez-vous
   make a ~ with   donner rendez-vous à
date (*v*)   sortir avec
daughter   la fille
day   le jour, la journée
   ~ after tomorrow   après-demain
   ~ before yesterday   avant-hier
   ~ off   le jour de congé

every ~   chaque jour, tous les jours
per ~   par jour
what ~ is this?   quel jour est-ce? quel jour sommes-nous?
debt   la dette
December   décembre (*m*)
decide   décider (de), choisir (de)
degree   le diplôme
degrees (*weather*)   les degrés (*mpl*)
  it is ... degrees out   il fait ... degrés
departure   le départ
deplore   déplorer
describe   décrire
desk   le bureau (bureaux *pl*)
dessert   le dessert
destroy   détruire
detective novel   le roman policier
detest   détester
die   mourir
diet   le régime
  be on a ~   être au régime, suivre un régime
difficult   difficile, dur(e)
diminish   diminuer
dining room   la salle à manger
dinner   le dîner
  eat/have ~   dîner
diploma   le diplôme
directions   les directions (*fpl*)
dirty   sale
disappoint   décevoir
discover   découvrir
discovery   la découverte
discreet   discret/discrète
disease   la maladie
dishes   la vaisselle
  do the ~   faire la vaisselle
diskette   la disquette
dislike   détester
district   le quartier
divorce (*v*)   divorcer
do   faire
  ~ the exercise!   faites l'exercice!
  ~ without   se passer de
doctor   le docteur, le médecin
  at the ~'s office   chez le docteur/le médecin
documentary film   le documentaire
domain   le domaine
don't you (we, they, etc.)?   n'est-ce pas?
door   la porte
dormitory   la résidence
doubt: I ~ that   je doute que
doubtful   douteux/douteuse
downtown   en ville
dream (about/of)   rêver (de)
dress (*n*)   la robe
dress (*v*)   s'habiller
dressed: get ~   s'habiller
drink (*n*)   la boisson

drink (*v*)   boire
  have something to ~   prendre qqch à boire
drive   conduire
dumb   sot/sotte
during   pendant
dynamic   dynamique

each (*adj*)   chaque
each (one) (*pron*)   chacun/chacune
ear   l'oreille (*f*)
early   en avance, tôt
earn   gagner
  ~ a good living   bien gagner sa vie
  ~ one's living   gagner sa vie
easily   facilement
east   l'est (*m*)
easy   facile
eat   manger, prendre
  ~ dinner   dîner
  ~ lunch   déjeuner
  have sth to ~   prendre qqch à manger
economics   les sciences (*fpl*) économiques
education: higher ~   les études (*fpl*) supérieures
egg   l'œuf (*m*)
Egypt   l'Égypte (*f*)
Egyptian (*adj*)   égyptien/égyptienne
eight   huit
eighteen   dix-huit
eighth   huitième
eighty   quatre-vingts
elect   élire
electronics   l'électronique (*f*)
eleven   onze
  ~ hundred   onze cents (= mille cent)
eleventh   onzième
elsewhere   ailleurs
e-mail   l'e-mail (*m*), le courrier électronique
employ   employer
employee   l'employé/l'employée (*m/f*)
  public/state ~   le/la fonctionnaire
end (*n*)   la fin
end (*v*)   finir
enemy   l'ennemi (*m*)
energetic   énergique
engaged: get ~ to   se fiancer avec
engineer   l'ingénieur (*m*)
engineering studies   les études (*fpl*) d'ingénieur
England   l'Angleterre (*f*)
English (*language*)   l'anglais (*m*)
English (*adj*)   anglais(e)
enough (of)   assez (de)
enrolled: be ~ in a course   suivre un cours
enter   entrer (dans)
enterprise   l'entreprise (*f*)

epoch   l'époque (*f*)
equal   égal(e) (égaux *mpl*)
equality   l'égalité (*f*)
equipment   l'équipement (*m*)
  audio-visual ~   l'équipement audio-visuel
  piece of ~   l'appareil (*m*)
errands: do ~   faire les courses
especially   surtout
essential   essentiel/essentielle
establish   établir
even   même
evening   le soir, la soirée
  evenings   le soir
  in the ~   du soir, le soir (*habitually*)
  this ~   ce soir
  tomorrow ~   demain soir
event   l'événement (*m*)
ever   déjà, jamais
  not ~   ne ... jamais
every   chaque
  ~ day   chaque jour, tous les jours
  ~ + *day of the week*   tous les + *day of the week*
everybody   tout le monde
everyone   tout le monde
exam   l'examen (*m*)
exchange   l'échange (*m*)
excuse me   excusez-moi, pardon
excuse oneself   s'excuser
executive   le cadre
exercise (*n*)   l'exercice (*m*)
exercise (*v*)   faire de l'exercice, faire de la gym(nastique)
expected: it is to be ~   il est normal
expense   la dépense
expensive   cher/chère
experiment   l'expérience (*f*)
explain   expliquer
express   exprimer
  ~ oneself   s'exprimer
eye   l'œil (*m*) (yeux *pl*)

face   la figure
fact   le fait
  as a matter of ~   en effet
factory   l'usine (*f*)
fail an exam   rater un examen
fair (*adj*)   juste
fall (*n*)   l'automne (*m*)
  in ~   en automne
fall (*v*)   tomber
false   faux/fausse
familiar   familier/familière
  be ~ with   connaître
family   la famille
famous   célèbre, connu(e)
far (from)   loin (de)
fast (*adj*)   rapide; (*adv*) rapidement, vite

fat   gros/grosse
   get ~   grossir
father   le père
favorite   favori/favorite, préféré(e)
fax machine   le télécopieur, le fax
fax-modem   le modem-fax
fear (*n*)   la peur
fear (*v*)   avoir peur de
feast   la fête
February   février (*m*)
feel   sentir, se sentir
   ~ like   avoir envie de
feeling (*n*)   le sentiment
feet   les pieds (*mpl*)
few   peu (de)
   a ~   quelques
   a ~ times   quelquefois
field   le domaine
fifteen   quinze
fifth   cinquième
fifty   cinquante
fight (*v*)   lutter
figure (*body*)   la ligne
finally   enfin, finalement
finances: personal ~   les finances (*fpl*)
   personnelles
find   trouver
fine (*adv*)   bien
   ~ arts   les beaux arts (*mpl*)
finger   le doigt
finish   finir (de)
firm (*company*)   la compagnie,
   l'entreprise (*f*), la firme
first   premier/première
   at ~   au début, d'abord
   ~ of all   d'abord
fish   le poisson
five   cinq
floppy disk   la disquette
Florida   la Floride
flu   la grippe
flunk an exam   rater un examen,
   échouer à un examen
follow   suivre
following   suivant(e)
foot   le pied
   on ~   à pied
for   depuis, pendant, pour
   ~ how long?   depuis combien de
   temps?; depuis quand? pendant
   combien de temps?
   ~ + *length of time*   depuis + *length of time*
   ~ whom   pour qui?
forbid   défendre (à qqn de), interdire
   (à qqn de)
forecast (*n*) (*weather*)   la météo
forecast (*v*)   prévoir
foreign   étranger/étrangère
foresee   prévoir
foretell   prédire

forget   oublier (de)
formerly   autrefois
fortunately   heureusement
forty   quarante
four   quatre
fourteen   quatorze
fourth   quatrième
France   la France
frank   franc/franche
free (*of charge*)   gratuit(e)
free (*at liberty*)   libre
   ~ time   le temps libre
freedom   la liberté
French (*adj*)   français(e)
   ~ fries   des frites (*fpl*)
French (*language*)   le français
French person   le/la Français(e)
Friday   vendredi (*m*)
friend   l'ami(e), le/la camarade, le
   copain/la copine
friendly   sociable
friendship   l'amitié (*f*)
fries: French ~   les frites (*fpl*)
from   de
   ~ time to time   de temps en temps
   ~ where   d'où
front: in ~ (of)   devant
fruit   le fruit
fun   amusant(e)
   have ~   s'amuser
funny   drôle, amusant(e)
furious   furieux/furieuse
furniture: piece of ~   le meuble
future   l'avenir (*m*); (*tense*) le futur

gain weight   grossir
game   le jeu (jeux *pl*)
   CD-ROM games   les jeux sur CD-
   ROM
   play a ~   faire un match, jouer
   TV ~ shows   les jeux télévisés
garage   le garage
garden   le jardin
generous   généreux/généreuse
gentleman   le monsieur
German (*adj*)   allemand(e)
German (*language*)   l'allemand (*m*)
German person
   l'Allemand/Allemande (*m/f*)
Germany   l'Allemagne (*f*)
get   obtenir, recevoir, chercher
   ~ acquainted (with)   faire la
   connaissance (de)
   ~ along (with)   s'entendre (avec)
   ~ back   rentrer
   ~ down/off   descendre (de)
   ~ on   monter
gift   le cadeau (cadeaux *pl*)
girl   la fille
   young ~   la jeune fille

give   donner (qqch à qqn), offrir
   ~ back   rendre
   ~ a gift   offrir un cadeau
   ~ a grade   mettre une note
   ~ permission   permettre (à qqn de)
   ~ sth back   rendre qqch (à qqn)
glasses   les lunettes (*fpl*)
   sun~   les lunettes de soleil
glimpse: catch a ~ of   apercevoir
go   aller
   ~ away   partir (de)
   ~ back   rentrer, retourner
   ~ by/through   passer (par)
   ~ down   descendre
   ~ for a ride/walk   faire une
   promenade, se promener
   ~ home   rentrer
   ~ on a trip   faire un voyage
   ~ out (of)   sortir (de)
   ~ out with   sortir avec
   ~ shopping   faire les courses
   ~ to   assister à
   ~ up   monter
golf   le golf
good (*adj*)   bon/bonne
   ~ morning   bonjour
   in a ~ mood   de bonne humeur
   it is ~   il est bon
good-by   au revoir
government   le gouvernement
   ~-controlled   public/publique
grade   la note
grandchild   le petit-enfant (petits-
   enfants *pl*)
granddaughter   la petite-fille
grandfather   le grand-père
grandmother   la grand-mère
grandparent   le grand-parent (grands-
   parents *pl*)
grandson   le petit-fils
grapefruit   le pamplemousse
gray   gris(e)
Greece   la Grèce
Greek (*adj*)   grec/grecque
Greek (*language*)   le grec
green   vert(e)
grill   le grill
grow impatient   s'impatienter
gymnastics   la gymnastique

hair   les cheveux (*mpl*)
half (*n*)   la moitié
half (*adj*)   demi(e)
   ~ past ...   il est ... heure(s) et demie
hall   la salle
ham   le jambon
hand   la main
handsome   beau/bel/belle/beaux/
   belles
happen   arriver, se passer

happy content(e), heureux/heureuse
hard difficile, dur(e)
hard-working travailleur/travailleuse
harm: there's no ~ done il n'y a pas de mal
hat le chapeau
hate détester
have avoir
   ~ dinner dîner
   ~ fun s'amuser
   ~ just + *pp* venir de + *inf*
   ~ knowledge of savoir
   ~ lunch déjeuner
   ~ sth to eat/drink prendre qqch à manger/à boire
   ~ the opportunity/the chance to avoir l'occasion de
   ~ to (must) avoir besoin de, devoir, il faut + *inf*, être obligé(e) de
he il
head (*person in charge*) le chef
head (*part of the body*) la tête
headache: to have a ~ avoir mal à la tête
health la santé
   be in good ~ être en bonne santé
   be in poor ~ être en mauvaise santé
healthy bien portant
hear entendre
heart le cœur
hello bonjour; salut (*informal*); allô (*on telephone*)
help aider
her (*pron*) elle, lui
her (*adj*) son/sa/ses
here ici
   ~ is, ~ are, ~ comes, ~ come voici, voilà
hesitate hésiter (à)
hey! dis! tiens!
hi! salut!
hi-fi la chaîne-stéréo
high-tops les baskets (*mpl*)
hiking (*n*) la marche à pied
him (*pron*) lui
hire employer
his (*adj*) son/sa/ses
history l'histoire (*f*)
hitchhike faire de l'auto-stop
hobby le passe-temps
holiday la fête, le jour de congé
home la maison
   at ~ à la maison, chez + *stress pron*
homework les devoirs (*mpl*)
   do ~ faire les devoirs
honest franc/franche, honnête
hope espérer
hospital l'hôpital (*m*)
hot chaud(e)
   it's ~ out il fait chaud

hour l'heure (*f*)
   in ... hour(s) dans ... heure(s)
house la maison
   at ...'s ~ chez + *person*
housework le ménage
   do the ~ faire le ménage
housing le logement
how comment
   ~ are you? comment allez-vous? ça va?
   ~ do you say ...? comment dit-on ...?
   ~ many combien (de)
   ~ much combien (de)
however cependant, pourtant
humanities les lettres (*fpl*)
hundred cent
   one ~ thousand cent mille
   one thousand one ~ mille cent, onze cents
   two ~ deux cents
hungry: be ~ avoir faim
hurry se dépêcher
husband le mari

I je
ice cream la glace
idea l'idée (*f*)
idealistic idéaliste
if si (s')
ill malade
illness la maladie
imaginative imaginatif/imaginative
immediately tout de suite
impatient impatient(e)
   get/grow ~ s'impatienter
impolite impoli(e)
important important(e)
improve améliorer, faire des progrès
impulsive impulsif/impulsive
in dans, en, à
   ~ + *city* à + *city*
   ~ + *country* en + *fem. country*/au + *masc. country*
   ~ + *month* en + *month*
   ~ + *season* en/au + *season*
   ~ case of en cas de
   ~ fact en effet
   ~ order to pour
   ~ the evening le soir
   ~ the state of ... dans l'état de ...
increase augmenter
indeed en effet
independent indépendant(e)
indiscreet indiscret/indiscrète
indispensable indispensable
individual (*n*) l'individu
individual (*adj*) individuel/individuelle
individualistic individualiste

inexpensive bon marché (*inv*)
information les renseignements (*mpl*)
inhabitant l'habitant(e)
inside à l'intérieur (de), dedans
instead of au lieu de
intellectual intellectuel/intellectuelle
intelligent intelligent(e)
intend avoir l'intention de
interested: be ~ in s'intéresser à
interesting intéressant(e)
intuitive intuitif/intuitive
intuitively intuitivement
invention l'invention (*f*)
invite inviter
Ireland l'Irlande (*f*)
Irish irlandais(e)
it (*pron*) cela (ça); il, elle, ce
it is c'est, il est
   ~ ... degrees il fait ... degrés
   ~ bad out il fait mauvais
   ~ beautiful il fait beau
   ~ better il vaut mieux
   ~ cold il fait froid
   ~ necessary il faut + *inf*, il est nécessaire
   ~ nice out il fait bon
   ~ raining il pleut
   ~ warm, hot il fait chaud
   ~ windy il fait du vent
Italian (*adj*) italien/italienne
Italian (*language*) l'italien (*m*)
Italian person l'Italien/l'Italienne (*m/f*)
Italy l'Italie (*f*)
its son/sa/ses

jacket la veste
jam la confiture
January janvier (*m*)
Japan le Japon
Japanese (*adj*) japonais(e)
Japanese (*language*) le japonais
Japanese person le Japonais/la Japonaise
jealous jaloux/jalouse
jeans le jean
job l'emploi (*m*), le travail (travaux *pl*)
jogging le jogging
journalist le/la journaliste
judge juger
juice le jus
   orange ~ le jus d'orange
July juillet (*m*)
June juin (*m*)
junior high school le collège
just juste

keep conserver, garder
   ~ abreast of a topic suivre un sujet
keyboard le clavier

kilogram   le kilo(gramme)
kilometer   le kilomètre
kind   gentil/gentille, sympathique
kitchen   la cuisine
knee   le genou (genoux *pl*)
know   connaître, savoir
  I ~ that ...   je sais que ...
  ~ by heart   savoir
  ~ how to   savoir + *inf*
knowledge: have ~ of   savoir
known   connu(e)
  unknown   inconnu(e)
  well-known   connu(e)
Korean (*adj*)   coréen(ne)

laboratory   le laboratoire
lady   la dame
lamp   la lampe
language   la langue
large   grand(e)
last (*v*)   durer
last (*adj*)   dernier/dernière
  at ~   enfin
  ~ night   hier soir
late   en retard, tard
  it is ~   il est tard
  to be ~   être en retard
law   la loi; le droit (*field of study*)
lawyer   l'avocat/l'avocate (*m/f*)
lazy   paresseux/paresseuse
learn   apprendre (à)
least   le/la/les moins
  at ~   au moins
leave   partir (de), sortir (de), quitter
leave (*holiday*)   le jour de congé
lecture   la conférence
left: on/to the ~ of   à gauche de
leg   la jambe
leisure-time activities   les loisirs (*mpl*)
lemon soda   la limonade
lend   prêter (qqch à qqn)
less   moins
  ~ than   moins ... que
letter   la lettre
liberal   libéral(e) (libéraux *mpl*)
liberty   la liberté
library   la bibliothèque
lie (*n*)   le mensonge
life   la vie
like (*v*)   aimer, aimer bien
  I would ~   je voudrais
like (*conj*)   comme
listen to   écouter
  ~!   écoutez!
liter   le litre
literature   la littérature
little (*adj*)   petit(e)
little (*adv*)   peu (de)
  a ~   un peu
  a ~ bit of   un peu de

live (*v*)   habiter, vivre
living: earn one's ~   gagner sa vie
  ~ room   la salle de séjour, le salon
long   long/longue
  a ~ time   longtemps
longer: no ~   ne ... plus
look
  ~ (at)   regarder
  ~ for   chercher
  ~ like   ressembler à
  ~ (*seem*)   avoir l'air + *adj*
  ~!   regardez!; tiens!
lose   perdre
  ~ weight   maigrir
lot: a ~ (of)   beaucoup (de)
love (*n*)   l'amour (*m*)
love (*v*)   adorer, aimer
loyal   loyal(e) (loyaux *mpl*)
luck   la chance
lucky: be ~   avoir de la chance
lunch   le déjeuner
  have ~   déjeuner
-ly (*adverbial ending*)   -ment

Ma'am   Madam (Mme)
mad (*crazy*)   fou/folle; (*angry*)
  furieux/furieuse
magazine   le magazine
  illustrated ~   la revue
Maine (*the state of*)   le Maine
maintain   maintenir
make   faire, rendre (+ *adj*), préparer
  ~ a date/an appointment   donner
    rendez-vous à
  ~ a mistake   se tromper
  ~ progress   faire des progrès
  ~ the acquaintance of   faire la
    connaissance de
mall   le centre commercial
man   l'homme (*m*)
  business~   l'homme (*m*) d'affaires
  young ~   le garçon, le jeune homme
management   la gestion, le
  management
many   beaucoup (de), de nombreux/de
  nombreuses
  far too ~   beaucoup trop de
  how ~   combien (de)
  not ~   peu (de)
  too ~   trop (de)
  very ~   beaucoup (de)
March   mars (*m*)
marketing   le marketing
marriage   le mariage
married   marié(e)
  get ~   se marier (avec)
marry   épouser, marier, se marier (avec)
Martinique (*from*)   martiniquais(e)
math   les maths (*fpl*)
  study ~   faire des maths

mathematics   les mathématiques (*fpl*)
matter: as a ~ of fact   en effet
May   mai (*m*)
may (*be able to*)   pouvoir
maybe   peut-être
mayonnaise   la mayonnaise
me (*pron*)   me, moi
  ~ neither   moi non plus
  ~ too   moi aussi
meal   le repas
mean (*v*)   signifier, vouloir dire
means (*n*)   le moyen
meat   la viande
medicine (*subject of study*)   la médecine
medicine (*drug*)   le médicament
meet   rencontrer, connaître (*in pc*)
  arrange to ~   donner rendez-
    vous à
  ~ again   (se) retrouver
  ~ by chance   rencontrer, se
    rencontrer
  ~ for the first time   faire la
    connaissance de; (se) rencontrer
meeting (*by chance*)   la rencontre
  organized ~   la réunion
meter   le mètre
method   la méthode
Mexican (*adj*)   mexicain(e)
Mexican person   le Mexicain/la
  Mexicaine
Mexico   le Mexique
micro-computer   le micro-ordinateur
middle   le milieu
  in the ~ of   au milieu de
midnight   minuit (*m*)
milk   le lait
million   million (*m*)
mineral water   l'eau (*f*) minérale
minute   la minute
  in a ~   dans une minute
  in ... minutes   dans ... minutes
misbehave   se conduire mal
Miss   mademoiselle (Mlle)
mistake: make a ~   se tromper de
mistaken: be ~   se tromper de
Mister   monsieur (M.)
modern   moderne
moment: in a ~   dans un moment
Monday   lundi (*m*)
money   l'argent (*m*)
  save ~   faire des économies
month   le mois
  per ~   par mois
  this ~   ce mois-ci
mood   l'humeur (*f*)
  in a bad ~   de mauvaise humeur
  in a good ~   de bonne humeur
moped   la mobylette
more   plus
  ~ ... than   plus ... que

morning   le matin
  in the ~   du matin
  this ~   ce matin
Moroccan (*adj*)   marocain(e)
most   la plupart (de)
  the ~ ...   le/la/les plus ...
mother   la mère
motorbike   le vélomoteur
motorcycle   la moto
mountain   la montagne
mountaineering   l'alpinisme (*m*)
mountain bike   le VTT, le vélo tout terrain
mouse (*computer*)   la souris
mouse pad   le tapis de souris
mouth   la bouche
movie   le film
  ~ camera   la caméra
  ~ theater   le cinéma
movies   le cinéma
Mr. (*abbrev*)   M.
Mrs. (*abbrev*)   Mme
much   beaucoup (de)
  as ~ ... as   autant de ... que
  how ~?   combien?
  ~ too ~   beaucoup trop (de)
  not ~   peu (de)
  too ~   trop (de)
  very ~   beaucoup (de)
museum   le musée
music   la musique
musical   musicien/musicienne
must   devoir, il faut + *inf*
  I ~   je dois
mustard   la moutarde
my (*adj*)   mon/ma/mes
myself   moi-même

naïve   naïf/naïve
name (*n*)   le nom
  first ~   le prénom
  my ~ is ...   je m'appelle ...
  what is your ~?   comment vous appelez-vous?
name (*v*)   nommer
named: be ~   s'appeler
nationality   la nationalité
natural   naturel/naturelle
near   près (de)
neat   net/nette
necessary   nécessaire
  it is ~   il est nécessaire, il faut + *inf*
neck   le cou
need (*v*)   avoir besoin de
neighbor   le/la voisin(e)
neighborhood   le quartier
nervous   nerveux/nerveuse
  get ~   s'énerver
never   ne ... jamais
nevertheless   pourtant

new   moderne, neuf/neuve, nouveau/ nouvel/nouvelle/nouveaux/ nouvelles
news   les informations (*fpl*), les nouvelles (*fpl*)
  ~ item, piece of ~   la nouvelle
newspaper   le journal (journaux *pl*)
next (*adj*)   prochain(e)
next (*adv*)   ensuite
  ~ to   à côté de
nice   agréable, gentil/gentille, sympathique
  it is ~ out   il fait beau/bon
night   la nuit
  last ~   hier soir
  ~ table   la table de nuit
  tonight   ce soir
nine   neuf
nineteen   dix-neuf
ninth   neuvième
no   non
  ~ longer   ne ... plus
  ~ one   ne ... personne
  why ~!   mais non!
noise   le bruit
noon   midi (*m*)
  ~ meal   le déjeuner
no one   ne ... personne
north   le nord
nose   le nez
not   ne ... pas
  ~ anymore   ne ... plus
  ~ anyone   ne ... personne
  ~ anything   ne ... rien
  ~ at all   ne ... pas du tout
  ~ bad   pas mal
  ~ ever   ne ... jamais
  ~ many, much   peu (de)
  ~ too bad   comme ci, comme ça
  ~ yet   ne ... pas encore
notebook   le cahier
notes: lecture ~   les notes (*fpl*)
nothing   ne ... rien, rien
  it's ~!   de rien! il n'y a pas de quoi!
notice   remarquer
novel   le roman
  detective ~   le roman policier
November   novembre (*m*)
now   maintenant
number   le numéro
  the greatest ~   la plupart de
numerous   de nombreux/de nombreuses
nurse   l'infirmier/l'infirmière

object   l'objet (*m*)
objective   l'objectif (*m*)
obtain   obtenir
obviously   évidemment
o'clock   heures (*abbrev* h)

at ... ~   à ... heure(s)
  it is ... ~   il est ... heure(s)
October   octobre (*m*)
of   de
  ~ course!   bien sûr! évidemment!
  ~ course not!   bien sûr que non! mais non!
offer   offrir
office   le bureau (bureaux *pl*)
often   souvent
OK!   d'accord! ah bon!
okay (*feeling*)   assez bien; comme ci, comme ça
old   ancien/ancienne, vieux/vieil/ vieille/vieilles
on   sur
  ~ + day of the week   le ...
  ~ foot   à pied
  ~-line   en ligne
  ~ the condition that   à condition que
  ~ the contrary   au contraire
  ~ this topic   à ce sujet
  ~ time   à l'heure
  ~ top of   au-dessus de
  ~ vacation   en vacances
once   une fois
  ~ again   encore une fois
  ~ in a while   de temps en temps
one (*number*)   un(e); (*subject pron*)   on
only (*adj*)   seul(e); (*adv*)   seulement
open   ouvrir
  ~ your books!   ouvrez vos livres!
opinion   l'avis (*m*)
  in my ~   à mon avis
opportunity   l'occasion (*f*)
  have the ~ to   avoir l'occasion de
opposite   en face (de)
optimistic   optimiste
or   ou, ou bien
orange (*n*) (*fruit*)   l'orange (*f*)
  ~ juice   le jus d'orange
orange (*n*) (*color*)   orange (*m*)
orange (*adj*)   orange (*inv*)
order (*v*)   commander
organize   organiser
original   original(e) (originaux *mpl*)
other (*adj*)   autre
other (one) (*pron*)   l'autre (*m/f*)
our   notre (nos *pl*)
outside   dehors
  ~ of   à l'extérieur de
owe   devoir + *noun*
own (*v*)   posséder
own (*adj*)   propre

pack (*v*)   faire les valises
painting   la peinture
pants   le pantalon
paper   le papier; le journal (*newspaper*)
  sheet of ~   la feuille de papier

parents   les parents (*mpl*)
park   le parc
parka   l'anorak (*m*)
participate actively in a sport   faire du +
   sport
party   la fête
   formal ~   la soirée
pass (by)   passer (par)
   ~ an exam   être reçu(e) à un examen,
   réussir à un examen
past: in the ~   autrefois
   half ~ ...   ... heures et demi(e)
pasta   les pâtes (*fpl*)
patient   patient(e)
patiently   patiemment
pay (for)   payer
   ~ attention!   faites attention!
   ~ attention to   faire attention à
peace   la paix
pear   la poire
peas   les petits pois (*mpl*)
pen   le stylo
pencil   le crayon
people (*n*)   les gens (*mpl*)
people (*pron*)   on
pepper   le poivre
per   par
   ~ cent   pour cent
perceptive   perceptif/perceptive
perhaps   peut-être
period   l'époque (*f*) (*of time*)
permission: give ~   permettre
person   la personne
personal stereo   le Walkman, le
   baladeur
pessimistic   pessimiste
pharmacology   la pharmacie
philosophy   la philosophie
phone (*v*)   téléphoner (à)
photograph   la photo
   take photographs   faire de la photo;
   prendre des photos
photography   la photo
physics   la physique
picnic   le pique-nique
pictures: take ~   faire de la photo;
   prendre des photos
pie   la tarte
pink   rose
place (*n*)   l'endroit (*m*), le lieu
   take ~   avoir lieu
place (*v*)   mettre
plan (*n*)   le projet
plan (*v*)   avoir l'intention de
play   jouer
   ~ a game   faire un match; jouer à
   ~ an instrument   jouer de
   ~ a sport   faire du/de la/des + *sport*;
   jouer à
pleasant   agréable

please   s'il vous plaît (*formal*), s'il te
   plaît (*informal*)
pleased to meet you   enchanté(e)
P.M.   de l'après-midi, du soir
poem   le poème
poker   le poker
polite   poli(e)
politely   poliment
political science   les sciences (*fpl*)
   politiques
politics: be active/involved in ~   faire de
   la politique
poll   le sondage
pollution   la pollution
pool   la piscine
poor (*penniless*)   pauvre; (*in quality*)
   mauvais(e)
poorly   mal
pork   le porc
Portugal   le Portugal
possible   possible
post office   la poste
postcard   la carte postale
potato   la pomme de terre
power   le pouvoir
practice   pratiquer
   ~ a sport   pratiquer, faire du/de
   la/des + *sport*
prefer   aimer mieux, préférer
preferable   préférable
prepare   préparer
present (*n*)   le cadeau (cadeaux *pl*)
present (*adj*)   actuel/actuelle
preserve   garder
pretty   beau/bel/belle/beaux/belles,
   joli(e)
price   le prix
pride   la fierté
printer   l'imprimante (*f*)
private   privé(e)
problem   le problème
probably   probablement, sans doute
processor: word ~   la machine à
   traitement de texte
produce   produire
product   le produit
professor   le professeur
program   le programme
   TV ~   l'émission (*f*)
progress   le progrès
   make ~   faire des progrès
prohibit   défendre de, interdire
promise (*v*)   promettre (à qqn de)
protect   protéger
proud   fier/fière
provided that   à condition que
psychology   la psychologie
public   public/publique
punctual   ponctuel/ponctuelle
purchase (*n*)   l'achat (*m*)

purchase (*v*)   acheter
purple   violet/violette
put (on)   mettre

quarrel with   se disputer avec
quarter   le quart
   it is ~ of ...   il est ... heures moins le
   quart
   it is ~ past ...   il est ... heures et quart
Québec (*from*)   québécois(e)
question   la question
   ask someone a ~   poser une question
   à qqn
quickly   rapidement, vite
quiet   calme
quit   cesser de

radio   la radio
   cassette radio   le radio-cassette
rain (*v*)   pleuvoir
   it's raining   il pleut
raincoat   l'imperméable (*m*)
rapid   rapide, vite
rapidly   rapidement
rarely   rarement
rather   assez, plutôt
razor   le rasoir
read (*v*)   lire
   ~!   lisez!
reading   la lecture
ready   prêt(e)
   get ~   se préparer
real   réel/réelle, véritable, vrai(e)
realistic   réaliste
realize   s'apercevoir de, se rendre
   compte de
really   vraiment
   ~?   ah bon? vraiment?
   ~!   ah bon!
receive   recevoir
recognize   reconnaître
record   le disque
red   rouge
   red-headed   roux/rousse
refuse (*v*)   refuser de
regarding   à l'égard de
regret (*v*)   regretter de
regular   régulier/régulière
relations: personal ~   les relations (*fpl*)
   personnelles
relationship   le rapport
relatives   les parents (*mpl*)
remain   rester
remember   se souvenir de
render   rendre + *adj*
rent (*n*)   le loyer
   low ~   le loyer modéré
rent (*v*)   louer
repeat   répéter
   ~!   répétez!

reporter   le/la journaliste
research   la recherche
  do ~   faire des recherches
reserved   réservé(e)
reside   habiter
responsibility   la responsabilité
responsible for   responsable de
rest (*v*)   se reposer
restaurant   le restaurant
return   rentrer, retourner; (*give back*)
    rendre à
rice   le riz
rich   riche
ride   la promenade
  take/go for a ~   faire une
    promenade
right (*n*) (*entitlement*)   le droit
  be ~   avoir raison
  it is ~   il est juste
  ~?   n'est-ce pas?
right (*adj*) (*direction*)   droit(e)
  on/to the ~   à droite de
roast beef   le rosbif
role play (*n*)   le jeu de rôle
roller-blading (*n*)   le roller
room   la pièce, la salle, la chambre
  bed~   la chambre
  dining ~   la salle à manger
  large ~   la salle
  living ~   la salle de séjour, le salon
roommate   le/la camarade de
    chambre
rugby   le rugby
run   courir; (*function*)   marcher
  ~ into   rencontrer
Russia   la Russie
Russian (*adj*)   russe
Russian (*language*)   le russe
Russian person   le Russe/la Russe

sad   triste
sadness   la tristesse
sailing   la voile
  to go ~   faire de la voile
salad   la salade
salami   le saucisson
salesperson   le vendeur/la vendeuse
salmon   le saumon
salt   le sel
same   même
satisfied   satisfait(e), content(e)
satisfaction   la satisfaction
Saturday   samedi (*m*)
save   conserver
  ~ money   faire des économies
say   dire (qqch à qqn)
  ~!   dis!
scene   la scène
scholarship   la bourse

school   l'école (*f*)
  go to ~   faire des études
  junior high ~   le collège
  secondary ~   le lycée
science   les sciences (*fpl*)
  political ~   les sciences politiques
  social ~   les sciences humaines et
    sociales
scientist   le savant
sculpture   la sculpture
sea   la mer
season   la saison
second   deuxième
secret   secret/secrète
secretary   le/la secrétaire
see   apercevoir, voir
  ~ by chance   rencontrer
  ~ you later!   à tout à l'heure!
  ~ you soon!   à bientôt!
  ~ you tomorrow!   à demain!
seem   avoir l'air + *adj*, sembler
select   choisir
-self   -même
selfish   égoïste
self-service restaurant   le self-service
sell   vendre
send   envoyer (qqch à qqn)
  ~ back   renvoyer
Senegalese (*adj*)   sénégalais(e)
sense: business ~   le sens des affaires
sentence   la phrase
sentimental   sentimental(e)
    (sentimentaux *mpl*)
September   septembre (*m*)
series: TV ~   le feuilleton
serious   sérieux/sérieuse
seriously   sérieusement
serve   servir
service: at your ~!   à votre service!
  self-service restaurant   le self-service
set (*v*): **~ the table**   mettre la table
  ~ up   établir
seven   sept
seventeen   dix-sept
seventh   septième
seventy   soixante-dix
  seventy-one   soixante et onze
  seventy-three   soixante-treize
  seventy-two   soixante-douze
several   plusieurs, quelques
  ~ times   plusieurs fois
shape   la forme
  be in ~   être en forme
share (*v*)   partager
shave   se raser
she   elle
shirt   la chemise
shoe   la chaussure
shopping   le shopping
  go ~   faire les courses

short (*length*)   court(e); (*height*)
    petit(e)
shorts   le short
should   devoir, il faut
show (*n*)   le spectacle
show (*v*)   montrer (qqch à qqn)
  TV game ~   le jeu télévisé
  TV ~   le spectacle, l'émission (*f*)
  variety ~   les variétés (*fpl*)
shut   fermer
sick   malade
silver   l'argent (*m*)
simple   facile
since (*adv*)   depuis; comme (*because*);
    (*conj*)   depuis que
  ~ when?   depuis combien de temps?
    depuis quand?
sing   chanter
single   célibataire
Sir   Monsieur
sister   la sœur
sit down   s'asseoir
site   le lieu
six   six
sixteen   seize
sixth   sixième
sixty   soixante
skating   le patinage
ski (*v*)   faire du ski, skier
skiing   le ski
  water ~   le ski nautique
skirt   la jupe
sleep   dormir
sleepy: be ~   avoir sommeil
slow   lent(e)
small   petit(e)
smart   intelligent(e), génial(e)
    (géniaux *mpl*)
smell (*v*)   sentir
smoke (*v*)   fumer
snack   le snack
sneakers   les tennis (*mpl*)
snow (*v*)   neiger
so   alors
  ~ that   pour que
  ~ then   alors
soap   le savon
soccer   le foot, le football
sociable   sociable
sock   la chaussette
soda: lemon ~   la limonade
sofa   le sofa
soft   doux/douce
software application   le logiciel
sole (*fish*)   la sole
some (*partitive art*)   du, de la, de l', des;
    (*adj*)   certain(e)s; (*pron*)   en;
    (*adj*)   quelques; un peu (de)
  ~day   un jour
someone   quelqu'un

something quelque chose
sometimes parfois, quelquefois
somewhere quelque part
son le fils
soon bientôt
 see you ~! à bientôt!
sore: have a ~ ... avoir mal à + *part of body*
sorry désolé(e)
south le sud
Spain l'Espagne (*f*)
Spaniard l'Espagnol/l'Espagnole (*m/f*)
Spanish (*adj*) espagnol(e)
Spanish (*language*) l'espagnol (*m*)
speak parler (à qqn)
specialize in faire des études de
speed la vitesse
spend: ~ money dépenser
 ~ time faire un séjour, passer du temps
spirit l'esprit (*m*)
sport le sport
 be active in a ~ faire du sport
sports le sport
spring le printemps
 in ~ au printemps
stadium le stade
state (*geographical division*) l'état (*m*)
 in the ~ of dans l'état de
station: train ~ la gare
stay (*n*) le séjour
stay (*v*) rester
stereo la chaîne-stéréo
still encore
stockings les bas (*mpl*)
stomach le ventre
 have an upset ~ avoir mal au cœur/ au ventre
stop arrêter, s'arrêter de, cesser de
 ~ at a place descendre
store le magasin
 department ~ le grand magasin
story l'histoire (*f*)
strawberry la fraise
street la rue
strive chercher à
strong fort(e)
struggle (*v*) lutter
student l'étudiant(e) (*m/f*)
studies les études (*fpl*)
 artistic ~ les études artistiques
 business ~ les études commerciales
 engineering ~ les études d'ingénieur
 literary ~ les études littéraires
 professional ~ les études professionnelles
 scientific ~ les études scientifiques

studio apartment le studio
study étudier, faire des études; faire + *subject*
 ~ for an exam préparer un examen
 ~ math faire des maths
stupid idiot(e)
subject le sujet
 keep abreast of a ~ suivre un sujet
suburbs la banlieue
subway le métro
 by ~ en métro
succeed in réussir à
success la réussite
successful: be ~ in réussir à
suddenly soudain, tout à coup
suffer souffrir
sugar le sucre
suit: bathing ~ le maillot de bain
 man's ~ le costume
 woman's ~ le tailleur
suitcase la valise
summer l'été (*m*)
 next ~ l'été prochain
 this ~ cet été
sun le soleil
Sunday dimanche (*m*)
sunglasses les lunettes (*fpl*) de soleil
superficial superficiel/superficielle
supermarket le supermarché
superstitious superstitieux/ superstitieuse
supper le dîner
supposed: be ~ to devoir
sure sûr(e), certain(e)
 it is (is not) ~ that il est (n'est pas) sûr que
surprise la surprise
surprised surpris(e)
survey le sondage
sweater le pull, le pull-over
sweet doux/douce
swim nager
swimming la natation
swimming suit le maillot de bain
Swiss (*adj*) suisse
Switzerland la Suisse

table la table
 night ~ la table de nuit
 set the ~ mettre la table
take prendre
 ~ a course suivre un cours
 ~ a ride/a walk faire une promenade
 ~ a sheet of paper! prenez une feuille de papier!
 ~ a trip faire un voyage
 ~ along amener, prendre
 ~ an exam passer un examen
 ~ care of s'occuper de

 ~ pictures/photographs faire de la photo
 ~ place avoir lieu
talk parler (à qqn)
tall grand(e)
tape recorder le magnétophone
tax l'impôt (*m*)
tea le thé
teach enseigner
teacher le professeur
tee shirt le tee-shirt
teeth les dents (*fpl*)
telephone l'appareil (*m*), le téléphone
television la télévision, la télé
 on ~ à la télé
 ~ series le feuilleton
 ~ set le téléviseur
tell dire (à qqn de)
 ~ about raconter (de)
temperature: what's the ~? quelle température fait-il? quel temps fait-il?
ten dix
 ~ thousand dix mille
tendency: have a ~ to avoir tendance à
tennis le tennis
 play ~ jouer au tennis
 ~ shoes les tennis (*mpl*)
tenth dixième
test l'examen (*m*)
Texas le Texas
than (*in comparisons*) que
thank you (thanks) merci (bien)
that (*adj*) ce/cet/cette/ces; (*conj*) que; (*pron*) ce, cela, ça; (*relative pron*) que, qui
 ~ is to say c'est-à-dire
 ~ one (*pron*) celui-là/celle-là
 ~'s it c'est ça
 ~'s true ça, c'est vrai
the le/la/l'/les
theater le théâtre
 be active/involved in ~ faire du théâtre
 movie ~ le cinéma
their (*adj*) leur(s)
them elles, eux; les, leur
then alors, ensuite, puis
there là, y, là-bas
 ~ is, ~ comes, ~ are, ~ come voilà, voici
 ~ is/are il y a
 ~ was/were il y avait
these (*adj*) ces; (*pron*) ceux, celles
they ils, elles, on
thin mince
 get ~ maigrir
thing la chose; l'objet (*m*)
think penser, croire, réfléchir
 ~ about penser à, réfléchir à
 ~ that penser que, croire que

third troisième
thirsty: be ~ avoir soif
thirteen treize
thirty trente
thirty-one trente et un
thirty-two trente-deux
this (*adj*) ce/cet/cette/ces
  ~ is ... (*introduction of people*) je vous
    présente ...
  ~ one (*pron*) celui-ci/celle-ci
those (*adj*) ces; (*pron*) ceux, celles
thousand mille (*inv*)
  one hundred ~ cent mille
  one ~ one hundred mille cent
  one ~ one mille un
  two ~ deux mille
threaten menacer
three trois
throat la gorge
  to have a sore ~ avoir mal à la gorge
through par
Thursday jeudi (*m*)
thus ainsi, donc
tie (*n*) la cravate
time le temps, l'époque (*f*), la fois,
  l'heure (*f*)
  ahead of ~ en avance
  all the ~ tout le temps
  a long ~ longtemps
  at the present ~ à l'heure actuelle
  at what ~? à quelle heure?
  free ~ le temps libre
  from ~ to ~ de temps en temps
  on ~ à l'heure, ponctuel/ponctuelle
  one ~ une fois
  several times plusieurs fois
  spend ~ passer, faire un séjour
  waste one's ~ perdre son temps
  what ~ is it? quelle heure est-il?
timid timide
tired fatigué(e)
tiresome pénible
to à, en
  ~ ...'s house chez + *person*
  ~ the left of à gauche de
  ~ the right of à droite de
today aujourd'hui
together ensemble
toilet(s) les toilettes (*fpl*), les WC
  (*mpl*), le cabinet de toilette
tomato la tomate
tomorrow demain
  ~ afternoon demain après-midi
  ~ evening demain soir
tonight ce soir
too (*also*) aussi
  me ~! moi aussi!
  ~ much, many trop (de)
tooth la dent
toothbrush la brosse à dents

toothpaste le dentifrice
toward vers
town la ville
  in ~ en ville
tradition la tradition
traffic la circulation
train le train
  by ~ en train
  ~ station la gare
translate traduire
transportation le transport, les
  transports
travel voyager
traveler's check le chèque de voyage
treaty le traité
trip le voyage
  take/go on a ~ faire un voyage
true véritable, vrai(e)
truth la vérité
try essayer de
  ~ to chercher à
Tuesday mardi (*m*)
tuition les frais (*mpl*) de scolarité
tuna le thon
turn on (*the TV*) mettre
TV la télé (*See also* **television**)
twelve douze
  ~ hundred douze cents (= mille deux
  cents)
twenty vingt
  twenty-first vingt et unième
  twenty-four vingt-quatre
  twenty-one vingt et un
  twenty-three vingt-trois
  twenty-two vingt-deux
twice deux fois
two deux
  ~ hundred deux cents
  ~ hundred one deux cent un
  ~ thousand deux mille
typewriter la machine à écrire

uncle l'oncle (*m*)
under sous
understand comprendre
unequal inégal(e) (inégaux *mpl*)
unfortunately malheureusement
unhappiness le malheur
unhappy malheureux/malheureuse
United States les États-Unis (*mpl*)
university l'université (*f*)
unknown inconnu(e)
unless à moins que
unmarried célibataire
unpleasant désagréable
until (*prep*) jusqu'à; (*conj*) jusqu'à ce
  que
untrue faux/fausse
up to jusqu'à
up: get ~ se lever

upset: get ~ s'énerver
  have an ~ stomach avoir mal au
  cœur/au ventre
urban urbaine
us nous
use employer, se servir de, utiliser
useful utile
useless inutile
usually d'habitude, habituellement

vacation les vacances (*fpl*)
  on ~ en vacances
variety show les variétés (*fpl*)
VCR le magnétoscope
vegetables les légumes (*mpl*)
Vermont le Vermont
very très
  ~ many, much beaucoup (de)
  ~ well très bien
Vietnamese (*adj*) vietnamien(ne)
vigorous dynamique
visit: ~ each other se rendre visite
  ~ a person rendre visite à
  ~ a place visiter
volleyball le volley, le volleyball

waistline la ligne
wait for attendre
waiter le garçon, le serveur
waitress la serveuse
wake (up) réveiller (qqn), se réveiller
walk marcher, promener
  go for/take a ~ faire une
  promenade, se promener
walking la marche à pied
wall le mur
want vouloir (bien), désirer, avoir
  envie de
war la guerre
warm chaud
  be ~ avoir chaud
  it's ~ out il fait chaud
wash laver, se laver
waste one's time perdre son temps
watch (*n*) la montre
watch (*v*) regarder
water l'eau (*f*)
  mineral ~ l'eau minérale
water-skiing le ski nautique
way la façon, la manière, le moyen
we nous
weak faible
wear porter, mettre
weather le temps
  the ~ is awful il fait un temps
  épouvantable
  ~ forecast la météo
  what's the ~? how is the ~? quel
  temps fait-il?

Wednesday mercredi (*m*)
week la semaine
weekend le week-end
weight: gain ~ grossir
  lose ~ maigrir
welcome: you're ~ de rien, il n'y a pas de quoi
  ~! soyez le/la/les bienvenu(e)(s)!
well bien
  very ~ très bien
  ~ ... eh bien ...
  ~-known connu(e)
west l'ouest (*m*)
what (*pron*) que, qu'est-ce que, qu'est-ce qui; ce qui, ce que; quoi; (*adj*) quel/quelle/quels/quelles
  at ~ time? à quelle heure?
  ~ does that mean? qu'est-ce que ça signifie?
  ~ is it? ~ is that? qu'est-ce que c'est?
  ~ is the date? quelle est la date?
  ~ is your name? comment vous appelez-vous?
when quand
where où?
  from ~ d'où
whether si
which (*adj*) quel/quelle/quels/quelles; (*pron*) qui, que
while (*conj*) pendant que
  in a short ~ dans un instant, dans une minute, dans un moment
  once in a ~ de temps en temps
white blanc/blanche
who qui, qui est-ce qui
  ~ is it? qui est-ce?

whole: the ~ tout le/toute la
whom (*int pron*) qui, qui est-ce que
  for ~? pour qui
  to ~? à qui
  with ~? avec qui
why pourquoi
  ~ no! mais non!
  ~ yes! mais oui!, mais si! (*to a negative question*)
wife la femme
willing: be ~ vouloir bien
win gagner
wind le vent
window la fenêtre
windsurfing la planche à voile
windy: it is ~ il fait du vent
wine le vin
winter l'hiver (*m*)
  in ~ en hiver
wish désirer, souhaiter, vouloir
with avec
  ~ regard to à propos de
  ~ respect to à l'égard de
without (*prep*) sans; (*conj*) sans que
  do ~ se passer de
witness le témoin
woman la femme
  businesswoman la femme d'affaires
  (~) engineer la femme-ingénieur
word le mot
work (*v*) (*function*) marcher; (*do a job*) travailler
work (*n*) le travail (travaux *pl*)
worker l'ouvrier/l'ouvrière (*m/f*)
world le monde
  ~ war la guerre mondiale

worried inquiet/inquiète
  to be ~ s'inquiéter
would: I ~ like je voudrais
write écrire (qqch à qqn)
  ~! écrivez!
  ~ to each other s'écrire
writer l'écrivain (*m*)
wrong le tort
  be ~ avoir tort
  that's ~! c'est faux!

year l'an (*m*), l'année (*f*)
  be ... years old avoir ... ans
  in the ~ ... en ...
  this ~ cette année
yellow jaune
yes oui; si (*to a negative question*)
  why ~! mais oui! mais si!
yesterday hier
  day before ~ avant-hier
  ~ afternoon hier après-midi
  ~ evening hier soir
  ~ morning hier matin
yet cependant, encore, pourtant
  not ~ ne ... pas encore
yogurt le yaourt
you (*subject pron*) tu, vous, on; (*obj pron*) te; (*stress pron*) toi
  and ~? et toi? et vous?
young jeune
  ~ girl la jeune fille
  ~ man le jeune homme
your (*adj*) votre/vos; ton/ta/tes

zero zéro

Index

Crédits

Text

Page 23: "French Views on Racial Diversity" adapted from CCDH/CSA, February 1993, *Nouvel Observateur*/Sofres, May 1993; p. 40: "Le Québec Divisé" Michel Venne, *Le Devoir*, October 31, 1995, Vol. LXXXVI, No. 253; p. 57: "Afrique" by David Diop, copyright © 1973 Présence Africaine. Reprinted with permission; p. 175: Map of the Paris métro system reprinted by permission; p. 501: French Views on the European Union, copyright © Ministère des Affaires étrangères: www.france.diplomatic.gouv.fr.

Photos

(t = top; m = middle; b = bottom; r = right; l = left)

Page 1: **Stuart Cohen;** p. 4: (t) **Joe Cornish/Tony Stone Images;** (b) **David Simson/ Stock Boston;** p. 5: **Stuart Cohen;** p. 12: (t) **Robert Fried;** p. 13: (tl) **Stephen Homer/First Light,** (tr) **Owen Franken,** (br) **AP/Wide World Photos;** p. 17: **Alan Marsh/First Light;** p. 22: **Kevin Galvin;** p. 23: **Stuart Cohen;** p. 24: **Reuters/Bett- mann/Corbis;** p. 25: **Catarina/Stills/Retna;** p. 27: **Owen Franken/Stock Boston;** p. 35: **George Holton/Photo Researchers, Inc.;** p. 36: **Tom Stewart/First Light;** p. 38: **Thomas Kitchin/First Light;** p. 40: **DDB Stock Photo;** p. 41: (t) **Courtesy of La Kermessa, Biddeford, ME,** (b) **Owen Franken;** p. 42: **Ron Watts/First Light;** p. 52: **Ulrike Welsch;** p. 54: **Warren Jacobs/Tony Stone Images;** p. 55: **Victor Engle- bert;** p. 56: **Jane Schreibman/Photo Researchers, Inc.;** p. 57: **P. Jordan/Liaison Agency;** p. 64: **Ben Radford/Allsport;** p. 65: **Marcus Rose/Panos Pictures;** p. 70: **J. Christopher Briscoe/Photo Researchers, Inc.;** p. 72: (t) **Ulrike Welsch,** (m) **Shaun Egan/Tony Stone Images,** (b) **Owen Franken;** p. 73: **Ken Straiton/First Light;** p. 83: **Ulrike Welsch;** p. 85: **David Frazier/Tony Stone Images;** p. 87: **David Frazier;** p. 88: **Kevin Galvin;** p. 89: **Peter Menzel/Stock Boston;** p. 99: **Ulrike Welsch;** p. 102: **Beryl Goldberg;** p. 103: **Ulrike Welsch;** p. 107: **Ulrike Welsch;** p. 113: **Ulrike Welsch;** p. 114: **Lee Snider/The Image Works;** p. 120: **Ulrike Welsch;** p. 128: **Kevin Galvin;** p. 129: **David Frazier;** p. 133: **Beryl Goldberg;** p. 134: **Uli Gersiek;** p. 139: **Christian Vioujard/Liaison Agency;** p. 147: **David Frazier;** p. 158: **Beryl Goldberg;** p. 159: **Ul- rike Welsch;** p. 161: **Stuart Cohen;** 177: **Beryl Goldberg;** p. 178: **Owen Franken/ Stock Boston;** p. 179: **Beryl Goldberg;** p. 181: **Doug Guy;** p. 182: **Uli Gersiek;** p. 188: **David Frazier;** p. 191: (l) **J.P. Courau/DDB Stock Photo,** (r) **Gilles Bassi- gnac/Liaison Agency;** p. 202: **St. Clair-Renard/The Image Bank;** p. 203: **Ulrike Welsch;** p. 210: **David Frazier;** p. 214: **Beryl Goldberg;** p. 215: **David Frazier;** p. 220: **Steve Welsh/Liaison Agency;** p. 221: (t) **George Haling/Photo Researchers, Inc.,** (b) **Beryl Goldberg;** p. 222: (t) **Ulrike Welsch,** (b) **Bernard Boutrit/Woodfin Camp**

p. 451: **Beryl Goldberg**; p. 455: **Ron Giling/Panos Pictures**; p. 456: **Richemond/ The Image Works**; p. 457: **Ulrike Welsch**; p. 461: **Ulrike Welsch**; p. 466: **Suzanne Murphy**; p. 467: **Beryl Goldberg**; p. 469: **Kevin Galvin**; p. 476: **Beryl Goldberg**; p. 483: **Newman/The Image Bank**; p. 484: **Eric Wessman/Stock Boston**; p. 495: **Stott/The Image Works**; p. 500: **Ulrike Welsch**; p. 502: **Color Day Productions/The Image Bank**; p. 503: **Bernard Annebicque/Sygma**; p. 506: **David Frazier**; p. 514: **Beryl Goldberg**; p. 515: **Roger Job/Liaison Agency**; p. 516: **M. Antman/The Image Works**; p. 524: **David Frazier**; p. 527: **Uli Gersiek**; p. 529: **Beryl Goldberg**.

Realia

Page 9: **Logo courtesy of Université du Maine**; p. 29: **Compiled from** *Pariscope*; p. 58: **Cartier**; p. 59 *Jeune Afrique* **Magazine**; p. 73: **Club Nautique du Marin**; p. 77: **Ministère des P. & T.**; p. 84: **Télécarte courtesy of France Télécom**; p. 85: **Motorola; Matra Nortel Communications**; p. 90: **Peugeot**; p. 99: **Galléries Lafayette**; p. 100: **JanSport France**; p. 146: **3suisses**; p. 147: **Ministère de l'Économie, des Finances et de l'Industrie & Union Européenne**; p. 218 (bl) **Hostellerie du Moulin des Ruats, Vallée du Cousin**; pp. 218–219: © **MICHELIN from Michelin Red Guide** *France* **(1996 and 2000), permission no. 9606287**; p. 220: **Festival d'Avignon (ORC)**; p. 225: **Map of Normandy** © **MICHELIN from Michelin Map No. 102, permission no. 9607333**; p. 233: **CEFAM (Centre d'Études Franco-Américain de Management), Lyons, France**; p. 234: **Les Deux Magots**; p. 239: **Courtesy of Boucheron S.A. Paris**; p. 276: **Courtesy of** *L'Étudiant* **Magazine, France**; p. 285: **KBC Bank**; p. 318 (ml, mr) and p. 319 (t, m) **Stamps courtesy of Middlesex Coin and Stamp Co., Melrose, MA**; p. 345: **Copyright Télérama S.A. 1996**; p. 349: **ChérieFM**; p. 399: **Nike Europe**; p. 406: **Ad courtesy of Crédit Agricole**; p. 413: **Courtesy of Décathlon International**; p. 419: **Le Morgan's**; p. 426 (tl): **Éditions Houvet**; p. 427: **TGV**; p. 487: **Logo courtesy of Alliance Française**; p. 525: **Cyberport**.

FRANCE

GRANDE-BRETAGNE

Londres ⊛

ALLEMAGNE

Dunkerque
Bruxelles ⊛
Calais
Lille
BELGIQUE
Valenciennes
Amiens
LUXEMBOURG
Luxembourg ⊛

Manche

Le Havre
Rouen
Reims
Metz
Caen
Deauville
Strasbourg
Nancy

Mont-St-Michel
Versailles
Paris ⊛
Chartres

Seine

VOSGES

Rhin

Brest
Rennes
Le Mans
Orléans
Dijon
Besançon
SUISSE
Quimper
Saône
Berne ⊛

Angers
Tours
JURA

Nantes
Loire

Poitiers
Genève
Annecy

La Rochelle
Clermont-Ferrand
Lyon
ITALIE

*OCÉAN
ATLANTIQUE*
Limoges
St-Étienne
Grenoble

MASSIF
CENTRAL
ALPES
Valence

0   100 milles
Bordeaux
Rhône

0   100 kilomètres
Garonne
Avignon
Nice
MONACO
Arles
Aix-en-Provence
Cannes
Montpellier
Toulouse
Marseille
Toulon
Cassis

PYRÉNÉES

ESPAGNE
ANDORRE
Perpignan

Mer Méditerranée

Corte
Ajaccio
CORSE